KB084245

이번 시험 ～는 문제가
다음 시험의 적중률을 보장할까요?

파고다 어학원 토익 전문 연구진 108인은
다음 시험 적중률로 말합니다!

..

이번 시험에 나온 문제를 풀기만 하면,
내 토익 목표 점수를 달성할 수 있을까요?

파고다 토익 시리즈는
파고다 어학원 1타 강사들과 수십 만 수강생이
함께 만든 토익 목표 점수 달성 전략서입니다!

 **파고다 어학원 1타 토익 강사들의
토익 목표 점수 달성 전략 완전 정리**

토익 리스닝 기초 입문서
600-700점 목표

**내 위치를
파악했다면
목표를 향해
나아갈 뿐!**

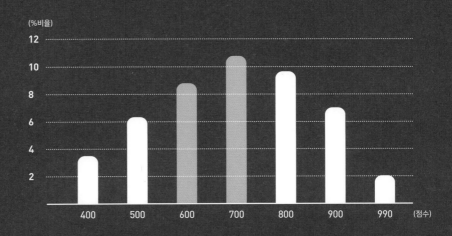

파고다 토익 프로그램

독학자를 위한 다양하고 풍부한 학습 자료

세상 간편한 등업 신청으로 각종 학습
자료가 쏟아지는
파고다 토익 공식 온라인 카페
http://cafe.naver.com/pagodatoeicbooks

교재 Q&A
교재 학습 자료
나의 학습 코칭
정기 토익 분석 자료
기출 분석 자료
예상 적중 특강
논란 종결 총평

- 온라인 모의고사 2회분
- 받아쓰기 훈련 자료
- 단어 암기장
- 단어 시험지
- MP3 기본 버전
- MP3 추가 버전(1.2배속 등)
- 추가 연습 문제 등 각종 추가 자료

매회 업데이트! 토익 학습 센터

시험 전 적중 문제, 특강 제공
시험 직후 실시간 정답, 총평 특강, 분석 자료집 제공

토익에 풀! 빠져 풀TV

파고다 대표 강사진과 전문 연구원들의
다양한 무료 강의를 들으실 수 있습니다.

600

700

800

기본 완성 LC
토익 리스닝 기초 입문서
토익 초보 학습자들이 단기간에 쉽게 접근할 수
있도록 토익의 필수 개념을 집약한 입문서

실력 완성 LC
토익 개념&실전 종합서
토익의 기본 개념을 확실히 다질 수 있는
풍부한 문제 유형과 실전형 연습문제를 담은 훈련서

고득점 완성 LC
최상위권 토익 만점 전략서
기본기를 충분히 다진 토익 중고급자들의
고득점 완성을 위해 핵심 스킬만을 뽑아낸
토익 전략서

이제는 인강도 밀착 관리!

체계적인 학습 관리와 목표 달성까지 가능한

파고다 토익 인생 점수반
www.pagodastar.com

성적 달성만 해도 100% 환급
인생 점수 달성하면 최대 500% 환급

최단 기간 목표 달성 보장
X10배속 토익

현강으로 직접 듣는 1타 강사의 노하우

파고다 토익 점수 보장반
www.pagoda21.com

1개월 만에 2명 중 1명은 900점 달성!
파고다는 오직 결과로 증명합니다.

900

적중 실전 LC

최신 경향 실전 모의고사 10회분

끊임없이 변화하는 토익 트렌드에 대처하기 위해
적중률 높은 문제만을 엄선한 토익 실전서

VOCA

토익 VOCA

목표 점수대별 필수 어휘 30일 완성

600+/700+/800+/독해 완성 달성을 위한
필수 어휘 1500

3rd Edition

토익 리스닝 기초 입문서

LC 기본완성

초   판 1쇄 발행 2016년 4월 29일
개 정 판 1쇄 발행 2016년 12월 26일
개정2판 1쇄 발행 2023년 6월 28일
개정3판 11쇄 발행 2024년 7월 12일

지 은 이 | 파고다교육그룹 언어교육연구소, 강민지, 클레어 박
펴 낸 이 | 박경실
펴 낸 곳 | **PAGODA Books** 파고다북스
출판등록 | 2005년 5월 27일 제 300-2005-90호
주   소 | 06614 서울특별시 서초구 강남대로 419, 19층(서초동, 파고다타워)
전   화 | (02) 6940-4070
팩   스 | (02) 536-0660
홈페이지 | www.pagodabook.com

저작권자 | ⓒ 2019 파고다아카데미, 파고다북스

이 책의 저작권은 저자와 출판사에 있습니다. 서면에 의한 저작권자와 출판사의 허락 없이
내용의 일부 혹은 전부를 인용 및 복제하거나 발췌하는 것을 금합니다.

Copyright ⓒ 2019 by PAGODA Academy, PAGODA Books

All rights reserved. No part of this publication may be reproduced, stored
in a retrieval system, or transmitted, in any form, or by any means, electronic,
mechanical, photocopying, recording or otherwise, without the prior written
permission of the copyright holder and the publisher.

ISBN 978-89-6281-818-5 (13740)

파고다북스   www.pagodabook.com
파고다 어학원   www.pagoda21.com
파고다 인강   www.pagodastar.com
테스트 클리닉   www.testclinic.com

▌낙장 및 파본은 구매처에서 교환해 드립니다.

3rd Edition

해커스

토익 리스닝 기초 입문서

기본 **LC** 완성

목차

PART 1

PART 2
FAQ

파고다토익 기본 완성 LC

PART 3

PART 4

이 책의 구성과 특징

>> **PART 1** 사진의 유형을 이해하고 유형별 사진 공략법과 시제와 태 표현을 정확하게 구분한다.

>> **PART 2** 의문사 의문문, 비의문사 의문문에 따른 다양한 응답 표현 및 빈출 오답 유형을 익힌다.

>> **PART 3** 빠르게 전개되는 지문을 정확하게 파악하는 직청·직해 능력과 더불어 문맥 파악 및 논리력 판단을 길러야 한다.

>> **PART 4** 출제되는 지문 유형을 익히고 해당 지문에 자주 나오는 빈출 어휘 및 표현을 학습한다.

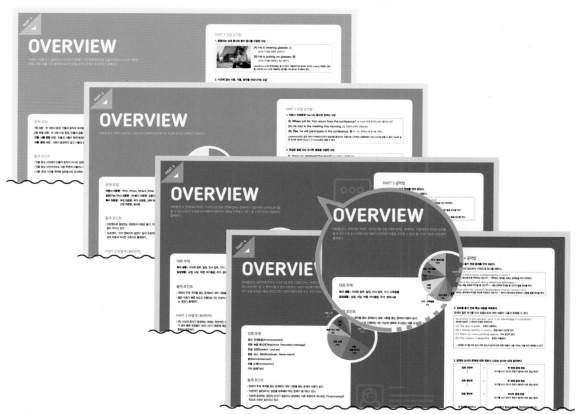

OVERVIEW

본격적인 학습의 준비 단계로, 각 Part별 출제 경향 및 문제 유형,
신토익 소개 및 그에 따른 접근 전략을 정리하였다.

⚙ 문제 풀이 전략

각 Part별 문제 풀이에 앞서, 해당 Part의 기본 개념을 예문과 함께 익히고, 정답에 쉽게 접근할 수 있는 풀이 전략을 제시하였다.

📋 핵심 문제 유형

문제 풀이 전략에서 학습한 내용을 바로 적용해 볼 수 있도록 해당 유형의 대표 문제들을 제시하였다.

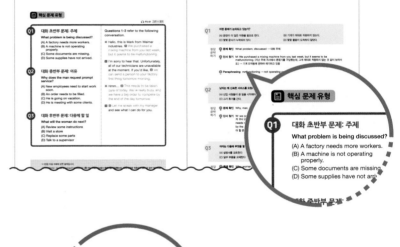

Warm-up

실전 문제 풀이에 들어가기 앞서 학습한 이론과 토익 핵심 유형 문제를 제대로 이해했는지를 확인하기 위한 문제들로 구성하였으며 딕테이션(Dictation) 연습을 위한 공간도 마련하여 듣기 실력이 향상되도록 하였다.

PART 1 : 4~12문항 **PART 2** : 6~18문항
PART 3 : 5문항   **PART 4** : 5문항

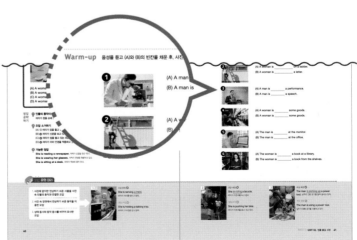

이 책의 구성과 특징

Exercise

자신의 학습 이해도를 테스트해 볼 수 있도록 유형별 연습 문제를 각 Part별로 골고루 구성하였다.

PART 1 : 6문항　　**PART 2** : 12문항
PART 3 : 8문항　　**PART 4** : 8문항

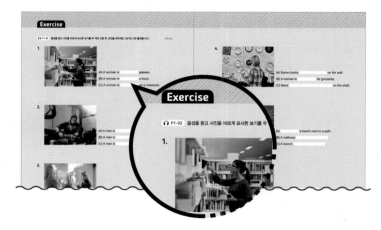

Practice

해당 UNIT에 해당하는 다양한 유형의 실전 문제를 접할 수 있도록 핵심 빈출 유형과 신유형 문제 및 고난도 문제를 각 Part별로 골고루 구성하였다.

PART 1 : 12문항　　**PART 2** : 12문항
PART 3 : 12문항　　**PART 4** : 12문항

REVIEW TEST

각 Part별 학습한 내용을 마무리할 수 있도록 토익과 동일한 유형과 난이도로 구성하였다.

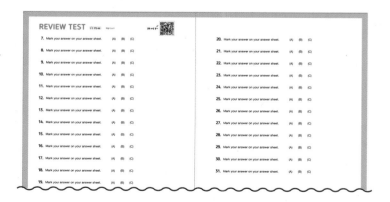

MINI TEST

5회분의 풍부한 연습 문제를 통해 전반적인 실력을 파악할 수 있도록 구성하였다.

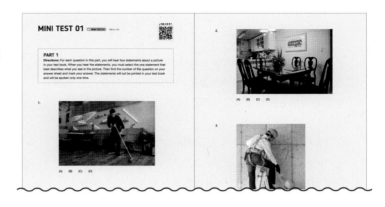

ACTUAL TEST

토익 시험 전 학습한 내용을 최종 점검할 수 있도록 실제 정기 토익과 가장 유사한 형태의 실전 모의고사 1회분을 제공하였다.

해설서

각 문제의 스크립트와 해석은 물론, 정답이 되는 근거와 오답이 되는 이유, 그리고 문제 풀이에 필요한 어휘를 수록하여 혼자서도 학습이 가능하도록 상세하게 구성하였다.

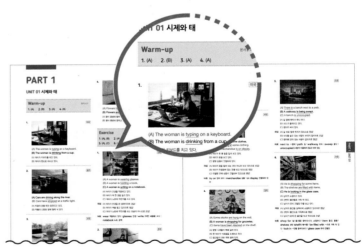

토익이란?

TOEIC(Test Of English for International Communication) 은 영어가 모국어가 아닌 사람들을 대상으로 일상생활 또는 국제 업무 등에 필요한 실용 영어 능력을 평가하는 시험입니다.

상대방과 '의사 소통할 수 있는 능력(Communication ability)'을 평가하는 데 중점을 두고 있으므로 영어에 대한 '지식'이 아니라 영어의 실용적이고 기능적인 '사용법'을 묻는 문항들이 출제됩니다.

TOEIC은 1979년 미국 ETS(Educational Testing Service)에 의해 개발된 이래 전 세계 150개 국가 14,000여 개의 기관에서 승진 또는 해외 파견 인원 선발 등의 목적으로 널리 활용하고 있으며 우리나라에는 1982년 도입되었습니다. 해마다 전 세계적으로 약 700만 명 이상이 응시하고 있습니다.

>> 토익 시험의 구성

	파트	시험 형태		문항 수	시간	배점
듣기 (LC)	1	사진 문제		6	45분	495점
	2	질의응답		25		
	3	짧은 대화		39		
	4	짧은 담화		30		
읽기 (RC)	5	문장 빈칸 채우기		30	75분	495점
	6	지문 빈칸 채우기		16		
	7	독해	단일 지문	29		
			이중 지문	10		
			삼중 지문	15		
계				200	120분	990점

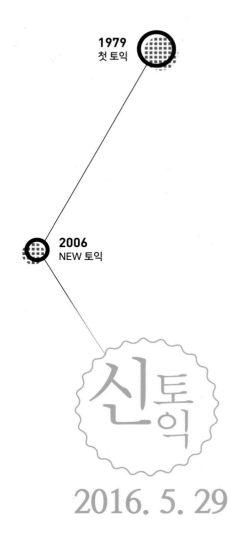

1979
첫 토익

2006
NEW 토익

신토익

2016. 5. 29

토익 시험 접수와 성적 확인

토익 시험은 TOEIC 위원회 웹사이트(www.toeic.co.kr)에서 접수할 수 있습니다. 본인이 원하는 날짜와 장소를 지정하고 필수 기재 항목을 기재한 후 본인 사진을 업로드하면 간단하게 끝납니다.

보통은 두 달 후에 있는 시험일까지 접수 가능합니다. 각 시험일의 정기 접수는 시험일로부터 2주 전까지 마감되지만, 시험일의 3일 전까지 추가 접수할 수 있는 특별 접수 기간이 있습니다. 그러나 특별 추가 접수 기간에는 응시료가 4,000원 더 비싸며, 희망하는 시험장을 선택할 수 없는 경우도 발생할 수 있습니다.

성적은 시험일로부터 16~18일 후에 인터넷이나 ARS(060-800-0515)를 통해 확인할 수 있습니다.

성적표는 우편이나 온라인으로 발급 받을 수 있습니다. 우편으로 발급 받을 경우는 성적 발표 후 대략 일주일이 소요되며, 온라인 발급을 선택하면 유효 기간 내에 홈페이지에서 본인이 직접 1회에 한해 무료 출력할 수 있습니다. 토익 성적은 시험일로부터 2년간 유효합니다.

시험 당일 준비물

시험 당일 준비물은 규정 신분증, 연필, 지우개입니다. 허용되는 규정 신분증은 토익 공식 웹사이트에서 확인하기 바랍니다. 필기구는 연필이나 샤프펜만 가능하고 볼펜이나 컴퓨터용 사인펜은 사용할 수 없습니다. 수험표는 출력해 가지 않아도 됩니다.

시험 진행 안내

시험 진행 일정은 시험 당일 고사장 사정에 따라 약간씩 다를 수 있지만 대부분 아래와 같이 진행됩니다.

≫ 시험 시간이 오전일 경우

AM 9:30 ~ 9:45	AM 9:45 ~ 9:50	AM 9:50 ~ 10:05	AM 10:05 ~ 10:10	AM 10:10 ~ 10:55	AM 10:55 ~ 12:10
15분	5분	15분	5분	45분	75분
답안지 작성에 관한 Orientation	수험자 휴식 시간	신분증 확인 (감독교사)	문제지 배부, 파본 확인	듣기 평가(LC)	읽기 평가(RC) 2차 신분증 확인

* 주의: 오전 9시 50분 입실통제

≫ 시험 시간이 오후일 경우

PM 2:30 ~ 2:45	PM 2:45 ~ 2:50	PM 2:50 ~ 3:05	PM 3:05 ~ 3:10	PM 3:10 ~ 3:55	PM 3:55 ~ 5:10
15분	5분	15분	5분	45분	75분
답안지 작성에 관한 Orientation	수험자 휴식 시간	신분증 확인 (감독교사)	문제지 배부, 파본 확인	듣기 평가(LC)	읽기 평가(RC) 2차 신분증 확인

* 주의: 오후 2시 50분 입실 통제

파트별 토익 소개

PART 1

PHOTOGRAPHS
사진 문제

Part 1은 제시한 사진을 올바르게 묘사한 문장을 찾는 문제로, 방송으로 사진에 대한 4개의 짧은 설명문을 한번 들려준다. 4개의 설명문은 문제지에 인쇄되어 있지 않으며 4개의 설명문을 잘 듣고 그 중에서 사진을 가장 정확하게 묘사하고 있는 문장을 답으로 선택한다.

문항 수	6문항 (1번 ~ 6번)
Direction 소요 시간	약 1분 30초
문제를 들려주는 시간	약 20초
다음 문제까지의 여유 시간	약 5초
문제 유형	1인 사진 2인 이상 사진 사물 · 풍경 사진

>> 시험지에 인쇄되어 있는 모양

>> 스피커에서 들리는 음성

Number 1. Look at the picture marked number 1 in your test book.

(A) They're writing on a board.
(B) They're taking a file from a shelf.
(C) They're working at a desk.
(D) They're listening to a presentation.

정답 (C)

PART 2

QUESTION-RESPONSE
질의응답

Part 2는 질문에 대한 올바른 답을 찾는 문제로, 방송을 통해 질문과 질문에 대한 3개의 응답문을 각 한 번씩 들려준다. 질문과 응답문은 문제지에 인쇄가 되어 있지 않으며 질문에 대한 가장 어울리는 응답문을 답으로 선택한다.

문항 수	25문항 (7번 ~ 31번)
Direction 소요 시간	약 25초
문제를 들려주는 시간	약 15초
다음 문제까지의 여유 시간	약 5초
문제 유형	의문사 의문문(Who/When/Where/What/Which/How/Why) 부정 의문문 / 부가 의문문 평서문 / 선택 의문문 제안·제공·요청문 / Be동사 조동사 의문문 / 간접 의문문

>> 시험지에 인쇄되어 있는 모양

Mark your answer on your answer sheet. (A) (B) (C)

>> 스피커에서 들리는 음성

Number 7. How was the English test you took today?
(A) I took the bus home.
(B) I thought it was too difficult.
(C) I have two classes today.

정답 (B)

PART 3

SHORT CONVERSATION
짧은 대화

Part 3은 짧은 대화문을 듣고 이에 대한 문제를 푸는 형식으로, 먼저 방송을 통해 짧은 대화를 들려준 뒤 이에 해당하는 질문을 들려 준다. 문제지에는 질문과 4개의 보기가 인쇄되어 있으며 문제를 들은 뒤 제시된 보기 중 가장 적절한 것을 답으로 선택한다.

문항 수	13개 대화문, 39문항 (32번 ~ 70번)
Direction 소요 시간	약 30초
문제를 들려주는 시간	약 30~40초
다음 문제까지의 여유 시간	약 8초
지문 유형	회사 생활, 일상생활, 공공 장소 및 서비스 기관 → 3인 대화문: 주고받는 대화 수 증가 → 실생활에서 사용하는 회화 표현(구어체)의 증가
질문 유형	- 전체 내용 관련 문제: 주제·목적, 인물, 장소 문제 - 세부사항 문제(문제점, 이유·방법, 핵심어 정보 찾기) - 제안·요청 문제 - 앞으로 할 일 문제 - 맥락상 화자의 의도 파악 문제 - 유추·추론 문제 - 시각 정보 연계 문제

▶▶ 시험지에 인쇄되어 있는 모양

32. What is the conversation mainly about?
    (A) Changes in business policies
    (B) Sales of a company's products
    (C) Expanding into a new market
    (D) Recruiting temporary employees

33. Why does the woman say, "There you go"?
    (A) She is happy to attend a meeting.
    (B) She is frustrated with a coworker.
    (C) She is offering encouragement.
    (D) She is handing over something.

34. What do the men imply about the company?
    (A) It has launched new merchandise.
    (B) It is planning to relocate soon.
    (C) It has clients in several countries.
    (D) It is having financial difficulties.

▶▶ 스피커에서 들리는 음성

Questions 32-34 refer to the following conversation with three speakers.

A: How have you two been doing with your sales lately?

B: Um, not too bad. My clients have been ordering about the same amount of promotional merchandise as before.

C: I haven't been doing so well. But I do have a meeting with a potential new client tomorrow.

B: There you go. I'm sure things will turn around for you.

A: Yeah, I hope it works out.

B: It's probably just temporary due to the recession.

C: Maybe, but I heard that the company may downsize to try to save money.

A: Actually, I heard that, too.

정답 32. (B) 33. (C) 34. (D)

PART 4
SHORT TALK
짧은 담화

Part 4는 짧은 담화를 듣고 이에 대한 문제를 푸는 형식으로, 먼저 방송을 통해 짧은 담화를 들려 준 뒤 이에 해당하는 질문을 들려 준다. 문제지에는 질문과 4개의 보기가 인쇄되어 있으며 문제를 들은 뒤 제시된 보기 중 가장 적절한 것을 답으로 선택한다.

문항 수	10개 담화, 30문항 (71번 ~ 100번)
Direction 소요 시간	약 30초
문제를 들려주는 시간	약 30~40초
다음 문제까지의 여유 시간	약 8초
지문 유형	전화·녹음 메시지, 공지·안내, 인물 소개, 광고, 방송·보도 → 발음 생략, 군더더기 표현과 불완전한 문장이 포함된 지문의 실생활 영어(구어체)의 등장
질문 유형	- 전체 내용 관련 문제: 주제·목적, 인물, 장소 문제 - 세부사항 문제(문제점, 이유·방법, 핵심어 정보 찾기) - 제안·요청 문제 - 앞으로 할 일 문제 - 맥락상 화자의 의도 파악 문제 - 시각 정보 연계 문제

▶▶ 시험지에 인쇄되어 있는 모양

71. Where most likely is the speaker?
   (A) At a trade fair
   (B) At a corporate banquet
   (C) At a business seminar
   (D) At an anniversary celebration

72. What are the listeners asked to do?
   (A) Pick up programs for employees
   (B) Arrive early for a presentation
   (C) Turn off their mobile phones
   (D) Carry their personal belongings

73. Why does the schedule have to be changed?
   (A) A speaker has to leave early.
   (B) A piece of equipment is not working.
   (C) Lunch is not ready.
   (D) Some speakers have not yet arrived.

▶▶ 스피커에서 들리는 음성

Questions 71-73 refer to the following talk.

I'd like to welcome all of you to today's employee training and development seminar for business owners. I'll briefly go over a few details before we get started. There will be a 15 minute break for coffee and snacks halfway through the program. This will be a good opportunity for you to mingle. If you need to leave the room during a talk, make sure to keep your wallet, phone, and ...ah... any other valuable personal items with you. Also, please note that there will be a change in the order of the program. Um... Mr. Roland has to leave earlier than originally scheduled, so the last two speakers will be switched.

정답 71. (C) 72. (D) 73. (A)

학습 플랜

4주 플랜

DAY 1	DAY 2	DAY 3	DAY 4	DAY 5
Unit 01. 시제와 태 Unit 02. 인물 중심 사진	Unit 03. 사물·풍경 사진 Unit 04. 인물·사물·풍경 혼합 사진	Part 1 REVIEW TEST Part 1 전체 다시보기 - 틀린 문제 다시 풀어 보기 - 모르는 단어 체크해 서 암기	Unit 05. When·Where 의문문 Unit 06. Who·What· Which 의문문	Unit 07. How·Why 의문문 Unit 08. 일반·부정·부가 의문문

DAY 6	DAY 7	DAY 8	DAY 9	DAY 10
Unit 09. 선택 의문문· 요청문 Unit 10. 간접 의문문· 평서문	Part 2 REVIEW TEST Part 2 전체 다시보기 - 틀린 문제 다시 풀어 보기 - 모르는 단어 체크해 서 암기	Unit 11. 문제 유형 Unit 12. 일상생활 1	Unit 13. 일상생활 2 Unit 14. 회사 생활 1	Unit 15. 회사 생활 2

DAY 11	DAY 12	DAY 13	DAY 14	DAY 15
Part 3 REVIEW TEST Part 3 전체 다시보기 - 틀린 문제 다시 풀어 보기 - 모르는 단어 체크해 서 암기	Unit 16. 문제 유형 Unit 17. 공지·안내방송	Unit 18. 전화·녹음 메시지 Unit 19. 방송·보도	Unit 20. 광고·인물 소개	Part 4 REVIEW TEST Part 4 전체 다시보기 - 틀린 문제 다시 풀어 보기 - 모르는 단어 체크해 서 암기

DAY 16	DAY 17	DAY 18	DAY 19	DAY 20
Part 3·4 동의어 필수 표현 학습 MINI TEST 01	MINI TEST 02 MINI TEST 03	MINI TEST 04 MINI TEST 05	MINI TEST 01-05 다시보기 - 틀린 문제 다시 풀어 보기 - 모르는 단어 체크해 서 암기	ACTUAL TEST

8주 플랜

DAY 1	DAY 2	DAY 3	DAY 4	DAY 5
Unit 01. 시제와 태	Unit 02. 인물 중심 사진	Unit 03. 사물·풍경 중심 사진	Unit 04. 인물·사물·풍경 혼합 사진	Part 1 REVIEW TEST

DAY 6	DAY 7	DAY 8	DAY 9	DAY 10
Part 1 REVIEW TEST 다시보기 - 틀린 문제 다시 풀어보기 - 모르는 단어 체크해서 암기	Unit 05. When·Where 의문문	Unit 06. Who·What·Which 의문문	Unit 07. How·Why 의문문	Unit 08. 일반·부정·부가 의문문

DAY 11	DAY 12	DAY 13	DAY 14	DAY 15
Unit 09. 선택 의문문·요청문	Unit 10. 간접 의문문·평서문	Part 2 REVIEW TEST	Part 2 REVIEW TEST 다시보기 - 틀린 문제 다시 풀어보기 - 모르는 단어 체크해서 암기	Unit 11. 문제 유형

DAY 16	DAY 17	DAY 18	DAY 19	DAY 20
Unit 12. 일상생활 1	Unit 13. 일상생활 2	Unit 14. 회사 생활 1	Unit 15. 회사 생활 2	Part 3 REVIEW TEST

DAY 21	DAY 22	DAY 23	DAY 24	DAY 25
Part 3 REVIEW TEST 다시보기 - 틀린 문제 다시 풀어보기 - 모르는 단어 체크해서 암기	Unit 16.문제 유형	Unit 17. 공지·안내방송	Unit 18. 전화·녹음 메시지	Unit 19. 방송·보도

DAY 26	DAY 27	DAY 28	DAY 29	DAY 30
Unit 20. 광고·인물 소개	Part 4 REVIEW TEST	Part 4 REVIEW TEST 다시보기 - 틀린 문제 다시 풀어보기 - 모르는 단어 체크해서 암기	Part 1&2 전체 다시보기 - 틀린 문제 다시 풀어보기 - 모르는 단어 체크해서 암기	Part 3&4 전체 다시보기 - 틀린 문제 다시 풀어보기 - 모르는 단어 체크해서 암기

DAY 31	DAY 32	DAY 33	DAY 34	DAY 35
Part 3·4 동의어 필수 표현 학습	MINI TEST 01	MINI TEST 02	MINI TEST 03	MINI TEST 01-03 다시보기 - 틀린 문제 다시 풀어보기 - 모르는 단어 체크해서 암기

DAY 36	DAY 37	DAY 38	DAY 39	DAY 40
MINI TEST 04	MINI TEST 05	MINI TEST 04-05 다시보기 - 틀린 문제 다시 풀어보기 - 모르는 단어 체크해서 암기	ACTUAL TEST	ACTUAL TEST 다시보기 - 틀린 문제 다시 풀어보기 - 모르는 단어 체크해서 암기

리스닝
기초 다지기

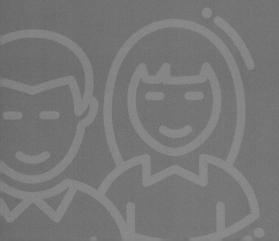

🇺🇸 미국식 발음 vs 영국식 발음 🇬🇧

토익 리스닝 시험에서는 미국식 발음뿐만 아니라, 영국, 호주, 뉴질랜드, 캐나다 등 미국 외의 다른 영어권 나라의 발음으로 문제가 출제되기도 한다. 한국의 토익 학습자들에게는 미국식 발음이 익숙하겠지만, 그 외 나라의 발음도 숙지해 두어야 발음 때문에 문제를 풀지 못하는 당황스런 상황을 피할 수 있다.

캐나다 발음은 미국식 발음과, 호주와 뉴질랜드 발음은 영국식 발음과 유사하므로 이 책에서는 크게 미국식 발음과 영국식 발음으로 나누어 학습하도록 한다.

자음의 대표적인 차이

1. /r/ 발음의 차이

> 🇺🇸 **미국**: 항상 발음하며 부드럽게 굴려 발음한다.
> 🇬🇧 **영국**: 단어 첫소리에 나오는 경우만 발음하고 끝에 나오거나 다른 자음 앞에 나오면 발음하지 않는다.

≫ 단어 끝에 나오는 /r/

	🇺🇸 미국식 발음	🇬🇧 영국식 발음		🇺🇸 미국식 발음	🇬🇧 영국식 발음
car	[카r]	[카-]	**wear**	[웨어r]	[웨에-]
her	[허r]	[허-]	**where**	[웨어r]	[웨에-]
door	[도r]	[도-]	**there**	[데어r]	[데에-]
pour	[포우어r]	[포우어-]	**here**	[히어r]	[히어-]
mayor	[메이어r]	[메에-]	**year**	[이여r]	[이여-]
sure	[슈어r]	[슈어-]	**repair**	[뤼페어r]	[뤼페에-]
later	[레이러r]	[레이터-]	**chair**	[췌어r]	[췌에-]
author	[어떠r]	[오떠-]	**fair**	[f페어r]	[f페에-]
cashier	[캐쉬어r]	[캐쉬어]	**hair**	[헤어r]	[헤에-]

≫ 자음 앞에 나오는 /r+자음/

	🇺🇸 미국식 발음	🇬🇧 영국식 발음		🇺🇸 미국식 발음	🇬🇧 영국식 발음
airport	[에어포트]	[에-포-트]	**short**	[쇼트]	[쇼-트]
award	[어워r드]	[어워드]	**turn**	[터언]	[터-언]
board	[보r드]	[보-드]	**alert**	[얼러r트]	[얼러트]
cart	[카r트]	[카-트]	**first**	[퍼스트]	[퍼스트]
circle	[써r클]	[써-클]	**order**	[오r더r]	[오-더]
concert	[컨써r트]	[컨써트]	**purse**	[퍼r스]	[퍼-스]

2. /t/ 발음의 차이

🇺🇸 **미국:** 모음 사이의 /t/를 부드럽게 굴려 [d]와 [r]의 중간으로 발음한다.
🇬🇧 **영국:** 모음 사이의 /t/를 철자 그대로 발음한다.

	🇺🇸 미국식 발음	🇬🇧 영국식 발음		🇺🇸 미국식 발음	🇬🇧 영국식 발음
bottom	[바름]	[버틈]	computer	[컴퓨러r]	[컴퓨터]
better	[베러r]	[베터]	item	[아이럼]	[아이틈]
chatting	[최링]	[최팅]	later	[레이러r]	[레이터]
getting	[게링]	[게팅]	meeting	[미링]	[미팅]
letter	[레러r]	[레터]	notice	[노리스]	[노티스]
little	[리를]	[리틀]	patio	[패리오]	[패티오]
matter	[매러r]	[매터]	water	[워러r]	[워타]
potted	[파리드]	[파티드]	waiter	[웨이러r]	[웨이터]
setting	[쎄링]	[쎄팅]	cater	[케이러r]	[케이터]
sitting	[씨링]	[씨팅]	competitor	[컴패리러r]	[컴패티터]
putting	[푸링]	[푸팅]	data	[데이러]	[데이터]

3. 모음 사이의 /nt/ 발음의 차이

🇺🇸 **미국:** /t/를 발음하지 않는다.
🇬🇧 **영국:** /t/를 철자 그대로 발음한다.

	🇺🇸 미국식 발음	🇬🇧 영국식 발음		🇺🇸 미국식 발음	🇬🇧 영국식 발음
Internet	[이너넷]	[인터넷]	twenty	[트웨니]	[트웬티]
interview	[이너r뷰]	[인터뷰]	advantage	[어드배니쥐]	[어드반티쥐]
entertainment	[에너r테인먼트]	[엔터테인먼트]	identification	[아이데니피케이션]	[아이덴티피케이션]
international	[이너r내셔널]	[인터내셔널]	representative	[레프레제네리브]	[레프리젠터티브]

4. /tn/ 발음의 차이

🇺🇸 미국: /t/로 발음하지 않고 한번 숨을 참았다가 /n/의 끝소리를 [응] 또는 [은]으로 콧소리를 내며 발음한다.
🇬🇧 영국: /t/를 그대로 살려 강하게 발음한다.

	🇺🇸 미국식 발음	🇬🇧 영국식 발음		🇺🇸 미국식 발음	🇬🇧 영국식 발음
button	[벋 · 은]	[버튼]	mountain	[마운 · 은]	[마운튼]
carton	[카r · 은]	[카튼]	written	[륀 · 은]	[뤼튼]
important	[임포r · 은트]	[임포턴트]	certainly	[써r · 은리]	[써튼리]

5. /rt/ 발음의 차이

🇺🇸 미국: /t/ 발음을 생략한다.
🇬🇧 영국: /r/ 발음을 생략하고 /t/ 발음은 그래도 살려서 발음한다.

	🇺🇸 미국식 발음	🇬🇧 영국식 발음		🇺🇸 미국식 발음	🇬🇧 영국식 발음
party	[파리]	[파-티]	reporter	[뤼포러r]	[뤼포-터]
quarter	[쿼러r]	[쿼-터]	property	[프라퍼리]	[프로퍼-티]

모음의 대표적인 차이

1. /a/ 발음의 차이

🇺🇸 미국: [애]로 발음한다.
🇬🇧 영국: [아]로 발음한다.

	🇺🇸 미국식 발음	🇬🇧 영국식 발음		🇺🇸 미국식 발음	🇬🇧 영국식 발음
can't	[캔트]	[칸트]	pass	[패쓰]	[파스]
grant	[그랜트]	[그란트]	path	[패쓰]	[파스]
plant	[플랜트]	[플란트]	vase	[베이스]	[바스]
chance	[챈스]	[찬스]	draft	[드래프트]	[드라프트]
advance	[어드밴쓰]	[어드반쓰]	after	[애프터]	[아프터]
answer	[앤써r]	[안써]	ask	[애스크]	[아스크]
sample	[쌤쁠]	[쌈플]	task	[태스크]	[타스크]
class	[클래스]	[클라스]	behalf	[비해프]	[비하프]
grass	[그래스]	[그라스]	rather	[래더r]	[라더]
glass	[글래스]	[글라스]	man	[맨]	[만]

2. /o/ 발음의 차이

🇺🇸 미국: [아]로 발음한다.
🇬🇧 영국: [오]로 발음한다.

	🇺🇸 미국식 발음	🇬🇧 영국식 발음		🇺🇸 미국식 발음	🇬🇧 영국식 발음
stop	[스탑]	[스톱]	bottle	[바를]	[보틀]
stock	[스탁]	[스톡]	model	[마를]	[모들]
shop	[샵]	[숍]	dollar	[달러r]	[돌라]
got	[갇]	[곧]	copy	[카피]	[코피]
hot	[핱]	[혿]	possible	[파써블]	[포쓰블]
not	[낫]	[놋]	shovel	[셔블]	[쇼블]
parking lot	[파r킹 랏]	[파킹 롯]	topic	[타픽]	[토픽]
knob	[납]	[놉]	doctor	[닥터]	[독타]
job	[잡]	[좁]	borrow	[바로우]	[보로우]
box	[박스]	[복스]	document	[다큐먼트]	[도큐먼트]

3. /i/ 발음의 차이

/i/가 영국식 발음에서 [아이]로 발음되는 경우가 있다.

	🇺🇸 미국식 발음	🇬🇧 영국식 발음		🇺🇸 미국식 발음	🇬🇧 영국식 발음
direct	[디렉트]	[다이렉트]	mobile	[모블]	[모바일]
either	[이더r]	[아이더]	organization	[오r거니제이션]	[오거나이제이션]

4. /ary/, /ory/ 발음의 차이

/ary/, /ory/ 가 영국식 발음에서 /a/, /o/를 빼고 [ry]만 발음되는 경우가 있다.

	🇺🇸 미국식 발음	🇬🇧 영국식 발음		🇺🇸 미국식 발음	🇬🇧 영국식 발음
laboratory	[래보러토리]	[러보러트리]	secretary	[쎄크러테뤼]	[쎄크러트리]

기타 발음의 차이

	🇺🇸 미국식 발음	🇬🇧 영국식 발음		🇺🇸 미국식 발음	🇬🇧 영국식 발음
advertisement	[애드버r타이즈먼트]	[어드버티스먼트]	garage	[거라쥐]	[개라쥐]
fragile	[프래절]	[프리쟈일]	often	[어픈]	[오프튼]
however	[하우에버r]	[하우에바]	schedule	[스케쥴]	[쉐쥴]

연음의 차이

	🇺🇸 미국식 발음	🇬🇧 영국식 발음		🇺🇸 미국식 발음	🇬🇧 영국식 발음
a lot of	[얼라럽]	[얼로톱]	not at all	[나래롤]	[나태톨]
get in	[게린]	[게틴]	out of stock	[아우롭스탁]	[아우톱스톡]
in front of	[인프러넙]	[인프론톱]	pick it up	[피끼럽]	[피키텁]
it is	[이리즈]	[잍티즈]	put on	[푸론]	[푸톤]
look it up	[루끼럽]	[룩키텁]	talk about it	[터꺼바우릿]	[오커바우틷]

1. The _____ will be held next week. 취업 박람회가 다음주에 개최됩니다.

2. She's the _____ a best-selling book. 그녀는 베스트셀러 도서의 작가입니다.

3. The _____. 시장님은 출장 중입니다.

4. _____ network technicians? 네트워크 기술자들을 더 고용하면 안될까요?

5. We need to advertise _____. 스포츠 신발 신제품 라인의 광고를 해야 합니다.

6. She is _____ into glasses. 그녀는 잔에 물을 붓고 있다.

7. You _____ last fall.
작년 가을에 당신 업체가 우리 회사 야유회에 음식을 공급했습니다.

8. _____ for me. 여섯 시 이후가 저에겐 편합니다.

9. Some _____ have been placed in a waiting area. 대기실에 몇 개의 화분이 놓여 있다.

10. _____ are the same. 많은 물건들이 똑같다.

11. Please sign on the _____. 마지막 페이지 하단에 서명해 주시기 바랍니다.

12. Do you know of a _____ in this area? 이 지역에 좋은 의사를 아시나요?

13. _____. 전혀요.

14. _____ posted on the Web site. 웹사이트에 게시된 구인광고를 봤습니다.

15. Why don't you _____ and speak to him? 의사에게 전화해서 말해 보세요.

16. What's _____ to the bank? 은행까지 가장 빠른 길은 무엇입니까?

17. _____ if she's available. 그녀가 시간이 괜찮은지 물어보겠습니다.

18. I'm so happy to see that _____ are here today.
모든 무용수 여러분이 오늘 여기에 온 것을 보니 매우 기쁩니다.

19. _____ hold some flowers. 유리로 된 화병에 꽃이 있다.

20. _____ travel in the morning or in the evening? 오전, 오후 중 언제 이동하겠습니까?

21. The shipment is _____. 배송이 지연되고 있습니다.

22. _____ is fine with me. 둘 중 아무거나 상관없습니다.

23. _____. 저도 해본 적이 없습니다.

24. Why wasn't _____ printed in the magazine?
왜 우리 광고가 잡지에 인쇄되지 않았나요?

25. Can you get me _____? 실험실 가는 길을 좀 알려주세요.

정답
1. job fair   2. author of   3. mayor is out of town   4. Can't we hire more   5. our new line of sports footwear
6. pouring water   7. catered our company outing   8. After six is better   9. potted plant   10. A lot of the items
11. bottom of the last page   12. good doctor   13. Not at all   14. I saw your job ad   15. call your doctor
16. the fastest way   17. I'll ask her   18. all you dancers   19. A glass vase   20. Would you rather
21. behind schedule   22. Either one   23. Neither have I   24. our advertisement   25. directions to the laboratory

RT 1

사진 문제

OVERVIEW

주어진 사진을 보고, 들려주는 4개의 보기 중에서 사진 속에 등장하는 인물의 동작이나 상태, 사물의 상태나 위치 등을 가장 정확하게 묘사한 것을 고르는 문제로 총 6문항이 출제된다.

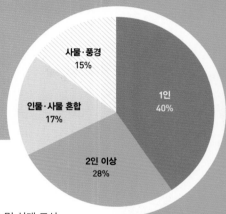

문제 유형

1인 사진 ▎ 한 사람이 등장, 인물의 동작과 옷차림 등의 상태 묘사

2인 이상 사진 ▎ 두 사람 이상 등장, 인물의 공통 동작, 상호 동작, 개별 동작 및 상태 묘사

인물·사물 혼합 사진 ▎ 인물과 사물이 함께 등장하여 동시에 혼합적으로 묘사

사물·풍경 사진 ▎ 사람이 등장하지 않고 사물과 풍경 중심, 사물의 위치나 전체적 풍경 묘사

출제 포인트

- 인물 중심 사진에서 인물의 동작이 아니라 상태를 묘사하는 정답이 더 자주 출제되고 있다.
- 인물 중심 사진이더라도 사람 주변의 사물이나 배경을 묘사하는 정답도 출제된다.
- 사물·풍경 사진을 현재형 일반동사로 묘사하는 정답이 출제된다.

PART 1 이렇게 대비하자!

- Part 1에 자주 출제되는 사진의 상황별 빈출 표현들을 정리하여 암기한다.
- Part 1에서는 정답을 찾기보다 오답을 소거해야 한다. 평소 문제 풀이를 하면서 오답 보기들이 왜 정답이 될 수 없는지를 완벽하게 이해한다.
- 문제 풀이에서 틀린 문제들을 중점적으로 반복 청취하면서 문장 단위로 받아쓰기 연습을 하고, 듣고 따라 말하는(shadowing) 청취 훈련이 필요하다.

PART 1 오답 소거법

1. 혼동되는 상태 동사와 동작 동사를 이용한 오답

(A) He is wearing glasses. ◎

남자는 안경을 착용한 상태이다.

(B) He is putting on glasses. ✗

남자는 안경을 착용하고 있는 중이다.

wear와 put on은 한국어로는 둘 다 '입다, 착용하다'로 해석이 되지만 wear는 착용한 상태를 나타내고 put on은 착용하는 동작을 나타내므로 주의해야 한다.

2. 사진에 없는 사람, 사물, 동작을 연상시키는 오답

(A) He is holding a lid of a machine. ◎

남자는 기계의 덮개를 손으로 잡고 있다.

(B) He is putting some papers on a machine. ✗

남자는 기계 위에 서류를 놓고 있다.

복사하기 위해서는 복사기 위에 서류를 놓아야 한다는 것을 연상해 (B)를 답으로 고를 수 있지만, 사진에 papers(서류)가 없기 때문에 답이 될 수 없다.

3. 혼동되는 유사 발음의 단어를 이용한 오답

(A) She is riding bicycles. ◎

여자는 자전거를 타고 있다.

(B) She is writing on a notepad. ✗

여자는 메모장에 무언가를 쓰고 있다.

맞는 표현은 is riding bicycles(자전거를 타고 있다)이지만 riding과 유사한 발음의 writing을 이용하여 is writing on a notepad(메모장에 무언가를 쓰고 있다)라는 전혀 다른 내용의 함정이 나온다.

4. 여러 가지 의미가 있는 다의어를 이용한 오답

(A) The man is pushing a stroller. ◎

남자가 유모차를 밀고 있다.

(B) They are walking toward the car park. ✗

사람들이 주차장 쪽으로 걸어가고 있다.

park라는 단어만 듣고 사진에 나와 있는 공원을 연상해서 (B)를 답으로 고를 수 있는데, park의 다른 의미를 이용한 함정 문제이다. park는 '공원'이라는 뜻도 있지만 주차와 관련된 의미로도 많이 출제되므로 park(v. 주차하다), parking lot / car park(주차장) 등의 주차와 관련된 표현에 주의한다.

[p] / [f]	copy 복사하다 / **coffee** 커피	**peel** 껍질을 벗기다 / **feel** 느끼다
	pan 냄비 / **fan** 선풍기, 부채	**pull** 당기다 / **full** 가득 찬
	pass 지나가다 / **fast** 빠른	**pile** 더미; 쌓다 / **file** 파일(을 철하다)
[b] / [v]	base (사물의) 맨 아랫부분 / **vase** 꽃병	**cupboard** 찬장 / **cover** 덮개; 덮다
	bend 구부리다 / **vend** 팔다	**curb** 도로 경계석 / **curve** 커브
[s] / [θ]	boss 상사 / **both** 둘 다	**pass** 지나가다 / **path** 길
[s] / [z]	close 가까운 / **clothes** 옷	**race** 경주 / **raise** 들어 올리다
[l] / [r]	close 가까운, 닫다 / **cross** 건너다	**lap** 무릎 / **lab** 실험실 / **wrap** 싸다
	cloud 구름 / **crowd** 군중	**lead** 이끌다 / **read** 읽다
	glass 잔 / **grass** 잔디	**load** 짐을 싣다 / **road** 도로
	lace 끈 / **race** 경주	**lock** 잠그다 / **rock** 바위
	lamp 등 / **ramp** 경사로	**lid** 뚜껑 / **rid** 없애다
	lane 차선 / **rain** 비	**tile** 타일 / **tire** 타이어
[t] / [d]	letter 편지 / **ladder** 사다리	**writing** 쓰기 / **riding** 타기
기타	address 연설하다 / **dress** 드레스	**hold** 들다 / **fold** 접다
	alone 혼자 / **along** ~을 따라서 / **long** 긴	**horse** 말 / **hose** 호스
	books 책들 / **box** 상자	**car** 차 / **cart** 카트
	sail 항해하다 / **sell** 팔다	**chair** 의자 / **share** 공유하다
	seat 좌석 / **sit** 앉다	**stack** 더미; 쌓다 / **stock** 채우다
	draw 그리다 / **throw** 던지다	**track** (지나간) 자국 / **rack** 선반
	fish 낚시하다 / **finish** 끝내다	**fountain** 분수 / **mountain** 산

assemble	① 모이다
	② 조립하다
board	① 게시판
	② 이사회
	③ 타다
book	① 책
	② 예약하다
carry	① 운반하다
	② 취급하다
check	① 수표
	② 확인하다
place	① 장소
	② 놓다
water	① 물
	② 물을 주다
wave	① 파도
	② 흔들다
cover	① 덮다, 씌우다
	② 포함하다
park	① 공원
	② 주차하다

plant	① 식물
	② 공장
	③ 심다
point	① 요점
	② 가리키다
present	① 선물
	② 참석한
	③ 보여주다, 제시하다
produce	① 농작물
	② 생산하다
sign	① 간판, 표지판
	② 서명하다
take off	① 이륙하다
	② 벗다, 풀다
light	① (전)등
	② 가벼운
	③ 불을 붙이다
locate	① 두다
	② ~의 위치를 찾아내다
lot	① 부지
	② 많은

UNIT 01 시제와 태

Part 1에 출제되는 사진 속에는 일상생활이나 비즈니스 상황에서 흔히 볼 수 있는 다양한 장면이 순간적으로 포착되어 있다. 사진에 포착된 사람의 모습은 대부분 현재진행형으로 묘사되며, 사물의 모습은 현재 시제, 현재 수동태, 현재완료 수동태로 묘사된다.

✓ 주요 시제와 태

인물 묘사 문장의 90% 이상은 현재진행형이고, 사물 묘사 문장은 대부분 현재 시제, 현재완료 수동태이다.

	동사의 형태	주요 묘사 대상	출제 빈도
현재진행	be동사(is/are) + 현재분사(V-ing)	동작이나 움직임 또는 상태 묘사	60%
현재진행 수동태	be동사(is/are) + being + 과거분사(p.p.)	사물 주어로 인물의 동작 묘사	5%
현재완료	has/have + 과거분사(p.p.)	이미 완료된 동작이나 움직임 묘사	3%
현재시제	be동사(is/are) + 전치사구, 일반동사의 현재형	위치나 상태 또는 풍경 묘사	12%
현재 수동태	be동사(is/are) + 과거분사(p.p.)	위치나 상태 또는 풍경 묘사	12%
현재완료 수동태	has/have + been + 과거분사(p.p.)	사물의 위치나 상태 또는 풍경 묘사	10%

1. 현재진행: be동사 + V-ing

▶ Part 1에서 가장 많이 등장하는 현재진행형은 '지금 일어나고 있는 일'을 의미한다.

▶ 주로 인물의 동작이나 상태를 묘사하지만, 사물의 움직임이나 상태를 묘사하기도 한다.

주어가 ~하는 중이다
⋯→ 주어 + is/are + V-ing

Ⓐ The man **is looking** at a watch. 남자가 시계를 보고 있다. [동작]

The man **is wearing** a watch. 남자가 시계를 착용하고 있다. [상태]

Ⓑ The boat **is sailing** on the river. 배가 강에서 항해하고 있다. [움직임]

The buildings **are overlooking** the river. 건물들이 강을 내려다보고 있다. [상태]

2. 현재진행 수동태: be동사 + being + p.p

▶ 현재진행 수동태는 '주어가 (지금) ~되다[당하다]'라는 의미이다. Part 1 사진 묘사에서 현재진행형 수동태는 주로 '사물 주어'에게 어떤 동작이 가해지고 있는지를 묘사한다.

주어가 ~되어지는 중이다
⋯⋯ 주어 + is / are + being + p.p.

C A sofa **is being moved**. 가구가 옮겨지고 있다. [현재진행 수동태]
= They are moving a sofa. 사람들이 소파를 옮기고 있다. [현재진행 능동태]

3. 현재완료: has / have + p.p.

▶ 현재완료형은 '이미 완료한 일'을 의미한다. 사진이 포착된 순간까지 주어의 어떤 동작이나 움직임이 완료된 상태임을 나타낸다.

주어가 ~했다
⋯⋯ 주어 + has / have + p.p.

D Some people **have gathered** at a table. 사람들이 식탁에 모였다. [동작이 완료된 상태]
E The train **has arrived** at the station. 기차가 역에 도착했다. [움직임이 완료된 상태]

🎧 P1-01

Warm-up 음성을 듣고 사진을 바르게 묘사한 보기를 고른 후, 빈칸을 채우세요. (보기는 3번 들려줍니다.)   해설서 p.2

1.

(A) The woman is _____ on a keyboard.
(B) The woman is _____ from a cup.

2.

(A) Cars are _____ along the river.
(B) Cars have _____ at a traffic light.

4. 현재시제 2: be동사 + 전치사구

▶ 〈be동사 + 장소/위치를 나타내는 전치사구〉는 '~에 있다'라는 의미이다. 주로 사물의 위치나 사람이 있는 장소를 묘사한다.

주어가 ~에 있다
···▶ 주어 + is / are + 전치사구

~에 주어가 있다
···▶ There is / are + 주어 + 전치사구

Ⓐ A potted plant **is beside the couch.** 화분이 소파 옆에 있다.

There is a picture **on the wall.** 벽에 액자가 걸려 있다.

5. 현재시제 3: be동사 + 형용사

▶ 〈be동사 + 형용사〉는 사물의 상태를 묘사한다.

주어가 ~인 상태이다
···▶ 주어 + is / are + 형용사

Ⓐ A The sofa **is unoccupied.** 소파가 비어 있다(자리가 비어 있다).

Ⓕ The walkway **is paved.** 도보가 포장되어 있다.

6. 현재 수동태: be동사 + p.p.

▶ 현재 수동태는 주로 사물의 위치 또는 상태를 묘사한다. 인물 묘사에서는 '앉아 있다(be seated)'와 '모여 있다(be gathered)' 등이 자주 출제된다.

주어가 ~되어져 있다

⋯ 주어 + is / are + p.p. + 전치사구

A A potted plant **is placed** beside the couch. 화분이 소파 옆에 놓여 있다.
B Some merchandise **is displayed** on shelves. 몇몇 상품이 선반에 진열되어 있다.
C They **are seated** side by side. 사람들이 나란히 앉아 있다.
E The chairs **are arranged** at the table. 의자들이 탁자 주변에 놓여 있다.

7. 현재완료 수동태: has / have + been + p.p.

▶ 현재완료 수동태는 사물이 과거부터 지금까지 동일한 상태를 유지하고 있을 때 쓰인다. 단, 사진은 어떤 한 순간을 포착한 것이므로 Part 1에서는 현재 수동태와 현재완료 수동태의 의미상의 차이가 거의 없다.

주어가 ~되어 있다

⋯ 사물 주어 + has / have + been + p.p.

A A potted plant **has been placed** beside the couch. 화분이 소파 옆에 놓여 있다.
B Some merchandise **has been displayed** on shelves. 몇몇 상품이 선반에 진열되어 있다.
D The door **has been left open**. 문이 열려 있다.
E The table **has been set** for a meal. 식탁이 차려져 있다.

8. 현재시제 1: 일반동사의 현재형

▶ 현재시제는 사물의 위치나 상태, 또는 풍경을 묘사한다. 풍경을 묘사할 때는 '뻗어 있다(extend)', '~로 이어져 있다(lead to)', '나뉘어 있다(separate)' 등이 자주 출제된다.

주어가 ~하다

⋯ 사물 주어 + 일반동사 (+ 전치사구)

F A path **extends** along the water. 길이 물가를 따라 나 있다.

🎧 P1-02

Warm-up   음성을 듣고 사진을 바르게 묘사한 보기를 고른 후, 빈칸을 채우세요. (보기는 3번 들려줍니다.)   해설서 p.2

3.

(A) _____ a cup on the desk.
(B) A cup _____ on the desk.

4.

(A) Flowers _____ in a vase.
(B) Flowers _____ in a vase.

Exercise

1.

(A) A woman is _____ glasses.

(B) A woman is _____ a book.

(C) A woman is _____ on a notebook.

2.

(A) A man is _____ with a machine.

(B) A man is _____ a tire.

(C) A man is _____ safety gloves.

3.

(A) She is _____ on some clothes.

(B) She is _____ some clothing.

(C) Some merchandise _____.

4.

(A) Some clocks _____ on the wall.

(B) A woman is _____ for groceries.

(C) Items _____ on the shelf.

5.

(A) _____ a bench next to a path.

(B) A walkway _____.

(C) A bench _____.

6.

(A) He is _____ some items.

(B) The shelves _____ items.

(C) He is _____ the glass case.

🎧 P1-04   음성을 듣고 사진을 가장 잘 묘사한 보기를 고르세요.

해설서 p.4

1.

(A)
(B)
(C)
(D)

4.

(A)
(B)
(C)
(D)

2.

(A)
(B)
(C)
(D)

5.

(A)
(B)
(C)
(D)

3.

(A)
(B)
(C)
(D)

6.

(A)
(B)
(C)
(D)

7.

(A)

(B)

(C)

(D)

10.

(A)

(B)

(C)

(D)

8.

(A)

(B)

(C)

(D)

11.

(A)

(B)

(C)

(D)

9.

(A)

(B)

(C)

(D)

12.

(A)

(B)

(C)

(D)

인물 중심 사진

Part 1의 사진은 크게 사람이 등장하는 사진과 사물이나 풍경이 나오는 사진으로 나뉜다. 사람이 등장하는 인물 중심 사진은 주로 인물의 동작이나 상태를 가장 정확하게 묘사하는 보기가 정답이 된다.

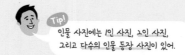

⚙ 문제 풀이 전략 **한 사람이 등장하는 사진**

한 사람이 책상에서 컴퓨터를 사용하거나 사무기기나 기계 등을 다루는 모습, 전화 통화하는 모습, 쇼핑하는 모습, 집안일을 하거나 정원을 가꾸는 모습 등이 자주 출제된다.

1. 인물의 동작 묘사 1: 현재진행 시제

▶ 1인 중심 사진의 선택지는 대부분 사진 속 인물이 주어이다. 주어(She, He, The woman, The man)가 동일하므로 답은 동사에 있다.

▶ 인물의 동작은 주로 현재진행 시제(be동사 + V-ing)로 묘사한다.

Ⓐ He **is using** a computer. ⭕ 남자가 컴퓨터를 사용하고 있다.
He **is fixing** a machine. ❌ 남자가 기계를 수리하고 있다.

Ⓑ She **is painting** the ceiling. ⭕ 여자가 천장을 칠하고 있다.
She **is carrying** a ladder. ❌ 여자가 사다리를 옮기고 있다.

Ⓒ The woman **is shopping** for some merchandise. ⭕ 여자가 상품을 쇼핑하고 있다.
The woman **is carrying** a bag. ❌ 여자가 가방을 들고 있다.

2. 인물의 동작 묘사 2: 현재진행 수동태

▶ 사물에 행해지는 인물의 동작을 현재진행 수동태(be동사 + being + p.p.)로 묘사할 수 있다. 주어는 사물이지만 실제로는 사람의 동작을 묘사한다.

B The ceiling **is being painted.** 천장이 페인트칠 되고 있다. [사물 주어 + is/are + being + p.p.]

= She **is painting** the ceiling. 여자가 천장에 페인트칠하고 있다. [사람 주어 + is/are + V-ing]

3. 인물의 상태 묘사: 현재진행 시제

▶ 인물의 상태 묘사는 주로 인물의 복장이나 소지품, 또는 자세를 묘사한다. 안경이나 시계 등을 착용한 모습이나 무언가 들여다보거나 서 있는 모습 등을 현재진행 시제(be동사 + V-ing)로 묘사한다.

A He **is wearing** glasses. 남자가 안경을 쓰고 있다.

He **is sitting** at a desk. 남자가 책상에 앉아 있다.

B She **is standing** on a ladder. 여자가 사다리 위에 서 있다.

C A woman **is examining** a product. 여자가 물건을 살펴보고 있다.

A woman **is holding** a product. 여자가 물건을 들고 있다.

Tip! 예를 들어, 사진에서 여자가 이미 선글라스를 끼고 있는데, 여자가 현재 선글라스를 끼고 있는 중(동작)이라고 잘못 묘사한 보기가 오답 보기로 자주 출제가 되고 있어.

주의! 상태 동사와 동작 동사를 서로 잘못 묘사한 오답이 자주 출제된다.

상태	동작
be wearing 입고 있는 상태	be putting on, be trying on 입는 중인 동작 be taking off, be removing 벗는 중인 동작
be holding 들고 있는 상태 be grasping 움켜잡고 있는 상태	be carrying, be moving 나르는 중인 동작 be picking up, be lifting 들어 올리는 중인 동작
be riding 타 있는 상태 be sitting 앉아 있는 상태	be getting on/into, be boarding, be entering 타는 중인 동작 be getting out/off, be exiting, be disembarking 내리는 중인 동작

4. 인물 주변의 사물·배경 묘사: There is/are + 주어 + 전치사구, be동사 + 전치사구

▶ 인물 중심 사진이지만 주변 사물이나 배경을 묘사하는 정답이 출제되기도 한다.

A **There is** a monitor **beside the man.** 남자 옆에 모니터가 있다.

B **There are** objects scattered **on the floor.** 바닥에 물건들이 널려 있다.

A bucket is **on the floor.** 양동이가 바닥에 있다.

(A) A woman is holding a cup.
(B) A woman is folding a magazine.
(C) A woman is serving a drink.
(D) A woman is putting on her glasses.

정답 (A)

해석 (A) 여자가 컵을 들고 있다.
(B) 여자가 잡지를 접고 있다.
(C) 여자가 음료를 내고 있다.
(D) 여자가 안경을 쓰는 중이다.

어휘 **hold** 들다 | **put on** 쓰다, 착용하다 | **glasses** 안경

정답
공략
하기

① 인물의 동작이나 상태 확인하기
여자가 컵을 손에 든 채 신문을 보고 있는 장면이다. 여자는 안경을 쓴 상태이며 자리에 앉아 있다.

② 오답 소거하기
(A) ⊙ 여자가 컵을 들고 있는 모습을 묘사했으므로 정답
(B) ✗ 여자가 신문을 보고 있는 모습을 잡지를 접는 동작으로 묘사했으므로 오답
(C) ✗ 여자가 컵을 들고 있는 모습에서 음료를 제공하는 동작을 연상하여 묘사했으므로 오답
(D) ✗ 여자가 이미 안경을 착용하고 있는 상태(wearing)를 착용하는 동작(putting on)으로 잘못 묘사했으므로 오답

③ 가능한 정답
She is reading a newspaper. 여자가 신문을 읽고 있다.
She is wearing her glasses. 여자가 안경을 착용하고 있다.
She is sitting at a desk. 여자가 책상에 앉아 있다.

오답 유형 정리

1. 사진에 없지만 연상하기 쉬운 사물을 사진 속 인물의 동작과 연결한 오답
2. 사진 속 장면에서 연상하기 쉬운 동작을 이용한 오답
3. 상태 동사와 동작 동사를 바꾸어 묘사한 오답

오답 표현 ✗
She is serving a meal.
여자가 식사를 내고 있다.

정답 표현 ⊙
She is holding a baking tray.
여자가 구이판을 잡고 있다.

Warm-up

음성을 듣고 (A)와 (B)의 빈칸을 채운 후, 사진을 잘 묘사한 보기를 고르세요. (보기는 3번 들려줍니다.)

해설서 p.7

(A) A man is _____ into a microscope.

(B) A man is _____ a telescope.

(A) A woman is _____ on a ladder.

(B) A woman is _____ a letter.

(A) A man is _____ a performance.

(B) A man is _____ a speech.

(A) A woman is _____ some goods.

(B) A woman is _____ some goods.

(A) The man is _____ at the monitor.

(B) The man is _____ at a construction site.

(A) The woman is _____ a book at a library.

(B) The woman is _____ a book from the shelves.

2

오답 표현 ❌

She **is riding** a bicycle.
여자가 자전거를 타고 있다.

정답 표현 ⭕

She is pushing her bike.
여자가 자전거를 끌고 가고 있다.

3

오답 표현 ❌

The man **is picking up** a power tool. 남자가 전동 공구를 들어 올리고 있다.

정답 표현 ⭕

The man is using a power tool.
남자가 전동 공구를 사용하고 있다.

문제 풀이 전략 두 사람 이상이 등장하는 사진

사무실에서 두 사람이 대화를 나누거나 여러 사람이 회의하는 모습, 상점이나 식당에서 점원이 고객을 응대하는 모습, 거리를 지나가는 사람들의 모습이나 공원 등에서 야외 활동을 하는 사람들의 모습이 자주 출제된다.

A

B

C

1. 인물들 사이의 공통된 동작·상태 묘사

▸ 여러 사람이 함께 무엇을 보고 있거나 탁자에 둘러앉아 있는 모습, 또는 공통된 옷차림 등을 묘사한다.

▸ 두 사람이 악수하거나 손을 잡고 걷는 모습, 물건을 함께 나르는 모습 등을 묘사한다.

전체를 묘사하는 주어: The audience, The crowd, They, People, The women, The men

Tip! 주어가 사진에 등장하는 전체 인물들을 묘사하는지 대부분의 인물들을 묘사하는지 주의해야 해.

Ⓐ **The audience** is watching a presentation. 청중이 발표를 보고 있다.
People are gathered in a group. 사람들이 무리 지어 모여 있다.

Ⓑ **They** are looking at a map. 사람들이 지도를 보고 있다.
They are sitting next to each other. 사람들이 나란히 앉아 있다.

Ⓒ **People** are watching a performance outdoors. 사람들이 밖에서 공연을 보고 있다.

2. 한 사람 또는 일부의 동작·상태 묘사

▸ 등장하는 인물들 중에서 일부 사람들 또는 한 사람만 하는 행동을 묘사한다.

일부를 묘사하는 주어: Some people / men / workers / customers, Some of them

여러 명 중 한 명을 묘사하는 주어: A man / woman, The man / woman, One of the people, One of them

Ⓐ **A woman** is standing near the chart. 여자가 차트 근처에 서 있다.
The audience is watching a presentation. 청중이 프레젠테이션을 보고 있다.

Ⓑ **The man** is wearing a camera. 남자가 카메라를 메고 있다.
The woman is holding a map. 여자가 지도를 들고 있다.

Ⓒ **Two men** are playing the guitar. 두 남자가 기타를 치고 있다.
Some people are sitting in chairs. 몇몇 사람들이 의자에 앉아 있다.

3. 인물들의 동작과 상태를 서로 바꿔서 잘못 묘사하는 오답

▶ 두 명 이상이 서로 다른 동작을 하는 사진이 나오면 주어를 정확히 듣고 남자와 여자가 하는 행동을 구분해야 한다.

Tip!
남녀의 동작과 상태를
서로 바꿔서 잘못 묘사한
보기가 오답 보기로 출제가
되고 있어.

Ⓐ **A woman** is standing near the board. ◉ 여자가 보드 근처에 서 있다.
A man is standing near the board. ✕ 남자가 보드 근처에 서 있다.

Ⓑ **The man** is wearing a camera. ◉ 남자가 카메라를 메고 있다.
The woman is wearing a camera. ✕ 여자가 카메라를 메고 있다.
The woman is holding a map. ◉ 여자가 지도를 들고 있다.
The man is holding a map. ✕ 남자가 지도를 들고 있다.

4. 한 사람 또는 일부의 동작·상태를 전체 인물의 공통 동작·상태로 잘못 묘사하는 오답

▶ 인물 전체를 묘사하는 all, every, both, each, entire, none이 들리면 공통적인 동작·상태인지 여부를 확인해야 한다.

Ⓐ **Some people** are sitting in chairs. ◉ 몇몇 사람들이 의자에 앉아 있다.
They are **all** sitting in chairs. ✕ 사람들은 모두 의자에 앉아 있다.

Ⓑ **A man** is wearing a hat. ◉ 남자가 모자를 쓰고 있다.
They are **both** wearing hats. ✕ 사람들은 둘 다 모자를 쓰고 있다.

Q2

(A) Shoppers are browsing in a store.
(B) One of the men is picking up a shopping bag.
(C) One of the men is standing behind a counter.
(D) Customers are trying on some clothes.

🎧 P1-07 호주

정답   (C)

해석   (A) 쇼핑객들이 가게를 둘러보고 있다.
(B) 남자들 중 한명이 쇼핑백을 건네고 있다.
(C) 남자들 중 한명이 계산대 뒤에 서 있다.
(D) 한 여자가 옷을 입어 보고 있다.

어휘   **browse** (가게 안의 물건들을) 둘러보다 | **pick up** 들어올
리다 | **try on some clothes** 옷을 입어보다

정답
공략
하기

① 인물들의 공통된 동작/상태 또는 개별적인 동작/상태 확인하기
옷 가게에서 쇼핑을 하고 있는 여자와 남자, 그리고 남자 점원이 등장하고 있다.
남자 고객이 계산하기 위해 점원에게 신용카드를 건네고 있다.

② 오답 소거하기
(A) ❌ 가게를 둘러보는 것이 아니라 계산대에서 계산하고 있으므로 오답
(B) ❌ 남자 고객이 카드를 건네고 있는 모습을 사진에 없는 쇼핑백을 이용해서 묘사했으므로 오답
(C) ⭕ 남자 점원이 계산대 뒤에 서 있는 모습을 묘사했으므로 정답
(D) ❌ 여자 고객이 옷을 입어 보고 있지 않으며 흔히 옷 가게에서 일어날 수 있는 동작을 연상지어 묘사했으므로 오답

③ 가능한 정답
They are in a clothing shop. 사람들은 옷 가게에 있다.
A man is handing a card to the clerk. 한 남자가 점원에게 카드를 건네고 있다.
A man is helping customers. 한 남자가 손님들을 응대하고 있다.
Some people are being helped at a counter. 몇몇 사람들이 계산대에서 도움을 받고 있다.

 오답 유형 정리

1. 한 사람의 동작을 모든 사람들의 공통 동작
   으로 묘사한 오답

2. 사진에 없는 사물을 인물의 동작과 연결한
   오답

3. 사진 속 장소에서 흔히 일어날 수 있는
   동작을 연상하여 묘사한 오답

오답 표현 ❌

Some people are playing
instruments.
몇몇 사람들이 악기를 연주하고 있다.

정답 표현 ⭕

Some people are standing on
the street.
몇몇 사람들이 길에 서 있다.

Warm-up

음성을 듣고 (A)와 (B)의 빈칸을 채운 후, 사진을 잘 묘사한 보기를 고르세요. (보기는 3번 들려줍니다.)

해설서 p.7

7

(A) People are _____ a bus.

(B) People are _____ a bus.

8

(A) They're _____ hands.

(B) They're _____ their hands.

9

(A) People are _____ the plane.

(B) People are _____ in line.

10

(A) They're _____ some documents together.

(B) They're _____ a document together.

11

(A) People are _____ outside.

(B) People are _____ the table.

12

(A) They're _____ a _____.

(B) They're _____ a _____.

2

오답 표현 ❌

People are reading some handouts.

사람들이 유인물을 보고 있다.

정답 표현 ⭕

People are listening to a speaker.

사람들이 발표자의 말을 듣고 있다.

3

오답 표현 ❌

Some people are setting up the table.

몇몇 사람들이 상을 차리고 있다.

정답 표현 ⭕

Some people are seated at the table.

몇몇 사람들이 식탁에 앉아 있다.

Exercise

해설서 p.8

🎧 P1-09 음성을 듣고 사진을 바르게 묘사한 보기를 두 개씩 고른 후, 빈칸을 채우세요. (보기는 3번 들려줍니다.)

1.

(A) He is _____ on a keyboard.

(B) He is _____ on the phone.

(C) He is _____ some _____.

2.

(A) A woman is _____ a shirt.

(B) A woman is _____ some water.

(C) A woman is _____ a menu.

3.

(A) A woman is _____ over.

(B) Plates _____ in the dishwasher.

(C) A woman is _____ dishes in a sink.

4.

(A) Cyclists are _____ along the street.

(B) Cyclists are _____ the same direction.

(C) People are _____ their bicycles.

5.

(A) Camera equipment _____ outdoors.

(B) A man is _____ a sign.

(C) A car _____ by the sidewalk.

6.

(A) A man is _____ a box.

(B) They are _____ safety helmets.

(C) A man is _____ a ladder.

🎧 P1-10 음성을 듣고 사진을 가장 잘 묘사한 보기를 고르세요.　　　해설서 p.10

1.

(A)
(B)
(C)
(D)

4.

(A)
(B)
(C)
(D)

2.

(A)
(B)
(C)
(D)

5.

(A)
(B)
(C)
(D)

3.

(A)
(B)
(C)
(D)

6.

(A)
(B)
(C)
(D)

7.

(A)

(B)

(C)

(D)

10.

(A)

(B)

(C)

(D)

8.

(A)

(B)

(C)

(D)

11.

(A)

(B)

(C)

(D)

9.

(A)

(B)

(C)

(D)

12.

(A)

(B)

(C)

(D)

인물 사진 문제 필수 표현

1. 『보다』류의 동작 표현

be looking at 보고 있다
be viewing 보고 있다
be reviewing (서류 등을) 보고 있다, 검토하고 있다
be examining 살펴보고 있다
be inspecting 점검하고 있다, 검사하고 있다

be watching 보고 있다
be browsing 둘러 보고 있다
be reading 읽고 있다
be studying (메뉴 등을) 살펴보고 있다
be checking 살펴보고 있다, 점검하고 있다

2. 『말하다』류와 회의 관련 동작 표현

be talking 이야기하고 있다
be having a conversation 대화하고 있다
be having a meeting 회의를 하고 있다
be taking notes 메모하고 있다
be addressing 연설하고 있다
be shaking hands 악수하고 있다
be applauding 박수 치고 있다

be chatting 대화하고 있다
be discussing 논의하고 있다
be attending a meeting 회의에 참석하고 있다
be giving a presentation 발표하고 있다
be giving a speech 연설하고 있다, 사람들 앞에서 말하고 있다
be greeting each other 서로 인사를 나누고 있다
be distributing (자료 등을) 나눠주고 있다

3. 『먹다』류와 식당 관련 동작 표현

be eating 먹고 있다
be dining 식사하고 있다
be drinking 마시고 있다
be setting the table 식탁을 차리고 있다
be placing an order 주문하고 있다

be having 먹고 있다
be having a meal 식사하고 있다
be sipping (조금씩) 마시고 있다
be pouring (물을) 따르고 있다
be taking an order 주문받고 있다

4. 『청소하다』류와 집안일 관련 동작 표현

be cleaning 청소하고 있다
be mopping (대걸레로) 닦고 있다
be sweeping (빗자루로) 쓸고 있다
be raking (낙엽 등을) 갈퀴로 긁어모으고 있다
be mowing 잔디를 깎고 있다
be operating 작동하고 있다

be washing (창문 등을) 닦고 있다, 씻고 있다
be wiping (행주 등으로) 닦고 있다
be vacuuming 진공청소기로 청소하고 있다
be polishing (윤이 나도록) 닦고 있다
be handling 다루고 있다
be maneuvering 조종하고 있다

5. 『걷다』 관련 동작 표현

be walking 걷다, 산책하고 있다
be strolling 걷고 있다, 거닐고 있다

be taking a walk 산책하고 있다

6. 인물의 자세 관련 주요 표현

be standing 서 있다

be seated 앉아 있다

be squatting 쪼그리고 있다

be bending over 허리를 구부리고 있다

be sitting 앉아 있다

be sharing a bench 벤치에 같이 앉아 있다

be crouching 쭈그리고 있다, 웅크리고 있다

be leaning 기대고 있다

7. 쇼핑 관련 동작 표현

be paying (계산대에서) 지불하고 있다

be browsing 둘러보고 있다, 구경하고 있다

be trying 입어 보다, 해 보다

be wheeling (바퀴 달린 것을) 밀고 있다, 끌고 있다

be loading (짐을) 싣고 있다

be purchasing 구매하고 있다

be examining 자세히 살펴보고 있다

be pushing (카트 등을) 밀고 있다

be lining up 줄 서 있다

be unloading (짐을) 내리고 있다

8. 사무실 관련 표현

be sitting at the desk 책상에 앉아 있다

be concentrating on 집중하고 있다

be using a computer 컴퓨터를 사용하고 있다

be typing on the keyboard 키보드를 치고 있다

be tiding up the desk 책상 정리를 하고 있다

be talking on the phone 통화하고 있다

be working at the desk 책상에 앉아 일하고 있다

be working on a document 문서 작업을 하고 있다

be looking at the computer monitor 컴퓨터 모니터를 보고 있다

be resting one's arms on the desk 팔을 책상에 올려놓고 있다

be organizing files 파일을 정리하고 있다

be making copies 복사하고 있다

9. 기타 동작 관련 표현

be pointing 가리키고 있다

be adjusting 조정하고 있다

be stirring 젓고 있다

be fastening 매고 있다, 고정하고 있다

be passing 건네고 있다

be reaching for (손이나 팔을) 뻗고 있다

be hanging 걸고 있다

be waving (손을) 흔들고 있다

be handing 건네고 있다

be holding (무언가를) 들고 있다

10. 사람을 나타내는 주요 명사들

clerk 직원, 점원

shopper 쇼핑하는 손님

artist 예술가

performer 연주자

audience 청중

pedestrian 보행자

tourist 관광객

conductor 지휘자, (버스나 기차의) 승무원

presenter 발표자

customer 손님

diner 식당의 손님

musician 음악가

crowd 군중

spectator 관중

cyclist 자전거 타는 사람

passenger 승객

speaker 연설자

participant 참가자

UNIT 03

사물·풍경 중심 사진

사물·풍경 중심 사진은 인물이 전혀 등장하지 않는 유형으로, 주로 사물의 위치나 배열 상태를 묘사하는 선택지가 정답이다.

⚙ 문제 풀이 전략

사물·풍경 사진에서 사람을 주어로 하는 보기가 등장하거나 사진에 등장하지 않은 사물이 들리면 바로 소거한다.

▶ **자주 나오는 사물 주어:** car 자동차 | merchandise 상품 | path 작은 길 | plant 식물 | table 탁자, 식탁

▶ **자주 나오는 동사:** be arranged 정리되어 있다 | be displayed 진열되어 있다 | be left ~인 채로 있다 | be lined up 줄지어 있다 | be located ~에 있다 | be placed 놓여 있다 | be put 놓여 있다 | be set up 차려져 있다 | be sorted 분류되어 있다 | be on a cart 카트에 있다 | be on display 진열/전시 중이다

1. 사람을 언급하거나 사진에 없는 사물을 언급한 오답

▶ 사물·풍경 사진에서 주어가 사람인 선택지는 무조건 오답이다.

Ⓐ **A woman** is reading a book. ✗ 여자가 책을 읽고 있다.

Ⓒ **Pedestrians** are crossing the road. ✗ 보행자들이 길을 건너고 있다.

Cars are stopped at **a traffic signal**. ✗ 차들이 신호등에 멈춰 서 있다.

2. 사물의 위치·상태 묘사 1: 현재 수동태와 현재완료 수동태

▶ 사물의 위치나 상태는 주로 be displayed, be placed 등과 같이 현재 수동태(be동사 + p.p.)로 묘사한다. Part 1처럼 어떤 한 순간을 포착한 사진을 묘사하는 경우에는 현재 수동태와 현재완료 수동태(have been + p.p.) 둘 다 '주어가 ~되어 있다'라는 의미로 쓰인다.

Ⓐ A light **is[has been] turned** on. 전등이 켜져 있다.

A book **is[has been] left** open. 책이 펼쳐져 있다.

A laptop **is[has been] placed** on the table. 식탁에 노트북이 놓여 있다.

Shelves **are[have been] filled** with books. 책장이 책으로 채워져 있다.

Ⓑ Guitars **are[have been] displayed** in rows. 기타들이 여러 줄로 진열되어 있다.

3. 사물의 위치·상태 묘사 2: 현재 시제와 현재진행 시제

▶ 「There is/are」나 「be동사 + 전치사구/형용사」로 사물의 위치나 상태를 묘사하기도 한다.

▶ 현재진행 시제(be동사 + V-ing)는 주로 사람의 동작이나 상태를 묘사할 때 쓰이지만, lean이나 lie 등 동사에 따라 사물이나 풍경을 묘사할 때 사용되기도 한다.

▶ extend, lead to, overlook, separate 등의 현재시제도 정답으로 종종 출제된다.

Ⅰ There is/are + 사물 주어 + 전치사구 Ⅰ

Ⓑ **There are** guitars **on the wall**. 벽에 기타들이 있다.

Ⓒ **There are** buildings **in the distance**. 저 멀리 건물들이 있다.

Ⅰ 사물 주어 + is/are + 전치사구/형용사 Ⅰ

Ⓐ A laptop **is on the table**. 노트북이 탁자 위에 있다.

The shelves **are full of** books. 책꽂이가 책으로 가득 차 있다.

The table **is unoccupied**. 탁자가 비어 있다(자리가 비어 있다).

Ⓑ Some musical instruments **are on display**. 악기 몇 개가 진열돼 있다.

Ⅰ 사물 주어 + 현재 시제 Ⅰ

Ⓒ The road **extends** along the river. 도로가 강을 따라 나 있다.

Some buildings **overlook** the water. 몇몇 건물들이 물을 내려다 보고 있다.

Ⅰ 사물 주어 + 현재진행 시제 Ⅰ

Ⓐ A light **is hanging** above the table. 탁자 위로 등이 매달려 있다.

Ⓒ A boat **is floating** on the water. 보트가 물 위에 떠 있다.

Some buildings **are overlooking** the water. 몇몇 건물들이 물을 내려다보고 있다.

4. 현재진행 수동태를 이용한 오답

▶ 현재진행 수동태(be동사 + being + p.p.)는 사물에 대한 인물의 동작을 묘사하는 표현이므로 사람이 등장하지 않는 사물·풍경 사진에서는 오답이다.

Ⓐ Bookcases **are being assembled**. ❌ 책꽂이들이 조립되는 중이다.

Bookcases **have been assembled**. ⊙ 책꽂이들이 조립되어 있다.

Ⓑ Guitars **are being hung on the wall**. ❌ 기타가 벽에 걸리는 중이다.

🗒 핵심 문제 유형

Q

(A) Trees are being cut down.
(B) The path is being paved.
(C) Some people are resting on the benches.
(D) Some lampposts have been turned on.

정답   (D)

해석   (A) 나무들이 베어지고 있다.
        (B) 길이 포장되고 있다.
        (C) 몇몇 사람들이 벤치에서 쉬고 있다.
        (D) 몇몇 가로등 불이 켜져 있다.

어휘   cut down 베다 | pave (도로를) 포장하다 | rest 쉬다 | lamppost 가로등 | turn on 켜다

정답 공략 하기

① 사물의 위치와 상태 확인하기
trees(나무), benches(벤치), lampposts(가로등)

② 오답 소거하기
(A) ❌ 나무(trees)를 베고 있는 사람이 보이지 않으므로 오답
(B) ❌ 길을 포장하고 있는 사람이 보이지 않으므로 오답
(C) ❌ 벤치(benches)에 사람들이 앉아 있지 않으므로 오답
(D) ⭕ 가로등(lampposts)의 불이 켜져 있으므로 정답

③ 가능한 정답
The path is curved. 길이 굽어 있다.
Some seats are unoccupied. 몇몇 벤치들이 비어 있다.
Some benches have been placed next to a lamppost. 몇몇 벤치들이 가로등 옆에 있다.
Leaves have fallen onto the ground. 땅에 나뭇잎들이 떨어져 있다.

 **유형 정리**

1. 사진 속 사물의 위치를 잘못 묘사한 오답

2. 사물의 상태를 현재진행 수동태로 묘사한 오답

오답 표현 ❌
A plant has been placed <u>next to the door</u>.
식물이 문 옆에 놓여 있다.

정답 표현 ⭕
A plant has been placed by the window.
식물이 창문 옆에 놓여 있다.

Warm-up

음성을 듣고 (A)와 (B)의 빈칸을 채운 후, 사진을 잘 묘사한 보기를 고르세요. (보기는 3번 들려줍니다.)

해설서 p.13

(A) Some trucks _____ on the edge of the street.

(B) Some trucks _____ along the street.

(A) Lampposts _____ in a row.

(B) _____ streetlights in rows.

(A) Some documents _____ on the desk.

(B) Some papers _____ on the desk.

(A) The buildings _____ a canal.

(B) Some buildings _____.

(A) A flower vase _____ on a table.

(B) A flower vase _____ on a table.

(A) The road _____ with bricks.

(B) The road _____.

2

오답 표현 ❌

The mirror is being wiped with a towel.

수건으로 거울을 닦고 있다.

정답 표현 ⭕

A candle is reflected in a mirror.

양초가 거울에 비친다.

Exercise

P1-13 음성을 듣고 사진을 바르게 묘사한 보기를 두 개씩 고른 후, 빈칸을 채우세요. (보기는 3번 들려줍니다.) 해설서 p.14

1.

(A) Cars are ＿＿＿＿＿＿ the bridge.

(B) ＿＿＿＿ a bridge that crosses the river.

(C) A bridge ＿＿＿ over a ＿＿＿＿.

2.

(A) ＿＿＿＿ a bed between the ＿＿＿.

(B) The lamps ＿＿＿＿＿＿.

(C) An armchair ＿＿＿＿＿ near a window.

3.

(A) The table ＿＿＿＿ for a meal.

(B) ＿＿＿ some ＿＿＿ next to a sink.

(C) Some chairs ＿＿＿＿＿＿ around the table.

4.

(A) The beach ⬚⬚⬚ .

(B) ⬚⬚⬚ a ⬚⬚⬚ under the umbrella.

(C) All of the chairs are ⬚⬚⬚ .

5.

(A) A man is ⬚⬚⬚ the horses.

(B) Some horses ⬚⬚⬚ to a carriage.

(C) A carriage ⬚⬚⬚ in front of a ⬚⬚⬚ .

6.

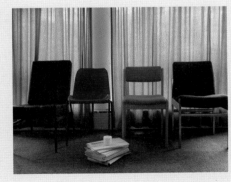

(A) The chairs ⬚⬚⬚ on the floor.

(B) The chairs ⬚⬚⬚ .

(C) File folders ⬚⬚⬚ the chairs.

🎧 P1-14 음성을 듣고 사진을 가장 잘 묘사한 보기를 고르세요.

해설서 p.15

1.

(A)
(B)
(C)
(D)

4.

(A)
(B)
(C)
(D)

2.

(A)
(B)
(C)
(D)

5.

(A)
(B)
(C)
(D)

3.

(A)
(B)
(C)
(D)

6.

(A)
(B)
(C)
(D)

7.

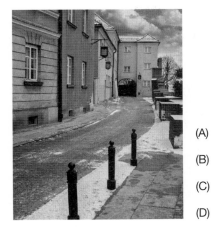

(A)
(B)
(C)
(D)

10.

(A)
(B)
(C)
(D)

8.

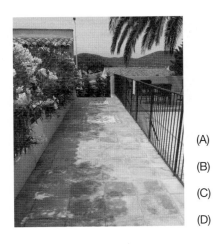

(A)
(B)
(C)
(D)

11.

(A)
(B)
(C)
(D)

9.

(A)
(B)
(C)
(D)

12.

(A)
(B)
(C)
(D)

1. 사물의 위치를 나타내는 전치사 표현

위	on ~위에	over ~위쪽에
	above ~ 위쪽에	
아래	under ~아래에	below ~의 아래쪽에
사이	between ~사이에	on both side of ~의 양쪽에
	on each side of ~의 양쪽에	on either side of ~의 양쪽에
앞뒤	in front of ~앞에	behind ~뒤에
	at the back of ~뒤쪽에	
중앙	in the middle of ~의 중앙에	in the corner of ~의 구석에
	at the edge of ~의 가장자리에	
근처	by ~옆에	next to ~옆에
	beside ~옆에	near ~근처에
	close to ~에서 가까이	
안팎	in ~안에	outside ~밖에
	into ~안으로	out of ~밖으로
방향	to ~로	toward ~쪽으로
	in the same direction 같은 방향으로	in the opposite direction 반대 방향으로
나란히	along ~을 따라서	alongside ~와 나란히
	in a line 한 줄로	in a row 일렬로
	in rows 여러 열로	next to each other 나란히
	side by side 나란히	
기타	through ~을 통해서	against ~에 기대어
	across ~건너편에	

2. 사물의 위치나 상태를 나타내는 필수 표현들

be arranged ~에 놓여 있다(정리되어 있다)	be lying (바닥에) 놓여 있다, ~에 위치하다
be put ~에 놓여 있다	be placed ~에 놓여 있다
be positioned ~에 놓여 있다(배치되어 있다)	be set ~에 놓여 있다(차려져 있다)
be full of ~로 가득 차 있다	be filled with ~로 가득 차 있다
be packed with ~로 채워져 있다	be stocked with ~로 채워져 있다
be piled 쌓여 있다	be stacked 쌓여 있다
be leaning 기대어 있다	prop against ~에 받쳐 놓다
be hanging 매달려 있다	span (다리가 강을) 가로지르다
lead to ~로 이어지다	extend to ~을 향해 뻗어 있다
be gathered 모여 있다	be grouped 모여 있다
be occupied 사용 중이다	be unoccupied 비어 있다
be vacant 비어 있다	be empty 비어 있다

3. 기타 사물이나 풍경의 모습을 나타내는 표현들

be lined up 줄지어 있다

be shaded by ~으로 그늘져 있다

be attached to ~에 붙어 있다

be scattered 흩어져 있다

be unattended 주인 없이 방치되어 있다

be turned on 켜져 있다

be sorted 분류되어 있다

be fallen ~에 떨어져 있다

be paved (도로가) 포장되어 있다

be left open 열려 있다

be surrounded by ~로 둘러싸여 있다

be casting a shadow 그림자를 드리우고 있다

be covered with ~으로 덮여 있다

be parked ~에 주차되어 있다

be deserted 텅 비어 있다

be rolled up 둥글게 말려 있다

be separated ~으로 분리되어 있다

be set aside 한쪽으로 치워져 있다

4. 여러 가지 사물을 나타내는 표현들

의자	sofa 소파	couch 소파
	bench 벤치	armchair 안락의자
	stool (등받이와 팔걸이가 없는) 의자	folding chair 접이식 의자
길	path 작은 길	walkway 인도, 통로
	archway 아치 길, 아치형 입구	doorway 출입구
	waterway (배가 다니는 강, 바다) 수로	driveway 진입로
	stairway 계단	hallway 복도
상품	item 물품, 품목	product 제품, 상품
	goods 상품, 물품	merchandise 상품, 물품

인물·사물·풍경 혼합 사진

음원 바로 듣기

인물·사물·풍경 혼합 사진은 서로 비슷한 비중으로 제시된다. 주어가 사람일 경우 동사와 목적어를, 주어가 사물일 경우 주어와 전치사구를 주의 깊게 듣는다.

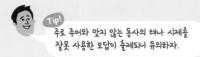

Tip!
주로 주어와 맞지 않는 동사의 태나 시제를 잘못 사용한 오답이 출제되니 유의하자.

⚙ 문제 풀이 전략

혼합 사진에서는 보기에 사람 주어와 사물 주어가 함께 나오므로 사람과 사물의 관계를 정확히 파악하고 주어를 놓치면 안 된다.

1. 한 사람과 주변 사물에 초점을 둔 사진

▶ 사무실이나 작업장에서 일하는 모습, 상점에서 쇼핑하는 모습, 정원에서 화초를 가꾸는 모습 등이 자주 출제된다.

Ⓐ **A man** is fixing a tire. 남자가 타이어를 수리하고 있다.

A tire is being adjusted. 타이어가 조정되고 있다.

The car has been lifted. 차가 들어 올려져 있다.

2. 2인 이상의 사람들과 주변 사물에 초점을 둔 사진

▶ 식당에서 음식을 먹는 모습, 길을 걸어가는 모습, 여가 생활을 즐기는 모습 등이 자주 출제된다.

Ⓑ **A waiter** is handing a menu. 종업원이 메뉴를 건네고 있다.

A man is looking at a menu. 남자가 메뉴를 보고 있다.

Some people are seated at a table. 몇몇 사람들이 식탁에 앉아 있다.

The tables have been covered with cloths. 식탁들이 천으로 덮여 있다.

3. 동사의 태와 시제가 사람 주어와 사물 주어에 알맞은지 확인한다.

▸ 사람 주어는 동작이나 상태를 묘사하는 현재진행 시제(be동사 + V-ing)나 현재완료 시제(have + p.p.)로 묘사한다.

▸ 사물 주어는 위치나 상태를 묘사하는 수동태 동사(be동사 + p.p.)나 「be + 전치사구」 등으로 묘사한다.

ㅣ사람 주어 + [현재진행 시제 vs. 현재완료 시제]ㅣ

Ⓑ A waiter **is passing** the menu to a customer. ⊙ 웨이터가 손님에게 메뉴를 건네고 있다.

A waiter **has passed** the menu to a customer. ✖ 웨이터가 (이미) 손님에게 메뉴를 건넸다.

Ⓒ The man **is watering** flowers. ⊙ 남자가 꽃에 물을 주고 있다.

The man **has watered** the flowers. ✖ 남자가 (이미) 꽃에 물을 주었다.

ㅣ사물 주어 + [수동태 vs. 능동태]ㅣ

Ⓒ The flowers **are being watered**. ⊙ 꽃에 물이 주어지고 있다.

The flowers **are watering**. ✖

The flowers **have watered**. ✖

> Tip!
> 이미 완료된 상태를 진행 중인 것으로 묘사하는
> 현재진행 수동태 오답에 유의해야 해.

ㅣ사물 주어 + [현재완료 수동태 vs. 현재진행 수동태]ㅣ

Ⓑ The plates **have been placed** on the table. ⊙ 접시들이 식탁 위에 놓여 있다.

The plates **are being placed** on the table. ✖ 접시들이 식탁 위에 놓이고 있다.

Q

(A) A man is laying bricks on the walkway.
(B) A bicycle is chained to a fence.
(C) Leaves are being swept off.
(D) A man is riding along the water.

⸻ 🎧 P1-15 미국

정답 (D)

해석 (A) 한 남자가 보도에 벽돌들을 깔고 있다.
(B) 자전거 한 대가 울타리에 사슬로 묶여 있다.
(C) 낙엽을 쓸고 있다.
(D) 한 남자가 강을 따라 자전거를 타고 있다.

어휘 **lay** 놓다 | **brick** 벽돌 | **walkway** 보도 | **chain** (사슬로) 묶다 | **fence** 울타리 | **sweep off** (빗자루 등으로) 쓸어 내다

정답 공략 하기

① 사람 주어와 사물 주어 확인하기
man(남자), bicycle(자전거), leaves(나뭇잎)

② 오답 소거하기
(A) ❌ 보도에 벽돌들을 깔고 있는 남자의 모습이 보이지 않으므로 오답
(B) ❌ 울타리에 사슬로 묶여 있는 자전거가 보이지 않으므로 오답
(C) ❌ 낙엽을 쓸고 있는 사람이 보이지 않으므로 오답
(D) ⦿ 강을 따라 자전거를 타는 남자의 모습이 보이므로 정답

③ 가능한 정답
A path extends along the river. 길이 강을 따라 나 있다.
Leaves have fallen on the ground. 나뭇잎들이 땅에 떨어져 있다.
A boat is floating on the river. 배 한 척이 강 위에 떠 있다.
There is a bridge above the river. 강 위에 다리가 있다.

오답 유형 정리

1. 사진 속 사물의 상태를 잘못 묘사한 오답
2. 사물의 상태를 현재진행 수동태로 묘사한 오답

오답 표현 ❌
Some microscopes <u>have been put on the floor</u>.
몇몇 현미경들이 바닥에 놓여 있다.

정답 표현 ⦿
Some laboratory equipment is being used.
몇몇 실험실 장비가 사용되고 있다.

Warm-up

음성을 듣고 (A)와 (B)의 빈칸을 채운 후, 사진을 잘 묘사한 보기를 고르세요. (보기는 3번 들려줍니다.) 해설서 p.18

(A) A man is _____ the _____.
(B) A man is _____ some _____.

(A) Some workers are _____ at a _____.
(B) Some workers are _____ heavy _____.

(A) The park _____ people.
(B) The park _____.

(A) A lot of cars are _____ on the _____.
(B) _____ no _____ on the _____.

(A) The path _____ to a house.
(B) The house is _____.

(A) They're _____ the _____.
(B) They're _____ the _____.

2

오답 표현 ❌
Some groceries are being stocked in boxes.
식료품들이 상자에 채워지고 있다.

정답 표현 ⭕
Vegetables are on display near an entrance.
채소들이 입구 근처에 진열되어 있다.

Exercise

🎧 P1-17 음성을 듣고 사진을 바르게 묘사한 보기를 두 개씩 고른 후, 빈칸을 채우세요. (보기는 3번 들려줍니다.)　　해설서 p.19

1.

(A) He is _____ a counter.

(B) The man is _____ an apron.

(C) Some items _____ in a corner.

2.

(A) A woman is _____ on a _____.

(B) A woman is _____ for clothes.

(C) Some clothing _____.

3.

(A) A ladder is _____ the _____.

(B) The men are _____ on the rooftop.

(C) One of the men is _____ a ladder.

4.

(A) A man is _____ an umbrella.

(B) The path _____ snow.

(C) A man is _____ off a bench.

5.

(A) The women are _____ a bench.

(B) The women are _____ each other.

(C) A binder _____.

6.

(A) They are _____ a presentation.

(B) They are _____ monitors.

(C) Workstations are _____ by _____.

해설서 p.21

🎧 P1-18 음성을 듣고 사진을 가장 잘 묘사한 보기를 고르세요.

1.

(A)
(B)
(C)
(D)

4.

(A)
(B)
(C)
(D)

2.

(A)
(B)
(C)
(D)

5.

(A)
(B)
(C)
(D)

3.

(A)
(B)
(C)
(D)

6.

(A)
(B)
(C)
(D)

7.

(A)
(B)
(C)
(D)

10.

(A)
(B)
(C)
(D)

8.

(A)
(B)
(C)
(D)

11.

(A)
(B)
(C)
(D)

9.

(A)
(B)
(C)
(D)

12.

(A)
(B)
(C)
(D)

1. 『되고 있다(be동사 + being + p.p.) 표현들

be being put 놓여지고 있다

be being moved 옮겨지고 있다

be being put away 치워지고 있다

be being wiped off 닦이고 있다

be being painted 칠해지고 있다

be being measured 측정되고 있다

be being repaired 수리되고 있다

be being unloaded (짐이) 내려지고 있다

be being placed 놓여지고 있다

be being removed 치워지고 있다

be being cleaned 청소되고 있다

be being swept (off) 쓸려지고 있다

be being vacuumed 진공 청소기로 청소되고 있다

be being installed 설치되고 있다

be being loaded (짐이) 실려지고 있다

be being paved (길이) 포장되고 있다

Tip! 사물들이 능동적으로 무엇을 할 수는 없지만, 다음 같은 표현들은 예외적으로 동작이 아닌 상태를 표현하거나, 행위를 하는 대상이 사람이 아니거나 또는 그 대상이 자연현상일 경우에는 사진 속에 사람이 등장하지 않아도 현재 진행 수동태가 정답이 될 수 있어.

2. 사람이 없어도 답이 될 수 있는 『be동사 + being + p.p.』 표현들

- be being displayed ~이 진열되어 있다

Some merchandise **is being displayed** on a shelf. 몇몇 상품들이 선반에 진열되어 있다.

- be being cast 그림자가 드리워지고 있다

A shadow **is being cast** on the ground. 땅에 그림자가 드리워지고 있다.

- be being grown ~이 자라고 있다

Plants **are being grown** on the lawn. 식물들이 잔디밭에서 자라고 있다.

- be being baked ~이 구워지고 있다

Breads **are being baked** in an oven. 빵이 오븐에서 구워지고 있다.

- be being watered ~에 물을 주고 있다

The grass **is being watered**. 잔디에 물을 주고 있다.

- be being towed ~이 견인되고 있다

A car **is being towed** on the road. 차가 길에서 견인되고 있다.

3. 반드시 알아야 할 상황별 표현들

| 공연 | perform 공연하다 | march 행진하다 |
| | musical instruments 악기 | band 밴드, 악단 |

상점	clothes 옷	merchandise 상품
	groceries 식료품	aisle (진열대 사이의) 통로
	rack 진열대, 선반	display case 진열장
	be displayed 진열되어 있다	be in line 줄을 서 있다
	counter 계산대	cash register 금전 등록기

강·바다	dock 부두	row 노를 젓다
	be docked (배가) 정박되어 있다	be secured 고정되어 있다
	be tied 묶여 있다	sail 항해하다
	be reflected ~에 비치다	float on the water 물 위에 떠 있다
	fishing net 그물	wave 파도

식당	utensils 조리기구	apron 앞치마
	plate 접시	tray 쟁반
	cupboard 찬장	stovetop 가스레인지
	sink (욕실이나 주방의) 개수대	tablecloth 식탁보
	prepare a meal 식사를 준비하다	set the tables 식탁을 차리다
	study the menu 메뉴를 보다	order food 음식을 주문하다
	take an order 주문을 받다	serve food 음식을 내오다
	clear the table 테이블을 치우다	outdoor 야외

가사	potted plant 화분	fence 울타리
	railing 난간	rug 깔개, 카펫
	vacuum 진공청소기; 진공청소기로 청소하다	make the bed 잠자리를 정돈하다
	iron 다림질하다	sew 바느질하다
	plant trees 나무를 심다	water plants 식물에 물을 주다
	trim trees 나무를 다듬다	mow the lawn 잔디를 깎다
	arrange flowers 꽃꽂이를 하다	rake 갈퀴질을 하다

공사장	construction site 공사장	under construction 공사 중인
	brick 벽돌	crate 상자
	carton 상자	heavy machinery 중장비
	safety helmet 안전모	hard hat 안전모
	safety goggles 보안경	protective goggles 보안경
	shovel 삽질하다	repair 수리하다
	ladder 사다리	pave (도로를) 포장하다

여가	fountain 분수	ramp 경사로
	relax 휴식을 취하다	lawn 잔디밭
	jog 조깅하다	work out 운동을 하다

P1-19   해설서 p.24

음원 바로 듣기

1.

(A)   (B)   (C)   (D)

2.

(A)   (B)   (C)   (D)

3.

(A)   (B)   (C)   (D)

4.

(A)   (B)   (C)   (D)

5.

(A)　　(B)　　(C)　　(D)

6.

(A)　　(B)　　(C)　　(D)

NO TEST MATERIAL ON THIS PAGE

PAR

RT 2

질의응답

OVERVIEW

질문을 듣고, 이어서 들려주는 3개의 보기 중에서 질문에 가장 적절한 응답을 선택하는 문제이다.

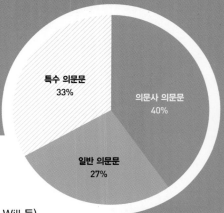

특수 의문문
33%

의문사 의문문
40%

일반 의문문
27%

문제 유형

의문사 의문문 ┃ Who, When, Where, What, Which, How, Why
일반(Yes/No) 의문문 ┃ Be동사 의문문, 조동사 의문문(Have, Do, Can, Will 등)
특수 의문문 ┃ 부정 의문문, 부가 의문문, 선택 의문문, 요청문(제안·제공·요청),
간접 의문문, 평서문

출제 포인트

- 단답형으로 응답하는 의문문의 비중은 줄고, 다양한 응답이 가능한 평서문과 부가 의문문의 비중이 커지고 있다.
- '모르겠다,' '아직 정해지지 않았다' 등의 우회적인 응답이나 되묻는 응답의 비중 역시 직접 응답의 비중과 비슷한 수준으로 출제된다.

PART 2 이렇게 대비하자!

- Part 2에 자주 출제되는 질문·응답 유형 및 필수 표현을 정리한다.
- 질문은 알아듣기 쉽지만, 응답은 알아듣기 어려운 토익 Part 2는 질문의 핵심 키워드에 어울리지 않는 오답을 소거해 나가는 연습이 필요하다.

PART 2 오답 소거법

1. 의문사 의문문에 Yes / No 등으로 답하는 오답

Q. When will Mr. Kim return from the conference? Mr. Kim은 언제 콘퍼런스에서 돌아오나요?

(A) He was in the meeting this morning. ◎ 아침에 회의에 있었는데요.

(B) **Yes**, he will participate in the conference. ✕ 네, 그는 콘퍼런스에 참가할 거예요.

conference라는 같은 단어가 반복되어 (B)가 정답처럼 들리지만, 의문사로 시작하는 의문문에는 Yes나 No로 답할 수 없다. Yes와 같은 유사한 의미인 Sure나 Of course로도 답할 수 없다.

2. 똑같은 발음 또는 유사한 발음을 이용한 오답

Q. Have you **reviewed** the report? 보고서를 다 검토했나요?

(A) I just got back from my vacation. ◎ 휴가에서 막 돌아왔어요. (그래서 아직 검토하지 못했다)

(B) It has a nice **view**. ✕ 전망이 참 좋네요.

(B)는 내용상 전혀 상관없는 오답이지만 질문의 review와 발음이 비슷한 view를 이용한 함정이다. 똑같은 발음 또는 유사한 발음이 들리면 왠지 정답처럼 들리지만, 오답 함정인 경우가 대부분이므로 주의해야 한다.

3. 연상되는 어휘를 이용한 오답

Q. Where is the **museum**? 박물관은 어디에 있나요?

(A) It is on 5th Avenue. ◎ 5번가에 있어요.

(B) It was a great **exhibit**. ✕ 아주 멋진 전시회였어요.

(B)는 질문과는 상관없는 오답이지만 질문의 museum(박물관)을 듣고 연상되는 exhibit(전시회)를 이용한 함정이다. 의미상 관련이 있는 어휘가 보기에서 들리면 왠지 정답처럼 들리지만, 오답 함정인 경우가 많으므로 주의해야 한다.

4. 질문과 응답의 주어 불일치 오답

Q. How did **you** enjoy your stay at our hotel? 저희 호텔에서의 숙박은 어떠셨나요?

(A) It was great. ◎ 아주 좋았어요.

(B) **He** stayed late. ✕ 그는 늦게까지 있었어요.

stay라는 같은 단어가 반복되어 (B)가 정답처럼 들리지만, 질문에서의 주어가 you였기 때문에 답은 I로 나와야 한다. (B)는 주어가 he라서 답이 될 수 없다. 질문은 you(2인칭)에 대해 묻고 있지만, he(3인칭)로 대답한 오답이다.

5. 질문과 응답의 시제 불일치 오답

Q. Did Ms. Chambers explain the benefits? Ms. Chambers가 혜택들을 설명해 주었나요?

(A) I will meet her tomorrow. ◎ 내일 그녀를 만날 거예요.

(B) Yes, she **does**. ✕ 네, 그녀가 합니다.

일반 의문문에 Yes나 No로 답하는 것이 가장 기본적이지만 (B)는 시제가 맞지 않아서 답이 될 수 없다. 질문은 과거의 일(did)을 묻고 있지만, 현재시제(does)로 대답한 오답이다.

PART 2 주의해야 할 유사 발음 어휘

질문에서 들렸던 단어와 똑같은 발음 또는 유사한 발음의 단어가 오답 함정으로 나오는 문제가 출제 비중이 아주 높다. 앞 문제에 신경 쓰거나 하느라고 질문을 못 들었을 때, 들렸던 똑같은 또는 유사한 발음의 단어가 들리면 그 대답이 왠지 정답처럼 느껴지지만 그런 것들은 대부분 오답 함정임을 반드시 알아 두어야 한다. 아래에 유사 발음 함정 문제로 자주 출제되는 단어의 짝을 숙지해 둔다.

account 계좌 / count 세다	drive 운전하다 / arrive 도착하다
allowed 허가받은 / loud 시끄러운	assign 할당하다 / sign 간판; 서명하다
invoice 청구서 / voice 목소리	introduce 소개하다 / reduce 줄이다
move 이사하다, 옮기다 / remove 치우다	light 가벼운 / right 오른쪽의
repair 고치다 / prepare 준비하다	review 검토 / view 전망
rain 비(가 오다) / train 기차; 교육하다	collect 모으다 / correct 정확한
apartment 아파트 / department 부서	revenue 수익 / renew 갱신하다
late 늦은 / rate 요금	lend 빌려주다 / rent 임대하다
firm 회사 / confirm 확인해주다	jacket 재킷 / packet 통

listen 듣다 / recent 최근의	called 전화를 걸었다 / cold 추운
computer 컴퓨터 / commuter 통근자	copy 복사하다 / coffee 커피
mind 상관하다 / mine 나의 것	lunch 점심 / launch 출시하다
refund 환불 / fun 재미있는	retire 은퇴하다 / tired 피곤한
supplies 물품 / surprise 놀라움; 놀라다	contract 계약서 / contact 연락하다
open 열다 / often 종종	boss 상사 / both 둘 다
fine 좋은 / find 찾다	fix 고치다 / fax 팩스(를 보내다)

applicant 지원자 / application 지원	appoint 임명하다 / appointment 약속
expense 비용 / expensive 비싼	assistant 조수 / assistance 도움
register 등록하다 / registration 등록	copy 복사하다 / copier 복사기

cancel 취소하다 / can't sell 팔 수 없다	maintenance 유지 / main entrance 정문
delivery 배달 / deliver it 그것을 배달하다	duty 의무 / due to ~ 때문에

『모르겠습니다』류의 우회적인 응답 유형

거의 모든 유형의 질문에 가능한 답변으로 매회 적어도 3문제 이상 정답으로 출제되므로 반드시 익혀 두어야 한다.

1. 모르겠습니다

I don't know. 잘 모르겠습니다.	I have no idea. 잘 모르겠습니다.
I'm not sure. 확실하지 않습니다.	No one is sure yet. 아무도 확실하지 않습니다.
Nobody told me. 아무도 나에게 말해 주지 않았어요.	I haven't been notified yet. 아직 못 들었어요.
I haven't been told yet. 아직 못 들었습니다.	I'm still waiting to hear. 아직 소식을 기다리고 있어요.
I haven't heard anything yet. 아직 아무것도 듣지 못했습니다.	He didn't give a reason. 이유를 말해 주지 않았어요.

2. 아직 결정되지 않았어요

It hasn't been decided. 아직 결정되지 않았어요.	We haven't decided yet. 아직 결정하지 않았어요.
I'm still deciding. 아직도 정하고 있어요.	I haven't made a decision. 아직 결정하지 못했어요.
I've not made up my mind. 아직 마음을 정하지 못했어요.	It hasn't been discussed yet. 아직 논의되지 않았어요.
It hasn't been confirmed. 아직 공식화되지 않았어요.	He'll let me know this afternoon. 오후에 알려줄 겁니다.
We'll find out in today's meeting. 오늘 회의 때 알게 될 거예요.	It's too soon to tell. 아직 말하긴 일러요.

3. 확인해 보겠습니다

Let me check. 확인해 보겠습니다.	I'll find out. 알아보겠습니다.
I'll go see. 가서 알아보겠습니다.	I'll look it up. (자료 등을) 찾아보겠습니다.
I'll let you know. 알려드리겠습니다.	I'll have to ask James. James에게 물어봐야 해요.

4. 다른 사람에게 물어보세요

Why don't you ask James? James에게 물어보지 그래요?	Ask James. James에게 물어보세요.
James might know. James가 알 거예요.	Talk to James. James에게 말하세요.

5. 다른 곳을 확인해 보세요

Check the bulletin board. 게시판을 확인해 보세요.	It's listed in the itinerary. 일정표에 나와 있습니다.
We emailed it to everyone. 모든 사람에게 이메일을 보냈어요.	You can find it on our Web site. 웹사이트에 있어요.

6. 상황에 따라 달라요

It depends. 상황에 따라 달라요.	It depends on the salary. 급여에 따라 다릅니다.

When·Where 의문문

음원 바로 듣기

의문사 의문문은 매회 10~13문제가 출제될 만큼 비중이 높다. 그중에서도 When, Where 의문문은 매회 평균 2문제씩 출제되며, 특히 When과 Where의 발음이 비슷하게 들리므로 두 의문사의 소리를 구별하는 훈련을 집중적으로 해야 한다.

⚙ 문제 풀이 전략   When 의문문

1. When 뒤에 오는 be동사·조동사의 시제에 따라 알맞은 시점으로 응답한다.

▶ 과거의 일을 물으면 과거 시점으로, 앞으로의 계획이나 일정을 물으면 미래 시점으로 응답한다.

▶ 시각, 요일, 날짜, 월, 연도, 계절, 아침·점심·저녁, 어제·오늘·내일 등 시간을 나타내는 부사구로 응답한다.

Q. When did you send the e-mail? 언제 그 이메일을 보냈나요? [과거의 일]
A. Last Wednesday. 지난 수요일에요.

Q. When is the meeting? 회의는 언제인가요? [앞으로의 계획·일정]
A. In three hours. 세 시간 후예요.

Q. When can I expect to hear back? 언제 답변을 들을 수 있나요? [앞으로의 계획·일정]
A. Tomorrow at 10:00 A.M. 내일 오전 10시요.

Q. When will you be available? 언제 시간이 있으세요? [앞으로의 계획·일정]
A. Not until next week. 다음 주에요.
A. After a client meeting ends. 고객과의 회의가 끝난 후예요.

2. 우회적인 응답과 빈출 오답 유형을 파악한다.

▶ '잘 모르겠습니다', '확인해 보겠습니다', '아직 결정되지 않았습니다' 등의 우회적인 답변이 나올 수 있다.

▶ 「For/Since + 시간」과 같이 How long 의문문에 어울리는 응답(기간)이 오답으로 출제된다.

▶ When과 발음이 유사한 Where 의문문에 어울리는 응답(장소)이 오답으로 출제된다.

▶ How 의문문에 어울리는 응답(방법, 교통수단)이 오답으로 출제된다.

Q. When should I submit the report? 제가 보고서를 언제 제출해야 하나요?
A. Let me check the schedule. 일정을 확인해 볼게요. [우회적인 응답]

Q. When are you going to the conference? 언제 학회에 가세요?
A. For a week. ✕ 일주일 동안이요. [기간: How long 의문문 응답]
A. In New York. ✕ 뉴욕에서요. [장소: Where 의문문 응답]
A. By train. ✕ 기차를 타고요. [방법: How 의문문 응답]

82

⟨∩⟩ P2-01 │ 미국 ↔ 호주

Q1 **When**

When is your flight?

(A) It takes eight hours by plane.
(B) To San Francisco.
(C) Tomorrow at 10 A.M.

정답   (C)

해석   항공편이 언제예요?
      (A) 비행기로 8시간 걸려요.
      (B) 샌프란시스코요.
      (C) 내일 오전 10시요.

어휘   **flight** 항공편 │ **take** (시간이) 걸리다

정답
공략
하기

❶ 질문의 의문사와 시제 파악하기

When은 과거 또는 앞으로 일어날 일의 시점을 묻는다 질문이다. When 뒤에 오는 be동사(is)가 현재 시제나 미래 시제면 앞으로 일어날 일의 시점에 대해 묻는다.

❷ 질문의 핵심어와 정답 유형 파악하기

「**When** + is + **flight**?」 항공편의 '시점'을 묻고 있으므로 미래 시점을 나타내는 부사구로 대답한다.

❸ 오답 소거하기

(A) ❌ How long 의문문에 어울리는 소요 시간(takes eight hours)으로 대답했으므로 오답

(B) ❌ Where 의문문에 어울리는 목적지(To San Francisco)로 대답했으므로 오답

(C) ◎ 미래의 시점을 나타내는 부사구(Tomorrow at 10 A.M.)로 대답했으므로 정답

⟨∩⟩ P2-02

Warm-up   질문을 듣고 빈칸을 채운 후, 알맞은 답을 고르세요. (대화는 3번 들려줍니다.)   해설서 p.25

1. _____ you purchase your computer?

   (A) The shop across the street.   (B) 2 years ago, when it was first released.

2. _____ Yukiko relocating to the Kyoto office?

   (A) Next week, I think.   (B) A convenient location.

3. _____ the company anniversary party?

   (A) He's planning to attend.   (B) A week from Wednesday.

4. _____ your plane leave?

   (A) At 4 o'clock sharp.   (B) To London.

5. _____ the videoconference begin?

   (A) Not until 11 in the morning.   (B) Yes, you're right.

6. _____ the delivery coming?

   (A) A delivery company.   (B) Any minute now.

1. Where 뒤에 오는 동사나 명사에 따라 장소, 위치, 방향 등으로 응답한다.

▸ 장소나 위치를 묻는 질문에는 「전치사 + (구체적인) 장소」 형태의 응답이 정답으로 가장 많이 출제된다.

▸ 동사 Try(~해 보다, 가 보다)를 사용한 응답이 정답으로 자주 출제된다.

Q. **Where** can I **sign up** for the program? 프로그램은 어디에서 등록할 수 있나요? [장소]
A. On the third floor. 3층에서요.

Q. **Where** can I **buy** some office supplies? 어디에서 사무용품을 구입할 수 있나요? [장소]
A. Try the next building. 옆 건물에 가 보세요.

Q. **Where** is Ms. Brown's **new office**? Ms. Brown의 새 사무실은 어디에 있나요? [위치·방향]
A. Opposite the department store. 백화점 맞은편이요.
A. It's about 30 minutes away from here. 여기서 30분가량 떨어져 있어요.
A. Go straight and turn right. 직진해서 우회전하세요.

Q. **Where** is the **key** to the supply room? 비품실 열쇠는 어디에 있나요? [위치·방향]
A. In the top drawer. 맨 위 서랍이에요.

2. online, internet, e-mail, Web site가 정답으로 출제된다.

▸ 정보의 소재 또는 출처를 묻는 질문의 응답으로 online, internet, e-mail, Web site 등이 자주 등장한다.

Q. **Where** can I **find** the application form? 지원서를 어디에서 찾을 수 있나요? [정보 출처]
A. You can download one online. 온라인으로 다운로드 받으실 수 있어요.

3. 우회적인 응답과 빈출 오답 유형을 파악한다.

▸ 물건이나 정보를 대신 소유하고 있는 사람으로 응답하거나 '모른다, 행사가 취소되었다' 등 우회적으로 응답한다.

▸ Where와 발음이 유사한 When 의문문의 응답(시점)이 오답으로 출제된다.

Q. **Where** is the **manual** for the new copier? 새 복사기 사용 설명서는 어디에 있나요?
A. Ms. Denara has it. ◉ Ms. Denara가 가지고 있어요. [사람으로 응답]

Q. **Where** did you get the **jacket**? 그 재킷은 어디에서 구입했어요?
A. It was a gift. ◉ 선물로 받았어요. [우회적인 응답]

Q. **Where** is the **seminar** being held? 세미나는 어디에서 열리고 있나요?
A. It's been canceled. ◉ 취소되었어요. [우회적인 응답]

Q. **Where** can I find the **bank**? 은행은 어디에 있어요?
A. From 9 to 4. ✖ 9시부터 4시까지요. [시점: When 의문문 응답]

🎧 P2-03 영국 ↔ 미국

Q2 Where

Where is the cafeteria?

(A) It's down the hallway.
(B) The food is delicious.
(C) At 11.

정답	(A)
해석	구내식당이 어디에 있나요?
	(A) 복도 끝에요.
	(B) 음식이 맛있어요.
	(C) 11시에요.
어휘	cafeteria 구내식당 | hallway 복도 | delicious 맛있는

정답 공략 하기

① **질문의 의문사와 동사 파악하기**
Where는 어디에 있는지를 묻거나 어디에서 ~하는지를 묻는 질문이다. Where 뒤에 「be동사 + 주어」가 오면 주어가 어디에 있는지를 묻는다.

② **질문의 핵심어와 정답 유형 파악하기**
「**Where** + is + **cafeteria**?」 구내식당이 어디에 있는지를 묻고 있으므로 위치나 방향을 나타내는 전치사구 등으로 대답한다.

③ **오답 소거하기**
(A) ⊙ 구내식당의 위치를 나타내는 부사구(down the hallway)로 대답했으므로 정답
(B) ✗ 질문의 cafeteria(구내식당)에서 연상 되는 food(음식)로 대답했으므로 오답
(C) ✗ When 의문문에 어울리는 시점(At 11)으로 대답했으므로 오답

🎧 P2-04

Warm-up 질문을 듣고 빈칸을 채운 후, 알맞은 답을 고르세요. (대화는 3번 들려줍니다.)

해설서 p.26

7. _____ the _____ for the camera?

(A) Patrick has it.　　　　　　　　(B) That's a good picture.

8. _____ mail these packages?

(A) To the address on the card.　　(B) You can pack them now.

9. _____ the nearest bank?

(A) Nearly $12,000.　　　　　　　(B) Peter probably knows.

10. _____ want me to _____ these boxes?

(A) That's a great idea.　　　　　(B) Leave them at the door.

11. _____ your company _____?

(A) Yes, I recently relocated it.　　(B) It's in Paris.

12. _____ apply for a reimbursement?

(A) He didn't reply to my question.　(B) That information is posted on our Web site.

Exercise

해설서 p.27

🎧 P2-05 질문을 듣고 두 개의 답을 고른 후, 빈칸을 채우세요. (대화는 3번 들려줍니다.)

1. _____ the lecture be over?

(A) _____

(B) _____

(C) _____

2. _____ are the extra _____?

(A) _____

(B) _____

(C) _____

3. _____ the package be sent out?

(A) _____

(B) _____

(C) _____

4. _____ did Gary _____ the supplies?

(A) _____

(B) _____

(C) _____

5. _____ you expect to post the job opening?

(A) _____

(B) _____

(C) _____

6. _____ can I _____ the registration form?

(A) _____

(B) _____

(C) _____

7. _____ can I _____ to the City Health Center?

(A)

(B)

(C)

8. _____ the budget proposal due?

(A)

(B)

(C)

9. _____ was the last conference _____?

(A)

(B)

(C)

10. _____ the last time you visited Rome?

(A)

(B)

(C)

11. _____ did Jayden _____ his _____?

(A)

(B)

(C)

12. _____ Garrett install the projector in the conference room?

(A)

(B)

(C)

🎧 P2-06 질문을 듣고 가장 알맞은 답을 고르세요.

해설서 p.29

1. Mark your answer on your answer sheet.　　(A)　　(B)　　(C)

2. Mark your answer on your answer sheet.　　(A)　　(B)　　(C)

3. Mark your answer on your answer sheet.　　(A)　　(B)　　(C)

4. Mark your answer on your answer sheet.　　(A)　　(B)　　(C)

5. Mark your answer on your answer sheet.　　(A)　　(B)　　(C)

6. Mark your answer on your answer sheet.　　(A)　　(B)　　(C)

7. Mark your answer on your answer sheet.　　(A)　　(B)　　(C)

8. Mark your answer on your answer sheet.　　(A)　　(B)　　(C)

9. Mark your answer on your answer sheet.　　(A)　　(B)　　(C)

10. Mark your answer on your answer sheet.　　(A)　　(B)　　(C)

11. Mark your answer on your answer sheet.　　(A)　　(B)　　(C)

12. Mark your answer on your answer sheet.　　(A)　　(B)　　(C)

When·Where 의문문 필수 표현 EXPRESSION

1. When 의문문 필수 표현

대표 질문	When is the company banquet? 회사 연회는 언제인가요? When are you returning from your business trip? 출장에서 언제 돌아오시나요? When do you want to leave? 언제 떠나고 싶으신가요? When will I need to check in my bags? 언제 제 가방들을 부쳐야 할까요? When should we leave for the meeting? 회의하러 언제 나가야 할까요?
대표 표현	**>> 특정 시점** in the evening 저녁에 by the end of the week 이번 주말까지 When the order arrives 주문품이 도착할 때 after this meeting 이 회의 후에 Once he confirms the date 그가 날짜를 확인해 주고 나면 As soon as we finish the report. 보고서를 끝내자마자 two hours before the presentation 발표 2시간 전에 **>> 과거시점** I already submitted it 이미 제출했습니다. since last month 지난 달 이후로 Three years ago 3년 전에 a while ago 조금 전에 **>> 현재·미래 시점** now 지금 soon 곧 for now 지금은 anytime 언제든지 any minute 금방이라도 not for the next two months 2달 이후에 sometime next week 다음 주 언젠가 within 30 days 30일 이내에 in three years 3년 후에 not until November 11월이나 되어야 until next Monday 다음 주 월요일까지 no later than May 1 늦어도 5월 1일까지는 later this year 올해 말에 not before October 10월이 되어야

2. Where 의문문 필수 표현

대표 질문	Where is the cafeteria? 구내식당이 어디에 있나요? Where did you live before moving here? 이곳으로 이사 오시기 전에는 어디에서 사셨나요? Where will the seminar be held? 세미나는 어디에서 열리나요? Where can I buy an instrument? 악기를 어디에서 살 수 있나요? Where should I go to get a map of the museum? 박물관 지도를 구하려면 어디로 가야 하나요?
대표 표현	at the airport 공항에서 in front of the gate 정문 앞에서 to Guam 괌으로 two stops from here 여기서 두 정거장 더 (over) here 여기, 이쪽에, 이편에 (over) there 저기, 저쪽에, 저편에 across the street 길 건너서 next to the entrance 입구 옆에 near the post office 우체국 근처에 by the library 도서관 옆에 beside the building 그 건물 옆에 down the street 길을 따라 아래쪽으로 around the corner 아주 가까운 곳에 opposite the building 건물 맞은편에

UNIT 06

Who·What·Which 의문문

Who · What · Which 의문문은 매회 1~2문제씩 출제가 되며, 각 의문사 뒤에 무엇이 나오는 지에 따라 다양한 답변이 가능하므로 의문사 뒤에 나오는 내용을 주의 깊게 듣는다.

⚙ 문제 풀이 전략 Who 의문문

1. 사람 이름, 직책명, 부서명 등으로 응답한다.

▶ 업무 수행자 또는 담당자를 물을 때나 사람의 신분을 물을 때 사람 이름, 직책명으로 응답하는 경우가 가장 많다.

Q. **Who** made the presentation? 누가 발표했나요?
A. Mr. Livingston did. Mr. Livingston이요. [사람 이름]

Q. **Who** is in charge of the project? 누가 프로젝트를 담당하고 있나요?
A. The assistant manager. 부팀장이요. [직책명]
A. The Marketing Department. 마케팅 부서요. [부서명]

2. 인칭대명사나 부정대명사(-one, -body)로 응답한다.

▶ 주로 I'll take care of it.(제가 담당할 겁니다), I think Mr. Johnson did.(Mr. Johnson이 한 것 같습니다) 등으로 응답한다.
▶ -one, -body로 끝나는 부정대명사도 누군가를 지칭하므로 정답이 될 수 있다.
▶ 질문에 나오지 않은 He / She / They로 시작하는 응답은 오답으로 등장할 때가 많다.

Q. **Who** is going to organize the annual party? 누가 회사의 연례 파티를 담당할 건가요?
A. I'll take care of it. 제가 담당할 거예요. [1인칭 대명사]
A. I think Ms. Jones will do it. Ms. Jones가 할 것 같아요. [1인칭 대명사]

Q. **Who** should I talk to about my application? 제 지원서에 대해 누구에게 문의해야 하나요?
A. You should ask the personnel director. 인사부장에게 물어보세요. [2인칭 대명사]

Q. **Who** is your new assistant? 누가 당신의 새 비서인가요?
A. He's the one sitting next to the printer. 프린터 옆에 앉아 있는 남자예요. [3인칭 대명사]

Q. Who's using conference room A? 누가 A 회의실을 쓰고 있나요?

A. Someone from the Marketing Department. 마케팅 부서 사람이요. [부정대명사]

A. No one, for now. 지금은 아무도 안 쓰고 있어요. [부정대명사]

Q. Who is giving a presentation tomorrow? 내일 누가 발표하나요?

A. Mr. Johnson is. ⓞ Mr. Johnson이 합니다.

A. He is going to the Tokyo office. ✕ 그는 도쿄 지사로 갈 겁니다. [질문에 없는 He]

3. 소유를 묻는 질문 형태에 유의한다. (Whose ~? / Who ~ belong to?)

▶ Whose 의문문과 Who ~ belong to?로 소유자를 물을 때는 사람 이름의 소유격으로 응답한다.

▶ Whose 의문문으로 누구의 차례, 담당, 책임 등을 물을 때는 Who 의문문과 마찬가지로 사람 이름이나 직책 등으로 응답한다.

Q. Whose book is this? 이건 누구 책인가요?

= **Who does this book belong to?**

A. That's Claire's. 그건 Claire 거예요. [소유자: 사람 이름]

Q. Whose job is it to submit the budget report? 예산안 제출은 누구 담당인가요?

A. Sue is responsible for that. Sue가 그 일을 담당하고 있어요. [담당: 사람 이름]

4. 우회적인 응답과 빈출 오답 유형을 파악한다.

▶ '잘 모르겠습니다', '확인해 보겠습니다', '아직 결정되지 않았습니다' 등의 우회적인 답변이 나올 수 있다.

▶ When 의문문이나 Where 의문문에 어울리는 시점·장소를 언급하는 응답이 오답으로 출제된다.

Q. Who will be the leader of the new project? 누가 새 프로젝트의 리더가 될 건가요?

A. I don't know. ⓞ 모르겠어요. [우회적인 응답]

A. I haven't heard anything yet. ⓞ 아직 아무것도 못 들었어요. [우회적인 응답]

A. We haven't decided yet. ⓞ 우리는 아직 결정하지 못했어요. [우회적인 응답]

Q. Who is going to help the customer? 누가 고객을 도와드릴 건가요?

A. In an hour. ✕ 한 시간 후에요. [시점: When 의문문의 응답]

A. At the front desk. ✕ 안내 데스크에서요. [장소: Where 의문문의 응답]

🎧 P2-07 │ 미국 ↔ 미국 │

Q1 Who

Who's giving the presentation today?

(A) Ms. Clark will.
(B) Yes, about the new product.
(C) At 2 P.M.

정답 　(A)

해석 　오늘 누가 발표를 하나요?
　　　(A) Ms. Clark가 할 거예요.
　　　(B) 네, 신제품에 관해서요.
　　　(C) 오후 2시에요.

어휘 　**give a presentation** 발표를 하다 | **product** 제품

**정답
공략
하기**

① 질문의 의문사 파악하기

Who는 누가 했는지 또는 누가 담당인지, 누가 할 것인지를 묻는 질문이다.

② 질문의 핵심어와 정답 유형 파악하기

「**Who** + is giving + **presentation**?」 발표를 누가 할 것인지를 묻고 있으므로 사람 이름, 직책명, 부서명 등으로 대답한다.

③ 오답 소거하기

(A) ⊙ 발표를 누가 할 것인지 사람 이름(Ms. Clark)으로 대답했으므로 정답

　　질문의 is giving(be동사 + V-ing)은 '앞으로 ~을 할 것이다'라는 의미의 미래 시제이므로 will로 대답했다.

(B) ✖ 의문사 의문문에 Yes로 대답했으므로 오답

(C) ✖ When 의문문에 어울리는 시점(At 2 P.M.)으로 대답했으므로 오답

🎧 P2-09

Warm-up 질문을 듣고 빈칸을 채운 후, 알맞은 답을 고르세요. (대화는 3번 들려줍니다.)

해설서 p.31

1. _____ tidying up the staff kitchen today?

(A) It's Brian's turn.

(B) Great – that's really helpful.

2. _____ these file folders?

(A) They are very useful.

(B) I did.

3. _____ the training session next week?

(A) Didn't you check your e-mail?

(B) Yes, I've been reading it.

Q2 Whose

Whose job is it to print the handouts for the meeting?

(A) Yes, it's in large print.
(B) Kate will take care of it.
(C) He's handling it very well.

🎧 P2-08 [미국 → 미국]

정답 **(B)**

해석 회의용 유인물 출력은 누구 일인가요?

(A) 네, 그것은 큰 글자로 인쇄되어 있어요.

(B) Kate가 그 일을 할 거예요.

(C) 그가 그 일을 아주 잘 처리하고 있어요.

어휘 **print** 출력하다 | **handout** 유인물 | **take care of** ~를 다루다 | **handle** 처리하다

정답 공략 하기

① 질문의 의문사 파악하기
「Whose + 명사 ~?」는 소유자 또는 담당자를 묻는 질문이다.

② 질문의 핵심어와 정답 유형 파악하기
「**Whose + job** ~ to print?」 출력하는 일이 누구 담당인지 묻고 있으므로 사람 이름, 부서명 등으로 대답한다.

③ 오답 소거하기
(A) ❌ 질문의 print(출력하다)를 다른 의미(활자체)로 반복 사용한 오답
(B) ⭕ 출력할 담당자 이름(Kate)을 언급하며, 그녀가 할 것이라고 대답했으므로 정답
(C) ❌ 주어 He가 가리키는 대상이 불분명한 주어 불일치 오답

---

4. _____ computer will be _____ first?

(A) Mr. Hubbard's, probably.   (B) By the technical support team.

5. _____ job is it to _____ the job candidates?

(A) Erica's in charge of that.   (B) Please review your résumé.

6. _____ office is being _____?

(A) It will start next Monday.   (B) I think it's the marketing director's room.

What 의문문

1. What 바로 뒤에 오는 명사 또는 주어에 따라 질문 내용과 응답이 다양하다.

▸ What 의문문은 바로 뒤에 오는 명사 또는 주어에 따라 시점, 종류, 날씨, 문제점, 방법, 가격, 의견 등을 묻는 질문으로 출제된다.

▸ 「What time ~? 몇 시?」, 「What kind/type/sort of + 명사 ~? 어떤 종류의 ~?」, 「What + be동사 + weather/problem ~? 날씨는 어떠한가/문제점이 무엇인가?」, 「What do you think of/about + 명사 ~? ~에 대해 어떻게 생각하는가?」 등의 형태로 출제된다. 따라서, 반드시 「What + 명사」 또는 What 뒤의 주어를 들어야 한다.

Q. **What time** is the staff meeting? 직원회의가 몇 시에 있나요? [시점]
A. At 2 o'clock. 2시예요.

Q. **What kind of work** do you do at the company? 회사에서 어떤 일을 하나요? [종류]
A. I'm an accountant. 저는 회계사예요.

Q. **What's** the **weather** like today? 오늘 날씨 어떤가요? [날씨]
A. It's raining outside. 밖에 비가 와요.
A. It's colder than yesterday. 어제보다 더 추워요.

Q. **What's** the **problem** with this fax machine? 이 팩스에 무슨 문제가 있나요? [문제점]
A. It's missing a part. 부품 하나가 빠졌어요.

Q. **What's** the **quickest way** to the museum? 박물관까지 가는 가장 빠른 방법은 뭔가요? [방법]
A. Take the subway. 지하철을 타세요.

Q. **What's** the **price** of the computer? 컴퓨터 가격은 얼마입니까? [가격]
A. About $200. 대략 200달러요.

Q. **What do you think** of our service? 저희 서비스에 대해 어떻게 생각하시나요? [의견]
A. I'm very satisfied. 저는 매우 만족해요.

2. 우회적인 응답과 빈출 오답 유형을 파악한다.

Q. **What** was **discussed** at today's meeting? 오늘 회의에서 무엇이 논의되었나요?
A. I can show you my notes, if you want. ◉ 원하시면 제가 필기한 걸 보여드릴게요. [우회적인 응답]
A. I wasn't able to make it. ◉ 저는 미처 못 갔어요. [우회적인 응답]

Q. **What do you think of** the new line of sportswear? 신상 스포츠 의류에 대해 어떻게 생각하나요?
A. I bought a dress. ✕ 저는 옷을 샀어요. [연상 어휘 오답]

Q. **What's** the **name** of the new manager? 새로 온 팀장의 이름이 뭔가요?
A. Yes, I met him yesterday. ✕ 네, 저는 어제 그를 만났어요. [의문사 의문문에 Yes/No 오답]

🎧 P2-10 [미국 ↔ 미국]

Q3 **What**

What is the weather like?

(A) It's supposed to be sunny.
(B) I like rain.
(C) On the weather forecast.

정답   (A)

해석   날씨가 어때요?
　　　(A) 화창할 거예요.
　　　(B) 저는 비를 좋아해요.
　　　(C) 일기예보에서요.

어휘   **be supposed to** ~하기로 되어 있다 | **sunny** 화창한 |
　　　weather forecast 일기예보

정답
공략
하기

① 질문의 의문사 파악하기
What은 뒤에 오는 명사에 따라 시점, 종류, 날씨, 문제점, 방법, 가격, 의견 등 다양한 정보를 묻는 질문이다.

② 질문의 핵심어와 정답 유형 파악하기
「**What** + is + **weather**?」 날씨 정보를 묻고 있다.

③ 오답 소거하기
(A) ◎ 날씨가 화창할(be sunny) 것이라고 대답했으므로 정답
(B) ✖ 질문의 weather(날씨)와 관련 있는 rain(비)을 이용한 오답
(C) ✖ 질문의 weather를 반복 사용한 오답

🎧 P2-11

Warm-up　질문을 듣고 빈칸을 채운 후, 알맞은 답을 고르세요. (대화는 3번 들려줍니다.)　해설서 p.32

7. _____ the round-trip _____ to Boston?

(A) 15 dollars per person.　　　(B) An express bus.

8. _____ kind of _____ do you want to purchase?

(A) She's very kind.　　　(B) Something warm and stylish.

9. _____ the _____ to the theater?

(A) Take LaSalle Avenue.　　　(B) It only takes 10 minutes.

10. _____ does Ryan's _____?

(A) Ms. Kane should know.　　　(B) In the training session.

11. _____ is the factory supervisor's _____?

(A) It's John Orwell.　　　(B) Mr. Kenji is the new CEO.

12. _____ the _____ with this machine?

(A) The one on the right.　　　(B) It's missing some parts.

⚙ 문제 풀이 전략 Which 의문문

1. the one이 대표적인 응답이다.

▶ 정해진 범위 내에서 '어느 것'인지를 묻는 질문으로, 「Which + 명사 ~? 어느~?」로 시작할 때는 주로 the one (~것)으로 응답한다.

Q. **Which bag** is yours? 어느 가방이 당신의 것인가요?
A. The blue one. 파란 거요.
A. The one on the desk. 책상 위에 있는 거요.

2. Which 뒤에 오는 명사를 활용해서 응답한다.

▶ the one으로 묘사하기 어려울 때는 Which 뒤에 들리는 명사를 활용해서 응답한다.

Q. **Which room** is the training session being held in? 어느 강의실에서 교육이 열리고 있나요?
A. In room 406. 406호에서요.

Q. **Which of you** edited the report? 여러분 중 누가 보고서를 편집했나요?
A. Patrick did. Patrick이 했어요.

3. 우회적인 응답과 기타 응답 유형을 파악한다.

▶ 다양한 우회적 응답이 가능하며, all(모두), both(둘 다), either(둘 중 하나), neither(둘 다 ~않다) 등으로도 응답할 수 있다.

Q. **Which bus** do you take? 어떤 버스를 타세요?
A. I usually drive. 저는 주로 차를 몰고 다녀요. [우회적 응답]

Q. **Which image** should I use for the article? 기사에 어떤 이미지를 사용해야 할까요?
A. They are all good. 모두 좋은데요. [all]
A. I like both. 둘 다 좋은데요. [both]

Q. **Which restaurant** would you like to go to? 어느 식당으로 가고 싶으세요?
A. Either is fine with me. 둘 중 어느 곳이든 괜찮아요. [either]
A. Neither of them. 둘 다 싫어요. [neither]

Q4 Which

Which of the elevators goes to the top floor?

(A) It's on the 20th floor.
(B) The second one from the right.
(C) You can use the stairs.

················· P2-12 [미국 ↔ 영국]

정답 (B)
해석 어느 엘리베이터가 꼭대기 층까지 가나요?
(A) 20층에 있어요.
(B) 오른쪽에서 두 번째 거예요.
(C) 계단을 이용할 수 있어요.

어휘 **floor** 층 | **stairs** 계단

정답 공략 하기

1 질문의 의문사 파악하기
Which는 뒤에 오는 명사 중에서 어느 것인지를 묻는 질문이다.

2 질문의 핵심어와 정답 유형 파악하기
「**Which + elevators** + goes to the top floor?」엘리베이터 중에서 맨 위층까지 가는 것을 묻고 있다. 앞서 언급된 명사를 가리키는 the one을 활용해서 대답할 수 있다.

3 오답 소거하기
(A) ✕ 질문의 floor를 반복 사용한 오답
(B) ◉ 엘리베이터 중 특정한 것을 가리키며 the one을 사용해서 대답하고 있으므로 정답
(C) ✕ 질문의 elevators(엘리베이터)와 관련 있는 stairs(계단)를 이용한 오답

················· P2-13

Warm-up 질문을 듣고 빈칸을 채운 후, 알맞은 답을 고르세요. (대화는 3번 들려줍니다.)

해설서 p.33

13. _____ do I press to turn this machine off?

(A) The red one.   (B) Yes, that's right.

14. _____ is selected for the reception?

(A) This Friday.   (B) The first week of May.

15. _____ is yours?

(A) The green one by the door.   (B) No, it's not raining.

16. _____ of the _____ is qualified for the job?

(A) I think Ms. Ohara is.   (B) I haven't applied.

17. _____ do you _____?

(A) It's the wrong color.   (B) They're both good.

18. _____ of the _____ is the team leader?

(A) The one wearing glasses.   (B) He is the Personnel Director.

Exercise

해설서 p.33

🎧 P2-14 질문을 듣고 두 개의 답을 고른 후, 빈칸을 채우세요. (대화는 3번 들려줍니다.)

1. _____ in _____ of designing the new project?

(A) _____

(B) _____

(C) _____

2. _____ did you watch?

(A) _____

(B) _____

(C) _____

3. _____ laptop _____ for the presentation?

(A) _____

(B) _____

(C) _____

4. _____ should I _____ to avoid traffic?

(A) _____

(B) _____

(C) _____

5. _____ to the retirement ceremony tonight?

(A) _____

(B) _____

(C) _____

6. _____ should I _____ on the shelf?

(A) _____

(B) _____

(C) _____

7. _____ does the dentist _____ on Saturdays?

(A) _____

(B) _____

(C) _____

8. _____ supposed to _____ maintenance work?

(A) _____

(B) _____

(C) _____

9. _____ did you choose for your room?

(A) _____

(B) _____

(C) _____

10. _____ was the _____ to use the printer?

(A) _____

(B) _____

(C) _____

11. _____ the _____ for the banquet?

(A) _____

(B) _____

(C) _____

12. _____ should I _____ the reports _____?

(A) _____

(B) _____

(C) _____

🎧 P2-15 질문을 듣고 가장 알맞은 답을 고르세요. 해설서 p.35

1. Mark your answer on your answer sheet. (A) (B) (C)

2. Mark your answer on your answer sheet. (A) (B) (C)

3. Mark your answer on your answer sheet. (A) (B) (C)

4. Mark your answer on your answer sheet. (A) (B) (C)

5. Mark your answer on your answer sheet. (A) (B) (C)

6. Mark your answer on your answer sheet. (A) (B) (C)

7. Mark your answer on your answer sheet. (A) (B) (C)

8. Mark your answer on your answer sheet. (A) (B) (C)

9. Mark your answer on your answer sheet. (A) (B) (C)

10. Mark your answer on your answer sheet. (A) (B) (C)

11. Mark your answer on your answer sheet. (A) (B) (C)

12. Mark your answer on your answer sheet. (A) (B) (C)

Who·What·Which 의문문 필수 표현 **EXPRESSION**

1. Who 의문문 필수 표현

대표 질문	Who's picking Steve up from the airport? 누가 Steve를 공항에서 데려 올 건가요? Who's in charge of shipping? 누가 배송 담당인가요? Who wrote this report? 누가 이 보고서를 썼나요? Who should I show my invitation to? 제 초대권을 누구에게 보여줘야 하나요? Who's supposed to work overtime tonight? 오늘 밤 누가 야근하기로 되어 있나요?

대표 표현

≫ 직업·직책 관련 어휘

supervisor 상급자	director (부서 등의) 책임자, 이사	manager 관리자
management 경영진	assistant 조수	secretary 비서
supplier 공급업자	contractor 계약자, 하청업자	executive (officer) 임원
mechanic 정비공	security guard 경비원	manufacturer 제조업자

≫ 회사·부서 관련 어휘

firm 회사	Accounting Department 회계팀
head office 본사	Marketing Department 마케팅팀
headquarters 본사	Finance Department 재무팀
main office 본사	Human Resources Department 인사팀
Personnel 인사팀	Maintenance Department 시설관리팀
Technical Support Department 기술지원팀	Sales Department 영업팀
Customer Service Department 고객서비스팀	Shipping Department 배송관리팀

2. What 의문문 필수 표현

대표 질문	What's wrong with this copier? 이 복사기에 무슨 문제가 있나요? What did you think about the workshop? 워크숍은 어떠셨어요? What would you like for lunch? 점심으로 뭘 드시고 싶으세요? What time did you arrive here? 여기 몇 시에 도착하셨어요? What kind of bag are you looking for? 어떤 종류의 가방을 찾고 계신가요? What made you move to Chicago? 왜 시카고로 이사 가셨나요? What's the fee for dry cleaning? 드라이클리닝 하는 데 얼마예요? What's the topic of the presentation today? 오늘 발표의 주제가 무엇인가요? What's the best way to contact you? 어떻게 연락 드리는 게 가장 좋으세요?

대표 표현		
out of order (= broken) 고장 난	out of stock (= sold out) 품절된	out of town 부재중인
impressive 인상적인	great 멋진, 대단한	useful 유용한
informative 유익한	worthwhile 가치 있는	satisfied 만족하는

3. Which 의문문 필수 표현

대표 질문	Which page should I read first? 어떤 페이지를 먼저 읽어야 하나요? Which channel is the business news on? 경제 뉴스는 어느 채널인가요? Which image should we use for our Web site? 우리 웹사이트에는 어떤 이미지를 사용해야 할까요?

대표 표현		
all 모두	either 둘 중 하나
both 둘 다	neither 둘 다 않다

How·Why 의문문

How · Why 의문문은 매회 평균 2문제씩 출제되며, How 의문문의 경우 How 뒤에 나오는 형용사와 부사, be 동사나 조동사에 따라 묻는 내용이 달라지므로 용법을 구별해서 듣는 훈련이 필요하다. Why 의문문 역시 이유를 물을 때와 권유, 제안을 구별해서 들을 수 있어야 한다.

🔧 문제 풀이 전략 How 의문문

1. How 뒤에 오는 동사에 따라 방법, 의견, 상태 등으로 응답한다.

▶「How + 조동사 + 주어 + 동사 ~?」 형태로 방법이나 수단을 묻는 질문이 가장 많이 출제된다.

▶ 대표적인 응답 유형은 by(~로), through(~을 통해서), via(~를 통해)로 시작한다.

▶「How + be동사 ~?」 형태로 의견이나 상태 등을 묻는 질문에는 주로 형용사나 부사로 응답한다.

▶ How do you like ~? (~는 어때요?), How did ~ go? (~는 어땠어요?), How come ~ (왜 ~) 등의 관용적인 질문이 출제되기도 한다.

Q. **How** can I **contact** you? 당신에게 어떻게 연락하면 되나요? [방법·수단]
A. Through my secretary. 제 비서를 통해서요.
A. Via e-mail. 이메일을 통해서요.
A. By calling my cell phone. 제 휴대전화로 전화해서요.

Q. **How** can I **get to** the theater? 극장까지 어떻게 가나요? [방법·수단]
A. By bus. 버스로요.
A. The subway is your best option. 지하철이 최선의 선택이죠.

Q. **How was** the lecture? 강의는 어땠나요? [의견]
A. It was interesting. 재미있었어요.

Q. **How do you like** your new assistant? 당신의 새 조수는 어때요? [의견]
A. She's nice. 괜찮아요.

Q. **How did** your interview **go**? 면접은 어땠어요? [상태: 진행 상황이나 결과]
= **How was** your interview?
A. It went very well. 매우 잘 됐어요.

Q. **How come** you didn't come to the party last night? 왜 어젯밤 파티에 안 오셨어요? [이유]
A. I had to work overtime. 야근을 해야 했어요.

2. How 뒤의 형용사·부사에 따라 질문의 내용과 응답이 다양하다.

▶ How 의문문은 뒤에 바로 붙어 나오는 형용사나 부사에 따라 기간, 수량, 빈도, 시점, 거리 등 다양한 정보를 묻는 질문으로 출제된다.

▶ 질문은 주로 「How + (형용사/부사) + 조동사 + 주어 + 동사 ~?」 형태를 취하며 반드시 「How + 형용사/부사」를 주의 깊게 들어야 한다.

Q. How long is the flight to London? 런던까지 비행시간이 얼마나 되나요? [기간]
A. About three hours. 대략 3시간이요.

Q. How many people will be at the party? 얼마나 많은 사람들이 파티에 올까요? [수량]
A. At least twenty people. 적어도 20명이요.

Q. How often do you go on business trips? 얼마나 자주 출장을 가나요? [빈도]
A. Once a month. 한 달에 한 번요.

Q. How soon will you be there? 언제쯤 거기에 갈 건가요? [시점]
A. I'll be there in about 5 minutes. 5분 안에 갈 거예요.

Q. How far is the post office from your home? 집에서 우체국까지 거리가 얼마나 되나요? [거리]
A. Around 10 miles away. 약 10마일 정도요.

3. 우회적인 응답과 빈출 오답 유형을 파악한다.

▶ '잘 모르겠습니다', '확인해 보겠습니다', '아직 결정되지 않았습니다' 등의 우회적인 답변이 나올 수 있다.

▶ 다른 How 의문문에 어울리는 응답이 오답으로 출제된다.

Q. How many people will attend the celebration? 기념행사에 몇 명이 참석할까요? [인원수를 묻는 질문]
A. We'll find out tomorrow. 내일 알 수 있어요. [우회적인 응답]

Q. How is the new advertising campaign going? 새 광고가 어떻게 진행되고 있나요? [진행 상황을 묻는 질문]
A. John is in charge of it. John이 담당이에요. [우회적인 응답]

Q. How much was the ticket? 티켓은 얼마였나요? [티켓 가격을 묻는 질문]
A. Over 20 people. ✘ 20명 이상이요. [How many 의문문의 응답]

Q. How long was your trip to Beijing? 얼마 동안 베이징 여행을 했나요? [기간을 묻는 질문]
A. At least once a year. ✘ 적어도 일 년에 한 번이요. [How often 의문문의 응답]

🎧 P2-16 영국 ↔ 호주

Q1 How

How did you get this book?

(A) It arrived today.
(B) My friend gave it to me.
(C) On the bookshelf.

정답	(B)
해석	이 책을 어떻게 구했어요?
	(A) 오늘 도착했어요.
	(B) 제 친구가 줬어요.
	(C) 책꽂이에요.
어휘	**arrive** 도착하다	**bookshelf** 책꽂이

정답 공략 하기

➊ 질문의 의문사 파악하기
How 뒤에 「조동사 + 주어 + 동사」가 오면 방법이나 수단을 묻는 질문이다. 정답의 시제는 조동사의 시제와 같다.

➋ 질문의 핵심어와 정답 유형 파악하기
「**How** + did + **get** + book?」 책을 구한 방법을 묻고 있다.

➌ 오답 소거하기
(A) ✖ When 의문문에 어울리는 책이 도착한 시점(arrived today)으로 대답했으므로 오답
(B) ⦿ 어떻게 책을 구했는지 방법을 묻자 친구가 줬다고(My friend gave) 대답했으므로 정답
(C) ✖ Where 의문문에 어울리는 책이 있는 위치(On the bookshelf)로 대답했으므로 오답

🎧 P2-18

Warm-up 질문을 듣고 빈칸을 채운 후, 알맞은 답을 고르세요. (대화는 3번 들려줍니다.) 해설서 p.38

1. _____ your trip to Sydney?

(A) It was very relaxing.   (B) I just came back.

2. _____ do I _____ the front desk?

(A) For room service.   (B) Press zero.

3. _____ can you speak?

(A) Just two.   (B) I teach English.

Q2 How + 형용사/부사

How many seats do you need to reserve?

(A) At 7:30.
(B) Sorry, this seat is taken.
(C) Ten, please.

정답   (C)

해석   몇 개의 좌석을 예약해야 하나요?
      (A) 7시 30분에요.
      (B) 죄송해요. 이 자리는 사람이 있어요.
      (C) 10개요.

어휘   **seat** 좌석 | **reserve** 예약하다

정답 공략하기

1 질문의 의문사 파악하기
How는 뒤에 오는 형용사나 부사에 따라 기간, 수량, 빈도, 시점, 거리 등 다양한 정보를 묻는 질문이다.

2 질문의 핵심어와 정답 유형 파악하기
「**How** + **many** + seats?」 좌석의 개수를 묻고 있다.

3 오답 소거하기
(A) ✘ When 의문문에 어울리는 예약 시점(At 7:30)으로 대답했으므로 오답
(B) ✘ 질문의 seat을 반복 사용한 오답
(C) ◎ 좌석을 몇 개나 예약해야 하는지 묻자 10개(Ten, please)라고 대답했으므로 정답

---

4. _____ you _____ your eggs?

(A) I'll have them scrambled.   (B) Yes, I like eggs.

5. _____ are the tickets to the basketball game?

(A) I'm so excited.   (B) Over 200 dollars.

6. _____ do I need to clean the storage room?

(A) For a month.   (B) At least twice a week.

⚙ 문제 풀이 전략 Why 의문문

1. 이유나 목적을 나타내는 접속사, 전치사, to부정사로 응답한다.

▶ 이유: Because, Since, Because of, Due to (~때문에)

▶ 목적: to 부정사 (~하기 위해서), so that (~하기 위해서), For (~을 위해서)

Q. Why is the library closed? 왜 도서관이 문을 닫았나요?

A. Because today is a holiday. 오늘은 공휴일이니까요. [이유]

A. To remodel their reading area. 열람 공간을 개조하기 위해서요. [목적]

Q. Why did Ms. Owen leave the firm? Ms. Owen은 왜 회사를 그만뒀나요?

A. (Because) She had a personal reason. 그녀는 개인적인 사정이 있었어요. [이유]

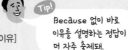

> Tip!
> Because 없이 바로 이유를 설명하는 정답이 더 자주 출제돼.

2. 권유나 제안을 나타내는 「Why don't you/we/I] ~?」 의문문에 유의한다.

▶ 「Why don't you/we/I] ~?」는 이유를 묻는 질문이 아니라 '~하는 게 어때요?'라는 권유·제안 의문문이다. 따라서, 수락하는 의미의 긍정적 응답이 정답으로 자주 출제된다.

▶ That's a good idea. (좋은 생각입니다.) / You're right. (당신 말이 맞네요.) / Sure. (물론이죠.) / I'll do that. (그렇게 할게요.) 등의 응답이 주로 정답이 된다.

▶ 「Why didn't you ~?」는 '왜 ~하지 않았나요?'라는 의미로 이유를 묻는 질문이라는 점에 주의한다.

Q. Why don't you come over for dinner tomorrow? 내일 저녁 식사하러 오시겠어요?. [제안]

A. That sounds good. 좋아요. [수락]

Q. Why didn't you come over for dinner yesterday? 왜 어제 저녁 식사에 오지 않으셨어요?. [이유]

A. Because I had to meet a client. 고객을 만나야 했기 때문이에요. [이유]

3. 우회적인 응답과 빈출 오답 유형을 파악한다.

▶ '잘 모르겠습니다', '확인해 보겠습니다', '아직 결정되지 않았습니다' 등의 우회적인 답변이 나올 수 있다.

▶ Because로 시작하지만 문맥상 어울리지 않는 이유를 설명하는 응답이 오답으로 출제된다.

▶ 「Why don't you ~?」 권유·제안 의문문에 이유로 답하는 응답이 오답으로 자주 출제된다.

Q. Why wasn't the manager at the meeting? 그 관리자가 왜 회의에 참석하지 않았나요?. [이유]

A. I didn't know he didn't come. ◉ 그가 안 온지 몰랐네요. [우회적인 응답]

A. Because he liked the proposal. ✕ 그가 그 제안서를 마음에 들어 했기 때문이에요. [문맥상 어울리지 않는 이유]

Q. Why don't you join us for lunch? 우리와 함께 점심을 먹는 게 어때요? [권유·제안]

A. Thanks, I'd love to. ◉ 고마워요, 그러고 싶어요. [수락]

A. Because I have to meet a client. ✕ 고객을 만나야 해서요. [이유]

A. Because it's reserved. ✕ 예약되어 있어서요. [이유]

⌒ P2-19 미국 ↔ 영국

Q3 Why

Why is the printer broken?

(A) I printed a document.
(B) The service team.
(C) It's getting old.

정답 (C)

해석 프린터가 왜 고장 났어요?
(A) 서류를 출력했어요.
(B) 서비스팀이요.
(C) 오래돼서요.

어휘 **broken** 고장 난 | **document** 서류

정답 공략 하기

① 질문의 의문사 파악하기
Why는 뒤에 「조동사 + 주어 + 동사」나 「be동사 + 주어 ~」 형태를 취해 이유나 목적을 묻는 질문이다. 정답의 시제는 조동사나 be동사의 시제와 같다.

② 질문의 핵심어와 정답 유형 파악하기
「**Why** + is + the printer + **broken**?」 프린터가 고장 난 이유를 묻고 있다. Because (of)등의 접속사나 전치사를 이용해서 대답하기도 하지만, 접속사 없는 일반 문장으로 정답이 출제될 때가 많다.

③ 오답 소거하기
(A) ✗ 질문의 printer(프린터)와 관련 있는 print(인쇄하다)를 이용한 오답
(B) ✗ Who 의문문에 어울리는 담당 부서(The service team)로 대답했으므로 오답
(C) ◎ 고장 난 이유를 묻는 질문에 오래되었다(is getting old)고 이유로 대답했으므로 정답

⌒ P2-20

Warm-up 질문을 듣고 빈칸을 채운 후, 알맞은 답을 고르세요. (대화는 3번 들려줍니다.)

해설서 p.38

7. _____ Robert so _____?

(A) Later today.   (B) Because he missed the bus.

8. _____ the file cabinet in the hallway?

(A) We're replacing it with a new one.   (B) There is a hole in the wall.

9. _____ you at the seminar?

(A) OK, I'll be there.   (B) I had a client meeting.

10. _____ this drawer _____?

(A) I have no idea.   (B) It's in the top drawer.

11. _____ Randolph Street _____ this morning?

(A) It's not open.   (B) There was an accident.

12. _____ the _____ on in the conference room?

(A) Sorry, I forgot to turn it off.   (B) I think you're right.

Exercise

1. _____ I _____ my bank balance?

(A)

(B)

(C)

2. _____ this printer _____?

(A)

(B)

(C)

3. _____ your presentation _____?

(A)

(B)

(C)

4. _____ Sara _____ to the Bristol office?

(A)

(B)

(C)

5. _____ have you _____ here?

(A)

(B)

(C)

6. _____ there a snack bar in this theater?

(A)

(B)

(C)

7. _____ the storeroom _____?

(A)

(B)

(C)

8. _____ you _____ Philip Robinson?

(A)

(B)

(C)

9. _____ have a meeting with Joanne?

(A)

(B)

(C)

10. _____ enjoy your meal?

(A)

(B)

(C)

11. _____ Jenny _____ these boxes?

(A)

(B)

(C)

12. _____ I _____ the staff parking lot?

(A)

(B)

(C)

🎧 P2-22 질문을 듣고 가장 알맞은 답을 고르세요.   해설서 p.41

1. Mark your answer on your answer sheet.   (A)   (B)   (C)

2. Mark your answer on your answer sheet.   (A)   (B)   (C)

3. Mark your answer on your answer sheet.   (A)   (B)   (C)

4. Mark your answer on your answer sheet.   (A)   (B)   (C)

5. Mark your answer on your answer sheet.   (A)   (B)   (C)

6. Mark your answer on your answer sheet.   (A)   (B)   (C)

7. Mark your answer on your answer sheet.   (A)   (B)   (C)

8. Mark your answer on your answer sheet.   (A)   (B)   (C)

9. Mark your answer on your answer sheet.   (A)   (B)   (C)

10. Mark your answer on your answer sheet.   (A)   (B)   (C)

11. Mark your answer on your answer sheet.   (A)   (B)   (C)

12. Mark your answer on your answer sheet.   (A)   (B)   (C)

How·Why 의문문 필수 표현 EXPRESSION

1. How 의문문 필수 표현

대표 질문	How long have you been playing tennis? 테니스 치신 지는 얼마나 되셨나요? How many people will attend the seminar? 몇 명이 세미나에 참석할 건가요? How much did you pay for parking? 주차비로 얼마 내셨어요? How soon can you finish the project? 얼마나 빨리 프로젝트를 끝내실 수 있으세요? How often do you buy a new phone? 얼마나 자주 핸드폰을 구매하세요? How far is it to the museum from here? 여기서 박물관이 얼마나 먼가요?
대표 표현	**>> 빈도 관련 어휘** every day (= daily) 매일 every week (= weekly) 매주 every month (= monthly) 매월 every three months (= quarterly) 매 분기 every year (= yearly) 매년 every hour on the hour 매시 정각 every Saturday 매주 토요일마다 biweekly 격주의, 일주일에 두 번 every two weeks 매 2주마다 every other week 매 2주마다 twice a week 일주일에 두 번 once a month 한 달에 한 번 **>> 기간 관련 어휘** half an hour 30분 about 3 hours 약 세 시간 an hour 1시간 for 5 years 5년 동안 an hour and a half 1시간 반 for several years 수 년간

2. Why 의문문 필수 표현

대표 질문	Why is James leaving the firm? 왜 James가 회사를 그만두나요? Why was the meeting rescheduled? 왜 회의 일정이 변경됐나요? Why didn't you come to the seminar? 왜 세미나에 오지 않으셨어요? Why isn't there a free shuttle service here? 왜 여기엔 무료 셔틀 서비스가 없나요?
대표 표현	holiday 휴일 traffic jam 교통 정체 traffic congestion 교통정체 sick 아픈 renovation 개조, 보수 remodel 개조하다 updated 최신의 outdated 구식의 turn on 켜다 turn off 끄다 assignment 과제, 업무 miss 놓치다 meet a deadline 마감 일에 맞추다 work overtime 초과 근무하다 postpone 연기하다, 미루다 efficient 효율적인 approval 승인 verify 확인하다

일반·부정·부가 의문문

Be동사, Do, Have, Will, Can 등으로 시작하는 일반의문문은 사실 여부를 확인하는 질문이다. 의문사 의문문과 달리 Yes/No로 대답이 가능하며, 매회 3~4문제 출제된다. 부정 의문문과 부가 의문문은 매회 2~3문제가 출제된다.

Tip! 최근에는 일반·부정·부가의문문에 Yes/No 없이 바로 부연 설명을 하는 정답이 자주 출제가 되고 있어.

⚙ 문제 풀이 전략 ▶ 일반 의문문

1. 일반 의문문에서는 Yes/No 응답이 가능하다.

▶ Yes/No 뒤에 부연 설명을 덧붙인 응답이 정답으로 출제되는 경우가 많으며, Yes/No는 흔히 생략된다.

▶ 의문문의 첫 단어인 조동사 Be·Do·Have 등의 시제를 정확하게 듣고, 내용상 알맞은 시제로 응답한다.

▶ 질문의 핵심어인 주어, 동사, 목적어를 듣고 질문의 전체 내용을 파악해야 한다.

Tip! Yes/No을 뜻하는 Sure/I think so/I hope so/I don't think so/I hope not/I doubt it 등의 응답이 자주 출제돼.

Q. Are you attending the seminar? 세미나에 참석하실 건가요?

A. (Yes,) I am planning to. (네,) 그럴 계획이에요. [(Yes/No) + 부연 설명]

Q. Did Mr. Spencer return from his business trip? Mr. Spencer가 출장에서 돌아왔나요?

A. (Yes,) He came back yesterday. (네,) 그는 어제 돌아왔어요. [과거 시제 응답]

A. (Yes,) He's in his office now. (네,) 그는 지금 사무실에 있어요. [현재 시제 응답]

A. (No,) He will be back next Monday. (아니요,) 그는 다음 주 월요일에 돌아올 거예요. [미래 시제 응답]

2. Be동사 의문문

▶ Be동사(Is, Are, Was, Were)와 주어를 듣고 알맞은 시제와 인칭으로 응답해야 한다.

▶ 현재진행형인 「be + V-ing」과 「be going to V」는 앞으로의 일정이나 계획을 나타내는 표현으로 쓰인다.

▶ 주로 「Be동사 + 주어 + 형용사·명사·V-ing/p.p. ~?」 형태를 취한다.

「Be동사 + 주어 + 형용사?」 ··· '주어'가 '형용사'한가요?

Q. Are you **free** after work? 퇴근 후에 시간 있으신가요?

A. (No,) I have to work overtime tonight. (아니요,) 오늘 밤 야근을 해야 돼요.

「Be동사 + 주어 + 명사?」 ··· '주어'가 '명사'인가요?

Q. Is he the new **sales manager**? 그가 새로 온 영업부장인가요?

A. Yes, we hired him last week. 네, 지난주에 그분을 채용했어요.

「Be동사 + 주어 + p.p.?」 ··→ '주어'가 '과거분사(p.p.)'되나요?

Q. Is the fax machine still **broken**? 팩스 기계는 아직도 고장 난 상태인가요?

A. (No,) it's been fixed this morning. (아니요,) 오늘 아침에 수리됐어요.

「Be동사 + 주어 + V-ing?」 ··→ '주어'가 '동사' 중인가요?

Q. Are you **working** on the project? 프로젝트는 진행 중인가요?

A. (No,) I need to handle another urgent assignment. (아니요,) 제가 다른 급한 일을 처리해야 해서요.

「Be동사(과거시제) + 주어 + V-ing?」 ··→ '주어'가 '동사' 중이었나요?

Q. Was she **preparing** dinner? 그녀가 저녁을 준비하고 있었나요?

A. (Yes,) it should be ready soon. (네,) 곧 준비가 될 거예요.

「Be동사 + 주어 + V-ing?」 ··→ '주어'가 '동사'할 건가요?

Q. Is Ms. Brown **coming** to the budget meeting? Ms. Brown은 예산 회의에 올 건가요?

A. (No,) Mr. Kim will be attending in her place. (아니요,) Mr. Kim이 그녀 대신 참석할 거예요.

「Be동사 + 주어 + going to + V?」 ··→ '주어'가 '동사'할 계획인가요?

Q. Are we **going to buy** a new scanner? 우리는 새 스캐너를 구입할 건가요?

A. Yes, the company will pay for it. 네, 회사가 돈을 지불할 거예요.

「Be동사 + 주어 + supposed to + V?」 ··→ '주어'가 '동사'해야 하나요?

Q. Is everyone **supposed to attend** the training session? 모두 교육에 참석해야 하나요?

A. (No,) only new employees are required to participate. (아니요,) 신입 직원들만 참석하면 돼요.

「Be동사 + there + 주어?」 ··→ '주어'가 있나요?

Q. Are there any **messages** for me? 제게 온 메시지가 있나요?

A. (Yes,) I will forward them to you now. (네,) 제가 지금 그것들을 전달해드릴게요.

3. Do동사 의문문

▶ 주어의 인칭과 시제에 따라 Do(1인칭, 2인칭, 3인칭 복수), Does(3인칭 단수), Did(과거)로 시작한다.

▶ Do동사를 단서로 질문의 시제를 정확하게 파악한 후, 뒤따라오는 주어와 동사, 목적어를 들어야 한다.

Q. Do I need to make payment in advance? 미리 지불 해야 하나요? [1인칭]

A. No, you can pay on the spot. 아니요, 현장에서 지불하시면 돼요.

Q. Do you carry this sweater in a different color? 이 스웨터는 다른 색상이 있나요? [2인칭]

A. Which color are you looking for? 어떤 색을 찾으시나요?

Q. Does the **president** want to see the facility? 사장님이 시설을 보고 싶어 하시나요? [3인칭]

A. Ask Mr. Johnson. Mr. Johnson에게 물어보세요.

Q. Did you check your e-mail? 이메일을 확인하셨어요? [과거]

A. Of course, I did. 물론이죠, 확인했어요.

4. Have동사 의문문

▶ Have동사로 시작하는 의문문은 모두 '완료'나 '경험' 여부를 묻는 질문이므로, Has/Have 뒤에 나오는 주어와 동사에 집중해서 듣는다.

▶ Have동사로 시작하는 의문문에 대한 긍정적인 대답은 다양하지만, 부정적인 대답은 보통 '아직 ～아니다'라고 해석되는 Not yet이 자주 출제된다.

▶ 'Has/Have + not'의 축약형인 Hasn't/Haven't의 발음에 유의해서 듣는다.

「Has/Have + 주어 + p.p.?」 ⋯ → '주어'가 '과거분사(p.p.)' 했나요? [완료]

Q. **Have** you **sent** the packages to Paul? Paul에게 소포 보내셨나요?
A. (Yes,) I sent them this morning. (네,) 오늘 아침에 보냈어요.

Q. **Have** you **reviewed** the annual report? 연례 보고서 검토하셨나요?
A. (No,) I've been too busy. (아니요,) 제가 너무 바빴어요.

「Has/Have + 주어 + p.p.?」 ⋯ → '주어'가 '과거분사(p.p.)'해 봤나요? [경험]

Q. **Has** Karen **been** to our new branch? Karen이 우리 새 지점에 와 봤나요?
A. No, she hasn't. 아니요, 그녀는 안 와 봤어요.

5. 조동사 의문문: Will, Can, Would, Could, Should, May

▶ 「Will/Can/Would/Could/Should/May ～?」의문문은 '예상, 추측, 가능(～할 것인가요?, ～할 수 있나요?)'을 묻는 질문으로 제안·제공·요청을 묻는 요청 의문문에 더 자주 사용된다.

▶ 「Can I ～?」와 「May I ～?」는 '허락(～해도 되나요?)'을 묻고, 「Should I ～?」는 '의무(～해야 하나요?)'를 묻는다.

Q. **Will you** review the proposals again? 그 제안서들을 당신이 다시 검토할 건가요? [예상]
A. No, Jane will probably do it. 아니요, 아마도 Jane이 할 거예요.

Q. **Can you** translate the contract into French? 계약서를 불어로 번역할 수 있어요? [가능]
A. Let me take a look at it first. 먼저 좀 볼게요.

Q. **Can I** see Dr. Swain on Thursday? Swain 박사님을 목요일에 봬도 되나요? [허락]
A. What time would you like to come? 몇 시에 오고 싶으세요?

Q. **May I** ask you some questions? 몇 가지 여쭤봐도 될까요? [허락]
A. Sure, go ahead. 물론이죠, 말해 보세요.

Q. **Should I** send you the document today? 오늘 서류를 당신에게 보내드려야 하나요? [의무]
A. Tomorrow is fine. 내일 보내주셔도 괜찮아요.

6. 우회적인 응답과 빈출 오답 유형을 파악한다.

▶ '잘 모르겠습니다', '확인해 보겠습니다', '아직 결정되지 않았습니다' 등의 우회적인 답변이 나올 수 있다.

▶ Yes/No와 뒤에 오는 부연 설명이 논리적으로 연결되지 않는 오답이 출제된다.

▶ 질문의 시제와 일치하지 않는 응답이 오답으로 출제된다.

▶ 질문에 사용된 단어를 반복 사용하거나 유사한 발음 또는 연상하기 쉬운 단어를 이용한 오답이 자주 출제된다.

Q. Are you transferring to Beijing office? 베이징 지사로 전근 가시나요?

A. I'm still deciding. ◎ 아직도 정하고 있어요. [우회적인 응답]

Q. Are you going to the office party tonight? 오늘 저녁 사무실 회식에 가세요? [앞으로 할 일을 묻는 질문]

A. No, I'm expecting it. ✕ 아니요, 기대하고 있어요. [비논리적인 부연 설명]

A. Yes, I went to the party. ✕ 네, 파티에 갔어요. [시제 불일치]

Q. Will you **interview** the candidates? 후보들을 면접할 건가요?

A. How did the interview go? ✕ 면접은 어떻게 됐나요? [질문에 사용된 단어 반복]

Q1 Be동사 의문문

Is Mr. Jones going to give a speech?

(A) That's what I heard.
(B) He is leaving soon.
(C) The speaker was not working.

🎧 P2-23 [호주 ↔ 미국]

정답 (A)

해석 Mr. Jones는 연설을 할 건가요?
(A) 전 그렇게 들었어요.
(B) 그는 곧 떠날 거예요.
(C) 스피커가 작동하지 않았어요.

어휘 **give a speech** 연설을 하다

정답 공략 하기

① 질문을 시작하는 Be동사와 시제 파악하기
「Be동사 + 주어 + going to V ~?」는 미래의 일을 묻는 질문이다.

② 질문의 핵심어 파악하기
「**Mr. Jones + give a speech**」 Mr. Jones가 연설을 할 예정인지를 묻고 있다.

③ 오답 소거하기
(A) ⊙ 그렇게 들었다고 말하며 Mr. Jones가 연설을 할 것임을 암시하고 있으므로 정답
(B) ✖ 그가 곧 떠날 것이라는 대답은 논리적으로 맞지 않으므로 오답
(C) ✖ give a speech에서 연상되는 단어 speaker(스피커)를 이용한 오답

🎧 P2-25

Warm-up 질문을 듣고 빈칸을 채운 후, 알맞은 답을 고르세요. (대화는 3번 들려줍니다.)   해설서 p.44

1. _____ the _____ properly?

(A) It's probably an e-mail.　　　　(B) No, the Internet is down.

2. _____ have time to _____ my report?

(A) Yes, I can do it after this meeting.　　(B) He didn't approve the proposal.

3. _____ a convenience store nearby?

(A) I don't think so.　　　　(B) A variety of drinks.

Q2 Do동사 의문문

Did you attend last year's conference?

(A) Yes, it'll last longer.
(B) No, but Janet did.
(C) There are very few attendants.

정답 (B)

해석 작년 회의에 참석했었나요?
(A) 네, 그게 더 오래 갈 거예요.
(B) 아니요, 하지만 Janet은 참석했어요.
(C) 참석자가 거의 없어요.

어휘 attend 참석하다 | conference 회의 | attendant 참가자, 출석자

정답 공략 하기

❶ 질문을 시작하는 조동사와 시제 파악하기
「Did + 주어 + ~?」는 과거에 한 일을 묻는 질문이다.

❷ 질문의 핵심어 파악하기
「you + attend + conference」 작년 회의에 참석했는지 여부를 묻고 있다.

❸ 오답 소거하기
(A) ✖ 질문에서 과거에 한 일을 묻고 있으므로 미래 시제 응답은 오답
(B) ◉ 참석하지 않았다는 No 응답 후. Janet이 참석했다는 부연 설명이 이어지고 있으므로 정답
(C) ✖ 질문에서 사용된 attend와 관련 있는 attendants를 사용한 오답

---

4. _____ you _____ the laboratory results?

(A) I've never been to the resort. (B) They're on my desk.

5. _____ you _____ for our rewards _____?

(A) The sign on the window. (B) No, this is my first time here.

6. _____ you _____ the firm's customer _____?

(A) Yes, at least twice a day. (B) We received many complaints.

Q3 Have동사 의문문

Have you booked your flight to Chicago yet?

(A) I've read that book already.
(B) Yes, I'm leaving in three days.
(C) No, the light hasn't been turned on.

🎧 P2-26 미국 ↔ 미국

정답 **(B)**

해석 시카고행 항공편을 예약하셨나요?
(A) 전 그 책을 이미 읽었어요.
(B) 네, 전 3일 후에 떠나요.
(C) 아니요, 불이 켜져 있지 않아요.

어휘 **book** 예약하다 | **flight** 항공편 | **turn on** 켜다

정답 공략 하기

1 질문을 시작하는 조동사와 시제 파악하기
「Have + 주어 + ~?」는 이미 완료한 일이나 경험한 일을 묻는 질문이다.

2 질문의 핵심어 파악하기
「**you** + **booked** + flight」 항공편을 예약했는지 묻고 있다.

3 오답 소거하기
(A) ✗ 질문에서 사용된 book(예약하다)을 다른 의미(책)로 반복 사용한 오답
(B) ◎ 예약을 했다는 Yes 응답 후, 3일 후에 떠난다는 부연 설명이 이어지고 있으므로 정답
(C) ✗ 질문에 나온 flight와 발음이 유사한 light를 이용한 오답

🎧 P2-28

Warm-up 질문을 듣고 빈칸을 채운 후, 알맞은 답을 고르세요. (대화는 3번 들려줍니다.) 해설서 p.44

7. _____ we _____ the supplies _____?
(A) The store's Web site. (B) No, we can do it later.

8. _____ the _____ repaired the _____?
(A) Yes, he's all done now. (B) He's not selling it anymore.

9. _____ you _____ the new _____ yet?
(A) Fifty copies in color, please. (B) I finished that yesterday.

Q4 조동사 의문문

Will the musicians be set up by 3 o'clock?

(A) He's a jazz singer.
(B) They'll be here at 4:30.
(C) Italian folk music.

정답	(B)
해석	음악가들이 3시에는 준비가 될까요?
	(A) 그는 재즈 가수예요.
	(B) 그들은 여기에 4시 반에 올 거예요.
	(C) 이탈리아 민속 음악이요.
어휘	**musician** 음악가 ǀ **set up** 준비하다, 마련하다 ǀ
	folk music 음악, 민요

정답 공략 하기

① 질문을 시작하는 조동사와 시제 파악하기
「Will + 주어 + ~?」은 앞으로 할 일을 묻는 질문이다.

② 질문의 핵심어 파악하기
「musicians + set up + 3 o'clock」 음악가들이 3시에 준비가 될지 묻고 있다.

③ 오답 소거하기
(A) ❌ 질문의 주어 musicians와 일치하지 않는 He를 사용한 오답
(B) ◉ 4시 반에 올 거라며 3시에는 준비되지 않을 것임을 우회적으로 말했으므로 정답
(C) ❌ 질문에 나온 musicians와 발음이 유사한 music을 이용한 오답

---

10. _____ I _____ my jacket today?

(A) It's quite cold outside. (B) Brown with gold buttons.

11. _____ the restaurant _____ our grocery delivery?

(A) I'd like some fresh vegetables. (B) Yes, they just messaged me.

12. _____ the new employee orientation _____ by 7:30?

(A) The schedule was emailed to you. (B) No, the morning meeting.

⚙️ 문제 풀이 전략 부정·부가 의문문

1. 부정 의문문

▶ Be동사(Is, Are, Was, Were), Do동사(Do, Does), Have동사(Have, Has) 등에 부정어 not을 붙여 시작하는 의문문으로, 주로 특정 사실이나 계획 등을 확인할 때 사용된다.

▶ 부정의 의미를 생략하고 일반 의문문처럼 해석하며, 대답의 내용이 긍정이면 Yes, 부정이면 No로 대답한다.

긍정이면 Yes,
부정이면 No!

Q. Isn't there a workshop scheduled this afternoon? 오늘 오후에 예정된 **워크숍이 있지 않나요?**
⋯ 워크숍이 있죠?
A. Yes, in the auditorium. 네, 강당에서 있습니다.

Q. Aren't you going to join us tonight? 오늘 밤에 우리와 **함께 가지 않을 건가요?**
⋯ 함께할래요?
A. No, I have other plans. 아니요, 다른 계획이 있어요.

Q. Wasn't this jacket more expensive last month? 지난달에 이 재킷이 **더 비싸지 않았어요?**
⋯ 더 비쌌죠?
A. Yes, the price went down recently. 네, 최근에 가격이 내렸어요.

Q. Don't you need to take a break? **쉬어야 하지 않아요?** ⋯ 쉬어야죠?
A. Yes, but I have a lot of work. 네, 그렇지만 일이 많아요.

Q. Didn't you cancel this afternoon's interview? 오늘 오후 면접을 **취소하지 않았나요?**
⋯ 취소했죠?
A. It was rescheduled to tomorrow. 내일로 변경됐어요.

Q. Doesn't Ms. Yang work for a law firm? Ms. Yang이 법률 회사에 **다니지 않나요?**
⋯ 다니죠?
A. No, she retired last year. 아니요, 그녀는 지난해에 은퇴했어요.

Q. Hasn't the technician fixed the copier yet? 기사가 복사기를 아직 **안 고쳤어요?**
⋯ 고쳤죠?
A. I heard it's fixed already. 이미 고쳐 놓았다고 들었는데요.

Q. Hasn't Amy returned from vacation? Amy가 휴가에서 **돌아오지 않았어요?**
⋯ 돌아왔죠?
A. I believe she has. 그녀가 돌아온 걸로 아는데요.
A. No, not yet. 아니요, 아직이요.

2. 부가 의문문

▶ 주로 말하는 사람이 이미 알고 있는 사실이나 정보에 대해 상대방의 동의나 확인을 구할 때 쓰이는 의문문으로, 평서문 뒤에 꼬리말처럼 붙는다.

▶ 긍정의 문장 뒤에는 부정의 부가 의문문이, 부정의 문장 뒤에는 긍정의 부가 의문문이 붙는다.

▶ 부정의 의미는 생략하고 일반 의문문처럼 해석하며, 대답이 긍정이면 Yes, 부정이면 No로 대답한다.

긍정이면 Yes,
부정이면 No!

Q. **You are** going to be free this month, **aren't you**? 당신은 이번 달에 **한가하죠, 그렇지 않나요**? ⋯ 한가하죠?
A. Yes, I'll be free. 네, 시간이 될 거예요.
A. No, I'm in charge of a new project. 아니요, 신규 프로젝트를 담당하고 있어요.

Q. **You didn't** leave anything important on the table, **did you**?
탁자 위에 중요한 것을 **아무것도 남겨 두지 않으셨죠, 그렇죠**? ⋯ 남겨 두셨죠, 그렇죠?
A. No, I took it all. 아니요, 제가 다 챙겼어요.
A. Sorry, I forgot to bring my glasses. 죄송해요, 안경을 가져오는 것을 잊었네요.

Q. **We should** clean the office today, **shouldn't we**? 우리가 오늘 사무실을 **청소해야 하죠, 그렇지 않나요**?
⋯ 청소하죠?
A. You're right. Let's do it after lunch. 맞아요, 점심 먹고 하죠.
A. I don't think we have enough time. 시간이 충분하지 않을 것 같은데요.

Q. **You can** help me organize the seminar, **can't you**?
제가 세미나 준비하는 것을 **도와주실 수 있으시죠, 그렇지 않나요**? ⋯ 도와주시죠?
A. Sure, what can I do for you? 당연하죠, 뭘 도와 드릴까요?
A. Sorry, I'm taking some time off next week. 미안해요, 다음 주에 얼마간 휴가를 낼 거예요.

Q. **You haven't** been to this city before, **have you**? 전에 이 도시에 **와 본 적이 없죠, 그렇죠**?
⋯ 와 보셨죠, 그렇죠?
A. Yes, two years ago. 네, 2년 전에요.
A. No, it's my first time. 아니요, 처음이에요.

3. 우회적인 응답과 빈출 오답 유형을 파악한다.

▶ '잘 모르겠습니다', '확인해 보겠습니다', '아직 결정되지 않았습니다' 등의 우회적인 답변이 나올 수 있다.

▶ 질문에 사용된 단어를 동일하게 언급하는 오답이 출제된다.

▶ 질문에 사용된 단어를 듣고 연상하기 쉬운 단어를 사용한 오답이 출제된다.

Q. **Weren't you** aiming to finish the proposal today? 그 제안서를 오늘 끝내기로 하지 않으셨나요?
A. The deadline has been postponed. ◉ 마감일이 연기됐어요. [우회적인 응답]

Q. Didn't you like the hotel you **stayed** in? 머물렀던 호텔이 **마음에 들지 않았나요**? ⋯ 마음에 들었죠?
A. I hope it stays like this. ✗ 계속 이대로 가면 좋겠어요. [질문에 사용된 단어 반복]

Q. You will be away on **vacation** next week, won't you? 다음 주에 **휴가 갈 거죠, 그렇지 않나요**?
⋯ 휴가 가죠?
A. At the travel agency. ✗ 여행사에서요. [질문으로부터 연상 가능한 단어]

Q5 부정 의문문

Didn't she take the position?

(A) A new finance director.
(B) They already finished their job.
(C) No, she is looking for another one.

🎧 P2-29 영국 ↔ 미국

정답 (C)

해석 그녀가 그 일자리를 맡지 않았나요?
(A) 새로운 재무 이사요.
(B) 그들은 벌써 업무를 끝냈어요.
(C) 아니요, 그녀는 다른 일을 찾아보고 있어요.

어휘 **position** 일자리, 직책 | **look for** ~을 찾다

정답 공략 하기

1 질문을 시작하는 조동사와 시제 파악하기
「Didn't + 주어 + ~?」는 과거에 일어난 일의 사실 여부를 묻는 질문이다.

2 질문의 핵심어 파악하기
「**she** + take + **position**」 그녀가 일자리를 맡았는지 여부를 묻고 있다.

3 오답 소거하기
(A) ❌ position을 듣고 연상 가능한 finance director를 이용한 오답
(B) ❌ 질문에 사용된 position과 관련 있는 단어 job을 이용한 오답
(C) ◎ 그 일자리를 수락하지 않았다는 No 응답 후, 다른 일자리를 찾고 있다는 부연 설명이 이어지고 있으므로 정답

🎧 P2-31

Warm-up 질문을 듣고 빈칸을 채운 후, 알맞은 답을 고르세요. (대화는 3번 들려줍니다.) 해설서 p.45

13. _____ send the _____ to Natalie?

(A) I attended last week.   (B) No, but I will in five minutes.

14. It's _____ to be _____ today, isn't it?

(A) Yes, you should take a scarf.   (B) You're supposed to call her.

15. _____ Marco at the _____ this morning?

(A) I don't remember.   (B) No, he's a marketing manager.

Q6 부가 의문문

She finished her project, didn't she?

(A) No, I think she needs more time.
(B) The projector is on the desk.
(C) Yes, she finished painting.

🎧 P2-30 [미국 ↔ 호주]

정답　(A)

해석　그녀가 프로젝트를 끝냈죠, 그렇지 않나요?
　　　(A) 아니요, 제 생각에는 그녀가 시간이 더 필요한 것 같아요.
　　　(B) 그 프로젝터는 책상 위에 있어요.
　　　(C) 네, 그녀는 페인트칠을 끝냈어요.

어휘　finish 끝내다 | projector 프로젝터

정답 공략 하기

❶ 질문 끝부분의 조동사와 시제 파악하기
「~, didn't + 주어?」는 어떤 일을 했는지 여부를 확인하는 질문이다.

❷ 질문의 핵심어 파악하기
「She + **finished** + **project**」 그녀가 프로젝트를 끝냈는지 여부를 확인하고 있다.

❸ 오답 소거하기
(A) ◎ 끝내지 못했다는 No 응답 후, 끝내려면 시간이 더 필요하다는 부연 설명이 이어지고 있으므로 정답
(B) ✘ 질문에 나온 project와 발음이 유사한 projector를 이용한 오답
(C) ✘ 프로젝트를 끝냈다는 Yes 응답 후, 페인트칠을 끝냈다는 부연 설명이 논리적으로 맞지 않으므로 오답

---

16. Rachel's office _____ this floor, isn't it?

(A) Yes, it needs another chair.　　(B) She moved to the 7th floor last month.

17. _____ this the _____ laptop model?

(A) It came out a month ago.　　(B) Yes, it's late.

18. Ms. Yuiko _____ the _____ for the meeting, didn't she?

(A) About 15 slides.　　(B) No, I did.

Exercise

해설서 p.46

🎧 P2-32 질문을 듣고 두 개의 답을 고른 후, 빈칸을 채우세요. (대화는 3번 들려줍니다.)

1. _____ you _____ the budget workshop?

(A)

(B)

(C)

2. Our _____ are better than last year's, _____?

(A)

(B)

(C)

3. _____ be out of town this weekend?

(A)

(B)

(C)

4. _____ the final program, _____ you?

(A)

(B)

(C)

5. _____ your _____ address _____?

(A)

(B)

(C)

6. _____ the new company _____, didn't you?

(A)

(B)

(C)

7. _____ you _____ to _____ that dress?

(A)

(B)

(C)

8. _____ you _____ the new _____?

(A)

(B)

(C)

9. _____ we need to _____ the rough _____ soon?

(A)

(B)

(C)

10. _____ have Tula's _____?

(A)

(B)

(C)

11. _____ you _____ the _____ suitcase as this one?

(A)

(B)

(C)

12. _____ you have a chance to _____ your new _____?

(A)

(B)

(C)

Practice

🎧 P2-33 질문을 듣고 가장 알맞은 답을 고르세요.   해설서 p.48

1. Mark your answer on your answer sheet.   (A)   (B)   (C)

2. Mark your answer on your answer sheet.   (A)   (B)   (C)

3. Mark your answer on your answer sheet.   (A)   (B)   (C)

4. Mark your answer on your answer sheet.   (A)   (B)   (C)

5. Mark your answer on your answer sheet.   (A)   (B)   (C)

6. Mark your answer on your answer sheet.   (A)   (B)   (C)

7. Mark your answer on your answer sheet.   (A)   (B)   (C)

8. Mark your answer on your answer sheet.   (A)   (B)   (C)

9. Mark your answer on your answer sheet.   (A)   (B)   (C)

10. Mark your answer on your answer sheet.   (A)   (B)   (C)

11. Mark your answer on your answer sheet.   (A)   (B)   (C)

12. Mark your answer on your answer sheet.   (A)   (B)   (C)

일반·부정·부가 의문문 필수 표현 **EXPRESSION**

1. 일반 의문문 필수 표현

대표 질문	Are you presenting our budget proposal? 당신이 우리의 예산안을 발표하나요?
	Have you completed your project? 당신의 프로젝트는 끝내셨나요?
	Does she work in the sales department? 그녀는 영업부에서 일하나요?
	Will you be on vacation next week? 다음 주에 휴가 가시나요?
	Should I remind Joanne about the due date? 제가 Joanne에게 마감일을 상기시켜야 할까요?

대표 표현	Of course. 물론이죠.	I think so. 그런 것 같네요.	attend 참석하다
	take a look 살펴보다	review 검토하다	plan to ~할 계획이다
	now 지금, 이제	fix 고치다, 수리하다	workshop 워크숍
	better 더 나은	change 변경하다	design 디자인하다
	try 시도해보다	set up 설치하다	find out ~를 알게되다
	hear 듣다	remember 기억하다	repairman 정비사, 수리공
	meeting 회의	show 보여주다, (하는 방법을) 가르쳐주다; (예정된 곳에) 나타나다	

2. 부정 의문문 필수 표현

대표 질문	Aren't you presenting our budget proposal? 당신이 우리의 예산안을 발표하시는 것 아닌가요?
	Haven't you completed your project? 당신의 프로젝트를 끝내신 게 아니었나요?
	Doesn't she work in the sales department? 그녀는 영업부에서 일하지 않나요?
	Won't you be on vacation next week? 다음 주에 휴가 안 가실 건가요?
	Shouldn't I remind Joanne about the due date? 제가 Joanne에게 마감일을 상기시켜야 하지 않나요?

대표 표현	already 이미	still 아직	done 완료된
	fix 고치다	complete 완료하다	due ~하기로 예정된
	finish 끝내다	draft 시안, 초안	have a chance to ~할 기회를 가지다
	coworker 직장동료	send 보내다	retire 은퇴하다, 퇴직하다
	Not that I know of. 제가 알기론 그렇지 않아요.		return from vacation 휴가에서 돌아오다

3. 부가 의문문 필수 표현

대표 질문	You are presenting our budget proposal, aren't you? 당신이 우리의 예산안을 발표하시죠, 그렇죠?
	You have completed your project, haven't you? 당신의 프로젝트는 끝내셨죠, 그렇죠?
	She doesn't work in the sales department, does she? 그녀는 영업부에서 일하지 않죠, 그렇죠?
	You won't be on vacation next week, will you? 다음 주에 휴가 가시지 않죠, 그렇죠?
	I should remind Joanne about the due date, shouldn't I? 제가 Joanne에게 마감일을 상기시켜야 하죠, 그렇죠?

대표 표현	repair 수리하다	reschedule 일정을 변경하다	postpone 연기하다
	cancel 취소하다	manager 매니저, 담당자	seminar 세미나
	remember 기억하다	launch 출시하다	project 프로젝트
	in charge of ~를 담당하다	take care of ~를 처리하다	be supposed to ~하기로 되어있다
	be away on vacation 휴가 중인		

선택 의문문·요청문

선택 의문문은 두 개의 선택 사항을 or로 연결해서 묻는 의문문으로 매회 2~3문제 출제된다. 요청 의문문은 상대방에게 어떤 일을 제안하거나 권유할 때, 또는 상대방에게 호의를 베풀거나 부탁 또는 허가를 구할 때 사용하며, 매회 2~3문제가 출제된다.

⚙ 문제 풀이 전략 선택 의문문

1. 둘 중의 하나를 택하는 걸로 응답한다.

▶ 질문에 언급된 두 개의 선택 사항 중 하나를 선택하여 응답한다.
▶ 둘 중의 하나를 선택하는 응답은 질문에 나온 단어가 반복될 수 있다는 점에 유의한다.

Q. Would you like **my phone number** or **e-mail address**?
제 전화번호를 알려 드릴까요, 아니면 이메일 주소를 알려 드릴까요?

A. E-mail would be more convenient. 이메일이 더 편리할 것 같아요. [E-mail을 선택한 응답]

2. 둘 다 수락하는 걸로 응답한다.

▶ 둘 다 괜찮다는 의미로 질문에 언급된 두 개의 선택 사항을 모두 수락하며 응답한다.

Q. Do you prefer working **in a team** or **alone**? 팀으로 일하는 게 좋으세요, 아니면 혼자 일하는 게 좋으세요?

A. I enjoy both. 둘 다 좋아해요. [둘 다 좋다: both]

Q. Would you like **a window seat** or **an aisle seat**? 창가 좌석이 좋으세요, 아니면 복도 좌석이 좋으세요?

A. Either is fine with me. 어느 자리든 괜찮아요. [아무거나 상관없다: either]

Q. **Should we go out for lunch**, or **do you want to eat in the cafeteria**?
밖에 나가서 점심을 먹을까요, 아니면 구내식당에서 먹고 싶으세요?

A. It doesn't matter to me. 아무래도 좋아요. [아무거나 상관없다: It doesn't matter]

3. 둘 다 거절하거나 제3의 선택으로 응답한다.

▶ 질문에 언급된 선택 사항 모두 선택하지 않거나 이전에 언급되지 않은 새로운 선택 사항을 제시하며 응답한다. 또는 선택권을 상대방에게 위임하기도 한다.

Q. Do you want to play **tennis** or **baseball**? 테니스를 치고 싶으세요, 아니면 야구를 하고 싶으세요?

A. Neither. I'm too tired. 둘 다 아니에요, 저는 너무 피곤해요. [둘 다 거절: neither]

Q. Is the report due **this week** or **next week**? 보고서 마감일이 이번 주인가요, 아니면 다음 주인가요?

A. Actually, the deadline has been extended. 실은, 마감일이 연장되었어요. [제3의 선택]

Q1 선택 의문문

Would you like to send this package by regular mail or express mail?

(A) Yes, I received an e-mail.
(B) I would love to.
(C) I prefer the faster one.

P2-34 호주 ↔ 영국

정답 (C)

해석 이 소포를 일반 우편으로 보내시겠어요, 아니면 빠른 우편으로 보내시겠어요?
(A) 네, 제가 이메일을 받았어요.
(B) 그러고 싶어요.
(C) 더 빠른 걸 선호해요.

어휘 **regular mail** 일반 우편 | **express mail** 속달 우편

정답 공략 하기

1 질문의 핵심어 파악하기

「**Would** ~ by regular mail **or** express mail?」은 일반 우편과 속달 우편이라는 두 가지 선택권을 제시하고 선택을 요구하는 질문이다.

2 오답 소거하기

(A) ✖ 질문에 나온 mail과 발음이 유사한 e-mail을 이용한 오답
(B) ✖ 원하는 것이 무엇인지 명시되지 않았으므로 오답
(C) ◎ 둘 중 선호하는 것을 묻는 질문에 더 빠른 걸 선호한다고 대답했으므로 정답

선택 의문문의 정답률 100% 응답 유형

Tip! 선택 의문문에서 Yes/No가 정답인 경우는 극히 드물어!

하나를 택하는 응답	fine 좋은	better 더 좋은	best 가장 좋은	I'd rather ~하고 싶다	I prefer ~가 더 좋다
둘 다 좋다/ 아무거나 상관없다	either 둘 중 아무거나 하나	both 둘 다	all 모두	each 각각	whatever 무엇이든지	whichever 어느 것이든지	whenever 언제든지	I don't care. 상관없습니다	It doesn't matter. 아무래도 좋아요	I don't have a preference. 특별히 선호하는 것은 없습니다	It's up to you. 당신이 원하는 대로요	I'll leave it (up) to you. 당신이 정하세요	What do you recommend? 무엇을 추천하시겠어요?
둘 다 아니다/ 제3의 선택	neither 둘 중 어느 것도 ~가 아니다	none 어느 것도 ~가 아닙니다	something else 그밖에 다른 것	What about ~? ~는 어떤가요?	How about ~? ~는 어떤가요?	Actually 사실은

P2-35

Warm-up 질문을 듣고 빈칸을 채운 후, 알맞은 답을 고르세요. (대화는 3번 들려줍니다.)

해설서 p.50

1. _____ should I _____ you the documents, by _____ or by _____?

(A) E-mail is better.　　　　　　(B) He fixed all the errors.

2. Should we ____ for a _____ or a _____?

(A) It was enjoyable.　　　　　　(B) I'd rather watch a baseball game on TV.

3. Will you be _____ in the _____ or at _____?

(A) That might be too late.　　　　(B) I'll check my morning schedule.

1. 상대방에게 제안·권유·제공·요청하는 의문문

▶ 상대방에게 '~하는 게 어때요?'라고 제안하거나 권유할 때, 또는 '~해 드릴까요, ~해 주실래요?'라고 도움을 제공하거나 요청할 때 사용하며, 긍정 또는 부정의 표현으로 응답한다.

Q. How about meeting a bit earlier? 조금 일찍 만나는 게 어때요? [제안·권유]
A. That sounds great. 좋아요.

Q. Why don't you join us for lunch today? 오늘 저희와 점심 함께 하실래요? [제안·권유]
A. Sorry, I have other plans. 죄송하지만, 제가 다른 일이 있어서요.

Q. Would you like something to drink? 마실 거라도 드릴까요? [제공]
A. Yes, I'd like a glass of water, please. 네, 물 한 잔 주세요.

Q. Do you want me to print out the inventory list? 재고 목록을 인쇄해 드릴까요? [제공]
A. I already have it with me, but thanks. 저는 이미 가지고 있어요, 감사합니다.

Q. Can you please revise this document before the meeting? 회의 전에 이 서류를 수정해 주실래요? [요청]
A. Sure, no problem. 물론이죠, 문제없어요.

Q. May I see your passport? 여권을 볼 수 있을까요? [요청]
A. Of course, here it is. 물론이에요, 여기 있어요.

2. 「Would/Do you mind ~?」 의문문

▶ Would you mind ~?/Do you mind ~?는 실제 의미가 '~하면 싫으신가요?'라는 의미이므로 No/Not 등의 부정어구를 사용해야 '싫지 않다'라는 수락의 의미를 전달할 수 있다. Sure(물론이죠)도 수락의 표현으로 자주 정답으로 출제된다. 요청을 거절할 때는 긍정으로 대답한다.

Q. Would you mind if I opened the window? 창문을 열면 <u>싫으신가요</u>?
··→ 창문을 열어도 괜찮을까요?

A. No, not at all. 전혀요. [수락]
A. Of course not. 아니요. [수락]
A. Let me open it for you. 제가 열어 드릴게요. [수락]
A. Actually, I'm quite cold. 실은, 제가 많이 추워서요. [거절]

Tip! No./Not at all./Of course not./Sure. 등이 대표적인 정답이야.

Q2 요청문

Why don't we throw a farewell party for Lucy?

(A) We are a party of four.
(B) That fare doesn't seem right.
(C) That's a great idea.

정답 (C)

해석 Lucy를 위해 송별회를 여는 게 어때요?
(A) 저희 일행은 4명이에요.
(B) 그 요금은 잘못된 것 같아요.
(C) 좋은 생각이에요.

어휘 throw a party 파티를 열다 | farewell 작별

정답 공략 하기

❶ 질문 유형 파악하기
「Why don't we ~?」는 상대방에게 어떤 일을 함께하자고 제안하거나 권유하는 질문이다.

❷ 질문의 핵심어 파악하기
「Why + don't + throw + party」 송별회를 열자고 제안하는 질문이므로 수락 또는 거절하는 표현으로 대답한다.

❸ 오답 소거하기
(A) ✘ 질문에 나온 party를 다른 의미(일행)로 반복 사용한 오답
(B) ✘ 질문에 나온 farewell과 발음이 유사한 fare(요금)를 이용한 오답
(C) ◉ 송별회를 열자는 제안에 좋은 생각이라고 긍정적으로 응답하고 있으므로 정답

요청문의 질문과 응답 유형

	질문	수락의 응답	거절의 응답
제안 · 권유	~하는 게 어때요? How about ~? | What about ~? Why don't you ~? | Why don't we ~? ~하시겠어요? Would like to ~?	좋은 생각입니다. That's a good idea. | Sounds great. 당신 말이 맞아요. You are right. 그거 좋죠! Why not?	미안하지만(고맙지만), 괜찮습니다. Sorry, ~ | No, thanks. Thanks, but ~ | Unfortunately, 제가 할 수 있어요. 감사합니다. I can handle it. Thanks. I can take care of it. Thanks.
제공	~해 드릴까요? Would you like me to ~? Do you want me to ~? Why don't I ~? | Should I ~?	그래 주시면 고맙겠습니다 / 좋지요. I'd appreciate it. | That would be nice. 괜찮으시다면 If you don't mind.	유감이지만 ~입니다. I'm afraid ~.
요청	~해 주시겠어요? Can you ~? | Could you ~? | Please ~. ~해도 될까요? Can I ~? | Could I ~? | May I ~?	물론이죠 Sure. | Of course. | Certainly. | Absolutely. | Definitely. | No problem 기꺼이 그러죠. I'd be glad(happy) to.	기타 거절의 표현 I'm busy right now. 지금은 바쁩니다. I'm not interested. 관심이 없어요. I have other plans. 다른 계획이 있어요.

Warm-up 질문을 듣고 빈칸을 채운 후, 알맞은 답을 고르세요. (대화는 3번 들려줍니다.)   해설서 p.51

4. _____ me _____ the wallpaper for my office?

(A) Hang it on the wall, please.   (B) Sure, what are the choices?

5. _____ me to give you a ride?

(A) In front of the building.   (B) That'd be nice.

6. _____ the _____ for next quarter?

(A) Oh, I already submitted it this morning.   (B) I spent time with him last weekend.

Exercise

해설서 p.51

🎧 P2-38 질문을 듣고 두 개의 답을 고른 후, 빈칸을 채우세요. (대화는 3번 들려줍니다.)

1. _____ Alex _____ in _____ or _____?

(A)

(B)

(C)

2. _____ the Employee of the Year _____, Allen or Helena?

(A)

(B)

(C)

3. _____ we _____ the desks in the office _____ or wait until the _____?

(A)

(B)

(C)

4. _____ new computers for your business?

(A)

(B)

(C)

5. _____ you work the _____ or the _____ shift?

(A)

(B)

(C)

6. _____ you _____ the office _____?

(A)

(B)

(C)

7. _____ leave _____ a little early today?

(A)

(B)

(C)

8. _____ to have dinner with us after work?

(A)

(B)

(C)

9. _____ the movie tickets now since it's so popular?

(A)

(B)

(C)

10. _____ this blouse _____ or is it _____ only?

(A)

(B)

(C)

11. _____ you _____ me those _____?

(A)

(B)

(C)

12. _____ would you _____ for lunch, _____ or _____?

(A)

(B)

(C)

🎧 **P2-39** 질문을 듣고 가장 알맞은 답을 고르세요.

해설서 p.53

1. Mark your answer on your answer sheet.　　(A)　(B)　(C)

2. Mark your answer on your answer sheet.　　(A)　(B)　(C)

3. Mark your answer on your answer sheet.　　(A)　(B)　(C)

4. Mark your answer on your answer sheet.　　(A)　(B)　(C)

5. Mark your answer on your answer sheet.　　(A)　(B)　(C)

6. Mark your answer on your answer sheet.　　(A)　(B)　(C)

7. Mark your answer on your answer sheet.　　(A)　(B)　(C)

8. Mark your answer on your answer sheet.　　(A)　(B)　(C)

9. Mark your answer on your answer sheet.　　(A)　(B)　(C)

10. Mark your answer on your answer sheet.　　(A)　(B)　(C)

11. Mark your answer on your answer sheet.　　(A)　(B)　(C)

12. Mark your answer on your answer sheet.　　(A)　(B)　(C)

선택 의문문·요청문 필수 표현 EXPRESSION

1. 선택 의문문 필수 표현

대표 질문	How do you usually get to work, by car or by bus? 주로 어떻게 통근하시나요. 차로 하세요 아니면 버스로 하세요? Is the budget meeting taking place today or tomorrow? 예산 회의가 오늘 열리나요, 아니면 내일 열리나요? Are you renting a car, or will you be using public transportation? 차를 빌리실 건가요, 아니면 대중교통을 이용하실 건가요? Did you see both movies or just one of them? 두 영화 모두 보셨나요, 아니면 하나만 보셨나요? Would you like to drink juice or just water? 주스를 마시고 싶으세요, 아니면 그냥 물을 마시고 싶으세요?
대표 표현	**>> 하나를 택하는 응답** Coffee is better. 커피가 낫겠네요. I'd rather drive. 운전해서 가는 게 낫겠어요. I prefer to walk. 걸어가는 게 더 좋겠어요. I prefer the latter. 후자를 택할게요. **>> 둘 다 좋다 / 아무거나 상관없다** Either is fine with me. 아무거나 괜찮아요. I like both. 둘 다 좋습니다. Whatever. 무엇이든 (상관없습니다). Whichever. 어느 것이든 (상관없습니다). It's up to you. 당신이 정하세요. I'll leave it (up) to you. 당신이 정하세요. I don't have a preference. 특별히 선호하는 것이 없습니다. What do you recommend? 무엇을 추천하시겠어요? **>> 둘 다 아니다** Neither, thanks. 둘 다 싫어요. 감사합니다. I don't like either. 둘 다 싫어요. I don't like either of them. 둘 다 좋지 않습니다. I don't like any of them. 다 좋지 않습니다.

2. 요청문 필수 표현

대표 질문	How about going bowling? 볼링 치러 가는 게 어때요? Why don't we stop by a gas station? 주유소에 들르는 게 어때요? Would you care for some dessert? 디저트를 드시겠어요? Why don't I take care of it? 제가 그걸 처리하는 게 어떨까요? Can you call someone to move this cabinet? 이 책장을 옮길 수 있게 누군가를 불러 주시겠어요?
대표 표현	**>> 수락의 응답** That's a good idea. 좋은 생각이에요. You're right. 당신 말이 맞아요. Why not? 그거 좋죠. I'd appreciate it. 감사합니다. That would be nice. 좋을 것 같아요. That would be helpful. 그러면 도움이 되겠어요. I'd like that. 저는 좋습니다. If you don't mind. 괜찮으시다면요. Sure. (= course. Absolutely. Definite) 물론이죠. No problem. 문제없어요. I'd love to. 그러고 싶어요. I'd be glad(happy) to 기꺼이 그러죠 **>> 거절의 응답** I'm afraid ~. 유감이지만 ~ 이다 Unfortunately 안타깝게도 already 이미 ~했어요 I'm busy right now. 지금 바빠요. I'm not interested. 관심 없어요. I have other plans. 다른 계획이 있어요. I can handle(take care of) it, thanks. 제가 혼자 (처리)할 수 있어요. 고맙습니다.

간접 의문문·평서문

간접 의문문은 일반 의문문과 의문사 의문문이 연결된 형태로 매회 한 문제 정도가 출제된다. 평서문은 문장 전체 내용을 파악해야 하는 고난도 문제로, 매회 3~4문제 출제된다.

⚙ 문제 풀이 전략 간접 의문문

1. 간접 의문문에 쓰인 의문사에 유의한다.

▸ 「Do you know ~? / Can you tell me ~?」와 같은 일반 의문문 뒤에 의문사 의문문이 연결된 형태이다.

▸ 의문사, 주어, 동사를 확인하고 의문사가 묻는 '방법, 시점, 장소, 인물' 등으로 적절하게 응답한다.

▸ 일반 의문문으로 시작하므로 Yes/No로 응답할 수 있다.

Q. Can you tell me **how much** the delivery charge is? 배송비가 얼마인지 말씀해 주시겠어요?
⋯▸ Can you tell me + 의문사 how much + 주어(the delivery charge) + 동사(is)

A. It's 10 dollars. 10달러예요.

Q. Can you tell me **where** I can use a copier? 어디서 복사기를 사용할 수 있는지 말씀해 주시겠어요?
⋯▸ Can you tell me + 의문사 where + 주어(I) + 동사(can use) + 목적어(a copier)

A. There is one on this floor. 이 층에 한 대 있어요.

Q. Do you remember **when** the training session is? 교육이 언제인지 기억나세요?
⋯▸ Do you remember + 의문사 when + 주어(the training session) + 동사(is)

A. Yes, it's this Friday. 네, 이번 주 금요일이에요.

Q. Do you know **who** orders office supplies? 사무용품을 누가 주문하는지 아세요?
⋯▸ Do you know + 의문사 who(주어) + 동사(orders) + 목적어(office supplies)

A. Ms. Hanaki does. Ms. Hanaki예요.

2. 우회적인 응답 유형을 파악한다.

▸ 정확한 답변 대신 '잘 모르겠습니다', '기억이 나지 않습니다' 또는 '확인해 보겠습니다' 등의 우회적인 답변이 나올 수 있다.

Q. Do you know **why** the workshop was canceled? 워크숍이 왜 취소되었는지 아세요?
A. Let me check. 확인해 볼게요.
A. No, I don't know, either. 아니요, 저도 몰라요.
A. Check the bulletin board. 게시판을 확인해 보세요.
A. Jane might know about it. Jane이 알고 있을 거예요.

Q1 **간접 의문문**

Do you know where the interview will be held?

(A) Of course, I'm one of the interviewers.
(B) Only about 30 minutes.
(C) Call the applicants.

🎧 P2-40 호주 ↔ 미국

정답	(A)
해석	면접이 어디에서 진행되는지 아세요?
	(A) 물론이죠. 제가 면접관 중 한 명이에요.
	(B) 30분 정도밖에 안 해요.
	(C) 지원자들에게 전화하세요.
어휘	be held 열리다, 개최되다 ㅣ applicant 지원자

정답 공략 하기

➊ 질문 유형 파악하기
「Do you know + where ~?」는 의문사 where를 쓴 것으로 보아 장소나 위치를 묻는 질문이다.

➋ 질문의 핵심어 파악하기
「where + interview + be held?」 면접이 어디에서 진행될 것인지를 묻고 있다.

➌ 오답 소거하기
(A) ◉ 알고 있다고 응답한 후 자신이 면접관 중 한 명이라고 부연 설명하고 있으므로 정답
(B) ✖ 얼마 동안 면접이 진행되는지 묻는 How long 의문문에 적합한 응답이므로 오답
(C) ✖ 질문에 나오는 interview에서 연상 가능한 applicant를 이용한 오답

🎧 P2-41

Warm-up 질문을 듣고 빈칸을 채운 후, 알맞은 답을 고르세요. (대화는 3번 들려줍니다.)

해설서 p.55

1. Do you know _____ my _____ is?

(A) I saw it on your desk.　　　　(B) To San Francisco.

2. Can you tell me _____ you've traveled to?

(A) At the international airport.　　(B) I've only been to Australia and Japan.

3. Does anyone know _____ John's _____ to Sydney?

(A) He got a job offer.　　　　(B) Because he liked the movie.

4. Can you recommend _____ I can take the investors _____?

(A) That's a good investment.
(B) There's a new Chinese restaurant on Canton Street.

5. Did you find out _____ the next _____ will be?

(A) I'm about to board a plane now.　(B) It's next Thursday.

6. May I ask _____ the changes to the poster?

(A) It was my idea.　　　　(B) Kristy posted it on the board.

1. 긍정적으로 응답한다.

▶ 평서문은 주로 어떤 사실이나 문제점을 전달하고, 자신의 의견에 대한 상대방의 공감을 대답으로 요구한다.

▶ 문장 전체를 이해해야 응답할 수 있으므로 주어, 동사, 목적어를 모두 집중해서 들어야 한다.

▶ 질문에 따라 동의나 수락을 표하거나 정보를 제공하거나 제안이나 충고를 하는 등 다양하게 대답하기도 한다.

Q. I think Christine is a great coworker. 저는 Christine이 좋은 동료라고 생각해요.
A. **That's what I think.** 저도 그렇게 생각해요. [동의]

Q. Mr. Park seems so busy lately. Mr. Park은 최근에 매우 바빠 보여요.
A. **Yes**, he is responsible for several projects. 네. 그는 여러 개의 프로젝트를 담당하고 있어요. [동의]

Q. Let's book the hotel rooms early. 호텔 방을 미리 예약합시다.
A. **OK**, I'll call them right now. 네. 바로 전화해 볼게요. [수락]

Q. I've had a headache since yesterday. 어제부터 두통이 있어요.
A. You **should** see a doctor. 진찰을 받는 게 좋겠어요. [제안·충고]
A. **Why don't you** take a break? 좀 쉬지 그래요? [제안·충고]

2. 부정적으로 응답한다.

▶ No나 Not을 사용하여 질문 내용에 대해 부정적인 답변을 하기도 한다.

Q. I think we already passed the shopping mall. 벌써 그 쇼핑몰을 지나친 것 같아요.
A. **No**, it's two blocks away. 아니요. 그건 두 블록 떨어져 있어요.

Q. Let's order new printers for the office. 사무실에서 쓸 새 프린터를 주문합시다.
A. We **can't** afford it. 저희는 그럴 형편이 안돼요.

3. 되묻는 응답 유형에 유의한다.

▶ 세부 정보를 요청하거나 상대방의 말과 관련된 질문으로 반문하는 답변을 하기도 한다.

Q. All utilities are included in the rent. 모든 공과금은 임대료에 포함되어 있습니다.
A. **Does** that include Internet access? 인터넷 접속료도 포함된 건가요?

Q. Please fill out these forms and return them to me. 이 서류들을 작성해서 제게 주세요.
A. **Could** I borrow a pen? 펜 좀 빌릴 수 있을까요?

🎧 P2-42 [영국 ↔ 미국]

Q2 평서문

I thought Ms. Lee already left for Paris.

(A) Turn left at the end of the street.
(B) No, her trip was canceled.
(C) Just for two weeks.

정답 **(B)**

해석 저는 Ms. Lee가 이미 파리로 떠난 줄 알았어요.
(A) 그 길 끝에서 좌회전하세요.
(B) 아니요, 그녀의 여행이 취소되었습니다.
(C) 딱 2주 동안이요

어휘 **leave for** ~로 떠나다 | **cancel** 취소하다

정답 공략 하기

❶ 질문 유형 파악하기
「I thought S+V.」은 자신이 알고 있는 사실을 전달하고 상대방에게 확인하는 문장이다.

❷ 질문의 핵심어 파악하기
「**Ms. Lee** + **left** + for Paris.」 Ms. Lee가 파리로 떠났다고 알고 있는데 사실인지를 상대방에게 확인하고 있다.

❸ 오답 소거하기
(A) ✗ 질문에 나오는 left를 다른 의미(왼쪽)로 반복 사용한 오답
(B) ◎ Ms. Lee는 파리로 떠나지 않았다고 응답한 후, Ms. Lee의 여행 계획이 취소되었다고 부연 설명하고 있으므로 정답
(C) ✗ 시간이 얼마나 오래 걸리는지를 묻는 How long 의문문에 어울리는 오답

🎧 P2-43

Warm-up 질문을 듣고 빈칸을 채운 후, 알맞은 답을 고르세요. (대화는 3번 들려줍니다.)

해설서 p.56

7. I'll get you a _____ to fill out.

(A) I just started my own firm.　　　(B) Thanks for your help.

8. I think you should _____ Mike a new _____ for his birthday.

(A) I don't think he needs one.　　　(B) Give me a call back.

9. I have a _____ in an hour.

(A) Where are you going?　　　(B) I catch a cold every winter.

10. Ms. Yoon will _____ at the conference next week.

(A) From June 11th to 13th.　　　(B) Great. I'm looking forward to it.

11. Patrick will _____ the office equipment.

(A) Computers and printers.　　　(B) It's OK, I'm almost done.

12. We have a _____ with Ms. Jonelle today.

(A) The meeting was a bit long.　　　(B) What time is the meeting again?

Exercise

1. Do you know _____ of fabric you want?

    (A) _____

    (B) _____

    (C) _____

2. I _____ yesterday.

    (A) _____

    (B) _____

    (C) _____

3. Did you find out _____ our advertisement _____ the newspaper yet?

    (A) _____

    (B) _____

    (C) _____

4. I just heard that Colin was _____ to director.

    (A) _____

    (B) _____

    (C) _____

5. Do you remember _____ the bank _____ on Mondays?

    (A) _____

    (B) _____

    (C) _____

6. I need to _____ the _____ to fix my laptop.

    (A) _____

    (B) _____

    (C) _____

7. I don't know _____ we _____ all the extra pencils.

(A)

(B)

(C)

8. Can you tell me _____ I can stay in Tokyo?

(A)

(B)

(C)

9. Stephanie's _____ good French _____.

(A)

(B)

(C)

10. May I ask _____ the award banquet?

(A)

(B)

(C)

11. I'm surprised the _____ are so _____.

(A)

(B)

(C)

12. Can you show me _____ to _____ these images to the Web site?

(A)

(B)

(C)

Practice

🎧 P2-45 질문을 듣고 가장 알맞은 답을 고르세요. 해설서 p.59

1. Mark your answer on your answer sheet. (A) (B) (C)

2. Mark your answer on your answer sheet. (A) (B) (C)

3. Mark your answer on your answer sheet. (A) (B) (C)

4. Mark your answer on your answer sheet. (A) (B) (C)

5. Mark your answer on your answer sheet. (A) (B) (C)

6. Mark your answer on your answer sheet. (A) (B) (C)

7. Mark your answer on your answer sheet. (A) (B) (C)

8. Mark your answer on your answer sheet. (A) (B) (C)

9. Mark your answer on your answer sheet. (A) (B) (C)

10. Mark your answer on your answer sheet. (A) (B) (C)

11. Mark your answer on your answer sheet. (A) (B) (C)

12. Mark your answer on your answer sheet. (A) (B) (C)

간접 의문문·평서문 필수 표현 EXPRESSION

1. 간접 의문문 필수 표현

대표 질문	Do you remember when you paid your bill? 언제 청구서를 지불하셨는지 기억하시나요? Can you tell me where I can buy a gift card? 어디에서 상품권을 살 수 있는지 말씀해 주시겠어요? Do you know how many chairs we need for the conference? 회의에 의자가 몇 개 필요한지 아시나요? Does anyone know how long it takes to get to the airport from here? 여기서 공항까지 얼마나 걸리는지 아시는 분 있나요? Can you show me where the fax machine is? 팩스가 어디에 있는지 보여 주시겠어요?

대표 어휘	business trip 출장 completed 완성된, 완료된 construction 공사, 건설 copy machine 복사기 customer service 고객 서비스 department 부서 editor 편집자	finish 끝내다 fix 수리하다 manager 관리자 meeting 회의 office 사무실 review 검토하다 arrive 도착하다	cost 비용 copy room 복사실 delay 미루다, 연기하다 discuss 논의하다 follow 따라가다 hear 듣다 know 알다

2. 평서문 필수 표현

대표 질문	I'm going to Canada tomorrow. 저 내일 캐나다 가요. It's supposed to rain tomorrow. 내일 비가 올 거예요. I'm calling to reschedule my dentist appointment. 제 치과 예약을 다시 잡으려고 전화 드립니다. There are no seats available for the musical. 그 뮤지컬은 매진입니다. The new software is very efficient. 새 소프트웨어가 매우 효율적이에요.

대표 어휘	accept 받아들이다 assemble 조립하다 boarding pass 탑승권 damage 손상 disconnect 연결을 끊다 domestic 국내의 driver's license 운전면허증 electric screwdriver 전동 드라이버 enough 충분한 exercise 운동하다 expire 만료되다	extension cord 연장 코드(전기선) fasten 고정하다 keep 가지고 있다, 유지하다 lease 임대 계약 passport 여권 proof 증거 reasonable 합리적인, 타당한 remind 상기시키다 spend (돈을) 쓰다, (시간을) 보내다 warranty 품질 보증서 afford 여유가 되다 allow 허락하다	not ~ anymore 더 이상 ~ 아닌 arrange 준비하다, 배치하다 budget 예산(안) catalogue 카탈로그 promote 승진시키다 quarter 분기 revenue 순이익 sales 판매, 매출 saw 톱 toolbox 공구 상자

REVIEW TEST

음원 바로 듣기

7. Mark your answer on your answer sheet.　　(A)　(B)　(C)

8. Mark your answer on your answer sheet.　　(A)　(B)　(C)

9. Mark your answer on your answer sheet.　　(A)　(B)　(C)

10. Mark your answer on your answer sheet.　　(A)　(B)　(C)

11. Mark your answer on your answer sheet.　　(A)　(B)　(C)

12. Mark your answer on your answer sheet.　　(A)　(B)　(C)

13. Mark your answer on your answer sheet.　　(A)　(B)　(C)

14. Mark your answer on your answer sheet.　　(A)　(B)　(C)

15. Mark your answer on your answer sheet.　　(A)　(B)　(C)

16. Mark your answer on your answer sheet.　　(A)　(B)　(C)

17. Mark your answer on your answer sheet.　　(A)　(B)　(C)

18. Mark your answer on your answer sheet.　　(A)　(B)　(C)

19. Mark your answer on your answer sheet.　　(A)　(B)　(C)

20. Mark your answer on your answer sheet.　　　(A)　　(B)　　(C)

21. Mark your answer on your answer sheet.　　　(A)　　(B)　　(C)

22. Mark your answer on your answer sheet.　　　(A)　　(B)　　(C)

23. Mark your answer on your answer sheet.　　　(A)　　(B)　　(C)

24. Mark your answer on your answer sheet.　　　(A)　　(B)　　(C)

25. Mark your answer on your answer sheet.　　　(A)　　(B)　　(C)

26. Mark your answer on your answer sheet.　　　(A)　　(B)　　(C)

27. Mark your answer on your answer sheet.　　　(A)　　(B)　　(C)

28. Mark your answer on your answer sheet.　　　(A)　　(B)　　(C)

29. Mark your answer on your answer sheet.　　　(A)　　(B)　　(C)

30. Mark your answer on your answer sheet.　　　(A)　　(B)　　(C)

31. Mark your answer on your answer sheet.　　　(A)　　(B)　　(C)

PAR

RT 3

▼

짧은 대화

OVERVIEW

대화를 듣고, 문제지에 주어진 사지선다형 문항 3개에 답하는 문제이다. 시험지에서 문제와 보기를 볼 수 있으므로 듣기 전에 미리 대화의 전반적인 흐름을 추측할 수 있다. 총 13개 지문과 39문항이 출제된다.

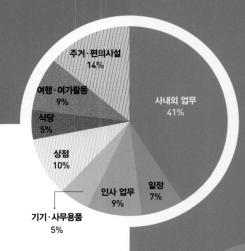

대화 주제

회사 생활 ı 사내외 업무, 일정, 인사 업무, 기기·사무용품
일상생활 ı 상점, 식당, 여행·여가활동, 주거·편의시설

출제 포인트

- 대화의 주제·목적을 묻는 문제보다 세부 사항을 묻는 문제의 비중이 높다.
- 짧은 대화가 빠른 속도로 진행되는 3인 이상의 대화와 주고받는 대화 수가 5턴 이상으로 늘어난 대화가 출제된다.

PART 3 이렇게 대비하자!

- 3인 이상의 화자가 등장하는 대화는 전반적인 내용은 이해하기 쉬우나 대화 중간에 말의 속도가 매우 빠른 부분들이 섞여 나오기 때문에 체감 대화 속도가 매우 빠르다. 평소 빠르게 듣는 훈련이 필요하다.
- 화자 의도 파악 문제는 화자가 말한 문장의 문자적인 해석이 아니라 대화의 전반적인 흐름 이해가 필요하다. 평소 단순 듣기에서 벗어나 대화의 전반적 흐름을 이해하는 훈련이 필요하다.
- 시각 정보 연계 문제는 지문을 듣기 전에 주어진 시각 자료를 최대한 활용해서 지문의 주제를 예측하며 들을 수 있어야 한다. 듣고, 분석하고, 문제를 푸는 멀티태스킹 훈련이 필요하다.

PART 3 공략법

1. 대화를 듣기 전에 문제를 먼저 읽는다.

문제를 미리 읽으면서 키워드에 표시해둔다.

> What are the speakers **mainly discussing**?
> 화자들은 주로 무엇을 논의하고 있는가? → 주제를 찾는 문제임을 미리 파악한다.
>
> What is **special** about the **product**?
> 그 제품에 대해 특별한 점은 무엇인가? → 어떤 제품에 대해 특별한 점을 들을 준비를 한다.
>
> What will the **woman do next**?
> 여자는 다음에 무엇을 할 것인가? → 대화가 끝난 후 여자가 어떤 행동을 할지 들을 준비를 한다.

2. 대화를 듣기 전에 핵심내용을 추측한다.

문제와 짧은 보기를 미리 읽음으로써 어떤 내용이 나올지 추측할 수 있다.

> What do the men **imply about the company**?
> 남자는 그 회사에 관하여 무엇을 암시하고 있는가?
>
> (A) It has launched **new merchandise**. 신제품을 출시했다.
> (B) It is planning to **relocate** soon. 곧 이전할 계획이다.
> (C) It has clients in **several countries**. 다른 나라에 고객이 있다.
> (D) It is having **financial** difficulties. 재정적 어려움을 겪고 있다.
>
> → 문제와 보기를 미리 읽고 어떤 회사가 현재 어떤 상태인지에 관한 대화라는 걸 추측할 수 있다.

3. 문제의 순서와 문제에 대한 힌트가 나오는 순서는 대개 일치한다.

대화 전반부 ↓	→	**첫 번째 문제 힌트** (보기를 보고 있다가 힌트가 들리면 바로 정답 체크!)
		↓
대화 중반부 ↓	→	**두 번째 문제 힌트** (보기를 보고 있다가 힌트가 들리면 바로 정답 체크!)
		↓
대화 후반부	→	**마지막 문제 힌트** (보기를 보고 있다가 힌트가 들리면 바로 정답 체크!)
세 문제를 읽어주고 정답 고를 시간을 준다. (각 문제 간격 8초)		★ 대화가 끝남과 동시에 정답 체크를 끝내고, 남는 약 24초 동안 다음 문제를 미리 읽기 시작한다.

4. 질문에 언급된 남자 또는 여자의 말에 정답이 나올 확률이 높다.

질문의 동사가 수동태일 때는 질문에 제시된 화자가 아닌 그 상대방의 말에서 정답의 단서를 찾아야 한다.

> What does **the man ask** the woman to do?
> 남자가 요청하는 것은? → 남자의 말 속에 정답이 있다.
>
> What **is the man asked** to do?
> 남자가 요청받은 것은? → 남자의 상대방인 여자의 말 속에 정답이 나온다.

5. 질문의 순서는 바로 대화 내용 순서와 같다.

첫 번째 문제	주제·목적, 장소·인물(직업·신분), 문제점을 묻는 문제 등 대화의 전체 내용과 관련된 문제는 대개 첫 번째 문제로 출제되며 대화의 도입부에서 정답의 단서가 언급된다.
두 번째 문제	원인, 수단, 수량, 일정, 시간 등을 묻는 문제들이 두 번째 문제로 출제되며 대화의 중반부에 정답의 단서가 언급된다.
세 번째 문제	앞으로의 계획이나 할 일을 묻는 문제, 제안·요청 사항 등을 묻는 문제가 세 번째로 출제되며 대화의 마지막 부분에서 정답의 단서를 찾아야 한다.

6. 패러프레이징이 된 정답에 익숙해진다.

대화 내용에서 들렸던 표현이 보기에 그대로 정답이 되는 난이도가 낮은 문제도 많이 출제되지만, 대화 속 표현이나 어구를 그대로 사용하지 않고 결국 같은 의미이지만 다른 표현으로 바꿔서 답이 나오는 경우가 대부분이다. 이렇게 바꿔 말하는 것을 패러프레이징 (paraphrasing)이라고 한다.

(1) 정답이 그대로 나오는 경우

> W: How are we doing with **the expansion of our store's produce section**?
> 우리 매장의 농산물 구역 확장은 어떻게 되고 있나요?
>
> Q: What is the conversation mainly about? 대화는 주로 무엇에 대한 것인가?
>
> A: Expanding a section of a store 매장의 한 구역 확장
>
> ★ 정답 표현
>
> the **expansion** of our **store's** produce **section** 매장의 농산물 구역 확장
> → Expanding a section of a store 매장의 한 구역 확장

(2) 정답이 패러프레이징되어 나오는 경우

M: We're **holding a celebration banquet** for our Sales Department during the first week of February.
저희는 2월 첫째 주에 영업팀을 위한 축하연회를 열 예정이에요.

Q. What will happen during the first week of February?
2월 첫째 주에 어떤 일이 있을 것인가?

A: A **company gathering** will **take place**. 회사 모임이 개최될 것이다.

★ 패러프레이징된 표현

hold 개최하다 → **take place** 개최되다

a celebration banquet 축하연회 → **company gathering** 회사 모임

(3) 패러프레이징 표현 연습

- This is our company cafeteria, which needs to **be** completely **remodeled**.
이곳이 우리 회사 구내식당인데요, 완전히 개보수해야 해요.
  → **Renovating** a cafeteria 구내식당 개조 보수

- Can you **get in touch** with our food supplier?
식품 공급업체에 연락 좀 해주시겠어요?
  → **Contact** a supplier 공급업체에 연락하다

- I should prepare some materials for my **presentation**.
발표를 위해서 자료를 좀 준비해야 해요.
  → **Prepare** for a **talk** 발표를 준비하다

- Could you **fill out** this form? We keep a record of all our visitors.
이 양식을 좀 작성해 주시겠어요? 우리는 모든 방문객의 기록을 보관해요.
  → **Complete** a visitor form 양식을 작성하다

- We should probably **take the subway**.
아마 지하철을 타야 할 거예요.
  → **Using a public transit service** 대중교통을 이용하다

- It will accurately **measure** the pressure levels of your tanks.
탱크들의 압력 레벨을 정확히 측정할 거예요.
  → It **monitors** pressure levels. 압력 레벨을 관찰한다.

- Water from the ceiling has been dripping onto my desk.
천장에서 물이 제 책상 위로 떨어지고 있어요.
  → **To report a leak** 누수를 보고하기 위해

문제 유형

대화는 대개 일정한 방식으로 전개되기 때문에 대화의 초반부, 중반부, 후반부에 언급되는 내용이나 그와 관련된 문제 유형도 어느 정도 정해져 있다. 따라서 문제 유형에 따라 정답의 단서가 대화의 어느 부분에서 나올지를 예측하면서 듣는 훈련이 반드시 필요하다.

🔍 문제 유형 확인하기

1. 대화 초반부에 단서가 나오는 문제

▸ 대화의 주제나 목적, 화자의 신원, 대화 장소를 묻는 문제는 대개 첫 번째나 두 번째 문제로 출제되며, 정답의 단서는 대화의 초반부에 주로 언급된다.

▸ 직업이나 장소와 관련된 여러 표현들을 통해 화자의 직업이나 신분, 대화 장소를 유추할 수 있다.

 Tip!
Part 3 디렉션이 나올 때 미리 질문의 핵심 키워드(의문사, 주어, 동사+목적어, 시간 표현)를 읽고 밑줄이나 동그라미로 미리 표시해 두면 시간에 쫓기지 않고 문제를 풀 수 있어. 그리고 정답의 단서는 대개 순서대로 등장하니 질문도 순서대로 읽고 흐름을 미리 파악하는 게 중요해.

주제·목적

What are the speakers **discussing**? 화자들이 논의하고 있는 것은 무엇인가?

What is the conversation **mainly about**? 대화는 주로 무엇에 관한 것인가?

Why is the man **calling**? 남자는 왜 전화를 거는가?

What is the woman **calling about**? 여자는 무엇에 대하여 전화를 하고 있는가?

화자의 신원

Who most likely is the man? 남자는 누구이겠는가?

Who is the woman talking to? 여자는 누구에게 말하고 있는가?

Where do the speakers most likely **work**? 화자들은 어디에서 일하고 있겠는가?

What is the woman's **occupation**? 여자의 직업은 무엇인가?

What type of company is the man **working in**? 남자는 어떤 회사에서 일하고 있는가?

What kind of business does the woman **work for**? 여자는 어떤 업종에 종사하는가?

대화 장소

Where most likely are **the speakers**? 화자들은 어디에 있겠는가?

Where does this **conversation** probably take place? 대화는 어디에서 이루어지고 있겠는가?

Where is the **conversation** taking place? 대화는 어디에서 이루어지고 있는가?

2. 대화 중반부에 단서가 나오는 문제

▶ 이유, 시간, 장소, 방법 등 세부 사항을 묻는 문제는 대개 두 번째 문제로 출제되며, 정답의 단서는 대화의 중반부에 주로 언급된다. 단, 난이도가 높은 문제일 경우, 첫 번째 문제로 출제가 되기도 하니 이럴 땐 지문의 초반부나 중반부에서 단서를 포착한다.

▶ 남자와 여자 중 누구의 말에서 답이 나올지 반드시 표시한다.

▶ 세부 사항 문제를 풀 때는 질문에서 동사와 명사, 이름, 시간, 장소, 방법 등을 나타내는 키워드를 찾아 표시하고 문제의 요점을 기억해야 한다.

> **Tip!**
> Part 3의 정답은 대화에 나오는 문장이나 단어가 다른 말로 표현(paraphrasing)되어 제시되는 경우가 많으므로, 보기에 사용된 동사와 명사의 뜻을 정확히 파악하고 동의어를 많이 알아두는 게 중요해.

세부 사항

Why was the **seminar canceled**? 세미나는 왜 취소되었는가?
When will the **speakers meet**? 화자들은 언제 만날 것인가?
How will the **woman send** her **résumé**? 여자는 이력서를 어떻게 보낼 것인가?
What does the **man say** about **Wednesday**? 남자는 수요일에 대해 뭐라고 말하는가?

문제점

What problem does the woman **mention**? 여자는 어떤 문제점을 언급하는가?
What is the man's **problem**? 남자의 문제는 무엇인가?

걱정거리

What is the man **concerned** about? 남자는 무엇에 관하여 걱정하는가?
What is the woman **worried** about? 여자는 무엇에 관하여 걱정하는가?

3. 대화 후반부에 단서가 나오는 문제

▶ 앞으로의 계획이나 다음에 할 일, 의견 제안(suggest), 요청(ask), 해결책 제의(offer) 등을 묻는 문제는 주로 세 번째 문제로 출제되며, 정답의 단서는 대화의 후반부에 언급되는 경우가 많다.

▶ 남자와 여자 중 누구의 말에서 답이 나올지 반드시 표시한다.

▶ 다음과 같이 권유·제안·요청·요구 등을 나타내는 표현 뒤에 정답의 단서가 나온다.
> **EX** Why don't I ~? 제가 ~할까요? / Why don't you ~? ~하는 게 어때요? / Can[Could] you ~? ~해 주시겠어요? / Please ~. ~해 주세요.

앞으로의 계획·다음에 할 일

What will the man probably **do next**? 남자가 다음으로 할 일은 무엇이겠는가?
What is the woman **going[planning] to do**? 여자가 계획하고 있는 일은 무엇인가?
What will **happen next**? 다음에 무슨 일이 일어나겠는가?

권유·제안·요청·요구

What does the man **offer** to do? 남자가 무엇을 해주겠다고 제안하는가?
What does the woman **suggest**? 여자가 무엇을 제안하는가?
What does the man **ask** the woman to do? 남자가 여자에게 무엇을 하라고 요구하는가?

핵심 문제 유형

Q1 대화 초반부 문제: 주제

What problem is being discussed?

(A) A factory needs more workers.
(B) A machine is not operating properly.
(C) Some documents are missing.
(D) Some supplies have not arrived.

Q2 대화 중반부 문제: 이유

Why does the man request prompt service?

(A) New employees need to start work soon.
(B) An order needs to be filled.
(C) He is going on vacation.
(D) He is meeting with some clients.

Q3 대화 후반부 문제: 다음에 할 일

What will the woman do next?

(A) Review some instructions
(B) Visit a store
(C) Replace some parts
(D) Talk to a supervisor

Questions 1-3 refer to the following conversation.

M Hello, this is Mark from Weimer Industries. ❶ We purchased a mixing machine from you last week, but it seems to be malfunctioning.

W I'm sorry to hear that. Unfortunately, all of our technicians are unavailable at the moment. If you'd like, ❷ we can send a person to your factory first thing tomorrow morning.

M Hmm… ❷ This needs to be taken care of today. We're really busy, and we have a big order to complete by the end of the day tomorrow.

W ❸ Let me speak with my manager and see what I can do for you.

1-3번은 다음 대화에 관한 문제입니다.

남 안녕하세요, Weimer Industries의 Mark입니다. ❶ 지난 주에 귀사에서 혼합기를 구입했는데, 그게 제대로 작동하지 않는 것 같이 보여요.

여 그런 얘기를 들으니 유감이네요. 안타깝게도 현재 저희 기술자들 모두 자리에 없습니다. 원하시면 ❷ 내일 아침 제일 먼저 귀사 공장으로 사람을 보내 드릴게요.

남 흠… ❷ 이건 오늘 처리되어야만 해요. 저희가 정말 바빠서 내일까지 끝내야 할 큰 주문이 있어요.

여 ❸ 저희 매니저와 이야기 해보고 고객님을 위해 무엇을 해드릴 수 있는지 알아볼게요.

VOCA

mixing machine 혼합기 | **malfunction** 오작동하다 | **unfortunately** 안타깝게, 불운하게 | **unavailable** 만날 수 없는, 구할 수 없는 | **at the moment** 지금 | **take care of** ~를 돌보다, 처리하다 | **operate** 작동하다, 운행하다 | **miss** 놓치다 | **supplies** 물품 | **fill an order** 주문을 처리하다, 주문에 응하다 | **go on vacation** 휴가를 가다 | **instruction** 지침, 설명 | **replace** 대체하다, 대신하다

Q1

어떤 문제가 논의되고 있는가?

(A) 공장이 더 많은 직원을 필요로 한다.　　　　(B) 기계가 제대로 작동하지 않는다.

(C) 몇몇 문서가 누락되어 있다.　　　　　　　(D) 몇몇 물품이 도착하지 않았다.

정답
공략
하기

❶ **문제 확인** What problem, discussed → 대화 주제

❷ **단서 찾기** M: We purchased a mixing machine from you last week, but it seems to be malfunctioning. (지난 주에 귀사에서 혼합기를 구입했는데, 그게 제대로 작동하지 않는 것 같이 보여서요.) → 기계 오작동에 관하여 얘기하고 있음

❸ **Paraphrasing** malfunctioning → not operating properly

Q2

남자는 왜 신속한 서비스를 요청하는가?

(A) 신입 사원들이 곧 일을 시작해야 한다.　　　(B) 주문을 처리해야 한다.

(C) 그가 휴가를 간다.　　　　　　　　　　　(D) 그가 몇몇 고객들을 만난다.

정답
공략
하기

❶ **문제 확인** Why, man, request, prompt service → 신속한 서비스를 요청하는 이유

❷ **단서 찾기** W: we can send a person to your factory first thing tomorrow morning (내일 아침 제일 먼저 귀사 공장으로 사람을 보내 드릴게요.) → 기계 오작동에 관한 대응 방안을 얘기하고 있다. → M: This needs to be taken care of today. We're really busy, and we have a big order to complete by the end of the day tomorrow. (이건 오늘 처리되어야만 해요. 저희가 정말 바빠서 내일까지 끝내야 할 큰 주문이 있어요.) → 내일까지 끝내야 하는 큰 주문이 있음

Q3

여자는 다음에 무엇을 할 것인가?

(A) 설명서를 검토한다　　　　　　　　　　　(B) 가게를 방문한다

(C) 일부 부품을 교체한다　　　　　　　　　　(D) 상사와 이야기한다

정답
공략
하기

❶ **문제 확인** Why, woman, do next → 여자가 다음에 할 일

❷ **단서 찾기** W: Let me speak with my manager (저희 매니저와 이야기 해볼게요) → 여자는 다음으로 매니저와 얘기할 것임

❸ **Paraphrasing** speak with → talk to / manager → supervisor

4. 시각 정보 연계 문제

▶ 프로그램이나 일정표, 주문 양식, 지도, 리스트 등 다양한 유형의 시각 정보를 대화 내용과 연관 지어 정답을 찾는 문제이다.

▶ 주로 대화에 언급된 단서를 토대로 시각 정보에서 화자가 선택할 상품 및 서비스, 날짜 등을 고른다.

Tip! 질문의 키워드를 먼저 파악한 후, 시각 정보를 보면서 문제를 풀어야 해.

시각 정보

Look at the graphic. Which section will the speakers go to?
시각 정보를 보시오. 화자들이 어느 섹션으로 가겠는가?

Look at the graphic. What information does the man ask about?
시각 정보를 보시오. 남자는 어떤 정보에 대해 묻는가?

☑ 시각 정보 자료 유형

1. 표

워크숍, 공연, 행사 등의 일정 및 상품이나 서비스 등에 대한 요금을 보여준다.

Workshop Date	Person in Charge
May 1st	Tilda
May 2nd	Jane
May 3rd	David
May 4th	Wang

2. 막대·선 그래프

기업 및 상품 등의 매출 변화, 회원 수 변화, 기온 및 강수량 변화 등을 보여준다.

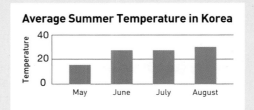

3. 약도

기업, 상점, 행사장 등의 위치를 보여준다.

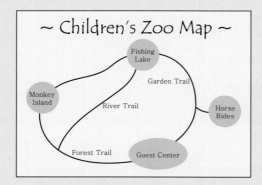

4. 기타 자료

할인 혜택 리스트, 구매 티켓 내역, 주문서, 송장, 구인 자격 요건 목록 등을 보여준다.

GONCHA
15% DISCOUNT COUPON

1 Bubble Tea or Black Tea

Valid Until: 2016/12/31

* NOTE: Bubble Tea is only available on a first-come-first-served basis

Q4 시각 정보 연계 문제

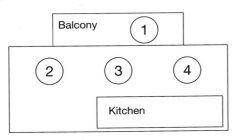

Balcony ①

② ③ ④

Kitchen

Look at the graphic. At which table will the speakers sit?

(A) Table 1
(B) Table 2
(C) Table 3
(D) Table 4

Question 4 refers to the following conversation and floor plan.

Ⓜ Hi, Miriam.

Ⓦ Hello, Jason. I'm about to get into my car. Are you on your way?

Ⓜ Yes, and I've got some news. I got a call earlier from the editor of our newspaper's Food section. He found out that we were going to that new Thai restaurant, and he wanted us to write a review about the place. The owner will show us around the kitchen, and ❹ we'll be sitting at the VIP table right on the balcony.

Ⓦ Really? That's exciting! I've never written a restaurant review.

Q4 시각 정보를 보시오. 화자들은 어느 테이블에 앉을 것인가?

(A) 테이블 1   (B) 테이블 2
(C) 테이블 3   (D) 테이블 4

발코니 ①

② ③ ④

주방

정답
공략
하기

❶ **시각 정보 확인** 발코니와 주방 및 테이블 1, 2, 3, 4번의 위치

❷ **문제 확인** At which table, speakers, sit → 화자들이 앉을 테이블 번호

❸ **단서 찾기** M: we'll be sitting at the VIP table right on the balcony (우리는 발코니에 있는 VIP 테이블에 앉게 될 거예요) → 시각 정보에서 발코니에 있는 테이블 번호 확인 → Table 1

4번은 다음 대화와 평면도에 관한 문제입니다.

🔲 안녕하세요, Miriam.

🔲 안녕하세요, Jason. 저는 지금 막 차를 타려고 해요. 당신도 가는 중인가요?

🔲 네, 그리고 몇 가지 소식이 있어요. 아까 우리 신문사 식품 섹션 편집자로부터 전화를 받았어요. 그는 우리가 그 새로 생긴 태국 식당에 가려고 한다는 걸 알고 그곳에 관한 후기를 써주었으면 하더라고요. 식당 사장이 우리에게 주방을 구경시켜줄 거고, ❹ **우리는 발코니에 있는 VIP 테이블에 앉게 될 거예요.**

🔲 정말이요? 재미있겠네요! 나는 식당 후기를 써본 적이 없어요.

VOCA ·····

on one's way ∼에 가는 길에 | **editor** 편집자 | **review** 후기, 논평 | **show around** ∼을 보여주다

5. 화자 의도 파악 문제

▶ 대화의 흐름상 질문에 주어진 표현이 대화 속에서 구체적으로 어떤 의미로 쓰였는지를 파악하는 문제이다.

▶ 다양한 의미를 지닌 표현이 등장하므로, 문자 그대로의 사전적 의미가 아닌 해당 문맥상 알맞은 의미를 골라야 한다.

사전적인 의미가 아닌 대화의 문맥 속에서의 의미를 파악해야 해.
인용 문장의 앞뒤에서 단서를 찾고, 화자의 강세와 어조에도 관심을 가지고 대화의 흐름을 파악해야 해.

화자 의도

Why does the man say, "Not at all"? 남자는 왜 "전혀요"라고 말하는가?

Why does the man say, "Really"? 남자는 왜 "정말로요"라고 말하는가?

Why does the man say, "That's not surprising"? 남자는 왜 "놀랍지 않네요"라고 말하는가?

What does the woman mean when she says, "Just to be safe"?
여자가 "만약을 위해서요"라고 말할 때 무엇을 의도하는가?

What does the woman mean when she says, "That won't be an issue"?
여자가 "그건 별 문제가 되지 않아요"라고 말할 때 무엇을 의도하는가?

✔ 화자 의도 파악 문제 해결책

1. 인용문장을 먼저 읽고 의미를 파악한다.

Why does the woman say, "I don't mind"? 여자는 왜 "괜찮아요"라고 말하는가?

대화를 듣기 전 문제를 먼저 읽는 단계에서 "I don't mind"가 "괜찮아요"라는 사전적 의미를 미리 파악해 놓는다.

2. 처음부터 끝까지 대화의 흐름을 놓치지 않는다.

대화에서 인용문장이 언제 나올지 모르고 문맥상의 숨은 의도를 찾는 문제이기 때문에 그 인용문장의 앞이나 뒤에서 정답의 힌트가 나온다. 따라서 화자의 의도 파악 문제 문제는 특히 더 긴장하고 대화의 흐름을 놓치지 않도록 해야 한다.

3. 대화의 흐름을 놓쳤으면 빨리 찍고 넘어간다.

화자의 의도 파악 문제는 난이도가 높은 문제이므로 틀리더라도 감점이 크지 않다. 따라서 대화 흐름을 놓쳐서 정답을 모를 때에는 재빨리 아무거나 찍고 다음 문제에 집중하여 나머지 문제를 틀리지 않도록 해야 한다. 놓친 문제에 신경 쓰다가 두 세 문제를 다 틀릴 수도 있다.

P3-03 영국 ↔ 호주

Q5 화자 의도 파악 문제

What does the woman mean when she says, "I noticed it wasn't in the section where it usually is"?

(A) She lost her ID card.
(B) She forgot her order number.
(C) She did not make a payment.
(D) She cannot locate an item.

Question 5 refers to the following conversation.

W Hi, **5** I can't seem to find the latest issue of *Homecrafts Magazine*. Has the library cancelled its subscription? I noticed it wasn't in the section where it usually is.

M Unfortunately, yes. The library decided not to renew the subscription this year, so it won't be on our shelves anymore.

W Well, do you know of another place that might have it? I need to use this month's issue to complete a craft project for a class.

M Well, you can check out Dorothy's Kraft Shop across the street. They sell a variety of craft goods, so there's a good chance they'll have the magazine as well.

Q5 여자가 "원래 있던 그곳에 없네요"라고 말할 때, 무엇을 의도하는가?

(A) ID 카드를 잃어버렸다.
(B) 주문 번호를 잊어버렸다.
(C) 비용을 납부하지 않았다.
(D) 물건의 위치를 찾을 수 없다.

정답 공략 하기

① **문제 확인** "I noticed it wasn't in the section where it usually is" → 여자가 원래 있던 곳에 없다고 말한 의도 파악

② **단서 찾기** W: I can't seem to find the latest issue of *Homecrafts Magazine*. Has the library cancelled its subscription? I noticed it wasn't in the section where it usually is.
(《Homecrafts Magazine》의 최신호를 찾을 수가 없네요. 도서관에서 구독을 취소했나요? 원래 있던 곳에 없네요.) → 〈Homecrafts Magazine〉의 최신호를 찾을 수 없음

5번은 다음 대화에 관한 문제입니다.
여 안녕하세요. **5** 〈Homecrafts Magazine〉의 최신호를 찾을 수가 없네요. 도서관에서 구독을 취소했나요? 원래 있던 곳에 없네요.
남 유감스럽게도 그렇습니다. 도서관에서 올해 그 구독을 갱신하지 않기로 결정해서 앞으로는 저희 서가에 없을 거예요.
여 그럼, 그걸 가지고 있을 만한 다른 곳을 아시나요? 수업에서 공예 프로젝트를 완료하려면 이번 달 호를 사용해야 해서요.
남 음, 길 건너에 있는 Dorothy's Kraft Shop에 가보세요. 다양한 수공예 제품을 파니까 거기에 잡지도 있을 가능성이 커요.

VOCA ···
latest 최신의 | **issue** (잡지·신문 등 정기 간행물의) 호 | **subscription** 구독(권) | **notice** 알아차리다 | **unfortunately** 유감스럽게도 | **renew** 갱신하다 | **craft** (수)공예 | **a variety of** 다양한 | **goods** 물건, 제품 | **there is a good chance** ~할 가능성이 크다 | **as well** 또한, 역시

6. 3인 대화 지문

▶ 3인 대화 지문은 대화의 길이가 2인 대화보다는 짧지만 대화를 주고받는 대화 수가 늘어서 대화 속도가 더 빠르게 느껴질 수 있으므로 평상시 충분한 청취 연습이 필요하다. 3인 대화 유형은 매회 2개가 출제된다.

▶ 3인 대화 지문에서는 화자 의도나 추론 문제가 출제된다.

문제에 men (남자들), women (여자들)이 보이면 3인 대화임을 미리 파악할 수 있어.
또한 같은 성별의 화자가 두 명 등장하니 화자를 구별하려면 서로를 호명할 때 이름을 주의 깊게 들어야 해.

3인 대화 디렉션

Questions 32-34 refer to the following conversation **with three speakers.**
32-34번은 다음 세 화자의 대화에 관련된 문제입니다.

☑ 3인 대화 지문 해결책

1. 제3의 인물의 이름을 소개하거나, 이름을 부르며 등장하는 유형

문제를 먼저 읽을 때 문제에 나와 있는 이름을 미리 숙지 해 두었다가 대화에서 이름이 언급되면 답 고를 준비를 한다.

Q. What did James do in the morning? 제임스는 오늘 아침에 무엇을 했는가?

⋯▸ 문제를 읽고 James라는 사람이 나올 것을 예상하고 대화의 흐름을 놓치지 않고 듣고 있다가 이름이 나오면 답 고를 준비를 한다.

2. 제 3의 인물의 이름이 나오지 않는 유형

이름이 나오지 않는 경우는 남자 2명과 여자 1명 또는 남자 1명과 여자 2명이 등장하므로 남녀 각자 말하는 내용을 구분하면서 들어야 한다.

Q. Who most likely are the women? 여자들은 누구이겠는가?

⋯▸ women이라는 단어만 보고도 3인 대화 문제라는 것을 알 수 있고, 여자들의 신분을 묻는 문제이므로 주로 남자가 말하는 부분에서 단서를 찾을 준비를 하며 대화를 듣는다.

🎧 P3-04 영국 ↔ 호주 ↔ 미국

Q6

3인 대화 지문: 제안·요청

What do the men suggest?

(A) Extending a deadline
(B) Posting an advertisement
(C) Dividing some work
(D) Simplifying a procedure

Question 6 refers to the following conversation with three speakers.

Ⓦ There are over 150 résumés for the marketing positions we had advertised. And I have to go through all of them by the end of the day.

M1 That is quite a lot. ⑥ Would you like me to help you out?

Ⓦ That would be great. But I'm not sure the two of us can go through every one.

M2 Well, I have some free time today. ⑥ How about I take some to look at?

Ⓦ Thank you so much. I really appreciate it.

M1 Do you mind printing the ones you'd like me to go over? It's easier for me to read them on paper.

Ⓦ Of course. I'll do that for both of you.

Q6 남자들이 제안한 것은 무엇인가?

(A) 마감일을 연장하는 것　　(B) 광고를 게재하는 것　　**(C) 업무를 분담하는 것**　　(D) 절차를 간소화하는 것

정답
공략
하기

❶ **문제 확인** What, men, suggest → 남자들이 제안한 것

❷ **단서 찾기** M1: Would you like me to help you out? (제가 좀 도와드릴까요?) → M2: How about I take some to look at? (저도 좀 같이 보면 어떨까요?) → 여자에게 업무 분담 제안

6번은 다음 세 화자의 대화에 관한 문제입니다.
여 저희가 광고 냈던 마케팅 포지션에 이력서가 150개도 넘어요. 그리고 이 모든걸 오늘까지 다 검토해야 돼요.
남1 많긴 하네요. ⑥ 제가 좀 도와드릴까요?
여 그럼 정말 좋을 거예요. 근데 저희 둘이 다 검토할 수 있을지 잘 모르겠네요.
남2 음, 저도 오늘 여유 시간이 좀 있어요. ⑥ 저도 같이 좀 보면 되지 않을까요?
여 정말 고마워요, 감사합니다.
남1 제가 검토해야 될 것들만 인쇄해서 주시겠어요? 지면상으로 보는 게 더 편해서요.
여 물론이죠. 두 분 다 해드릴게요.

VOCA ·······
go through 검토하다, 조사하다 I **quite** 꽤 I **help out** ~를 도와주다 I **take a look at** ~를 살펴보다 I **appreciate** 고마워하다 I **mind** 꺼리다 I **go over** ~를 검토하다 I **extend** 연장하다 I **simplify** 간소화하다, 간단하게 하다

Warm-up

대화를 듣고 정답을 고른 후, 빈칸을 채우세요. (대화는 3번 들려줍니다.)

해설서 p.66

1. What is the purpose of the call?

(A) To address a billing error   (B) To complain about a service

> W: Hi, I'm Janice Smith and I'm calling about a _____ that I received. The _____ was… uhh… _____ me, but I clearly remember that I _____ before moving. I was wondering if you could please help _____.
>
> M: Sure. Can you tell me your _____, please?

2. Who most likely is the woman?

(A) A graphic designer   (B) An architect

> M: Hi. I _____ a local café, and I was wondering if your company could _____ for my business.
>
> W: Of course! I'd be _____ to help you.

3. What does the man want to do?

(A) Schedule an interview   (B) Sign up for a class

> M: Hello, I'm calling about the _____ I saw on the window of your _____. It was about _____. Can I still _____?
>
> W: I'm sorry, but because we have limited kitchen appliances, all _____ are _____.

4. What are the speakers discussing?

(A) Local grocery stores   (B) Nearby restaurants

> W: Hey, Eric! Did you know that Shabu Zen–the _____ near our office–closed last week?
>
> M: Really? I didn't know that.
>
> W: I'm upset because it was one of my _____.
>
> M: That's too bad. But _____? A fusion _____ _____ opened across the street last Wednesday. Why don't we try that place _____?

5. What do the speakers imply about Megan?

(A) She is not qualified for the position.   (B) She is the best candidate for the job.

> M: Hi, Joanne. What do you think about the _____ for the marketing manager _____?
>
> W: Well, all five _____ are _____, but Megan seems to _____ our brand _____ than the others.
>
> M: I think you're right.

Exercise

1. What is the main topic of the conversation?

(A) Getting rid of an old television
(B) Purchasing a new vehicle
(C) Arranging a delivery
(D) Returning a broken item

2. What most likely will the man do next?

(A) Send an e-mail
(B) Provide an address
(C) Review a confirmation number
(D) Make a phone call

3. What position is the woman inquiring about?

(A) Copywriter
(B) Event organizer
(C) Photographer
(D) Web designer

4. What is the woman asked to do?

(A) Send a portfolio
(B) Email a résumé
(C) Submit references
(D) Schedule an interview

5. Where does the man most likely work?

(A) At a bank
(B) At a supermarket
(C) At a jewelry store
(D) At an electronics retailer

6. What will the woman most likely sign up for?

(A) A coupon book
(B) A reward program
(C) An information session
(D) A monthly newsletter

7. Why does the woman say, "That's good to know"?

(A) She is relieved to hear some news.
(B) She will offer some useful information.
(C) She is impressed with an idea.
(D) She will be glad to lead a meeting.

8. What do the men imply about the company?

(A) It has recently hired some workers.
(B) It will soon be visited by some clients.
(C) It is implementing a new policy.
(D) It is preparing an advertising campaign.

P3-07   해설서 p.70

1. Where are the speakers going?

(A) To a movie theater
(B) To a museum
(C) To a shopping mall
(D) To a conference center

2. What is the problem?

(A) A parking lot is full.
(B) A meeting has been canceled.
(C) A business is not open yet.
(D) A location is hard to find.

3. What does the woman suggest doing?

(A) Purchasing a map
(B) Going to a café
(C) Calling a supervisor
(D) Trying another store

4. Where do the speakers work?

(A) At a law firm
(B) At a production studio
(C) At a conference center
(D) At a publishing company

5. According to the man, what happened yesterday?

(A) A new business opened.
(B) A deal was finalized.
(C) A director retired.
(D) A room was reserved.

6. What will Ms. Valentine do next?

(A) Sign a form
(B) Give a speech
(C) Eat a meal
(D) Watch a video

7. What is the main topic of the conversation?

(A) An accounting class
(B) A theater show
(C) A car rental reservation
(D) A new restaurant menu

8. Why does the man say, "Keisha owns a minivan"?

(A) To request a parking permit
(B) To check if a vehicle is available
(C) To suggest sharing a ride
(D) To arrange a delivery service

9. What does the man say he will do?

(A) Modify a booking
(B) Email a list of events
(C) Bring a map
(D) Purchase a ticket

E500	No Internet service
E510	Insufficient storage
E520	Replace battery
E530	Update required

10. Who most likely is the man?

(A) A salesperson
(B) A delivery driver
(C) A hotel manager
(D) A graphic designer

11. Look at the graphic. Which error code is the tablet displaying?

(A) E500
(B) E510
(C) E520
(D) E530

12. What will the man most likely do next?

(A) Refund some money
(B) Contact a colleague
(C) Install some software
(D) Upgrade a room

주제·목적	I'm calling to ~ ~하려고 전화했습니다	I'm calling about ~ ~에 관하여 전화했습니다
	I'd like to ~ ~하고 싶습니다	I want to ~ ~하길 원합니다
	I hope to ~ ~하길 바랍니다	I need to ~ ~해야 합니다
	I was wondering if ~ ~인지 궁금합니다	
반전 내용	but 그러나	however 그러나
	unfortunately 안타깝게도	I'm afraid ~ ~일까 봐 걱정입니다
	I'm sorry but ~ 미안하지만 ~	
이유·원인	because ~ ~이기 때문에	since ~ ~이기 때문에
	as ~ ~이기 때문에	because of ~ ~때문에
	due to ~ ~때문에	owing to ~ ~때문에
	thanks to ~ ~덕분에	thanks for ~ ~덕분에
	so that ~ ~하도록	in order that ~ ~하도록
중요한 정보	apparently 듣자 하니	actually 사실은
	in fact 사실은	
요청 사항	Can you ~? ~해주시겠어요?	Could you ~? ~해주시겠어요?
	Will you ~? ~하겠어요?	Would you ~? ~하겠어요?
	I'd like you to ~ ~해 주세요	I want you to ~ ~해 주세요
	I need you to ~ 당신이 ~해야 합니다	please ~ ~해 주세요
	make sure ~ 확실히 ~해주세요	be sure to 확실히 ~해주세요
의견·제안	Why don't you ~? ~하세요	How about ~? ~는 어떠세요?
	What about ~? ~는 어떠세요?	Let's ~ ~합시다
	Shall we ~? ~할까요?	I suggest ~ ~할 것을 제안합니다
	I recommend ~ ~할 것을 추천합니다	I advise ~ ~할 것은 조언합니다
	You should ~ ~하는 게 좋습니다	
해결책 제의	I can ~ 제가 ~해줄 수 있어요	Let me ~ 제가 ~하겠습니다
	I will ~ 제가 ~하겠습니다	
앞으로 할 일·계획	I will ~ 저는 ~할게요	I have to ~ ~해야 합니다
	I need to ~ ~해야 합니다	I'm planning to ~ ~할 계획이에요
	I'm going to ~ ~에 갈 겁니다	We're trying to ~ ~하려고 합니다
	We're scheduled to ~ ~할 예정이에요	I'm about to ~ 막 ~하려고 했어요
	I've decided to ~ ~하기로 정했어요	I've made up my mind to ~ ~하기로 정했어요

일상생활 1
쇼핑·여가 생활

쇼핑과 관련된 대화는 주로 상품 주문과 배송, 고장 등에 관한 내용들이 출제된다. 매회 1~2개의 지문이 출제되며 최근에는 계산서 오류에 관한 대화도 자주 출제된다. 여가 생활에 해당하는 공연 및 박물관, 여행과 관련된 호텔, 공항에서의 대화 내용도 출제 빈도가 높다.

⊕ 대화 유형 확인하기

1. 쇼핑

▸ 상품 품절 안내   ▸ 상품 주문 오류   ▸ 상점 위치 문의
▸ 상품 배송·고장 문의   ▸ 상품 교환·취소·환불   ▸ 회원 가입 및 할인 행사 안내

✓ 쇼핑 관련 반드시 알아두어야 할 표현

merchandise 상품	**carry** 취급하다	**refund** 환불하다
return 반품하다	**exchange** 교환하다	**damaged** 손상된
original receipt 원본 영수증	**order number** 주문 번호	**special offer** 특가 할인

2. 외식

▸ 식당 운영 시간   ▸ 식당 예약·변경   ▸ 음식 주문 관련
▸ 파티 및 행사 관련

✓ 외식 관련 반드시 알아두어야 할 표현

store hours 영업시간	**dish** 음식	**party** 일행
reserve 예약하다	**host** 접대하다	**book a table for four** 4명 테이블을 예약하다
entrée 메인 요리	**main dish** 메인 요리	**vegetarian menu** 채식 메뉴

3. 공연·박물관

▸ 공연·영화 관람 약속   ▸ 공연·영화 감상평   ▸ 박물관 전시회 문의
▸ 박물관 내 장소 문의

✓ 공연·박물관 관련 반드시 알아두어야 할 표현

theater 극장	**exhibition / exhibit** 전시회	**play** 연극
live performance 라이브 공연	**brochure / pamphlet** 안내 책자	**group rate** 단체 요금
sold out (표가) 매진된	**admission fee** 입장료	**ticket booth** 매표소

4. 여행

- ▶ 여행 상품 및 일정
- ▶ 렌터카 문의
- ▶ 항공권 예약
- ▶ 휴가 또는 연휴 계획
- ▶ 관광 안내 센터
- ▶ 다녀온 휴가 및 휴가지

✔ 여행 관련 반드시 알아두어야 할 표현

go on a vacation 휴가 가다	**take time off** 휴가를 내다	**travel agency** 여행사
tour guide 관광 가이드	**itinerary** 여행 일정표	**rent-a-car** 렌터카
compact car 소형차	**relax** 휴식을 취하다	**tourist attraction** 관광 명소
tourist 관광객	**sightseeing** 관광	**vacation/holiday** 휴가

5. 호텔

- ▶ 숙박 예약 문의
- ▶ 입실 또는 퇴실 관련
- ▶ 숙박 기간변경
- ▶ 불편 · 불만 사항
- ▶ 방의 종류 변경

✔ 호텔 관련 반드시 알아두어야 할 표현

accommodation 숙소	**hotel clerk** 호텔 직원	**front desk** 안내 데스크
check in 체크인 하다	**check out** 체크아웃 하다	**reserve a room** 방을 예약하다
view 전망	**confirm a reservation** 예약을 확인하다	

6. 공항

- ▶ 탑승구 위치 문의
- ▶ 항공편 지연과 원인
- ▶ 탑승 수속
- ▶ 환승편 탑승
- ▶ 수하물 분실
- ▶ 공항버스 지연

✔ 공항 관련 반드시 알아두어야 할 표현

destination 목적지	**cancel** 취소하다	**lost** 분실된
check in 탑승 수속하다	**boarding pass** 탑승권	**boarding gate** 탑승구
window seat 창가 쪽 좌석	**suitcase** 여행 가방	**baggage** (여행용) 짐
round-trip ticket 왕복 항공권	**book a flight** 항공편을 예약하다	**shuttle bus** 셔틀버스

Projector Screen

| A1 | A2 | A3 | A4 |
| B1 | B2 | B3 | B4 |

Questions 1-3 refer to the following conversation and seat map.

Ⓜ Pardon me, but I think that's my seat you're in. ❶ I requested a front row seat, so I could see the screen better.

Ⓦ Really? ❶ ❷ I'm quite sure my seat is A2. Do you mind if I see your ticket? OK, yeah, it says here that you're in the seat just to the right of me.

Ⓜ Ah, you're right. I'm sorry. Actually, ❷ would it be okay if we changed places? My coworker is seated in A1, and we have to share some notes together.

Ⓦ Sure, that's no problem. As long as I'm still in the front, it's fine. But ❸ I think we should let the event coordinator know about the switch.

Q1 대화의 목적을 묻는 문제

What is the purpose of the conversation?

(A) To alter a schedule
(B) To arrange a seminar
(C) To deal with an issue
(D) To go over a process

Q2 시각 정보 연계 문제

Look at the graphic. Which seat was the man originally assigned to?

(A) A1
(B) A2
(C) A3
(D) A4

Q3 제안·요청 사항을 묻는 문제

What does the woman recommend doing?

(A) Informing an event organizer about a change
(B) Checking screening times of a film
(C) Taking some notes during a presentation
(D) Asking an employee to bring a new projector

1-3번은 다음 대화와 좌석 배치도에 관한 문제입니다.

🔉 죄송하지만 지금 앉아 계신 곳이 제 자리인 것 같네요. 스크린을 더 잘 볼 수 있도록 ❶ 앞줄 좌석을 요청했거든요.

🔉 정말이요? ❶ ❷ 제 자리가 확실히 A2인데요. 당신 표를 좀 볼 수 있을까요? 아, 그러네요, 여기 표에 당신은 제 바로 오른쪽 자리라고 나와 있어요.

🔉 아, 당신 말이 맞군요. 죄송합니다. 그런데, ❷ 우리가 자리를 바꿔도 괜찮을까요? 제 동료의 좌석이 A1인데 메모를 함께 봐야 하거든요.

🔉 물론이죠. 문제 없어요. 저는 앞줄이기만 하면 괜찮아요. 하지만 ❸ 행사 진행자에게 자리를 바꾼 걸 알려야 할 것 같네요.

| 프로젝터 스크린 |
| A1 | A2 | A3 | A4 |
| B1 | B2 | B3 | B4 |

VOCA ···

front row 앞줄 | coworker 동료 | share 나누다, 공유하다 | event 행사 | coordinator 진행자, 조정자 | switch 바꿈 | deal with 다루다

대화의 목적은 무엇인가?

(A) 일정을 변경하기 위해 　　　　　　　　　　　(B) 세미나 일정을 잡기 위해

(C) 문제점을 다루기 위해 　　　　　　　　　　　(D) 절차를 검토하기 위해

정답 공략 하기

❶ **문제 확인** What, purpose, conversation → 대화의 목적

❷ **단서 찾기** M: I think that's my seat you're in. I requested a front row seat (지금 앉아 계신 곳이 제 자리인 것 같네요. → I'm quite sure my seat is A2. Do you mind if I see your ticket? OK, yeah, it says here that you're in the seat just to the right of me. (제 자리가 확실히 A2인데요. 당신 표를 좀 볼 수 있을까요? 아, 그러네요, 여기 표에 당신은 제 바로 오른쪽 자리라고 나와 있어요.)" → 지정 좌석과 관련한 문제를 해결하기 위함

시각 정보를 보시오. 남자는 원래 어느 자리에 배정되었는가?

(A) A1 　　　　　　　　(B) A2 　　　　　　　　(C) A3 　　　　　　　　(D) A4

정답 공략 하기

❶ **문제 확인** Which seat, man, originally assigned → 원래 지정된 남자의 자리

❷ **단서 찾기** W: I'm quite sure my seat is A2. Do you mind if I see your ticket? OK, yeah, it says here that you're in the seat just to the right of me. (제 자리가 확실히 A2인데요. 당신 표를 좀 볼 수 있을까요? 아, 그러네요, 여기 표에 당신은 제 바로 오른쪽 자리라고 나와 있어요.) → would it be okay if we changed places? My coworker is seated in A1, and we have to share some notes together. (우리가 자리를 바꿔도 괜찮을까요? 제 동료의 좌석이 A1인데 메모를 함께 봐야 하거든요.) → 좌석 배치도 상에서 남자의 자리는 A2 바로 오른쪽인 A3임

여자는 무엇을 하기를 추천하는가?

(A) 행사 진행자에게 변경 사항에 대해 알리는 것 　　　(B) 영화 상영 시간표를 확인하는 것

(C) 발표 동안 필기를 하는 것 　　　　　　　　　　　(D) 직원에게 새 프로젝트를 가져오라고 요청하는 것

정답 공략 하기

❶ **문제 확인** What, woman, recommend → 여자의 권장 사항

❷ **단서 찾기** W: I think we should let the event coordinator know about the switch. (행사 진행자에게 자리를 바꾼 걸 알려야 할 것 같네요.) → 자리 변경에 대해 행사 담당자에게 알려야 함을 권유함

❸ **Paraphrasing** let the event coordinator know about the switch → inform an event organizer about a change

Warm-up

대화를 듣고 정답을 고른 후, 빈칸을 채우세요. (대화는 3번 들려줍니다.)

해설서 p.73

1. What most likely is the woman's occupation?

(A) Travel agent   (B) Hotel staff

> M: Excuse me. Do you have any _____ or travel brochures for _____?
>
> W: Yes, we have all the travel brochures near the _____.
>
> M: I see. Thank you.
>
> W: No problem. And there should be some in _____ as well.

2. Where does the man most likely work?

(A) At a repair shop   (B) At a shoe store

> M: Hi, how may I help you?
>
> W: Hi, I ordered _____ from your store last week, and I received them yesterday. But this morning _____ that I ordered the wrong ones.
>
> M: Oh, I understand. Would you like to _____ them for a _____?

3. What does the woman imply about the flight?

(A) It is an indirect flight.   (B) It lands later than she hoped.

> W: Hi. I need a _____ to New York for January 7. Do you have any flights that _____ New York in the morning?
>
> M: Yes, I see one here... It's a _____ and will _____ New York at 10:05 A.M.
>
> W: Hmm... Do you have any _____? I have a meeting at 10:30 A.M., so I need to get there _____ than that.

4. What are the speakers discussing?

(A) An admission fee   (B) A membership

> W: May I help you?
>
> M: Yes, how much is the _____ for the modern _____?
>
> W: It's $20 per person on weekends and $13 during the week.
>
> M: Wow, that's _____ expensive. Well... I think I should come back _____.

5. Where are the speakers?

(A) At an amusement park   (B) At a theater

> M: Hi, I'd like to buy two tickets for the _____ at 8:30.
>
> W: I'm very sorry, but it's _____.
>
> M: Really? Wow, the _____ must be really good. Didn't it _____ a few weeks ago?
>
> W: Yes, it did. But it's still _____.

Exercise

해설서 p.75

1. What problem does the man mention?

(A) He cannot make it to the event.
(B) He will be late to the show.
(C) He has misplaced his tickets.
(D) He needs to purchase additional seats.

2. What does the man need to bring to the box office?

(A) A receipt
(B) A credit card
(C) A birth certificate
(D) A bank account information

3. What does the woman apologize for?

(A) An incorrect charge
(B) A renovation project
(C) A technical issue
(D) A late train

4. What does the woman remind the man to do?

(A) Submit a payment
(B) Present some identification
(C) Check in his luggage
(D) Print out a receipt

5. Who most likely is the woman?

(A) A hotel manager
(B) A cab driver
(C) A restaurant worker
(D) An airline employee

6. What does the woman ask for?

(A) Some booking details
(B) Some contact information
(C) A bank account number
(D) The name of a company

7. Where are the speakers?

(A) In a shopping mall
(B) At a subway station
(C) At a conference center
(D) In an office building

8. What does the woman suggest that the man do?

(A) Look at a map
(B) Check the business hours
(C) Ask for a refund
(D) Purchase some tickets

해설서 p.77

1. What does the woman want to do?

(A) Cancel a shipment
(B) Change a previous order
(C) Confirm a tracking number
(D) Exchange an item

2. What information does the man request?

(A) The woman's address
(B) The woman's password
(C) A confirmation number
(D) A reason for cancellation

3. What will the man send the woman?

(A) A receipt
(B) A brochure
(C) An e-mail
(D) A free sample

4. What most likely is the man's profession?

(A) Restaurant manager
(B) Factory director
(C) Computer technician
(D) Hotel supervisor

5. Why does Stephanie apologize to the customer?

(A) An order has been delayed.
(B) A package was damaged.
(C) A receipt was not given.
(D) A Web page is unavailable.

6. What does the man say he will do?

(A) Talk to a worker
(B) Process a credit card
(C) Provide a coupon
(D) Call a supplier

7. What has the man forgotten to bring?

(A) A discount voucher
(B) A store receipt
(C) A shopping bag
(D) A membership card

8. What problem does the woman mention?

(A) An item is sold out.
(B) A system cannot be accessed.
(C) A listed price is wrong.
(D) An employee did not come to work.

9. What does the woman imply when she says, "I know where those go"?

(A) Several items were placed on the incorrect shelf.
(B) She will help the man locate some merchandise.
(C) She will put some products back in their original location.
(D) Some merchandise has been moved to another aisle.

First Floor Directory	
Section A	Produce
Section B	Bakery
Section C	Drinks
Section D	Meats

10. What will happen in the afternoon?

(A) An overseas client will visit.
(B) A health seminar will be given.
(C) A sales event will begin.
(D) A social gathering will be held.

11. What does the man instruct the woman to do?

(A) Download a mobile application
(B) Contact a manager
(C) Pick up a coworker
(D) Use a specific form

12. Look at the graphic. Which section will the speakers most likely go to?

(A) Section A
(B) Section B
(C) Section C
(D) Section D

쇼핑·외식	expensive 비싼	inventory 재고
	affordable 저렴한	special order 특별 주문
	purchase 구매하다	make a purchase 구매하다
	give a discount 할인해주다	offer a discount 할인해 주다
	defective 하자 있는	proof of purchase 구매 증빙
	business hours 영업시간	confirm 확인하다
	warehouse 창고	overnight delivery 익일 배송
	track the status 배송 조회하다	tracking number 배송번호
	delivery / shipping 배달, 배송	shipment 배송(품)
	billing error 청구서 오류	get a refund 환불 받다
	deliver 배달하다	ship 배송하다
공연·박물관	live performance 라이브 공연	intermission 중간 휴식 시간
	wing (건물의) 동	exhibition hall 전시실
	rate 요금	admission 입장
	critic 평론가	theater 극장
	museum 박물관	cinema 영화관
	in the front row 앞줄에	performance / show 공연
	art work 예술 작품	preregistration 사전 등록
	in line 줄 서 있는	balcony seat 발코니 좌석
	in advance 미리	floor plan 평면도
여행	sightseeing 관광	city tour 시내 관광
	shuttle bus 셔틀버스	travel brochure 여행안내 책자
	suite (호텔) 스위트룸	crowded 붐비는
	relaxing 편한, 느긋한	hiking 등산
호텔	accommodation 숙박시설	hotel clerk 호텔 직원
	concierge 컨시어지	reserve a room 방을 예약하다
	ocean view 바다가 보이는 전망	complimentary 무료의
	onsite restaurant 호텔 내 식당	free meal 무료 식사
	valuables 귀중품	check in (호텔에) 체크인하다, 투숙 수속을 밟다
공항	overcharge 초과 요금을 내다	check in 탑승 수속을 밟다
	later flight 더 늦은 비행편	passenger 승객
	discount voucher 할인권	overbooked 초과 예약된
	stopover 경유하다	direct flight 직항편
	connecting flight 연결편 항공기	boarding pass 탑승권
	aisle seat 통로 쪽 좌석	baggage claim 수하물 찾는 곳
	overhead compartment 머리 위 짐칸	window seat 창가 쪽 좌석

UNIT 13 일상생활 2
편의 시설

편의 시설을 다루는 배경이나 장소는 매우 다양하다. 매회 1~3개의 지문이 출제되고 있으며, 가장 자주 출제되는 장소는 병원, 부동산, 우체국, 도서관, 수리점 순이다.

🔍 대화 유형 확인하기

1. 병원

▶ 환자와 병원 접수처 직원 사이의 진료 예약, 변경, 취소 관련 대화
▶ 약국에서 처방전으로 약을 조제 받거나 추천 받는 대화

✔ 병원 관련 반드시 알아두어야 할 표현

schedule an appointment 진료 예약을 하다	receptionist 안내 직원, 접수원
make an appointment 진료 예약을 하다	physical/annual checkup 건강 검진
prescription 처방전	hospital 병원
doctor's office 병원	patient 환자
see a doctor 진찰받다	medical record 진료 기록
examine 진찰하다	symptom 증상

2. 부동산

▶ 부동산 중개인과 세입자 사이의 건물 임대 문의 대화
▶ 부동산 중개인과 세입자가 임대 가능한 건물을 보기 위해 약속을 정하는 대화
▶ 세입자가 부동산 중개인이나 집주인에게 임대한 건물에 생긴 문제를 알리는 대화

✔ 부동산 관련 반드시 알아두어야 할 표현

real estate 부동산	property 건물 부동산
real estate agency 부동산 중개소	tenant 세입자
landlord 집주인	lease 임대차계약
rent 집세; 임대하다	deposit 보증금
furnished 가구가 갖춰진	conveniently located 편리한 곳에 위치한
move in 이사 들어오다	bus stop 버스 정류장
commute 출퇴근하다	within short walking distance 걸을 수 있는 거리에

3. 우체국

▶ 소포 발송 관련 대화

EX 고객이 우체국 직원에게 우편 종류와 요금을 문의하는 대화

▶ 배송 확인 관련 대화

EX 수취인 부재로 배달되지 못한 배송물에 관하여 고객이 우체국을 방문하거나 우체국에서 고객에게 연락하는 대화

✅ 우체국 관련 반드시 알아두어야 할 표현

post office 우체국	**package** 소포
regular mail 보통 우편	**express mail** 빠른 우편
overnight shipping 익일 배송	**shipping cost** 배송 비용
fragile 파손되기 쉬운	**extra charge** 추가 요금

4. 도서관

▶ 도서 예약, 연장, 반납 지연을 안내하는 대화

▶ 도서 분실과 관련된 대화

✅ 도서관 관련 반드시 알아두어야 할 표현

membership 회원	**library** 도서관
check out (도서관에서 책을) 빌리다	**lose** 분실하다
overdue 기한이 지난	**renew** 연장하다
return a book 책을 반납하다	**late fee** 연체료

5. 수리점

▶ 고장 난 것을 수리하기 위해 수리점에 방문을 요청하는 대화

▶ 수리점에 직접 방문하여 고장 난 것을 맡기고 되찾는 대화

▶ 수리 기간이나 견적을 문의하는 대화

✅ 수리점 관련 반드시 알아두어야 할 표현

out of order 고장 난	**repair** 수리하다
replace 교체하다	**mechanic** 정비공
part 부품	**maintenance** 유지보수
drop off 맡기다, 가져다 주다	**pick up** (맡긴 것을) 찾다

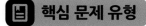

🎧 P3-12 [호주 ↔ 영국]

Q1 전화 건 목적을 묻는 문제

What is the purpose of the call?

(A) To schedule a delivery
(B) To request technical support
(C) To sign up for a conference
(D) To inquire about a warranty

Q2 세부 사항을 묻는 문제

What does the woman say is required?

(A) A security update
(B) A phone number
(C) A signature
(D) A receipt

Q3 세부 사항을 묻는 문제

Why is the man unavailable?

(A) He will be flying overseas for business.
(B) He is participating in a workshop.
(C) He is leaving for vacation.
(D) He will be getting a medical checkup.

Questions 1-3 refer to the following conversation.

Ⓜ This is James Hong.

Ⓦ Hi, Mr. Hong. It's Mindy from Balar Electronics calling about your laptop. ❶ We've repaired it, and it can be delivered to your home within the afternoon.

Ⓜ That's great! But I get off work late today. Can you just leave the package in front of my door?

Ⓦ Unfortunately, that's not possible. ❷ For security reasons, someone has to sign for it.

Ⓜ Hmm... ❸ But no one will be at my house. I'll be at work until the evening leading a workshop. Can you just ship it to my office? I'll tell our receptionist, so she can receive the package in my place.

1-3번은 다음 대화에 관한 문제입니다.

Ⓜ James Hong입니다.

Ⓦ 안녕하세요, Mr. Hong. Balar 전자 회사의 Mindy입니다. 노트북 컴퓨터 때문에 전화 드렸어요. ❶ 저희가 수리를 마쳤고, 오후 안에 댁으로 배송해드릴 수 있습니다.

Ⓜ 잘됐네요! 그런데 저는 오늘 늦게 퇴근해서요. 소포를 제 문 앞에 그냥 두실 수 있나요?

Ⓦ 안타깝지만, 그건 불가능해요. ❷ 보안상의 이유로 누군가가 받아서 서명해야 합니다.

Ⓜ 흠… ❸ 하지만 우리 집에는 아무도 없을 거예요. 저는 워크숍을 진행하느라 저녁까지 일을 할거예요. 그냥 제 사무실로 배송해주시겠어요? 제가 접수 담당직원에게 말하면 저 대신에 소포를 받을 수 있을 겁니다.

VOCA ⋯⋯

get off work 퇴근하다 l **package** 소포, 상자 l **unfortunately** 안타깝게도, 유감스럽게도 l **security** 보안 l **ship** 보내다, 수송하다 l **receptionist** 접수 담당자 l **schedule** 일정을 잡다, 예정하다 l **sign up for** ~를 신청하다 l **warranty** 품질 보증서 l **signature** 서명 l **receipt** 영수증 l **fly** 비행하다 l **medical checkup** 건강진단

Q1 전화의 목적은 무엇인가?

(A) 배달 일정을 잡기 위해

(B) 기술 지원을 요청하기 위해

(C) 컨퍼런스에 등록하기 위해

(D) 보증서에 관해 묻기 위해

정답 공략 하기

1 문제 확인 What, purpose, call → 전화 건 목적

2 단서 찾기 W: We've repaired it, and it can be delivered to your home within the afternoon. (저희가 수리를 마쳤고, 오후 안에 댁으로 배송해드릴 수 있습니다.) → 배송 일정을 잡기 위해 연락을 취한 것임

Q2 여자는 무엇이 필요하다고 말하는가?

(A) 보안 업데이트　　　　(B) 전화번호　　　　**(C) 서명**　　　　(D) 영수증

정답 공략 하기

1 문제 확인 What, woman, say, required → 여자가 필요하다고 말한 것

2 단서 찾기 W: For security reasons, someone has to sign for it. (보안상의 이유로 누군가가 받아서 서명해야 합니다.) → 서명이 필요함

3 Paraphrasing sign → signature

Q3 남자는 왜 시간이 되지 않는가?

(A) 업무 차 해외로 비행할 것이다.

(B) 워크숍에 참가한다.

(C) 휴가를 떠난다.

(D) 건강검진을 받을 것이다.

정답 공략 하기

1 문제 확인 Why, man, unavailable → 남자가 시간이 안 되는 이유

2 단서 찾기 M: But no one will be at my house. I'll be at work until the evening leading a workshop. (하지만 우리 집에는 아무도 없을 거예요. 저는 워크숍을 진행하느라 저녁까지 일을 할거예요.) → 워크숍을 진행해야 해서 집에 없음

3 Paraphrasing leading → participating in

Warm-up   대화를 듣고 정답을 고른 후, 빈칸을 채우세요. (대화는 3번 들려줍니다.)   해설서 p.81

1. What is the man asked to do?

(A) Provide an estimate   (B) Repair a vehicle

> W: Hi, the driver's side _____ of my car _____,
> and I was going to ask you to _____ today.
>
> M: I'm sorry, but I don't think I can _____ today. If you leave it here,
> I can take a look at it _____ tomorrow morning.

2. Where does the woman work?

(A) At a post office   (B) At a real estate agency

> W: Hi, this is Heather Lee calling from Mitchell _____. There is a
> _____ that just _____ and
> is located near Hynd River.
>
> M: Near Hynd River? That's _____ my work!
>
> W: Great! So when would you like to _____ this place?

3. Who is the woman?

(A) A reporter   (B) An attorney

> W: Hi. This is Alexa Chen, a _____ from the _____.
> I'm calling to _____ on an article about your plans to open a
> _____ next year.
>
> M: Hi, Alexa. Well, I was going to call you today. I heard my _____ sent
> you some documents yesterday. Did you get them?
>
> W: Yes, I did. Thank you. But um… Can you please send me some blueprints or other
> images of the building so that I can add them to the _____ as well?

4. What type of business does the man work for?

(A) A medical center   (B) A fitness club

> M: Good morning, Goubman _____.
>
> W: Hi, I made an _____ with ___ Goubman today, but I'd like to
> _____.
>
> M: Oh, OK. Would you like to _____ it?

5. What does the woman want to get?

(A) A library card   (B) A driver's license

> W: Hi, I'm interested in signing up for _____.
>
> M: OK, _____ this form, please. And… um… Do you have any
> _____?
>
> W: Here, I have a _____.

Exercise

해설서 p.82

1. What is the man contacting the woman about?

(A) An open position
(B) An inspection
(C) A shipment
(D) A recent invoice

2. What does the woman tell the man to do?

(A) Present a voucher
(B) Provide a warranty
(C) Check a catalog
(D) Make a payment

3. What is the conversation mainly about?

(A) A training session
(B) A commute option
(C) A job interview
(D) An apartment rental

4. What does the woman say she will check?

(A) A subway map
(B) A floor plan
(C) An owner's availability
(D) A pricing chart

5. What does the woman ask the man to provide?

(A) His full name
(B) An order number
(C) His mailing address
(D) A coupon code

6. According to the woman, what is causing a delay?

(A) A lack of workers
(B) Mechanical problems
(C) Inclement weather
(D) Heavy traffic

7. What is the woman concerned about?

(A) She is unable to drive her car.
(B) She has misplaced some documents.
(C) Her computer is low on power.
(D) Her reservation has been cancelled.

8. What does the man suggest the woman do?

(A) Visit a coffee shop
(B) Use public transportation
(C) Check some directions
(D) Reschedule an appointment

Practice

해설서 p.84

1. Where most likely are the speakers?

(A) At a car factory
(B) At a trade fair
(C) At a department store
(D) At a computer repair shop

2. What problem does the man mention?

(A) Technicians are unavailable.
(B) Some supplies are not in stock.
(C) A part needs to be replaced.
(D) A document has been misplaced.

3. What does the woman ask the man about?

(A) When a warranty ends
(B) Where a store is located
(C) How much a service costs
(D) How long some work will take

4. Who most likely is the man?

(A) A teller
(B) A pharmacist
(C) A nurse
(D) A receptionist

5. Why does the man apologize to the woman?

(A) An order is not ready yet.
(B) The business is about to close.
(C) She was overcharged.
(D) He provided incorrect information.

6. What will the woman probably do next?

(A) Get a refund
(B) Call a doctor
(C) Go next door
(D) Pay for a purchase

7. What is the conversation mainly about?

(A) Renting an apartment
(B) Applying for a job
(C) Asking for an estimate
(D) Writing an article

8. Why does the woman say, "I'm kind of in a rush right now"?

(A) She has to attend a meeting.
(B) She has to submit a payment.
(C) She will be registering for a class today.
(D) She will be starting a new job soon.

9. What is the woman asked to do?

(A) Make a deposit
(B) Review some contracts
(C) Provide some information
(D) Submit an application

Customer: Joseph Bennington
Teller: Clarice Park
Transaction Number: 403310
Wired Amount: $850.00
Remittance Fee: $18.00
Date: April 10

10. Look at the graphic. What information does the man ask about?

(A) The transaction number
(B) The wired amount
(C) The remittance fee
(D) The date

11. What is the man worried about?

(A) Who is able to sign for a package
(B) Where an item should be delivered
(C) What form of identification is necessary
(D) When a transfer will be completed

12. What does the man say about a bank?

(A) It is near his workplace.
(B) It has added a new service.
(C) It will undergo renovation soon.
(D) It should stay open longer.

병원	medical center 병원	clinic 병원
	medicine 약	prescription 처방전
	pharmacy 약국	pharmacist 약사
	physician (내과) 의사	surgeon 외과 의사
	eye doctor 안과 의사	dentist 치과의사
	get some vaccinations 예방 접종하다	patient 환자
	get a prescription filled 약을 조제 받다	reschedule 일정을 변경하다
부동산	expire (계약이) 만료되다	real estate agent 부동산 중개인
	view an apartment 아파트를 둘러보다	quote / estimate 견적(가)
	deposit 계약금, 보증금	utilities 공과금
	facility (생활의 편의를 위한) 시설	furnished 가구가 갖춰진
	vacant (집 등이) 비어 있는	floor plan (건물의) 평면도
	shared office space 공용 사무실 공간	renew the lease 임대 계약을 갱신하다
우체국	post office 우체국	parcel 소포
	mail carrier 배달원	shipping cost 배송 비용
	tracking service 추적 서비스	zip code 우편 번호
	expedite delivery 신속하게 배송하다	courier service 택배 서비스
	additional fee 추가요금	weigh 무게를 달다
	fragile 손상되기 쉬운	stamp 우표
도서관	inquire 문의하다	misplace 분실하다
	overdue 기한이 지난	fine 벌금
	penalty 벌금	issue a library card 도서관 카드를 발급하다
	librarian 사서	circulation desk 도서 대출 데스크
	identification 신분증	sign up 등록하다, 가입하다
수리점	not working 고장 난	drain 배수관
	broken 고장 난	ceiling 천장
	stop working 고장 난	collect 맡긴 것을 찾아가다
	malfunctioning 고장 난	technician 기술자
	operate properly 제대로 작동하다	plumber 배관공
	repairman 수리공	vehicle 차량
	mechanic 정비공	leak (액체·기체가) 새다
	supplies 소모공구	roof 지붕

 UNIT 14

회사 생활 1
인사·일반업무·사무기기

Part 3에서는 회사 업무와 관련된 주제가 가장 많이 등장한다. 업무 요청, 회의 일정 수립·연기·취소, 회사 예산·자금·매출 관련 대화가 자주 출제되며, 그 외 사무기기나 사무용품에 관한 대화도 빈번하게 등장한다. 매회 6~7개의 지문이 출제되고 있다.

🔍 대화 유형 확인하기

1. 인사업무

▶ 직원 채용 계획이나 직책 관련
▶ 면접 일정 및 장소
▶ 신입 직원 연수 일정이나 절차
▶ 승진, 전근, 퇴직, 출장, 휴가 등 인사 관련

✅ 인사업무 관련 반드시 알아두어야 할 표현

채용 관련

understaffed 인원이 부족한	job opening 공석
job candidate 지원자	position (일)자리
apply (for) (~에) 지원하다	fill out a form 양식을 작성하다
reference 추천서	requirement 자격요건
qualification 자격	human resources department 인사과
personnel (division) 인사과	degree 학위
opportunity 기회	accept a job offer 일자리 제안을 수락하다
benefit 복리후생	compensation 급여

승진·전근 관련

transfer 전근 가다	promotion 승진, 홍보
Congratulations! 축하합니다!	deserve the promotion 승진할 자격이 있다
contribution 공헌	be recognized for ~로 인정받다
get a promotion 승진하다	

인사평가 관련

performance 업무 실적	evaluation 평가
review 평가	evaluation form 평가 양식

퇴직 관련

resign 사직하다	retire 은퇴하다
retirement 은퇴	organize a celebration 축하 행사를 준비하다
retirement party 퇴직 축하 파티	hard work 노고

2. 일반업무

▸ 문서 작성 등 업무 절차에 대한 도움 요청

▸ 매출 분석, 분석 보고서 작성, 제품 홍보

▸ 외부 업체 방문 및 고객 접대나 행사

▸ 제품 개발, 제품의 생산 및 주문

▸ 회의나 프레젠테이션 장소 및 자료의 사전준비

▸ 세미나 및 회사 야유회, 동료 환송회 참석

✅ 일반업무 관련 반드시 알아두어야 할 표현

draft 초안

submit 제출하다

call a meeting 회의를 소집하다

annual report 연례 보고서

review 검토하다

sales figures 매출액

meet a deadline 마감일을 맞추다

on schedule 예정대로

on short notice 갑자기, 촉박하게

lead (행사 등을) 진행하다

revenue 수익

conference 회의

business trip 출장

organize 준비하다

launch 출시하다

postpone 미루다, 연기하다

catering service 출장연회 서비스

behind schedule 일정보다 뒤처진

give a presentation 발표를 하다

seminar 세미나

3. 사무기기

▸ 복사기나 컴퓨터 등의 고장

▸ 프린터 교체 등 새로운 사무기기

▸ 관리 부서에 시설 이용 도움 요청

▸ 기술 지원 부서에 수리 요청

▸ 사무용품 주문

✅ 사무기기 관련 반드시 알아두어야 할 표현

office supplies 사무용품

maintenance office 관리부

instructions 설명서

projector 영사기

inspection 점검

defective 결함이 있는

technical support team 기술지원팀

copier / photocopier 복사기

out of order / broken 고장 난

work properly 제대로 작동하다

📋 핵심 문제 유형

Q1 대화 장소를 묻는 문제

Where most likely is the man?

(A) On a factory floor
(B) At an electronics store
(C) At a warehouse entrance
(D) In a meeting room

Q2 세부 사항을 묻는 문제

What does the woman ask for?

(A) A card number
(B) A manager's name
(C) An employee password
(D) A promotional code

Q3 화자 의도 파악 문제

Why does the woman say, "that would be against company policy"?

(A) To deny a request
(B) To review a complaint
(C) To fix an error
(D) To consider a suggestion

Questions 1-3 refer to the following conversation.

M Genna, this is Tom. ❶ I tried getting into our warehouse, but the door wouldn't open when I swiped my access card.

W Oh, the system was updated yesterday so that might be why. ❷ Just provide me with the number on the back of the card, and I'll enter it back into the system. Once I do that, you should be able to get inside.

M OK, but ❸ do you mind letting me in first? It's pretty cold out here.

W Umm… Sorry, but that would be against company policy. ❸ The process will take less than three minutes, so just hold on.

1-3번은 다음 대화에 관한 문제입니다.

남 Genna, 저 Tom이에요. ❶ 우리 창고에 들어가려고 했는데, 출입 카드를 대도 문이 열리지 않더군요.

여 아, 어제 시스템이 업데이트되었는데, 아마 그래서 그럴 거예요. ❷ 저에게 카드 뒷면에 있는 번호를 알려만 주시면 제가 그걸 시스템에 다시 입력할게요. 제가 그렇게 하고 나면 안으로 들어갈 수 있을 거예요.

남 알았어요. 그런데 ❸ 일단 저를 먼저 들어가게 해주면 안 될까요? 여기 바깥이 꽤 추워요.

여 음… 죄송하지만 그건 회사 정책에 어긋나요. ❸ 처리 과정이 3분도 안 걸리니까 그냥 기다려 주세요.

VOCA ···

warehouse 창고 | **swipe** (카드를) 대다, 긁다 | **access card** 출입 카드 | **update** 갱신하다 | **policy** 정책, 방침 | **hold on** (전화를 끊지 않고) 기다리다

184

Q1

남자는 어디에 있겠는가?

(A) 공장 작업장에   (B) 전자제품 매장에   **(C) 창고 입구에**   (D) 회의실에

정답
공략
하기

❶ 문제 확인 Where, man → 남자가 있는 곳

❷ 단서 찾기 M: I tried getting into our warehouse, but the door wouldn't open when I swiped my access card. (우리 창고에 들어가려고 했는데, 출입 카드를 대도 문이 열리지 않더군요.) → 남자는 창고 입구에 있음

Q2

여자가 요청하는 것은 무엇인가?

(A) 카드 번호   (B) 관리자 이름   (C) 직원 비밀번호   (D) 판촉 코드

정답
공략
하기

❶ 문제 확인 What, woman, ask for → 여자의 요청 사항

❷ 단서 찾기 W: Just provide me with the number on the back of the card (그냥 저에게 카드 뒷면에 있는 번호를 알려주세요) → 여자는 카드 뒷면의 번호를 요구하고 있음

Q3

여자는 왜 "그건 회사 정책에 어긋나요"라고 말하는가?

(A) 요청을 거부하기 위해   (B) 불만사항을 검토하기 위해

(C) 오류를 고치기 위해   (D) 제안을 고려하기 위해

정답
공략
하기

❶ 문제 확인 "that would be against company policy" → 여자가 그건 정책에 어긋난다고 말한 의도 파악

❷ 단서 찾기 M: do you mind letting me in first? (일단 저를 먼저 들어가게 해주면 안 될까요?) → W: that would be against company policy. The process will take less than three minutes, so just hold on. (그건 정책에 어긋나요. 처리 과정이 3분도 안 걸리니까 그냥 기다려 주세요.) → 신분 확인 없이 들여보내는 건 정책에 어긋나는 사항이니 잠시 기다려달라고 하므로 요청을 거절한 표현임을 알 수 있음

Warm-up   대화를 듣고 정답을 고른 후, 빈칸을 채우세요. (대화는 3번 들려줍니다.)

해설서 p.88

1. Who most likely is the woman?

(A) A new employee   (B) A sales director

> M: Hi, Ashley. I'm Eric, and we'll be _____ in the _____.
>
> W: Hi, Eric. _____.
>
> M: So, how's your _____ so far?
>
> W: I'm _____.

2. What does the man request?

(A) An identification number   (B) The location of an office

> M: _____. How may I help you?
>
> W: Hi, my _____, but I need to
> _____ in my office. Could you please send
> someone to _____ for me?
>
> M: OK, but first, can you verify your employee _____?

3. What does the woman want to do?

(A) Apply for a position   (B) Place an order

> W: Hi. I'm trying to _____ at your company, but the Web site keeps
> _____. When I press the submit button, an _____ pops
> up, and the information I fill out gets deleted.
>
> M: I'm sorry about that. We're currently _____ technical issues.
> Everything _____ in about an hour.
>
> W: Oh, OK. Then _____ later.

4. What will the woman do next week?

(A) Lead a training session   (B) Relocate to another location

> M: Hi, Megan. I just heard that you're going to _____ to our Vienna
> _____ next week. Is that true?
>
> W: Yes. The company wants me to _____ our new store there.
>
> M: Let's have a _____ lunch this week then. Are you _____ this
> Friday?

5. What does the man imply about the desktop computers?

(A) They were recently repaired.   (B) They are outdated.

> W: Did you hear that the company's going to _____ all the
> _____ next month?
>
> M: Yes, I heard that. _____, each staff member will get one.
>
> W: Really? That's great!
>
> M: I know. _____ those computers for quite a long time.

Exercise

해설서 p.89

1. What department does the woman most likely work in?

    (A) Technical Support
    (B) Human Resources
    (C) Publishing
    (D) Accounting

2. What problem does the man report?

    (A) He cannot meet a deadline.
    (B) He is unable to send messages.
    (C) He forgot his password.
    (D) He cannot edit his personal information.

3. What is the main topic of the conversation?

    (A) A job opening
    (B) An office layout
    (C) A project deadline
    (D) An employee orientation

4. What problem does the woman say the office has?

    (A) A light is too dim.
    (B) A workspace is too loud.
    (C) A space is too small.
    (D) A staff lounge is too far.

5. What is the purpose of the woman's visit?

    (A) To organize a conference
    (B) To propose a project
    (C) To demonstrate a product
    (D) To interview for a job

6. Why is the woman unable to meet with Mr. Carey in the morning?

    (A) He has an urgent client meeting.
    (B) He is feeling sick.
    (C) His flight was delayed.
    (D) His car broke down.

7. What is the man preparing for?

    (A) A client visit
    (B) A building inspection
    (C) A performance review
    (D) A sporting event

8. How does the woman offer to help?

    (A) By making a reservation
    (B) By leading a tour
    (C) By planning a party
    (D) By driving a vehicle

Practice

🎧 P3-19

해설서 p.92

1. What problem is being discussed?

(A) Some shipments were damaged.
(B) An order has been delayed.
(C) A repairperson is not available.
(D) Some equipment is malfunctioning.

2. Where do the speakers most likely work?

(A) At a laundry business
(B) At an electronics store
(C) At a factory
(D) At a farm

3. What does the man instruct the woman to do?

(A) Conduct a customer survey
(B) Order additional supplies
(C) Look over some contract terms
(D) Check some inventory

4. What is the conversation mainly about?

(A) Ordering more supplies
(B) Purchasing a new printer
(C) Signing up for a membership
(D) Getting ready for an event

5. What did the woman receive complaints about?

(A) Some guidelines were not clear.
(B) Some equipment did not work properly.
(C) A conference ran too long.
(D) A room was too small.

6. What does the woman imply when she says, "I'm still finalizing the schedule"?

(A) A change can be made.
(B) She needs some assistance.
(C) She requires more information.
(D) A deadline has passed.

7. What is the woman having trouble with?

(A) Locating some documents
(B) Cleaning up a booth
(C) Accessing the internet
(D) Making a payment

8. What will the woman do at 10 A.M.?

(A) Attend some training
(B) Discard some materials
(C) Conduct a survey
(D) Hold a demonstration

9. What does the man say is available on the second floor?

(A) A printing center
(B) A fitness room
(C) A dining area
(D) A laundry service

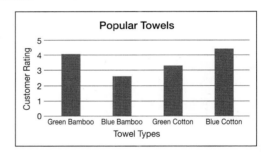

10. Who is the woman?

(A) A travel agent
(B) A health inspector
(C) A hotel manager
(D) A lab technician

11. What advantage do the products offer?

(A) They last a long time.
(B) They are lightweight.
(C) They come in various sizes.
(D) They are good for the body.

12. Look at the graphic. Which towel will the woman most likely select?

(A) Green Bamboo
(B) Blue Bamboo
(C) Green Cotton
(D) Blue Cotton

인사업무	short-handed 인원이 부족한	job vacancy 공석
	short-staffed 직원이 부족한	job seeker 구직자
	job posting 채용 공고	responsible ~을 책임지고 있는
	job applicant 지원자	permanent position 정규직
	in charge of ~의 담당인	application form 지원서
	career 직업, 경력	résumé 이력서
	cover letter 자기소개서	reference 추천서
	qualified 자격을 갖춘	prospective (~이 될) 가능성이 있는
	hire 고용하다	performance evaluation 인사 고과
	get a promotion 승진하다	resignation 사직
	retirement 은퇴	lay off 해고하다
일반업무	conference call 전화 회의	call off a meeting 회의를 취소하다
	cancel a meeting 회의를 취소하다	be out of town 출장 중이다
	attendee 참석자	participant 참가자
	attend 참석하다	participate in 참가하다
	make it 가다	quarterly report 분기 보고서
	expense report 비용 보고서	budget proposal 예산안
	reimburse 상환하다	arrange 준비하다
	prepare 준비하다	revise / update 수정하다
	go over 검토하다	confirm 확인하다
	inspect 점검하다	analyze 분석하다
	finalize / complete 마무리 짓다	release / unveil / introduce 출시하다
	sales 매출	sales goal 매출 목표
	estimate / price quote 견적(서)	contract / agreement 계약서
	postpone 미루다, 연기하다	work overtime 초과 근무하다
	contract 계약	market research 시장 조사
	market share 시장 점유율	product launch 제품 출시
	feature 특징	market trend 시장 동향
사무기기	supply cabinet 소모품 보관함	storage room 창고
	jammed 종이가 걸린	error 오류, 문제
	damaged 손상된	place an order 주문하다
	order status 주문 현황	supply 공급; 공급하다
	replace 교체하다	supplier 공급업자
	manufacture 제조하다, 생산하다	manufacturer 제조업자
	directions / manual / instructions 설명서	parts 부품

UNIT 15

회사 생활 2
행사·시설 관리

사내 행사 준비나 공장을 배경으로 한 대화, 사내 장비 수리 및 유지보수에 관한 대화가 빈번하게 등장하며 매회 3~4개의 지문이 출제되고 있다.

🔍 대화 유형 확인하기

1. 행사

▸ 신입 직원 오리엔테이션 준비
▸ 회의, 세미나, 출장 등의 준비
▸ 행사 관련 장소, 음식, 자료, 장비 준비

▸ 직무 향상 교육의 준비
▸ 일정이나 연설자, 진행자 조율

☑ 행사 관련 반드시 알아두어야 할 표현

venue 행사 장소
workshop 워크숍, 연수
orientation 오리엔테이션, 예비 교육
awards ceremony 시상식
company outing 회사 야유회
lead the workshop 워크숍을 진행하다
sign up 등록하다
make a reservation 예약하다
banquet 연회
take place 개최되다

training session 교육
seminar 세미나
conference 회의
company dinner 회사 회식
arrange the event 행사를 준비하다
keynote speaker 기조 연설자
catering service 출장 요리 업체
book a conference room 회의실을 예약하다
opening ceremony 개막식
be held 개최되다

2. 공장 관련

▸ 공장 기계 점검 · 고장 · 수리

▸ 공장 직원을 대상으로 한 안전 수칙의 공지

▸ 공장 직원들의 업무 배정

▸ 공장의 업무 스케줄 및 스케줄의 변경

✅ 공장 관련 반드시 알아두어야 할 표현

factory 공장

inspector 조사관

assembly line 조립 라인

production line 생산 라인

meet the demand 수요를 맞추다

pass the inspection 점검을 통과하다

safety equipment 안전 장비

shift 근무시간, 근무조

3. 공사 · 수리 · 유지보수

▸ 사무실 및 기타 시설물의 수리 · 유지 보수

▸ 소프트웨어 프로그램 설치나 업데이트

✅ 공사 · 수리 · 유지보수 관련 반드시 알아두어야 할 표현

construction 공사, 건설

under construction 공사 중인

renovation 수리

repair 수리

architect 건축가

blueprint 설계도

software upgrade 소프트웨어 업그레이드

back up files 파일을 백업해 놓다

turn off (전원을) 끄다

update 업데이트하다

핵심 문제 유형

P3-20 영국 ↔ 미국

Q1 대화 주제를 묻는 문제

What project are the speakers discussing?

(A) Repaving a street
(B) Replacing some tiles
(C) Installing new carpets
(D) Expanding a kitchen

Q2 세부 사항을 묻는 문제

What will happen on November 21?

(A) Some equipment will be repaired.
(B) Some furniture will arrive.
(C) A business complex will be closed.
(D) A deposit will be made.

Q3 세부 사항을 묻는 문제

What will the man check with his team members?

(A) Their vacation days
(B) Their available hours
(C) Their expense reports
(D) Their parking situation

Questions 1-3 refer to the following conversation.

W Hello, Ivan. ❶ Your team has been replacing all of the carpets in the Bevmont Business Complex, right? How's that going so far?

M We're making good progress.

W Glad to hear that. Actually, I just spoke with the facilities manager. ❷ He told me that the shelves and desks will arrive on November 21. Is it possible for your team to complete the work by then?

M I think so. ❸ I'll check with my team members to see if they can work overtime this week. If they're able to, we can finish the carpeting work before then.

W Thank you, Ivan. Keep me updated.

1-3번은 다음 대화에 관한 문제입니다.

여 안녕하세요, Ivan. ❶ 당신 팀이 Bevmont 비즈니스 단지의 카펫을 모두 교체하고 있잖아요. 지금까지 어떻게 되어가고 있죠?

남 잘 진행되고 있습니다.

여 다행이네요. 사실 방금 시설 관리자와 통화했는데요. ❷ 선반과 책상들이 11월 21일에 도착할거라고 말하더라고요. 그 때까지 당신 팀이 작업을 끝내는 게 가능할까요?

남 그럴 것 같아요. ❸ 이번 주에 저희 팀원들이 초과근무를 할 수 있는지 알아보겠습니다. 팀원들이 해줄 수 있다면 그 전까지는 카펫 작업을 마칠 수 있을 겁니다.

여 고마워요, Ivan. 저에게 계속 상황을 알려주세요.

VOCA

replace 교체하다 I **so far** 지금까지 I **progress** 진전, 진척 I **work overtime** 야근하다 I **update** 최신 정보를 알려주다, 갱신하다 I **repave** 다시 포장하다 I **expand** 확장하다 I **complex** 단지, 복합건물 I **deposit** 보증금, 예금 I **available** (사람이) 시간이 있는, 이용할 수 있는 I **expense** 비용

192

Q1

화자들은 어떤 프로젝트에 대해 논의하고 있는가?

(A) 도로를 재포장하는 것   (B) 일부 타일을 교체하는 것

(C) 새 카펫을 설치하는 것   (D) 주방을 확장하는 것

정답
공략
하기

1 문제 확인 What project, speakers, discussing → 대화 주제

2 단서 찾기 W: Your team has been replacing all of the carpets in the Bevmont Business Complex, right? How's that going so far? (당신 팀이 Bevmont 비즈니스 단지의 카펫을 모두 교체하고 있잖아요. 지금까지 어떻게 되어가고 있죠?) → 카펫 교체 현황에 대한 내용이 오갈 것임을 알 수 있음

Q2

11월 21일에 무슨 일이 있을 것인가?

(A) 몇몇 장비가 수리될 것이다.   **(B) 몇몇 가구들이 도착할 것이다.**

(C) 비즈니스 단지가 폐쇄될 것이다.   (D) 보증금이 치러질 것이다.

정답
공략
하기

1 문제 확인 What, happen, November 21 → 11월 21일에 일어날 일

2 단서 찾기 W: He told me that the shelves and desks will arrive on November 21. (선반과 책상들이 11월 21일에 도착할거라고 말하더라고요.) → 선반과 책상들이 도착할 것임

3 Paraphrasing shelves and desks → furniture

Q3

남자는 팀원들에게 무엇을 확인할 것인가?

(A) 그들의 휴가 일수   **(B) 그들의 근무 가능 시간**

(C) 그들의 비용 보고서   (D) 그들의 주차 상황

정답
공략
하기

1 문제 확인 What, man, check with, team members → 남자가 팀원들에게 확인할 내용

2 단서 찾기 M: I'll check with my team members to see if they can work overtime this week. (이번 주에 저희 팀원들이 초과근무를 할 수 있는지 알아보겠습니다.) → 잔업 가능 여부를 확인할 것임을 알 수 있음

3 Paraphrasing if they can work overtime → their available hours

Warm-up 대화를 듣고 정답을 고른 후, 빈칸을 채우세요. (대화는 3번 들려줍니다.)   해설서 p.95

1. What does the woman want to know about?

(A) The location of a facility   (B) The number of guests

W: Good morning. It's Ji-sun _____ the Remeau Chemical _____. I wanted to find out _____ from your university _____.

M: _____. I'll send you their photos and names via e-mail this afternoon.

W: Great! I'll use them to create visitor IDs for everyone.

2. What will the woman do next?

(A) Confirm some inventory   (B) Deliver a package

W: Jerome, I should _____ the _____ now. Do you know where the inventory list is?

M: Um… Ms. Mancini _____ the list in the _____ over there.

W: Alright. _____ right now.

3. What does the woman say recently changed?

(A) The number of participants   (B) An event location

M: Janice, are you _____ the management training _____ this Friday? Do you know what time it's going to start?

W: It begins at 9 A.M. _____, they _____ the _____ of the seminar. It will now be held in meeting room 1, not 3.

M: Ah, thanks for letting me know.

4. Why does the woman congratulate the man?

(A) He completed a project.   (B) He received a promotion.

W: Wesley, I wanted to _____ you _____. I understand you're going to _____ our seventh restaurant in Phoenix. So…Will you be moving?

M: Yes, in three weeks. The restaurant will be in the downtown area, so I am really looking forward to it.

W: That sounds great. I'm sure _____ in your _____.

5. What does the man want to do?

(A) Speak to a client   (B) Give a talk

M: Hi, Aiko. How are the plans _____ for the staff appreciation luncheon?

W: Pretty well, Mr. Omoto. I'm currently putting the event schedule together.

M: Good. Please _____ 15 minutes for me to briefly _____ some of our employees' achievements this year.

W: Certainly. Do you want to do that before the meal or during?

M: Before would be better. Is there an available slot?

W: Yes. I'll _____ the finalized _____ to you tomorrow morning.

Exercise

해설서 p.97

1. What is the man requesting?

(A) A revised contract
(B) A deadline extension
(C) A cost estimate
(D) A program installation

2. Why is the man in a hurry?

(A) He has to leave soon for a conference.
(B) He needs to complete an assignment.
(C) A business will close early.
(D) A client will be arriving earlier than expected.

3. What is the main topic of the conversation?

(A) A sales event
(B) An advertising campaign
(C) An athletic competition
(D) A product launch

4. Who is Dan Lanowitz?

(A) A training instructor
(B) A new employee
(C) A board member
(D) A previous customer

5. What will take place on November 2?

(A) A design contest
(B) A book launch
(C) A restaurant opening
(D) A music show

6. What does the woman thank the man for?

(A) Fixing a printer
(B) Making a flyer
(C) Revising a menu
(D) Picking up a guest

7. What caused a problem?

(A) A system error
(B) Street repairs
(C) Heavy traffic
(D) A snowstorm

8. What will the listeners hear next?

(A) A weather forecast
(B) Some contest rules
(C) A commercial
(D) Some songs

1. What is the conversation mainly about?

(A) Some building maintenance
(B) An international conference
(C) A farewell party
(D) A coworker's promotion

2. What does the man remind the woman to do?

(A) Check an e-mail
(B) Arrive early to an event
(C) Reserve a venue
(D) Contact staff members

3. What is the woman scheduled to do at 4 P.M. on Friday?

(A) Meet a client
(B) Give a lecture
(C) Catch a flight
(D) Conduct a job interview

4. According to the man, why is the consulting firm relocating to a new building?

(A) The location is not convenient.
(B) The rental cost is too expensive.
(C) The surrounding area is noisy.
(D) The current space is too small.

5. What addition has the man requested?

(A) A parking lot
(B) A dining lounge
(C) A waiting room
(D) A recreation center

6. According to the man, why must the project be completed in August?

(A) A client will visit.
(B) A contract will end.
(C) An architect will be busy.
(D) A convention will be held.

7. What are the speakers working on?

(A) A company Web site
(B) A marketing campaign
(C) A training manual
(D) A building project

8. Why does the woman say, "the layout is still due by this Friday"?

(A) She is concerned about a situation.
(B) She requires some assistance.
(C) The man's request is unreasonable.
(D) The man made a mistake.

9. What does the man say he will do next?

(A) Look over some paperwork
(B) Reschedule his meetings
(C) Contact a client
(D) Visit a business

Main Menu
Set A: Vegetable Omelet
Set B: Cajun Shrimp Pasta
Set C: Stuffed Potatoes
Set D: Mongolian Beef
*All sets come with either a soup or salad and drink.

10. What type of event is being held?

(A) A cooking demonstration
(B) A technology conference
(C) A board meeting
(D) An anniversary celebration

11. Look at the graphic. Which set will the woman most likely choose?

(A) Set A
(B) Set B
(C) Set C
(D) Set D

12. What does the man encourage the woman to do?

(A) Review a program
(B) Bring a friend
(C) Use public transportation
(D) Purchase a parking permit

행사	company picnic 회사 야유회	organize the event 행사를 준비하다
	opening ceremony 개막식	award ceremony 시상식
	Employee of the Year 올해의 사원	winner 수상자
	event coordinator 행사 진행자	take part in 참가하다
	attendance 참석(률), 참석자 수	transportation 교통편
	keynote speaker 기조 연설자	register for ~에 등록하다
	enroll in ~에 등록하다	catering service 출장 요리 업체
	scheduled for ~로 예정된	on schedule 예정대로
	behind schedule 일정보다 뒤처진	ahead of schedule 일정보다 앞서
	on short notice 갑자기, 급히	fair 박람회
	give a presentation 발표를 하다	anniversary 기념일
	new hire 신입사원, 신규 채용자	training session 교육 시간
공장 관련	manufacturing plant 제조 공장	production facility 생산시설
	production line 생산 라인	keep up with the demand 수요를 맞추다
	assembly line workers 조립라인 직원	conveyor belt 컨베이어 벨트
	shut down the machine 기계를 멈추다	fill a large order 대량 주문을 납품하다
	safety equipment 안전 장비	machinery 기계
	inventory 재고 목록	bulk order 대량 주문
공사·수리 유지 보수	under construction 공사 중인	construction 공사, 건설
	repair 수리하다	renovation 수리
	fix 수리하다	take a look 살펴보다
	safety helmet 안전모	operate properly 제대로 작동하다
	work properly 제대로 작동하다	protective gear 보호 장구

REVIEW TEST P3-24   해설서 p.103

응원 바로 듣기

32. Why is the woman visiting the print shop?

(A) To pick up an order
(B) To complain about a product
(C) To inquire about a service
(D) To schedule a delivery

33. What does the man mention about the account?

(A) It is accessible online.
(B) It is expired.
(C) It is under a company name.
(D) It is missing contact information.

34. What does the man ask to see?

(A) A valid coupon
(B) A membership card
(C) A receipt
(D) Some identification

35. What project are the speakers discussing?

(A) Organizing a hiking trip
(B) Designing a park
(C) Cleaning up some trails
(D) Planting some trees

36. What is the woman planning to do on Sunday evening?

(A) Attend a seminar
(B) Go to a party
(C) Meet a client
(D) Finish a report

37. What does the man say he will do next?

(A) Prepare tasks for employees
(B) Hand out a map of a park
(C) Request transportation service
(D) Add the woman's name to a list

38. Who most likely is the woman?

(A) A restaurant owner
(B) A Web designer
(C) A gallery curator
(D) A college professor

39. What has the man studied?

(A) Art history
(B) Painting
(C) Computer software
(D) Photography

40. What does the woman suggest the man do?

(A) Restock some supplies
(B) Submit a review
(C) Visit a business
(D) Make some desserts

41. What does the woman offer to do?

(A) Send an e-mail
(B) Call a coworker
(C) Review a schedule
(D) Make a reservation

42. What is Stacey needed for?

(A) Translating a document
(B) Contacting job candidates
(C) Planning an overseas business trip
(D) Coordinating training sessions

43. Why does the woman say, "Matt studied in Japan for over six years"?

(A) To propose that Matt transfer to a different branch
(B) To provide some revised information
(C) To suggest a new venue for an event
(D) To recommend that Matt take on an assignment

44. Who is the woman?

(A) A furniture maker
(B) A hotel receptionist
(C) A plant supervisor
(D) An interior designer

45. What is special about the products?

(A) They are environmentally friendly.
(B) They are reasonably priced.
(C) They were advertised in a magazine.
(D) They were locally manufactured.

46. What does the man offer to do for the woman?

(A) Extend a warranty period
(B) Give her a discount
(C) Send her some samples
(D) Call some clients

47. What does the woman want to purchase?

(A) An electric sign
(B) Business cards
(C) Customized hats
(D) A newspaper subscription

48. What does the man offer to show the woman?

(A) Some samples
(B) Some brochures
(C) A discount rate
(D) A price list

49. What does the man ask the woman to do?

(A) Provide a shipping address
(B) Review an estimate
(C) Sign a contract
(D) Send an e-mail

50. Why is the woman at the store?

(A) To return a book
(B) To buy a concert ticket
(C) To rent an instrument
(D) To apply for a job

51. According to the man, what is included in the price?

(A) Taxes
(B) Shipping fees
(C) Cleaning services
(D) Insurance

52. What does the man recommend the woman do before purchasing?

(A) Take some measurements
(B) Attend a seminar
(C) Compare prices online
(D) Speak to her instructor

53. Why is the woman calling?

(A) To request a deadline extension
(B) To offer feedback on a design
(C) To inquire about the status of her application
(D) To confirm the dates of a reservation

54. What does the man imply when he says, "Most of the staff here entered our company with previous job experience"?

(A) The woman might not be qualified.
(B) The woman is unfamiliar with a process.
(C) The company does not provide any training.
(D) The company has a strict policy.

55. What will the woman do next?

(A) Speak to a supervisor
(B) Revise a document
(C) Book a flight
(D) Send a Web site address

56. Why did the women travel to Houston?

    (A) To meet some friends
    (B) To acquire more business
    (C) To inspect a facility
    (D) To attend a conference

57. What problem does Catherine say she had?

    (A) She missed a connecting flight.
    (B) She had difficulty remembering some details.
    (C) She forgot to bring an important document with her.
    (D) She was late for a meeting.

58. According to the man, what will be included in the guide?

    (A) Company regulations
    (B) Staff contact information
    (C) An office map
    (D) Item descriptions

59. What does the woman say the man does well?

    (A) He selects qualified applicants.
    (B) He resolves issues.
    (C) He gives good speeches.
    (D) He prepares detailed reports.

60. What does the man remind the woman?

    (A) That a machine is broken
    (B) That a project is costly
    (C) That his vacation is coming up
    (D) That he is very busy

61. What does the man request?

    (A) Time to look over some information
    (B) A bigger office
    (C) Additional funds to design a product
    (D) New computer software

Special Coupon
(Expires: 8/15)

Purchase	And get...
10 bags	5% off
20 bags	10% off
30 bags	15% off
40+ bags	20% off

62. What is the woman doing next week?

    (A) Renovating a garden
    (B) Meeting a consultant
    (C) Repaving her front walkway
    (D) Holding a reopening celebration

63. What does the woman say about Patsy's Mix?

    (A) It is affordable.
    (B) It is eco-friendly.
    (C) She likes the texture.
    (D) She has previously used it.

64. Look at the graphic. Which discount will the woman receive?

    (A) 5%
    (B) 10%
    (C) 15%
    (D) 20%

Pricing List	
Quantity	Amount
100	$200
200	$400
300	$600
400	$700

Weather Report

Monday	Tuesday	Wednesday	Thursday
27℃	28℃	32℃	31℃

65. What does the woman want to order?

(A) Packaging materials
(B) Promotional posters
(C) Customized T-shirts
(D) Company letterheads

66. Look at the graphic. How much will the woman's order cost?

(A) $200
(B) $400
(C) $600
(D) $700

67. What does the woman say she is unsure about?

(A) How to submit a picture
(B) What payment options are available
(C) Where to complete a survey
(D) When a delivery will be made

68. What event are the speakers mainly discussing?

(A) A birthday party
(B) A company anniversary
(C) A sports competition
(D) A building opening

69. Look at the graphic. Which day do the speakers want to choose?

(A) Monday
(B) Tuesday
(C) Wednesday
(D) Thursday

70. What will the man probably do next?

(A) Sign a contract
(B) Make a deposit
(C) Book a different location
(D) Contact a business

RT4

짧은 담화

OVERVIEW

담화를 듣고, 문제지에 주어진 4지선다형 문항 3개에 답하는 문제이다. 지문의 길이는 Part 3과 거의 비슷하지만 절, 구, 접속사를 더 많이 사용하고 구조가 복잡해 이해하기 다소 어려운 장문도 등장하며 관용 표현을 사용한 문장도 많다. 담화 지문과 문항 수는 각각 10개 지문, 30 문항이 출제된다.

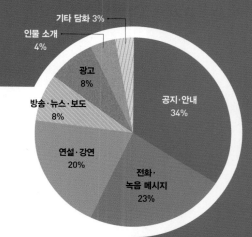

기타 담화 3%
인물 소개 4%
광고 8%
방송·뉴스·보도 8%
연설·강연 20%
공지·안내 34%
전화·녹음 메시지 23%

담화 유형

공지·안내방송(Announcement)
전화·녹음 메시지(Telephone·Recorded message)
연설·강연(Speech·Lecture)
방송·뉴스·보도(Broadcast·News report)
광고(Advertisement)
인물 소개(Introduction)
기타 담화(Talk)

출제 포인트

- 담화의 주제·목적을 묻는 문제보다 세부 사항을 묻는 문제의 비중이 높다.
- 직접적인 질문보다는 정답을 유추해야 하는 문제가 증가하고 있다.
- 지문에 등장하는 정답의 단서가 질문이나 정답에는 다른 표현으로 제시되는 Paraphrasing의 빈도와 수준이 높아지고 있다.

PART 4 이렇게 대비하자!

- Part 4 화자 의도 파악 문제는 담화문의 주요 흐름을 파악하면서 화자가 한 말의 앞뒤 문장을 집중해서 듣고, 문맥상 그 말의 실제 의미 또는 의도를 찾아야 한다. 평소 단순 듣기에서 벗어나 담화의 전반적인 흐름을 이해하는 훈련이 필요하다.
- 시각 정보 연계 문제는 지문을 듣기 전에 주어진 시각 자료를 최대한 활용해서 지문의 주제를 예측하며 들을 수 있어야 한다. 듣고, 분석하고, 문제를 푸는 멀티태스킹 훈련이 필요하다.

PART 4 공략법

1. 담화를 듣기 전에 문제를 먼저 읽는다.

문제를 미리 읽으면서 키워드에 표시를 해둔다.

> **Why** is the speaker **contacting** the listener?
> 화자는 청자에게 왜 연락하고 있는가? → 연락하는 목적을 고르는 문제임을 미리 파악한다.
>
> What is the speaker doing **tomorrow afternoon**?
> 화자는 내일 오후에 무엇을 할 것인가? → 내일 오후에 무엇을 할 것인지 들을 준비를 한다.
>
> What does the speaker **recommend** that the listener do?
> 화자는 청자에게 무엇을 하도록 추천하고 있는가? → 화자가 청자에게 추천하는 사항을 들을 준비를 한다.

2. 담화를 듣기 전에 핵심 내용을 추측한다.

문제와 짧은 보기를 미리 읽음으로써 어떤 내용이 나올지 추측할 수 있다.

> According to the speaker, what is an **advantage** of a **location**?
> 화자에 따르면, 그 위치의 이점은 무엇인가?
>
> (A) The area is **quiet**. 주변이 조용하다.
> (B) A **fitness facility** is nearby. 운동시설이 인근에 있다.
> (C) There are many **parking spaces**. 주차 공간이 많다.
> (D) The scenery is **beautiful**. 풍경이 아름답다.
>
> → 문제와 보기를 미리 읽고 어떤 장소의 입지조건에 관한 내용이 나올 거라는 것을 미리 예측할 수 있다.

3. 문제의 순서와 문제에 대한 힌트가 나오는 순서는 대개 일치한다.

담화 전반부 ↓	→	**첫 번째 문제 힌트** (보기를 보고 있다가 힌트가 들리면 바로 정답 체크!) ↓
담화 중반부 ↓	→	**두 번째 문제 힌트** (보기를 보고 있다가 힌트가 들리면 바로 정답 체크!) ↓
담화 후반부	→	**마지막 문제 힌트** (보기를 보고 있다가 힌트가 들리면 바로 정답 체크!)
세 문제를 읽어주고 정답 고를 시간을 준다. (각 문제 간격 8초)		★ 담화가 끝남과 동시에 정답체크는 끝나고, 남는 약 24초 동안 다음 문제를 미리 읽기 시작한다.

4. 문제에서 speaker인지 listener인지를 반드시 구분해야 한다.

Part 4는 Part 3와 다르게 한 명이 말하는 담화이므로 그 문제가 speaker(화자)와 관련된 문제인지, listener(청자)와 관련된 문제인지 명확히 구분해야 한다.

> Who most likely is the **speaker**?
> **화자**는 누구이겠는가? → 화자의 신분을 묻고 있다.
>
> Who most likely is the **listener**?
> **청자**는 누구이겠는가? → 청자의 신분을 묻고 있다.
>
> Why should the **listeners** visit a Web site?
> **청자들**은 왜 웹사이트를 방문해야 하는가? → 청자가 웹사이트를 방문하는 것임을 명심하고 듣는다.

5. 질문의 순서는 바로 대화 내용 순서와 같다.

첫 번째 문제	주제·목적, 장소·인물(직업, 신분), 문제점을 묻는 문제 등 담화의 전체 내용과 관련된 문제는 대개 첫 번째 문제로 출제되며 담화의 도입부에서 정답의 단서가 언급된다.
두 번째 문제	원인, 수단, 수량, 일정, 시간 등의 세부 사항을 묻는 문제들은 두 번째 문제로 출제되며 정답의 단서는 담화의 중반부에 언급된다. Part 3보다 세부 사항을 묻는 문제가 더 많이 출제된다.
세 번째 문제	앞으로의 계획이나 할 일, 제안·요청 사항 등을 묻는 문제가 세 번째로 출제된다. 정답의 단서는 담화의 후반부(마지막 문장)에 언급된다.

6. 패러프레이징이 된 정답에 익숙해진다.

담화 내용에서 들렸던 표현이 보기에 그대로 정답이 되는 난이도가 낮은 문제도 많이 출제되지만, 담화 속 표현이나 어구를 그대로 사용하지 않고 결국 같은 의미이지만 다른 표현으로 바꿔서 답이 나오는 경우가 대부분이다. 이렇게 바꿔 말하는 것을 패러프레이징(paraphrasing)이라고 한다.

(1) 정답이 그대로 나오는 경우

> M: I'm sure you all agree that **careful planning** is crucial to maintaining financial stability. To learn more, let's welcome Mr. Griffin.
> 세심한 계획이 재정 안정을 유지하는 데 결정적이라는 데에 동의하실 거라고 믿습니다. Mr. Griffin을 모셔서 더 알아봅시다.
>
> Q: What will Mr. Griffin discuss? Mr. Griffin는 무엇을 논의할 것인가?
>
> A: Careful planning 세심한 계획
>
> ★ 정답 표현
> **careful planning** is crucial 세심한 계획이 중요합니다
> → Careful planning 세심한 계획

(2) 정답이 패러프레이징되어 나오는 경우

M: I'm sorry that we weren't able to begin on time. I **missed my train and had to wait for the next one.**
제시간에 시작 못해서 미안합니다. 기차를 놓쳐서 다음 걸 기다려야만 했어요.

Q. Why was the event delayed? 행사가 왜 지연되었는가?

A: The speaker **arrived late.** 화자가 늦게 도착했다.

★ 패러프레이징된 표현

missed my train and had to wait for the next one 기차를 놓쳐서 기다려야만 했다
→ arrived late 늦게 도착했다

(3) 패러프레이징 표현 연습

- Thanks again for letting me visit your construction **company.**
당신 **건축회사**를 방문하게 해 주셔서 다시 한번 감사 드립니다.
→ At a construction **firm 건축회사**에서

- We're going to be providing complimentary **exercise classes.**
우리는 무료 **운동 수업**을 제공할 예정입니다.
→ A fitness program **운동 프로그램**

- Participating employees will get **complimentary healthy snacks and drinks.**
참가하는 직원들은 **무료로 건강에 좋은 간식과 음료**를 받게 됩니다.
→ Free refreshments **무료 다과**

- Hello, it's Nicolas Damira calling from Oakwood Avenue **Realtors.**
안녕하세요. Oakwood Avenue **부동산**에서 전화 드리는 Nicolas Damira입니다.
→ A real estate agent **부동산 중개업체**

- I'll pass out **scanners** to everyone so that you can try **scanning some packages** yourself.
직접 소포들을 스캔해 볼 수 있도록 모든 분들께 스캐너를 나눠드리겠습니다.
Use some devices **장비를 사용한다**

- Here's a brochure that provides **some information** about each of the **cars.** 각 **자동차**들에 관한 **정보**가 있는 책자가 여기 있습니다.
→ Provide **details** about some **vehicle 차량**에 관한 **자세한 사항**을 제공한다

문제 유형

음원 바로 듣기

담화는 대화와 마찬가지로 대개 일정한 방식으로 전개되기 때문에 담화의 초반부, 중반부, 후반부에 언급되는 내용이나 관련 문제 유형이 어느 정도 정해져 있다. 따라서 문제 유형에 따라 정답의 단서가 담화의 어느 부분에서 나올지 예측하면서 듣는 훈련이 필요하다.

🔍 문제 유형 확인하기

1. 담화 초반부에 단서가 나오는 문제

▶ 담화의 주제나 목적, 화자·청자의 신원, 담화의 장소를 묻는 문제는 대개 첫 번째나 두 번째 문제로 출제되며, 정답의 단서는 담화의 초반부에 주로 언급된다.

▶ 직업이나 장소와 관련된 여러 표현들을 통해 화자의 직업이나 신분, 대화 장소를 유추할 수 있다.

주제·목적

What is **mainly** being **discussed**? 주로 무엇이 논의되고 있는가?

What is the speaker **mainly discussing**? 화자는 주로 무엇을 논의하는가?

What is the **main topic** of the talk? 담화의 주요 화제는 무엇인가?

What is the news report **mainly about**? 뉴스 보도는 주로 무엇에 관한 것인가?

What is the **purpose** of the speech? 연설의 목적은 무엇인가?

What is the **main purpose** of the message? 메시지의 주요 목적은 무엇인가?

화자의 신원

Who are the **listeners**? 청자들은 누구인가?

Who is **Ashley Mays**? Ashley Mays는 누구인가?

Who is the intended **audience** for the message? 이 메시지는 어떤 청중을 대상으로 하는가?

Who is the **audience** for the announcement? 공지의 청자는 누구인가?

Who most likely is the **audience**? 청자는 누구겠는가?

Who most likely is the **speaker**? 화자는 누구겠는가?

Where does the **speaker** probably **work**? 화자는 어디에서 일하겠는가?

What department does the **speaker work in**? 화자는 어느 부서에서 일하는가?

담화 장소

Where does the talk probably **take place**? 담화는 어디서 이루어지겠는가?

Where most likely is the announcement **being made**? 공지가 이루어지는 장소는 어디이겠는가?

Where most likely are the **listeners**? 청자들은 어디에 있겠는가?

Where will the event **take place**? 행사는 어디에서 일어날 것인가?

2. 담화 중반부에 단서가 나오는 문제

▶ 이유, 시간, 장소, 방법 등 세부 사항을 묻는 문제들은 대개 두 번째 문제로 출제되며, 정답의 단서는 담화의 중반부에 주로 언급된다.

▶ 세부 사항 관련 문제를 풀 때는 질문에서 동사와 명사, 이름, 시간, 장소, 방법 등을 나타내는 키워드를 찾아 표시하고 문제의 요점을 기억해야 한다.

Tip!
Part 4의 정답은 담화에 나오는 문장이나 단어가 보기에 사용된 동사와 명사 그대로 들리는 경우가 많으므로, 보기에 사용된 동사와 명사의 뜻을 정확히 파악해야해.

세부 사항

How many people will **attend** the **event**? 얼마나 많은 사람이 행사에 참석할 것인가?

What does **the speaker say employees** should **do first**? 화자는 직원들이 무엇을 먼저 해야 한다고 말하는가?

What is **said** about **Zyler's Café**? Zyler's Café에 대해 언급된 것은 무엇인가?

What service is being **offered** to **customers**? 고객들에게 어떤 서비스가 제공되고 있는가?

What type of **product** is being **tested**? 어떤 종류의 제품이 테스트되고 있는가?

What will **listeners** be **reviewing**? 청자들은 무엇을 검토할 것인가?

When will the **work** be **completed**? 업무는 언제 끝날 것인가?

Why does the **speaker ask** for **help**? 화자는 왜 도움을 청하는가?

Why would a **listener submit** a **report**? 청자는 왜 보고서를 제출하겠는가?

3. 담화 후반부에 단서가 나오는 문제

▶ 앞으로의 계획이나 다음에 할 일, 의견 제안(suggest), 요청(ask), 해결책 제의(offer)등을 묻는 문제는 주로 세 번째 문제로 출제되며, 정답의 단서는 담화의 후반부에 언급되는 경우가 많다.

▶ 권유·제안·요청·요구 등을 나타내는 표현 뒤에 정답의 단서가 나온다.

EX Why don't I ~? 제가 ~할까요? / Why don't you ~? ~하는 게 어때요? / Can[Could] you ~? ~해 주시겠어요? / Please ~. ~해 주세요.

앞으로의 계획·다음에 할 일

According to the announcement, **what** is scheduled to **happen next month**?
공지에 따르면 다음 달에 어떤 일이 일어날 예정인가?

What will **happen** in July? 7월에 무슨 일이 있을 것인가?

What will the speaker **do next**? 화자는 다음으로 무엇을 할 것인가?

What will listeners **hear next**? 청자들은 다음으로 무엇을 듣게 될 것인가?

권유·제안·요청·요구

What does the speaker **offer** to do? 화자는 무엇을 해주겠다고 제안하는가?

What does the speaker **suggest** listeners do? 화자는 청자들이 무엇을 하라고 제안하는가?

What does the speaker **recommend**? 화자는 무엇을 추천하는가?

What are the listeners **advised** to do? 청자들은 무엇을 하라고 권고받는가?

What are volunteers **invited** to do? 자원봉사자들은 무엇을 하라고 권유받는가?

What is the listener **asked** to do? 청자는 무엇을 하라고 요구받는가?

핵심 문제 유형

P4-01 미국

Q1 담화 초반부 문제: 청자의 정체

Who most likely are the listeners?

(A) Potential customers
(B) New workers
(C) Building engineers
(D) Government officials

Q2 담화 중반부 문제: 세부 사항

What is the speaker proud of about the company?

(A) Its products
(B) Its facility's size
(C) Its employees
(D) Its long history

Q3 담화 후반부 문제: 제안·요청

What does the speaker remind the listeners to do?

(A) Take some photos
(B) Turn off some devices
(C) Store some belongings
(D) Complete some documents

Questions 1-3 refer to the following talk.

W ❶ I'd like to thank the city council members for participating in the tour of Hanes Automotive plant. Now, you might be unaware of the fact that this is the exact location where our first car was ever built. Of course, that facility was much smaller than what you are seeing today. ❷ The thing I'm really proud of about our company is the significant advancements we've made on our vehicles throughout the years. Now, we'll begin by going to the production floor. ❸ Everyone must now power down their mobile phones and other electronic equipment.

1-3번은 다음 담화에 관한 문제입니다.

예 ❶ Hanes 자동차 공장 견학에 참여해주신 시 의회 의원들에게 감사 말씀 드리고 싶습니다. 자, 여러분은 이곳이 저희 차가 처음으로 만들어진 바로 그 곳이라는 사실을 모르실 수도 있습니다. 물론 그 시설은 오늘 보시는 시설보다 훨씬 작았죠. ❷ 제가 저희 회사에 대해 아주 자랑스럽게 여기는 것은 수년간에 걸쳐 자동차에 대해 상당한 발전을 이뤄냈다는 겁니다. 이제 생산 층으로 가서 견학을 시작하겠습니다. ❶ 모두 핸드폰과 다른 전자 기기를 꺼주십시오.

VOCA

city council 시 의회 | **participate** 참여하다 | **automotive plant** 자동차 공장 | **unaware** ~를 알지 못하는 | **exact** 정확한 | **facility** 시설 | **proud** 자랑스러운 | **significant** 중요한, 커다란 | **advancement** 발전, 진보 | **vehicle** 차량, 탈것 | **production** 생산 | **power down** ~의 전원을 끄다 | **electronic equipment** 전자 장비, 기기

210

Q1

청자들은 누구이겠는가?

(A) 잠재 고객   (B) 신입 직원   (C) 건물 엔지니어   (D) 정부 공무원

정답 공략 하기

① 문제 확인 Who, listeners → 청자들의 정체

② 단서 찾기 I'd like to thank the city council members for participating in the tour of Hanes Automotive plant. (Hanes 자동차 공장의 견학에 참여해주신 시 의회 의원들에게 감사 말씀 드리고 싶습니다.) → 청자들은 시 의회 의원들임을 알 수 있음

③ Paraphrasing city council members → government officials

Q2

화자는 회사의 무엇을 자랑스럽게 여기는가?

(A) 제품   (B) 시설의 규모   (C) 직원   (D) 오래된 역사

정답 공략 하기

① 문제 확인 What, speaker, proud, company → 회사에 대해 화자가 자랑스러워 하는 것

② 단서 찾기 The thing I'm really proud of about our company is the significant advancements we've made on our vehicles throughout the years. (제가 저희 회사에 대해 아주 자랑스럽게 여기는 것은 수년간에 걸쳐 자동차에 대해 상당한 발전을 이뤄냈다는 겁니다.) → 차량에 큰 발전이 있었다고 함

③ Paraphrasing vehicles → products

Q3

화자는 청자들에게 무엇을 상기시키는가?

(A) 사진을 찍는다   (B) 기기 전원을 끈다   (C) 소지품을 보관한다   (D) 서류를 작성한다

정답 공략 하기

① 문제 확인 What, speaker, remind, listeners → 화자가 청자들에게 상기시키는 것

② 단서 찾기 Everyone must now power down their mobile phones and other electronic equipment. (모두 핸드폰과 다른 전자 기기를 꺼주십시오.) → 전자 기기를 끌 것을 상기시켜 주고 있음

③ Paraphrasing power down → turn off
mobile phone, electronic equipment → devices

4. 시각 정보 연계 문제

▶ 프로그램이나 일정표, 주문 양식, 지도, 리스트 등 다양한 유형의 시각 정보를 담화 내용과 연관 지어 정답을 찾는 문제이다.

▶ 담화에 언급된 단서를 토대로 시각 정보에서 화자나 청자가 선택할 상품 및 서비스, 날짜 등을 고른다.

시각 정보

Look at the graphic. On which day is the announcement taking place?
시각 정보를 보시오. 공지는 어느 요일에 발표되는가?

Look at the graphic. What has recently been repaired?
시각 정보를 보시오. 최근에 수리된 것은 무엇인가?

✓ 시각 정보 자료 유형

1. 표

워크숍·공연·행사 등의 일정 및 상품이나 서비스 등에 대한 요금을 보여준다.

Workshop Date	Presenter
June 15th	Wanda Stills
June 16th	Janet Wright
June 17th	Donald Stevens
June 18th	Lyan Starks

2. 막대·선 그래프

기업 및 상품 등의 매출 변화, 회원 수 변화, 기온 및 강수량 변화 등을 보여준다.

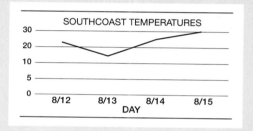

3. 약도

기업, 상점, 행사장 등의 위치를 보여준다.

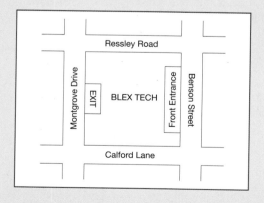

4. 기타 자료

할인 혜택 리스트, 티켓 구매 내역, 주문서, 송장, 구인 자격 요건 목록 등을 보여준다.

Electron-O-Mart Special Promotion
Save 30% All Week!

Branch	Items On Sale
Ganerton	Appliances
Vanandale	Televisions
Riverfeld	Cameras
Umptario	Computers

🎧 P4-02 영국

Q4 시각 정보 연계 문제

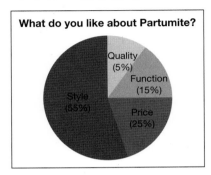

What do you like about Partumite?

- Quality (5%)
- Function (15%)
- Style (55%)
- Price (25%)

Look at the graphic. What feature was changed last year?

(A) Quality
(B) Price
(C) Function
(D) Style

Question 4 refers to the following talk and graph.

W Good morning, everyone. I have gathered you all here to brainstorm ways to improve customer satisfaction. As the market leader in sports watches, we need to listen to customers to make sure we stay competitive. So let's turn to the latest figures from our market research team. ❹ The good news is that a little more than half of all customers are happy with the feature we changed last year. However, only five percent of them are satisfied with the quality. As a result, I think we need to consider purchasing our raw materials from vendors with higher quality goods.

Q4 시각 정보를 보시오. 작년에 어떤 특징이 바뀌었는가?

(A) 품질　　　　　(B) 가격　　　　　(C) 기능　　　　　(D) 스타일

정답 공략 하기

❶ **시각 정보 확인** 선호도 조사 결과

❷ **문제 확인** What feature, changed, last year → 작년에 바뀐 특징

❸ **단서 찾기** The good news is that a little more than half of all customers are happy with the feature we changed last year. (좋은 소식은 전체 고객의 약 절반 이상이 작년에 변경된 특징에 만족하고 있다는 것입니다.) → 그래프 상에서 절반 이상의 만족도를 차지한 특징 확인 → Style (55%)

4번은 다음 담화와 그래프에 관한 문제입니다.

여 여러분, 안녕하세요. 고객 만족을 개선시킬 방법을 찾기 위해 여러분들을 제가 이 자리에 모이게 했습니다. 스포츠 시계 시장의 선도자로서, 우리는 경쟁력을 유지하기 위해 고객들의 소리에 귀를 기울여야 합니다. 그럼, 시장 조사 팀에서 제공한 최근의 수치들을 봅시다. ❹ **좋은 소식은 전체 고객의 약 절반 이상이 작년에 변경된 특징에 만족하고 있다는 것입니다.** 하지만 그들 중 5%만이 품질에 대해 만족하고 있습니다. 그 결과, 저는 더 높은 품질의 상품을 제공하는 업체들로부터 원재료를 구입할 필요가 있다고 생각합니다.

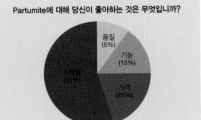

Partumite에 대해 당신이 좋아하는 것은 무엇입니까?

- 품질 (5%)
- 기능 (15%)
- 스타일 (55%)
- 가격 (25%)

VOCA ·········

stay competitive 경쟁력을 유지하다 I **figure** 수치 I **raw material** 원재료 I **vendor** 판매 회사

5. 화자 의도 파악 문제

▶ 담화의 흐름상 질문에 주어진 표현이 담화 속에서 구체적으로 어떤 의미로 쓰였는지를 파악하는 문제이다. 사전적인 의미가 아니라 반드시 문맥 속에서 해당 표현이 어떠한 의미를 나타내는지 파악해야 한다.

대체로 다음과 같은 지시문이 제시된다.

Why does the man **say**, "▒▒▒▒▒▒"? 남자가 ~라고 **말하는 이유는** 무엇인가?

What does the man **mean when he says**, "▒▒▒▒▒▒"? ~라고 말할 때 남자가 **의미하는** 것은 무엇인가?

What does the man **imply when he says**, "▒▒▒▒▒▒"? ~라고 말할 때 남자가 **암시하는** 것은 무엇인가?

화자 의도

What does the speaker mean when he says, "You won't believe this"?
화자가 "이 말을 믿지 못할 거예요" 라고 말할 때 무엇을 의도하는가?

What does the man mean when he says, "That's about it"?
남자가 "그게 전부예요" 라고 말할 때 무엇을 의도하는가?

Why does the man say, "There's no need to worry"?
남자는 왜 "걱정하실 필요가 없습니다" 라고 말하는가?

Why does the man say, "One note though"?
남자는 왜 "사실은 말이죠" 라고 말하는가?

What does the woman imply when she says, "Let's get to it"?
여자가 "시작해 봅시다" 이라고 말할 때 무엇을 의도하는가?

What does the woman imply when she says, "I'll see to it"?
여자가 "제가 처리할게요" 이라고 말할 때 무엇을 의도하는가?

✔ 화자 의도 파악 문제 해결책

1. 인용문장을 먼저 읽고 의미를 파악한다.

Why does the woman say, "Something's come up"? 여자는 왜 "일이 생겨서요"라고 말하는가?

대화를 듣기 전 문제를 먼저 읽는 단계에서 "Something's come up"가 "일이 생겨서요"라는 사전적 의미를 미리 파악해 놓는다. 그렇다고 이 문장과 똑 같은 의미의 보기를 고르면 틀리는 경우가 대부분이므로 숨겨진 의미를 찾도록 담화를 잘 들을 준비를 한다.

2. 처음부터 끝까지 담화의 흐름을 놓치지 않는다.

담화에서 인용문장이 언제 나올지 모르고 숨은 의도를 찾는 문제이기 때문에 그 인용문장의 앞이나 뒤에서 정답의 힌트가 나온다. 따라서 화자의 의도 파악 문맥상의 문제는 특히 더 긴장하고 담화의 흐름을 놓치지 않도록 해야 한다.

3. 담화의 흐름을 놓쳤으면 빨리 찍고 넘어간다.

화자의 의도 파악 문제는 난이도가 높은 문제이므로 틀리더라도 감점이 크지 않다. 따라서 대화 흐름을 놓쳐서 정답을 모를 때에는 재빨리 아무거나 찍고 다음 문제에 집중하여 틀리지 않도록 해야 한다. 놓친 문제에 신경 쓰다가 두 세 문제를 다 틀릴 수도 있다.

Q5 **화자 의도 파악 문제**

Why does the speaker say, "the view from the building's top floor is fantastic"?

(A) To describe the history of a building

(B) To explain a schedule change

(C) To convince listeners to visit a place

(D) To invite listeners to take pictures

Question 5 refers to the following talk.

🅼 OK, we have arrived at the Waylan Sports Complex. To your right of the tour bus you'll see the baseball stadium, where we'll watch the game at 11:00. But you've got a couple of hours to have breakfast and explore the area. Just make sure you're back here before 11:00. There's a famous pancake restaurant one block from here, and just up the street is Rodriguez Tower. ❺ You might not have heard of Rodriguez Tower, but the view from the building's top floor is fantastic. Alright, I'll distribute maps to everyone so that you can find your way around.

Q5 화자는 왜 "건물 꼭대기 층의 전망이 환상적입니다."라고 말하는가?

(A) 건물의 역사를 설명하기 위해

(B) 일정 변경을 설명하기 위해

(C) 청자들이 어떤 장소를 방문하도록 설득하기 위해

(D) 청자들이 사진을 찍도록 권하기 위해

정답 공략 하기

❶ **문제 확인** "the view from the building's top floor is fantastic" → 남자가 건물 꼭대기 층의 전망이 환상적이라고 말한 의도 파악

❷ **단서 찾기** M: You might not have heard of Rodriguez Tower (Rodriguez 타워는 들어보신 적이 없을 수도 있습니다) → but the view from the building's top floor is fantastic (하지만 건물 꼭대기 층의 전망이 환상적입니다.) → Rodriguez 타워 꼭대기 층의 전망이 아주 좋으니 한 번 가볼 것을 권하는 표현이다.

5번은 다음 담화에 관한 문제입니다.

🔲 자, 우리는 Waylan 종합운동장에 도착했습니다. 관광버스 오른쪽을 보시면 야구 경기장이 보이실 텐데요, 그곳에서 11시에 경기를 관람하겠습니다. 하지만 아침식사를 하시고 주변을 둘러보실 시간이 두세 시간 정도 있습니다. 11시 전에 꼭 이곳으로 돌아와 주시기 바랍니다. 여기서 한 블록 떨어진 곳에 유명한 팬케이크 음식점이 있으며, 그 길 바로 위쪽에 Rodriguez 타워가 있습니다. ❺ Rodriguez 타워는 들어보신 적이 없을 수도 있지만 건물 꼭대기 층의 전망이 환상적입니다. 자, 여러분이 주변 길을 찾아 다니실 수 있게끔 모든 분들께 지도를 나눠드리겠습니다.

VOCA

sports complex 종합운동장 ǀ **explore** 탐험하다 ǀ **make sure** 확실히 하다 ǀ **view** 전망, 경치 ǀ **distribute** 나눠주다, 배포하다

Warm-up 담화를 듣고 정답을 고른 후, 빈칸을 채우세요. (담화는 3번 들려줍니다.)

해설서 p.113

1. What kind of business did the caller reach?

(A) A restaurant   (B) A convention center

> W: Hi, my name is Shannon Simon, and I made a _____ for three people next Friday. I was wondering if I could _____.

2. What is the purpose of the talk?

(A) To discuss a design   (B) To announce an award winner

> M: Now, I'm happy to announce the _____ of the _____ Architect of the Year _____. The _____ Sarah Flint.

3. What type of business is the message from?

(A) A medical office   (B) A law firm

> M: You've reached Berwyn _____. Our _____ are from 9 A.M. to 5 P.M., Monday through Friday, and from 10 A.M. to 1 P.M. on Saturday.

4. Who most likely is the speaker?

(A) A tour guide   (B) A sports instructor

> W: Good morning, everyone! My name is Melissa, and I'll be your _____ for the next two days in Hawaii. During this time, you'll _____ many different _____ including parasailing and snorkeling.

5. Where is the event being held?

(A) At a library   (B) At a bookstore

> M: Good evening, and thank you for joining my _____ here at Graham's _____. My name is Peter Barrel, and I'm here tonight to share some _____ my new _____, A Man with a Mask.

Exercise

해설서 p.114

1. Where most likely is the announcement being made?

(A) On an airplane
(B) On a ferry
(C) On a train
(D) At an airport

2. What are the listeners asked to do?

(A) Pick up a form
(B) Confirm their reservations
(C) Take their personal belongings
(D) Leave blankets behind

3. What is being advertised?

(A) A hotel
(B) A real estate agency
(C) A flower shop
(D) A landscaping company

4. What will most likely happen at the end of this week?

(A) An offer will end.
(B) A business will be closed.
(C) A free trial program will be conducted.
(D) New tools will be sold.

5. Who most likely is the speaker?

(A) A baker
(B) A nutritionist
(C) A journalist
(D) A waiter

6. According to the speaker, what should the listeners do to get a discount?

(A) Become a member
(B) Place a business card on the table
(C) Provide written feedback
(D) Spend over $30

Class	Instructor
Kitchen Design	Jenny Lynch
Furniture Repair	Marty Gregg
Electrical Wiring	Sean Jones
Interior Painting	Dylan Norris

7. What is being announced?

(A) A store reopening
(B) A special sale
(C) Extended business hours
(D) Free home delivery

8. Look at the graphic. Who will teach this week's class?

(A) Jenny Lynch
(B) Marty Gregg
(C) Sean Jones
(D) Dylan Norris

1. What is the purpose of the announcement?

(A) To explain a change in an itinerary
(B) To announce a new corporate policy
(C) To remind workers of a company function
(D) To introduce flexible working hours

2. According to the speaker, what will be provided?

(A) Meals
(B) Accommodation
(C) Entertainment
(D) Transportation

3. What does the speaker ask the listeners to do?

(A) Analyze data
(B) Raise money for charity
(C) Email a request
(D) Visit the Human Resources Department

4. Where does the speaker work?

(A) At a bakery
(B) At a candy store
(C) At a fruit stand
(D) At a farm

5. What is the problem?

(A) Some equipment is broken.
(B) An item has been damaged.
(C) A specific item is sold out.
(D) An order was not filled correctly.

6. What is the listener asked to do?

(A) Drop off an item
(B) Submit a complaint
(C) Return a call
(D) Contact another store

7. Who most likely is the speaker?

(A) A tour guide
(B) A software instructor
(C) A job consultant
(D) A sales representative

8. What does the speaker mean when he says, "So please take your time"?

(A) The Systems Department should update all the computers.
(B) Employees should make sure they correctly log in their hours.
(C) The accounting manager should check all the expense reports.
(D) Staff should carefully complete a questionnaire.

9. What will listeners do after the break?

(A) Work in groups
(B) Watch a presentation
(C) Meet with their managers
(D) Order some equipment

Weather Forecast and Wind Speed				
Monday	Tuesday	Wednesday	Thursday	Friday
0 km/h	5 km/h	15 km/h	12 km/h	10 km/h

10. What most likely is the speaker's occupation?

(A) Tour guide
(B) Catering manager
(C) Resort employee
(D) Airline worker

11. Look at the graphic. On which day is the announcement taking place?

(A) Tuesday
(B) Wednesday
(C) Thursday
(D) Friday

12. What activity does the speaker suggest?

(A) Watching a film
(B) Checking out a fashion show
(C) Eating at a restaurant
(D) Visiting a museum

주제·목적	I'm calling to ~ ~하려고 전화했습니다 I'd like to ~ ~하고 싶습니다 I hope to ~ ~하길 바랍니다 I was wondering if ~ ~인지 궁금합니다 I just wanted to let you know that ~ ~임을 알려드리고 싶었습니다 I'd like to remind everyone that ~ ~임을 잊지 않도록 다시 말씀 드리고 싶습니다	I'm calling about ~ ~에 관하여 전화했습니다 I want to ~ ~하길 원합니다 I need to ~ ~해야 합니다 I'm very pleased to ~ ~하게 되어 매우 기쁩니다
반전 내용	but 그러나 unfortunately 안타깝게도 I'm sorry but ~ 미안하지만 ~	however 그러나 I'm afraid ~ ~일까 봐 걱정입니다
이유·원인	because ~ ~이기 때문에 as ~ ~이기 때문에 due to ~ ~때문에 thanks to ~ ~덕분에 so that ~ ~하도록	since ~ ~이기 때문에 because of ~ ~때문에 owing to ~ ~때문에 thanks for ~ ~덕분에 in order that ~ ~하도록
중요한 정보	apparently 듣자 하니 in fact 사실은	actually 사실은
요청 사항	Can you ~? ~해주시겠어요? Will you ~? ~하겠어요? I'd like you to ~ ~해 주세요 I need you to ~ 당신이 ~해야 합니다 make sure ~ 확실히 ~해주세요	Could you ~? ~해주시겠어요? Would you ~? ~하겠어요? I want you to ~ ~해 주세요 please ~ ~해 주세요 be sure to 확실히 ~해주세요
의견·제안	Why don't you ~? ~하세요 What about ~? ~는 어떠세요? Shall we ~? ~할까요? I recommend ~ ~할 것을 추천합니다 You should ~ ~하는 게 좋습니다	How about ~? ~는 어떠세요? Let's ~ ~합시다 I suggest ~ ~할 것을 제안합니다 I advise ~ ~할 것은 조언합니다
해결책 제의	I can ~ 제가 ~해줄 수 있어요 I will ~ 제가 ~하겠습니다	Let me ~ 제가 ~하겠습니다
앞으로 할 일·계획	I will ~ 저는 ~할게요 I need to ~ ~해야 합니다 I'm going to ~ ~에 갈 겁니다 We're scheduled to ~ ~할 예정이에요 I've decided to ~ ~하기로 정했어요	I have to ~ ~해야 합니다 I'm planning to ~ ~할 계획이에요 We're trying to ~ ~하려고 합니다 I'm about to ~ 막 ~하려고 했어요 I've made up my mind to ~ ~하기로 정했어요

UNIT 17 공지·안내방송

음원 바로 듣기

공지는 회의 중에 전달되는 상황이 주를 이루며, 그 외 상점, 도서관, 기차역, 공항, 관광지 등의 다양한 공공장소에서 이용자들에게 필요한 정보를 알리는 안내 방송이 출제된다. 매회 3~4개가 출제된다.

🔍 담화 유형 확인하기

1. 공지·안내방송 지문의 전개 구조

장소에 따라 세부적인 내용에는 차이가 있지만, 전반적인 흐름은 화자의 자기소개, 청자나 장소에 대한 정보, 공지의 주제 언급 후, 관련 세부 사항 전달 당부나 요청 사항 전달 순으로 전개된다.

인사말· 주위 환기 멘트	▶	주제·목적	▶	세부 사항	▶	당부·권고· 요청사항·미래계획
· 화자 신원 문제 · 청자 신원 문제 · 담화 장소 문제		· 담화의 주제 · 담화의 목적		· 구체적인 내용		· 청자가 할 일 · 담화 후 있을 일 · 미래 계획 문제

2. 자주 나오는 지문

▶ **사내공지:** 사내 행사, 새로운 제도 도입에 따른 권고나 지시 사항 등을 전달한다.

▶ **공공장소 내 안내방송:** 쇼핑몰에서 폐점 시간 또는 할인 행사를 안내하거나, 도서관, 서점, 박물관 등의 공공장소에서 시설물 이용 안내 및 준수 사항을 공지한다.

▶ **교통시설 내 안내방송:** 교통편이나 항공편의 출발, 도착 지연, 결항 등 운행 변경 사항을 안내한다.

▶ **기타 안내방송:** 담화(talk), 연설(speech), 설명(instructions), 회의 발췌록(excerpt from a meeting), 관광·견학 안내(tour information)도 공지와 내용 전개 구조가 비슷하다. 관광·견학 안내는 주제나 목적이 언급되지 않을 때가 많고, 곧바로 관광지 소개나 일정, 주의 사항 전달로 이어진다.

✔ 공지·안내방송에서 반드시 알아두어야 할 표현

사내공지

staff meeting 직원 회의	training session 교육, 연수	orientation 오리엔테이션
awards ceremony 시상식	inspection 점검	renovate 보수하다
reminder 공지	update 최근 소식을 알리다	give an overview 개요를 설명하다
agenda 안건, 의제	security 보안	customer survey 고객 설문조사
quarter 분기	budget 예산	increase sales 매출을 증가시키다
refreshments 다과	beverage 음료	install 설치하다

공공장소 내 안내방송

regular price 정가	at no charge 무료로	coupon 쿠폰
special offer 특별 할인	return policy 반품 규정	clearance sale 재고 정리 세일
reduced price 할인된 가격	ticket counter 매표소	sales representative 판매사원
check out (책을) 대출하다	announcement 발표, 공지	Attention, please. 안내 말씀 드리겠습니다.
deliver ~을 배송하다	prohibited 금지된	retrieve 되찾다, 회수하다

교통수단 내 안내방송

departure 출발	arrival 도착	take off 이륙하다
destination 목적지	journey 여행	board 탑승하다
on schedule 일정대로	cooperation 협조	belongings 소지품
delay 지연	inconvenience 불편	cancel 취소하다
flight attendant 승무원	inclement 악천후	resume 다시 시작하다

Tip! 아래 표현들과 함께 박스 안에 있는 내용이 들리면 집중해서 들어야 해!

3. 공지·안내방송 정답 시그널 표현

▶ 장소를 확인할 수 있는 표현

Welcome to 장소 . 장소에 오신 것을 환영합니다

Thank you for coming to [joining/attending] 장소 . 장소에 와 주셔서[함께해 주셔서/참석해 주셔서] 감사합니다

▶ 청자를 확인할 수 있는 표현

Attention, 청자 . 청자 여러분께 알려드립니다

Good morning/afternoon/evening, 청자 . 청자 여러분, 안녕하세요

▶ 화자를 확인할 수 있는 표현

I'm/My name is 이름 . 저는/제 이름은 이름입니다

I'm a 직업/직책 . 저는 직업/직책입니다

As 직업/직책 , I ~. 직업/직책으로서, 저는 ~

▶ 목적을 확인할 수 있는 표현

I'm very pleased to ~. ~하게 되어 매우 기쁩니다

I just wanted to let you know ~. ~임을 알려드리고 싶었습니다

I'd like to remind everyone that ~. ~임을 잊지 않도록 다시 말씀 드리고 싶습니다

P4-07 호주

Exhibit's Name	Time
Magnetic Island	1:00 P.M. - 2:30 P.M.
Animation Workstation	3:00 P.M. – 4:30 P.M.
Computerized Mirror	5:00 P.M. – 6:30 P.M.
Hovercraft	7:00 P.M. – 8:30 P.M.

Q1 담화 장소를 묻는 문제

Where is the announcement taking place?

(A) At a manufacturing plant
(B) At a research library
(C) At an art school
(D) At a convention center

Q2 시각 정보 연계 문제

Look at the graphic. What time does the speaker's exhibition start?

(A) 1:00 P.M.
(B) 3:00 P.M.
(C) 5:00 P.M.
(D) 7:00 P.M.

Q3 세부 사항을 묻는 문제

What can listeners obtain at the information booth?

(A) Clothing
(B) Snacks
(C) Facility maps
(D) Product brochures

Questions 1-3 refer to the following announcement.

M ❶ Thank you for stopping by our Science Expo today at the Ontario Research Library. We promise you an entertaining and educational experience. Throughout the facility, we have organized various interactive demonstrations, such as the Magnetic Island. ❷ Also, I urge you to check out my exhibit later on. I'll be demonstrating how animations are made. Because today is our first day of the expo, ❸ we're handing out complimentary T-shirts to all of our guests–please pick one up at the information booth.

1–3번은 다음 공지에 관한 문제입니다.

남 ❶ 오늘 Ontario 학술 도서관 과학 박람회에 들러주셔서 감사합니다. 저희는 여러분께 즐겁고 교육적인 경험을 약속합니다. 저희는 시설 전체에 Magnetic Island와 같은 다양한 상호 교류적 시연을 준비했습니다. ❷ 그리고 나중에 저의 전시를 보러 오십시오. 애니메이션이 어떻게 만들어지는지 보여드릴 겁니다. 오늘이 박람회 첫날이므로 ❸ 모든 손님들에게 무료로 티셔츠를 나눠드리고 있습니다. 안내 부스에서 가져가세요.

전시명	시간
Magnetic Island	오후 1:00 – 2:30
Animation Workstation	오후 3:00 – 4:30
Computerized Mirror	오후 5:00 – 6:30
Hovercraft	오후 7:00 – 8:30

VOCA

expo 박람회 | entertaining 재미있는, 즐거운 | educational 교육적인 | experience 경험 | facility 시설 | organize 조직하다 | various 다양한 | interactive 상호적인 | demonstration 시연 | urge 권고하다, 촉구하다 | complimentary 무료의

Q1 공지가 되고 있는 장소는 어디인가?

(A) 제조 공장에서　　　(B) 학술 도서관에서　　　(C) 예술 학교에서　　　(D) 컨벤션 센터에서

정답
공략
하기

❶ 문제 확인 Where, announcement, taking place → 공지되고 있는 장소

❷ 단서 찾기 Thank you for stopping by our Science Expo today at the Ontario Research Library. (오늘 Ontario 학술 도서관 과학 박람회에 들러주셔서 감사합니다.) → 공지 장소는 Ontario Research Library 임을 알 수 있음

Q2 시각 정보를 보시오. 화자의 전시는 언제 시작하는가?

(A) 오후 1시　　　(B) 오후 3시　　　(C) 오후 5시　　　(D) 오후 7시

정답
공략
하기

❶ 시각 정보 확인 전시명과 전시 시간

❷ 문제 확인 What time, speaker's exhibition, start → 화자의 전시가 시작되는 시간

❸ 단서 찾기 Also, I urge you to check out my exhibit later on. I'll be demonstrating how animations are made. (그리고 나중에 저의 전시를 보러 오십시오. 애니메이션이 어떻게 만들어지는지 보여드릴 겁니다.) → 표에서 애니메이션 관련 전시 확인 → Animation Workstation: 3:00 P.M.−4:30 P.M. → 오후 3시에 시작함

청자들은 인포메이션 부스에서 무엇을 구할 수 있는가?

(A) 옷　　　(B) 간식　　　(C) 시설 지도　　　(D) 제품 브로셔

정답
공략
하기

❶ 문제 확인 What, listeners, obtain, information booth → 청자들이 안내 부스에서 얻을 수 있는 것

❷ 단서 찾기 Because today is our first day of the expo, we're handing out complimentary T-shirts to all of our guests – please pick one up at the information booth. (오늘이 박람회 첫날이므로 모든 손님들에게 무료로 티셔츠를 나눠드리고 있습니다. 안내 부스에서 가져가세요.) → 티셔츠를 구할 수 있음

❸ Paraphrasing T-shirts → clothing

Warm-up 담화를 듣고 정답을 고른 후, 빈칸을 채우세요. (담화는 3번 들려줍니다.) 해설서 p.120

1. Where most likely is the speaker?

(A) At a library   (B) At a grocery store

W: Welcome to Wilson's _____. We're happy to announce that the
new _____ is now open! It is right next to the
_____—aisle number 5.

2. Who is the audience for this announcement?

(A) Festival attendees   (B) Professional musicians

M: Hello, everyone. Thanks for coming to the _____ Grindale _____.
We have a variety of _____ jazz bands performing for us at
_____.

3. What is the main topic of the announcement?

(A) A new payroll system   (B) A return policy

W: Good morning. First of all, I want to _____ everyone about the
_____ to the store's _____.

4. Where is the announcement being made?

(A) At a banquet   (B) At a conference

W: Welcome everyone. I hope you are enjoying this year's _____.
Before we continue, I'd like to call your attention to something on the
_____—there is an _____ on the first
page.

5. Who is the speaker?

(A) A ticket seller   (B) A theater owner

M: Good evening, ladies and gentlemen! Welcome to the Impala _____. We are happy
that you could come tonight. As many of you are already aware, _____
_____ has completely _____. As the _____ of this
_____, I would personally like to thank all of you and hope that you
_____.

Exercise

해설서 p.121

1. Where does the announcement most likely take place?

(A) At an office supply store
(B) At a furniture retailer
(C) At a supermarket
(D) At a bank

2. How long will the offer last?

(A) One day
(B) Two days
(C) Three days
(D) Four days

3. What did Winslow Bank do recently?

(A) Hire some employees
(B) Appoint a new CEO
(C) Upgrade their homepage
(D) Create an online support team

4. Who most likely is Samantha Surly?

(A) A CEO
(B) A banking consultant
(C) The director of the personnel team
(D) A member of the technology team

5. What can passengers do near the parking lot?

(A) Purchase souvenirs
(B) Book some tickets
(C) Check in luggage
(D) Board flights

6. What should passengers do if they have questions?

(A) Ask a flight attendant
(B) Go to the parking lot
(C) Look at monitors
(D) Talk with an employee

7. What is the announcement about?

(A) A delayed promotion
(B) A construction project
(C) A new parking policy
(D) A recruitment campaign

8. Why are the listeners asked to contact Paulo?

(A) To post a job opening
(B) To hire vehicles
(C) To get authorization
(D) To request a visit

Practice

1. What is being advertised?

(A) Clothing
(B) Sports equipment
(C) Bathroom suites
(D) Groceries

2. According to the speaker, how can listeners find sale items?

(A) By speaking with staff
(B) By looking for special stickers
(C) By following a map
(D) By filling out a form

3. Why are listeners encouraged to visit the customer service desk?

(A) To pick up a store guide
(B) To ask for gift-wrapping
(C) To register for a credit card
(D) To return an item

4. Where most likely is this announcement being made?

(A) On a tour bus
(B) At an airport
(C) At a train station
(D) At a boat terminal

5. What is the speaker mainly talking about?

(A) A new ticketing system
(B) A revised train schedule
(C) A power failure
(D) An expanded waiting area

6. What does the speaker say about the machines?

(A) They have touch-screen monitors.
(B) They are located near the main entrance.
(C) They are only available in English.
(D) They are currently out of order.

7. Who is the speaker?

(A) A stage actor
(B) A theater director
(C) An audience member
(D) A front-desk clerk

8. According to the speaker, what is special about the play?

(A) It has received multiple awards.
(B) A local actor has the lead role.
(C) All shows have sold out.
(D) It is based on a book.

9. What does the speaker mean when she says, "your contribution is greatly appreciated"?

(A) Ticket purchases will benefit school programs.
(B) A historic building will be renovated soon.
(C) Positive reviews will help increase sales.
(D) A charity event will be organized by famous artists.

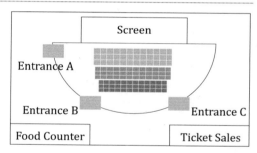

10. What does the speaker say about a new film?

(A) There are several complaints about it.
(B) There are no more tickets for it.
(C) Its cast members will visit the theater.
(D) Its starting date will be revised.

11. Look at the graphic. What has recently been repaired?

(A) The screen
(B) Entrance A
(C) Entrance B
(D) Entrance C

12. What are listeners instructed to do?

(A) Distribute a survey
(B) Check visitors' tickets
(C) Enter their work hours
(D) Put on a headset

사내공지	banquet 연회	outing 야유회
	retreat 수련회	hold (행사를) 열다, 개최하다
	take place 열리다, 개최되다	remodel 개조하다
	set up 설치하다	expand 확장하다
	for your convenience 편의를 위해서	last-minute 임박한, 마지막 순간의
	company policy 회사 방침	instruction 지시, 설명
	introduce 도입하다	equipment 기기, 장비
	outdated 구식인	finance 자금
	upgrade 개선하다	improvement 개선공사
공공장소 내 안내방송	complimentary 무료의	~% off ~% 할인
	reasonable (가격이) 적정한	affordable 저렴한
	voucher 쿠폰	gift certificate 쿠폰, 상품권
	special deals 특별 할인	stop by 들르다
	sold out 매진된	out of stock 재고가 없는
	in stock 재고가 있는	not available / unavailable 구할 수 없는
	user-friendly 사용하기 쉬운	warranty 품질 보증(서)
	service desk 서비스 창구	ticket counter 매표소
	not allowed / not permitted 금지된	bargain 싸게 사는 물건
교통수단 내 안내방송	cabin crew 승무원	passenger 승객
	captain (비행기의) 기장	luggage / baggage 수하물
	reclaim / retrieve 되찾다, 회수하다	serve (음식을) 제공하다
	counter 접수대, 판매대	land 착륙하다
	bound for ~행의(목적지)	journey 여행
	ahead of schedule 일정보다 앞서	cooperation 협조
	suitcase 가방	apologize for ~을 사과하다
기타 안내방송	guest speaker 초청 연사	public speaker 연설자
	keynote speaker 기조연설자	charity event 자선 행사
	raise funds 기금을 모으다	donation 기부
	share / stock 주식	shareholder / stockholder 주주
	tourist attraction 관광 명소	commercial district 상업 지구
	shopping district 쇼핑 지구	observation tower 전망탑
	historic building 역사적 건물	renowned 유명한
	panoramic view 전경	scenic view 멋진 전망
	landmark 주요 지형지물	souvenir 기념품
	facility 시설	assembly line 조립 라인
	meet at ~에서 만나다	get started (여행·관람을) 시작하다

전화·녹음 메시지

Part 4에서 공지와 안내 다음으로 많이 등장하는 유형으로 매회 2~3개가 출제된다. 병원 예약 및 면접 일정을 확인하거나 물품 배송 지연 등을 알리는 전화 메시지와 영업시간 이후의 자동 응답 서비스와 같은 녹음 메시지가 주를 이룬다.

담화 유형 확인하기

1. 전화 메시지 지문의 전개 구조

전화를 건 화자가 청자의 응답기에 남기는 메시지로 보통 자기소개 이후 전화를 건 목적을 언급하고 부탁 및 요청 사항을 언급하는 순으로 지문이 전개된다. 주로 회신 전화를 요청하는 내용으로 마무리한다.

인사말·자기소개	▶	전화를 건 목적	▶	세부사항	▶	당부·요청사항
· 화자 신원 문제 · 청자 신원 문제		· 화자의 용건		· 구체적인 내용 · 문제점과 그 원인		· 청자가 할 일 · 요청 및 제안 사항

2. 녹음 메시지 지문의 전개 구조

▶ **개인 자동 응답기 메시지:** 부재중임을 알리기 위해 화자가 미리 녹음해 둔 메시지로 화자의 신원과 부재 이유 및 복귀 시점, 그리고 비상시 연락할 수 있는 방법 등이 주로 나온다.

인사말·자기소개	▶	부재이유 및 복귀 시점	▶	연락 방법
· 화자 신원 문제		· 화자가 부재인 이유 (출장/학회/휴가 등)		· 청자가 할 일 · 다른 연락처/연락할 사람)

▶ **회사 ARS 메시지:** 전화를 건 고객을 대상으로 한 회사의 안내 메시지로 회사 소개와 부재 이유를 알리고 영업 재개 시간을 언급하거나 회사의 위치, 내선 번호, 추가적인 정보를 얻는 방법 등을 소개도 한다.

인사말·회사소개	▶	세부사항· 추가정보 얻는 방법	▶	당부·요청사항
· 회사의 종류		· 영업시간·회사위치 · 내선번호 안내		· 전화 통화 가능한 시간

3. 전화·녹음 메시지 정답 시그널 표현

▶ **청자를 나타내는 표현**

This message is for 청자 . 이 메시지는 청자를 위한 메시지입니다.

= This is a message for 청자 .

▶ **화자를 나타내는 표현**

This is 화자 from 화자의 회사 . 저는 화자의 회사에서 전화 드리는 화자입니다.

I'm calling from 화자의 부서[회사] . 화자의 부서[회사]에서 전화 드립니다.

▶ **용건 확인 표현**

I'm calling for[to / about / regarding / because] 용건 . 용건[을 위해서 / 에 관하여 / 때문에] 전화 드립니다.

I was wondering 용건 . 용건이 궁금해서 전화 드립니다.

This is returning your call. 답신 전화 드립니다.

Thank you for your inquiry about ~ . ~에 관하여 문의해 주셔서 감사합니다.

▶ **회신 전화 요망 표현**

You can reach me at 555–5014. 555–5014번으로 전화 주세요.

Please return my call at 555–5014. 555–5014번으로 답신전화 주시기 바랍니다.

Please call me back at 555–5014. 555–5014번으로 답신전화 주시기 바랍니다.

▶ **회사 소개 표현**

You've reached 회사/업체 . 귀하께서는 회사/업체에 전화 주셨습니다.

Thank you for calling 회사/업체 . 회사/업체에 전화 주셔서 감사합니다.

▶ **영업·운영 시간표현**

store hours = office hours = business hours = hours of operation

▶ **내선번호 관련 표현**

press the star (key) after the beep 삐 소리가 난 후 (전화번호판의) 별표(*)를 눌러 주세요

stay on the line 전화를 끊지 않고 기다리다

Q1

전화 건 목적을 묻는 문제

Why is the speaker calling?

(A) To book a room
(B) To inquire about a payment
(C) To sign up for a conference
(D) To change an internet provider

Q2

세부 사항을 묻는 문제

What does the speaker say will happen at a meeting?

(A) Some job applicants will be interviewed.
(B) Some questionnaire data will be discussed.
(C) A device will be displayed.
(D) A proposal will be presented.

Q3

요청 사항을 묻는 문제

Why does the speaker request to be contacted by mobile phone?

(A) He needs to clarify some information.
(B) He is unable to use the internet.
(C) He does not have an office phone yet.
(D) He will not come to work.

Questions 1-3 refer to the following telephone message.

🅜 Hello, it's Malcolm Penn. ❶ I was going to submit a meeting room request through our company system, but the internet is not working for me right now. I have an important meeting tomorrow at 3 P.M. — ❷ the product development team will be meeting with investors to show off a prototype of our newest smart watch. There will be many participants, so we'll need the largest conference room, if that's OK. Since you're in charge of room booking, I was hoping you could take care of this for me. As I said, ❸ my internet is down, so please call me. My mobile phone number is 080-555-2282.

1-3번은 다음 전화 메세지에 관한 문제입니다.

🅜 안녕하세요, Malcolm Penn입니다. ❶ 우리 회사 시스템을 통해 회의실 사용 요청을 하려고 했는데 인터넷이 지금 안 되네요. 내일 오후 3시에 중요한 회의가 있어서요. ❷ 우리 회사의 최신 스마트 워치 시제품을 보여주기 위해 제품 개발팀이 투자자들과 만나게 될 겁니다. 참여하는 사람들이 많을 거라서 만약 괜찮다면 가장 큰 회의실이 필요해요. 당신이 회의실 예약을 담당하고 계시니 저를 위해 이 문제를 해결해 주실 수 있기를 바라고 있습니다. 제가 말했듯 ❸ 인터넷 안 되니 전화 주십시오. 제 핸드폰 번호는 080-555-2282입니다.

VOCA

submit 제출하다 ǀ **request** 요청하다 ǀ **product development** 제품 개발 ǀ **investor** 투자자 ǀ **prototype** 시제품, 원형 ǀ **participant** 참가자 ǀ **in charge of** ~를 담당하다 ǀ **booking** 예약

Q1 화자는 왜 전화했는가?

(A) 회의실을 예약하기 위해   (B) 돈 지불에 대해 문의하기 위해

(C) 학회에 등록하기 위해   (D) 인터넷 서비스 업체를 바꾸기 위해

정답
공략
하기

1 문제 확인   Why, speaker, calling → 화자가 전화 건 목적

2 단서 찾기   I was going to submit a meeting room request through our company system, but the internet is not working for me right now. (우리 회사 시스템을 통해 회의실 사용 요청을 하려고 했는데 인터넷이 지금 안 되네요.) → 인터넷 문제로 회의실 예약이 안 돼서 연락함

3 Paraphrasing   submit a meeting room request → book a room

Q2 화자는 회의에서 무엇이 있을 거라고 하는가?

(A) 지원자 몇 명이 면접을 볼 것이다.   (B) 설문 자료 일부가 논의될 것이다.

(C) 기기를 선보일 것이다.   (D) 제안서가 제시될 것이다.

정답
공략
하기

1 문제 확인   What, speaker, say, happen, meeting → 회의에서 있을 일

2 단서 찾기   the product development team will be meeting with investors to show off a prototype of our newest smart watch (우리 회사의 최신 스마트 워치 시제품을 보여주기 위해 제품 개발팀이 투자자들과 만나게 될 겁니다) → 회의 때 시제품을 선보일 예정임

3 Paraphrasing   a smart watch → a device
                             show off → be displayed

Q3 화자는 왜 핸드폰으로 연락해달라고 요청하는가?

(A) 어떤 정보를 확실히 하고 싶어한다.   (B) 인터넷을 사용할 수 없다.

(C) 사무실 전화가 아직 없다.   (D) 출근하지 않을 것이다.

정답
공략
하기

1 문제 확인   Why, speaker, request, be contacted by mobile phone → 핸드폰으로 연락 달라고 요청한 이유

2 단서 찾기   my internet is down, so please call me (인터넷이 안 되니 전화 주십시오)
                   → 인터넷이 안 되니, 핸드폰으로 연락 달라함

Warm-up 담화를 듣고 정답을 고른 후, 빈칸을 채우세요. (담화는 3번 들려줍니다.) 해설서 p.127

1. Where does the speaker work?

(A) At an auto shop   (B) At a dental clinic

> W: Hi, Keith. This is Andrea _____ Sanbury _____.
> I'm calling to remind you of your _____ appointment on
> Wednesday at 4 P.M.

2. Who most likely is the speaker?

(A) A construction manager   (B) A Web designer

> M: Hi, Ms. Douglas. This is Nathan Dent _____. You said
> you wanted me to _____ for your business.
> I'd like to _____ your business first, though. Can you
> _____ some information?

3. Why is the listener hearing this message now?

(A) All of the lines are currently busy.   (B) A business is closed for a national holiday.

> W: _____ Welsby Real Estate Agency. We're now
> _____. Please leave a message after the beep,
> or contact us during _____—Monday through Friday between 10
> A.M. and 7 P.M.

4. Why is the speaker calling?

(A) To make an inquiry about availability   (B) To ask about a research finding

> M: Hello, _____ Mr. Kim. My name is Alfred Havelock
> from Havelock Enterprise. _____ see if you are free to
> _____ at my company next month.

5. Which department does the speaker work in?

(A) The sales team   (B) The technical support team

> W: Hi, Michael. This is Anne calling from the _____.
> You asked me to investigate why you're _____ our
> company Web site. I've got good news for you—_____.

Exercise

해설서 p.128

1. Why is the speaker calling?

(A) To ask about directions
(B) To inquire about store hours
(C) To see if an item has been found
(D) To report a defective product

2. What does the caller ask the listener to do?

(A) Email some information
(B) Return a call
(C) Send a text message
(D) Review an order

---

3. What problem has occurred?

(A) An item is sold out.
(B) A shipment is lost.
(C) A wrong product was sent out.
(D) A billing error occurred.

4. What does the speaker offer to do for the listener?

(A) Provide free delivery
(B) Reduce a membership fee
(C) Mail him a voucher
(D) Give him free samples

5. What is the purpose of the call?

(A) To remind the listener of an appointment
(B) To schedule a repair
(C) To check on a shipment
(D) To request a price estimate

6. What will happen tomorrow?

(A) A demonstration will be held.
(B) Construction work will begin.
(C) Heavy rain will fall.
(D) Equipment will be replaced.

---

7. Where is the museum located?

(A) Next to a train station
(B) In front of a library
(C) Near a textiles factory
(D) Across from an art gallery

8. Why would listeners press 3?

(A) To leave a voice message
(B) To reserve a place on a tour
(C) To get information on an exhibit
(D) To obtain directions to the museum

Practice

해설서 p.130

1. What kind of business does the listener most likely work for?

(A) An electronics store
(B) A newspaper office
(C) A moving company
(D) A supermarket

2. What does the speaker want to do?

(A) Apply for a position
(B) Renew a contract
(C) Revise some information
(D) Deliver a package

3. According to the speaker, what is the problem?

(A) A Web site is not working.
(B) She has not received her order.
(C) She forgot her password.
(D) A billing charge is incorrect.

4. Where is the speaker calling from?

(A) An airline
(B) A museum
(C) A theater
(D) A music store

5. According to the speaker, what is the problem?

(A) An event was canceled.
(B) A payment was not processed.
(C) Some documents were misplaced.
(D) Some tickets were sent to the wrong address.

6. What does the speaker ask the listener to do?

(A) Visit a box office
(B) Provide new credit card information
(C) Check a Web site
(D) Apply for a refund

7. Why does the speaker say, "That's the third time this morning"?

(A) Some supplies are out of stock again.
(B) She has been constantly trying to contact a business.
(C) She has been unable to obtain the president's approval.
(D) A technical error has occurred repeatedly.

8. What does the speaker suggest?

(A) Providing a refund
(B) Replacing a machine
(C) Contacting a technician
(D) Revising a manual

9. What will Olivia probably do next?

(A) She will test out some equipment.
(B) She will attend a meeting.
(C) She will follow up on a request.
(D) She will submit a document.

Order Form	
Product	**Quantity**
Containers	200
Drinking straws	400
Sugar packets	800
Napkins	1000

10. Look at the graphic. Which quantity on the order form might be changed?

(A) 200
(B) 400
(C) 800
(D) 1000

11. What is the speaker going to do tomorrow?

(A) Oversee a sale
(B) Visit Mr. Bain's office
(C) Participate in a convention
(D) Train an employee

12. What is mentioned about Clara?

(A) She is being promoted.
(B) She will manage a store.
(C) She is being transferred.
(D) She will contact a supplier.

전화 메시지	remind 상기시키다	reschedule 일정을 변경하다
	cancel an appointment 예약을 취소하다	confirm an appointment 예약을 확인하다
	contact 연락하다	reach 연락하다
	let ~ know ~에게 알려주다	immediately / promptly 즉시
	response 응답	appointment 약속, 예약
	cancel 취소하다	inconvenience 불편
	postpone 연기하다	inquire 문의하다
	problem 문제	mistake 실수
	expect 기대하다, 예상하다	request 요청하다
	respond a message 메시지에 응답하다	reply 응답하다
	apologize for ~에 대해 사과하다	scheduling conflict 일정 충돌
	return a call 답신전화를 주다	leave a message 메세지를 남기다
녹음 메시지	business hours 영업시간	hours of operation 영업시간
	press 3 3번을 누르다	transfer you to 전화를 ~에게 돌려 주다
	pound (key) (전화번호판의) 우물 정자(#)	representative 담당 직원
	automated 자동의	recorded 녹음된
	voice mail 음성 메일	reach (전화로) 연락하다
	connect 연결하다	extension (number) 내선번호
	The line is busy. 통화 중입니다.	operator 전화 교환원
	customer service agent 고객서비스 상담원	contact us. 연락주세요.
	hold the line (전화를) 끊지 않고 대기하다	extension 내선번호

방송·보도

음원 바로 듣기

방송·보도 지문은 교통 방송, 일기예보, 뉴스 등 세 가지 유형으로 출제된다. 교통 방송은 정체된 도로, 진입 통제 구간 및 우회로 소식 등을 전하고, 일기예보는 오늘의 날씨뿐만 아니라 내일이나 주말의 기상 상태에 대한 정보를 제공한다. 경제와 관련된 다양한 주제를 다루는 뉴스 보도가 방송 지문 중 가장 출제 빈도가 높으며 매회 1~2개가 출제된다.

🔍 담화 유형 확인하기

1. 방송·보도 지문의 전개 구조

▶ **교통방송:** 주로 도로 상황 및 정체 소식을 원인과 함께 전달하고 우회로를 제안한다.

인사말	▶	주제	▶	세부사항	▶	당부·요청사항	▶	다음방송
· 화자 신원 · 프로그램 주제		· 도로 상황 소개 · 도로 정체의 원인				· 우회로·대안제시		· 다음 방송시간 · 다음에 들을 방송

▶ **일기예보:** 날씨의 변화를 소개하고 그에 따른 대비 및 활동 등을 제안한다.

인사말	▶	주제	▶	세부사항	▶	제안·권유사항	▶	다음방송
· 화자 신원 · 프로그램 주제		· 날씨 변화 소개		· 날씨관련 행사 · 행사취소		· 악천후에 대비책 · 제안사항		· 다음 방송시간 · 다음에 들을 방송

▶ **뉴스보도:** 지역사회 및 각종 비즈니스 소식(경제, 기업의 합병, 이전, 확장), 건설 프로젝트, 고용문제 등을 전한다.

인사말	▶	주제	▶	세부사항	▶	다음방송·요청사항
· 화자 신원 · 프로그램 주제		· 지역사회 소식 · 비즈니스 소식				· 다음 방송시간 · 다음에 들을 방송 · 청취자 요청사항(질문전화)

2. 방송·보도 정답 시그널 표현

▶ 프로그램 소개 표현

Welcome to 프로그램 . 프로그램에 오신 걸 환영합니다.

You're listening to 프로그램 . 여러분께서는 프로그램을 듣고 계십니다.

You're tuned in to 프로그램 . 여러분께서는 프로그램을 보고[듣고] 계십니다.

▶ 화자 소개 표현

I'm your host 진행자 . 여러분의 진행자입니다.

This is 진행자 , your host. 여러분의 진행자입니다.

This is 진행자 with 프로그램 . 프로그램의 진행자입니다.

▶ 다음 방송 시간 안내 표현

I'll be back in 숫자 minutes. 몇 분 후에 다시 돌아오겠습니다.

▶ 다음 방송 순서 안내 표현

Next up, 프로그램 . 다음 방송은 프로그램입니다.

Stay tuned for 프로그램 coming up next. 다음 방송, 프로그램에 채널 고정하세요.

Stay tuned for 프로그램 1 coming up right after 프로그램 2 . 프로그램 2 종료 직후 방송될 프로그램 1에 채널 고정하세요.

✓ 방송·보도에서 반드시 알아두어야 할 표현

교통방송

traffic 교통(량)	heavy traffic 교통 체증	rush hour 혼잡 시간대
motorist 운전자	delay 지연	northbound 북쪽 방면
backed up 도로가 정체된	construction project 공사	car accident 자동차 사고
take a detour 우회하다	be closed 통행이 금지되다	highway 고속도로

일기예보

heavy rain 폭우	snowstorm 눈보라	humidity 습도
drop (기온이) 떨어지다	weather forecast 일기 예보	predict 예측하다
strong chance 높은 가능성	bad weather 악천후	Celsius 섭씨의

뉴스보도

industry 산업	expert 전문가	city government 시 정부
spokesperson 대변인	announce 발표하다	press conference 기자 회견
merge 합병(하다)	acquisition (기업) 인수	company expansion 사업 확장

Q1 방송의 주제를 묻는 문제

What is the main subject of the broadcast?

(A) A construction project
(B) A new mayor
(C) A city festival
(D) A public transit system

Q2 세부 사항을 묻는 문제

What will the listeners now be able to do?

(A) Receive a discount
(B) Make a reservation online
(C) Print a file
(D) Check on some trains

Q3 화자 의도 파악 문제

Why does the speaker say, "I'll be downloading this right away"?

(A) To describe some instructions
(B) To recommend using a service
(C) To point out a limited offer
(D) To compare some products

Questions 1-3 refer to the following broadcast.

W Hello, I'm Katrina Morales, and ❶ I'm here to tell you about an upgrade to our local subway system that should affect a lot of our listeners. Riders have often complained about subways being unreliable and having frequent delays. Accordingly, the Metropolitan Subway Authority has created a mobile application where ❷ you can check on the status of all city subway lines. This application will let you know exactly when the next train is arriving and how long it will take to reach your destination. ❸ No more waiting in the station, not knowing how long your trip will take. I'll be downloading this right away!

1-3번은 다음 방송에 관한 문제입니다.

여 안녕하세요, Katrina Morales입니다. ❶ 많은 청취자 여러분께 영향을 미칠 우리 지역 지하철 시스템 업그레이드에 관해 말씀 드리려고 합니다. 탑승객들은 지하철을 신뢰할 수 없고 지하철이 자주 연착된다고 불평해왔습니다. ❷ 이에 따라 수도 지하철 공사는 시내 모든 지하철 노선의 상황을 확인할 수 있는 모바일 앱을 제작했습니다. 이 앱은 다음 열차가 언제 도착하며 목적지에 도달하는 데 시간이 얼마나 걸리는지 정확히 알려줄 것입니다. ❸ 이동 시간이 얼마나 걸릴지 알지도 못한 채 역에서 기다리는 일은 더 이상 없을 것입니다. 저도 당장 이걸 다운로드 해야겠네요!

VOCA

affect ～에 영향을 미치다 | **unreliable** 신뢰할 수 없는 | **frequent** 잦은 | **accordingly** 그에 따라 | **application** 응용 프로그램, 애플리케이션 | **status** 상황

방송의 주제는 무엇인가?

(A) 공사 프로젝트   (B) 신임 시장   (C) 도시 축제   (D) 대중교통 시스템

정답 공략 하기

❶ 문제 확인 What, main subject, broadcast → 방송의 주제

❷ 단서 찾기 I'm here to tell you about an upgrade to our local subway system that should affect a lot of our listeners. (많은 청취자 여러분께 영향을 미칠 우리 지역 지하철 시스템 업그레이드에 관해 말씀 드리려고 합니다.) → 지하철 시스템 업그레이드에 관한 방송임을 알 수 있음

❸ Paraphrasing subway → public transit

청자들은 이제 무엇을 할 수 있게 되는가?

(A) 할인을 받는다   (B) 온라인으로 예약한다

(C) 파일을 프린트한다   (D) 열차를 확인한다

정답 공략 하기

❶ 문제 확인 What, listeners, now, able to do → 청자들이 이제부터 할 수 있는 것

❷ 단서 찾기 the Metropolitan Subway Authority has created a mobile application where you can check on the status of all city subway lines. (수도 지하철 공사는 시내 모든 지하철 노선의 상황을 확인할 수 있는 모바일 앱을 제작했습니다.) → 지하철 노선 상태 확인이 가능함을 알 수 있음

❸ Paraphrasing subway lines → some trains

화자는 왜 "저도 당장 이걸 다운로드 해야겠네요"라고 말하는가?

(A) 지시사항을 설명하기 위해   (B) 서비스 이용을 추천하기 위해

(C) 한정 판매를 알려주기 위해   (D) 상품들을 비교하기 위해

정답 공략 하기

❶ 문제 확인 "I'll be downloading this right away" → 화자가 당장 이걸 다운로드 하겠다고 말한 의도 파악

❷ 단서 찾기 This application will let you know exactly when the next train is arriving and how long it will take to reach your destination. No more waiting in the station, not knowing how long your trip will take. (이 앱은 다음 열차가 언제 도착하며 목적지에 도달하는 데 시간이 얼마나 걸리는지 정확히 알려줄 것입니다. 이동 시간이 얼마나 걸릴지 알지도 못한 채 역에서 기다리는 일은 더 이상 없을 것입니다.) → I'll be downloading this right away! (저도 당장 이걸 다운로드 해야겠네요!) → 앱을 사용하여 지하철을 더 편리하게 이용할 것을 권장함을 알 수 있음

Warm-up 담화를 듣고 정답을 고른 후, 빈칸을 채우세요. (담화는 3번 들려줍니다.) 해설서 p.133

1. Who is Erika Dennard?

(A) A nutritionist

(B) A food critic

> M: _____ the *Morning Show* on 92.5 FM. This morning, we'll _____ Erika Dennard, a _____.

2. What is the news story mainly about?

(A) A list of cities

(B) A sports competition

> W: In other news, the Live Healthy Network just released a _____ of the most _____ in the world. You can wait until _____ at 6 P.M. today, or you can _____ for a sneak peek.

3. What does the company produce?

(A) Automobiles

(B) Vehicle tires

> M: In business news, _____, one of the world's largest _____, will be _____ for VST Automobiles starting this June.

4. What did Dan Williams announce today?

(A) Some research findings

(B) The renovation of a facility

> M: Good evening everyone. I'm Tom Larkin and welcome to the WKT 10 o'clock news. Dan Williams, the _____ for the Grant City Hospital, _____ the grand plan for the _____ of the _____ in the medical research _____ at a _____ earlier this morning.

5. What is being announced?

(A) Music contests

(B) Food festivals

> W: You're _____ JSBJ 90.1, the number one _____ in Scranton City. Now, here is an updated list of the various _____ in your local area.

Exercise

해설서 p.134

1. What is the main cause for the traffic problem?

(A) Inclement weather
(B) A street parade
(C) Road construction
(D) A city race

2. What does the news reporter advise commuters to do?

(A) Take the subway
(B) Use the bus
(C) Walk to work
(D) Ride a bicycle

3. Who is the broadcast intended for?

(A) Architects
(B) Landscape artists
(C) Graphic designers
(D) Photographers

4. What can listeners do on the Web site?

(A) Read some biographies
(B) Upload some files
(C) Watch a video
(D) Fill out a registration form

5. What will be opening in the community?

(A) A movie theater
(B) A manufacturing plant
(C) A shopping center
(D) A fitness center

6. What will happen during the first week of May?

(A) A new film will be released.
(B) Construction work will start.
(C) Discounts will be provided.
(D) A new product will be launched.

7. What change is being announced?

(A) A performance has been canceled.
(B) A weather forecast has changed.
(C) An organization has closed down.
(D) An entry fee has been waived.

8. According to the speaker, what can listeners check on the Web site?

(A) A revised prediction
(B) A performance schedule
(C) New ticket prices
(D) Alternate dates

Practice

해설서 p.137

1. What is the topic of the radio program?

(A) Holiday destinations
(B) Fashion trends
(C) Saving money
(D) Marketing products

2. What did Joyce Stanton do recently?

(A) Submitted an article
(B) Held a seminar
(C) Published a book
(D) Traveled abroad

3. What will Joyce Stanton probably do next?

(A) Talk about the environment
(B) Discuss an upcoming film
(C) Give some advice
(D) Answer questions from listeners

4. According to the speaker, what is the problem?

(A) There are not enough city workers.
(B) Some roads are closed.
(C) Some light poles have fallen.
(D) There was a power failure.

5. What does the speaker advise listeners to do?

(A) Stay indoors
(B) Walk to work
(C) Drive slowly
(D) Take a different route

6. What will the listeners hear next?

(A) A music program
(B) Weather updates
(C) Sports news
(D) Some advertisements

7. Who is Victor Gallagher?

(A) A nature photographer
(B) A movie director
(C) A radio host
(D) A history professor

8. What does the speaker mean when he says, "That's a feat not many have attempted"?

(A) Mr. Gallagher learned a new language.
(B) Mr. Gallagher launched a new product.
(C) Mr. Gallagher completed a difficult task.
(D) Mr. Gallagher made an amazing discovery.

9. What are the listeners invited to do?

(A) Make a reservation
(B) Visit a Web site
(C) Submit pictures
(D) Ask questions

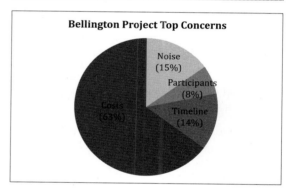

10. What project is the report describing?

(A) The renovation of a building
(B) The extension of a bridge
(C) The construction of a roadway
(D) The redevelopment of a business district

11. How long is the project expected to take?

(A) Six months
(B) One year
(C) Two years
(D) Three years

12. Look at the graphic. Which topic will the mayor talk about?

(A) Noise
(B) Participants
(C) Timeline
(D) Costs

교통방송	commuter 출퇴근자	expressway 고속도로
	motorway 자동차 전용 도로	lane 차선
	route 길	direction 방향
	southbound 남쪽 방면	traffic congestion 교통 혼잡
	traffic backup 교통 정체	traffic jam 교통 정체
	stuck in traffic 도로가 정체된	public transportation 대중교통
	maintenance work 보수 공사	repave (도로를) 재포장하다
	avoid 피하다	take an alternative route 대체 도로를 이용하다
	detour 우회하다	bypass 우회도로; 우회하다
일기예보	clear (날씨가) 맑은	sunny 화창한
	cloudy 흐린)	windy 바람이 많이 부는
	rainy 비가 많이 오는	drizzle (비가) 보슬보슬 내리다
	shower 소나기	heavy fog 짙은 안개
	heavy snow 폭설	blizzard 눈보라
	thunderstorm 뇌우	lightning 번개
	flood 홍수	mild 온화한
	warm 따뜻한	soar (기온이) 급상승하다
	heat wave 폭염	extremely hot 극도로 더운
	humid / damp 습기가 많은	humidity 습도
	cool down 시원해지다	chilly 쌀쌀한
	freezing 너무나 추운 (= cold)	predict 예측하다
	poor weather 악천후	inclement weather 악천후
	inclement 날씨가 궂은	temperature 온도
	degree (온도 단위인) 도	Fahrenheit 화씨의
	stay inside 안에 머물다	go outside 밖으로 나가다
뉴스보도	city council 시 의회	acquire 인수하다
	take over 인수하다	buy / purchase 인수하다; 구매하다
	audit 회계 감사	release 출시하다. 발표하다
	launch 출시하다	unveil 발표하다
	introduce 소개하다. 출시하다	go on the market 시장에 출시하다
	energy consumption 에너지 소비	power outage / power failure 정전
	conserve 절약하다	merger 합병; 합병하다

광고·인물 소개

광고는 주로 할인 판매되는 제품과 할인 행사를 하는 상점을 홍보하는 내용이 출제된다. 인물 소개는 주로 시상식, 퇴임식, 입사, 유명 인사 초청 등의 행사에서 들을 수 있는 내용으로, 매회 1개 이하의 지문이 출제된다.

🔍 담화 유형 확인하기

1. 광고·인물 소개 지문의 전개 구조

▶ **광고:** 광고하려는 제품이나 회사 또는 행사가 언급되는 처음 두 문장을 잘 들어야 한다. 제품이나 회사의 특장점 및 행사 정보를 언급한 후, 주로 추가적인 정보나 할인을 받는 방법 등을 소개하며 마무리한다.

주의 환기	▶	광고하는 대상 소개	▶	세부사항	▶	추가정보·할인정보
·호기심 자극		·광고 제품·서비스·회사 ·행사 광고		·제품 등의 특장점 ·행사 개최 정보		·제품 추가정보 보는 곳 ·할인 받는 방법

▶ **일반적인 인물 소개:** 주로 회사나 단체에 막 합류한 사람이나 수상자, 또는 회사나 단체를 떠나는 사람을 소개하거나 연설자, 전문가, 예술가를 포함해 기관, 단체, 작품, 정책 등이 소개되기도 한다. 소개받는 인물의 신원과 소개하는 이유를 중점적으로 듣도록 한다.

인사말·주의 환기	▶	특정 인물 소개	▶	인물의 상세 소개	▶	다음 일정·계획
·화자 신원 ·행사목적 소개		·인물의 정체		·인물의 경력 및 업적		·바로 다음 있을 일 ·인물의 미래 계획

▶ **방송에서 인물 소개:** 주로 라디오 프로그램에 유명인을 초청해 소개하는 내용이다. 프로그램의 종류와 소개되는 유명인의 신원, 그리고 그 인물의 업적 및 최근 행보가 언급된다.

인사말	▶	주제	▶	세부사항	▶	다음 계획·요청
·화자 신원 ·프로그램 주제		·유명인 소개 ·인물의 정체		·인물의 경력 및 업적		·청취자가 다음에 들을 것 ·인물의 미래 계획 ·청취자 요청사항(질문전화)

2. 광고·인물 소개 정답 시그널 표현

▶ **광고 표현**

Are you looking for ~? ~을 찾으세요?

Do you want to ~? ~을 하고 싶으세요?

We're offering ~. 저희는 ~을 제공합니다.

Hurry up ~. ~을 서두르세요.

Your satisfaction is guaranteed. 여러분의 만족을 보장해 드립니다.

For more information, please ~. 더 많은 정보를 원하시면, ~해 주세요.

Are you tired of ~? ~가 지겨우신가요?

If you're looking for ~, ~을 찾고 계신다면,

Don't miss (out on) ~. ~을 놓치지 마세요.

▶ **인물 소개 표현**

I'd like to introduce you to ~. 여러분께 ~를 소개해드리고 싶습니다.

I present to you ~. ~를 여러분께 소개해드리고 싶습니다.

Please welcome ~. ~를 환영해주시기 바랍니다.

☑ 광고·인물 소개에서 반드시 알아두어야 할 표현

광고

look for ~을 찾고 있다	tired of ~가 지겨운	appliance 가전제품
office supplies 사무용품	state-of-the-art 최신 기술의	voucher 상품권
durable 내구성이 있는	easy-to-use 사용하기 쉬운	eco-friendly 환경친화적인
feature 특징	complimentary 무료의	special promotion 특별 판촉행사
price reduction 가격 인하	regular price 정가	move / relocation 이전

인물 소개

esteemed 존경하는	field 분야	dedicated 헌신하는
winner 수상자	recipient 수상자	outstanding 뛰어난
honor 영광; 명예를 주다	present 수여하다	recognize (공로를) 인정하다
highly acclaimed 호평 받는	renowned 유명한	accomplishment 업적

P4-19 미국

Q1 광고 대상을 묻는 문제

What is being advertised?

(A) A compact vehicle
(B) A computer game
(C) A mobile phone
(D) A cleaning appliance

Q2 세부 사항을 묻는 문제

Where was the product recently featured?

(A) On a Web site
(B) At a trade show
(C) In a magazine
(D) On a television program

Q3 세부 사항을 묻는 문제

What is being offered this month?

(A) A discounted price
(B) An extended warranty
(C) A free gift
(D) An express delivery service

Questions 1-3 refer to the following advertisement.

W ❶ Do you spend too much time on your laundry? Then try the new FX-300 washing machine. The FX-300 safely cleans all of your clothes in half the time of most other machines! ❷ The FX-300 was recently featured as the top product of the year in *Home Technology* Magazine. ❸ And if you order this month, you'll receive a 25-percent discount off the retail price. So call 555-2314 and order your FX-300 today.

1-3번은 다음 광고에 관한 문제입니다.
여 ❶ 세탁하는 데 너무 많은 시간을 보내고 있나요? 그렇다면 새로 나온 FX-300 세탁기를 사용해 보세요. FX-300은 대부분의 다른 세탁기의 절반 정도 시간에 여러분의 모든 옷을 안전하게 세탁해 드립니다! ❷ FX-300은 최근 〈Home Technology 잡지〉에 올해의 1등 제품으로 실렸습니다. ❸ 그리고 이번 달 안에 주문하시면, 소매 가격에서 25퍼센트 할인을 받게 됩니다. 그러니 오늘 555-2314로 전화하셔서 FX-300을 주문하세요.

VOCA ·······

spend time 시간을 보내다, 시간을 할애하다 | **laundry** 세탁, 빨래, 세탁물 | **try** (시험 삼아) 해 보다 | **washing machine** (가정용) 세탁기 | **feature** ~을 특집 기사로 다루다 | **retail price** 소매 가격 | **compact** 소형의 | **appliance** (가정용) 기기

Q1 무엇이 광고되고 있는가?

(A) 소형차   (B) 컴퓨터 게임   (C) 핸드폰   (D) 세탁기

정답
공략
하기

❶ **문제 확인**   What, advertised → 광고되고 있는 제품을 묻는 문제

❷ **단서 찾기**   Do you spend too much time on your laundry? Then try the new FX-300 washing machine. → 세탁하는 데 많은 시간을 보내고 있다면 새로 나온 FX-300 세탁기를 사용해 보라고 권하고 있음

Q2 제품은 최근 어디에 실렸는가?

(A) 웹사이트에   (B) 무역 박람회에   (C) 잡지에   (D) 텔레비전 프로그램에

정답
공략
하기

❶ **문제 확인**   Where, product, recently, featured → 최근에 제품의 광고가 실린 매체를 묻는 문제

❷ **단서 찾기**   The FX-300 was recently featured as the top product of the year in *Home Technology Magazine.* → 최근 〈Home Technology 잡지〉에 올해의 가장 인기 있는 제품으로 소개됨

Q3 이달에 무엇이 제공되는가?

(A) 할인된 가격   (B) 연장된 보증 기간   (C) 무료 증정품   (D) 빠른 배송 서비스

정답
공략
하기

❶ **문제 확인**   What, offered, this month → 이번 달에 무엇이 제공되는지 묻는 문제

❷ **단서 찾기**   And if you order this month, you'll receive a 25 percent discount off the retail price. → 이번 달 안에 주문하면 25퍼센트 할인을 받을 수 있음

Warm-up   담화를 듣고 정답을 고른 후, 빈칸을 채우세요. (담화는 3번 들려줍니다.)   해설서 p.140

1. What is being advertised?

(A) A medical center   (B) A fitness center

> M: We are happy to announce that Star _____ is now open for
> business. Here at Star _____, we pride ourselves in knowing that
> all your _____ will be met by a team of knowledgeable
> and caring _____. Sign up today!

2. Where do the listeners most likely work?

(A) At a library   (B) At a museum

> W: I have a quick _____. Before we open, I would like to
> _____ to you our new _____, Gareth Thomas.

3. What type of event is being held?

(A) An award ceremony   (B) An annual meeting

> M: Welcome to the _____ for The Artist Club. Everyone put your hands
> together for our _____ for the night. She is a _____!
> Let's hear it for Sarah Ferguson!

4. What is being advertised?

(A) A travel agency   (B) An airline

> W: Do you need a long _____ or simply want to _____?
> Whatever your _____ may be, Rampart _____ is here
> for you. Give us a call, and we'll meet all your needs, from _____
> to _____!

5. Who is Eve Fuentes?

(A) A librarian   (B) An author

> M: Thank you all for attending tonight's _____.
> And now I'd like to introduce you to our _____, _____ Eve
> Fuentes.

Exercise

해설서 p.141

1. What is being advertised?

(A) A beverage
(B) A store opening
(C) A menu
(D) A weekly sale

2. Why should customers complete the questionnaire?

(A) To qualify for a credit card
(B) To earn some cash
(C) To get a discount
(D) To receive a clothing item

3. What is the purpose of the speech?

(A) To explain a policy
(B) To announce a new meeting location
(C) To promote a company
(D) To introduce a new employee

4. Who is Kelly Montgomery?

(A) A founder
(B) A caterer
(C) A travel agent
(D) A marketing director

5. According to the speaker, what is located near Skyview Apartments?

(A) A museum
(B) A beach
(C) A subway station
(D) A movie theater

6. What should the listeners do to get a discount?

(A) Refer to the radio advertisement
(B) Sign a one-year contract
(C) Participate in a survey
(D) Recommend a business

7. What is the purpose of the talk?

(A) To analyze marketing strategies
(B) To present an achievement award
(C) To introduce a new hire
(D) To provide feedback on research findings

8. What is Mr. Blunt's specialty?

(A) Recruitment consultancy
(B) Online marketing
(C) Banking policy
(D) Educational theory

Practice

해설서 p.144

1. What is the purpose of the event?

    (A) To honor a retiring worker
    (B) To raise money for charity
    (C) To celebrate the publication of a book
    (D) To recognize a company's achievements

2. What is Ms. Takahiro well-known for?

    (A) Her management skills
    (B) Her leadership skills
    (C) Her creativity
    (D) Her research

3. What will Ms. Takahiro mainly talk about?

    (A) New types of computer technology
    (B) The future of Web design
    (C) How to attract clients
    (D) How to motivate staff

4. What is being advertised?

    (A) A job position
    (B) A food festival
    (C) A restaurant
    (D) A newly opened store

5. What does the business offer the listeners?

    (A) A complimentary meal
    (B) A coupon
    (C) A free bag
    (D) A T-shirt

6. What will probably happen this weekend?

    (A) A sale will be held.
    (B) A parade will take place in Dolton.
    (C) A business will extend its operating
       hours.
    (D) A cooking demonstration will be given.

7. What is correct about the IX mobile phone according to the advertisement?

    (A) It is waterproof.
    (B) It has a long battery life.
    (C) The camera takes high-quality photos.
    (D) The screen is larger than other models.

8. How can customers order an IX mobile phone?

    (A) By mailing an order form
    (B) By calling a customer representative
    (C) By visiting a Web site
    (D) By going to a local store

9. Why does the speaker say, "What are you waiting for"?

    (A) He encourages listeners to take
       advantage of a promotion.
    (B) He urges listeners to participate in an
       upcoming sale.
    (C) He advises listeners to attend a
       product demonstration.
    (D) He suggests that listeners fill out a
       customer survey.

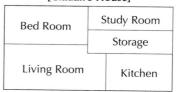

[Cladaire House]

Bed Room	Study Room
	Storage
Living Room	Kitchen

10. Who was Lauren Cladaire?

    (A) A photographer
    (B) An artist
    (C) A chef
    (D) An author

11. What is mentioned about the Cladaire House?

    (A) It is the birthplace of Ms. Cladaire.
    (B) It holds performances regularly.
    (C) It has been turned into a restaurant.
    (D) It sells large stamp collections.

12. Look at the graphic. Which section of the house will the listeners first see?

    (A) Kitchen
    (B) Living Room
    (C) Bedroom
    (D) Study Room

광고	
leading 선두적인	extensive 광범위한, 대규모의
guarantee 보장하다	the best place 최고의 장소
be located 위치하다	specialize 전문화하다
facility 시설	accommodate 수용하다
coupon 쿠폰	gift certificate 상품권
at no charge 무료로	long 간절히 바라다
long-awaited 오래 기다려온	~% off ~%할인하여
discounted price 할인된 가격	fantastic deals 특가 상품
special offer 특가 할인	markdown 가격 인하
promotional 홍보의	for a limited time only 한시적으로만
buy one, get one free 하나사면 하나 무료	clearance sale 재고 정리 세일
take advantage of ~을 이용하다, 활용하다	on a first-come, first-served basis 선착순으로

인물 소개	
welcome 환영하다	welcome party 환영회
reception 환영행사	goodbye 작별 인사
farewell party 송별회	transfer 전근 가다
relocate / move 이전하다	resign 사직하다
retire 은퇴하다	winner 수상자
award 상	best 최고의
recipient 수상자	contribute 기여하다
outstanding 뛰어난	forefront 선두주자
recognize (공로를) 인정하다	amazing 놀라운
remarkable 놀라운	world-famous 세계적으로 유명한
well-known 유명한	be pleased to ~하게 되어 기쁘다
around the world 전 세계에	dedicated to ~에 헌신하는
keynote speaker 기조 연설자	charity event 자선 행사
fundraiser 모금 행사, 모금 주최자	on behalf of ~을 대신(대표)하여
brief 짧은, 간단한	complete / fill out 작성하다
demonstrate / show 시연하다	begin one's career as ~로서 경력을 쌓기 시작하다
has been working as ~로서 일해 왔다	has been with us for ~동안 우리와 함께 해왔다

71. What kind of business is being advertised?

(A) A candy store
(B) A restaurant
(C) A supermarket
(D) A local farm

72. What is special about Organic Ranch?

(A) It only uses the freshest products.
(B) It hires experienced workers.
(C) It has received awards.
(D) It is open 24 hours daily.

73. What is being offered to new customers?

(A) A store credit card
(B) A free drink
(C) A coupon book
(D) A complimentary dessert

74. Who is visiting the office tomorrow?

(A) A potential customer
(B) A director
(C) A building inspector
(D) A reporter

75. What did the speaker send to the listener?

(A) Recommendations for making changes
(B) Notes from a meeting
(C) A magazine story
(D) A travel agent's contact information

76. Why does the speaker say, "I'll be in the office until 5 o'clock today"?

(A) To emphasize that a project is due today
(B) To urge the listener to register for a workshop
(C) To let the listener know he is able to help
(D) To request that a meeting be rescheduled

77. What is the purpose of the man's visit?

(A) To have an appliance repaired
(B) To look for a new hairdryer
(C) To demonstrate a product
(D) To pick up an order

78. What does the man emphasize about the Z-10?

(A) Its small battery
(B) Its cordless capability
(C) Its temperature control
(D) Its speed

79. What are the listeners asked to write down?

(A) A coupon code
(B) An e-mail address
(C) A model name
(D) A phone number

80. Who is Jimmy Butler?

(A) A professional driver
(B) A car engineer
(C) A travel agent
(D) A computer specialist

81. What happened in the Netherlands?

(A) An award was given.
(B) A contract was acquired.
(C) A sale was made.
(D) A vehicle was tried out.

82. What are listeners encouraged to do?

(A) Write a comment online
(B) Ask questions
(C) Give advice to Mr. Butler
(D) Pick up some refreshments

83. What kind of products does the store sell?

(A) Computer accessories
(B) Art supplies
(C) Home appliances
(D) Sporting goods

84. Why have some store displays been rearranged?

(A) To make certain items more visible
(B) To create more inventory space
(C) To advertise new merchandise
(D) To prepare for remodeling

85. What does the speaker imply when he says, "it's the busy season"?

(A) The store will hold a seasonal sale.
(B) Some temporary workers must be hired.
(C) There is a delay in shipment.
(D) Business hours might be extended.

86. What is the speaker mainly discussing?

(A) Free transportation
(B) Complimentary refreshments
(C) Pay raises
(D) Longer break times

87. What does the speaker suggest about the facility?

(A) IDs are required for access.
(B) It will be renovated soon.
(C) It is costly to maintain.
(D) There is a lot of traffic nearby.

88. What are the listeners encouraged to do?

(A) Conserve electricity
(B) Come by an office
(C) Fill out a form
(D) Visit a Web site

89. Where is this talk taking place?

(A) At a retirement dinner
(B) At an awards ceremony
(C) At a conference
(D) At a festival

90. Who is Maria Carboni?

(A) An Italian actress
(B) A famous painter
(C) A well-known designer
(D) A project manager

91. What does the speaker mean when he says, "You may want to get out a pen"?

(A) He encourages listeners to sign up for a class.
(B) He is informing listeners not to use a pencil.
(C) He wants listeners to write their names.
(D) He suggests listeners take notes.

92. What is the speaker mainly discussing?

(A) Designing a brochure
(B) Increasing a fee
(C) Revising a schedule
(D) Planning a fair

93. What does the speaker say is the biggest advantage of an arrangement?

(A) Finding new clients
(B) Locating a better office
(C) Reducing additional costs
(D) Hiring more qualified staff

94. What does the speaker request assistance with?

(A) Arranging transportation
(B) Reviewing products
(C) Contacting vendors
(D) Providing consultations

City Run	
Orange	7 kilometers
Purple	10 kilometers
Pink	15 kilometers
Black	20 kilometers

95. What is Beth's Outdoor Accessories providing?

(A) Snacks
(B) Awards
(C) Clothing items
(D) Gift certificates

96. Look at the graphic. Which route is closed?

(A) The orange route
(B) The purple route
(C) The pink route
(D) The black route

97. What are the participants reminded to do?

(A) Offer feedback about their experience
(B) Sign up for a newsletter
(C) Follow the instructions of the volunteers
(D) Donate money to a local charity

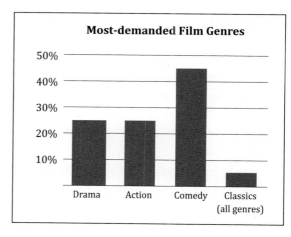

98. What event did the speaker attend recently?

(A) A film history lecture
(B) A managers' conference
(C) A product launch
(D) A marketing seminar

99. What subject does the speaker report on?

(A) Hiring decisions
(B) Financial results
(C) Business rivals
(D) Advertising strategies

100. Look at the graphic. What type of film will be shown more?

(A) Drama
(B) Action
(C) Comedy
(D) Classics

NO TEST MATERIAL ON THIS PAGE

A

10년 a decade ǀ ten years
작년 a year ago ǀ last year
1시간 an hour ǀ 60 minutes
해외에 abroad ǀ overseas
불참하다 absent ǀ can't attend
작동시키다, 켜다 activate ǀ turn on
더 additional ǀ another ǀ more ǀ extra ǀ further
연설하다 address ǀ make a speech
광고하다, 홍보하다 advertise ǀ place an ad ǀ promote
조언, 힌트, 제안 advice ǀ hint ǀ suggestion
(가격이) 알맞은 affordable ǀ reasonable
걱정하는, 걱정하다 afraid ǀ concerned ǀ worry
오후에 after lunch ǀ this afternoon
통로 aisle ǀ hallway
수정하다 amend ǀ correct ǀ change

발표, 결정 announcement ǀ decision
매년 annual ǀ once a year ǀ every year ǀ yearly
감사하다 appreciate ǀ thank
허가 approval ǀ authorization ǀ permission
묻다 ask ǀ inquire
평가하다 assess ǀ evaluate
도움, 지원 assistance ǀ help ǀ support ǀ hand
첨부된 attached ǀ included
참여하다 attend ǀ make it ǀ participate in ǀ go ǀ come
변호사 attorney ǀ lawyer
자동차 박람회 auto show ǀ car fair
자동 조립 라인, 제조 공장 automated assembly line ǀ manufacturing plant
(사물이) 구할 수 있는 available ǀ in stock
(사람이) 시간이 있는 available ǀ free

B

때문에 because (of) ǀ due to ~
~전, 미리 before ǀ early ǀ prior to ǀ in advance ǀ ahead of
~하기로 되어 있다 be supposed to ǀ be scheduled to
책, (책, 신문 등의) 한 부 book ǀ copy
예약하다 book ǀ reserve ǀ make a reservation
매진된, 예약이 끝난 booked up ǀ full

(해결책 등) 아이디어를 생각해 내다 brainstorm ǀ think of ǀ think up ǀ bring up ǀ come up with
잉여 예산, 남은 돈 budget surplus ǀ money left over
구매하다 buy ǀ purchase ǀ make a purchase
우회하다 bypass ǀ take a different road ǀ take an alternative route ǀ detour

C

택시 cab ǀ taxi
전화하다, 연락하다 call ǀ phone ǀ make a phone call ǀ contact
다시 전화하다 call back ǀ give a call back ǀ return a call ǀ get back
취소하다 cancel ǀ call off
취업 박람회 career fair ǀ job fair ǀ job festival
기회 chance ǀ opportunity
일정을 다시 잡다 change ǀ reschedule
자선 행사 charity event ǀ fundraiser
싼 cheaper ǀ less expensive
함께 일하다 collaborate ǀ work together
되돌아오다 come back ǀ return
광고 commercial ǀ advertisement
회사 연회, 행사 company banquet ǀ company event ǀ corporate function

하다 conduct ǀ do
회의 conference ǀ meeting
인터넷에 접속하다 connect to the Internet ǀ access the Internet
아끼다, 절약하다 conserve ǀ reduce ǀ lower ǀ save
상담하다 consult ǀ talk to ǀ speak to ǀ ask
연락하다 contact ǀ get in touch with
연락처 contact number ǀ contact information
계약서 contract ǀ agreement
견적서 (cost) estimate ǀ price estimate ǀ price quote
쿠폰 coupon ǀ voucher ǀ gift certificate
사촌, 친척 cousin ǀ relative
동료 coworker ǀ colleague ǀ peer ǀ associate
비평가 critic ǀ reviewer
손님 customer ǀ patron

D			
	일간지, 신문 daily ı newspaper		출발하다, 떠나다 depart ı leave
	유제품 dairy item ı dairy product		설명서 directions ı instructions ı manual
	결정하다, 결심하다 decide ı make a decision ı make up one's mind		할인 가격, 특가 discounted price ı special offer ı reduced price ı percent(%) off ı fantastic deals ı sale ı markdown
	결함이 있는, 하자가 생긴 defective ı damaged		
	지연되다 delay ı postpone ı put off ı be late behind		나누어 주다 distribute ı give ı hand out
			서류 document ı form ı papers ı paperwork
	삭제하다, 없애다 delete ı get rid of		기부하다, 돈을 주다 donate ı give money
	시연하다 demonstrate ı show ı teach ı explain ı speak ı talk ı present		운전하다, 차로 drive ı by car

E			
	전기, 에너지 electricity ı energy		행사 event ı function
	이메일 주소, 정보 e-mail address ı information		넘다, 능가하다 exceed ı beat
	직원 employee ı staff ı member ı worker		운동하다 exercise ı workout
	입장료 entrance fee ı admission price		제공하다 extend ı offer ı give ı provide
	에러, 작은 결함 error ı glitch		운영시간을 연장하다 extend working hours ı stay open longer ı stay open late ı close late
	필수적인, 중요한 essential ı important		
	보내다 forward ı send ı transmit		

F			
	공장 factory ı plant		다음 날 following day ı next day
	유명한 famous ı well-known ı renowned		금지된 forbidden ı prohibited ı not allowed ı not permitted
	작별 인사 farewell ı goodbye		
	빠른 faster ı expedited		예전 고용주, 감독관 former employer ı previous supervisor
	의견 feedback ı comment ı review		
	기입하다 fill out ı write down ı complete		오늘, 하루 for today ı one day
	찾다 find ı locate ı look up ı look for		4주 남은, 1달 후에 four weeks away ı in a month
	완성된, 완료된 finished ı finalized ı completed ı done		무료의 free ı complimentary ı no charge
			스케줄을 비우다, 시간을 내다, 휴가를 얻다 free schedule ı take time off ı take a vacation
	해고하다 fire ı lay off		
	고치다 fix ı repair		평면도, 배치 floor plan ı layout

G			
	얻다 get ı obtain		가다, 들르다 go ı visit ı drop by ı stop by ı come by ı swing by
	목표 goal ı target ı aim		

H			
	도움 hand ı help		병원 hospital ı clinic ı doctor's office ı medical center ı medical office ı medical facility
	청구서가 지불되지 않았다, 지불되지 않은 청구서 haven't paid the bills ı unpaid bills		
			접대하다 host ı entertain
	고용하다, 모집하다 hire ı employ ı recruit		운영 시간 hours ı hours of operation

I			
	향상시키다, (더 알맞도록) 수정하다 improve ı modify		청구서 invoice ı bill
	책임지는 in charge of ı responsible		실내에 inside ı indoors
	부정확한, 잘못된 incorrect ı inaccurate ı wrong		2주 후에, 다다음주에 in two weeks ı two weeks from now ı the week after next
	증가하다, 오르다 increase ı go up		

J	일자리, 직장 job ǀ position ǀ employment	출판물 journal ǀ publication
	가입하다 join ǀ become a member	주스, 음료 juice ǀ drink ǀ beverage
	우리와 점식 식사를 같이 하다, 누구를 점심 식사에 초대하다	
	join us for lunch ǀ invite someone to lunch	

| **K** | 보관하다 keep ǀ store | 알다 know ǀ be aware of |

L	부족 lack ǀ shortage	출장 중이다 left for a business trip ǀ
	최근에 lately ǀ recently	be on a business trip
	오늘 오후에 later this afternoon ǀ this afternoon ǀ	좋아하다 like ǀ prefer
	later today	둘러보다 look around ǀ explore
	최신 뉴스 latest news ǀ news updates	분실된 lost ǀ missing
		시끄러운 loud ǀ noisy

M	기계, 장비 machinery ǀ equipment	잃어버리다, (제자리에 두지 않아) 찾지 못하다, 분실하다
	인수하다 merge ǀ acquire ǀ take over ǀ buy ǀ	misplace ǀ can't find ǀ lose
	purchase ǀ consolidate	실수, 사고 mistake ǀ error ǀ accident
	메시지 반복 message again ǀ message repeated	돈 money ǀ fund
		영화 movie ǀ film

N	최신의 new ǀ brand new ǀ recent	고장 난, 제대로 작동하지 않는 not working ǀ stop
	다음 next ǀ upcoming ǀ future	working ǀ (broke) down ǀ broken ǀ out of order ǀ
	보통 normally ǀ usually	malfunctioning
	충분하지 않은 예산 not enough resources ǀ	게시판 notice board ǀ bulletin board ǀ board
	a limited budget	알려주다, 말하다 notify ǀ inform ǀ tell
		숫자, 수치 numbers ǀ figures

O	사무실, 일터 office ǀ workplace	오리엔테이션 프로그램, 교육 orientation program ǀ
	출장 중인, (출장, 휴가 등으로) 도시를 떠나서, 부재 중인	training
	on a business trip ǀ out of town ǀ away	준비하다 organize ǀ arrange ǀ prepare ǀ plan ǀ
	한 번 one time ǀ once	set up
	온라인, 인터넷, 웹사이트 상으로 online ǀ internet ǀ	야유회 outing ǀ trip ǀ picnic
	Web site	재고가 없는 out of stock ǀ not in stock ǀ sold out ǀ
	시중에 나와 있는 on the market ǀ available	unavailable
		관리하다, 감독하다 oversee ǀ manage ǀ supervise

P	소포 package ǀ parcel	인기가 많은 popular ǀ in high demand
	주문의 일부 part of the order ǀ one of the items	가능성이 있는, 유망한 potential ǀ prospective
	특정한 particular ǀ certain ǀ specific	정전 power outage ǀ power failure
	파티, 축하 행사 party ǀ celebration	가격 price ǀ cost
	처벌, 벌금 penalty ǀ fine	이전의 prior ǀ past
	사진 picture ǀ photo(graph)	생산성, 효율성 productivity ǀ efficiency
	비행기 plane ǀ flight ǀ airplane ǀ aircraft	수지가 맞는, 증가하는 profitable ǀ growing
	악천후 poor weather ǀ bad weather ǀ	(전화를) 연결해주다 put through ǀ transfer ǀ switch
	severe weather ǀ inclement weather	

R	요금 rate ǀ price	이전, 전근가다 relocate ǀ move ǀ transfer
	부동산 중개인 realtor ǀ real estate agent	상기시키다, 확인해주다 remind ǀ confirm
	영수증 receipt ǀ proof of purchase	리모델링, 개조, 보수공사 remodeling ǀ renovation ǀ
	받다 receive ǀ accept	repair work
	환영회 reception ǀ welcoming party	직원 representative ǀ associate ǀ agent ǀ
	추천, 장려, 조언하다 recommend ǀ encourage ǀ advise	operator ǀ staff
	추천서 recommendation ǀ reference	요청하다 request ǀ ask for
	언급하다 refer ǀ mention	필수의, 필요하다 required ǀ must have ǀ need
	다과 refreshments ǀ food and beverages ǀ	식당 restaurant ǀ bistro ǀ diner ǀ place to eat
	snacks and drinks ǀ coffee and dessert	은퇴, 작별 retirement ǀ goodbye ǀ farewell
	환불; 환불하다 refund ǀ money back	검토, 확인, 점검하다 review ǀ go over ǀ take a look
	~에 관하여 regarding ǀ about ǀ concerning	at ǀ look over ǀ check ǀ inspect ǀ analyze
	정기적으로 regularly ǀ on a regular basis	수정하다 revise ǀ make a correction
	출시하다, 소개하다, 유통되다 release ǀ introduce ǀ	규칙, 정책 rule ǀ regulation ǀ restriction ǀ policy
	launch ǀ unveil ǀ go on the market	~에 잘 견디는, ~을 막는 -resistant ǀ -proof

S	저장하다 save ǀ back up	공간 space ǀ room
	보다 see ǀ view	명시하다 specify ǀ indicate
	선적, 배달 shipment ǀ delivery	후원, 보조금 sponsorship ǀ grant
	발송하다 ship out ǀ send out ǀ mail out	자리에 앉아 있다 stay seated ǀ remain in the seat
	보여주다 show ǀ present	중단하다 stop ǀ cancel ǀ discontinue
	~에게 ~을 둘러보도록 안내하다 show around ǀ give a tour	교통 체증에 걸린, 많은 교통량 stuck in traffic ǀ
	등록하다 sign up ǀ enroll ǀ register	hit traffic ǀ a lot of traffic
	유사한 제품, 대체 품목 similar product ǀ alternative item	충분한 sufficient ǀ adequate ǀ enough
	고층 건물 skyscraper ǀ high-rise building	옷가방, 짐 suitcase ǀ luggage
	다른 장소 somewhere else ǀ a different place	식료품점 supermarket ǀ grocery store

T	맞춤의, 개개인의 요구에 맞춘 tailored ǀ customized	작은 tiny ǀ small
	열리다 take place ǀ be held	치과 예약 to see my dentist ǀ dental appointment
	교통 수단 taxi ǀ transportation	붐비는 too many people ǀ crowded
	기술자, 수리공 technician ǀ repairperson ǀ repairman	관광 명소 tourist attractions ǀ tourist locations
	일시적인 tentative ǀ temporary	교통 정체 traffic jam ǀ traffic congestion ǀ
	감사하다 thank ǀ appreciate	traffic backup ǀ heavy traffic
	오늘 (아침) this morning ǀ (earlier) today	테스트해 보다 try out ǀ test
	시간표 timetable ǀ schedule	제출하다 turn in ǀ hand in ǀ submit ǀ send ǀ return

U	일손이 부족한 understaffed ǀ short-staffed ǀ	때 아니게, 평소와는 다른 unseasonably ǀ unusual
	short-handed	갱신, 수정하다 update ǀ revise ǀ edit ǀ change

V	휴가 vacation ǀ time off	장소 venue ǀ place ǀ location
	차량 vehicle ǀ automobile ǀ car	우편으로 via post ǀ by mail

W	(규칙을) 무시하다, 무효화하다 waive ǀ disregard ǀ cancel	초과 근무하다 work overtime ǀ work longer ǀ
	창고 warehouse ǀ storeroom	work extra hours ǀ work more
	주의를 주다 warn ǀ caution	워크숍, 행사 workshop ǀ event
	주말 weekend ǀ Saturday and Sunday	

MINI TEST

MINI TEST 01

🎧음원 바로 듣기

PART 1

Directions: For each question in this part, you will hear four statements about a picture in your test book. When you hear the statements, you must select the one statement that best describes what you see in the picture. Then find the number of the question on your answer sheet and mark your answer. The statements will not be printed in your test book and will be spoken only one time.

1.

(A)   (B)   (C)   (D)

2.

(A)   (B)   (C)   (D)

3.

(A)   (B)   (C)   (D)

GO ON TO THE NEXT PAGE ⟶

PART 2

Directions: You will hear a question or statement and three responses spoken in English. They will not be printed in your test book and will be spoken only one time. Select the best response to the question or statement and mark the letter (A), (B), or (C) on your answer sheet.

4. Mark your answer on your answer sheet.   (A) (B) (C)

5. Mark your answer on your answer sheet.   (A) (B) (C)

6. Mark your answer on your answer sheet.   (A) (B) (C)

7. Mark your answer on your answer sheet.   (A) (B) (C)

8. Mark your answer on your answer sheet.   (A) (B) (C)

9. Mark your answer on your answer sheet.   (A) (B) (C)

10. Mark your answer on your answer sheet.   (A) (B) (C)

11. Mark your answer on your answer sheet.   (A) (B) (C)

12. Mark your answer on your answer sheet.   (A) (B) (C)

PART 3

Directions: You will hear some conversations between two or more people. You will be asked to answer three questions about what the speakers say in each conversation. Select the best response to each question and mark the letter (A), (B), (C), or (D) on your answer sheet. The conversations will not be printed in your test book and will be spoken only one time.

13. Where are the speakers?
    (A) At a convention hall
    (B) At a library
    (C) At a hotel
    (D) At a department store

14. What does the man thank the woman for?
    (A) Approving a membership application
    (B) Providing some directions
    (C) Printing out a document
    (D) Offering a recommendation

15. What will take place later in the day?
    (A) A seminar
    (B) A contest
    (C) A performance
    (D) A tour

16. What are the speakers mainly discussing?
    (A) A conference
    (B) Lunch plans
    (C) Theater performances
    (D) A budget

17. Why is the man unable to attend?
    (A) He has to get ready for a presentation.
    (B) He will go on a vacation.
    (C) He will be interviewing candidates.
    (D) He must visit another branch.

18. What does the man suggest?
    (A) Canceling a meeting
    (B) Reviewing a document
    (C) Booking a table
    (D) Paying in advance

TREECO ELECTRONICS COUPON
$10 OFF ANY REPAIR
(Expires - 12/30)

---

19. What will happen this weekend?
    (A) The store will have a sale.
    (B) The man will leave for a trip.
    (C) A construction project will begin.
    (D) A conference will be held.

20. What does the woman suggest?
    (A) Selecting an express option
    (B) Extending a warranty
    (C) Replacing a part
    (D) Bringing in an item

21. Look at the graphic. How much will the man pay for his repair service?
    (A) $20
    (B) $30
    (C) $40
    (D) $50

GO ON TO THE NEXT PAGE

PART 4

Directions: You will hear some talks given by a single speaker. You will be asked to answer three questions about what the speaker says in each talk. Select the best response to each question and mark the letter (A), (B), (C), or (D) on your answer sheet. The talks will not be printed in your test book and will be spoken only one time.

22. What kind of business is Bistecca?
(A) A travel agency
(B) A furniture store
(C) An opera company
(D) A fusion restaurant

23. Who is Franco Giacobelli?
(A) A cook
(B) A tour guide
(C) A business expert
(D) A singer

24. What can the listeners get for a limited period?
(A) Free parking
(B) Special seats
(C) A free item
(D) A tour package

25. Where is this talk most likely taking place?
(A) At a department meeting
(B) At a marketing seminar
(C) At a birthday party
(D) At a corporate ceremony

26. What department does Ms. Sanchez work in?
(A) Planning and Strategy
(B) Sales
(C) Marketing
(D) Corporate Events

27. Why is Ms. Sanchez being recognized?
(A) She worked well with her coworkers.
(B) She is a new recruit.
(C) She was promoted.
(D) She changed a method.

28. Where does the speaker work?
(A) At a hotel
(B) At a convention center
(C) At a supermarket
(D) At a culinary school

29. What problem does the speaker mention?
(A) A deadline has passed.
(B) A business is not ready to open.
(C) A room has already been reserved.
(D) A space is too small.

30. What does the speaker mean when he says, "Please confirm if this option would be okay with you"?
(A) He is inquiring about meal preferences.
(B) He is verifying whether a move is acceptable.
(C) He is waiting for the approval of a guest list.
(D) He is asking about transportation choices.

NO TEST MATERIAL ON THIS PAGE

MINI TEST 02

PART 1

Directions: For each question in this part, you will hear four statements about a picture in your test book. When you hear the statements, you must select the one statement that best describes what you see in the picture. Then find the number of the question on your answer sheet and mark your answer. The statements will not be printed in your test book and will be spoken only one time.

1.

(A)　(B)　(C)　(D)

2.

(A) (B) (C) (D)

3.

(A) (B) (C) (D)

GO ON TO THE NEXT PAGE ➡

PART 2

Directions: You will hear a question or statement and three responses spoken in English. They will not be printed in your test book and will be spoken only one time. Select the best response to the question or statement and mark the letter (A), (B), or (C) on your answer sheet.

4. Mark your answer on your answer sheet.   (A)   (B)   (C)

5. Mark your answer on your answer sheet.   (A)   (B)   (C)

6. Mark your answer on your answer sheet.   (A)   (B)   (C)

7. Mark your answer on your answer sheet.   (A)   (B)   (C)

8. Mark your answer on your answer sheet.   (A)   (B)   (C)

9. Mark your answer on your answer sheet.   (A)   (B)   (C)

10. Mark your answer on your answer sheet.   (A)   (B)   (C)

11. Mark your answer on your answer sheet.   (A)   (B)   (C)

12. Mark your answer on your answer sheet.   (A)   (B)   (C)

PART 3

Directions: You will hear some conversations between two or more people. You will be asked to answer three questions about what the speakers say in each conversation. Select the best response to each question and mark the letter (A), (B), (C), or (D) on your answer sheet. The conversations will not be printed in your test book and will be spoken only one time.

13. Where most likely are the speakers?
(A) In a car
(B) In an office
(C) At a bus stop
(D) On a train

14. What does the man suggest doing?
(A) Purchasing a map
(B) Rescheduling a meeting
(C) Calling a client
(D) Asking for directions

15. What are the speakers concerned about?
(A) Completing a project on time
(B) Being late for an appointment
(C) Taking the wrong bus
(D) Losing a client's order

16. What problem does the woman report?
(A) An incorrect item has been delivered.
(B) A document is missing.
(C) An office has closed early.
(D) A printer is not working correctly.

17. What does the man request?
(A) The name of a manufacturer
(B) A Web site address
(C) An order number
(D) The date of a payment

18. What will the man probably do next?
(A) Issue a refund
(B) Contact a delivery company
(C) Mail a replacement part
(D) Transfer a call

19. Where is the conversation taking place?
(A) At an electronics store
(B) At a car rental agency
(C) At a shipping company
(D) At a gift shop

20. Why does the woman say, "I don't mind"?
(A) She will wait for a product.
(B) She will pay a replacement fee.
(C) She will go to another location.
(D) She will provide personal information.

21. What do the men imply about the business?
(A) It may not reserve certain items.
(B) It offers overnight delivery.
(C) It has a new manager.
(D) It will be holding a special event.

GO ON TO THE NEXT PAGE

PART 4

Directions: You will hear some talks given by a single speaker. You will be asked to answer three questions about what the speaker says in each talk. Select the best response to each question and mark the letter (A), (B), (C), or (D) on your answer sheet. The talks will not be printed in your test book and will be spoken only one time.

22. What happened last week?
(A) Manufacturing productivity was increased.
(B) New equipment was installed.
(C) A meeting was announced.
(D) A new line of cars was assembled.

23. Who most likely are the listeners?
(A) Safety experts
(B) Factory workers
(C) Product designers
(D) Machinery installers

24. What will Richard Wright do today?
(A) Assemble some merchandise
(B) Ship an item
(C) Talk about safety
(D) View a plant

25. Why is the speaker calling?
(A) To inform the listener of a problem with an order
(B) To apologize for a late payment
(C) To order office supplies
(D) To return an unapproved product

26. What does the speaker suggest?
(A) Canceling a purchase
(B) Using express shipping
(C) Ordering a similar item
(D) Requesting a refund

27. What is the listener asked to do?
(A) Replace a printer
(B) Return a call
(C) Proceed with a delivery
(D) Approve an invoice

Mon.	Tues.	Wed.	Thurs.	Fri.

28. Who most likely is the speaker?
(A) An author
(B) A publishing agent
(C) An event coordinator
(D) A journalist

29. Look at the graphic. What day will the sale take place?
(A) Tuesday
(B) Wednesday
(C) Thursday
(D) Friday

30. What is the listener asked to do?
(A) Contact some businesses
(B) Create a floor plan
(C) Reschedule an event
(D) Order some supplies

NO TEST MATERIAL ON THIS PAGE

MINI TEST 03 🎧 MINI TEST 03   해설서 p.170

PART 1

Directions: For each question in this part, you will hear four statements about a picture in your test book. When you hear the statements, you must select the one statement that best describes what you see in the picture. Then find the number of the question on your answer sheet and mark your answer. The statements will not be printed in your test book and will be spoken only one time.

1.

(A)　　(B)　　(C)　　(D)

2.

(A)   (B)   (C)   (D)

3.

(A)   (B)   (C)   (D)

GO ON TO THE NEXT PAGE ➤

PART 2

Directions: You will hear a question or statement and three responses spoken in English. They will not be printed in your test book and will be spoken only one time. Select the best response to the question or statement and mark the letter (A), (B), or (C) on your answer sheet.

4. Mark your answer on your answer sheet.　　(A)　(B)　(C)

5. Mark your answer on your answer sheet.　　(A)　(B)　(C)

6. Mark your answer on your answer sheet.　　(A)　(B)　(C)

7. Mark your answer on your answer sheet.　　(A)　(B)　(C)

8. Mark your answer on your answer sheet.　　(A)　(B)　(C)

9. Mark your answer on your answer sheet.　　(A)　(B)　(C)

10. Mark your answer on your answer sheet.　　(A)　(B)　(C)

11. Mark your answer on your answer sheet.　　(A)　(B)　(C)

12. Mark your answer on your answer sheet.　　(A)　(B)　(C)

PART 3

Directions: You will hear some conversations between two or more people. You will be asked to answer three questions about what the speakers say in each conversation. Select the best response to each question and mark the letter (A), (B), (C), or (D) on your answer sheet. The conversations will not be printed in your test book and will be spoken only one time.

13. Why is the man calling the woman?
(A) To complain about a shipment
(B) To purchase a new house
(C) To place an order
(D) To alter a delivery address

14. What does the woman inform the man about?
(A) A property tax
(B) A neighborhood meeting
(C) An additional fee
(D) A special offer

15. What will the woman probably do next?
(A) Talk with a supervisor
(B) Investigate a payment
(C) Update an electronic record
(D) Take another phone call

16. What are the speakers discussing?
(A) A technology product
(B) A news broadcast
(C) A business convention
(D) A new company

17. What does the man expect to happen?
(A) A firm will grow in size.
(B) More people will attend an event.
(C) Product sales will increase.
(D) A weather report will be given.

18. What does the woman say she will do?
(A) Publicize an item
(B) Write a press release
(C) Attend a meeting
(D) Make a phone call

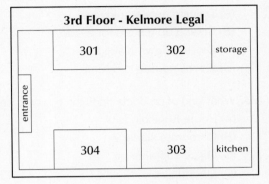

19. What is mentioned about the building?
(A) It has confusing signs.
(B) It was recently redesigned.
(C) It is near a highway.
(D) It will be closed temporarily.

20. Look at the graphic. Which room is Rubert Linch located in?
(A) Room 301
(B) Room 302
(C) Room 303
(D) Room 304

21. What does the man give the woman?
(A) An application form
(B) A company directory
(C) A business card
(D) A temporary pass

GO ON TO THE NEXT PAGE

PART 4

Directions: You will hear some talks given by a single speaker. You will be asked to answer three questions about what the speaker says in each talk. Select the best response to each question and mark the letter (A), (B), (C), or (D) on your answer sheet. The talks will not be printed in your test book and will be spoken only one time.

22. What is the announcement mainly about?
    (A) Training new employees
    (B) Setting up a store for a sale
    (C) Closing down a shop
    (D) Choosing new products

23. What kind of products does the business sell?
    (A) Home furnishings
    (B) Corporate signage
    (C) Office supplies
    (D) Electronics

24. What does the speaker ask the listeners to do?
    (A) Create an advertisement
    (B) Clean a building
    (C) Hang a sign
    (D) Hand out coupons

---

25. Where is the announcement most likely being made?
    (A) At a recruitment event
    (B) At a government office
    (C) At a health and safety convention
    (D) At a production facility

26. Who is John Griffiths?
    (A) A salesperson
    (B) A recruitment consultant
    (C) A safety inspector
    (D) A senior manager

27. What are the listeners asked to do?
    (A) Contact a manager
    (B) Review a manual
    (C) Attend a training session
    (D) Submit an application

28. What is the main topic of the talk?
    (A) Vacant positions in a team
    (B) Details of a renovation project
    (C) New policies for company security
    (D) Responses from a recent questionnaire

29. Why does the speaker say, "I've had many assignments to manage this week"?
    (A) To ask for a deadline extension
    (B) To reassign some tasks
    (C) To request assistance
    (D) To provide an excuse

30. What does the speaker think the engineers will like?
    (A) The size of workstations
    (B) The proximity of a location
    (C) The background of a candidate
    (D) The amount of lighting

NO TEST MATERIAL ON THIS PAGE

MINI TEST 04

PART 1

Directions: For each question in this part, you will hear four statements about a picture in your test book. When you hear the statements, you must select the one statement that best describes what you see in the picture. Then find the number of the question on your answer sheet and mark your answer. The statements will not be printed in your test book and will be spoken only one time.

1.

(A)   (B)   (C)   (D)

2.

(A)   (B)   (C)   (D)

3.

(A)   (B)   (C)   (D)

GO ON TO THE NEXT PAGE ➡

PART 2

Directions: You will hear a question or statement and three responses spoken in English. They will not be printed in your test book and will be spoken only one time. Select the best response to the question or statement and mark the letter (A), (B), or (C) on your answer sheet.

4. Mark your answer on your answer sheet.   (A)   (B)   (C)

5. Mark your answer on your answer sheet.   (A)   (B)   (C)

6. Mark your answer on your answer sheet.   (A)   (B)   (C)

7. Mark your answer on your answer sheet.   (A)   (B)   (C)

8. Mark your answer on your answer sheet.   (A)   (B)   (C)

9. Mark your answer on your answer sheet.   (A)   (B)   (C)

10. Mark your answer on your answer sheet.   (A)   (B)   (C)

11. Mark your answer on your answer sheet.   (A)   (B)   (C)

12. Mark your answer on your answer sheet.   (A)   (B)   (C)

PART 3

Directions: You will hear some conversations between two or more people. You will be asked to answer three questions about what the speakers say in each conversation. Select the best response to each question and mark the letter (A), (B), (C), or (D) on your answer sheet. The conversations will not be printed in your test book and will be spoken only one time.

13. What does the customer want to change about her order?
(A) The amount
(B) The color
(C) The model number
(D) The delivery address

14. What problem does the man mention?
(A) An item is out of stock.
(B) An order was shipped early.
(C) An online form did not work.
(D) A shipment was delayed.

15. What will the woman probably do next?
(A) Give a refund
(B) Suggest an alternate model
(C) Request that the customer reorder
(D) Contact a supplier

16. Why is the dinner being organized?
(A) To promote a restaurant
(B) To thank a worker
(C) To celebrate a merger
(D) To negotiate an agreement

17. What does the man say about Wang Partners?
(A) It is located downtown.
(B) It is a Korean company.
(C) It is the leader in its field.
(D) It is a new firm.

18. What does the woman offer the man?
(A) A business card
(B) A managerial position
(C) A guest list
(D) A special menu

19. Where most likely do the speakers work?
(A) At a tour operator
(B) At a university
(C) At a museum
(D) At a delivery company

20. What does the woman imply when she says, "Who can make it that quickly"?
(A) She does not wish to make a commute.
(B) She believes a task cannot be done.
(C) She wonders if she can obtain approval.
(D) She is requesting additional help.

21. What does the man offer to do?
(A) Hire more staff
(B) Give the woman a ride
(C) Revise a timetable
(D) Cancel an event

GO ON TO THE NEXT PAGE

PART 4

Directions: You will hear some talks given by a single speaker. You will be asked to answer three questions about what the speaker says in each talk. Select the best response to each question and mark the letter (A), (B), (C), or (D) on your answer sheet. The talks will not be printed in your test book and will be spoken only one time.

22. What type of business is the speaker calling?
(A) An advertising firm
(B) A newspaper publisher
(C) A market research company
(D) A health food store

23. What does the speaker say will happen in the next quarter?
(A) An agency will be opened.
(B) A marketing campaign will be implemented.
(C) A new service will be launched.
(D) Sales figures will be released.

24. What does the speaker ask the listener to do?
(A) Submit an application
(B) Organize a meeting
(C) Send an e-mail
(D) Return a call

25. What is the purpose of the event?
(A) To thank workers
(B) To introduce a new employee
(C) To announce a retirement
(D) To discuss management techniques

26. What have the listeners done this year?
(A) Constructed a fountain
(B) Created a new path on a mountain
(C) Made a five-year plan
(D) Interviewed applicants for a senior role

27. What will Rebecca Haussmann speak about?
(A) Alterations in staffing procedures
(B) The power of tourist attractions
(C) The revision of a budget
(D) Additional details of a project

5th Floor

	Room 501	Room 502	
Lunch Room			
Room 503	Room 504	Restroom	

28. What did the company do last month?
(A) Add new tour packages
(B) Hire more staff members
(C) Establish a business partnership
(D) Relocate to another city

29. What does the speaker want listeners to do?
(A) Create sample designs
(B) Gather customer data
(C) Work on the weekends
(D) Submit vacation requests

30. Look at the graphic. Which room is the speaker located in?
(A) Room 501
(B) Room 502
(C) Room 503
(D) Room 504

NO TEST MATERIAL ON THIS PAGE

MINI TEST 05

음원 바로 듣기

PART 1

Directions: For each question in this part, you will hear four statements about a picture in your test book. When you hear the statements, you must select the one statement that best describes what you see in the picture. Then find the number of the question on your answer sheet and mark your answer. The statements will not be printed in your test book and will be spoken only one time.

1.

(A)　(B)　(C)　(D)

2.

(A)　　(B)　　(C)　　(D)

3.

(A)　　(B)　　(C)　　(D)

GO ON TO THE NEXT PAGE

PART 2

Directions: You will hear a question or statement and three responses spoken in English. They will not be printed in your test book and will be spoken only one time. Select the best response to the question or statement and mark the letter (A), (B), or (C) on your answer sheet.

4. Mark your answer on your answer sheet.   (A)   (B)   (C)

5. Mark your answer on your answer sheet.   (A)   (B)   (C)

6. Mark your answer on your answer sheet.   (A)   (B)   (C)

7. Mark your answer on your answer sheet.   (A)   (B)   (C)

8. Mark your answer on your answer sheet.   (A)   (B)   (C)

9. Mark your answer on your answer sheet.   (A)   (B)   (C)

10. Mark your answer on your answer sheet.   (A)   (B)   (C)

11. Mark your answer on your answer sheet.   (A)   (B)   (C)

12. Mark your answer on your answer sheet.   (A)   (B)   (C)

PART 3

Directions: You will hear some conversations between two or more people. You will be asked to answer three questions about what the speakers say in each conversation. Select the best response to each question and mark the letter (A), (B), (C), or (D) on your answer sheet. The conversations will not be printed in your test book and will be spoken only one time.

13. What does the woman wish to advertise?
(A) A promotional event
(B) A new department
(C) A job vacancy
(D) An updated product

14. What does the man say recently happened?
(A) His book was published.
(B) His former coworker took over a position.
(C) A business closed.
(D) A contract was signed.

15. What does the woman want to know?
(A) The cost of a service
(B) The deadline for a project
(C) The operating hours of a store
(D) The location of a meeting

16. What does the man say about the pesto sauces?
(A) They are on special offer.
(B) There are none left.
(C) They were reviewed favorably online.
(D) They have spilled on the shop floor.

17. What problem does the woman mention?
(A) An item is out of stock.
(B) An aisle has not been cleaned.
(C) A delivery arrived unexpectedly.
(D) A driver went to the wrong location.

18. What does the man ask the woman to do?
(A) Make a complaint
(B) Change work shifts
(C) Request a fast delivery
(D) Call a customer

Membership Packets	
Option A	$25/month
Option B	$28/month
Option C	$33/month
Option D	$35/month

19. Where does the man work?
(A) At a pool supply store
(B) At a fitness club
(C) At an art school
(D) At a customer service center

20. Look at the graphic. Which option will the woman most likely choose?
(A) Option A
(B) Option B
(C) Option C
(D) Option D

21. What does the woman have to provide?
(A) A promotional code
(B) A class schedule
(C) A credit card number
(D) A new mailing address

GO ON TO THE NEXT PAGE

PART 4

Directions: You will hear some talks given by a single speaker. You will be asked to answer three questions about what the speaker says in each talk. Select the best response to each question and mark the letter (A), (B), (C), or (D) on your answer sheet. The talks will not be printed in your test book and will be spoken only one time.

22. Why is the speaker calling?
(A) To explain a new process
(B) To address a complaint
(C) To request a payment
(D) To arrange a meeting

23. What does the speaker say she will do this afternoon?
(A) Process refund
(B) Contact a supervisor
(C) Visit a store
(D) Send a product

24. What does the speaker ask the listener to do?
(A) Refer to a manual
(B) Stop by an office
(C) Choose an alternate item
(D) Return some merchandise

25. What is the speaker discussing?
(A) Dealing with customers
(B) Promoting products
(C) Logging in work hours
(D) Using some software

26. What does the speaker ask the listeners to do?
(A) Register for classes
(B) Access their accounts
(C) Set up some equipment
(D) Talk to their managers

27. What will the speaker do next?
(A) Fix a computer
(B) Contact some clients
(C) Distribute some forms
(D) Work on a sales report

28. What is the purpose of the message?
(A) To schedule an audit
(B) To set up a meeting
(C) To assign a project
(D) To file a complaint

29. What does the speaker imply when he says, "the auditors will be here in a week"?
(A) A date has been changed.
(B) A task must be done quickly.
(C) An itinerary must be finalized.
(D) A hiring decision has been made.

30. What will Aaron most likely do next?
(A) Send some files
(B) Print a contract
(C) Book a conference room
(D) Contact some clients

NO TEST MATERIAL ON THIS PAGE

ACTUAL TEST

ACTUAL TEST 🎧 ACTUAL TEST 해설서 p.193

LISTENING TEST

In the Listening test, you will be asked to demonstrate how well you understand spoken English. The entire Listening test will last approximately 45 minutes. There are four parts, and directions are given for each part. You must mark your answers on the separate answer sheet. Do not write your answers in your test book.

PART 1

Directions: For each question in this part, you will hear four statements about a picture in your test book. When you hear the statements, you must select the one statement that best describes what you see in the picture. Then find the number of the question on your answer sheet and mark your answer. The statements will not be printed in your test book and will be spoken only one time.

Statement (B), "A man is pointing at a document," is the best description of the picture, so you should select answer (B) and mark it on your answer sheet.

1.

2.

GO ON TO THE NEXT PAGE ➤

3.

4.

5.

6.

GO ON TO THE NEXT PAGE ➤

PART 2

Directions: You will hear a question or statement and three responses spoken in English. They will not be printed in your test book and will be spoken only one time. Select the best response to the question or statement and mark the letter (A), (B), or (C) on your answer sheet.

7. Mark your answer on your answer sheet.

8. Mark your answer on your answer sheet.

9. Mark your answer on your answer sheet.

10. Mark your answer on your answer sheet.

11. Mark your answer on your answer sheet.

12. Mark your answer on your answer sheet.

13. Mark your answer on your answer sheet.

14. Mark your answer on your answer sheet.

15. Mark your answer on your answer sheet.

16. Mark your answer on your answer sheet.

17. Mark your answer on your answer sheet.

18. Mark your answer on your answer sheet.

19. Mark your answer on your answer sheet.

20. Mark your answer on your answer sheet.

21. Mark your answer on your answer sheet.

22. Mark your answer on your answer sheet.

23. Mark your answer on your answer sheet.

24. Mark your answer on your answer sheet.

25. Mark your answer on your answer sheet.

26. Mark your answer on your answer sheet.

27. Mark your answer on your answer sheet.

28. Mark your answer on your answer sheet.

29. Mark your answer on your answer sheet.

30. Mark your answer on your answer sheet.

31. Mark your answer on your answer sheet.

PART 3

Directions: You will hear some conversations between two or more people. You will be asked to answer three questions about what the speakers say in each conversation. Select the best response to each question and mark the letter (A), (B), (C), or (D) on your answer sheet. The conversations will not be printed in your test book and will be spoken only one time.

32. Where most likely are the speakers?
(A) In a manufacturing plant
(B) In an electronics store
(C) In a supermarket
(D) In a museum

33. What is the man's problem?
(A) A delivery was delayed.
(B) A product is not working correctly.
(C) A payment was late.
(D) A credit card has expired.

34. What will the woman probably do next?
(A) Talk with a manager
(B) Give a tour
(C) Consult a brochure
(D) Bring some paperwork

35. What did the woman send to the man?
(A) An invoice
(B) A contract
(C) A map
(D) A catalog

36. What does the man ask about?
(A) A training schedule
(B) A project deadline
(C) Vacation policies
(D) Parking instructions

37. What does the woman tell the man to do on Monday?
(A) Give a speech
(B) Call her mobile phone
(C) Visit a security desk
(D) Submit a report

38. What does the woman ask the man to do?
(A) Conduct some training
(B) Repair a computer system
(C) Contact a manager
(D) Go to a conference

39. What problem does the woman mention?
(A) A presentation has some errors.
(B) A room is not available.
(C) A machine is broken.
(D) A class has been overbooked.

40. What does the man suggest doing?
(A) Revising a procedure
(B) Having a brief meeting
(C) Hiring a company
(D) Postponing an event

41. What does the woman mean when she says, "there must have been some kind of mistake"?
(A) An order is incorrect.
(B) A package has not arrived.
(C) A price is wrong.
(D) A credit card was not accepted.

42. What does the woman say she did yesterday?
(A) Booked a hotel
(B) Reserved a flight
(C) Purchased a bag
(D) Departed from a city

43. What does the man say he will do next?
(A) Consult a coworker
(B) Bring some snacks
(C) Look for storage space
(D) Check a list

GO ON TO THE NEXT PAGE

44. What type of project is the man involved in?
    (A) Arranging an event
    (B) Conducting a survey
    (C) Recruiting a designer
    (D) Publishing a book

45. Why is the woman unable to help the man?
    (A) She is leaving for a business trip.
    (B) She is going on a vacation.
    (C) She does not know about a topic.
    (D) She has to work on another assignment.

46. What will the man probably do next?
    (A) Purchase a flight ticket
    (B) Give some feedback
    (C) Speak with another coworker
    (D) Call a business

47. Why is the woman calling?
    (A) To inquire about a product
    (B) To make changes to an order
    (C) To apply for membership
    (D) To update some contact information

48. According to John, what will happen next week?
    (A) A Web site will be redesigned.
    (B) A model will no longer be available.
    (C) A shipment will arrive.
    (D) A sale will start.

49. What does the woman ask John to do?
    (A) Find out a price
    (B) Set aside an item
    (C) Mail a catalog
    (D) Provide a refund

50. Where most likely does the woman work?
    (A) At a department store
    (B) At an airport
    (C) At a delivery company
    (D) At a hotel

51. Why is the man calling?
    (A) To check a flight departure
    (B) To book a room
    (C) To trace a missing item
    (D) To arrange a collection

52. What does the woman offer?
    (A) An upgraded room
    (B) A free service
    (C) A full refund
    (D) A product sample

53. What are the speakers discussing?
    (A) The resignation of a local official
    (B) The appointment of a new editor
    (C) The status of the order
    (D) The result of a poll

54. What has Boris Bullingdon done for the city?
    (A) He introduced more public buses.
    (B) He decreased traffic congestion.
    (C) He renovated a local hospital.
    (D) He increased spending on healthcare.

55. What does the man ask the woman to do?
    (A) Obtain a permit
    (B) Conduct an interview
    (C) Call an office
    (D) Adjust a schedule

56. What are the speakers doing?
(A) Moving office furniture
(B) Installing computer software
(C) Delivering some packages
(D) Planning a product presentation

57. What does the woman suggest?
(A) Taking a break
(B) Hiring more workers
(C) Waiting outside
(D) Working overtime

58. What does the man plan to do in the evening?
(A) Meet with a customer
(B) Watch a movie
(C) Attend a celebration
(D) Board a train

59. Where is the man interested in working?
(A) At a bookstore
(B) At a restaurant
(C) At a shopping mall
(D) At a city museum

60. How long has the man worked at his current job?
(A) One year
(B) Two years
(C) Three years
(D) Four years

61. What does the woman mean when she says, "I'll see if we can make an exception"?
(A) She will look over the man's documents.
(B) She will allow the man to take some days off.
(C) She will review the man's work schedule.
(D) She will let the man reschedule his appointment.

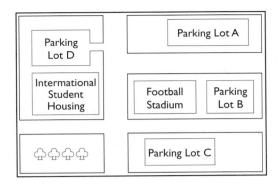

62. Look at the graphic. Which parking lot will be closed?
(A) Parking Lot A
(B) Parking Lot B
(C) Parking Lot C
(D) Parking Lot D

63. What is the man concerned about?
(A) Parking availability
(B) Street conditions
(C) Heavy traffic
(D) Housing fees

64. What does the woman say the university will do?
(A) Distribute maps
(B) Hire more security guards
(C) Provide some transportation
(D) Reimburse students

GO ON TO THE NEXT PAGE ➡

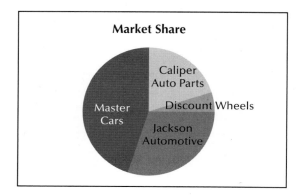

Market Share

Caliper Auto Parts
Discount Wheels
Master Cars
Jackson Automotive

Apartment	Bedrooms	Price
Prasia Castle	1	$1,050
Dove Garden	2	$1,250
Remian Town	3	$1,450
Brown Plaza	3	$1,650

65. What is the main topic of the conversation?
(A) A new car line
(B) An advertising strategy
(C) A prospective client
(D) A company merger

66. Look at the graphic. Where do the speakers work?
(A) At Caliper Auto Parts
(B) At Discount Wheels
(C) At Jackson Automotive
(D) At Master Cars

67. Why is the man worried?
(A) He has not prepared for a meeting.
(B) A company's revenues have fallen.
(C) Some employees may disagree with an idea.
(D) Some numbers are incorrect.

68. Where did the man see the advertisement?
(A) At an agency
(B) At a train station
(C) On a Web site
(D) On television

69. What does the man say he prefers?
(A) A quiet area
(B) A new listing
(C) An earlier moving date
(D) A short-term agreement

70. Look at the graphic. Which apartment will the man most likely rent?
(A) Prasia Castle
(B) Dove Garden
(C) Remian Town
(D) Brown Plaza

PART 4

Directions: You will hear some talks given by a single speaker. You will be asked to answer three questions about what the speaker says in each talk. Select the best response to each question and mark the letter (A), (B), (C), or (D) on your answer sheet. The talks will not be printed in your test book and will be spoken only one time.

71. What is the main topic of the broadcast?
(A) A lottery result
(B) A sports event
(C) A theater play
(D) A dance competition

72. What does the speaker say about tickets?
(A) They can be exchanged today.
(B) They can be purchased online.
(C) They are inexpensive.
(D) They are sold out.

73. When will tonight's broadcast begin?
(A) At 6:00 P.M.
(B) At 7:00 P.M.
(C) At 8:00 P.M.
(D) At 9:00 P.M.

74. What is the purpose of the announcement?
(A) To collect signatures
(B) To begin a new business
(C) To announce survey results
(D) To promote a program

75. What should the listeners put in boxes?
(A) Printed materials
(B) Completed questionnaires
(C) Signed forms
(D) Donation requests

76. What did the Legal Department do last year?
(A) It won a contract.
(B) It received an award.
(C) It visited the local community.
(D) It hired new staff.

77. Where is the introduction taking place?
(A) At a bookstore
(B) At a conference center
(C) At a bank
(D) At an accounting firm

78. What topic will be discussed?
(A) Getting published
(B) Saving money
(C) Working in finance
(D) Succeeding in life

79. What will be available on a Web site?
(A) An e-mail address
(B) A discount coupon
(C) A catalog of publications
(D) A recording of a presentation

80. What type of business does the speaker work at?
(A) A film studio
(B) A furniture store
(C) A newspaper company
(D) An advertisement agency

81. Why is the speaker calling?
(A) To recommend a product
(B) To cancel an arrangement
(C) To arrange a meeting
(D) To promote a special deal

82. What will the speaker do?
(A) Send some detailed information
(B) Revise a job advertisement
(C) Change some customer data
(D) Contact a coworker

GO ON TO THE NEXT PAGE

83. Which department does the speaker work for?
   (A) Information Technology
   (B) Accounting
   (C) Engineering
   (D) Human Resources

84. What does the speaker request the listener do?
   (A) Review some banking information
   (B) Lead a training session
   (C) Book a meeting room
   (D) Send a staff member to his desk

85. What does the speaker mean when he says, "the document is just a page long"?
   (A) A page is labeled incorrectly.
   (B) Some directions are confusing.
   (C) A task will not take much time.
   (D) Some rules have been revised.

86. What will the expo focus on?
   (A) Food
   (B) Travel
   (C) Clothing
   (D) Electronics

87. What does the speaker imply when she says, "But take a look at these figures"?
   (A) Sales are better than anticipated.
   (B) An accountant has made a mistake.
   (C) A promotion was not successful.
   (D) Some data is not correct.

88. What advice does the speaker ask for?
   (A) Who to invite as a presenter
   (B) When to begin a demonstration
   (C) Where to set up a display
   (D) How to organize an event

89. How should the listeners report their working hours?
   (A) By marking them on a timesheet
   (B) By emailing their managers
   (C) By recording them online
   (D) By putting a card into a machine

90. According to the speaker, where can the listeners find further instructions?
   (A) On the company Web site
   (B) From their supervisors
   (C) From the Personnel Department
   (D) In their information packs

91. According to the instruction, when should the listeners inform their managers?
   (A) When their passwords don't work
   (B) When their paychecks are incorrect
   (C) When they forget to report their working hours
   (D) When they work overtime

92. Who most likely is the speaker?
   (A) A film critic
   (B) A travel agent
   (C) An executive chef
   (D) A TV show host

93. According to the speaker, what is Englewood most known for?
   (A) Its hiking areas
   (B) Its movie theaters
   (C) Its art museums
   (D) Its dining establishment

94. Why does the speaker say, "You heard me right-Mario Ramsay"?
   (A) To point out that a performer is famous
   (B) To discuss a job applicant
   (C) To correct the pronunciation of a name
   (D) To announce a winner of a trip

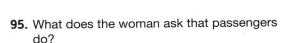

Trulinton Air
Wi-Fi Pricing

1 hour - $3.00
2 hour - $4.50
3 hour - $6.00
4 hour - $7.50

Market Share

- ■ Hound Global
- ■ BCR International
- ■ Worldview Communication
- ■ Informative, Inc.

95. What does the woman ask that passengers do?
(A) Turn off their electronic devices
(B) Check their boarding passes
(C) Store their baggage
(D) Return to their seats

96. Look at the graphic. How much does Internet service cost for the duration of the flight?
(A) $3.00
(B) $4.50
(C) $6.00
(D) $7.50

97. According to the speaker, what will flight attendants do later?
(A) Provide drinks
(B) Pass out headphones
(C) Serve some food
(D) Explain a document

98. What industry do the listeners work in?
(A) Electronics
(B) Construction
(C) Web site design
(D) News media

99. Look at the graphic. What company does the speaker work for?
(A) Hound Global
(B) BCR International
(C) Worldview Communication
(D) Informative, Inc.

100. According to the speaker, what will the company do next year?
(A) Try a new strategy
(B) Reduce membership prices
(C) Increase the marketing budget
(D) Focus on international markets

This is the end of the Listening test.

ANSWER SHEET

파고다 토익 기본 완성 LC - ACTUAL TEST

LISTENING (Part I-IV)

NO.	ANSWER A B C D	NO.	ANSWER A B C D	NO.	ANSWER A B C D	NO.	ANSWER A B C D	NO.	ANSWER A B C D
1	Ⓐ Ⓑ Ⓒ Ⓓ	21	Ⓐ Ⓑ Ⓒ	41	Ⓐ Ⓑ Ⓒ Ⓓ	61	Ⓐ Ⓑ Ⓒ Ⓓ	81	Ⓐ Ⓑ Ⓒ Ⓓ
2	Ⓐ Ⓑ Ⓒ Ⓓ	22	Ⓐ Ⓑ Ⓒ	42	Ⓐ Ⓑ Ⓒ Ⓓ	62	Ⓐ Ⓑ Ⓒ Ⓓ	82	Ⓐ Ⓑ Ⓒ Ⓓ
3	Ⓐ Ⓑ Ⓒ Ⓓ	23	Ⓐ Ⓑ Ⓒ	43	Ⓐ Ⓑ Ⓒ Ⓓ	63	Ⓐ Ⓑ Ⓒ Ⓓ	83	Ⓐ Ⓑ Ⓒ Ⓓ
4	Ⓐ Ⓑ Ⓒ Ⓓ	24	Ⓐ Ⓑ Ⓒ	44	Ⓐ Ⓑ Ⓒ Ⓓ	64	Ⓐ Ⓑ Ⓒ Ⓓ	84	Ⓐ Ⓑ Ⓒ Ⓓ
5	Ⓐ Ⓑ Ⓒ Ⓓ	25	Ⓐ Ⓑ Ⓒ	45	Ⓐ Ⓑ Ⓒ Ⓓ	65	Ⓐ Ⓑ Ⓒ Ⓓ	85	Ⓐ Ⓑ Ⓒ Ⓓ
6	Ⓐ Ⓑ Ⓒ Ⓓ	26	Ⓐ Ⓑ Ⓒ	46	Ⓐ Ⓑ Ⓒ Ⓓ	66	Ⓐ Ⓑ Ⓒ Ⓓ	86	Ⓐ Ⓑ Ⓒ Ⓓ
7	Ⓐ Ⓑ Ⓒ	27	Ⓐ Ⓑ Ⓒ	47	Ⓐ Ⓑ Ⓒ Ⓓ	67	Ⓐ Ⓑ Ⓒ Ⓓ	87	Ⓐ Ⓑ Ⓒ Ⓓ
8	Ⓐ Ⓑ Ⓒ	28	Ⓐ Ⓑ Ⓒ	48	Ⓐ Ⓑ Ⓒ Ⓓ	68	Ⓐ Ⓑ Ⓒ Ⓓ	88	Ⓐ Ⓑ Ⓒ Ⓓ
9	Ⓐ Ⓑ Ⓒ	29	Ⓐ Ⓑ Ⓒ	49	Ⓐ Ⓑ Ⓒ Ⓓ	69	Ⓐ Ⓑ Ⓒ Ⓓ	89	Ⓐ Ⓑ Ⓒ Ⓓ
10	Ⓐ Ⓑ Ⓒ	30	Ⓐ Ⓑ Ⓒ	50	Ⓐ Ⓑ Ⓒ Ⓓ	70	Ⓐ Ⓑ Ⓒ Ⓓ	90	Ⓐ Ⓑ Ⓒ Ⓓ
11	Ⓐ Ⓑ Ⓒ	31	Ⓐ Ⓑ Ⓒ	51	Ⓐ Ⓑ Ⓒ Ⓓ	71	Ⓐ Ⓑ Ⓒ Ⓓ	91	Ⓐ Ⓑ Ⓒ Ⓓ
12	Ⓐ Ⓑ Ⓒ	32	Ⓐ Ⓑ Ⓒ Ⓓ	52	Ⓐ Ⓑ Ⓒ Ⓓ	72	Ⓐ Ⓑ Ⓒ Ⓓ	92	Ⓐ Ⓑ Ⓒ Ⓓ
13	Ⓐ Ⓑ Ⓒ	33	Ⓐ Ⓑ Ⓒ Ⓓ	53	Ⓐ Ⓑ Ⓒ Ⓓ	73	Ⓐ Ⓑ Ⓒ Ⓓ	93	Ⓐ Ⓑ Ⓒ Ⓓ
14	Ⓐ Ⓑ Ⓒ	34	Ⓐ Ⓑ Ⓒ Ⓓ	54	Ⓐ Ⓑ Ⓒ Ⓓ	74	Ⓐ Ⓑ Ⓒ Ⓓ	94	Ⓐ Ⓑ Ⓒ Ⓓ
15	Ⓐ Ⓑ Ⓒ	35	Ⓐ Ⓑ Ⓒ Ⓓ	55	Ⓐ Ⓑ Ⓒ Ⓓ	75	Ⓐ Ⓑ Ⓒ Ⓓ	95	Ⓐ Ⓑ Ⓒ Ⓓ
16	Ⓐ Ⓑ Ⓒ	36	Ⓐ Ⓑ Ⓒ Ⓓ	56	Ⓐ Ⓑ Ⓒ Ⓓ	76	Ⓐ Ⓑ Ⓒ Ⓓ	96	Ⓐ Ⓑ Ⓒ Ⓓ
17	Ⓐ Ⓑ Ⓒ	37	Ⓐ Ⓑ Ⓒ Ⓓ	57	Ⓐ Ⓑ Ⓒ Ⓓ	77	Ⓐ Ⓑ Ⓒ Ⓓ	97	Ⓐ Ⓑ Ⓒ Ⓓ
18	Ⓐ Ⓑ Ⓒ	38	Ⓐ Ⓑ Ⓒ Ⓓ	58	Ⓐ Ⓑ Ⓒ Ⓓ	78	Ⓐ Ⓑ Ⓒ Ⓓ	98	Ⓐ Ⓑ Ⓒ Ⓓ
19	Ⓐ Ⓑ Ⓒ	39	Ⓐ Ⓑ Ⓒ Ⓓ	59	Ⓐ Ⓑ Ⓒ Ⓓ	79	Ⓐ Ⓑ Ⓒ Ⓓ	99	Ⓐ Ⓑ Ⓒ Ⓓ
20	Ⓐ Ⓑ Ⓒ	40	Ⓐ Ⓑ Ⓒ Ⓓ	60	Ⓐ Ⓑ Ⓒ Ⓓ	80	Ⓐ Ⓑ Ⓒ Ⓓ	100	Ⓐ Ⓑ Ⓒ Ⓓ

ANSWER SHEET

3rd Edition

앱솔서

베투영

토익 리스닝 기초 입문서

기본
완성

LC

PART 1

UNIT 01. 시제와 태

Warm-up
본서 p.31

1. (A) **2.** (B) **3.** (A) **4.** (A)

1.

미국

(A) The woman is <u>typing</u> on a keyboard.
(B) The woman is <u>drinking</u> from a cup.

(A) 여자가 키보드를 치고 있다.
(B) 여자가 컵으로 마시고 있다.

2.

호주

(A) Cars are <u>driving</u> along the river.
(B) Cars have <u>stopped</u> at a traffic light.

(A) 차들이 강을 따라 운전되고 있다.
(B) 차들이 신호등 앞에 멈춰 서 있다.

3.

미국

(A) <u>There is</u> a cup on the desk.
(B) A cup <u>is being put</u> on the desk.

(A) 책상에 컵이 있다.
(B) 책상에 컵이 놓여지고 있다.

4.

영국

(A) Flowers <u>have been put</u> in a vase.
(B) Flowers <u>are being put</u> in a vase.

(A) 꽃이 꽃병에 꽂혀 있다.
(B) 꽃이 꽃병에 꽂히고 있다.

Exercise
본서 p.34

1. (A), (B) **2.** (A), (C) **3.** (B), (C) **4.** (A), (C)
5. (A), (C) **6.** (A), (B)

1.

미국

(A) A woman is <u>wearing</u> glasses.
(B) A woman is <u>holding</u> a book.
(C) A woman is <u>writing</u> on a notebook.

(A) 여자가 안경을 착용하고 있다.
(B) 여자가 책 한 권을 들고 있다.
(C) 여자가 노트에 무언가를 쓰고 있다.

해설 (A) 여자가 안경을 쓴 상태이므로 정답!
(B) 여자가 책을 들고 있으므로 정답!
(C) 여자가 노트에 무언가를 쓰는 모습이 아니므로 오답!

어휘 wear 착용하고 있다 | glasses 안경 | write (어떤 내용을) 쓰다 |
notebook 노트, 공책

2.

호주

(A) A man is <u>working</u> with a machine.
(B) A man is <u>changing</u> a tire.
(C) A man is <u>wearing</u> safety gloves.

(A) 남자가 기계로 작업하고 있다.
(B) 남자가 타이어를 갈아 끼우고 있다.
(C) 남자가 안전장갑을 끼고 있다.

해설 (A) 남자가 기계를 이용해서 일하고 있으므로 정답!
　　 (B) 타이어가 보이지 않으므로 오답!
　　 (C) 남자가 안전장갑을 착용하고 있으므로 정답!

어휘 safety gloves 안전장갑

3.

(A) She is trying on some clothes.
(B) She is looking at some clothing.
(C) Some merchandise is on display.

(A) 여자가 옷 몇 벌을 입어 보고 있다.
(B) 여자가 옷을 보고 있다.
(C) 몇몇 상품이 진열되어 있다.

해설 (A) 여자가 옷을 입어 보는 것이 아니라 보고 있으므로 오답!
　　 (B) 여자가 진열창에 있는 옷을 보고 있으므로 정답!
　　 (C) 진열창 안에 상품이 진열되어 있으므로 정답!

어휘 try on 입어 보다 | merchandise 상품 | on display 진열되어 있는

4.

(A) Some clocks are hung on the wall.
(B) A woman is shopping for groceries.
(C) Items have been stacked on the shelf.

(A) 몇몇 시계들이 벽에 걸려 있다.
(B) 한 여자가 식료품을 쇼핑하고 있다.
(C) 물건들이 선반 위에 쌓여 있다.

해설 (A) 벽에 시계들이 걸려 있으므로 정답!
　　 (B) 식료품은 보이지 않으므로 오답!
　　 (C) 선반 위에 쌓여 있는 물건들이 보이므로 정답!

어휘 hang 걸다 | groceries 식료품 | shelf 선반

5.

(A) There is a bench next to a path.
(B) A walkway is being swept.
(C) A bench is unoccupied.

(A) 길 옆에 벤치가 하나 있다.
(B) 보도가 쓸려지고 있다.
(C) 벤치가 비어 있다.

해설 (A) 길 바로 옆에 벤치가 있으므로 정답!
　　 (B) 보도를 쓸고 있는 사람이 보이지 않으므로 오답!
　　 (C) 벤치에 앉아 있는 사람이 없으므로 정답!

어휘 next to ~옆에 | path 길 | walkway 보도 | sweep 쓸다 | unoccupied (사람이 이용하지 않고) 비어 있는

6.

(A) He is shopping for some items.
(B) The shelves are filled with items.
(C) He is looking in the glass case.

(A) 남자가 쇼핑하고 있다.
(B) 선반이 물건들로 가득 차 있다.
(C) 남자가 유리 진열장 안을 보고 있다.

해설 (A) 남자가 물건을 살펴보며 쇼핑하고 있으므로 정답!
　　 (B) 선반이 물건으로 가득하므로 정답!
　　 (C) 남자가 손에 든 물건을 보고 있으므로 오답!

어휘 shop for (살 물건을) 찾아다니다, 쇼핑하다 | item 물건, 물품 | shelves 선반 (shelf의 복수형) | be filled with ~으로 가득 차 있다 | look in ~안을 들여다보다 | glass case 유리 진열장

Practice

1. (B)	2. (C)	3. (C)	4. (D)	5. (A)	6. (B)
7. (D)	8. (C)	9. (C)	10. (D)	11. (A)	12. (A)

1.

호주

(A) A woman is pouring a drink.
(B) A woman is holding a cup.
(C) A woman is making some copies.
(D) A woman is putting on a shirt.

(A) 여자가 음료를 따르고 있다.
(B) 여자가 컵을 들고 있다.
(C) 여자가 복사를 하고 있다.
(D) 여자가 셔츠를 입고 있다.

해설 (A) 컵을 들고 있지만 따르는 동작이 아니므로 오답!
(B) 여자가 컵을 들고 있으므로 정답!
(C) 들고 있는 컵을 커피잔으로 판단했을 때 coffee와 발음이 비슷한 copies를 사용한 오답!
(D) 여자가 옷을 입고 있는 동작이 아니라 이미 입고 있는 상태이므로 오답!

어휘 pour 붓다 | make a copy 복사하다 | put on 입다. 착용하다

2.

미국

(A) The woman is steering a boat.
(B) The woman is leaning on the railing.
(C) The woman is sitting near the water.
(D) The woman is swimming in the river.

(A) 여자가 보트를 조종하고 있다.
(B) 여자가 난간에 기대어 있다.
(C) 여자가 물가에 앉아 있다.
(D) 여자가 강에서 수영하고 있다.

해설 (A) 보트를 조종하고 있는 모습은 아니므로 오답!
(B) 난간은 보이지 않으므로 오답!
(C) 물가에 앉아 있는 여자가 보이므로 정답!
(D) 강에서 수영하고 있는 모습은 아니므로 오답!

어휘 steer 조종하다, 운전하다 | lean on ~에 기대다 | railing 난간

3.

미국

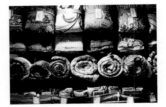

(A) The man is opening a drawer.
(B) The woman is hanging up a picture.
(C) The people are lifting a large box.
(D) The people are seated on a sofa.

(A) 남자가 서랍을 열고 있다.
(B) 여자가 그림을 걸고 있다.
(C) 사람들이 큰 상자를 들어 올리고 있다.
(D) 사람들이 소파에 앉아 있다.

해설 (A) 남자가 서랍을 열고 있지 않으므로 오답!
(B) 여자가 그림을 걸고 있지 않으므로 오답!
(C) 두 남녀가 큰 상자를 들어 올리고 있으므로 정답!
(D) 두 남녀가 서 있으므로 오답!

어휘 drawer 서랍 | hang up 걸다. 매달다 | lift 들어 올리다

4.

미국

(A) A man is folding a blanket.
(B) Some blankets are stacked on the floor.
(C) Some items are being labeled.
(D) Shelves are filled with merchandise.

(A) 한 남자가 담요를 접고 있다.
(B) 몇몇 담요들이 바닥에 쌓여 있다.
(C) 몇몇 상품들에 상표가 붙여지고 있다.
(D) 선반이 상품으로 가득 채워져 있다.

해설 (A) 사진 속에 남자가 보이지 않으므로 오답!
(B) 담요가 바닥에 쌓여 있지 않으므로 오답!
(C) 상표를 붙이는 사람이 보이지 않으므로 오답!
(D) 선반이 상품들로 가득 차 있으므로 정답!

어휘 fold 접다 | blanket 담요 | stack 쌓다 | label 라벨(상표)을 붙이다 | shelf 선반 | be filled with ~으로 가득 차다 | merchandise 상품

5.  미국

(A) People are crossing the street.
(B) A man is getting into a taxi.
(C) People are waiting for the traffic signal.
(D) The sidewalk is being cleaned.

(A) 사람들이 길을 건너고 있다.
(B) 한 남자가 택시에 타고 있다.
(C) 사람들이 교통 신호를 기다리고 있다.
(D) 보도가 청소되고 있다.

해설 (A) 길을 건너는 보행자들이 보이므로 정답!
(B) 택시에 타는 남자가 보이지 않으므로 오답!
(C) 사람들이 교통 신호를 기다리는 것이 아니라 길을
건너고 있으므로 오답!
(D) 보도를 청소하고 있는 사람이 없으므로 오답!

어휘 **cross the street** 길을 건너다 I **get into** ~에 타다 I **traffic
signal** 교통 신호 I **sidewalk** 보도, 인도 I **clean** 청소하다

---

6.  호주

(A) People are buying some groceries.
(B) People are standing in line.
(C) A man is pushing a cart.
(D) A man is putting up a sign.

(A) 사람들이 식료품을 사고 있다.
(B) 사람들이 줄을 서 있다.
(C) 한 남자가 카트를 밀고 있다.
(D) 한 남자가 간판을 내걸고 있다.

해설 (A) 식료품은 보이지 않으므로 오답!
(B) 사람들이 일렬로 줄 서 있으므로 정답!
(C) 카트는 보이지 않으므로 오답!
(D) 남자가 간판을 거는 모습은 보이지 않으므로 오답!

어휘 **groceries** 식료품 I **in line** 일렬로 I **cart** 수레 I **put up** 세우다, 내
걸다 I **sign** 간판

---

7.  영국

(A) A car door is being closed.
(B) A man is trimming some bushes.
(C) Some vehicles are parked side by side.
(D) A man is spraying a car with a hose.

(A) 차량 문이 닫히고 있다.
(B) 한 남자가 덤불들을 다듬고 있다.
(C) 차량 몇 대가 나란히 주차되어 있다.
(D) 한 남자가 호스로 차에 물을 뿌리고 있다.

해설 (A) 차 문이 닫히는 중이 아닌 이미 닫혀 있으므로 오답!
(B) 사진 속에 덤불이 보이지 않으므로 오답!
(C) 나란히 주차된 차량들이 보이지 않으므로 오답!
(D) 남자가 호스를 들고 차에 물을 뿌리고 있으므로 정답!

어휘 **trim** 다듬다 I **bush** 덤불 I **vehicle** 차량 I **side by side** 나란히 I
spray 뿌리다 I **hose** 호스

---

8.  미국

(A) A man is serving some food.
(B) A man is lighting a candle.
(C) A woman is setting a table.
(D) A woman is drawing some blinds.

(A) 한 남자가 음식을 내오고 있다.
(B) 한 남자가 초를 켜고 있다.
(C) 한 여자가 식탁을 차리고 있다.
(D) 한 여자가 블라인드를 치고 있다.

해설 (A) 식탁 위에 음식이 보이지 않으므로 오답!
(B) 양초에 이미 불이 켜져 있는 모습이므로 오답!
(C) 식탁을 차리는 사람들이 보이므로 정답!
(D) 식당으로 들어가고 있는 모습이 아니므로 오답!

어휘 **serve** (음식을) 제공하다 I **light** 불을 켜다 I **candle** 양초 I **set a
table** 식탁을 차리다 I **draw** (커튼 등을) 치다 I **dining room** 식당

9.  영국

(A) The curtain is being closed.
(B) Some furniture is being arranged.
(C) There is a mirror beside the lamp.
(D) A drawer has been left open.

(A) 커튼을 치고 있다.
(B) 가구들이 배열되고 있다.
(C) 램프 옆에 거울이 있다.
(D) 서랍이 열려 있다.

해설 (A) 커튼을 치고 있는 사람이 없으므로 오답!
(B) 가구를 배열하고 있는 사람이 보이지 않으므로 오답!
(C) 램프 옆에 거울이 있으므로 정답!
(D) 서랍이 닫혀 있으므로 오답!

어휘 arrange 배열하다, 정리하다 | drawer 서랍

10.  미국

(A) She is loading some paper.
(B) She is repairing some office equipment.
(C) She is putting away some files.
(D) She is photocopying a document.

(A) 여자가 종이를 넣고 있다.
(B) 여자가 사무용 기기를 수리하고 있다.
(C) 여자가 몇몇 파일들을 치우고 있다.
(D) 여자가 서류를 복사하고 있다.

해설 (A) 여자가 복사기에 종이를 넣고 있는 모습이 아니므로 오답!
(B) 기계를 수리하고 있는 게 아니라 사용 중이므로 오답!
(C) 여자가 파일들을 치우는 모습이 아니므로 오답!
(D) 복사기를 사용 중인 여자의 모습이 보이므로 정답!

어휘 load 싣다, 넣다 | repair 수리하다 | office equipment 사무용 기기 | put away 치우다 | file 파일, 서류철 | photocopy 복사하다 | document 서류, 문서

11.  미국

(A) A dish is being passed to a woman.
(B) Bottles are being filled with water.
(C) A woman is taking off an apron.
(D) A woman is tasting some fruit.

(A) 여자에게 접시 하나가 건네지고 있다.
(B) 병에 물이 채워지고 있다.
(C) 한 여자가 앞치마를 벗고 있다.
(D) 한 여자가 과일을 맛보고 있다.

해설 (A) 여자가 남자로부터 접시를 건네 받고 있으므로 정답!
(B) 병이 물로 채워지는 모습은 볼 수 없으므로 오답!
(C) 여자가 앞치마를 벗는 동작이 아니라 입고 있는 상태이므로 오답!
(D) 여자가 과일을 맛보는 중이 아니라 접시를 건네 받고 있으므로 오답!

어휘 dish 접시 | pass 건네 주다 | bottle 병 | be filled with ~로 채워지다 | take off 벗다 | apron 앞치마 | taste 맛보다

12.  영국

(A) Some items have been displayed.
(B) A pair of shoes is being put in a box.
(C) A clerk is assisting a customer.
(D) A clerk is removing some racks.

(A) 물건들이 진열되어 있다.
(B) 신발 한 켤레가 상자 안에 넣어지고 있다.
(C) 점원이 고객을 돕고 있다.
(D) 점원이 선반들을 치우고 있다.

해설 (A) 진열된 신발들이 보이므로 정답!
(B) 상자 안에 신발을 넣는 사람이 보이지 않으므로 오답!
(C) 점원과 고객이 보이지 않으므로 오답!
(D) 선반들을 치우고 있는 점원이 보이지 않으므로 오답!

어휘 display 진열하다 | pair 한 쌍 | assist 돕다 | clerk 점원 | remove 치우다 | rack 선반

UNIT 02. 인물 중심 사진

Warm-up
본서 p.41

1. (A)   2. (A)   3. (B)   4. (A)   5. (A)   6. (A)

7. (B)   8. (A)   9. (B)   10. (B)   11. (A)   12. (A)

1. 미국

(A) A man is <u>looking</u> into a microscope.
(B) A man is <u>using</u> a telescope.

(A) 남자가 현미경을 들여다보고 있다.
(B) 남자가 망원경을 사용하고 있다.

2. 호주

(A) A woman is <u>standing</u> on a ladder.
(B) A woman is <u>writing</u> a letter.

(A) 여자가 사다리 위에 서 있다.
(B) 여자가 편지를 쓰고 있다.

3. 미국

(A) A man is <u>giving</u> a performance.
(B) A man is <u>giving</u> a speech.

(A) 남자가 공연을 하고 있다.
(B) 남자가 연설을 하고 있다.

4. 영국

(A) A woman is <u>holding</u> some goods.
(B) A woman is <u>purchasing</u> some goods.

(A) 여자가 몇몇 상품을 들고 있다.
(B) 여자가 몇몇 상품을 구매하고 있다.

5. 미국

(A) The man is <u>looking</u> at the monitor.
(B) The man is <u>working</u> at a construction site.

(A) 남자가 모니터를 보고 있다.
(B) 남자가 공사 현장에서 근무하고 있다.

6. 미국

(A) The woman is <u>examining</u> a book at a library.
(B) The woman is <u>choosing</u> a book from the shelves.

(A) 여자가 도서관에서 책을 살펴보고 있다.
(B) 여자가 책꽂이에서 책을 고르고 있다.

7. 호주

(A) People are <u>riding</u> a bus.
(B) People are <u>boarding</u> a bus.

(A) 사람들이 버스 안에 타고 있다.
(B) 사람들이 버스에 탑승하고 있다.

PART 1 UNIT 02

7

8.  미국

(A) They're <u>shaking</u> hands.
(B) They're <u>waving</u> their hands.

(A) 사람들이 악수를 하고 있다.
(B) 사람들이 손을 흔들고 있다.

9.  영국

(A) People are <u>boarding</u> the plane.
(B) People are <u>standing</u> in line.

(A) 사람들이 비행기에 탑승하고 있다.
(B) 사람들이 한 줄로 서 있다.

10.  미국

(A) They're <u>copying</u> some documents together.
(B) They're <u>reading</u> a document together.

(A) 사람들이 함께 서류를 복사하고 있다.
(B) 사람들이 함께 서류를 읽고 있다.

11.  미국

(A) People are <u>sitting</u> outside.
(B) People are <u>setting</u> the table.

(A) 사람들이 야외에 앉아 있다.
(B) 사람들이 식탁을 준비하고 있다.

12.  미국

(A) They're <u>having</u> a <u>conversation</u>.
(B) They're <u>having</u> a <u>meeting</u>.

(A) 사람들이 대화를 나누고 있다.
(B) 사람들이 회의를 하고 있다.

Exercise   본서 p.46

1. (B), (C)   **2.** (A), (C)   **3.** (A), (B)   **4.** (A), (B)
5. (A), (C)   **6.** (B), (C)

1.  미국

(A) He is <u>typing</u> on a keyboard.
(B) He is <u>talking</u> on the phone.
(C) He is <u>taking</u> some <u>notes</u>.

(A) 남자가 키보드를 치고 있다.
(B) 남자가 전화 통화를 하고 있다.
(C) 남자가 메모를 하고 있다.

해설 (A) 책상에 키보드는 보이지 않으므로 오답!
     (B) 전화하고 있는 남자가 보이므로 정답!
     (C) 남자가 전화를 하며 메모를 하고 있으므로 정답!

어휘 take notes 메모하다, 기록하다

2.  영국

(A) A woman is <u>wearing</u> a shirt.
(B) A woman is <u>sipping</u> some water.
(C) A woman is <u>studying</u> a menu.

(A) 여자가 셔츠를 입고 있다.
(B) 여자가 물을 조금씩 마시고 있다.
(C) 여자가 메뉴를 보고 있다.

해설 (A) 셔츠를 입은 여자의 모습이 보이므로 정답!
　　(B) 여자가 물을 마시고 있지 않으므로 오답!
　　(C) 여자가 메뉴를 보고 있으므로 정답!

어휘 wear 입다 | sip 조금씩 마시다 | study a menu 메뉴를 보다

3.

〔호주〕

(A) A woman is <u>bending</u> over.
(B) Plates <u>are being put</u> in the dishwasher.
(C) A woman is <u>rinsing</u> dishes in a sink.

(A) 여자가 몸을 구부리고 있다.
(B) 접시들이 식기세척기 안에 넣어지고 있다.
(C) 여자가 싱크대에서 접시들을 헹구고 있다.

해설 (A) 여자가 몸을 구부리고 있는 모습이 보이므로 정답!
　　(B) 여자가 접시를 식기세척기 안에 넣고 있으므로 정답!
　　(C) 여자가 싱크대에서 접시를 헹구는 모습이 아니므로 오답!

어휘 bend over 몸을 구부리다 | put 놓다 | dishwasher 식기세척기 |
rinse 헹구다 | sink 싱크대

4.

〔미국〕

(A) Cyclists are <u>riding</u> along the street.
(B) Cyclists are <u>facing</u> the same direction.
(C) People are <u>pushing</u> their bicycles.

(A) 자전거를 탄 사람들이 길을 따라 가고 있다.
(B) 자전거를 탄 사람들이 같은 방향을 향해 있다.
(C) 사람들이 그들의 자전거를 밀고 있다.

해설 (A) 사람들이 길을 따라 자전거를 타고 있으므로 정답!
　　(B) 사람들이 같은 방향으로 자전거를 타고 있으므로 정답!
　　(C) 사람들이 자전거를 밀지 않고 타고 가는 중이므로 오답!

어휘 cyclist 자전거 타는 사람 | along ～를 따라 | face ～를 향하다 |
direction 방향 | push 밀다

5.

〔미국〕

(A) Camera equipment <u>has been set up</u> outdoors.
(B) A man is <u>putting up</u> a sign.
(C) A car <u>has been parked</u> by the sidewalk.

(A) 카메라 장비가 야외에 설치되어 있다.
(B) 한 남자가 간판을 설치하고 있다.
(C) 차가 인도 옆에 주차되어 있다.

해설 (A) 카메라 장비가 야외에 설치되어 있으므로 정답!
　　(B) 남자가 간판을 설치하는 모습이 보이지 않으므로 오답!
　　(C) 차가 인도 옆에 주차되어 있으므로 정답!

어휘 equipment 장비 | set up ～을 설치하다 | outdoors 야외에 |
put up 세우다 | sign 간판 | park 주차하다 | sidewalk 보도, 인도

6.

〔영국〕

(A) A man is <u>carrying</u> a box.
(B) They are <u>wearing</u> safety helmets.
(C) A man is <u>using</u> a ladder.

(A) 한 남자가 상자를 나르고 있다.
(B) 사람들이 안전모를 착용하고 있다.
(C) 한 남자가 사다리를 이용하고 있다.

해설 (A) 상자를 나르고 있는 남자의 모습이 보이지 않으므로 오답!
　　(B) 사람들이 안전모를 착용하고 있으므로 정답!
　　(C) 한 남자가 사다리 위에 있으므로 정답!

어휘 safety helmet 안전모 | ladder 사다리

Practice

본서 p.48

1. (A)	**2.** (D)	**3.** (C)	**4.** (D)	**5.** (C)	**6.** (B)
7. (B)	**8.** (D)	**9.** (D)	**10.** (D)	**11.** (C)	**12.** (A)

1. 호주

(A) He is washing a car.
(B) He is using a lawn mower.
(C) He is cutting some grass.
(D) He is opening the garage door.

(A) 남자가 세차를 하고 있다.
(B) 남자가 잔디 깎는 기계를 이용하고 있다.
(C) 남자가 풀을 베고 있다.
(D) 남자가 차고 문을 열고 있다.

해설 (A) 남자가 호스로 차에 물을 뿌리고 있으므로 정답!
(B) 잔디 깎는 기계는 보이지 않으므로 오답!
(C) 풀을 베는 모습이 아니므로 오답!
(D) 차고 문을 여는 모습이 아니므로 오답!

어휘 wash 씻다 | lawn mower 잔디 깎는 기계 | grass 풀, 잔디 | garage door 차고 문

2. 미국

(A) The man is wiping off a counter.
(B) The man is putting on safety gloves.
(C) The man is adjusting a microscope.
(D) The man is looking at some lab equipment.

(A) 남자가 카운터를 닦고 있다.
(B) 남자가 안전장갑을 끼는 중이다.
(C) 남자가 현미경을 조정하고 있다.
(D) 남자가 실험용 장비를 보고 있다.

해설 (A) 카운터를 닦고 있지 않으므로 오답!
(B) 안전장갑을 이미 낀 상태이므로 오답!
(C) 현미경이 보이지 않으므로 오답!
(D) 실험용 도구를 보면서 사용하고 있으므로 정답!

어휘 wipe off (~을 닦아서) 제거하다 | safety gloves 안전장갑 | adjust 조정하다, 조절하다 | microscope 현미경 | lab equipment 실험용 장비

3. 영국

(A) The woman is searching through her bag.
(B) The man is opening his briefcase.
(C) They're climbing up some stairs.
(D) They're holding onto a railing.

(A) 여자가 자신의 가방을 뒤져보고 있다.
(B) 남자가 서류 가방을 열고 있다.
(C) 사람들이 계단을 오르고 있다.
(D) 사람들이 난간을 잡고 있다.

해설 (A) 여자가 가방 안에 있는 무언가를 찾는 모습이 아니므로 오답!
(B) 서류 가방은 여자가 들고 있으며 열고 있는 모습이 아니므로 오답!
(C) 두 사람이 계단을 오르고 있는 모습이므로 정답!
(D) 난간은 보이지 않으므로 오답!

어휘 search through 살펴보다, 뒤지다 | briefcase 서류 가방 | climb up 오르다 | stairs 계단 | hold onto ~을 꽉 잡다 | railing 난간

4. 미국

(A) Some people are clapping their hands.
(B) A woman is entering a room.
(C) People are seated in a circle.
(D) A man is pointing at a whiteboard.

(A) 몇몇 사람들이 박수를 치고 있다.
(B) 여자가 방으로 들어가고 있다.
(C) 사람들이 둥글게 앉아 있다.
(D) 한 남자가 화이트보드를 가리키고 있다.

해설 (A) 사람들이 박수를 치는 모습이 아니므로 오답!
(B) 여자가 방으로 들어오는 모습이 아니므로 오답!
(C) 사람들이 여러 줄로 앉아 있으므로 오답!
(D) 남자가 펜으로 화이트보드를 가리키는 모습이므로 정답!

어휘 clap 박수치다 | enter 들어가다 | be seated 앉아 있다 | in a circle 둥글게 | point at ~을 가리키다 | whiteboard 화이트보드

5.

미국

(A) One of the women is carrying a suitcase.
(B) One of the women is grasping an umbrella.
(C) The women are pushing their strollers.
(D) The women are heading in opposite directions.

(A) 여자들 중 한 명이 여행 가방 하나를 들고 있다.
(B) 여자들 중 한 명이 우산을 꽉 쥐고 있다.
(C) 여자들이 유모차를 밀고 있다.
(D) 여자들이 서로 반대 방향으로 향하고 있다.

해설 (A) 여행 가방이 보이지 않으므로 오답!
(B) 우산이 보이지 않으므로 오답!
(C) 여자들이 각자 유모차를 밀고 있으므로 정답!
(D) 여자들이 같은 방향을 향하고 있으므로 오답!

어휘 carry 들고 있다 I suitcase 여행 가방 I grasp 꽉 잡다, 움켜 잡다 I push 밀다 I stroller 유모차 I head 향하다 I in opposite direction 반대 방향으로

6.

미국

(A) Some people are moving boxes.
(B) Some people are sitting on the floor.
(C) Some people are folding a paper.
(D) Some people are organizing a closet.

(A) 몇몇 사람들이 박스를 옮기고 있다.
(B) 몇몇 사람들이 바닥에 앉아 있다.
(C) 몇몇 사람들이 종이를 접고 있다.
(D) 몇몇 사람들이 옷장을 정리하고 있다.

해설 (A) 박스를 나르는 모습이 아니므로 오답!
(B) 사람들이 앉아 있으므로 정답!
(C) 종이를 접고 있는 모습이 아니므로 오답!
(D) 옷장은 보이지 않으므로 오답!

어휘 move 옮기다 I floor 바닥 I fold 접다, 포개다 I organize 정리하다 I closet 옷장

7.

미국

(A) They're repairing some instruments.
(B) They're performing outdoors.
(C) They're wearing sunglasses.
(D) They're watching a performance.

(A) 사람들이 악기를 수리하고 있다.
(B) 사람들이 야외에서 공연을 하고 있다.
(C) 사람들이 선글라스를 쓰고 있다.
(D) 사람들이 공연을 보고 있다.

해설 (A) 악기를 고치는 것이 아니라 연주하고 있으므로 오답!
(B) 야외에서 공연 중인 모습이므로 정답!
(C) 선글라스를 착용하지 않았으므로 오답!
(D) 공연을 보는 중이 아니므로 오답!

어휘 repair 고치다, 수리하다 I instrument 악기 I perform 공연하다 I performance 공연

8.

호주

(A) A woman is closing the windows.
(B) A woman is opening some drawers.
(C) A woman is emptying a bucket.
(D) A woman is mopping the floor.

(A) 여자가 창문을 닫고 있다.
(B) 여자가 서랍을 열고 있다.
(C) 여자가 양동이를 비우고 있다.
(D) 여자가 바닥을 대걸레로 닦고 있다.

해설 (A) 창문을 닫고 있는 모습이 아니므로 오답!
(B) 서랍을 여는 모습이 아니므로 오답!
(C) 양동이가 보이지 않으므로 오답!
(D) 대걸레질을 하는 여자의 모습이 보이므로 정답!

어휘 drawers 서랍 I empty 비우다 I bucket 양동이 I mop 대걸레로 닦다

PART 1 UNIT 02

9.  영국

(A) They're resting under the trees.
(B) They're raking leaves on the street.
(C) They're jogging in the park.
(D) They're strolling along the path.

(A) 사람들이 나무 아래에서 쉬고 있다.
(B) 사람들이 길에서 나뭇잎들을 갈퀴로 긁어 모으고 있다.
(C) 사람들이 공원에서 조깅하고 있다.
(D) 사람들이 길을 따라 거닐고 있다.

해설 (A) 나무 아래에서 쉬는 것이 아니라 걷고 있으므로 오답!
(B) 갈퀴로 나뭇잎들을 모으고 있지 않으므로 오답!
(C) 공원에서 조깅하는 모습이 아니라 걷고 있으므로 오답!
(D) 두 사람이 산책 길을 따라 거니는 모습이 보이므로 정답!

어휘 rest 쉬다 | rake 갈퀴로 긁어 모으다 | jog 조깅하다 | stroll 거닐다, 산책하다 | path 길

11.  미국

(A) The woman is turning on a television screen.
(B) The woman is clearing the counter.
(C) The woman is talking on the phone.
(D) The woman is adjusting a clock.

(A) 여자가 텔레비전 화면을 켜고 있다.
(B) 여자가 카운터를 치우고 있다.
(C) 여자가 전화 통화를 하고 있다.
(D) 여자가 시계를 맞추고 있다.

해설 (A) 텔레비전 화면을 켜고 있는 모습이 아니므로 오답!
(B) 카운터 위를 치우는 모습이 아니므로 오답!
(C) 여자가 수화기를 들고 통화 중이므로 정답!
(D) 시계를 조정하는 모습이 아니므로 오답!

어휘 turn on (TV·라디오 등을) 켜다 | clear 치우다 | adjust 조절하다, 맞추다

10.  미국

(A) A man is casting a net from a dock.
(B) A man is inspecting some lampposts.
(C) A man is unpacking his bag.
(D) A man is walking past some benches.

(A) 남자가 부두에서 그물을 던지고 있다.
(B) 남자가 몇몇 가로등을 점검하고 있다.
(C) 남자가 가방을 풀고 있다.
(D) 남자가 몇몇 벤치를 지나쳐 걷고 있다.

해설 (A) 그물이 보이지 않으므로 오답!
(B) 가로등을 점검하는 모습이 아니므로 오답!
(C) 가방을 푸는 모습이 아니므로 오답!
(D) 벤치를 지나쳐 걷고 있으므로 정답!

어휘 cast 던지다 | net 그물 | dock 부두, 잔교 | inspect 점검하다 | lamppost 가로등 | unpack (짐을) 풀다 | past ~을 지나(쳐서)

12. 호주

(A) Some people are exercising outside.
(B) A lawn is being mowed.
(C) Cyclists are riding across the park.
(D) Some athletes are standing in a circle.

(A) 몇몇 사람들이 밖에서 운동하고 있다.
(B) 잔디가 깎이고 있다.
(C) 자전거를 탄 사람들이 공원을 가로질러 가고 있다.
(D) 몇몇 운동선수들이 둥글게 서 있다.

해설 (A) 사람들이 공원에서 운동하고 있으므로 정답!
(B) 잔디를 깎는 사람이 보이지 않으므로 오답!
(C) 자전거를 탄 사람들이 보이지 않으므로 오답!
(D) 사람들이 나란히 앉거나 서서 운동하고 있으므로 오답!

어휘 exercise 운동하다 | outside 밖에서 | lawn 잔디 | mow 베다, 자르다 | cyclist 자전거 타는 사람 | ride 타다, 몰다 | athlete (운동)선수 | stand 서다 | in a circle 둥글게, 원형을 이루어

UNIT 03. 사물·풍경 중심 사진

Warm-up

본서 p.55

1. (B)   2. (A)   3. (A)   4. (A)   5. (A)   6. (B)

1.

미국

(A) Some trucks are being parked on the edge of the street.
(B) Some trucks are parked along the street.

(A) 트럭 몇 대가 길가에 주차되고 있다.
(B) 트럭 몇 대가 길을 따라 주차되어 있다.

2.

미국

(A) Lampposts are placed in a row.
(B) There are streetlights in rows.

(A) 가로등들이 일렬로 놓여 있다.
(B) 가로등들이 여러 줄로 있다.

3.

영국

(A) Some documents are scattered on the desk.
(B) Some papers are piled up on the desk.

(A) 몇몇 문서들이 책상 위에 흩어져 있다.
(B) 몇몇 서류들이 책상 위에 쌓여 있다.

4.

미국

(A) The buildings overlook a canal.
(B) Some buildings are being repainted.

(A) 건물들이 수로를 내려다보고 있다.
(B) 몇몇 건물들이 다시 페인트칠되고 있다.

5.

호주

(A) A flower vase has been placed on a table.
(B) A flower vase is being placed on a table.

(A) 꽃병 하나가 식탁 위에 놓여 있다.
(B) 꽃병 하나가 식탁 위에 놓이고 있다.

6.

미국

(A) The road is paved with bricks.
(B) The road is being paved.

(A) 도로가 벽돌로 포장되어 있다.
(B) 도로가 포장되고 있다.

Exercise

본서 p.56

1. (B), (C) **2.** (A), (C) **3.** (A), (C) **4.** (A), (B)
5. (B), (C) **6.** (B), (C)

1.　　　　　　　　　　　　　　　　　미국

(A) Cars are <u>crossing</u> the bridge.
(B) <u>There is</u> a bridge that crosses the river.
(C) A bridge <u>extends</u> over a <u>waterway</u>.

(A) 차들이 다리를 건너고 있다.
(B) 강을 가로지르는 다리가 하나 있다.
(C) 다리가 수로 위에 뻗어 있다.

해설 (A) 다리를 건너는 차들이 보이지 않으므로 오답!
　　 (B) 강을 가로지르는 다리가 보이므로 정답!
　　 (C) 다리가 수로 위로 뻗어 있으므로 정답!

어휘 cross 건너다 | bridge 다리 | extend 뻗다, 걸치다 | waterway
수로

2.　　　　　　　　　　　　　　　　　영국

(A) <u>There is</u> a bed between the <u>lamps</u>.
(B) The lamps <u>are being turned off</u>.
(C) An armchair <u>is situated</u> near a window.

(A) 램프들 사이에 침대가 하나 있다.
(B) 램프들이 꺼지고 있다.
(C) 안락의자 하나가 창문 가까이에 위치해 있다.

해설 (A) 침대 양쪽에 램프가 있으므로 정답!
　　 (B) 램프를 끄는 사람이 보이지 않으므로 오답!
　　 (C) 창문 근처에 안락의자가 보이므로 정답!

어휘 turn off 끄다 | armchair 안락의자 | be situated 위치해 있다 |
near ~가까이에

3.　　　　　　　　　　　　　　　　　미국

(A) The table <u>is set</u> for a meal.
(B) <u>There are</u> some <u>utensils</u> next to a sink.
(C) Some chairs <u>have been placed</u> around the table.

(A) 식탁이 식사를 위해 차려져 있다.
(B) 싱크대 옆으로 식기 몇 개가 있다.
(C) 몇몇 의자들이 식탁 주위에 놓여 있다.

해설 (A) 식탁이 차려져 있는 모습이므로 정답!
　　 (B) 싱크대와 식기들이 보이지 않으므로 오답!
　　 (C) 식탁 주위에 의자들이 놓여 있으므로 정답!

어휘 set (상을) 차리다 | meal 식사 | utensil 식기 | sink 싱크대

4.　　　　　　　　　　　　　　　　　호주

(A) The beach <u>is unoccupied</u>.
(B) <u>There is</u> a <u>shadow</u> under the umbrella.
(C) All of the chairs <u>are taken</u>.

(A) 해변에 사람이 없다.
(B) 파라솔 아래로 그림자가 드리워져 있다.
(C) 모든 의자가 사용 중이다.

해설 (A) 해변에 사람들이 보이지 않으므로 정답!
　　 (B) 파라솔 아래 그늘이 드리워져 있으므로 정답!
　　 (C) 의자에 사람들이 앉아 있지 않으므로 오답!

어휘 unoccupied 비어있는 | umbrella 우산, 파라솔 | under ~아래 |
take (의자 등을) 쓰다, 차지하다

5.  미국

(A) A man is <u>feeding</u> the horses.
(B) Some horses <u>have been tied</u> to a carriage.
(C) A carriage <u>is parked</u> in front of a <u>statue</u>.

(A) 한 남자가 말들에게 먹이를 주고 있다.
(B) 몇 마리의 말들이 마차에 묶여 있다.
(C) 마차가 조각상 앞에 세워져 있다.

해설 (A) 말들에게 먹이를 주는 남자가 보이지 않으므로 오답!
(B) 말들이 마차에 묶여 있으므로 정답!
(C) 마차가 세워진 뒤편에 동상이 보이므로 정답!

어휘 feed 먹이를 주다 ǀ tie 묶다 ǀ carriage 마차 ǀ statue 동상

---

6.  영국

(A) The chairs <u>are being arranged</u> on the floor.
(B) The chairs <u>are placed</u> next to each other.
(C) File folders <u>are stacked</u> in front of the chairs.

(A) 의자가 바닥에 배열되고 있다.
(B) 의자가 나란히 놓여 있다.
(C) 서류 폴더들이 의자 앞에 쌓여 있다.

해설 (A) 의자를 정리하는 중인 사람들이 보이지 않으므로 오답!
(B) 의자가 서로 나란히 놓여 있으므로 정답!
(C) 의자 앞에 서류 폴더들이 쌓여있으므로 정답!

어휘 arrange 배열하다, 정리하다 ǀ next to each other 나란히 ǀ stack 쌓다

Practice
본서 p.58

1. (A)	2. (D)	3. (C)	4. (A)	5. (D)	6. (A)
7. (D)	8. (C)	9. (A)	10. (A)	11. (B)	12. (D)

1.  미국

(A) Some baked goods are arranged in rows.
(B) The display shelves have been cleared off.
(C) Some cakes are being sliced.
(D) Some desserts are being packaged.

(A) 몇몇 빵 제품들이 여러 열로 배열되어 있다.
(B) 진열 선반들이 깨끗이 치워져 있다.
(C) 몇몇 케이크들이 얇은 조각으로 잘리고 있다.
(D) 몇몇 디저트들이 포장되고 있다.

해설 (A) 빵 제품들이 여러 열로 진열되어 있으므로 정답!
(B) 진열 선반들이 치워진 게 아니라 상품으로 가득 채워져 있으므로 오답!
(C) 케이크를 자르고 있는 사람이 보이지 않으므로 오답!
(D) 디저트를 포장하고 있는 사람이 보이지 않으므로 오답!

어휘 goods 상품 ǀ arrange 배열하다, 정리하다 ǀ in rows 여러 줄로 ǀ display shelf 진열 선반 ǀ clear off 치우다 ǀ slice (얇게) 썰다, 자르다 ǀ packaged 포장된

---

2.  미국

(A) Some products are being examined.
(B) A box has been left on the pavement.
(C) A book is being picked up.
(D) Some items have been displayed on a table.

(A) 몇몇 제품들이 검사되고 있다.
(B) 인도 위에 상자 하나가 남겨져 있다.
(C) 책 한 권이 들어올려지고 있다.
(D) 몇몇 물건들이 탁자 위에 진열되어 있다.

해설 (A) 물건들을 검사하는 사람이 보이지 않으므로 오답!
(B) 인도 위에 남겨져 있는 상자가 보이지 않으므로 오답!
(C) 책을 들어올리는 사람이 보이지 않으므로 오답!
(D) 물건들이 테이블 위에 진열되어 있으므로 정답!

어휘 examine 검사하다, 살펴보다 | pavement 인도, 보도 | pick up 들 어올리다

---

3.  미국

(A) The grass is being cut.
(B) Some people are resting under a tree.
(C) A patio is surrounded by a wooden fence.
(D) The garden is being watered.

(A) 풀이 깎이고 있다.
(B) 몇몇 사람들이 나무 아래에서 쉬고 있다.
(C) 테라스가 나무 울타리로 둘러싸여 있다.
(D) 정원에 물을 주고 있다.

해설 (A) 잔디를 깎는 사람이나 기계가 보이지 않으므로 오답!
　　 (B) 쉬고 있는 사람들이 보이지 않으므로 오답!
　　 (C) 테라스 주변에 나무 울타리가 보이므로 정답!
　　 (D) 정원에 물을 주는 사람이나 기계가 보이지 않으므로 오답!

어휘 grass 풀 | cut 자르다 | rest 쉬다, 휴식을 취하다 | surround 둘러 싸다 | wooden 나무로 만들어진 | fence 울타리

---

4.  영국

(A) Some boats are sailing near a bridge.
(B) A ship is being boarded.
(C) A bridge is being built over the water.
(D) Some maintenance work is being done.

(A) 몇몇 보트가 다리 근처에서 항해하고 있다.
(B) 사람들이 배에 탑승하고 있다.
(C) 물 위로 다리가 지어지고 있다.
(D) 보수 작업이 진행되고 있다.

해설 (A) 보트들이 다리 근처에서 항해 중이므로 정답!
　　 (B) 배에 탑승하는 사람들이 보이지 않으므로 오답!
　　 (C) 지금 지어지는 중이 아니라 다리는 이미 지어져 있는 상태이므로 오답!
　　 (D) 보수 작업하는 모습이 보이지 않으므로 오답!

어휘 sail 항해하다 | board 탑승하다 | maintenance work 보수 작업

---

5.  호주

(A) Containers are being emptied.
(B) Vegetables have been planted in the field.
(C) Groceries are being put on the counter.
(D) Produce has been placed in baskets.

(A) 용기들이 비워지고 있다.
(B) 채소들이 들판에 심어져 있다.
(C) 식료품들이 계산대에 놓이고 있다.
(D) 농작물이 바구니 안에 있다.

해설 (A) 용기들을 비우는 사람이 보이지 않으므로 오답!
　　 (B) 들판에 심어진 채소들은 보이지 않으므로 오답!
　　 (C) 식료품을 계산대에 놓는 사람이 보이지 않으므로 오답!
　　 (D) 농작물이 여러 바구니에 들어 있으므로 정답!

어휘 container 용기 | empty 비우다 | plant (나무, 씨앗 등을) 심다 | field 들판 | groceries 식료품 | counter 계산대 | produce 농작물 | basket 바구니

---

6.  호주

(A) Mountains are reflected on the water.
(B) Some people are crossing the river.
(C) Some people are getting off a boat.
(D) There are clouds in the sky.

(A) 산이 물의 표면에 비춰지고 있다.
(B) 몇몇 사람들이 강을 건너고 있다.
(C) 몇몇 사람들이 보트에서 내리고 있다.
(D) 하늘에 구름이 있다.

해설 (A) 산이 물에 비쳐 보이므로 정답!
　　 (B) 강을 건너는 사람들이 보이지 않으므로 오답!
　　 (C) 배에서 내리는 사람들이 보이지 않으므로 오답!
　　 (D) 하늘에 구름이 없으므로 오답!

어휘 reflect (물이나 거울 위에 상을) 비추다 | cross 건너다 | get off (탈 것에서) 내리다

7.  미국

(A) Cars are parked on the street.
(B) Several people are entering a building.
(C) Some windows are being installed.
(D) There are some poles along the street.

(A) 차들이 길가에 주차되어 있다.
(B) 여러 사람들이 건물 안으로 들어가고 있다.
(C) 창문들이 설치되고 있다.
(D) 길을 따라 몇 개의 기둥들이 있다.

해설 (A) 차가 보이지 않으므로 오답!
(B) 사람들이 보이지 않으므로 오답!
(C) 창문을 설치하는 사람이 보이지 않으므로 오답!
(D) 길을 따라 세워져 있는 기둥들이 보이므로 정답!

어휘 install 설치하다 I pole 기둥

---

8.  영국

(A) A handrail is being fixed.
(B) The floor is being sprayed with water.
(C) Bushes line one side of the walkway.
(D) A rug has been placed in front of an entrance.

(A) 난간이 수리되고 있다.
(B) 바닥에 물이 뿌려지고 있다.
(C) 덤불이 한쪽 통로를 따라 늘어서 있다.
(D) 깔개가 출입구 앞에 놓여 있다.

해설 (A) 난간을 수리하는 사람이 없으므로 오답!
(B) 바닥에 물을 뿌리는 사람이 없으므로 오답!
(C) 통로 한쪽으로 덤불이 늘어서 있으므로 정답!
(D) 깔개는 보이지 않으므로 오답!

어휘 handrail 난간 I fix 고치다, 수리하다 I spray 물을 뿌리다 I line ~을 따라 늘어서다 I walkway 통로, 보도 I rug 깔개 I entrance 입구

---

9.  호주

(A) Some clothes are hanging from the rack.
(B) Some shirts are being folded.
(C) Merchandise is on display outdoors.
(D) Some dresses are being put into a shopping bag.

(A) 옷 몇 벌이 걸이에 걸려 있다.
(B) 셔츠 몇 벌이 개어지고 있다.
(C) 상품이 밖에 진열되어 있다.
(D) 드레스들이 쇼핑백 안에 넣어지고 있다.

해설 (A) 옷들이 걸이에 걸려 있으므로 정답!
(B) 셔츠를 개는 사람이 보이지 않으므로 오답!
(C) 상품들이 밖에 진열된 것이 아니므로 오답!
(D) 쇼핑백에 드레스를 넣는 사람이 보이지 않으므로 오답!

어휘 hang 걸다 I rack 걸이; 선반 I fold 개다, 접다 I merchandise 상품 I outdoors 밖에

---

10.  미국

(A) A handrail divides the stairway.
(B) A stone wall is being built.
(C) There are some potted plants on the floor.
(D) Some people are walking down a staircase.

(A) 난간이 계단을 나누고 있다.
(B) 돌담이 지어지고 있다.
(C) 바닥에 화분이 있다.
(D) 몇몇 사람들이 계단을 내려가고 있다.

해설 (A) 난간이 중간에서 계단을 나누고 있으므로 정답!
(B) 돌담을 쌓는 사람이 보이지 않으므로 오답!
(C) 바닥에 화분이 보이지 않으므로 오답!
(D) 계단을 내려가는 사람들이 보이지 않으므로 오답!

어휘 handrail 난간 I divide 나누다 I stairway 계단 I stone wall 돌담 I potted plant 화분 I staircase 계단

11.

미국

(A) Houses are surrounded by mountains.
(B) A structure overlooks a town.
(C) Some buildings are under construction.
(D) Some tables are shaded by umbrellas.

(A) 집들이 산으로 둘러싸여 있다.
(B) 한 건축물이 마을을 내려다보고 있다.
(C) 몇몇 건물들이 공사 중이다.
(D) 몇몇 탁자들이 파라솔로 그늘져 있다.

해설 (A) 집들이 산으로 둘러싸여 있지 않으므로 오답!
(B) 건축물 하나가 언덕 위에서 마을을 내려다보고 있으므로 정답!
(C) 공사 중인 건물이 보이지 않으므로 오답!
(D) 탁자와 파라솔로 그늘진 모습은 보이지 않으므로 오답!

어휘 surround 둘러싸다 | structure 건축물 | overlook 내려다보다 |
under construction 공사 중인 | shade 그늘지게 하다, 가리다 |
umbrella 우산, 파라솔

12.

미국

(A) A cart is being pushed to the corner.
(B) Baggage has been loaded onto a vehicle.
(C) Some suitcases are being unpacked.
(D) Some bags are unattended.

(A) 카트가 구석으로 밀어지고 있다.
(B) 수하물이 차량에 실려 있다.
(C) 몇몇 여행용 가방들을 풀고 있다.
(D) 몇몇 가방들이 방치되어 있다.

해설 (A) 카트가 보이지 않으므로 오답!
(B) 수하물이 차량에 실려 있지 않으므로 오답!
(C) 여행용 가방을 풀고 있는 사람이 보이지 않으므로 오답!
(D) 지켜보는 사람 없이 가방들만 보이므로 정답!

어휘 baggage 수하물 | load (물건을) 싣다 | vehicle 차량, 운송 수단 |
suitcase 여행용 가방 | unpack (짐을) 풀다, (가방에 든 것을) 꺼내다
| unattended 주인없이 방치된, 지켜보는 사람이 없는

UNIT 04. 인물·사물·풍경 혼합 사진

Warm-up

본서 p.65

1. (A) **2.** (A) **3.** (A) **4.** (B) **5.** (A) **6.** (B)

1.

영국

(A) A man is mowing the lawn.
(B) A man is cutting some fabric.

(A) 한 남자가 잔디를 깎고 있다.
(B) 한 남자가 천을 자르고 있다.

2.

미국

(A) Some workers are working at a construction site.
(B) Some workers are inspecting heavy machinery.

(A) 몇몇 인부들이 공사장에서 일하고 있다.
(B) 몇몇 인부들이 중장비들을 점검하고 있다.

3.

호주

(A) The park is full of people.
(B) The park is deserted.

(A) 공원이 사람들로 가득하다.
(B) 공원에 사람이 없다.

---

4. 미국

(A) A lot of cars are <u>driving</u> on the <u>road</u>.
(B) <u>There are</u> no <u>cars</u> on the <u>road</u>.

(A) 도로에 많은 차들이 다니고 있다.
(B) 도로에 차들이 없다.

5. 미국

(A) The path <u>leads</u> to a house.
(B) The house is <u>under construction</u>.

(A) 길이 집으로 이어져 있다.
(B) 집이 공사 중이다.

6. 미국

(A) They're <u>looking for</u> the <u>noticeboard</u>.
(B) They're <u>looking at</u> the <u>bulletin board</u>.

(A) 사람들이 게시판을 찾고 있다.
(B) 사람들이 게시판을 보고 있다.

Exercise
본서 p.66

1. (A), (C)   **2.** (B), (C)   **3.** (A), (B)   **4.** (A), (B)
5. (A), (C)   **6.** (B), (C)

1. 미국

(A) He is <u>wiping</u> a counter.
(B) The man is <u>putting on</u> an apron.
(C) Some items <u>have been stacked</u> in a corner.

(A) 남자가 카운터를 닦고 있다.
(B) 남자가 앞치마를 입고 있다.
(C) 몇몇 물건들이 구석에 쌓여지고 있다.

해설 (A) 남자가 카운터를 닦고 있으므로 정답!
　　 (B) 남자가 앞치마를 입고 있는 중이 아니라 이미 입고 있는 상태이므로 오답!
　　 (C) 주방 기구들이 구석에 쌓여 있으므로 정답!

어휘 wipe (먼지나 물기 등을) 닦다, 훔치다 | apron 앞치마 | stack 쌓다 | corner 구석, 모퉁이

2. 영국

(A) A woman is <u>trying</u> on a <u>shirt</u>.
(B) A woman is <u>shopping</u> for clothes.
(C) Some clothing <u>is being examined</u>.

(A) 여자가 셔츠를 입어보고 있다.
(B) 여자가 옷을 쇼핑하고 있다.
(C) 옷을 살펴보고 있다.

해설 (A) 여자가 셔츠를 입어보고 있지 않으므로 오답!
　　 (B) 여자가 옷을 쇼핑하고 있으므로 정답!
　　 (C) 고객이 옷을 살펴보고 있으므로 정답!

어휘 clothes 옷, 의상 | clothing 의류 | examine 점검하다, 살펴보다

3.

(A) A ladder is <u>leaning against</u> the <u>roof</u>.
(B) The men are <u>working</u> on the rooftop.
(C) One of the men is <u>climbing</u> a ladder.

(A) 사다리가 지붕에 기대어 있다.
(B) 남자들이 지붕에서 작업하고 있다.
(C) 남자들 중 한 명이 사다리를 오르고 있다.

해설 (A) 사다리가 지붕에 기대어져 있으므로 정답!
　　　(B) 지붕 위에서 작업 중인 두 남자가 보이므로 정답!
　　　(C) 두 남자 모두 이미 옥상 위에 올라가 있으므로 오답!

어휘 ladder 사다리 | lean against ~에 기대다 | rooftop 옥상, 지붕

4.

(A) A man is <u>holding</u> an umbrella.
(B) The path <u>is covered with</u> snow.
(C) A man is <u>shoveling snow</u> off a bench.

(A) 남자가 우산을 들고 있다.
(B) 길이 눈으로 덮여 있다.
(C) 남자가 삽으로 벤치에 있는 눈을 치우고 있다.

해설 (A) 남자가 우산을 쓰고 걷고 있으므로 정답!
　　　(B) 길이 눈으로 덮여 있으므로 정답!
　　　(C) 삽으로 눈을 치우는 남자가 보이지 않으므로 오답!

어휘 be covered with ~로 덮이다 | shovel 삽질하다

5.

(A) The women are <u>sharing</u> a bench.
(B) The women are <u>facing</u> each other.
(C) A binder <u>has been opened</u>.

(A) 여자들이 벤치에 같이 앉아 있다.
(B) 여자들이 서로 마주 보고 있다.
(C) 바인더가 펼쳐져 있다.

해설 (A) 여자들이 함께 벤치에 앉아 있으므로 정답!
　　　(B) 여자들이 마주 보고 있지 않으므로 오답!
　　　(C) 한 여자가 바인더를 펴서 보고 있으므로 정답!

어휘 share 함께 쓰다 | face each other 마주 보다

6.

(A) They are <u>attending</u> a presentation.
(B) They are <u>looking at</u> monitors.
(C) Workstations are <u>separated</u> by <u>partitions</u>.

(A) 사람들이 발표에 참석하고 있다.
(B) 사람들이 모니터를 보고 있다.
(C) 사무실 자리들이 칸막이로 구분되어 있다.

해설 (A) 사람들이 발표에 참석한 모습이 아니므로 오답!
　　　(B) 사람들이 각자 모니터를 보고 있으므로 정답!
　　　(C) 자리가 칸막이로 구분되어 있으므로 정답!

어휘 workstation 작업장, 사무실 내의 개인이 일하는 장소 | separate 분리하다, 나누다 | partition 칸막이, 파티션

Practice

본서 p.68

1. (B)	**2.** (B)	**3.** (A)	**4.** (D)	**5.** (C)	**6.** (D)
7. (A)	**8.** (A)	**9.** (B)	**10.** (B)	**11.** (D)	**12.** (C)

1.

영국

(A) The man is wiping a computer monitor.
(B) The man is typing on a keyboard.
(C) Some papers are being stacked.
(D) Objects are being cleared from a desk.

(A) 남자가 컴퓨터 모니터를 닦고 있다.
(B) 남자가 키보드를 치고 있다.
(C) 몇몇 서류가 쌓이고 있다.
(D) 물건들이 책상에서 치워지고 있다.

해설 (A) 남자가 모니터를 닦는 모습이 아니므로 오답!
(B) 남자가 키보드를 치고 있으므로 정답!
(C) 서류를 쌓고 있는 모습이 아니므로 오답!
(D) 책상에서 물건을 치우는 모습이 아니므로 오답!

어휘 wipe (먼지·물기 등을) 닦다 I type (컴퓨터로) 타자를 치다, 입력하다 I stack 쌓다 I object 물건 I clear 치우다

2.

미국

(A) Some tables are being moved to a stage.
(B) An audience is sitting in a room.
(C) Some people are standing near an entrance.
(D) A lecturer is distributing some handouts.

(A) 몇몇 탁자들이 무대로 옮겨지고 있다.
(B) 청중이 실내에 앉아 있다.
(C) 몇몇 사람들이 입구 근처에 서 있다.
(D) 강연자가 유인물들을 나눠주고 있다.

해설 (A) 무대로 탁자들을 옮기는 사람들을 볼 수 없으므로 오답!
(B) 청중이 강연장 안에 앉아 있으므로 정답!
(C) 입구 근처에 서 있는 사람들이 없으므로 오답!
(D) 강연자가 유인물을 나눠주는 모습이 아니므로 오답!

어휘 move to ~로 옮기다 I audience 청중 I in[inside] a room 실내에서 I entrance 입구 I lecturer 강연자, 강사 I distribute 나눠주다, 배포하다 I handout 유인물

3.

미국

(A) A cyclist is passing by a pedestrian.
(B) A car is entering a parking garage.
(C) Some people are walking down the stairs.
(D) Some people are looking out the windows.

(A) 자전거 탄 사람이 보행자 옆을 지나고 있다.
(B) 차 한 대가 주차장으로 들어가고 있다.
(C) 몇몇 사람들이 계단을 내려가고 있다.
(D) 몇몇 사람들이 창밖을 바라보고 있다.

해설 (A) 자전거를 탄 여자가 보행자를 지나고 있으므로 정답!
(B) 차량은 보이지 않으므로 오답!
(C) 계단은 보이지 않으므로 오답!
(D) 창밖을 보는 사람들의 모습이 보이지 않으므로 오답!

어휘 pass by ~옆을 지나가다 I pedestrian 보행자 I parking garage 차고, 주차장 I stairs 계단

4.

영국

(A) People are climbing a tree.
(B) People are strolling in a park.
(C) Trees are being planted in a forest.
(D) Leaves have fallen from the trees.

(A) 사람들이 나무에 오르고 있다.
(B) 사람들이 공원에서 거닐고 있다.
(C) 나무를 숲에 심고 있다.
(D) 나무에서 잎이 떨어져 있다.

해설 (A) 나무에 올라가는 사람들은 보이지 않으므로 오답!
(B) 사람들이 거닐고 있는 모습이 아니므로 오답!
(C) 나무를 심는 사람들이 보이지 않으므로 오답!
(D) 바닥에 나뭇잎들이 떨어져 있으므로 정답!

어휘 climb 오르다 I stroll 거닐다 I plant 심다 I forest 숲

5.  미국

(A) People are looking at artwork in a museum.
(B) A pavilion has been installed at a market.
(C) Bicycles are parked along a fence.
(D) A woman is walking through a gate.

(A) 사람들이 박물관에서 미술 작품을 보고 있다.
(B) 가설 건물이 시장에 설치되어 있다.
(C) 자전거들이 울타리를 따라 세워져 있다.
(D) 한 여자가 걸어서 문을 통과하고 있다.

해설 (A) 사람들이 옥외 울타리에 걸려 있는 그림들을 보고 있으므로 오답!
(B) 가설 건물이 보이지 않으므로 오답!
(C) 자전거들이 울타리를 따라 세워져 있으므로 정답!
(D) 문을 통과해서 걷는 여자가 보이지 않으므로 오답!

어휘 artwork 미술품 I pavilion 가설 건물, 임시 구조물 I install 설치하다
I park (차 등을) 세워 두다 I fence 울타리 I gate 대문, 정문

---

6.  미국

(A) Cars are stopped at an intersection.
(B) Workers are repairing a road.
(C) Some passengers are waiting in line.
(D) Traffic is moving in both directions.

(A) 차들이 교차로에 멈춰 서 있다.
(B) 인부들이 도로를 수리하고 있다.
(C) 몇몇 승객들이 줄 서서 기다리고 있다.
(D) 차량들이 양방향으로 이동하고 있다.

해설 (A) 교차로가 보이지 않으므로 오답!
(B) 도로를 수리하는 사람들이 보이지 않으므로 오답!
(C) 줄 서서 기다리는 사람들이 보이지 않으므로 오답!
(D) 양방향으로 이동 중인 차량들이 보이므로 정답!

어휘 intersection 교차로 I passenger 승객 I wait in line 줄을 서서
기다리다 I direction 방향

---

7.  미국

(A) Some cartons have been loaded in the trailer.
(B) Some containers are filled with fruit.
(C) A worker is operating a vehicle.
(D) A man is inspecting a tire.

(A) 몇몇 상자들이 트레일러에 실려 있다.
(B) 몇몇 컨테이너가 과일로 가득 차 있다.
(C) 인부 한 명이 차량을 운전하고 있다.
(D) 남자가 타이어를 점검하고 있다.

해설 (A) 상자가 트레일러에 실려 있는 상태이므로 정답!
(B) 과일은 보이지 않으므로 오답!
(C) 차량을 운전하는 인부가 보이지 않으므로 오답!
(D) 타이어를 살피는 모습이 아니므로 오답!

어휘 carton 상자 I load (물건을) 싣다 I trailer 트레일러 I container 컨
테이너, 용기 I be filled with ~로 가득 차다 I operate 조작하다, 운
행하다 I inspect 점검하다

---

8.  호주

(A) Some cups are stored in a cabinet.
(B) A woman is cutting some bread.
(C) A woman is stirring her coffee.
(D) Some dishes are being washed.

(A) 컵들이 수납장에 보관되어 있다.
(B) 여자가 빵을 자르고 있다.
(C) 여자가 커피를 젓고 있다.
(D) 접시들이 세척되고 있다.

해설 (A) 컵들이 수납장 안에 있는 모습이 보이므로 정답!
(B) 빵을 자르고 있는 모습은 아니므로 오답!
(C) 커피를 젓고 있지 않으므로 오답!
(D) 접시를 씻는 모습이 아니므로 오답!

어휘 store 보관하다 I cabinet 캐비닛, 수납장 I stir 젓다 I wash 씻다

9. 영국

(A) Some desks have been arranged in a row.
(B) Reading material is on display in a room.
(C) She's installing some blinds over a window.
(D) She's taking down a plant from a table.

(A) 몇몇 책상이 일렬로 배열되어 있다.
(B) 읽을거리들이 실내에 진열되어 있다.
(C) 여자가 창문 위에 블라인드를 설치하고 있다.
(D) 여자가 탁자에서 식물을 내리고 있다.

해설 (A) 일렬로 배열된 책상이 보이지 않으므로 오답!
(B) 책들이 방 한 켠에 가지런히 놓여 있으므로 정답!
(C) 여자가 블라인드를 설치하는 모습이 아니므로 오답!
(D) 여자가 식물을 내리는 모습이 아니므로 오답!

어휘 arrange 배열하다, 정렬시키다 | in a row 일렬로 | reading material 읽을거리 | on display 진열되어 있는 | install 설치하다 | blind (창문에 치는) 블라인드 | take down ~을 내리다

---

10. 호주

(A) Some train cars have been connected to one another.
(B) Some buildings have arched openings.
(C) Some pedestrians are crossing a street.
(D) Some people are walking through a tunnel.

(A) 기차 칸들이 서로 연결되어 있다.
(B) 몇몇 건물들에 아치형으로 틴 공간들이 있다.
(C) 몇몇 보행자들이 길을 건너고 있다.
(D) 몇몇 사람들이 터널을 통과해서 걷고 있다.

해설 (A) 기차가 보이지 않으므로 오답!
(B) 길 뒤편에 아치형으로 된 틴 공간들이 보이므로 정답!
(C) 보행자가 보이지 않으므로 오답!
(D) 사람들이 보이지 않으므로 오답!

어휘 car (열차 등의 칸을 세는 단위) 량 | one another 서로 | arched 아치형으로 된 | opening 틴 부분, 틈 | pedestrian 보행자

---

11. 미국

(A) Waves are crashing on the rocks.
(B) Cargo is being unloaded.
(C) They're rowing a boat.
(D) A fishing net is being spread on the ground.

(A) 파도가 바위에 부딪히고 있다.
(B) 화물이 내려지고 있다.
(C) 사람들이 보트의 노를 젓고 있다.
(D) 낚시 그물이 땅에 펼쳐지고 있다.

해설 (A) 해변에 부딪히는 파도가 보이지 않으므로 오답!
(B) 화물을 내리는 사람이 보이지 않으므로 오답!
(C) 보트의 노를 젓는 사람들이 보이지 않으므로 오답!
(D) 사람들이 바닥에 그물을 펼치고 있으므로 정답!

어휘 wave 파도 | cargo 화물 | unload 내리다 | row 노를 젓다 | fishing net 낚시 그물 | spread 펼치다

---

12. 미국

(A) A woman is drawing a picture.
(B) A man is hanging a painting on the wall.
(C) People are looking at some artwork.
(D) There are many sculptures in the gallery.

(A) 여자가 그림을 그리고 있다.
(B) 남자가 그림을 벽에 걸고 있다.
(C) 사람들이 미술품을 보고 있다.
(D) 미술관에 많은 조각품들이 있다.

해설 (A) 그림을 그리는 여자가 보이지 않으므로 오답!
(B) 벽에 그림을 거는 남자가 보이지 않으므로 오답!
(C) 사람들이 그림들을 보고 있으므로 정답!
(D) 조각품들이 보이지 않으므로 오답!

어휘 draw 그리다 | hang 걸다 | artwork 작품 | sculpture 조각품 | gallery 미술관

REVIEW TEST

본서 p.72

1. (C) **2.** (D) **3.** (B) **4.** (C) **5.** (B) **6.** (C)

1.

미국

(A) The man is cutting some branches.
(B) The man is putting on a hat.
(C) The man is wearing some gloves.
(D) The man is sweeping the ground.

(A) 남자가 몇몇 나뭇가지들을 자르고 있다.
(B) 남자가 모자를 쓰는 중이다.
(C) 남자가 장갑을 끼고 있다.
(D) 남자가 땅을 쓸고 있다.

해설 (A) 나뭇가지가 아닌 원통형 물건을 자르고 있으므로 오답!
(B) 남자가 모자를 쓰는 중이 아니라 이미 모자를 쓰고 있는 상태이므로 오답!
(C) 장갑을 끼고 있는 상태이므로 정답!
(D) 빗자루로 청소하고 있는 모습이 아니므로 오답!

어휘 branch 나뭇가지 I put on ~을 입다[걸치다] I wear 입고 있다 I sweep (빗자루로) 쓸다, 청소하다 I ground 땅바닥

2.

영국

(A) A man is opening up a laptop.
(B) They're exchanging business cards.
(C) A woman is handing out some papers.
(D) They're attending a presentation.

(A) 남자가 노트북을 열고 있다.
(B) 사람들이 명함을 교환하고 있다.
(C) 여자가 몇몇 서류들을 나누어 주고 있다.
(D) 사람들이 발표에 참석하고 있다.

해설 (A) 노트북을 여는 사람은 보이지 않으므로 오답!
(B) 명함을 주고 받는 모습은 보이지 않으므로 오답!
(C) 서류들을 나눠주는 여자는 보이지 않으므로 오답!
(D) 사람들이 발표에 참석해 있으므로 정답!

어휘 exchange 교환하다 I business card 명함 I hand out 나눠주다 I attend 참석하다

3.

미국

(A) People are climbing up a mountain.
(B) One of the people is holding trekking poles.
(C) A woman is sitting on a rock.
(D) Hikers are looking through their bags.

(A) 사람들이 산에 오르고 있다.
(B) 사람들 중 한 명이 등산스틱을 잡고 있다.
(C) 한 여자가 바위에 앉아 있다.
(D) 등산객들이 가방 안을 살펴보고 있다.

해설 (A) 산에 오르고 있는 모습이 아니므로 오답!
(B) 남자가 등산스틱을 들고 있으므로 정답!
(C) 여자가 바위에 앉아있지 않으므로 오답!
(D) 가방 안을 살피는 모습이 아니므로 오답!

어휘 climb up ~에 오르다 I trekking pole 등산스틱 I hiker 등산객, 도보 여행자 I look through ~을 살펴보다

4.

미국

(A) They're standing in a circle.
(B) The road is being cleaned.
(C) They're marching in rows.
(D) Some instruments have been packed up in a case.

(A) 사람들이 둥글게 서 있다.
(B) 도로가 청소되고 있다.
(C) 사람들이 줄지어 행진하고 있다.
(D) 몇몇 악기들이 케이스 안에 싸여 있다.

해설 (A) 둥글게 서 있는 모습이 아니므로 오답!
(B) 도로를 청소하는 사람이 보이지 않으므로 오답!
(C) 줄지어 행진하는 모습이 보이므로 정답!
(D) 악기들이 케이스 안에 싸인 모습이 아니므로 오답!

어휘 in a circle 둥글게, 원형을 이루어 I march 행진하다 I in rows 줄지어 I instrument 악기 I pack up (짐을) 싸다, 챙기다

5.

미국

(A) Fruits are hanging over some chairs.
(B) Market stalls have been set up.
(C) A carton of produce is being examined.
(D) A vendor is arranging some products.

(A) 과일들이 의자들 위에 매달려 있다.
(B) 시장 가판대들이 설치되어 있다.
(C) 농작물이 든 상자가 점검되고 있다.
(D) 한 행상인이 상품 몇 개를 정리하고 있다.

해설 (A) 과일들이 의자가 아닌 시장 가판대 위에 매달려 있으므로 오답!
(B) 시장 가판대들이 설치되어 있는 모습이므로 정답!
(C) 농작물이 든 상자를 살펴보는 사람이 보이지 않으므로 오답!
(D) 행상인이 보이지 않으므로 오답!

어휘 **market stall** 시장 가판대 ǀ **set up** 설치하다 ǀ **carton** 상자 ǀ **produce** 농작물 ǀ **examine** 살펴보다 ǀ **vendor** 행상인, 노점상 ǀ **arrange** 정리하다, 배열하다

6.

호주

(A) Pedestrians are waiting at a crosswalk.
(B) The road is blocked for repair work.
(C) Cars are parked along the street.
(D) Some buildings face a garden.

(A) 보행자들이 횡단보도에서 기다리고 있다.
(B) 도로가 수리작업으로 인해 막혀 있다.
(C) 차들이 길을 따라 주차되어 있다.
(D) 몇몇 건물들이 정원을 마주보고 있다.

해설 (A) 보행자가 보이지 않으므로 오답!
(B) 공사 작업을 하는 모습이 보이지 않으므로 오답!
(C) 길을 따라 주차된 차들이 보이므로 정답!
(D) 정원이 보이지 않으므로 오답!

어휘 **pedestrian** 보행자, 행인 ǀ **crosswalk** 횡단보도 ǀ **block** 막다, 차단하다 ǀ **park** 주차하다 ǀ **face** 향하다, 마주보다

PART 2

UNIT 05. When · Where 의문문

Warm-up
본서 p.83

1. (B) 2. (A) 3. (B) 4. (A) 5. (A) 6. (B)
7. (A) 8. (A) 9. (B) 10. (B) 11. (B) 12. (B)

미국 ↔ 영국

1. When did you purchase your computer?
(A) The shop across the street.
(B) 2 years ago, when it was first released.

컴퓨터를 언제 구입하셨나요?
(A) 길 건너편 매장이요.
(B) 2년 전 처음 출시되었을 때요.

해설 (A) Where 의문문에 어울리는 대답이므로 오답!
(B) 2 years ago라는 시점으로 대답했으므로 정답!

어휘 **purchase** 구입하다 ǀ **release** 발표하다, 공개하다

미국 ↔ 영국

2. When is Yukiko relocating to the Kyoto office?
(A) Next week, I think.
(B) A convenient location.

Yukiko가 교토 사무실로 언제 전근 가나요?
(A) 제 생각엔 다음 주요.
(B) 편리한 위치요.

해설 (A) Next week라는 시점으로 대답했으므로 정답!
(B) relocating과 발음이 비슷한 location을 이용한 오답!

어휘 **relocate** (특히 기업·근로자가) 옮기다, 이전하다 ǀ **convenient** 편리한

미국 ↔ 호주

3. When's the company anniversary party?
(A) He's planning to attend.
(B) A week from Wednesday.

회사 창립 기념일 파티가 언제죠?
(A) 그는 참석할 계획입니다.
(B) 수요일로부터 일주일 후요.

해설 (A) 질문에서 언급된 적이 없는 He가 주어로 사용되었으므로 오답!
(B) 정확한 시점 표현으로 답했으므로 정답!

어휘 **company anniversary** 회사 창립 기념일 ǀ **attend** 참석하다 ǀ **a week from** ~로부터 1주일 후

4. When does your plane leave?

(A) At 4 o'clock sharp.

(B) To London.

당신의 비행기는 언제 출발하나요?

(A) 4시 정각에요.

(B) 런던으로요.

해설 (A) 시간으로 대답했으므로 정답!

(B) plane을 듣고 연상 가능한 목적지를 언급했으므로 Where 의문문에 적절한 오답!

어휘 plane 비행기 | leave 떠나다 | sharp 정각

---

5. When will the video conference begin?

(A) Not until 11 in the morning.

(B) Yes, you're right.

화상 회의는 언제 시작하나요?

(A) 오전 11시는 되어야 할 거예요.

(B) 네, 당신 말이 맞아요.

해설 (A) 시점 표현으로 대답했으므로 정답!

(B) 의문사 의문문에는 Yes/No로 대답할 수 없으므로 오답!

어휘 video conference 화상 회의 | not until ~이후에야 비로소

---

6. When is the delivery coming?

(A) A delivery company.

(B) Any minute now.

배달은 언제 올 건가요?

(A) 배달업체에요.

(B) 곧 올 거예요.

해설 (A) delivery와 발음이 동일하고 듣고 연상 가능한 delivery company를 이용한 오답!

(B) 시점 표현을 사용해 답했으므로 정답!

어휘 delivery 배달 | any minute now 곧

---

7. Where's the user manual for the camera?

(A) Patrick has it.

(B) That's a good picture.

카메라의 사용 설명서는 어디에 있나요?

(A) Patrick이 가지고 있어요.

(B) 멋진 사진이네요.

해설 (A) Patrick이 가지고 있다고 행방을 알려주고 있으므로 정답!

(B) camera를 듣고 연상 가능한 picture를 이용한 오답!

어휘 user manual 사용 설명서 | picture 사진

---

8. Where should I mail these packages?

(A) To the address on the card.

(B) You can pack them now.

제가 이 소포들을 어디로 보내야 하나요?

(A) 그 카드 위에 있는 주소로요.

(B) 지금 그것들을 포장하셔도 됩니다.

해설 (A) 전치사와 함께 장소를 나타내는 address로 대답했으므로 정답!

(B) packages와 발음이 일부 동일한 pack을 이용한 오답!

어휘 mail 우편을 보내다 | package 소포 | pack 싸다, 포장하다

---

9. Where is the nearest bank?

(A) Nearly $12,000.

(B) Peter probably knows.

가장 가까운 은행은 어디에 있나요?

(A) 거의 12,000달러요.

(B) Peter가 알 거예요.

해설 (A) bank를 듣고 연상 가능한 돈의 단위와 금액을 이용한 오답!

(B) 다른 사람에게 물어 보라며 자신은 모르겠다고 대답한 정답!

어휘 nearest 가장 가까운 | nearly 거의

---

10. Where do you want me to put these boxes?

(A) That's a great idea.

(B) Leave them at the door.

제가 이 박스들을 어디에 두기를 원하세요?

(A) 좋은 생각이네요.

(B) 문가에 놓아두세요.

해설 (A) 장소로 대답하지 않았으므로 오답!

(B) 전치사와 함께 장소가 들렸으므로 정답!

어휘 put 놓다 | leave 놓아두다

---

11. Where's your company located?

(A) Yes, I recently relocated it.

(B) It's in Paris.

당신의 회사는 어디에 위치해 있나요?

(A) 네, 최근에 옮겼어요.

(B) 파리에 있습니다.

해설 (A) 의문사 의문문에서 대답이 될 수 없는 Yes와 함께 located와 발음이 일부 동일한 relocated를 이용한 오답!

(B) Paris라는 장소로 대답했으므로 정답!

어휘 company 회사 | located ~에 위치한 | recently 최근에 | relocate 이전시키다

12. <u>Where can I</u> apply for a reimbursement?
(A) He didn't reply to my question.
(B) That information is posted on our Web site.

제가 상환 신청을 어디에 하면 되나요?
(A) 그가 제 질문에 대답하지 않았어요.
(B) 그 정보는 저희 웹사이트에 게시되어 있어요.

해설 (A) 질문에서 언급된 적 없는 He와 함께 apply와 비슷한 발음의 reply 를 이용한 오답!
(B) 웹사이트에 게시되어 있다고 말하고 있으므로 정답!

어휘 apply 신청하다 | reimbursement 상환, 배상 | reply 대답하다 | post 게시하다

Exercise

본서 p.86

1. (B), (C)	**2.** (A), (C)	**3.** (A), (C)	**4.** (B), (C)
5. (A), (B)	**6.** (A), (B)	**7.** (A), (C)	**8.** (A), (B)
9. (A), (B)	**10.** (A), (B)	**11.** (A), (B)	**12.** (A), (B)

---

1. <u>When will</u> the lecture be over?
(A) Over here.
(B) Soon, I believe.
(C) In half an hour.

강의는 언제 끝날 건가요?
(A) 이쪽으로요.
(B) 곧 끝날 것 같아요.
(C) 30분 후에요.

해설 (A) 질문에서 들린 over가 반복된 오답!
(B) '곧'이라고 해석되는 Soon을 사용한 정답!
(C) '후'라고 해석되는 In을 사용하여 시점을 말해주었으므로 정답!

어휘 lecture 강의 | over 끝이 난 | half an hour 30분

---

2. <u>Where</u> are the extra <u>folders</u>?
(A) Aren't there some in the supply cabinet?
(B) Some extra pens, too.
(C) In the top drawer.

여분의 폴더들이 어디에 있나요?
(A) 비품 보관함 안에 몇 개 있지 않나요?
(B) 몇몇 여분의 펜도요.
(C) 맨 위 서랍 안에요.

해설 (A) 장소의 전치사와 장소 묘사로 대답한 정답!
(B) extra가 반복된 오답!
(C) 장소 표현이 들렸으므로 정답!

어휘 extra 추가의 | supply cabinet 비품 보관함 | drawer 서랍

---

3. <u>When should</u> the package be sent out?
(A) Once you confirm the address.
(B) At the post office.
(C) As soon as possible.

그 소포는 언제 보내져야 하나요?
(A) 당신이 주소를 확인하자마자요.
(B) 우체국에서요.
(C) 가능한 한 빨리요.

해설 (A) Once(~하자마자)를 이용하여 시점을 말해주었으므로 정답!
(B) package를 듣고 연상할 수 있는 post office를 이용한 오답!
(C) '가능한 한 빨리'라고 해석되는 As soon as possible을 이용하여 답했으므로 정답!

어휘 package 소포 | send out ~을 보내다 | once ~하자마자 | confirm 확인하다 | post office 우체국 | as soon as possible 가능한 한 빨리

---

4. <u>Where</u> did Gary <u>store</u> the supplies?
(A) Yes, I like that store.
(B) You'll have to ask him.
(C) In the closet over there.

Gary가 물품을 어디에 보관했나요?
(A) 네, 전 그 상점이 좋아요.
(B) 그에게 물어봐야 할 거예요.
(C) 저쪽 벽장 안에요.

해설 (A) 의문사 의문문에서 정답이 될 수 없는 Yes와 함께 다른 의미로 쓰인 store를 반복 사용한 오답!
(B) 다른 사람에게 물어보라며 자신은 모르겠다고 대답한 정답!
(C) 장소 묘사가 들렸으므로 정답!

어휘 store 보관하다; 상점 | supplies 물품, 용품 | closet 벽장

---

5. <u>When do</u> you expect to post the job opening?
(A) At the end of the month.
(B) Sometime this week.
(C) Yes, we just opened.

언제 채용 공고를 낼 것으로 생각하세요?
(A) 월말에요.
(B) 이번 주 중에요.
(C) 네, 저희는 이제 막 개업했어요.

해설 (A) 시점으로 대답한 정답!
(B) '언젠가'라고 해석되는 시점 표현인 Sometime을 사용한 정답!
(C) 의문사 의문문에서는 정답이 될 수 없는 Yes와 함께 opening과 발음이 일부 동일한 opened로 이용한 오답!

어휘 expect 예상하다 | post a job opening 채용 공고를 내다 | sometime 언젠가

미국 ↔ 호주

6. Where can I get the registration form?
(A) On the Internet.
(B) I can email you one if you'd like.
(C) Yes, I designed it.

신청서를 어디에서 구할 수 있나요?
(A) 인터넷에서요.
(B) 원하시면 제가 이메일로 하나 보내드릴 수 있습니다.
(C) 네, 제가 그것을 디자인했습니다.

해설 (A) Internet으로 출처를 묘사하는 정답!
(B) 찾고있는 신청서를 이메일로 보내주겠다고 대답한 정답!
(C) 의문사 의문문에는 Yes/No로 대답할 수 없으므로 오답!

어휘 get 구하다 ǀ registration form 신청서

미국 ↔ 미국

7. Where can I catch a bus to the City Health Center?
(A) The station is two blocks from here.
(B) For my annual checkup.
(C) It stops just around the corner.

시 의료 센터로 가는 버스를 어디에서 탈 수 있나요?
(A) 정류장은 여기에서 두 블록 떨어진 곳에 있습니다.
(B) 저의 연례 정기 검진을 위해서요.
(C) 그건 아주 가까이에서 서요.

해설 (A) two blocks from here라는 장소 표현으로 대답한 정답!
(B) 질문의 health center를 듣고 연상 가능한 annual checkup을 이용한 오답!
(C) 장소의 전치사와 장소 묘사로 대답한 정답!

어휘 station 정류장 ǀ block (도로로 나뉘는) 구역, 블록 ǀ annual 연례의 ǀ checkup 정기 검진 ǀ around the corner 아주 가까이에, 근처에

호주 ↔ 미국

8. When is the budget proposal due?
(A) Not until next month.
(B) By the end of the week.
(C) I'll propose it tomorrow.

예산안 마감이 언제인가요?
(A) 다음 달까지는 아니에요.
(B) 주말까지요.
(C) 제가 내일 그것을 제안할게요.

해설 (A) '~ 전까지는 아닌, ~ 이후에야 비로소'로 해석되는 시점 표현인 Not until을 사용한 정답!
(B) 시점으로 대답한 정답!
(C) proposal과 발음이 비슷한 propose를 이용한 오답!

어휘 budget proposal 예산안 ǀ due ~하기로 되어 있는 ǀ not until ~ 전까지는 아닌, ~ 이후에야 비로소 ǀ propose 제안하다

미국 ↔ 미국

9. Where was the last conference held?
(A) I have no idea. Let me check.
(B) At the Hotel Piazza.
(C) In late February.

지난 회의는 어디에서 열렸나요?
(A) 모르겠어요. 확인해 볼게요.
(B) Piazza 호텔에서요.
(C) 2월 말에요.

해설 (A) 확인해 보겠다고 말하면서 자신도 모르겠다고 대답한 정답!
(B) 위치를 묻는 질문에 위치로 대답한 정답!
(C) 시점에 대한 대답이 틀렸으므로 오답!

어휘 last 지난 ǀ conference 회의 ǀ be held 열리다

영국 ↔ 미국

10. When was the last time you visited Rome?
(A) Two years ago.
(B) In April.
(C) Welcome home.

당신이 마지막으로 로마를 방문한 게 언제였나요?
(A) 2년 전에요.
(B) 4월에요.
(C) 돌아온 걸 환영해요.

해설 (A) '~전'이라고 해석되는 시점 표현인 ago를 이용하여 과거 시점을 알려주므로 정답!
(B) 시점 표현으로 대답한 정답!
(C) Rome과 발음이 비슷한 home을 이용한 오답!

어휘 visit 방문하다 ǀ ago ~전 ǀ welcome home 귀국 환영, 돌아온 걸 환영한다

미국 ↔ 미국

11. Where did Jayden park his bike?
(A) Down the street, near the bookstore.
(B) In front of the building.
(C) It's a nice place to hike.

Jayden은 어디에 그의 자전거를 세워 놓았나요?
(A) 길 아래 서점 근처에요.
(B) 건물 앞에요.
(C) 하이킹하기에 좋은 장소네요.

해설 (A) 전치사와 장소 명사를 이용하여 위치를 잘 묘사하고 있으므로 정답!
(B) 장소 표현으로 대답한 정답!
(C) bike와 발음이 비슷한 hike를 이용한 오답!

어휘 park 주차하다, 세우다 ǀ bike 자전거 ǀ hike 하이킹을 하다

12. <u>When will</u> Garrett install the projector in the conference room?
(A) Before the meeting this afternoon.
(B) He already did it yesterday.
(C) Because it's a new project.

Garrett이 언제 회의실에 영사기를 설치할 건가요?
(A) 오늘 오후 회의 전에요.
(B) 그가 어제 이미 했습니다.
(C) 왜냐하면 그것은 새로운 프로젝트이거든요.

해설 (A) '~전'이라고 해석되는 Before와 함께 afternoon을 사용한 정답!
(B) '이미'라고 해석되는 already와 함께 yesterday를 사용한 정답!
(C) When 의문문에서 정답이 될 수 없는 Because와 함께 projector와 발음이 비슷한 project를 사용한 오답!

어휘 install 설치하다 | projector 영사기, 프로젝터 | conference room 회의실

Practice

본서 p.88

| 1. (C) | 2. (B) | 3. (B) | 4. (A) | 5. (C) | 6. (C) |
| 7. (B) | 8. (C) | 9. (C) | 10. (B) | 11. (B) | 12. (A) |

미국 ↔ 호주

1. When is the management workshop?
(A) The same place as last month.
(B) The personnel manager.
(C) Wednesday at 10.

관리 워크숍은 언제인가요?
(A) 지난달과 같은 장소요.
(B) 인사 담당자요.
(C) 수요일 10시요.

해설 (A) Where 의문문에 어울리는 대답이므로 오답!
(B) management와 발음이 비슷한 manager를 이용한 오답!
(C) 시점 표현으로 대답했으므로 정답!

어휘 management 관리 | personnel 인사부

호주 ↔ 영국

2. Where did you put the stockroom key?
(A) No, it's locked.
(B) On your desk.
(C) To store some supplies.

창고 열쇠는 어디에 두셨어요?
(A) 아니요, 잠겨 있습니다.
(B) 당신 책상 위예요.
(C) 비품을 좀 보관하려고요.

해설 (A) 의문사 의문문에는 Yes/No로 대답할 수 없으므로 오답!
(B) 장소 표현으로 대답했으므로 정답!
(C) stockroom을 듣고 연상 가능한 store를 이용한 오답!

어휘 stockroom 창고 | lock 잠그다 | store 보관하다 | supplies 물품, 비품

영국 ↔ 미국

3. When does our train depart?
(A) Yes, it has.
(B) Let me check the itinerary.
(C) The train station downtown.

기차가 몇 시에 떠나죠?
(A) 네, 그랬어요.
(B) 여행 일정표를 확인할게요.
(C) 시내에 있는 기차역이요.

해설 (A) 의문사 의문문에는 Yes/No로 대답할 수 없으므로 오답!
(B) 기차 출발 시각을 묻는 말에 일정표를 확인하겠다고 대답했으므로 정답!
(C) train을 반복 사용한 오답!

어휘 depart 출발하다, 떠나다 | itinerary 여행 일정표

미국 ↔ 미국

4. Where did you take this picture?
(A) At Jenna's retirement party last year.
(B) She's a good photographer.
(C) An expensive camera.

이 사진을 어디에서 찍으셨나요?
(A) 작년에 Jenna의 은퇴 기념 파티에서요.
(B) 그녀는 훌륭한 사진작가예요.
(C) 비싼 카메라요.

해설 (A) 전치사와 함께 retirement party라는 장소로 대답한 정답!
(B) picture를 듣고 연상 가능한 photographer를 이용한 오답!
(C) picture를 듣고 연상 가능한 camera를 이용한 오답!

어휘 take a picture 사진을 찍다 | retirement 은퇴 | photographer 사진작가 | expensive 비싼

호주 ↔ 미국

5. When's the renovation supposed to be finished?
(A) Yes, I suppose so.
(B) He's the new designer.
(C) Early next month.

수리 작업은 언제 끝나기로 되어 있나요?
(A) 네, 그런 것 같아요.
(B) 그는 새 디자이너입니다.
(C) 다음 달 초예요.

해설 (A) 의문사 의문문에서 정답이 될 수 없는 Yes와 함께 suppose를 반복한 오답!
(B) 질문에서 언급된 적 없는 He와 함께 renovation을 듣고 연상 가능한 designer를 이용한 오답!
(C) 시점 표현인 next month로 대답한 정답!

어휘 renovation 수리 | be supposed to ~하기로 되어 있다 | I suppose so. 그런 것 같군요.

6. Where did you buy that watch?
(A) Around 200 dollars.
(B) Last week.
(C) Don't you have the same one?

그 시계 어디서 사셨어요?
(A) 200달러 정도요.
(B) 지난주요.
(C) 같은 거 갖고 계시지 않나요?

해설 (A) buy를 듣고 연상 가능한 200 dollars를 이용한 오답!
(B) When 의문문에 어울리는 대답이므로 오답!
(C) 같은 걸 갖고 있지 않냐고 되묻고 있는 정답!

어휘 around 약, ~쯤 | same 같은, 동일한

---

7. When will you publish the book?
(A) Yes, I'm reading it now.
(B) Not for another month.
(C) A few weeks ago.

그 책을 언제 출판하실 건가요?
(A) 네, 지금 그걸 읽고 있는 중이에요.
(B) 아직 한 달은 더 있어야 돼요.
(C) 몇 주 전에요.

해설 (A) 의문사 의문문에서 정답이 될 수 없는 Yes와 함께 book을 듣고 연상 가능한 reading을 이용한 오답!
(B) Not for another 기간(~이후에)의 시간 표현으로 대답한 정답!
(C) 시제가 틀렸으므로 오답!

어휘 publish 출판하다

---

8. Where are the instructions for assembling the chairs?
(A) It's under construction.
(B) I don't need to sit down.
(C) On the box in the corner.

그 의자들을 조립하기 위한 설명서는 어디에 있나요?
(A) 그것은 공사 중이에요.
(B) 저는 앉지 않아도 돼요.
(C) 구석에 있는 상자 위에요.

해설 (A) instructions와 발음이 비슷한 construction을 이용한 오답!
(B) chairs를 듣고 연상 가능한 sit down을 이용한 오답!
(C) 전치사를 사용하여 위치를 알려주고 있으므로 정답!

어휘 instructions 설명서 | assemble 조립하다 | under construction 공사 중인 | corner 구석, 모퉁이

---

9. When is the orientation for the new employees?
(A) The trainers are well-known.
(B) On the 12th floor.
(C) Jack has that information.

신입 사원 오리엔테이션은 언제인가요?
(A) 그 교관들은 유명해요.
(B) 12층에서요.
(C) Jack이 그 정보를 갖고 있어요.

해설 (A) orientation을 듣고 연상 가능한 trainers를 이용한 오답!
(B) Where 의문문에 어울리는 대답이므로 오답!
(C) Jack이 그 정보를 가지고 있다고 말하며 자신은 모른다고 대답한 정답!

어휘 orientation 오리엔테이션, 예비 교육 | employee 직원 | well-known 유명한, 잘 알려진

---

10. Where did the seminar take place?
(A) On April 2nd.
(B) It was held at headquarters.
(C) That's very similar.

그 세미나는 어디에서 열렸나요?
(A) 4월 2일에요.
(B) 본사에서 열렸어요.
(C) 굉장히 비슷하네요.

해설 (A) 장소가 아닌 시점으로 대답했으므로 오답!
(B) 문장 중간에 전치사와 장소 표현으로 대답한 정답!
(C) seminar와 발음이 비슷한 similar를 이용한 오답!

어휘 seminar 세미나 | take place 개최되다 | headquarters 본사 | similar 비슷한

---

11. When will the fax machine be repaired?
(A) We're all prepared.
(B) Later today.
(C) Please fax me the documents.

팩스기는 언제 수리될까요?
(A) 우리는 준비가 다 되어 있습니다.
(B) 오늘 늦게요.
(C) 저에게 그 서류들을 팩스로 보내주세요.

해설 (A) repaired와 발음이 비슷한 prepared를 이용한 오답!
(B) 시점으로 대답하고 있으므로 정답!
(C) fax가 반복된 오답!

어휘 repair 수리하다 | be prepared 준비가 되어 있다 | later 나중에 | document 서류

12. Where can I find the menu?

(A) I'll get you one right now.

(B) The restaurant is pretty new.

(C) Research findings.

메뉴를 어디에서 찾을 수 있나요?

(A) 제가 지금 바로 하나 가져다 드릴게요.

(B) 그 음식점은 꽤 최근에 생긴 곳이에요.

(C) 연구 결과들이요.

해설 (A) 본인이 직접 가져다 주겠다고 말하고 있는 정답!

(B) menu를 듣고 연상 가능한 restaurant과 함께 menu와 발음이 비슷한 new를 이용한 오답!

(C) find와 발음이 일부 동일한 findings를 이용한 오답!

어휘 pretty 꽤 | research 연구 | findings 조사결과, 연구결과

UNIT 06. Who·What·Which 의문문

Warm-up
본서 p.92

1. (A)	2. (B)	3. (A)	4. (A)	5. (A)	6. (B)
7. (A)	8. (B)	9. (A)	10. (A)	11. (A)	12. (B)
13. (A)	14. (A)	15. (A)	16. (A)	17. (B)	18. (A)

1. Who's tidying up the staff kitchen today?

(A) It's Brian's turn.

(B) Great – that's really helpful.

오늘은 누가 직원 주방을 정리하죠?

(A) Brian 차례예요.

(B) 잘됐네요. 그게 도움이 많이 되겠어요.

해설 (A) Brian의 차례라고 말하며 담당자 이름으로 대답했으므로 정답!

(C) 의문사 의문문에는 Great로 대답할 수 없으므로 오답!

어휘 tidy up ~을 깔끔하게 정리하다 | staff kitchen 직원용 주방 | turn 차례, 순번 | helpful 도움이 되는, 유용한

2. Who bought these file folders?

(A) They are very useful.

(B) I did.

누가 이 서류 폴더들을 샀나요?

(A) 그것들은 매우 유용합니다.

(B) 제가요.

해설 (A) file folders를 듣고 연상 가능한 useful을 이용한 오답!

(B) I를 사용하여 Who 의문문에 대답했으므로 정답!

어휘 useful 유용한

3. Who's leading the training session next week?

(A) Didn't you check your e-mail?

(B) Yes, I've been reading it.

누가 다음 주 교육을 진행할 건가요?

(A) 이메일 확인 안 하셨어요?

(B) 네, 그것을 읽고 있었어요.

해설 (A) 이메일을 확인해 보지 않았느냐고 반문하면서 이메일을 확인해 보면 알 수 있다는 의미로 말하고 있으므로 정답!

(B) 의문사 의문문에서 정답이 될 수 없는 Yes와 함께 leading과 발음이 비슷한 reading을 이용한 오답!

어휘 lead ~을 지휘하다, 이끌다 | training session 교육

4. <u>Whose</u> computer will be <u>set up</u> first?
(A) Mr. Hubbard's, probably.
(B) By the technical support team.

누구의 컴퓨터가 먼저 설치될까요?
(A) Mr. Hubbard의 것일 거예요.
(B) 기술지원 팀이요.

해설 (A) Mr. Hubbard의 것이라고 하여 사람 이름으로 대답한 정답!
(B) computer를 듣고 연상 가능한 technical support team을 이용한 오답!

어휘 set up 설치하다 | technical support 기술지원

5. <u>Whose</u> job is it to <u>interview</u> the job candidates?
(A) Erica's in charge of that.
(B) Please review your résumé.

지원자 면접은 누구의 일인가요?
(A) Erica가 그걸 담당하고 있어요.
(B) 당신의 이력서를 검토해 주세요.

해설 (A) Erica 담당이라며 사람 이름으로 대답한 정답!
(B) interview와 발음이 일부 동일한 review를 이용한 오답!

어휘 candidate 지원자, 후보자 | in charge of ~을 담당하는 | review 검토하다 | résumé 이력서

6. <u>Whose</u> office is being <u>renovated</u>?
(A) It will start next Monday.
(B) I think it's the marketing director's room.

누구의 사무실이 수리될 건가요?
(A) 그건 다음 주 월요일에 시작될 거예요.
(B) 제 생각에는 마케팅 이사님 방일 거예요.

해설 (A) When 의문문에 어울리는 대답이므로 오답!
(B) 마케팅 이사라고 하여 수리 대상으로 대답한 정답!

어휘 renovate 수리하다

7. <u>What's</u> the round-trip <u>fare</u> to Boston?
(A) 15 dollars per person.
(B) An express bus.

보스턴까지 왕복 요금이 얼마인가요?
(A) 일 인당 15달러입니다.
(B) 고속버스예요.

해설 (A) 금액으로 대답한 정답!
(B) round-trip을 듣고 연상 가능한 express bus를 이용한 오답!

어휘 round-trip 왕복의 | fare 요금 | express bus 고속버스

8. <u>What kind of</u> coats do you want to purchase?
(A) She's very kind.
(B) Something warm and stylish.

어떤 종류의 코트를 구매하기 원하나요?
(A) 그녀는 정말 친절해요.
(B) 따뜻하고 세련된 거요.

해설 (A) 질문에서 언급된 적 없는 She와 함께 kind가 반복되어 들린 오답!
(B) Something으로 시작해 원하는 종류의 특징을 묘사하고 있으므로 정답!

어휘 kind 종류, 친절한 | purchase 구매하다

9. <u>What's</u> the <u>fastest way</u> to the theater?
(A) Take LaSalle Avenue.
(B) It only takes 10 minutes.

극장까지 가는 가장 빠른 길은 무엇인가요?
(A) LaSalle 가를 이용하세요.
(B) 10분밖에 안 걸려요.

해설 (A) 길 이름으로 대답한 정답!
(B) 시간으로 대답했으므로 오답!

어휘 fastest 가장 빠른 | theater 극장

10. <u>What time</u> does Ryan's <u>train arrive</u>?
(A) Ms. Kane should know.
(B) In the training session.

Ryan의 기차가 몇 시에 도착하나요?
(A) Ms. Kane이 알 거예요.
(B) 교육시간에요.

해설 (A) Ms. Kane이 시간을 알 것이라고 대답한 정답!
(B) 질문의 train과 발음이 비슷한 training을 이용한 오답!

어휘 arrive 도착하다 | training session 교육 (시간)

11. <u>What</u> is the factory supervisor's <u>name</u>?
(A) It's John Orwell.
(B) Mr. Kenji is the new CEO.

공장 감독관 이름이 뭐죠?
(A) John Orwell이에요.
(B) Mr. Kenji가 신임 최고경영자예요.

해설 (A) 감독관 이름이 John Orwell이라고 답했으므로 정답!
(B) 질문의 supervisor(책임자)와 다른 직책인 CEO(최고경영자)를 관련지어 대답한 오답!

어휘 factory supervisor 공장 감독관 | CEO 최고경영자

12. What's the <u>matter</u> with this machine?
(A) The one on the right.
(B) It's missing some parts.

이 기계는 뭐가 문제죠?
(A) 오른쪽 거요.
(B) 부품 몇 개가 빠졌네요.

해설 (A) 장소로 답했으므로 오답!
(B) 부품이 빠진 문제점을 설명했으므로 정답!

어휘 matter 문제 | machine 기계 | part 부품, 부분

---

13. <u>Which switch</u> do I press to turn this machine off?
(A) The red one.
(B) Yes, that's right.

어떤 스위치를 눌러서 이 기계를 끄나요?
(A) 빨간 거요.
(B) 네, 맞아요.

해설 (A) Which의 대표적인 대답 유형인 the one으로 대답한 정답!
(B) 의문사 의문문에는 Yes/No로 대답할 수 없으므로 오답!

어휘 press 누르다 | turn off 끄다

---

14. <u>Which day</u> is selected for the reception?
(A) This Friday.
(B) The first week of May.

환영 행사가 무슨 요일로 정해졌나요?
(A) 이번 주 금요일이요.
(B) 5월 첫째 주요.

해설 (A) 요일로 대답한 정답!
(B) 날짜나 요일이 아닌 첫째 주라고 대답했으므로 오답!

어휘 select 선택하다 | (welcoming) reception 환영 행사

---

15. <u>Which umbrella</u> is yours?
(A) The green one by the door.
(B) No, it's not raining.

어떤 우산이 당신 건가요?
(A) 문 옆에 있는 초록색 우산이요.
(B) 아니요, 비 안 와요.

해설 (A) Which의 대표적인 대답 유형인 the one으로 대답한 정답!
(B) 의문사 의문문에는 Yes/No로 대답할 수 없으므로 오답!

어휘 umbrella 우산 | by the door 문간에, 문 옆에

---

16. <u>Which</u> of the <u>applicants</u> is qualified for the job?
(A) I think Ms. Ohara is.
(B) I haven't applied.

그 일에 적합한 자격을 갖춘 지원자는 누구인가요?
(A) 제 생각엔 Ms. Ohara요.
(B) 전 지원하지 않았어요.

해설 (A) 자격을 갖춘 지원자의 이름을 언급한 정답!
(B) 질문의 applicants와 발음이 비슷한 applied를 이용한 오답!

어휘 applicant 지원자 | qualified 자격이 있는

---

17. <u>Which color</u> do you <u>prefer</u>?
(A) It's the wrong color.
(B) They're both good.

어떤 색을 선호하나요?
(A) 색상이 잘못되었어요.
(B) 둘 다 좋아요.

해설 (A) color를 반복 사용한 오답!
(B) 특정 색을 고르지 않고 '둘 다 좋다'고 말한 정답!

어휘 prefer 선호하다 | both 둘 다

---

18. <u>Which</u> of the <u>men</u> is the team leader?
(A) The one wearing glasses.
(B) He is the Personnel Director.

저 남자들 중 누가 팀장인가요?
(A) 안경을 쓴 사람이에요.
(B) 그는 인사부장이에요.

해설 (A) Which의 대표적인 응답 유형인 the one으로 대답한 정답!
(B) 질문의 leader를 듣고 연상 가능한 Personnel Director를 관련 지어 대답했으므로 오답!

어휘 leader 리더, 대표 | Personnel Director 인사부장

Exercise

본서 p.98

1. (A), (C)	**2.** (A), (B)	**3.** (B), (C)	**4.** (A), (C)
5. (B), (C)	**6.** (A), (B)	**7.** (B), (C)	**8.** (A), (B)
9. (A), (C)	**10.** (A), (C)	**11.** (A), (C)	**12.** (A), (C)

1. <u>Who's</u> in <u>charge</u> of designing the new project?
(A) My team is responsible for that.
(B) They charged me 20 dollars.
(C) Mr. Duncan is.

PART 2 UNIT 06

33

누가 새 프로젝트 설계를 담당하고 있나요?
(A) 저희 팀이 그 일을 담당하고 있습니다.
(B) 그들이 제게 20달러를 청구했습니다.
(C) Mr. Duncan요.

해설 (A) 담당자를 My team으로 대답한 정답!
(B) in charge of와 발음이 일부 동일한 charged가 들렸으므로 오답!
(C) 사람 이름으로 대답한 정답!

어휘 in charge of ~을 담당하고 있는 | design 설계하다 | responsible 책임을 맡고 있는, 담당하고 있는 | charge 청구하다

---

2. Which musical did you watch?
(A) The one based on the *Wizard of Oz*.
(B) I can't remember the name.
(C) I like listening to music.

어떤 뮤지컬을 보셨나요?
(A) 〈오즈의 마법사〉를 바탕으로 한 뮤지컬이요.
(B) 제목이 기억나지 않아요.
(C) 저는 노래 듣는 걸 좋아해요.

해설 (A) The one을 사용하여 자신이 본 뮤지컬을 설명하는 정답!
(B) 제목을 모르겠다고 대답한 정답!
(C) musical과 일부 발음이 동일한 music을 이용한 오답!

어휘 based on ~에 바탕을 둔

미국 ↔ 호주

3. Whose laptop should I use for the presentation?
(A) The battery is fully charged.
(B) Didn't your manager tell you?
(C) Why don't you ask Steve for his?

프레젠테이션을 위해 제가 누구의 노트북을 사용해야 하나요?
(A) 배터리가 가득 충전되어 있어요.
(B) 당신 매니저가 말 안 해줬나요?
(C) Steve에게 그의 걸 쓸 수 있는지 물어보는 게 어때요?

해설 (A) laptop을 듣고 연상 가능한 battery를 이용한 오답!
(B) 매니저가 얘기 안 해줬냐고 반문한 정답!
(C) Steve에게 그의 걸 써도 되는지 물어보면 어떠냐고 제안한 정답!

어휘 charge 충전하다

호주 ↔ 미국

4. Which route should I take to avoid traffic?
(A) I'd say route 65.
(B) I go for a run every morning.
(C) It depends on what time you'll be driving.

교통 체증을 피하려면 어떤 길을 이용해야 할까요?
(A) 제 생각에는 65번 도로에요.
(B) 전 아침마다 달리기를 해요.
(C) 당신이 몇 시에 운전하느냐에 따라 다르죠.

해설 (A) 구체적인 도로를 언급한 정답!
(B) route를 듣고 연상 가능한 run을 이용한 오답!
(C) 상황에 따라 다르다고 대답한 정답!

어휘 route 길, 경로 | avoid 피하다 | traffic 교통(량) | go for a run (운동으로) 달리다 | it depends on ~에 따라 다르다

미국 ↔ 영국

5. Who's going to the retirement ceremony tonight?
(A) Yes, I'll be there too.
(B) Keith and Lea are.
(C) Ms. Kwon has the attendance list.

누가 오늘 밤 퇴임식에 갈 건가요?
(A) 네, 저도 갈 거예요.
(B) Keith와 Lea요.
(C) Ms. Kwon에게 참석자 명단이 있어요.

해설 (A) 의문사 의문문에는 Yes/No로 대답할 수 없으므로 오답!
(B) 구체적인 사람 이름으로 대답한 정답!
(C) Ms. Kwon에게 참석자 명단이 있다고 직접적인 대답을 피하고 있는 정답!

어휘 retirement ceremony 퇴임식 | attendance list 참석자 명단

미국 ↔ 미국

6. Which items should I display on the shelf?
(A) The new ones we just received.
(B) Only the ones on sale.
(C) She hates shopping.

어떤 물건들을 선반에 진열해야 할까요?
(A) 우리가 막 받은 신상품들이요.
(B) 세일 중인 것들만요.
(C) 그녀는 쇼핑을 싫어해요.

해설 (A) Which의 대표적인 대답 형태인 the ones를 사용하여 설명하고 있으므로 정답!
(B) Which의 대표적인 대답 형태인 the ones를 사용하여 설명하고 있으므로 정답!
(C) 질문에서 언급된 적 없는 She와 함께 display를 듣고 연상 가능한 shopping을 이용한 오답!

어휘 display 진열하다 | shelf 선반 | receive 받다

호주 ↔ 미국

7. What time does the dentist close on Saturdays?
(A) I have some bad teeth.
(B) They aren't open on Saturdays.
(C) At 1 P.M.

토요일에는 치과가 몇 시에 문을 닫나요?
(A) 저는 충치가 조금 있어요.
(B) 토요일에는 문을 열지 않아요.
(C) 오후 1시요.

해설 (A) the dentist를 듣고 연상 가능한 bad teeth를 이용한 오답!

(B) '토요일에는 열지 않는다'고 답하고 있는 정답!

(C) 시간으로 대답한 정답!

어휘 dentist 치과의사, 치과 | close 닫다 | bad teeth 충치

미국 ↔ 미국

8. Who's supposed to request maintenance work?
(A) I think James is.
(B) Check with your supervisor.
(C) The main entrance.

누가 보수 작업을 요청하기로 되어 있나요?
(A) James인 것 같아요.
(B) 당신의 상사에게 확인해 보세요.
(C) 정문이요.

해설 (A) James라는 사람 이름으로 대답한 정답!

(B) 상사에게 확인해 보라고 말하면서 자신은 모르겠다고 대답한 정답!

(C) maintenance와 발음이 비슷한 main entrance를 이용한 오답!

어휘 be supposed to ~하기로 되어 있다 | request 요청하다 | maintenance work 보수 작업 | supervisor 감독자, 관리자 | main entrance 정문

미국 ↔ 영국

9. What size bed did you choose for your room?
(A) I got a king-size bed.
(B) That's a bad decision.
(C) I haven't made a decision.

당신의 방에 놓을 침대를 어떤 사이즈로 고르셨나요?
(A) 킹사이즈 침대로 했어요.
(B) 안 좋은 결정이네요.
(C) 아직 결정 못했어요.

해설 (A) 사이즈를 언급한 정답!

(B) bed와 발음이 같은 bad를 이용한 오답!

(C) 아직 결정을 못했다고 말하며 직접적인 대답을 피하고 있는 정답!

어휘 choose 정하다 | decision 결정

미국 ↔ 미국

10. Who was the last person to use the printer?
(A) Someone from the Marketing Department.
(B) Yes, last night.
(C) I thought it was you.

프린터를 마지막으로 사용한 사람이 누구였나요?
(A) 마케팅 부서 사람이요.
(B) 네, 어젯밤이요.
(C) 전 당신인 줄 알았어요.

해설 (A) Someone과 함께 Marketing Department를 언급한 정답!

(B) 의문사 의문문에는 Yes/No로 대답할 수 없으므로 오답!

(C) 당신인 줄 알았다고 답변하고 있으므로 정답!

어휘 marketing department 마케팅 부서

영국 ↔ 호주

11. What's the dress code for the banquet?
(A) We haven't been informed yet.
(B) I love your dress!
(C) No one told me about it.

연회의 드레스 코드가 뭔가요?
(A) 아직 전해 듣지 못했어요.
(B) 당신의 드레스가 정말 마음에 들어요!
(C) 아무도 제게 말을 안 해줬어요.

해설 (A) 아직 전달받은 것이 없어서 모르겠다고 말하면서 직접적인 대답을 피하고 있는 정답!

(B) dress가 반복된 오답!

(C) 아무도 말해 주지 않아서 모르겠다고 말하면서 직접적인 대답을 피하고 있는 정답!

어휘 dress code 드레스 코드, 복장 규정 | banquet 연회 | inform 알리다, 통지하다 | no one 아무도 ~않다

호주 ↔ 미국

12. Who should I submit the reports to?
(A) Try asking Mr. Kim.
(B) That's what they reported.
(C) Daniel Watson.

제가 누구에게 보고서를 제출해야 하나요?
(A) Mr. Kim에게 한 번 물어보세요.
(B) 그들이 그렇게 보고했어요.
(C) Daniel Watson이요.

해설 (A) Mr. Kim에게 한 번 물어보라고 하며 직접적인 대답을 피하고 있는 정답!

(B) 질문의 reports와 발음이 일부 동일한 reported가 들렸으므로 오답!

(C) 구체적인 사람 이름으로 대답한 정답!

어휘 submit 제출하다 | report 보고서; 보고하다

Practice

본서 p.100

1. (C)	2. (C)	3. (C)	4. (B)	5. (A)	6. (B)
7. (A)	8. (C)	9. (C)	10. (A)	11. (A)	12. (A)

미국 ↔ 미국

1. Who's the keynote speaker for this conference?
(A) I don't have the key.
(B) In the event hall.
(C) Mr. Lim has been selected.

이 회의의 기조 연설자가 누구인가요?
(A) 저는 열쇠가 없어요.
(B) 행사장 내부에서요.
(C) Mr. Lim이 선정됐어요.

해설 (A) keynote와 발음이 비슷한 key를 이용한 오답!

(B) conference를 듣고 연상 가능한 hall을 이용한 오답!

(C) Mr. Lim이 선정되었다며 사람 이름으로 대답했으므로 정답!

어휘 keynote speaker 기조 연설자 | select 선정하다, 선택하다

영국 ↔ 미국

2. What do you normally do on weekends?

(A) Yes, I'm free this Saturday.

(B) Probably in a few weeks.

(C) I like to exercise at the gym.

주말에는 보통 뭘 하시나요?

(A) 네, 이번 주 토요일에 시간이 있어요.

(B) 아마 몇 주 후일 거예요.

(C) 헬스장에서 운동하는 걸 좋아해요.

해설 (A) 의문사 의문문에는 Yes/No로 대답할 수 없으므로 오답!

(B) weekends와 발음이 비슷한 weeks를 이용한 오답!

(C) 헬스장에서 운동한다고 대답했으므로 정답!

어휘 normally 보통(때는) | on weekends 주말에 | free 한가한 | exercise 운동하다 | gym 헬스장, 체육관

미국 ↔ 미국

3. Who was selected as President of Stohler Financial?

(A) A wide selection.

(B) He's in charge of our finances.

(C) That position's still open.

Stohler Financial의 회장으로 누가 선출되었나요?

(A) 선택의 폭이 넓어요.

(B) 그는 재정을 담당하고 있어요.

(C) 그 자리는 아직 공석이에요.

해설 (A) selected와 발음이 비슷한 selection을 이용한 오답!

(B) Financial과 발음이 비슷한 finances를 이용한 오답!

(C) 그 자리가 아직 공석이라고 말하며 아직 미정이라는 의미를 나타내므로 정답!

어휘 select 선정하다, 선택하다 | selection 선택 가능한 것들(의 집합) | be in charge of ~을 담당하다 | finance 자금, 재정 | position 직위, 직책 | open 공석인

호주 ↔ 미국

4. Which address do you want me to ship the business cards to?

(A) It takes one week.

(B) The first one on the list.

(C) I like the red dress.

제가 어느 주소로 명함을 발송해 드릴까요?

(A) 일주일은 걸려요.

(B) 목록에 있는 첫 번째 주소요.

(C) 저는 그 빨간 드레스가 좋아요.

해설 (A) ship을 듣고 연상 가능한 소요 시간 표현(takes one week)을 이용한 오답!

(B) 목록에서 첫 번째 주소라고 대답했으므로 정답!

(C) address와 발음이 비슷한 dress를 이용한 오답!

어휘 ship 운송하다, 발송하다 | business card 명함 | take (얼마의 시간이) 걸리다 | list 목록, 명단

미국 ↔ 미국

5. Who should I call to replace this light?

(A) I have the number right here.

(B) Yes, she should.

(C) You can place your order now.

이 조명을 교체하려면 누구에게 전화해야 하나요?

(A) 여기에 전화번호가 있어요.

(B) 네, 그녀가 해야 합니다.

(C) 지금 주문하실 수 있습니다.

해설 (A) 전화번호가 바로 여기에 있다고 말하며 담당자 연락처를 알려주고 있으므로 정답!

(B) 의문사 의문문에는 Yes/No로 대답할 수 없으므로 오답!

(C) replace와 발음이 비슷한 place를 이용한 오답!

어휘 replace 교체하다 | light 전등, 조명 | number (전화·팩스 등의) 번호 | place an order 주문하다

영국 ↔ 미국

6. What do I need to bring to your party tonight?

(A) It'll be fun.

(B) I'm sorry, it's been canceled.

(C) Almost 20 people will be there.

오늘 밤 당신의 파티에 제가 무엇을 가져가야 할까요?

(A) 재미있을 거예요.

(B) 죄송해요, 그건 취소됐어요.

(C) 거의 20명 정도 올 거예요.

해설 (A) party를 듣고 연상 가능한 fun을 이용한 오답!

(B) 사과와 함께 파티가 취소되었다고 말하고 있으므로 정답!

(C) party를 듣고 연상 가능한 참석자 수를 이용한 오답!

어휘 bring 가져가다 | cancel 취소하다 | almost 거의

호주 ↔ 미국

7. Whose turn is it to lead the meeting?

(A) I did it last week.

(B) Turn right at the intersection.

(C) In conference room C.

회의 진행이 누구의 차례인가요?

(A) 저는 지난주에 했어요.

(B) 교차로에서 우회전하세요.

(C) C 회의실에서요.

해설 (A) 자신은 지난주에 했다며 자기 차례는 아님을 우회적으로 말하고 있으므로 정답!

(B) turn을 반복 사용한 오답!

(C) meeting을 듣고 연상 가능한 conference를 이용한 오답!

어휘 turn 차례 | lead 이끌다, 주관하다 | turn right 우회전하다 | intersection 교차로

호주 ↔ 미국

8. Which movie would you like to watch?

(A) I'm moving next month.

(B) That would be great.

(C) I'm still thinking.

어떤 영화를 보고 싶으세요?

(A) 저는 다음 달에 이사할 거예요.

(B) 그럼 좋겠네요.

(C) 아직 생각 중이에요.

해설 (A) movie와 발음이 비슷한 moving을 이용한 오답!

(B) 제안문에 적합한 대답으로 오답!

(C) 아직 생각 중이라고 말하며 직접적인 대답을 피하고 있는 정답!

어휘 move 이사하다 | still 아직

영국 ↔ 미국

9. Who's coordinating the charity event?

(A) A generous donation.

(B) You should come this weekend.

(C) I heard it's Cathy.

자선행사를 누가 진행하고 있죠?

(A) 후한 기부금이네요.

(B) 이번 주말에는 오셔야 해요.

(C) Cathy라고 들었어요.

해설 (A) charity event를 듣고 연상 가능한 donation을 이용한 오답!

(B) When 의문문에 어울리는 대답이므로 오답!

(C) Cathy라는 사람 이름으로 대답했으므로 정답!

어휘 coordinate 조직하다, 편성하다 | charity event 자선 행사 | generous 아낌없는, 후한 | donation 기부(금)

미국 ↔ 미국

10. What recommendations do you have for tomorrow's client visit?

(A) You should take them on a boat tour.

(B) Sales representatives from China.

(C) Thanks for your suggestion.

내일 고객 방문을 위해 추천해 주실 게 있나요?

(A) 보트 투어에 데려가세요.

(B) 중국에서 온 영업 사원들이요.

(C) 제안 감사합니다.

해설 (A) 보트 투어에 데려가라는 제안으로 대답했으므로 정답!

(B) client를 듣고 연상 가능한 Sales representatives를 이용한 오답!

(C) recommendations를 듣고 연상 가능한 suggestion을 이용한 오답!

어휘 recommendation 추천 | client 고객 | sales representative 영업 사원 | suggestion 제안

호주 ↔ 미국

11. Who will be the new company president?

(A) It will be announced tomorrow.

(B) This present is for you.

(C) No, it's not Mr. Peterson.

누가 회사의 새로운 회장님이 되실 건가요?

(A) 내일 발표될 거예요.

(B) 이 선물은 당신에게 드리는 거예요.

(C) 아니오, Mr. Peterson은 아닙니다.

해설 (A) 내일 발표되므로 아직은 알 수 없다고 우회적으로 답변한 정답!

(B) president와 발음이 일부 동일한 present를 이용한 오답!

(C) 의문사 의문문에는 Yes/No로 대답할 수 없으므로 오답!

어휘 president 회장 | announce 발표하다

미국 ↔ 영국

12. Which marketing award was your company nominated for this year?

(A) Most Creative Print Ad.

(B) It's being held in London.

(C) A list of winners.

귀사는 올해 어떤 마케팅 부문에서 수상 후보로 올랐나요?

(A) 가장 독창적인 인쇄 광고 상이요.

(B) 그건 런던에서 열려요.

(C) 수상자 명단이요.

해설 (A) 가장 독창적인 인쇄 광고 부문이라고 대답했으므로 정답!

(B) Where 의문문에 어울리는 응답으로 오답!

(C) award를 듣고 연상 가능한 winners를 이용한 오답!

어휘 award 상 | nominate 수상 후보에 오르다 | creative 독창적인 | print ad (신문·잡지 등에) 인쇄된 광고 | hold 열다, 개최하다 | winner 수상자

PART 2 UNIT 06

UNIT 07. How·Why 의문문

Warm-up
본서 p.104

1. (A) **2.** (B) **3.** (A) **4.** (A) **5.** (B) **6.** (B)
7. (B) **8.** (A) **9.** (B) **10.** (A) **11.** (B) **12.** (A)

미국 ↔ 호주

1. How was your trip to Sydney?
(A) It was very relaxing.
(B) I just came back.

시드니 여행 어떠셨어요?
(A) 정말 편안한 여행이었어요.
(B) 방금 돌아왔어요.

해설 (A) 여행이 어땠는지 묻는 질문에 편안한 여행이었다고 대답하고 있으
므로 정답!
(B) 여행에서 방금 돌아왔다고 대답한 오답!

어휘 trip 여행 I relaxing 편한, 느긋하게 해 주는 I come back 돌아오다

미국 ↔ 영국

2. How do I call the front desk?
(A) For room service.
(B) Press zero.

안내 데스크에 어떻게 전화하나요?
(A) 룸서비스를 위해서요.
(B) 0번을 누르세요.

해설 (A) front desk를 듣고 연상 가능한 room service를 이용한 오답!
(B) 0번을 누르면 된다고 방법을 설명해 주고 있는 정답!

어휘 front desk 프런트, 안내 데스크 I zero 숫자 0

영국 ↔ 미국

3. How many languages can you speak?
(A) Just two.
(B) I teach English.

당신은 몇 개의 언어를 말할 수 있으신가요?
(A) 단지 두 개요.
(B) 저는 영어를 가르칩니다.

해설 (A) How many라는 의문사에 숫자로 대답했으므로 정답!
(B) languages를 듣고 연상 가능한 English를 이용한 오답!

어휘 language 언어 I just 단지

미국 ↔ 미국

4. How would you like your eggs?
(A) I'll have them scrambled.
(B) Yes, I like eggs.

달걀을 어떻게 요리해 드릴까요?
(A) 스크램블로 해 주세요.
(B) 네, 저는 달걀을 좋아해요.

해설 (A) 자신이 원하는 바를 설명하고 있으므로 정답!
(B) eggs를 반복 이용한 오답!

어휘 would like ~하고 싶다 I scramble (달걀을 휘저어) 스크램블을 만
들다

영국 ↔ 호주

5. How much are the tickets to the basketball game?
(A) I'm so excited.
(B) Over 200 dollars.

농구 경기 표는 얼마인가요?
(A) 너무 신나요.
(B) 200달러가 넘어요.

해설 (A) basketball game을 듣고 연상 가능한 excited를 이용한 오답!
(B) 구체적인 금액으로 대답한 정답!

어휘 ticket 표 I basketball game 농구 경기 I excited 신이 난

호주 ↔ 미국

6. How often do I need to clean the storage room?
(A) For a month.
(B) At least twice a week.

얼마나 자주 그 창고를 청소해야 하나요?
(A) 한 달 동안이요.
(B) 적어도 일주일에 두 번이요.

해설 (A) 빈도로 대답하지 않고 How long에 대한 대답인 기간을 언급했으
므로 오답!
(B) 빈도로 대답했으므로 정답!

어휘 clean 청소하다 I storage room 창고 I at least 적어도 I twice
a week 일주일에 두 번

미국 ↔ 호주

7. Why is Robert so late?
(A) Later today.
(B) Because he missed the bus.

Robert는 왜 그렇게 늦나요?
(A) 오늘 늦게요.
(B) 그는 버스를 놓쳤거든요.

해설 (A) late와 발음이 일부 동일한 later를 이용한 오답!
(B) Why의 대표적인 대답 형태인 Because를 사용해서 이유를 설명
하고 있으므로 정답!

어휘 late 늦은 I later 나중에 I miss 놓치다

8. Why is the file cabinet in the hallway?
(A) We're replacing it with a new one.
(B) There is a hole in the wall.

왜 파일 캐비닛이 복도에 있나요?
(A) 우리는 그것을 새 걸로 교체하고 있어요.
(B) 벽에 구멍이 있어요.

해설 (A) Because를 생략하고 바로 이유를 설명하는 정답!
(B) hallway와 발음이 비슷한 hole을 이용한 오답!

어휘 file cabinet 문서 보관함 | hallway 복도 | hole 구멍

---

9. Why weren't you at the seminar?
(A) OK, I'll be there.
(B) I had a client meeting.

왜 세미나에 안 오셨어요?
(A) 네, 갈게요.
(B) 고객과 회의가 있었어요.

해설 (A) 의문사 의문문에서 정답이 될 수 없는 OK와 함께 시제가 잘못된 오답!
(B) Because를 생략하고 바로 이유를 설명하는 정답!

어휘 client 의뢰인, 고객

---

10. Why is this drawer locked?
(A) I have no idea.
(B) It's in the top drawer.

왜 이 서랍이 잠겨 있나요?
(A) 잘 모르겠어요.
(B) 맨 위 서랍에 있어요.

해설 (A) 모른다고 말하며 직접적인 대답을 피하는 정답!
(B) 질문의 drawer를 반복 이용한 오답!

어휘 drawer 서랍 | lock 잠그다

---

11. Why was Randolph Street closed this morning?
(A) It's not open.
(B) There was an accident.

오늘 아침에 Randolph 거리가 왜 폐쇄됐나요?
(A) 그건 열려 있지 않아요.
(B) 사고가 있었어요.

해설 (A) closed를 듣고 연상 가능한 not open을 이용한 오답!
(B) Because를 생략하고 바로 이유를 설명하는 정답!

어휘 accident 사고

---

12. Why is the light on in the conference room?
(A) Sorry, I forgot to turn it off.
(B) I think you're right.

왜 회의실 전등이 켜져 있나요?
(A) 죄송해요, 제가 끄는 걸 깜빡했어요.
(B) 당신 말이 맞는 것 같아요.

해설 (A) 끄는 것을 잊어서 전등이 켜져 있음을 설명하므로 정답!
(B) light와 발음이 비슷한 right를 이용한 오답!

어휘 light (전)등, (전깃)불

Exercise

본서 p.108

1. (A), (C)	**2.** (B), (C)	**3.** (A), (C)	**4.** (A), (C)
5. (B), (C)	**6.** (A), (C)	**7.** (B), (C)	**8.** (B), (C)
9. (A), (B)	**10.** (A), (C)	**11.** (A), (B)	**12.** (A), (B)

1. How can I check my bank balance?
(A) Through our Web site.
(B) He's a bank teller.
(C) By calling, I think.

제가 어떻게 은행 잔고를 확인할 수 있나요?
(A) 저희 웹사이트를 통해서요.
(B) 그는 은행 직원이에요.
(C) 전화로 되겠죠.

해설 (A) 방법을 묻는 질문에 Through(~를 통해서)를 사용하여 방법으로 대답한 정답!
(B) bank가 반복된 오답!
(C) 방법을 묻는 질문에 By를 사용한 정답!

어휘 bank balance 은행 잔고 | bank teller 은행 직원

---

2. Why isn't this printer working?
(A) Order ink cartridges.
(B) Maybe it's out of ink.
(C) Have you turned on the machine?

왜 이 프린터가 작동을 안 하나요?
(A) 잉크 카트리지를 주문하세요.
(B) 잉크가 떨어졌나 봐요.
(C) 그 기계를 켜보셨어요?

해설 (A) printer를 듣고 연상 가능한 ink cartridge를 이용한 오답!
(B) 정확하진 않지만 잉크가 떨어져서 그런것 같다고 개인적인 생각을 말하고 있으므로 정답!
(C) 켜봤는지 되물으며 확인하고 있으므로 정답!

어휘 ink cartridge 잉크 카트리지 | be out of 다 떨어지다 | turn on 켜다

---

3. 영국 ↔ 미국

How did your presentation go?
(A) It went really well.
(B) 50 miles from here.
(C) I made a lot of mistakes.

당신의 발표는 어땠어요?
(A) 아주 잘 됐어요.
(B) 여기서부터 50마일이요.
(C) 실수를 많이 했어요.

해설 (A) 잘 됐다고 대답했으므로 정답!
(B) 얼마나 먼지 거리 단위로 대답한 오답!
(C) 실수를 많이 했다고 대답한 정답!

어휘 presentation 발표 | make a mistake 실수하다

---

4. 미국 ↔ 미국

Why is Sara relocating to the Bristol office?
(A) I was wondering the same thing.
(B) She transferred last month.
(C) Because her family lives there.

왜 Sara가 Bristol 사무실로 가나요?
(A) 저도 같은 게 궁금하던 참이었어요.
(B) 그녀가 지난달에 전근을 갔거든요.
(C) 왜냐하면 그녀의 가족이 그곳에 살고 있어서요.

해설 (A) 같은 걸 궁금해 하고 있었다고 말하므로 정답!
(B) relocating을 듣고 연상 가능한 transferred를 이용한 오답!
(C) Because와 함께 가족이 그곳에 살고 있다는 이유를 말하고 있으므로 정답!

어휘 relocate 이전하다, 옮겨 가다 | transfer 전근 가다

---

5. 미국 ↔ 영국

How long have you been living here?
(A) I'm leaving now.
(B) For about six months.
(C) Over 20 years.

여기서 사신지 얼마나 되셨나요?
(A) 저는 이제 떠나요.
(B) 한 6개월 정도요.
(C) 20년 넘었어요.

해설 (A) living과 발음이 비슷한 leaving을 이용한 오답!
(B) 기간으로 대답하고 있으므로 정답!
(C) 기간으로 대답하고 있으므로 정답!

어휘 live 살다 | leave 떠나다 | over ~이상

---

6. 미국 ↔ 미국

Why isn't there a snack bar in this theater?
(A) Actually, there's one on the second floor.
(B) What did you get?
(C) Let's ask the information desk.

왜 이 극장에는 간이식당이 없나요?
(A) 사실 2층에 하나 있어요.
(B) 무엇을 드셨어요?
(C) 안내데스크에 물어봅시다.

해설 (A) 2층에 하나 있다고 설명하고 있으므로 정답!
(B) snack bar를 듣고 되물어볼 수 있을 만한 질문을 이용한 오답!
(C) 왜 없는지 물어보자고 대답하고 있으므로 정답!

어휘 snack bar 간이식당 | theater 극장 | information desk 안내데스크

---

7. 미국 ↔ 미국

Why is the storeroom locked?
(A) Yes, it was open before.
(B) Do you want the key?
(C) Check with the maintenance manager.

창고가 왜 잠겨 있죠?
(A) 네, 아까는 열려 있었는데요.
(B) 열쇠를 드릴까요?
(C) 시설관리부장님에게 확인해 보세요.

해설 (A) 의문사 의문문에는 Yes/No로 대답할 수 없으므로 오답!
(B) 열쇠가 필요한지 반문하고 있으므로 정답!
(C) 시설관리부장님에게 확인해보라고 대답했으므로 정답!

어휘 storeroom 창고 | lock 잠그다 | maintenance manager 시설관리부장

---

8. 미국 ↔ 호주

How do you know Philip Robinson?
(A) No, I don't.
(B) We used to work at the same company.
(C) He was my roommate.

Phillip Robinson을 어떻게 아세요?
(A) 아니요.
(B) 우리는 전에 같은 회사에서 일했었어요.
(C) 그는 제 룸메이트였어요.

해설 (A) 의문사 의문문에는 Yes/No로 대답할 수 없으므로 오답!
(B) 같은 회사에서 일했었다고 설명하므로 정답!
(C) 예전 룸메이트였다고 설명하므로 정답!

어휘 used to 예전에 ~했다 | roommate 룸메이트

9. Why did you have a meeting with Joanne?
   (A) She needed help with her presentation.
   (B) To talk about her report.
   (C) I met her yesterday.

   왜 Joanne과 회의를 하셨나요?
   (A) 그녀가 발표에 대한 도움이 필요했거든요.
   (B) 그녀의 보고서에 관해 이야기하려고요.
   (C) 그녀를 어제 만났습니다.

   해설 (A) Because를 생략하고 바로 이유를 설명한 정답!
   (B) Why의 대표적인 대답 형태인 To와 함께 적절한 이유를 설명하므로 정답!
   (C) meeting을 듣고 연상 가능한 meet의 과거형인 met을 이용한 오답!

   어휘 have a meeting 회의를 하다 I report 보고서

10. How did you enjoy your meal?
    (A) I found the soup too salty for me.
    (B) I'll have an ice cream.
    (C) It was delicious.

    식사 어떠셨어요?
    (A) 수프가 저에게는 너무 짰어요.
    (B) 전 아이스크림을 먹을게요.
    (C) 맛있었어요.

    해설 (A) 음식에 대한 의견을 말하고 있으므로 정답!
    (B) 시제가 맞지 않고, meal을 듣고 연상 가능한 디저트인 아이스크림을 이용한 오답!
    (C) 식사가 맛있었다고 대답하므로 정답!

    어휘 How did you enjoy ~는 어땠나요? I salty 짠

11. Why did Jenny mark these boxes?
    (A) We are sending them to the warehouse.
    (B) It was Peter, actually.
    (C) To the market.

    왜 Jenny는 이 상자들에 표시를 했나요?
    (A) 우리가 그것들을 창고로 보내야 해서요.
    (B) 사실 그건 Peter였어요.
    (C) 시장으로요.

    해설 (A) Because를 생략하고 바로 이유를 설명한 정답!
    (B) Jenny가 아닌 Peter가 했다고 답변하고 있으므로 정답!
    (C) mark와 발음이 일부 동일한 market을 이용한 오답!

    어휘 mark 표시하다 I warehouse 창고 I market 시장

12. How do I enter the staff parking lot?
    (A) Through the entrance over there.
    (B) You'll need your employee card.
    (C) It closes at 7 P.M.

    직원 주차장에는 어떻게 들어가나요?
    (A) 저쪽에 있는 입구를 통해서요.
    (B) 사원증이 필요하실 거예요.
    (C) 오후 7시에 문을 닫아요.

    해설 (A) 방법을 묻는 질문에 Through(~를 통하여)를 사용한 정답!
    (B) 방법을 설명하고 있으므로 정답!
    (C) 문을 닫는 시간을 대답했으므로 오답!

    어휘 enter 들어가다 I employee card 사원증

Practice

본서 p.110

1. (C)	2. (B)	3. (C)	4. (A)	5. (C)	6. (A)
7. (B)	8. (A)	9. (B)	10. (A)	11. (C)	12. (A)

1. How do I get to the conference center?
   (A) The seminar starts at 6 P.M.
   (B) For the keynote speaker.
   (C) I'll email you the directions.

   회의장은 어떻게 가나요?
   (A) 세미나는 오후 6시에 시작해요.
   (B) 기조 연설자를 위해서요.
   (C) 제가 약도를 이메일로 보내 드릴게요.

   해설 (A) conference를 듣고 연상 가능한 seminar를 이용한 오답!
   (B) conference를 듣고 연상 가능한 keynote speaker를 이용한 오답!
   (C) 길을 묻는 말에 약도를 보내겠다고 대답했으므로 정답!

   어휘 get to ~에 도착하다 I keynote speaker 기조 연설자 I email 이메일로 보내다 I directions 길 안내

2. Why was the training session with the interns rescheduled?
   (A) Every Wednesday at 9.
   (B) Because Rosana is away.
   (C) No, I haven't met all of them yet.

   인턴들의 연수 일정이 왜 변경되었나요?
   (A) 매주 수요일 9시요.
   (B) Rosana가 부재중이라서요.
   (C) 아니요, 아직 다 만나지는 못했어요.

   해설 (A) When 의문문에 어울리는 대답이므로 오답!
   (B) Rosana가 자리에 없다며 이유를 밝히고 있으므로 정답!
   (C) 의문사 의문문에는 Yes/No로 대답할 수 없으므로 오답!

41

어휘 training session 교육, 연수 | reschedule 일정을 변경하다 | away 자리에 없는

영국 ↔ 미국

3. How soon do I have to renew my business license?
(A) A small retail store.
(B) Here is my license number.
(C) It should say in this booklet.

제 사업자 등록증을 얼마나 빨리 갱신해야 합니까?
(A) 작은 소매상이요.
(B) 여기 제 차 번호요.
(C) 이 소책자에 나와 있을 거예요.

해설 (A) business를 듣고 연상 가능한 retail store를 이용한 오답!
(B) license를 반복 사용한 오답!
(C) 책자에 나와 있다고 답하며 자신은 모른다고 우회적으로 대답한 정답!

어휘 renew 갱신하다, 연장하다 | business license 사업자 등록증 | retail 소매의 | license number 자동차 번호 | say ~라고 쓰여 있다 | booklet 소책자

미국 ↔ 미국

4. Why hasn't the bus arrived yet?
(A) Should we call for a taxi?
(B) At the central terminal.
(C) For nearly 40 minutes.

왜 아직 버스가 도착하지 않은 거죠?
(A) 택시를 부를까요?
(B) 중앙 터미널에서요.
(C) 거의 40분 동안이요.

해설 (A) 오지 않는 버스를 기다리는 대신 택시를 부르는 게 어떨지 되묻고 있으므로 정답!
(B) bus를 듣고 연상 가능한 terminal을 이용한 오답!
(C) How long 의문문에 어울리는 대답이므로 오답!

어휘 call 부르다 | nearly 거의

미국 ↔ 영국

5. How's the commute to your new office?
(A) Why don't you take the bus?
(B) No, I don't have to.
(C) I'm still getting used to it.

새 사무실로 통근하시는 건 어떠세요?
(A) 버스를 타시는 게 어떨까요?
(B) 아니요, 그럴 필요가 없어요.
(C) 아직 적응하는 중이에요.

해설 (A) commute를 듣고 연상 가능한 take the bus를 이용한 오답!
(B) 의문사 의문문에는 Yes/No로 대답할 수 없으므로 오답!
(C) 통근 상태에 대해 아직 적응 중이라고 대답했으므로 정답!

어휘 commute 통근하다 | get used to ~에 익숙해지다

영국 ↔ 미국

6. Why is the supermarket closed today?
(A) It is undergoing renovations.
(B) The vegetables here are very fresh.
(C) No, not that I know of.

왜 오늘 슈퍼마켓이 문을 닫았나요?
(A) 보수 공사를 하는 중이에요.
(B) 이곳 채소는 아주 신선해요.
(C) 아니요, 제가 알기로는 아니에요.

해설 (A) 보수 공사 때문이라는 이유를 말했으므로 정답!
(B) supermarket을 듣고 연상 가능한 vegetables를 이용한 오답!
(C) 의문사 의문문에는 Yes/No로 대답할 수 없으므로 오답!

어휘 undergo 겪다, 받다 | renovation 보수 공사, 수리 | not that I know of 내가 알기로는 그렇지 않다

호주 ↔ 미국

7. How much did we spend at the restaurant?
(A) A sandwich and a coffee, please.
(B) I'll have to check the bill.
(C) The one on Chester Street.

우리가 레스토랑에서 얼마나 쓴 거예요?
(A) 샌드위치랑 커피 주세요.
(B) 계산서를 확인해 봐야 돼요.
(C) Chester 가에 있는 거예요.

해설 (A) restaurant를 듣고 연상 가능한 sandwich, coffee를 이용한 오답!
(B) 잘 모르니 계산서를 확인해보겠다고 우회적으로 대답한 정답!
(C) Which 의문문에 어울리는 대답으로 오답!

어휘 spend 소비하다 | bill 계산서

미국 ↔ 미국

8. Why didn't Steven register for the information session?
(A) I was wondering the same thing.
(B) It's very informative.
(C) Yes, it's a new section.

왜 Steven은 설명회에 등록하지 않았죠?
(A) 저도 같은 게 궁금하던 참이었어요.
(B) 매우 유익해요.
(C) 네, 그것은 새로운 구획이에요.

해설 (A) 본인도 그 점이 궁금하고 이유를 모르겠다고 답변하고 있으므로 정답!
(B) information과 발음이 비슷한 informative를 이용한 오답!
(C) 의문사 의문문에서 정답이 될 수 없는 Yes와 함께 session과 발음이 비슷한 section을 이용한 오답!

어휘 register 등록하다 | information session 설명회 | wonder 궁금하다 | informative 유익한 | section 구획

9. How do you like the new office dress code?
  (A) Business attire only.
  (B) I think it's too strict.
  (C) I haven't got any.

  새로운 사내 복장 규정은 어때요?
  (A) 비즈니스 정장만요.
  (B) 너무 엄격한 것 같아요.
  (C) 아무것도 못 받았어요.

  해설 (A) dress code를 듣고 연상 가능한 Business attire를 이용한 오답!
  (B) 새 복장 규정에 대한 의견을 묻는 질문에 너무 엄격한 것 같다고 대답했으므로 정답!
  (C) 질문과 무관한 대답이므로 오답!

  어휘 How do you like ~? ~는 어떤가요, ~가 마음에 드시나요? | dress code 복장 규정 | business attire 비즈니스 정장 | strict 엄격한

10. Why did you make the appointment at 2 P.M.?
  (A) Would you like it for noon instead?
  (B) No, of course not.
  (C) You're welcome.

  왜 오후 2시에 예약을 하신 건가요?
  (A) 그럼 정오로 해 드릴까요?
  (B) 아니요, 물론 아니죠.
  (C) 별 말씀을요.

  해설 (A) 2시에 예약한 이유를 묻자 대신 정오 시간을 원하는지 되묻고 있는 정답!
  (B) 의문사 의문문에는 Yes/No로 대답할 수 없으므로 오답!
  (C) 감사하다는 말에 대한 대답이므로 오답!

  어휘 make an appointment 약속을 정하다, 예약하다 | noon 정오 | instead 그 대신, 그보다는

11. How much time do you need to finish packing?
  (A) I'm almost done.
  (B) About 1,200 dollars.
  (C) 10 minutes ago.

  짐 싸는 것을 마무리하는 데 시간이 얼마나 필요하세요?
  (A) 거의 다 끝났어요.
  (B) 1,200달러 정도요.
  (C) 10분 전에요.

  해설 (A) 기간으로 대답하고 있지는 않지만 거의 다 끝났다고 대답했으므로 정답!
  (B) 금액을 대답하고 있으므로 오답!
  (C) 기간을 묻는 질문에 10분 전이라는 시점을 대답하고 있으므로 오답!

  어휘 pack (짐을) 싸다

12. Why has the delivery been delayed?
  (A) Have you seen the weather outside?
  (B) When the shipment arrives later.
  (C) Yes, from the manufacturing plant.

  왜 배송이 지연되었나요?
  (A) 밖에 날씨 보셨어요?
  (B) 나중에 배송품이 도착하면요.
  (C) 네, 제조 공장에서요.

  해설 (A) 바깥 날씨를 봤는지 되물으며 날씨 때문에 배송이 지연되었음을 우회적으로 나타내고 있는 정답!
  (B) delivery를 듣고 연상 가능한 shipment를 이용한 오답!
  (C) 의문사 의문문에는 Yes/No로 대답할 수 없으므로 오답!

  어휘 delivery 배달물 | delay 지연시키다 | shipment 배송 | manufacturing plant 제조 공장

UNIT 08. 일반·부정·부가의문문

Warm-up
본서 p.116

1. (B)	2. (A)	3. (A)	4. (B)	5. (B)	6. (A)
7. (B)	8. (A)	9. (B)	10. (A)	11. (B)	12. (A)
13. (B)	14. (A)	15. (A)	16. (B)	17. (A)	18. (B)

영국 ↔ 미국

1. Is the <u>computer working</u> properly?
   (A) It's probably an e-mail.
   (B) No, the Internet is down.

   컴퓨터가 제대로 작동하나요?
   (A) 아마 이메일이요.
   (B) 아니요, 인터넷이 안 돼요.

해설 (A) properly와 발음이 비슷한 probably를 이용한 오답!
      (B) No(작동하지 않는다)라고 말한 후 인터넷이 안 된다고 부연설명으로 대답한 정답!

어휘 work 작동하다 | properly 제대로 | down 작동이 안 되는

미국 ↔ 호주

2. <u>Do you</u> have time to <u>check</u> my report?
   (A) Yes, I can do it after this meeting.
   (B) He didn't approve the proposal.

   제 보고서를 검토해주실 시간이 있으신가요?
   (A) 네, 이 회의 끝나고 해드릴 수 있어요.
   (B) 그가 그 제안을 승인하지 않았어요.

해설 (A) 시간이 있냐는 질문에 있다고 대답했으므로 정답!
      (B) 질문에서 언급된 적 없는 He로 대답해서 주어가 일치하지 않으므로 오답!

어휘 approve 승인하다 | proposal 제안

호주 ↔ 영국

3. Is there a convenience store nearby?
   (A) I don't think so.
   (B) A variety of drinks.

   인근에 편의점이 있나요?
   (A) 없는 것 같아요.
   (B) 다양한 음료들이요.

해설 (A) 없는 것 같다며 부정으로 대답하고 있으므로 정답!
      (B) convenience store를 듣고 연상 가능한 drinks를 이용한 오답!

어휘 convenience store 편의점 | nearby 인근에 | a variety of 다양한

호주 ↔ 미국

4. <u>Did</u> you <u>receive</u> the laboratory results?
   (A) I've never been to the resort.
   (B) They're on my desk.

   실험실 결과들을 받으셨나요?
   (A) 전 그 리조트에 가 본 적이 없어요.
   (B) 제 책상 위에 있어요.

해설 (A) results와 발음이 비슷한 resort를 이용한 오답!
      (B) 결과들을 받았고 책상 위에 있다고 말하고 있으므로 정답!

어휘 laboratory result 실험실 결과 | resort 리조트

미국 ↔ 호주

5. Are you <u>signed up</u> for our rewards <u>program</u>?
   (A) The sign on the window.
   (B) No, this is my first time here.

   저희 보상 프로그램에 등록하셨나요?
   (A) 창문에 있는 간판이요.
   (B) 아니요, 전 여기 처음 왔어요.

해설 (A) signed와 발음이 비슷한 sign을 이용한 오답!
      (B) No라고 말한 뒤, 여기 처음이라는 이유를 말한 정답!

어휘 sign up 등록하다, 신청하다 | reward 보상 | sign 간판

미국 ↔ 영국

6. <u>Do</u> you <u>regularly check</u> the firm's customer database?
   (A) Yes, at least twice a day.
   (B) We received many complaints.

   회사의 고객 데이터베이스를 정기적으로 확인하시나요?
   (A) 네, 적어도 하루에 두 번씩이요.
   (B) 저희는 많은 불만 사항을 접수 받았습니다.

해설 (A) Yes라고 말한 뒤, 하루에 두 번은 한다는 부연설명으로 대답한 정답!
      (B) customer를 듣고 연상 가능한 complaints를 이용한 오답!

어휘 regularly 정기적으로 | firm 회사

미국 ↔ 미국

7. <u>Should</u> we <u>order</u> the supplies <u>now</u>?
   (A) The store's Web site.
   (B) No, we can do it later.

   지금 물품을 주문할까요?
   (A) 그 매장의 웹사이트요.
   (B) 아니요, 나중에 해도 돼요.

해설 (A) order, supplies를 듣고 연상 가능한 store를 이용한 오답!
      (B) No(주문하지 않아도 된다)라고 말한 후 나중에 해도 된다고 대답했으므로 정답!

어휘 order 주문하다 | supplies 물품, 비품

8. Has the plumber repaired the sink?
(A) Yes, he's all done now.
(B) He's not selling it anymore.

그 배관공이 싱크대를 고쳤나요?
(A) 네, 이제 다 끝났어요.
(B) 그는 더 이상 그것을 팔지 않아요.

해설 (A) 긍정의 Yes와 함께 일이 다 끝났다고 말하고 있으므로 정답!
(B) ceiling과 일부 발음이 비슷한 selling을 이용한 오답!

어휘 plumber 배관공 | repair 수리하다 | sink 싱크대 | sell 팔다

---

9. Have you set up the new color printer yet?
(A) Fifty copies in color, please.
(B) I finished that yesterday.

새 컬러 프린터기를 설치하셨어요?
(A) 컬러로 50부 해주세요.
(B) 그 일을 어제 끝냈어요.

해설 (A) color가 반복 사용된 오답!
(B) 어제 완료했다고 대답했으므로 정답!

어휘 set up 설치하다 | copy 복사본

---

10. Should I wear my jacket today?
(A) It's quite cold outside.
(B) Brown with gold buttons.

제가 오늘 재킷을 입어야 할까요?
(A) 밖이 상당히 추워요.
(B) 금색 단추가 있는 브라운 색이요.

해설 (A) 상당히 춥다고 하며 입어야 한다고 우회적으로 말한 정답!
(B) jacket을 듣고 연상 가능한 buttons를 이용한 오답!

어휘 quite 상당히, 꽤 | outside 밖에

---

11. Has the restaurant received our grocery delivery?
(A) I'd like some fresh vegetables.
(B) Yes, they just messaged me.

그 식당이 식료품 배송을 받았나요?
(A) 신선한 채소들을 원해요.
(B) 네, 그들이 방금 제게 메시지를 보내왔어요.

해설 (A) grocery를 듣고 연상 가능한 vegetables를 이용한 오답!
(B) Yes라고 말한 뒤, 방금 메시지를 보내왔다고 부연설명으로 대답한 정답!

어휘 grocery 식료품 | message 메시지를 보내다

---

12. Will the new employee orientation finish by 7:30?
(A) The schedule was emailed to you.
(B) No, the morning meeting.

신입 직원 오리엔테이션이 7시 반에 끝날까요?
(A) 일정표를 이메일로 보내 드렸어요.
(B) 아니요, 오전 회의요.

해설 (A) 일정표를 이메일로 보냈으니 확인해보라고 우회적으로 대답한 정답!
(B) orientation, 7:30을 듣고 연상 가능한 morning meeting을 이용한 오답!

어휘 orientation 오리엔테이션, 예비 교육

---

13. Didn't you send the attendance list to Natalie?
(A) I attended last week.
(B) No, but I will in five minutes.

Natalie에게 참석자 명단을 보내지 않았나요?
(A) 저는 지난주에 참석했어요.
(B) 못 보냈어요, 하지만 5분 후에 보낼 거예요.

해설 (A) 질문에서 들린 attendance와 발음이 일부 동일한 attend를 이용한 오답!
(B) 아직 못 보냈지만 곧 보낼 것이라고 말하고 있으므로 정답!

어휘 send 보내다 | attendance list 참석자 명단 | attend 참석하다 | in ~후에

---

14. It's supposed to be colder today, isn't it?
(A) Yes, you should take a scarf.
(B) You're supposed to call her.

오늘이 더 추울 거라고 하죠, 그렇지 않나요?
(A) 맞아요, 목도리를 가지고 가는 게 좋을 거예요.
(B) 당신이 그녀에게 전화하기로 되어 있습니다.

해설 (A) 날씨가 추울 테니 목도리를 가져가라고 말하고 있으므로 정답!
(B) supposed to가 반복된 오답!

어휘 be supposed to ~하기로 되어 있다 | take 가지고 가다

---

15. Wasn't Marco at the marketing seminar this morning?
(A) I don't remember.
(B) No, he's a marketing manager.

Marco가 오늘 아침 마케팅 세미나에 없었나요?
(A) 기억나지 않아요.
(B) 아니요, 그는 마케팅 관리자예요.

해설 (A) 기억이 나지 않는다고 말하고 있으므로 정답!
(B) marketing이 반복된 오답!

어휘 remember 기억하다

16. 미국 ↔ 호주

Rachel's office <u>is on</u> this floor, isn't it?
(A) Yes, it needs another chair.
(B) She moved to the 7th floor last month.

Rachel의 사무실은 이 층에 있죠, 그렇지 않나요?
(A) 네, 거기에 의자가 하나 더 필요해요.
(B) 그녀는 지난달에 7층으로 옮겼어요.

해설 (A) office와 연상되는 chair로 대답한 오답!
(B) 더 이상 이 층에 있지 않다고 말하고 있으므로 정답!

어휘 floor 층 | move 옮기다, 이동하다

---

17. 미국 ↔ 영국

Isn't this the <u>latest</u> laptop model?
(A) It came out a month ago.
(B) Yes, it's late.

이건 최신 노트북 모델 아닌가요?
(A) 한 달 전에 나왔죠.
(B) 네, 늦었어요.

해설 (A) 나온 지 한 달 됐다는 설명을 하고 있으므로 정답!
(B) 최신 제품이 맞다는 의미의 Yes로 시작하지만 뒤의 이유가 알맞지
않고 latest와 발음이 일부 동일한 late를 이용한 오답!

어휘 latest 최신의 | come out 나오다, 생산되다 | late 늦은

---

18. 미국 ↔ 미국

Ms. Yuiko <u>made</u> the <u>slide show</u> for the meeting,
didn't she?
(A) About 15 slides.
(B) No, I did.

Ms. Yuiko가 회의용 슬라이드 쇼를 만들었죠, 그렇지 않나요?
(A) 대략 15개의 슬라이드예요.
(B) 아니요, 제가 만들었어요.

해설 (A) slide가 반복된 오답!
(B) 부정의 No 뒤에 Ms. Yuiko가 아니라 본인이 만들었음을 밝히고
있으므로 정답!

어휘 slide show 슬라이드 쇼

Exercise

본서 p.124

1. (A), (C)	2. (A), (B)	3. (B), (C)	4. (B), (C)
5. (A), (C)	6. (A), (B)	7. (B), (C)	8. (A), (C)
9. (A), (C)	10. (A), (B)	11. (B), (C)	12. (A), (C)

미국 ↔ 미국

1. <u>Are</u> you <u>attending</u> the budget workshop?
(A) I'm still deciding.
(B) At the end of the month.
(C) Yes, but I might be late.

예산 워크숍에 참석할 건가요?
(A) 아직 고민 중이에요.
(B) 이달 말예요.
(C) 네, 그런데 늦을지도 모르겠어요.

해설 (A) 아직 고민 중이라며 직접적인 대답을 회피하는 정답!
(B) 시점에 대한 답변을 하고 있으므로 오답!
(C) 참석할 예정이지만 늦을 수도 있다고 대답하고 있으므로 정답!

어휘 attend 참석하다 | budget 예산

호주 ↔ 미국

2. Our <u>recent sales</u> are better than last year's, <u>right</u>?
(A) Yes, they are.
(B) Who told you that?
(C) They said it's not on sale yet.

최근 매출이 작년보다 더 좋네요, 그렇죠?
(A) 네, 맞아요.
(B) 누가 그러던가요?
(C) 그건 아직 할인 판매를 안 한대요.

해설 (A) 맞다고 대답하고 있으므로 정답!
(B) 누가 알려줬는지 물으며 우회적으로 대답하고 있는 정답!
(C) sales와 일부 발음이 동일한 sale을 이용한 오답!

어휘 sales 매출 | on sale 할인 중인

미국 ↔ 미국

3. <u>Will you</u> be out of town this weekend?
(A) I used to live downtown.
(B) I'll be back on Saturday afternoon.
(C) Yes, for a conference in Shanghai.

이번 주말에 시외로 나가실 건가요?
(A) 전 시내에서 살았었어요.
(B) 토요일 오후에 돌아올 거예요.
(C) 네, 상하이에서 있을 회의 때문예요.

해설 (A) town과 발음이 일부 동일한 downtown을 이용한 오답!
(B) 주말 내내 시외에 나가는 것이 아니라 토요일 오후에는 돌아온다고
대답하고 있는 정답!
(C) 부재의 이유를 상세히 언급하고 있으므로 정답!

어휘 out of town (출장 등으로) 도시를 떠난 | weekend 주말 |
downtown 시내에

호주 ↔ 미국

4. You've seen the final program, haven't you?
    (A) Yes, I will.
    (B) Patrick showed me earlier.
    (C) No, I was too busy.

    최종 프로그램을 보셨죠, 그렇지 않나요?
    (A) 네, 볼 거예요.
    (B) Patrick이 아까 저에게 보여줬어요.
    (C) 아니요, 너무 바빠서요.

해설 (A) 시제가 잘못된 오답!
      (B) Patrick이 보여줘서 봤다고 대답하고 있으므로 정답!
      (C) 너무 바빠서 못 봤다고 대답하고 있으므로 정답!

어휘 final 최종의

영국 ↔ 미국

5. Has your e-mail address changed?
    (A) Yes, do you want it?
    (B) I'd like to exchange this dress.
    (C) No, it's still the same.

    이메일 주소가 바뀌었나요?
    (A) 네, 필요하세요?
    (B) 이 옷을 교환하고 싶습니다.
    (C) 아니요, 아직 그대로입니다.

해설 (A) Yes로 대답한 후 바뀐 이메일 주소를 원하는지 반문하고 있는 정
      답!
      (B) changed와 발음이 일부 동일한 exchange, 그리고 address와
      발음이 일부 동일한 dress를 이용한 오답!
      (C) No를 사용하여 이메일 주소가 바뀌지 않았다고 대답하고 있으므
      로 정답!

어휘 exchange 교환하다

호주 ↔ 미국

6. You designed the new company logo, didn't you?
    (A) Actually, Rebecca made it.
    (B) Yes, how did you know?
    (C) Oh, I'm happy to hear that.

    당신이 새 회사 로고를 디자인하셨죠, 그렇지 않나요?
    (A) 사실, Rebecca가 만들었어요.
    (B) 맞아요, 어떻게 아셨어요?
    (C) 아, 그 이야기를 들으니 기쁘네요.

해설 (A) 본인이 아닌 Rebecca가 만들었다고 설명하고 있으므로 정답!
      (B) Yes로 대답한 후 어떻게 알았냐며 반문하고 있으므로 정답!
      (C) 질문에 적절하지 않은 답변을 했으므로 오답!

어휘 company logo 회사 로고

미국 ↔ 미국

7. Aren't you going to wear that dress?
    (A) I don't want to address the meeting.
    (B) No, I'm wearing pants today.
    (C) What about you?

    저 옷을 입으실 것 아닌가요?
    (A) 저는 그 회의 때 연설하고 싶지 않아요.
    (B) 아니요, 오늘은 바지를 입을 거예요.
    (C) 당신은 어때요?

해설 (A) dress와 발음이 일부 동일한 address를 이용한 오답!
      (B) No로 대답한 이후 그 옷 대신 바지를 입을 거라고 설명하고 있으
      므로 정답!
      (C) 상대방은 뭘 입을 것이냐고 반문하고 있는 정답!

어휘 address a meeting 회의 때 연설하다

영국 ↔ 호주

8. Have you tried the new pizza place?
    (A) Yes, last week.
    (B) I like Italian dishes.
    (C) I haven't had a chance yet.

    새 피자 가게에 가보셨나요?
    (A) 네, 지난주예요.
    (B) 전 이탈리아 요리를 좋아해요.
    (C) 아직 기회가 없었어요.

해설 (A) 긍정의 Yes와 함께 지난주에 가 봤다고 대답하고 있으므로 정답!
      (B) pizza를 듣고 연상 가능한 Italian dishes를 이용한 오답!
      (C) 기회가 없어서 아직 못 가봤다고 대답하고 있으므로 정답!

어휘 try (좋은지 등을 보려고) 써보다, 해보다, 가보다 | pizza place 피자집 |
dish 요리

영국 ↔ 호주

9. Don't we need to finish the rough draft soon?
    (A) We still have some time.
    (B) Roughly three days.
    (C) Yes, let's get it done today.

    우리는 초고를 곧 끝내야 하지 않나요?
    (A) 우리는 아직 시간이 좀 있어요.
    (B) 대략 3일이요.
    (C) 네, 오늘 끝내도록 합시다.

해설 (A) 아직 시간이 있어서 괜찮다고 말하고 있으므로 정답!
      (B) rough와 발음이 일부 동일한 roughly를 이용한 오답!
      (C) Yes로 대답한 이후 오늘 다 끝내자고 말하고 있으므로 정답!

어휘 rough draft 초고 | roughly 대략

PART 2 UNIT 08

10. <u>Do you</u> have Tula's <u>phone number</u>?
(A) Why do you need it?
(B) No, but Kaylee might know it.
(C) She just postponed the meeting.

Tula의 전화번호를 가지고 계신가요?
(A) 그게 왜 필요하세요?
(B) 아니요, 하지만 Kaylee가 알지도 몰라요.
(C) 그녀가 회의를 연기했어요.

해설 (A) 번호가 왜 필요하냐고 반문하며 우회적으로 대답하고 있는 정답!
(B) 전화번호는 모르지만 Kaylee가 알지도 모르니 그녀에게 물어보라고 우회적으로 대답하고 있는 정답!
(C) phone과 발음이 비슷한 postponed를 이용한 오답!

어휘 phone number 전화번호 I postpone 연기하다

---

11. Don't you <u>have</u> the <u>same</u> suitcase as this one?
(A) No, I haven't.
(B) Mine is in red, though.
(C) No, but my friend does.

이것과 같은 여행 가방을 가지고 있지 않아요?
(A) 아니요, 그런 적 없어요.
(B) 하지만 제 것은 빨간색이에요.
(C) 아니요, 하지만 제 친구가 갖고 있죠.

해설 (A) 시제가 맞지 않으므로 오답!
(B) 똑같은 여행 가방이 있지만 색깔은 다르다고 자세하게 설명하고 있는 정답!
(C) 자신은 가지고 있지 않고 친구가 똑같은 여행 가방을 가지고 있다고 말하고 있는 정답!

어휘 suitcase 여행 가방 I mine 나의 것

---

12. <u>Did</u> you have a chance to <u>meet</u> your new coworkers?
(A) Yes, they seemed very nice.
(B) I need to change my uniform.
(C) Not yet.

당신의 새 동료들을 만나 볼 기회가 있었나요?
(A) 네, 모두 친절해 보였어요.
(B) 유니폼을 갈아 입어야 해요.
(C) 아직이요.

해설 (A) 만나 봤는데 모두 친절해 보였다고 대답하고 있으므로 정답!
(B) chance와 발음이 비슷한 change가 사용된 오답!
(C) 아직 만나지 못했다고 대답하고 있으므로 정답!

어휘 chance 기회 I coworker 동료 I change (옷을) 갈아입다 I uniform 유니폼 I seem ~인 것처럼 보이다

Practice

본서 p.126

1. (B)	2. (C)	3. (B)	4. (B)	5. (A)	6. (A)
7. (C)	8. (B)	9. (B)	10. (B)	11. (A)	12. (B)

1. Did you email the computer technician?
(A) Please write down your e-mail address.
(B) Yes, someone will be here at 4 o'clock.
(C) A new computer program.

컴퓨터 기술자한테 이메일 보내셨어요?
(A) 이메일 주소를 적어 주세요.
(B) 네, 4시에 누가 올 거예요.
(C) 새 컴퓨터 프로그램이요.

해설 (A) email을 반복 사용한 오답!
(B) Yes(이메일을 보냈다)라고 말한 후 4시에 올 거라고 대답했으므로 정답!
(C) computer를 반복 사용한 오답!

어휘 technician 기술자 I write down ~을 적다

---

2. Weren't you at the meeting this morning?
(A) In conference room A.
(B) She's arriving in the afternoon.
(C) No, I had to visit a client.

오늘 오전 회의에 오지 않으셨나요?
(A) A 회의실에서요.
(B) 그녀는 오후에 도착합니다.
(C) 네, 고객을 만나야 했어요.

해설 (A) meeting을 듣고 연상 가능한 conference room을 이용한 오답!
(B) 주어가 she이므로 질문의 주어 you와 맞지 않고, this morning을 듣고 연상 가능한 in the afternoon을 이용한 오답!
(C) 회의에 참석하지 못한 이유를 설명하고 있으므로 정답!

어휘 conference room 회의실

---

3. You set up an appointment with Dr. Allen, didn't you?
(A) He's been appointed to the committee.
(B) Yes, for this Thursday.
(C) For his annual checkup.

Allen 박사님께 예약하셨죠, 그렇지 않나요?
(A) 그는 위원회에 임명되었습니다.
(B) 맞아요, 이번 주 목요일로요.
(C) 그의 연례 건강 검진을 위해서요.

해설 (A) appointment와 발음이 비슷한 appointed를 이용한 오답!
(B) 목요일로 예약했다고 말하고 있으므로 정답!
(C) appointment를 듣고 연상 가능한 annual checkup을 이용한 오답!

어휘 **set up an appointment** 예약을 하다 | **appoint** 임명하다 | **committee** 위원(회) | **annual** 연례의 | **checkup** 건강 검진

---

4. Isn't it great to have an office with windows?
(A) No, I'm not busy at all.
(B) Yes, the natural light is nice.
(C) Why don't you open them?

창문이 있는 사무실에서 일하니 정말 좋지 않나요?
(A) 아니요, 저는 전혀 안 바빠요.
(B) 네, 자연광이 좋네요.
(C) 그걸 열지 그러세요?

해설 (A) No(창문이 있는 사무실에서 일하는 게 좋지 않다)라는 대답과 전혀 바쁘지 않다는 부연 설명은 질문과 맞지 않으므로 오답!
(B) Yes(창문이 있는 사무실에서 일하는 게 좋다)라고 말한 후 자연광이 좋다고 부연 설명하고 있으므로 정답!
(C) windows를 듣고 연상하기 쉬운 open을 이용한 오답!

어휘 **not ~ at all** 전혀 ~하지 않다 | **natural light** 자연광

---

5. Does this train go to City Hall?
(A) That's what the map says.
(B) About 30 minutes ago.
(C) I'll be leading a training session.

이 기차는 시청에 가나요?
(A) 지도에는 그렇게 나와 있어요.
(B) 약 30분 전에요.
(C) 제가 교육을 진행할 거예요.

해설 (A) 지도상으로는 그렇다며 Yes(시청에 간다)라는 의미를 우회적으로 나타내므로 정답!
(B) 현재 시제(Does ~) 질문에 과거(~ ago)로 대답했으므로 오답!
(C) train과 발음이 비슷한 training을 이용한 오답!

어휘 **city hall** 시청 | **lead** 진행하다 | **training session** 교육

---

6. Haven't we eaten at this restaurant before?
(A) No, this is my first time.
(B) The dinner special.
(C) What a great meal.

우리 전에 이 음식점에서 식사하지 않았나요?
(A) 아니요, 저는 이번이 처음이에요.
(B) 디너 스페셜이요.
(C) 정말 훌륭한 식사네요.

해설 (A) No(식사하지 않았다)라고 말한 뒤, 이번이 처음이라고 부연 설명하고 있으므로 정답!
(B) restaurant를 듣고 연상 가능한 dinner special을 이용한 오답!
(C) restaurant를 듣고 연상 가능한 meal을 이용한 오답!

어휘 **meal** 식사 | **special** (식당 등의) 특별 메뉴, 정식

---

7. The heaters in this office were installed recently, weren't they?
(A) It's really hot outside.
(B) We've already set up the food stalls.
(C) No, but it's scheduled for next week.

이 사무실에 있는 난방기는 최근에 설치된 거죠, 그렇죠?
(A) 밖이 정말 더워요.
(B) 우린 벌써 노점을 설치했어요.
(C) 아니요, 하지만 다음 주에 예정되어 있어요.

해설 (A) heaters를 듣고 연상 가능한 hot을 이용한 오답!
(B) installed과 발음이 비슷한 stalls를 이용한 오답!
(C) No (설치되지 않았다)라고 한 뒤, 하지만 다음 주에 예정되어 있다고 부연 설명하고 있으므로 정답!

어휘 **heater** 히터, 난방기 | **install** 설치하다 | **recently** 최근에 | **set up** 설치하다, 세우다 | **food stall** 음식 노점, 좌판 | **be scheduled for** ~로 예정되어 있다

---

8. Should we show the clients our new branch on Clark Road?
(A) A new business proposal.
(B) It's still under construction.
(C) From the airport.

고객들에게 Clark 가에 있는 새 지사를 보여줘야 할까요?
(A) 신규 사업 제안서요.
(B) 거긴 아직 공사 중이에요.
(C) 공항에서부터요.

해설 (A) new를 반복 사용한 오답!
(B) 아직 공사 중이라며 보여줄 때가 아니라는 의미를 우회적으로 나타내므로 정답!
(C) clients를 듣고 연상 가능한 airport를 이용한 오답!

어휘 **client** 고객 | **branch** 지사 | **business proposal** 사업 제안서 | **be under construction** 공사 중이다

---

9. The airport has a free shuttle service, correct?
(A) I'll be taking a non-stop flight to Berlin.
(B) Here's the schedule.
(C) Yes, a window seat, please.

그 공항은 무료 셔틀 서비스를 제공하죠, 맞죠?
(A) 베를린행 직항편을 탈 거예요.
(B) 여기 일정표요.
(C) 네, 창가 쪽 좌석으로 부탁합니다.

해설 (A) airport를 듣고 연상 가능한 flight를 이용한 오답!
(B) Yes(셔틀 서비스를 제공한다)를 생략한 정답!
(C) airport를 듣고 연상 가능한 window seat를 이용한 오답!

어휘 **free** 무료의 | **correct** 옳은, 정확한 | **take** ~에 타다 | **non-stop** 직통의, 직항의

PART 2 UNIT 08

49

10. Has your research article been published yet?

(A) He's teaching medical science.

(B) Yes, in this month's issue.

(C) No, I haven't searched there.

당신의 연구 논문이 벌써 실렸나요?

(A) 그는 의학을 가르쳐요.

(B) 네, 이번 호에요.

(C) 아뇨, 거기 찾아보지 않았어요.

해설 (A) research article를 듣고 연상 가능한 medical science를 이용한 오답!

(B) Yes(연구논문이 실렸다)라고 말한 뒤, 이번 달 호라고 부연 설명하고 있으므로 정답!

(C) research와 발음이 비슷한 searched를 이용한 오답!

어휘 research article 연구 논문 | publish 싣다, 출간하다 | medical science 의학 | issue (정기 간행물의) 호 | search 찾다

---

11. The projector was broken earlier, wasn't it?

(A) Yes, but it just got repaired.

(B) A projection screen.

(C) On my desk.

그 프로젝터는 아까 고장 났었죠, 그렇지 않나요?

(A) 네, 하지만 방금 수리했어요.

(B) 프로젝션 화면이요.

(C) 제 책상 위예요.

해설 (A) Yes(고장 났었다)라고 한 뒤, 하지만 방금 수리했다고 부연 설명하고 있으므로 정답!

(B) projector와 발음이 비슷한 projection을 이용한 오답!

(C) projector를 듣고 연상 가능한 desk를 이용한 오답!

어휘 projector 프로젝터 | broken 고장 난 | early (현재 시간보다) 전에 | repair 수리하다 | projection screen (영상) 투사 스크린, 영사막

---

12. Didn't you go out for lunch yesterday?

(A) Let's eat at noon.

(B) No, that wasn't me.

(C) Yes, my friend is a chef.

어제 점심 먹으러 나가지 않으셨어요?

(A) 12시에 먹도록 해요.

(B) 아니요, 그건 제가 아니었어요.

(C) 네, 제 친구는 요리사예요.

해설 (A) lunch를 듣고 연상 가능한 eat at noon을 이용한 오답!

(B) No(점심 먹으러 나가지 않았다)라고 말한 뒤, 그건 내가 아니었다고 부연 설명하고 있으므로 정답!

(C) lunch를 듣고 연상 가능한 chef를 이용한 오답!

어휘 go out for lunch 점심 식사를 하러 나가다 | chef 요리사

UNIT 09. 선택 의문문·요청문

Warm-up

본서 p.129

1. (A) **2.** (B) **3.** (B) **4.** (B) **5.** (B) **6.** (A)

1. How should I send you the documents, by fax or by e-mail?

(A) E-mail is better.

(B) He fixed all the errors.

서류들을 어떻게 보내드려야 할까요, 팩스로 보낼까요 아니면 이메일로 보낼까요?

(A) 이메일이 더 좋겠습니다.

(B) 그가 모든 오류들을 고쳤어요.

해설 (A) 언급된 선택 사항 중 하나를 비교급을 사용해서 대답했으므로 정답!

(B) fax와 발음이 비슷한 fixed를 이용한 오답!

어휘 document 서류 | fix 고치다 | error 오류

---

2. Should we go for a musical or a movie?

(A) It was enjoyable.

(B) I'd rather watch a baseball game on TV.

우리는 뮤지컬을 보러 갈까요, 아니면 영화를 보러 갈까요?

(A) 즐거웠어요.

(B) 저는 차라리 야구 경기를 TV로 보고 싶어요.

해설 (A) 시제가 맞지 않고, musical과 movie를 듣고 연상 가능한 enjoyable을 이용한 오답!

(B) 언급된 선택 사항 중 하나를 선택하지 않고 제3의 선택으로 대답하는 정답!

어휘 enjoyable 즐거운 | would rather (~하기보다는 차라리) ~하고 싶다

---

3. Will you be leaving in the morning or at night?

(A) That might be too late.

(B) I'll check my morning schedule.

아침에 떠나세요, 밤에 떠나세요?

(B) 그러면 너무 늦을 거예요.

(C) 오전 일정을 확인해 볼게요.

해설 (A) leaving을 듣고 연상 가능한 late를 이용한 오답!

(B) 아침 일정을 확인해 보겠다며 선택을 보류한 정답!

어휘 leave 떠나다

---

4. Can you help me choose the wallpaper for my office?
   (A) Hang it on the wall, please.
   (B) Sure, what are the choices?

   제 사무실 벽지 선택을 도와주실 수 있으신가요?
   (A) 그걸 벽에 걸어 주세요.
   (B) 물론이죠, 어떤 선택권이 있나요?

   해설 (A) wallpaper와 발음이 일부 동일한 wall을 이용한 오답!
   (B) 상대방의 요청을 긍정적으로 수락하며 관련 질문을 하고 있는 정답!

   어휘 choose 선택하다 ǀ wallpaper 벽지 ǀ hang 걸다 ǀ wall 벽 ǀ choice 선택 가능한 것, 선택(권)

---

5. Would you like me to give you a ride?
   (A) In front of the building.
   (B) That'd be nice.

   제가 태워 드릴까요?
   (A) 건물 앞이요.
   (B) 그럼 좋죠.

   해설 (A) 장소에 대한 답변을 하고 있으므로 오답!
   (B) 상대방의 제안을 수락하는 정답!

   어휘 give a ride 태워다 주다

---

6. Could you prepare the budget report for next quarter?
   (A) Oh, I already submitted it this morning.
   (B) I spent time with him last weekend.

   다음 분기 예산 보고서를 준비해 주시겠어요?
   (A) 아, 오늘 아침에 벌써 제출했어요.
   (B) 지난주 주말은 그와 함께 보냈어요.

   해설 (A) 상대방의 서류 준비 요청에 이미 제출했다고 대답했으므로 정답!
   (B) budget과 next를 듣고 연상 가능한 spent와 last를 이용한 오답!

   어휘 prepare 준비하다 ǀ budget report 예산 보고서 ǀ quarter 분기 ǀ submit 제출하다 ǀ spend (시간을) 보내다. (돈을) 쓰다

Exercise

본서 p.132

1. (A), (B)	2. (B), (C)	3. (A), (C)	4. (A), (C)
5. (A), (B)	6. (B), (C)	7. (A), (B)	8. (A), (B)
9. (A), (C)	10. (A), (C)	11. (A), (C)	12. (A), (C)

1. Does Alex work in Advertising or Customer Service?
   (A) He doesn't work in either.
   (B) Actually, he's in Accounting.
   (C) Many new customers.

   Alex가 광고부에서 근무하나요, 고객서비스부에서 근무하나요?
   (A) 둘 중 어느 부서에서도 일하지 않아요.
   (B) 사실 그는 회계 부서에 있어요.
   (C) 많은 신규 고객들이요.

   해설 (A) 제시된 선택 사항 모두 선택하지 않은 정답!
   (B) 회계 부서에 있다며 제3의 선택을 제시한 정답!
   (C) customer를 반복 사용한 오답!

   어휘 advertising 광고 ǀ customer service 고객서비스 ǀ not ~ either 둘 중 어느 쪽도 ~않다 ǀ accounting 회계

---

2. Who got the Employee of the Year Award, Allen or Helena?
   (A) No, it's her first year.
   (B) I don't recall who it was.
   (C) Actually, Zoe got the award.

   누가 올해의 직원상을 받았나요, Allen인가요 아니면 Helena인가요?
   (A) 아니요, 그녀의 입사 첫 해였어요.
   (B) 누구였는지 기억이 나지 않네요.
   (C) 실은, Zoe가 그 상을 받았어요.

   해설 (A) 선택의문문에서 정답으로 나오기 어려운 No와 함께 year를 반복 이용한 오답!
   (B) 누가 받았는지 기억이 나지 않는다며 모르겠다고 대답한 정답!
   (C) 언급된 선택지 중 하나를 선택하지 않고 제3의 선택을 제시하는 정답!

   어휘 employee 직원 ǀ award 상 ǀ recall 기억해 내다

---

3. Should we rearrange the desks in the office today or wait until the weekend?
   (A) Let's do it tomorrow.
   (B) The Maintenance Department.
   (C) The weekend would be better.

   사무실 책상을 오늘 재배치할까요, 아니면 주말까지 기다릴까요?
   (A) 내일 하죠.
   (B) 관리부요.
   (C) 주말이 낫겠네요.

해설 해설 (A) 내일 하자고 말하며 제3의 선택을 제시한 정답!

(B) rearrange, desks를 듣고 연상 가능한 Maintenance Department를 이용한 오답!

(C) 두 선택 사항 중 후자를 선택했으므로 정답!

어휘 rearrange 재배치하다 | maintenance 유지, 관리, 정비 | department 부서

---

4. How about getting new computers for your business?

(A) Unfortunately, we can't afford that.

(B) How many do you need?

(C) We really should.

당신의 회사에 새 컴퓨터들을 들여놓으시는 게 어때요?

(A) 유감스럽게도 그럴 형편이 안돼요.

(B) 몇 개 필요하세요?

(C) 정말 그래야겠어요.

해설 (A) 상대방의 제안에 부정적으로 답변하고 있으므로 정답!

(B) How를 반복하는 오답!

(C) 상대방의 제안에 동의하는 답변을 하고 있으므로 정답!

어휘 business 사업, 회사 | unfortunately 불행하게도, 유감스럽게도 | afford (~을 살 금전적) 여유가 되다

---

5. Do you work the morning or the evening shift?

(A) Neither, I work the afternoon shift.

(B) It depends on the day of the week.

(C) I have a two-hour break for lunch.

아침 시간대에 근무하세요, 아니면 저녁 시간대에 근무하세요?

(A) 둘 다 아닙니다, 전 오후 시간대에 근무합니다.

(B) 요일에 따라 달라요.

(C) 전 2시간의 점심 시간이 있습니다.

해설 (A) 선택의문문의 대표적인 대답 형태인 Neither를 사용한 정답!

(B) 요일에 따라 다르다고 말하는 우회적인 대답의 정답!

(C) morning과 evening을 듣고 연상 가능한 lunch를 이용한 오답!

어휘 shift (교대) 근무 | neither 어느 것도 ~아니다 | break (작업 중의) 휴식 (시간) | it depends ~에 따라 다르다

---

6. Can you open the office door?

(A) It was my desk.

(B) Sure, just one second.

(C) I don't have the key.

사무실 문 좀 열어주시겠어요?

(A) 그건 제 책상이었어요.

(B) 물론이죠, 잠깐만요.

(C) 저한텐 열쇠가 없어요.

해설 (A) office를 듣고 연상 가능한 desk를 이용한 오답!

(B) 상대방의 요청에 sure로 동의하고 있으므로 정답!

(C) 열쇠가 없다고 말하며 열어줄 수 없다는 의미를 우회적으로 대답한 정답!

---

7. Why don't we leave work a little early today?

(A) Sounds good to me.

(B) OK, as soon as we finish this report.

(C) I don't live here.

오늘 우리 조금 일찍 퇴근하는 게 어때요?

(A) 전 좋아요.

(B) 좋아요, 우리가 이 보고서를 끝내는대로요.

(C) 저는 여기 살지 않아요.

해설 (A) 상대방의 제안에 동의하는 답변을 하고 있으므로 정답!

(B) 상대방의 제안에 긍정적으로 대답하고 있는 정답!

(C) leave와 발음이 비슷한 live를 이용한 오답!

어휘 leave work 퇴근하다

---

8. Would you like to have dinner with us after work?

(A) I'd love to. Thanks for inviting me.

(B) I'm afraid I can't.

(C) She wants to meet us in the diner.

퇴근 후에 저희와 함께 저녁 드시겠어요?

(A) 좋아요, 초대해 주셔서 감사합니다.

(B) 죄송하지만 전 못 가요.

(C) 그녀는 식당에서 우리를 만나고 싶어 해요.

해설 (A) 상대방의 제안에 동의하는 답변을 하고 있으므로 정답!

(B) 상대방의 제안을 거절하고 있으므로 정답!

(C) dinner와 발음이 비슷한 diner를 이용한 오답!

어휘 after work 퇴근 후에 | invite 초대하다 | diner 작은 식당

---

9. Why don't you reserve the movie tickets now since it's so popular?

(A) All right, let me check their Web site now.

(B) Yes, it was a great movie.

(C) Claire did it this morning.

영화가 인기가 많으니까 영화표를 지금 예약하는 게 어때요?

(A) 좋아요, 제가 지금 웹사이트를 확인해 볼게요.

(B) 네, 그건 좋은 영화였어요.

(C) Claire가 오늘 아침에 했어요.

해설 (A) 상대방의 제안에 동의하는 답변을 하고 있으므로 정답!

(B) 시제도 맞지 않고 movie가 반복된 오답!

(C) 다른 사람이 이미 예약했다고 대답하고 있으므로 정답!

어휘 reserve 예약하다 | popular 인기 있는 | great 정말 좋은

---

10. Is this blouse <u>washable</u> or is it <u>dry-clean</u> only?
(A) I'm not sure.
(B) I'll pick it up at the dry cleaner's then.
(C) Why don't you check the care label?

이 블라우스는 물빨래가 가능한가요, 아니면 드라이클리닝만
해야 하나요?
(A) 잘 모르겠어요.
(B) 그럼 제가 세탁소에서 그것을 찾아올게요.
(C) 옷에 붙어 있는 관리 안내 라벨을 확인해 보시는 게 어때요?

해설 (A) 잘 모르겠다고 말하는 우회적인 대답의 정답!
(B) dry-cleaned와 발음이 비슷한 dry cleaner's를 이용한 오답!
(C) 옷에 붙어 있는 관리 안내 라벨을 확인해 보면 알 수 있다고 우회
적으로 대답하는 정답!

어휘 **washable** 물빨래가 가능한 | **dry-clean** 드라이클리닝하다 | **pick up** 찾아오다 | **dry cleaner's** 세탁소 | **care label** 관리 안내 라벨

---

11. <u>Could</u> you <u>hand</u> me those <u>files</u>?
(A) Here they are.
(B) Just turn the handle.
(C) All three of these?

제게 그 파일들 좀 건네주시겠어요?
(A) 여기 있어요.
(B) 손잡이만 돌리시면 돼요.
(C) 세 개 다요?

해설 (A) 요청을 수락하며 건네는 표현이므로 정답!
(B) hand와 발음이 비슷한 handle을 이용한 오답!
(C) 세 개 다 요청하는 건지 되묻고 있는 정답!

어휘 **hand** 건네주다 | **turn** 돌리다 | **handle** 손잡이

---

12. <u>What</u> would you <u>like</u> for lunch, <u>Japanese</u> or
<u>Chinese</u>?
(A) What about Italian?
(B) The restaurant is very popular.
(C) I don't have a preference.

점심으로 무엇을 원하세요, 일식 아니면 중식?
(A) 이탈리아 음식은 어때요?
(B) 그 식당은 매우 인기가 좋아요.
(C) 특별히 선호하는 것은 없습니다.

해설 (A) 언급된 선택 사항 중 하나를 선택하지 않고 제3의 선택을 제시하는
정답!
(B) restaurant가 반복된 오답!
(C) 선호하는 것이 없다고 말하며 아무거나 상관없다고 대답한 정답!

어휘 **popular** 인기 있는 | **preference** 선호

Practice

본서 p.134

1. (B)	2. (B)	3. (C)	4. (B)	5. (A)	6. (B)
7. (B)	8. (C)	9. (B)	10. (C)	11. (A)	12. (A)

1. Would you like a paper ticket or an electronic one?
(A) I'm looking forward to the movie.
(B) Please send it to my e-mail address.
(C) That will be 15 dollars.

종이 티켓으로 드릴까요, 전자 티켓으로 드릴까요?
(A) 영화가 기대됩니다.
(B) 제 이메일 주소로 보내주세요.
(C) 15달러입니다.

해설 (A) ticket을 듣고 연상 가능한 movie를 이용한 오답!
(B) 이메일 주소로 보내달라고 말하며 후자를 선택했으므로 정답!
(C) ticket을 듣고 연상 가능한 15 dollars를 이용한 오답!

어휘 **electronic** 전자의 | **look forward to** ~를 고대하다

---

2. Could you print the seminar agenda?
(A) The large seminar room.
(B) Of course. I'll take care of it now.
(C) Thank you for your time.

세미나 안건을 출력해 주시겠어요?
(A) 큰 세미나실이요.
(B) 물론이죠. 지금 할게요.
(C) 시간 내 주셔서 감사합니다.

해설 (A) seminar를 반복 사용한 오답!
(B) 상대방의 요청을 수락하고 있으므로 정답!
(C) 질문과 무관한 대답이므로 오답!

어휘 **print** 출력하다 | **agenda** 안건 | **take care of** ~를 다루다, ~를 처
리하다

---

3. Do you want to ride the elevator or take the stairs?
(A) A five-minute wait.
(B) We should call the repairperson.
(C) The seminar is on this floor.

엘리베이터를 타실래요, 계단으로 가실래요?
(A) 5분 기다려야 합니다.
(B) 수리 기사를 불러야 해요.
(C) 세미나는 이 층에서 해요.

해설 (A) ride, elevator를 듣고 연상 가능한 wait를 이용한 오답!
(B) elevator를 듣고 연상 가능한 repairperson을 이용한 오답!
(C) 세미나는 지금 있는 층에서 한다고 말하며 둘 다 선택하지 않았으
므로 정답!

어휘 **ride** 타다 | **take** (도로 등을) 타다, 이용하다 | **stair** 계단 |
repairperson 수리 기사

4. Why don't you reserve a meeting room?
   (A) They will serve sandwiches.
   (B) I already did.
   (C) For all the participants.

   회의실을 예약하는 게 어때요?
   (A) 그들이 샌드위치를 제공할 거예요.
   (B) 이미 했어요.
   (C) 모든 참가자를 위해서요.

   해설 (A) reserve와 발음이 비슷한 serve를 이용한 오답!
   (B) 회의실을 예약하는 게 어떠냐는 제안에 이미 했다고 대답했으므로 정답!
   (C) meeting을 듣고 연상 가능한 participants를 이용한 오답!

   어휘 reserve 예약하다 | serve 제공하다, 내놓다 | participant 참가자

---

5. Did you register for Monday's seminar, or Tuesday's?
   (A) I haven't signed up yet.
   (B) It was two hours long.
   (C) I can reschedule.

   월요일 세미나에 등록하셨나요, 화요일로 하셨나요?
   (A) 아직 등록하지 않았어요.
   (B) 두 시간짜리였어요.
   (C) 일정을 변경할 수 있어요.

   해설 (A) 아직 등록하지 않았다며 둘 다 선택하지 않았으므로 정답!
   (B) seminar를 듣고 연상 가능한 two hours long을 이용한 오답!
   (C) Monday, Tuesday를 듣고 연상 가능한 reschedule을 이용한 오답!

   어휘 register for ~에 등록하다 | sign up 등록하다 | reschedule 일정을 변경하다

---

6. Would you like a catalog of our products?
   (A) Yes, I logged in.
   (B) I already have one, thanks.
   (C) A wide selection.

   저희 제품의 카탈로그를 원하시나요?
   (A) 네, 로그인했어요.
   (B) 저는 이미 하나 가지고 있어요, 감사합니다.
   (C) 다양한 종류네요.

   해설 (A) catalog와 발음이 일부 동일한 logged를 이용한 오답!
   (B) 이미 가지고 있다고 말하며 상대방의 제안을 거절하고 있으므로 정답!
   (C) catalog와 products를 듣고 연상이 가능한 wide selection을 이용한 오답!

   어휘 catalog 카탈로그 | wide selection 다양한 종류, 폭 넓은 선택

---

7. Should we take a break, or finish packing these boxes?
   (A) That sounds great.
   (B) Let's stop after this one.
   (C) I didn't break it.

   잠시 쉴까요, 아니면 이 박스들을 포장하는 것을 끝낼까요?
   (A) 좋아요.
   (B) 이것까지 하고 쉽시다.
   (C) 그건 제가 깨지 않았어요.

   해설 (A) 주로 제안문의 대답이고 선택의문문의 대답으로는 부적절하며, break와 발음이 비슷한 great을 이용한 오답!
   (B) 선택지 중 하나를 골라서 대답하고 있으므로 정답!
   (C) break가 반복된 오답!

   어휘 break 휴식, 깨다 | pack 포장하다 | stop (하던 일을) 잠시 쉬다

---

8. Can you give me the number for the marketing agency?
   (A) For the advertising campaign.
   (B) I can give you a ride.
   (C) Why don't you check their Web site?

   마케팅 대행사 전화번호를 주시겠어요?
   (A) 광고 캠페인을 위해서요.
   (B) 제가 태워드릴 수 있어요.
   (C) 웹사이트를 확인해보지 그래요?

   해설 (A) marketing을 듣고 연상 가능한 advertising을 이용한 오답!
   (B) can, give를 반복 사용한 오답!
   (C) 웹사이트 확인을 제안하며 자신은 모르겠다고 대답한 정답!

   어휘 number (전화·팩스 등의) 번호 | agency 대행사, 기획사 | advertising 광고 | campaign 조직적 활동 | give ~ a ride ~를 태워주다

---

9. Would you like me to call Jay, or will you do it yourself?
   (A) Call me tomorrow.
   (B) I'll contact him.
   (C) That's not my phone.

   제가 Jay에게 전화하길 원하세요, 아니면 당신이 직접 하시겠어요?
   (A) 내일 저에게 전화 주세요.
   (B) 제가 그에게 연락할게요.
   (C) 그건 제 전화기가 아니에요.

   해설 (A) call이 반복된 오답!
   (B) 언급된 선택지 중 하나를 골라 대답하고 있으므로 정답!
   (C) call을 듣고 연상 가능한 phone을 이용한 오답!

   어휘 contact 연락하다

10. How about using the conference room for the job interview?

(A) Great, how did it go?

(B) I was on a conference call.

(C) That sounds like a good idea.

취업 면접 때 회의실을 사용하는 게 어때요?

(A) 좋아요, 그거 어땠어요?

(B) 전 전화 회의 중이었어요.

(C) 좋은 생각 같아요.

해설 (A) interview를 듣고 즉시 연상할 수 있는 질문을 이용한 오답!

(B) conference가 반복된 오답!

(C) 상대방의 제안에 동의하는 답변을 하고 있으므로 정답!

어휘 conference room 회의실 I conference call 전화 회의

---

11. Should I call him now or tomorrow?

(A) He's out of the office until today.

(B) It's the office across the street.

(C) An affordable phone plan.

제가 그분에게 지금 전화해야 할까요, 아니면 내일 할까요?

(A) 그는 오늘까지 사무실에 없어요.

(B) 길 건너편에 있는 사무실이에요.

(C) 가격이 적절한 핸드폰 요금제요.

해설 (A) 오늘까지 사무실에 없다며 후자를 선택했으므로 정답!

(B) 질문과 무관한 대답이므로 오답!

(C) call을 듣고 연상 가능한 phone plan을 이용한 오답!

어휘 be out of the office 사무실에 없는 I affordable (가격이) 알맞은 I phone plan 전화 요금제

---

12. Why don't we get on the express bus?

(A) It doesn't come to this stop.

(B) The express delivery option.

(C) One hour ago.

우리 고속버스를 타는 건 어떨까요?

(A) 그 버스는 이 정류장엔 정차하지 않아요.

(B) 빠른 배송 옵션이요.

(C) 한 시간 전이요.

해설 (A) 이 정류장에서는 탈 수 없다는 의미를 우회적으로 대답한 정답!

(B) express가 반복된 오답!

(C) When 의문에 어울리는 오답!

어휘 get on ~에 타다 I express bus 고속버스 I stop 정거장 I express delivery 빠른 배송 I option (제품 등의) 옵션, 선택 사항

UNIT 10. 간접 의문문·평서문

Warm-up

본서 p.137

1. (A)	2. (B)	3. (A)	4. (B)	5. (B)	6. (A)
7. (B)	8. (A)	9. (A)	10. (B)	11. (B)	12. (B)

1. Do you know where my train ticket is?

(A) I saw it on your desk.

(B) To San Francisco.

제 기차표가 어디 있는지 아세요?

(A) 당신의 책상 위에 있는 것을 봤어요.

(B) 샌프란시스코로요.

해설 (A) 질문 중간에 등장한 where my train ticket is에 대한 답변으로 위치를 잘 묘사하고 있으므로 정답!

(B) train ticket을 듣고 즉시 연상될 수 있는 대답을 이용한 오답!

어휘 train ticket 기차표

---

2. Can you tell me which countries you've traveled to?

(A) At the international airport.

(B) I've only been to Australia and Japan.

어떤 나라들을 여행해 봤는지 말씀해 주시겠어요?

(A) 국제 공항에서요.

(B) 전 호주와 일본에만 가 봤어요.

해설 (A) countries와 traveled를 듣고 연상 가능한 airport를 이용한 오답!

(B) 질문 중간에 등장한 which countries에 대한 답변으로 국가명을 언급하고 있으므로 정답!

어휘 country 국가, 나라 I international airport 국제 공항

---

3. Does anyone know why John's moving to Sydney?

(A) He got a job offer.

(B) Because he liked the movie.

왜 John이 시드니로 이사 가는지 아는 분 계시나요?

(A) 그가 일자리를 제의 받았거든요.

(B) 그가 그 영화를 좋아했기 때문이에요.

해설 (A) 질문 중간에 등장한 why의 답변으로 Because를 생략하고 적절한 이유를 들어 대답하고 있으므로 정답!

(B) Why의 대표적인 대답 형태의 하나인 Because로 시작하지만 뒤의 이유가 알맞지 않고 moving과 발음이 비슷한 movie를 이용한 오답!

어휘 move 이사하다 I offer 제의

4. Can you recommend where I can take the investors for lunch?
   (A) That's a good investment.
   (B) There's a new Chinese restaurant on Canton Street.

   점심에 투자자 분들을 어디로 모시고 갈 수 있을지 추천을 좀 해주시겠어요?
   (A) 좋은 투자네요.
   (B) Canton 가에 새로 생긴 중국 식당이 있어요.

   해설 (A) investors와 발음이 비슷한 investment를 이용한 오답!
   　　 (B) 질문 중간에 등장한 where에 대한 답변으로 on Canton Street을 언급하고 있으므로 정답!

   어휘 recommend 추천하다 | investor 투자자 | investment 투자

---

5. Did you find out when the next board meeting will be?
   (A) I'm about to board a plane now.
   (B) It's next Thursday.

   다음 이사회가 언제 열리는지 알아 내셨어요?
   (A) 저는 이제 막 비행기에 타려는 참이에요.
   (B) 다음 주 목요일이에요.

   해설 (A) board가 반복된 오답!
   　　 (B) 질문 중간에 등장한 when에 대한 답변으로 요일을 언급하고 있으므로 정답!

   어휘 board meeting 이사회 (회의) | be about to 막 ~하려는 참이다 | board 탑승하다

---

6. May I ask who suggested the changes to the poster?
   (A) It was my idea.
   (B) Kristy posted it on the board.

   포스터에 대한 변경 사항들을 제안하신 분이 누구인지 여쭤봐도 될까요?
   (A) 제 아이디어였습니다.
   (B) Kristy가 그것을 게시했어요.

   해설 (A) 질문 중간에 등장한 who에 대한 답변으로 my idea라고 언급해 본인이라고 대답하고 있으므로 정답!
   　　 (B) poster와 발음이 일부 동일한 posted를 이용한 오답!

   어휘 change 변경 | post 게시하다 | board 게시판

---

7. I'll get you a registration form to fill out.
   (A) I just started my own firm.
   (B) Thanks for your help.

   작성하셔야 하는 등록 신청서를 한 부 가져다 드릴게요.
   (A) 저는 제 회사를 이제 막 시작했습니다.
   (B) 도와주셔서 감사합니다.

   해설 (A) form과 발음이 비슷한 firm을 이용한 오답!
   　　 (B) 상대방의 말에 감사를 표하며 긍정적으로 호응하는 대답을 했으므로 정답!

   어휘 registration form 등록 신청서 | own 자신의 | firm 회사

---

8. I think you should get Mike a new cell phone for his birthday.
   (A) I don't think he needs one.
   (B) Give me a call back.

   Mike에게 생일선물로 새 휴대폰을 사주셔야 할 것 같은데요.
   (A) 그에게는 필요 없을 거예요.
   (B) 저에게 다시 전화해 주세요.

   해설 (A) 상대방의 제안에 대한 반대 의견을 말하고 있으므로 정답!
   　　 (B) cell phone을 듣고 즉시 연상될 수 있는 대답을 이용한 오답!

   어휘 cell phone 휴대폰 | give ~ a call 전화를 걸다

---

9. I have a flight to catch in an hour.
   (A) Where are you going?
   (B) I catch a cold every winter.

   저는 한 시간 후에 비행기를 타야 해요.
   (A) 어디로 가시나요?
   (B) 저는 매해 겨울마다 감기에 걸려요.

   해설 (A) 상대방의 말과 관련된 질문으로 반문하고 있으므로 정답!
   　　 (B) catch가 반복된 오답!

   어휘 catch a flight 비행기를 타다 | catch a cold 감기에 걸리다

---

10. Ms. Yoon will be speaking at the conference next week.
    (A) From June 11th to 13th.
    (B) Great. I'm looking forward to it.

    Ms. Yoon이 다음 주 회의에서 발표를 할 겁니다.
    (A) 6월 11일부터 13일까지요.
    (B) 잘됐네요. 기대돼요.

    해설 (A) conference를 듣고 연상될 수 있는 대답을 이용한 오답!
    　　 (B) 상대방의 말에 긍정적으로 호응하는 대답을 했으므로 정답!

    어휘 be looking forward to ~을 기대하다

11. Patrick will <u>help you move</u> the office equipment.
(A) Computers and printers.
(B) It's OK, I'm almost done.

당신이 사무기기를 옮기는 것을 Patrick이 도와줄 거예요.
(A) 컴퓨터와 프린터요.
(B) 괜찮아요. 거의 다 했어요.

해설 (A) office equipment를 듣고 연상 가능한 사무기기의 종류인
   computers와 printers를 이용한 오답!
   (B) 상대방의 말에 고맙지만 거의 다 끝났기 때문에 괜찮다고 거절하는
   정답!

어휘 **office equipment** 사무기기 | **done** 완료된, 다 끝난

미국 ↔ 영국

12. We have a <u>meeting</u> with Ms. Jonelle today.
(A) The meeting was a bit long.
(B) What time is the meeting again?

오늘 Ms. Jonelle과 회의가 있습니다.
(A) 회의가 조금 길었어요.
(B) 그 회의가 몇 시라고 하셨죠?

해설 (A) meeting이 반복된 오답!
   (B) 상대방의 말과 관련된 질문으로 반문하고 있으므로 정답!

어휘 **bit** 다소, 약간

Exercise

본서 p.140

1. (B), (C)	**2.** (B), (C)	**3.** (A), (B)	**4.** (A), (B)
5. (B), (C)	**6.** (B), (C)	**7.** (A), (C)	**8.** (A), (B)
9. (A), (C)	**10.** (B), (C)	**11.** (A), (C)	**12.** (B), (C)

미국 ↔ 호주

1. Do you know <u>what color</u> of fabric you want?
(A) Yes, she's a fashion designer.
(B) I'm still thinking.
(C) No, do you have the fabric samples?

당신이 원하는 천의 색상이 무엇인지 아시나요?
(A) 네, 그녀는 패션 디자이너예요.
(B) 저는 아직 생각 중이에요.
(C) 아니요, 천 샘플들을 가지고 계신가요?

해설 (A) 주어가 일치하지 않고 fabric을 듣고 연상 가능한 fashion
   designer를 이용한 오답!
   (B) 아직 생각 중이라고 대답하고 있으므로 정답!
   (C) 질문 중간에 등장한 what color에 대한 답변으로 모른다고 말하
   며 관련된 질문으로 반문하고 있으므로 정답!

어휘 **fabric** 천, 직물, 원단 | **sample** 견본, 표본, 샘플

미국 ↔ 미국

2. I <u>watched that movie</u> yesterday.
(A) She enjoyed it very much.
(B) Oh, how was it?
(C) It's pretty bad, don't you think?

저는 그 영화를 어제 봤어요.
(A) 그녀가 아주 재미있게 봤어요.
(B) 아, 어땠어요?
(C) 그 영화는 아주 형편없죠, 그렇지 않아요?

해설 (A) 질문에서 언급된 적 없는 She가 주어로 사용되었으므로 오답!
   (B) 상대방의 말과 관련된 질문으로 반문하고 있으므로 정답!
   (C) 상대방의 말에 의견을 제시하며 상대방의 의견을 반문하고 있으므
   로 정답!

어휘 **enjoy** 즐기다 | **pretty** 꽤

미국 ↔ 미국

3. Did you find out <u>why</u> our advertisement <u>isn't in</u> the newspaper yet?
(A) I heard it'll be in the papers starting tomorrow.
(B) Wait a moment. Let me check.
(C) We issue a weekly newsletter.

우리 광고가 왜 아직 신문에 실리지 않는지 알아내셨나요?
(A) 내일부터 신문에 실릴 거라고 들었어요.
(B) 잠시만요, 제가 확인해 볼게요.
(C) 우리는 주간 소식지를 발행합니다.

해설 (A) 왜 아직 광고가 실리지 않았는지를 묻는 질문에 상황을 설명해주고
   있으므로 정답!
   (B) 확인해 보겠다고 말하면서 자신도 모르겠다고 대답한 정답!
   (C) newspaper와 발음이 비슷한 newsletter를 이용한 오답!

어휘 **advertisement** 광고 | **paper** 신문 | **issue** 발행하다 | **weekly newsletter** 주간 소식지

미국 ↔ 미국

4. I just heard that Colin was <u>promoted</u> to director.
(A) Yes, he really deserves it.
(B) Wasn't it Amber?
(C) The promotion starts Thursday.

Colin이 이사로 승진했다고 방금 들었어요.
(A) 네, 그는 정말 그럴 만해요.
(B) Amber 아니었어요?
(C) 판촉 행사가 목요일에 시작해요.

해설 (A) 상대방의 말에 긍정적으로 호응하고 있으므로 정답!
   (B) 상대방의 말과 관련된 질문으로 반문하고 있으므로 정답!
   (C) promoted와 발음이 비슷한 promotion을 이용한 오답!

어휘 **be promoted to** ~으로 승진하다 | **deserve** ~을 받을 만하다 | **promotion** 홍보 활동, 판촉 행사, 승진

5. Do you remember when the bank opens on Mondays?
(A) I need to open a bank account.
(B) At 9 A.M., I believe.
(C) It depends on what bank you use.

은행이 월요일 몇 시에 여는지 기억하세요?
(A) 저는 은행 계좌를 하나 개설해야 해요.
(B) 제가 알기로는 오전 9시요.
(C) 당신이 어떤 은행을 사용하는지에 따라 다르죠.

해설 (A) bank를 듣고 연상 가능한 bank account를 이용한 오답!
(B) 질문 중간에 등장한 when에 대한 답변으로 시간을 언급했으므로 정답!
(C) '~에 따라 다르다'라는 의미를 가진 It depends로 대답하는 우회적인 대답의 정답!

어휘 open a bank account 계좌를 개설하다 | it depends on ~에 따라 다르다

---

6. I need to stop by the repair shop to fix my laptop.
(A) That's not fair.
(B) Well, let me take a look at it.
(C) What's wrong with it?

제 노트북을 고치러 수리점에 들러야 해요.
(A) 그건 불공평해요.
(B) 음, 제가 한 번 볼게요.
(C) 뭐가 문제인데요?

해설 (A) repair와 발음이 비슷한 fair를 이용한 오답!
(B) 상대방의 말에 자신이 문제를 해결해 보겠다고 대답하는 정답!
(C) 상대방의 말과 관련된 질문으로 반문하고 있으므로 정답!

어휘 repair 수리; 수리하다 | laptop 노트북 | fair 공평한 | take a look at ~을 한 번 보다

---

7. I don't know where we keep all the extra pencils.
(A) Check the supply cabinet.
(B) They are not cheap.
(C) I think Terry knows.

우리가 모든 여분의 연필들을 어디에 보관하는지 모르겠어요.
(A) 비품 보관함을 확인해 보세요.
(B) 그것들은 저렴하지 않아요.
(C) Terry가 알 거예요.

해설 (A) 장소를 묻는 질문에 장소로 대답하는 정답!
(B) keep과 발음이 비슷한 cheap을 이용한 오답!
(C) Terry가 알고 있을거라며 자신도 모르겠다고 대답하는 정답!

어휘 extra 여분의 | supply cabinet 비품 보관함

---

8. Can you tell me where I can stay in Tokyo?
(A) You should research some accommodations online.
(B) I can recommend some hotels.
(C) No, we'll be there for three days only.

도쿄에서 제가 어디에 머물 수 있을지 말씀해 주시겠어요?
(A) 온라인으로 숙박시설들을 조사해 보세요.
(B) 제가 호텔 몇 군데를 추천해 드릴게요.
(C) 아니요, 우리는 그곳에 3일만 있을 거예요.

해설 (A) 온라인으로 찾아보라며 자신도 모르겠다고 대답하는 정답!
(B) 질문 중간에 등장한 where에 대한 답변으로 hotel이 등장하므로 정답!
(C) 기간에 대한 답변을 하고 있으므로 오답!

어휘 stay 머물다 | research 조사하다 | accommodation 숙박시설 | recommend 추천하다

---

9. Stephanie's serves good French dishes.
(A) What about their service?
(B) I thought you speak French.
(C) Is it expensive?

Stephanie's는 맛있는 프랑스 요리를 제공해요.
(A) 서비스는 어떤가요?
(B) 저는 당신이 프랑스어를 한다고 생각했어요.
(C) 비싼가요?

해설 (A) 음식점의 서비스는 어떠냐고 반문하고 있는 정답!
(B) French가 반복된 오답!
(C) 상대방의 말과 관련된 질문으로 반문하고 있으므로 정답!

어휘 serve (식당 등에서 음식을) 제공하다 | dish 요리

---

10. May I ask who's attending the award banquet?
(A) It's an honor to receive this award.
(B) The attendance list is on our Web site.
(C) Almost everyone in the company.

누가 시상식 연회에 참석하는지 여쭤봐도 될까요?
(A) 이 상을 받게 되어 영광입니다.
(B) 참석자 명단은 저희 웹사이트에 있습니다.
(C) 회사 직원 거의 모두요.

해설 (A) award를 듣고 즉시 연상할 수 있는 수상 소감을 이용한 오답!
(B) 웹사이트에서 확인할 수 있다고 우회적으로 답변하고 있는 정답!
(C) Who 의문의 대표적인 대답 형태 중 하나인 everyone을 사용해서 답변하고 있는 정답!

어휘 award banquet 시상식 연회 | honor 영광 | attendance list 참석자 명단

11. I'm surprised the <u>sale items</u> are so <u>cheap</u>.
(A) Yes, they really are.
(B) Actually, I'm a sales representative.
(C) Do you know how long this sale lasts?

 미국 ↔ 미국

할인 판매 상품들이 정말 저렴해서 놀랐어요.
(A) 네, 정말 저렴하네요.
(B) 사실, 저는 판매 사원이에요.
(C) 이 할인 판매가 얼마 동안 계속되는지 아세요?

해설 (A) 상대방의 말에 긍정적으로 호응하고 있으므로 정답!
(B) sale과 발음이 동일한 sales를 이용한 오답!
(C) 상대방의 말과 관련된 질문으로 반문하고 있으므로 정답!

어휘 be surprised 놀라다 | sales representative 판매사원 | last 계속되다

---

12. Can you show me <u>how</u> to <u>upload</u> these images to the Web site?
(A) I'll download all the documents we need.
(B) Here, let me help you.
(C) Just choose the pictures and press enter.

미국 ↔ 미국

이 이미지들을 웹사이트에 어떻게 올리는지 보여 주시겠어요?
(A) 우리가 필요한 모든 서류들을 제가 다운로드할게요.
(B) 자, 제가 도와드릴게요.
(C) 그냥 사진들을 고르고 엔터 버튼을 누르세요.

해설 (A) upload와 발음이 일부 동일한 download를 이용한 오답!
(B) 도와주겠다고 말하면서 우회적으로 대답하는 정답!
(C) 질문 중간에 등장한 how에 대한 답변으로 방법을 설명하고 있으므로 정답!

어휘 upload 업로드하다 | download 다운로드하다 | press 누르다

Practice
본서 p.142

1. (C)	2. (A)	3. (C)	4. (B)	5. (A)	6. (A)
7. (B)	8. (A)	9. (B)	10. (C)	11. (B)	12. (B)

영국 ↔ 미국

1. I bought tickets for the 6 P.M. showing tonight.
(A) That was a really good movie.
(B) The ticket booth is too crowded.
(C) But we have dinner plans at 7.

오늘 저녁 6시 상영 티켓을 샀어요.
(A) 그 영화 정말 좋았어요.
(B) 매표소가 너무 붐비네요.
(C) 우리 7시에 저녁 먹기로 했잖아요.

해설 (A) tickets, showing을 듣고 연상 가능한 movie를 이용한 오답!
(B) ticket을 반복 사용한 오답!
(C) 저녁 약속이 7시라고 말하며 6시는 너무 늦다는 의미를 우회적으로 나타내므로 정답!

어휘 showing (영화) 상영 | ticket booth 매표소 | crowded 사람이 많은, 붐비는

미국 ↔ 미국

2. The weather is too hot today.
(A) Why don't we go inside?
(B) I wonder whether she's busy.
(C) I'll meet you at 2 then.

오늘 날씨가 너무 덥네요.
(A) 우리 안으로 들어가는 게 어때요?
(B) 그녀가 바쁜지 궁금하네요.
(C) 그럼 2시에 만나요.

해설 (A) 상대방의 말과 관련된 질문으로 되묻고 있으므로 정답!
(B) weather와 발음이 같은 whether를 이용한 오답!
(C) too와 발음이 같은 two를 이용한 오답!

어휘 inside 안으로 | wonder 궁금하다 | whether ~인지 | then 그럼

미국 ↔ 호주

3. Can I ask how much it would cost to buy a computer?
(A) A lot of commuters.
(B) How much was it?
(C) It depends on the model.

컴퓨터를 사는 데 비용이 얼마나 드는지 여쭤봐도 될까요?
(A) 많은 통근자들이요.
(B) 그게 얼마였어요?
(C) 모델에 따라 다르죠.

해설 (A) computer와 발음이 비슷한 commuters를 이용한 오답!
(B) how much가 반복된 오답!
(C) 모델에 따라 다르다고 말하면서 우회적으로 대답하는 정답!

어휘 cost (비용이) 들다 | a lot of 많은 | commuter 통근자 | it depends on ~에 따라 다르다

호주 ↔ 영국

4. We should discuss the layout for the new meeting room.
(A) Around twelve people.
(B) I'm available tomorrow morning.
(C) Presentations and seminars.

새 회의실 배치도에 대해 논의해야 합니다.
(A) 12명 정도요.
(B) 저는 내일 오전에 시간 있어요.
(C) 발표랑 세미나요.

해설 (A) How many 의문문에 어울리는 응답이므로 오답!
(B) 내일 오전에 여유 시간이 있다면 동의를 표하고 있으므로 정답!
(C) discuss, meeting room을 듣고 연상 가능한 presentations, seminars를 이용한 오답!

어휘 layout 배치(도), 설계 | available 시간이 있는

5. Let's order more brochures for our upcoming summer promotion.
(A) We'll have to talk to Marketing first.
(B) It's not that hot in here.
(C) He got promoted to senior manager.

다가오는 여름 판촉 행사에 쓸 안내 책자를 더 주문합시다.
(A) 먼저 마케팅부와 얘기해 봐야 해요.
(B) 여기는 그렇게 덥지 않습니다.
(C) 그는 부장으로 승진했어요.

해설 (A) 안내 책자를 더 주문하자는 제안에 마케팅 부서와 먼저 얘기해 봐야 한다며 보류를 나타내는 대답이므로 정답!
(B) summer를 듣고 연상 가능한 hot를 이용한 오답!
(C) promotion과 발음이 유사한 promoted를 이용한 오답!

어휘 brochure 안내책자 | upcoming 다가오는 | promotion 판촉 행사 | promote 승진시키다

---

6. Do you remember who organized the office party last year?
(A) Wasn't it Lora?
(B) I'm not a member.
(C) How many people were invited?

작년에 사무실 파티를 누가 준비했는지 기억나세요?
(A) Lora 아니었나요?
(B) 저는 회원이 아니에요.
(C) 몇 명의 사람을 초대했죠?

해설 (A) 질문 중간에 등장한 who에 대한 대답으로 사람 이름을 언급하고 있으므로 정답!
(B) remember와 발음이 일부 동일한 member를 이용한 오답!
(C) party를 듣고 연상 가능한 invited를 이용한 오답!

어휘 organize 준비하다 | member 구성원, 회원

---

7. The project will take a few days to complete.
(A) Because I caught the flu.
(B) I'll work on it now.
(C) No, you must compete.

이 프로젝트는 끝내는 데 며칠 걸릴 텐데요.
(A) 제가 독감에 걸려서요.
(B) 지금 바로 착수할게요.
(C) 안 돼요, 당신은 시합에 참가해야 해요.

해설 (A) Why 의문문에 대한 대답으로 질문과 무관한 오답!
(B) 프로젝트 완수에 시간이 걸릴 거라고 일정이 빠듯할지도 모른다는 의미를 우회적으로 나타내자 바로 착수하겠다고 대답하는 정답!
(C) complete와 발음이 유사한 compete를 이용한 오답!

어휘 complete 끝내다, 완수하다 | catch a flu 독감에 걸리다 | work on ~에 착수하다 | compete 시합에 참가하다, 경쟁하다

---

8. These new scanners are very easy to use.
(A) I like the old ones better.
(B) With a discount.
(C) I used to work at an electronics store.

이 새 스캐너들은 사용하기가 아주 쉽네요.
(A) 전 예전 것들이 더 좋아요.
(B) 할인해서요.
(C) 전 전자제품 매장에서 일했었어요.

해설 (A) 상대방의 말에 부정적으로 대답하고 있는 정답!
(B) new scanners를 듣고 연상 가능한 discount를 이용한 오답!
(C) use와 발음이 비슷한 used를 이용하였고 scanners를 듣고 연상 가능한 electronics를 이용한 오답!

어휘 scanner 스캐너 | easy to use 사용하기 쉬운 | used to 예전에 ~했다 | electronics store 전자제품 매장

---

9. Can you tell me when Max will be back?
(A) That's his backpack.
(B) Around 4, I guess.
(C) He was here around 3.

Max가 언제 돌아올지 말씀해 주시겠어요?
(A) 그것이 그의 배낭이에요.
(B) 4시쯤일 것 같아요.
(C) 그는 3시쯤 여기에 있었어요.

해설 (A) back과 발음이 일부 동일한 backpack을 이용한 오답!
(B) 질문 중간에 등장한 when에 대한 대답으로 시간을 언급하고 있으므로 정답!
(C) 시제가 틀렸으므로 오답!

어휘 backpack 배낭

---

10. I need the updated report before I purchase more materials.
(A) You can also pay with cash.
(B) It's March 18th.
(C) We're still working on it.

제가 자재를 더 구입하기 전에 최신 보고서가 필요합니다.
(A) 현금으로도 내실 수 있어요.
(B) 3월 18일입니다.
(C) 저희가 아직 작업 중이에요.

해설 (A) purchase를 듣고 연상 가능한 pay with cash를 이용한 오답!
(B) updated의 date를 듣고 연상할 수 있는 날짜를 이용한 오답!
(C) 상대방의 말에 아직 작업 중이라서 줄 수 없다고 부정적인 대답을 하고 있으므로 정답!

어휘 updated 최신의 | material 자재

11. I can't find my wallet anywhere.

(A) I found it very difficult.

(B) Have you checked your bag?

(C) It's a fine day today.

제 지갑을 어디에서도 찾을 수가 없어요.

(A) 저는 그게 아주 어렵던데요.

(B) 당신 가방을 확인해 보셨나요?

(C) 오늘 날씨가 좋네요.

해설 (A) find의 과거형인 found를 이용한 오답!

(B) 상대방의 말과 관련된 질문으로 되묻고 있으므로 정답!

(C) find와 발음이 비슷한 fine을 이용한 오답!

어휘 wallet 지갑 | anywhere 어디에서도 | find it difficult 어렵다고 생각하다

---

12. Did you find out why my order hasn't arrived?

(A) He ordered it three weeks ago.

(B) Why don't you call the store and ask?

(C) A confirmation number.

왜 제가 주문한 물건이 아직도 도착하지 않는지 알아내셨나요?

(A) 그는 그것을 3주 전에 주문했어요.

(B) 가게로 전화해서 여쭤보시는 게 어때요?

(C) 확인 번호요.

해설 (A) 질문에서 언급된 적 없는 He가 주어로 사용되었고 order와 발음이 비슷한 ordered를 이용한 오답!

(B) 질문 중간에 등장한 why에 대한 답변으로 가게로 전화해서 물어보라고 제안하고 있으므로 정답!

(C) order를 듣고 연상 가능한 confirmation number를 이용한 오답!

어휘 find out 알아내다 | order 주문 | confirmation 확인

REVIEW TEST

본서 p.144

7. (A)	8. (C)	9. (B)	10. (B)	11. (B)	12. (C)
13. (A)	14. (C)	15. (C)	16. (A)	17. (B)	18. (A)
19. (B)	20. (C)	21. (A)	22. (C)	23. (B)	24. (A)
25. (C)	26. (C)	27. (B)	28. (C)	29. (C)	30. (C)
31. (A)					

7. Where can I find a helpful travel guide?

(A) Marlowe's Book Center has a wide variety.

(B) The guided tour was a lot of fun.

(C) I'm traveling to Japan.

유용한 여행 책자는 어디서 찾을 수 있죠?

(A) Marlowe's 서점에 다양하게 구비돼 있어요.

(B) 그 가이드 투어는 정말 즐거웠어요.

(C) 저는 일본으로 여행 가요.

해설 (A) Marlowe's 서점에 있다며 장소로 대답했으므로 정답!

(B) travel guide를 듣고 연상 가능한 guided tour를 이용한 오답!

(C) travel과 발음이 유사한 traveling을 이용한 오답!

어휘 helpful 유용한, 도움이 되는 | guide 관광 안내 책자(= guidebook) | variety 종류 | guided tour 가이드가 인솔하는 여행

---

8. How can I reach the operations director?

(A) A building directory.

(B) Yes, I can operate it.

(C) She gave me her business card.

관리소장에게 어떻게 연락하나요?

(A) 건물 안내판요.

(B) 네, 제가 작동시킬 수 있습니다.

(C) 그녀가 제게 명함을 주고 가셨어요.

해설 (A) director와 발음이 유사한 directory를 이용한 오답!

(B) 의문사 의문문에는 Yes/No로 대답할 수 없으므로 오답!

(C) 명함에 있는 연락처로 연락하면 된다는 의미를 우회적으로 나타내므로 정답!

어휘 reach 연락하다 | operation (기계·시스템의) 운용, 작동 | director 책임자, 관리자, 감독 | building directory (빌딩) 층수·호수를 표시한 게시판, 건물 안내판 | operate 작동시키다 | business card 명함

9. Have you met Mr. Shin, the senior manager?
(A) The Finance and Accounting Department.
(B) He helped me with a project recently.
(C) This week's managerial meeting.

Mr. Shin 부장님은 만나 보셨어요?
(A) 경리부요.
(B) 그분이 최근에 제 프로젝트를 도와주셨죠.
(C) 이번 주 운영회의요.

해설 (A) 직급(senior manager)을 듣고 연상 가능한 부서(Finance and Accounting Department)를 이용한 오답!
(B) 최근에 자신의 프로젝트를 도와줬다고 말하며 만난 적이 있음을 나타내는 정답!
(C) manager와 발음이 유사한 managerial을 이용한 오답!

어휘 finance 재정, 재무 | accounting 회계 | department 부서 | recently 최근에 | managerial 관리의, 운영의

---

10. When will the new employee workshop take place?
(A) Several job candidates.
(B) Sometime next month.
(C) Well, that's the place.

신입직원 워크숍은 언제 열리나요?
(A) 몇몇 구직 지원자들이요.
(B) 다음 달 중 언젠가요.
(C) 음, 그곳이 그 장소예요.

해설 (A) new employee를 듣고 연상 가능한 job candidates를 이용한 오답!
(B) 시점에 대해 알맞게 대답하고 있으므로 정답!
(C) place가 반복된 오답!

어휘 take place 일어나다 | sometime 언젠가

---

11. Why don't you ask Jaden for help?
(A) Because it's very helpful.
(B) I can handle it.
(C) Only half of it.

Jaden에게 도움을 요청하는 게 어때요?
(A) 왜냐하면 그게 아주 도움이 되어서요.
(B) 제가 해결할 수 있어요.
(C) 그것의 딱 반만요.

해설 (A) 이유를 묻는 Why 의문문에 어울리는 오답!
(B) 혼자 할 수 있다고 말하면서 도움을 요청하라는 제안을 거절하고 있으므로 정답!
(C) help와 발음이 비슷한 half를 이용한 오답!

어휘 ask for help 도움을 요청하다 | helpful 도움이 되는 | handle 처리하다 | half 반

---

12. Who's going to the energy seminar with you?
(A) At Elway Conference Center.
(B) I'll turn off the lights.
(C) They can only afford to send one person.

당신과 에너지 세미나에 가는 사람은 누군가요?
(A) Elway 회의장에서요.
(B) 제가 불을 끌게요.
(C) 회사 사정상 한 사람만 보낼 수 있대요.

해설 (A) seminar와 연상되는 Conference Center를 이용한 오답!
(B) energy를 듣고 연상 가능한 turn off the lights를 이용한 오답!
(C) 사정상 한 명만 보낼 수 있다고 말하며 혼자서 가야 한다는 의미를 우회적으로 나타내므로 정답!

어휘 turn off (전기 등을) 끄다 | light 전등, 조명 | afford to (여유나 형편)이 되다

---

13. You looked over the proposal, didn't you?
(A) I'm reviewing it now.
(B) A business contract.
(C) It overlooks the lake.

기획안 검토하셨죠, 그렇죠?
(A) 지금 검토하고 있어요.
(B) 사업 계약이요.
(C) 호수가 내려다보이는 곳입니다.

해설 (A) 지금 검토하는 중이라고 대답했으므로 정답!
(B) proposal을 듣고 연상 가능한 contract를 이용한 오답!
(C) looked over와 발음이 유사한 overlooks를 이용한 오답!

어휘 look over 검토하다 | proposal 제안서 | review 검토하다 | contract 계약(서) | overlook 내려다보다

---

14. Are we going to the restaurant at 7 P.M. or 8?
(A) I prefer a patio table.
(B) Yes, it's very early.
(C) Our reservation is for 6.

우리가 식당에 오후 7시에 가나요, 8시에 가나요?
(A) 저는 테라스 자리가 더 좋아요.
(B) 네, 매우 이른 시간이네요.
(C) 우리 예약은 6시예요.

해설 (A) restaurant를 듣고 연상 가능한 patio table을 이용한 오답!
(B) 선택 의문문에는 Yes/No로 거의 응답하지 않으므로 오답!
(C) 예약은 6시라며 둘 다 아니라는 의미를 나타내므로 정답!

어휘 prefer 선호하다 | patio 테라스 | reservation 예약

미국 ↔ 영국

15. What requirements do I need for the job?
(A) Your interview will start at 2:30.
(B) You did a good job.
(C) They're listed on our Web site.

그 직책에는 어떤 자격 요건들이 필요한가요?
(A) 면접은 2시 30분에 시작됩니다.
(B) 매우 잘하셨어요.
(C) 그것들은 저희 웹사이트에 나와 있습니다.

해설 (A) job을 듣고 연상 가능한 interview를 이용한 오답!
(B) job이 반복된 오답!
(C) 웹사이트에 모두 적혀 있다고 말하면서 우회적으로 대답한 정답!

어휘 requirement 자격 요건 | list 리스트를 작성하다

미국 ↔ 영국

16. Isn't the CEO in the office today?
(A) No, but he will be tomorrow.
(B) They're looking for a new vice president.
(C) To review an official document.

오늘 최고경영자께서는 사무실에 안 계신가요?
(A) 네, 하지만 내일은 계실 거예요.
(B) 그들은 새 부사장을 물색 중이에요.
(C) 공문서를 검토하려고요.

해설 (A) No(사무실에 없다)라고 한 뒤, 하지만 내일은 있을 거라고 부연 설명하고 있는 정답!
(B) CEO를 듣고 연상 가능한 vice president를 이용한 오답!
(C) office와 발음이 유사한 official을 이용한 오답!

어휘 vice president 부사장 | review 검토하다 | official 공식적인 | document 문서, 서류

호주 ↔ 미국

17. We provide on-site installation for all of our products.
(A) We installed some office furniture.
(B) How much does that cost?
(C) Don't forget to visit our Web site.

저희는 모든 제품에 대해 출장 설치 서비스를 제공합니다.
(A) 우리는 몇몇 사무용 가구를 설치했어요.
(B) 그건 얼마인가요?
(C) 잊지 말고 저희 웹사이트에 방문해 주세요

해설 (A) installation과 발음이 유사한 installed를 이용한 오답!
(B) 비용이 얼마나 드는지 되묻고 있으므로 정답!
(C) on-site와 발음이 유사한 Web site를 이용한 오답!

어휘 provide 제공하다 | on-site 현장의 | installation 설치 | product 제품 | install 설치하다 | cost 비용이 들다 | don't forget to ~하는 것을 잊지 않다

미국 ↔ 미국

18. The deadline for the report is today, right?
(A) You should ask Tom.
(B) At the head office.
(C) I work the morning shift.

보고서 마감일이 오늘이죠, 그렇죠?
(A) Tom에게 물어보세요.
(B) 본사에서요.
(C) 저는 오전 근무조로 일해요.

해설 (A) Tom에게 물어보라며 자신도 모르겠다고 우회적으로 대답한 정답!
(B) report를 듣고 연상 가능한 head office를 이용한 오답!
(C) today를 듣고 연상 가능한 morning을 이용한 오답!

어휘 deadline 기한, 마감일 | report 보고서 | head office 본사 | shift 근무 (시간)

호주 ↔ 영국

19. When is our new laptop planned to launch?
(A) It's been three years.
(B) Not until next year.
(C) Why don't you join us for lunch?

우리의 새 노트북 컴퓨터는 언제 출시될 예정인가요?
(A) 3년이 되었어요.
(B) 내년은 되어야 해요.
(C) 저희랑 점심 식사 함께 하실래요?

해설 (A) 질문에 적절하지 않은 대답을 했으므로 오답!
(B) 시점을 잘 묘사하고 있으므로 정답!
(C) launch와 발음이 비슷한 lunch를 이용한 오답!

어휘 laptop 노트북 컴퓨터 | launch 출시하다 | join 함께 하다

미국 ↔ 미국

20. Can you show me where the information desk is on this map?
(A) We enjoyed our city sightseeing.
(B) This desktop computer is working well.
(C) It's next to the rear entrance.

이 지도에서 안내데스크가 어디 있는지 알려주시겠어요?
(A) 도심 관광은 즐거웠어요.
(B) 이 데스크톱 컴퓨터는 작동이 잘돼요.
(C) 후문 옆에 있습니다.

해설 (A) information desk, map을 듣고 연상 가능한 sightseeing을 이용한 오답!
(B) desk와 발음이 유사한 desktop을 이용한 오답!
(C) 후문 옆에 있다고 장소 표현으로 대답했으므로 정답!

어휘 sightseeing 관광 | work 작동하다 | rear entrance 후문

미국 ↔ 미국

21. How often do you have a department meeting?
(A) Every two months.
(B) For three hours.
(C) On Thursday, September 25th.

얼마나 자주 부서 회의를 하시나요?
(A) 두 달마다요.
(B) 3시간 동안이요.
(C) 9월 25일 목요일이에요.

해설 (A) 빈도를 묘사하므로 정답!
(B) 기간으로 대답했으므로 오답!
(C) 시점으로 대답했으므로 오답!

어휘 department 부서 | every ~마다

미국 ↔ 호주

22. What did you think about the marketing presentation this morning?
(A) Yes, I work in Advertising.
(B) At 9 A.M.
(C) The content was impressive.

오늘 오전 마케팅 발표 어떠셨어요?
(A) 네, 저는 광고팀에서 일해요.
(B) 오전 9시요.
(C) 내용이 인상적이었어요.

해설 (A) 의문사 의문문에는 Yes/No로 대답할 수 없으므로 오답!
(B) morning을 듣고 연상 가능한 9 A.M.을 이용한 오답!
(C) 마케팅 발표에 대한 의견을 묻는 질문에 내용이 인상적이었다고 말했으므로 정답!

어휘 advertising 광고 | content 내용 | impressive 인상적인

호주 ↔ 영국

23. Vermont Avenue is scheduled to be closed this week, isn't it?
(A) How can I renew my driver's license?
(B) No, it's 22nd Street that is closing.
(C) We're open five days a week.

Vermont 도로가 이번 주에 폐쇄될 예정이죠, 그렇지 않나요?
(A) 제 운전면허증을 어떻게 갱신할 수 있나요?
(B) 아니요, 폐쇄되는 길은 22번가예요.
(C) 저희는 일주일에 5일 문을 열어요.

해설 (A) avenue와 발음이 비슷한 renew를 이용한 오답!
(B) 다른 길이 폐쇄될 것이라고 알려주고 있으므로 정답!
(C) closed를 듣고 연상 가능한 open을 이용한 오답!

어휘 be scheduled to ~할 예정이다 | renew 갱신하다 | driver's license 운전면허증 | open 열다

미국 ↔ 미국

24. I can't download the form you emailed me.
(A) I'll send it to you again.
(B) Yes, it's downstairs.
(C) She's the former manager.

이메일로 보내주신 양식이 다운로드가 안 돼요.
(A) 다시 보내드릴게요.
(B) 네, 아래층에 있습니다.
(C) 그녀가 전임 관리자입니다.

해설 (A) 다운로드가 안 된다는 말에 다시 보내주겠다고 대답했으므로 정답!
(B) download와 발음이 유사한 downstairs를 이용한 오답!
(C) 질문 주어 I와 보기의 주어 She가 일치하지 않고, form과 발음이 유사한 former를 이용한 오답!

어휘 downstairs 아래층에 있는 | form 양식 | email 이메일로 보내다 | former 이전의

영국 ↔ 미국

25. Which room are we using for the interview?
(A) It will start at 1 P.M.
(B) At the office building.
(C) Can you check with Reception?

우리는 면접 때 어떤 방을 사용할 건가요?
(A) 오후 1시부터 시작할 겁니다.
(B) 사무실 건물에서요.
(C) 접수처에 확인해 보시겠어요?

해설 (A) 시점으로 대답했으므로 오답!
(B) 면접에 사용할 방을 묻는 질문에 사무실 건물을 언급했으므로 오답!
(C) 다른 곳에 물어보라고 말하면서 자신도 모르겠다고 대답한 정답!

어휘 office building 사무실 건물 | reception 접수처, 프런트, 데스크

미국 ↔ 영국

26. Why can't I access the security system?
(A) I already entered the access code.
(B) For the safety procedures.
(C) You should give IT Department a call.

왜 제가 보안 시스템에 접속할 수 없는 거죠?
(A) 제가 이미 접속 코드를 입력했어요.
(B) 안전 절차를 위해서요.
(C) IT 부서에 전화해보세요.

해설 (A) access를 반복 사용한 오답!
(B) security를 듣고 연상 가능한 safety procedures를 이용한 오답!
(C) IT 부서에 연락해보라며 접속할 수 없는 이유에 대해 적절히 대답했으므로 정답!

어휘 access 접속하다; 접속 | security system 보안 시스템 | enter 입력하다 | access code 접속 코드 | safety procedures 안전 절차 | give ~ a call ~에게 전화하다

27. Do you think we should postpone the company picnic this weekend?

(A) Phone me next week.

(B) Yes, it might rain.

(C) Around 120 people.

이번 주말에 있을 회사 야유회를 연기해야 한다고 생각하세요?

(A) 다음 주에 제게 전화주세요.

(B) 네, 비가 올 지도 모르니까요.

(C) 약 120명이요.

해설 (A) postpone과 발음이 일부 비슷한 phone, 그리고 weekend와 발음이 일부 동일한 week를 이용한 오답!

(B) Yes로 대답한 후 날씨가 안 좋을 것이라며 야유회를 연기해야 하는 이유를 설명하고 있으므로 정답!

(C) picnic을 듣고 즉시 연상할 수 있는 대답을 이용한 오답!

어휘 **postpone** 연기하다 I **phone** (~에게) 전화하다

---

28. Will you be at the award dinner?

(A) Kevin Wong won the award.

(B) On Friday evening.

(C) I haven't made a decision.

시상식 만찬에 오실 건가요?

(A) Kevin Wong이 상을 받았습니다.

(B) 금요일 저녁에요.

(C) 아직 결정 못했어요.

해설 (A) award가 반복된 오답!

(B) 시점으로 대답했으므로 오답!

(C) 생각 중이라고 말하면서 아직 결정하지 못했다고 대답한 정답!

어휘 **award dinner** 시상식 만찬 I **make a decision** 결정하다

---

29. Why don't we get some lunch before the presentation?

(A) In room 508.

(B) The restaurant on Wabash Avenue.

(C) Great. I was feeling a bit hungry.

발표 전에 점심을 좀 먹는 게 어때요?

(A) 508호에서요.

(B) Wabash 도로에 있는 음식점이요.

(C) 좋아요, 배가 좀 고프던 참이었어요.

해설 (A) 발표가 진행되는 장소로 대답했으므로 오답!

(B) lunch를 듣고 연상 가능한 restaurant를 이용한 오답!

(C) 상대방의 제안에 동의하는 답변을 하고 있으므로 정답!

어휘 **a bit** 다소, 약간

---

30. Does Ms. Palmer have time to talk before or after the presentation?

(A) The speaker was very interesting.

(B) I really like your watch.

(C) How does 3 o'clock sound?

Ms. Palmer가 발표 전에 얘기 나눌 시간이 되나요, 아니면 발표 후에 되나요?

(A) 그 연설자는 아주 흥미로운 사람이었어요.

(B) 당신 시계가 정말 마음에 들어요.

(C) 3시는 어때세요?

해설 (A) presentation을 듣고 연상 가능한 speaker를 이용한 오답!

(B) time을 듣고 연상 가능한 watch를 이용한 오답!

(C) 3시는 어떤지 되물으며 제3의 안을 제시하고 있으므로 정답!

어휘 **presentation** 발표 I **sound** ~하게 들리다

---

31. You should visit Human Resources and get your staff card.

(A) What floor is the office on?

(B) A new staff orientation.

(C) She visits me about once a week.

인사과로 가셔서 당신의 사원증을 받으셔야 합니다.

(A) 그 사무실이 몇 층에 있나요?

(B) 신입 직원 오리엔테이션이요.

(C) 그녀가 저를 일주일에 한 번 정도 찾아옵니다.

해설 (A) 상대방의 말과 관련된 질문으로 되묻고 있으므로 정답!

(B) staff가 반복된 오답!

(C) visit가 반복된 오답!

어휘 **Human Resources** 인사과 I **get** 받다 I **staff card** 사원증

PART 3

UNIT 11. 문제 유형

Warm-up   본서 p.162

1. (A)   2. (A)   3. (B)   4. (B)   5. (B)

미국 ↔ 미국

Question 1 refers to the following conversation.

🅦 Hi, I'm Janice Smith and I'm calling about a utility bill that I received. The bill was... uhh... forwarded to me, but I clearly remember that I paid this bill before moving. I was wondering if you could please help clear this up.

🅜 Sure. Can you tell me your phone number, please?

1번은 다음 대화에 관한 문제입니다.

🅔 안녕하세요, 전 Janice Smith인데요. 제가 받은 공과금 고지서에 관련해서 전화드립니다. 그 고지서가... 음... 제게 발송되었는데요, 제가 이사 오기 전에 지불한 것을 확실히 기억하거든요. 이것 좀 해결해 주실 수 있는지 궁금합니다.

🅝 물론이죠. 고객님 전화번호를 말씀해 주시겠어요?

어휘 utility bill 공과금 고지서 | forward ~을 발송하다. (새 주소로 다시) 보내다 | clearly 확실하게 | wonder 궁금하다 | clear something up ~을 해결하다

---

1. What is the purpose of the call?
(A) To address a billing error
(B) To complain about a service
전화의 목적은 무엇인가?
(A) 청구서 오류를 처리하기 위해
(B) 서비스에 대해 불만을 제기하기 위해

해설 전화의 목적은 대화의 앞부분에 단서가 나온다. 여자가 청구서를 받아 이미 지불했는데 또 청구서를 받게 되었으므로 이 문제를 해결해 달라고 하고 있다. 따라서 청구서 관련 오류 문제를 처리하기 위해 전화한 것임을 알 수 있다. 따라서 (A)가 정답!

미국 ↔ 영국

Question 2 refers to the following conversation.

🅜 Hi. I own a local café, and I was wondering if your company could design a logo for my business.

🅦 Of course! I'd be more than happy to help you.

2번은 다음 대화에 관한 문제입니다.

🅝 안녕하세요. 제가 이 지역에 카페를 하나 가지고 있고, 당신의 회사가 저희 사업장 로고를 디자인해 줄 수 있을지 궁금합니다.

🅔 물론이죠! 제가 기꺼이 도와드리겠습니다.

어휘 own 소유하다 | local 지역의 | business 사업체

---

2. Who most likely is the woman?
(A) A graphic designer
(B) An architect
여자는 누구이겠는가?
(A) 그래픽 디자이너
(B) 건축가

해설 여자의 직업을 묻는 문제이다. 남자가 카페의 로고 디자인을 요청하자 여자가 기꺼이 해줄 수 있다고 말하고 있으므로 여자는 회사 로고 등을 디자인해 주는 그래픽 디자이너임을 알 수 있다. 따라서 (A)가 정답!

호주 ↔ 영국

Question 3 refers to the following conversation.

🅜 Hello, I'm calling about the flyer I saw on the window of your bakery. It was about baking classes. Can I still sign up for the class?

🅦 I'm sorry, but because we have limited kitchen appliances, all courses are already full.

3번은 다음 대화에 관한 문제입니다.

🅝 안녕하세요, 당신의 제과점 창문에서 본 전단지 관련해서 전화드립니다. 제빵 수업들과 관련된 거였는데요. 아직 수업에 등록할 수 있나요?

🅔 죄송합니다만, 주방 기기들이 한정되어 있어서요, 모든 강좌들이 이미 마감됐습니다.

어휘 flyer 전단지 | bakery 제과점 | sign up 등록하다 | kitchen appliance 주방 기기 | limited 한정된 | course 강좌

---

3. What does the man want to do?
(A) Schedule an interview
(B) Sign up for a class
남자가 무엇을 하고 싶어 하는가?
(A) 인터뷰 일정을 잡는다
(B) 수업에 등록한다

해설 남자가 제빵 수업과 관련한 전단지 때문에 전화했다고 언급한 후, 아직 등록이 가능한지를 묻고 있으므로 (B)가 정답!

미국 ↔ 미국

Question 4 refers to the following conversation.

🅦 Hey, Eric! Did you know that Shabu Zen—the Japanese restaurant near our office—closed last week?

🅜 Really? I didn't know that.

🅦 I'm upset because it was one of my favorite restaurants.

M That's too bad. But <u>you know what</u>? A fusion <u>Chinese restaurant</u> opened across the street last Wednesday. Why don't we try that place <u>for lunch today</u>?

4번은 다음 대화에 관한 문제입니다.

예 Eric! 지난주에 우리 회사 근처에 있는 일식집 Shabu Zen이 문 닫은 거 아세요?

남 그래요? 몰랐어요.

예 제가 좋아하는 식당이었는데 속상하네요.

남 아쉽네요. 하지만 그거 아세요? 지난 수요일에 길 건너에 퓨전 중식집이 생겼어요. 우리 오늘 점심으로 거기 가보는 게 어때요?

어휘 near ~ 근처에 | favorite 매우 좋아하는 | You know what? 그거 알아? (재미 있거나 놀라운 의견이나 소식 등을 말하려 할 때 씀)

4. What are the speakers discussing?
(A) Local grocery stores
(B) Nearby restaurants

화자들이 무엇을 논의하는가?
(A) 지역 식료품점들
(B) 근처 식당들

해설 여자가 먼저 일식집이 문을 닫았다는 것을 이야기하고 남자가 새로 중국집이 오픈했다는 소식을 전하고 있다. 즉 화자들이 지문 전반에 걸쳐 restaurant 이야기를 하고 있으므로 (B)가 정답!

미국 ↔ 영국

Question 5 refers to the following conversation.

M Hi, Joanne. What do you think about the <u>interviewees</u> for the marketing manager <u>position</u>?

W Well, all five <u>candidates</u> are <u>well-qualified</u>, but Megan seems to <u>understand</u> our brand <u>better</u> than the others.

M I think you're right.

5번은 다음 대화에 관한 문제입니다.

남 안녕하세요, Joanne. 마케팅 매니저 자리의 면접 지원자들에 대해 어떻게 생각하세요?

예 글쎄요, 5명의 후보자들 모두 자격이 충분하지만 Megan이 다른 분들보다 저희 브랜드를 더 잘 이해하고 있는 걸로 보이네요.

남 당신 말이 맞는 것 같아요.

어휘 interviewee 면접받는 사람 | position (일)자리 | candidate 후보자 | well-qualified 자격이 충분한

5. What do the speakers imply about Megan?
(A) She is not qualified for the position.
(B) She is the best candidate for the job.

화자들이 Megan에 대해 무엇을 암시하는가?
(A) 그 자리에 자격이 없다.
(B) 그 자리에 최고의 후보다.

해설 여자가 Megan이 자신들의 브랜드를 제일 잘 이해하고 있다고 말하고 남자가 그 말에 호응하고 있으므로 (B)가 정답!

Exercise

본서 p.163

1. (C) 2. (B) 3. (D) 4. (B) 5. (B) 6. (B)
7. (A) 8. (A)

미국 ↔ 호주

Questions 1-2 refer to the following conversation.

W Mr. Park, here is your receipt for the new television. Now I just need your address and desired delivery date. **1** 대화 주제 We make deliveries every day except Sunday.

M Saturday is the only day I don't have to work, so I would like it delivered on Saturday morning. Is there an additional delivery charge?

W No, there is no delivery fee. Just write your address on this form, and I will arrange the delivery for you. **2** 남자가 다음에 할 일

1-2번은 다음 대화에 관한 문제입니다.

예 Mr. Park, 여기 고객님의 새 텔레비전 영수증입니다. **이제 고객님의 주소와 원하시는 배송 날짜가 필요합니다.** **1** 일요일만 제외하고 매일 배송합니다.

남 저는 토요일만 빼고 매일 일을 해서, 토요일 오전에 배송이 오면 좋겠네요. 혹시 추가 배송 비용이 있나요?

예 아니요, 배송은 무료입니다. **이 용지에 주소를 적어주시면, 제가 배송 일정을 잡아 드리겠습니다.** **2**

어휘 receipt 영수증 | address 주소 | desired 원하는 | deliver 배송하다 | except ~은 제외하고 | form 양식 | arrange 일정을 조절하다

1. What is the main topic of the conversation?
(A) Getting rid of an old television
(B) Purchasing a new vehicle
(C) Arranging a delivery
(D) Returning a broken item

대화의 주제는 무엇인가?
(A) 낡은 텔레비전 버리는 것
(B) 새로운 차량 구매하는 것
(C) 배송 날짜 잡는 것
(D) 고장 난 제품 반품하는 것

해설 주제를 묻는 문제 – 지문 초반에서 여자가 남자에게 주소와 배송을 원하는 날짜를 알려주면 배송해 주겠다고 하므로 (C)가 정답!

2. What most likely will the man do next?
(A) Send an e-mail
(B) Provide an address
(C) Review a confirmation number
(D) Make a phone call

남자는 다음에 무엇을 하겠는가?
(A) 이메일을 보낸다
(B) 주소를 제공한다
(C) 확인 번호를 검토한다
(D) 전화를 건다

해설 다음에 할 일 묻는 문제 – 남자가 주소를 적어주면 여자가 배송 일정을 잡아주겠다고 했으므로 (B)가 정답!

영국 ↔ 미국

Questions 3-4 refer to the following conversation.

W Hi, my name is Christine Gee. I'm calling regarding the job postings on your company's Web site. I saw you have a Web design position available. Are you still looking for someone? **3** 여자가 문의한 직책

M Yes, it's still available.

W Great! So... How should I apply for the position?

M First of all, have you ever worked in the Web design field?

W Yes. I've worked as a Web designer for the past three years.

M OK. Then please email us your résumé. **4** 여자에게 요청된 사항 We'll contact you after we look it over.

3-4번은 다음 대화에 관한 문제입니다.

여 안녕하세요, 제 이름은 Christine Gee입니다. 당신의 회사 웹사이트에 있는 채용 공고와 관련해서 전화드립니다. **제가 웹 디자이너 자리가 공석인 것을 봤는데요. 아직 사람을 뽑고 계신가요?** **3**

남 네, 아직 자리가 비어 있습니다.

여 잘됐네요! 음... 제가 어떻게 지원해야 하나요?

남 우선, 웹 디자인 분야에서 일해 보신 적이 있으신가요?

여 네. 최근 3년 동안 웹 디자이너로 일했습니다.

남 좋아요. 그럼, **이력서를 이메일로 보내주세요.** **4** 저희가 검토해보고 연락드리겠습니다.

어휘 regarding ~에 관하여 | job posting 채용 공고 | position (일)자리 | field 분야 | résumé 이력서 | look over ~을 살펴보다

---

3. What position is the woman inquiring about?
(A) Copywriter
(B) Event organizer
(C) Photographer
(D) Web designer

여자는 어떤 직책에 관하여 문의하고 있는가?
(A) 카피라이터
(B) 행사 기획자
(C) 사진 작가
(D) 웹 디자이너

해설 세부 사항을 묻는 문제 – 대화 첫 부분에서 여자가 웹 디자이너 채용 공고를 보았다고 연락하면서 아직 사람을 뽑고 있는지 묻고 있으므로 (D)가 정답!

---

4. What is the woman asked to do?
(A) Send a portfolio
(B) Email a résumé
(C) Submit references
(D) Schedule an interview

여자는 무엇을 하라고 요청받는가?
(A) 포트폴리오를 보낸다
(B) 이력서를 이메일로 보낸다
(C) 추천서를 제출한다
(D) 인터뷰 일정을 잡는다

해설 요구 사항을 묻는 문제 – 남자가 대화의 후반부에서 여자에게 이력서를 이메일로 보내달라고 하므로 (B)가 정답!

미국 ↔ 미국

Questions 5-6 refer to the following conversation.

M So, the total comes to $200.20. Can I have your membership card, please? **5** 남자의 근무지

W Umm... I don't have one. What kinds of benefits does the card have?

M Well, it's a reward card that accrues points on every purchase **6** 여자에게 제안한 것 at our store. When you earn 300 points, you'll receive a coupon for the item that you have purchased most frequently, like canned fruits, cookies, chips... **5**

W Wow! That sounds like a great deal. I shop here frequently, but I've never heard of this membership card — no one ever told me. Where do I sign up?

M Here is an application for the card. You can actually start earning points today. Let me just get that card for you. **6**

5-6번은 다음 대화에 관한 문제입니다.

남 총액이 250달러 20센트입니다. 멤버십 카드 주시겠어요? **5**

여 음... 없는데요. 이 멤버십 카드에 어떤 혜택이 있나요?

남 네, 저희 가게에서 **구입하시는 모든 제품의 금액에 대한 포인트가 누적이 되는 보상 카드입니다. 6** 300 포인트를 모으시면, 과일 통조림, 쿠키칩처럼 가장 자주 구매하시는 제품을 사실 수 있는 쿠폰을 드립니다. **5**

여 우왜! 정말 좋은 혜택이네요. 제가 여기 꽤 자주 오는데 지금껏 아무도 제게 말씀해 주신 분이 없어서 멤버십 얘기는 오늘 처음 듣네요. 어디서 가입할 수 있죠?

남 여기 카드 가입 신청서입니다. 오늘부터 당장 포인트 적립을 하실 수 있습니다. 제가 카드를 가져다 드리도록 하겠습니다. **6**

어휘 benefit 혜택 | accrue 누적하다, 누적되다 | receive 받다 | frequently 빈번하게 | sign up 가입하다 | application 가입 신청서

5. Where does the man most likely work?

(A) At a bank

(B) At a supermarket

(C) At a jewelry store

(D) At an electronics retailer

남자가 일하는 곳은 어디이겠는가?

(A) 은행에서

(B) 슈퍼마켓에서

(C) 보석 가게에서

(D) 전자제품 소매업체에서

해설 근무지를 묻는 문제 – 첫 문장에서 남자가 총액이 250달러 20센트라며 멤버십 카드를 달라고 말한 후 멤버십 카드에 대해 묘사하면서 300포인트를 모으면, 화장지나 감자 칩처럼 가장 자주 구매하는 제품을 살 수 있는 쿠폰을 준다고 말하므로 (B)가 정답!

---

6. What will the woman most likely sign up for?

(A) A coupon book

(B) A reward program

(C) An information session

(D) A monthly newsletter

여자가 무엇을 가입하겠는가?

(A) 쿠폰 책

(B) 보상 프로그램

(C) 설명회

(D) 월간 소식지

해설 세부 사항을 묻는 문제 – 지문 전반에 걸쳐서 상점의 보상 카드에 대해 설명한 남자가 마지막 문장에서 카드 가입 신청서를 주면서 가입을 권유하고 있으므로 (B)가 정답!

영국 ↔ 호주 ↔ 미국

Questions 7-8 refer to the following conversation with three speakers.

W I was wondering if you two had some time to go over a report I'm working on.

M1 Oh, is it for the marketing meeting tomorrow?

W Yes. I'm not sure about some of the figures.

M2 Actually, I just received an e-mail saying that the meeting's been postponed until next week. **7** 화자 의도

W That's good to know. I was afraid I wouldn't be able to get it done in time. **7** Anyway, I'd really appreciate your help.

M1 Well, I'd be glad to take a look at it, but I have to prepare some training materials for the new employees first. **8** 회사에 관하여 암시되는 것

M2 That's right. The company orientation is coming up soon. **8**

7-8번은 다음 세 화자의 대화에 관한 문제입니다.

여 당신 두 분이 제가 만들고 있는 보고서를 검토해줄 시간이 있는지 궁금하군요.

남1 아, 그게 내일 있을 마케팅 회의를 위한 건가요?

여 네. 수치 몇 개가 확실치 않네요.

남2 실은 제가 방금 그 회의가 다음 주로 연기되었다는 이메일을 받았어요. **7**

여 알게 돼서 다행이에요. 그것을 제 시간에 할 수 없을 것 같아서 걱정했거든요. **7** 어쨌든, 도와주시면 감사하겠습니다.

남1 음, 그건 기꺼이 봐드릴게요. 하지만 저는 먼저 신입 직원들을 위한 교육 자료들을 준비해야 해요. **8**

남2 맞아요. 회사 오리엔테이션이 곧 있을 거예요. **8**

어휘 go over 검토하다 | figure 수치 | postpone 연기하다 | in time 시간 맞춰 | appreciate 고마워하다 | take a look at ~을 보다 | come up 다가오다

---

7. Why does the woman say, "That's good to know"?

(A) She is relieved to hear some news.

(B) She will offer some useful information.

(C) She is impressed with an idea.

(D) She will be glad to lead a meeting.

여자는 왜 "알게 돼서 다행이에요"라고 말하는가?

(A) 어떤 소식을 듣고 안도했다.

(B) 몇 가지 유용한 정보를 제공할 것이다.

(C) 어떤 아이디어에 감명을 받았다.

(D) 회의를 이끌게 되어 기쁘다.

해설 화자 의도 파악 문제 – 남자2가 '제가 방금 그 회의가 다음 주로 연기되었다는 이메일을 받았어요.'라고 말하자, 여자는 '알게 돼서 다행이에요.'라고 답하며, '그것을 제 시간에 할 수 없을 것 같아서 걱정했거든요.'라고 말했으므로 (A)가 정답!

---

8. What do the men imply about the company?

(A) It has recently hired some workers.

(B) It will soon be visited by some clients.

(C) It is implementing a new policy.

(D) It is preparing an advertising campaign.

남자들이 그 회사에 관하여 무엇을 암시하는가?

(A) 최근에 직원들을 고용했다.

(B) 고객들이 곧 방문할 것이다.

(C) 새로운 정책을 이행할 것이다.

(D) 광고 캠페인을 마련할 것이다.

해설 세부 사항을 묻는 문제 – 남자1이 '저는 먼저 신입 직원들을 위한 교육 자료들을 준비해야 해요.'라고 말했고, 남자2는 '맞아요. 회사 오리엔테이션이 곧 있을 거예요.'라고 호응했으므로 (A)가 정답!

Practice

본서 p.164

1. (D)	2. (A)	3. (B)	4. (D)	5. (B)	6. (D)
7. (B)	8. (C)	9. (A)	10. (A)	11. (D)	12. (C)

미국 ↔ 미국

Questions 1-3 refer to the following conversation.

Ⓜ Here we are, Brittany. We've arrived at the conference center. **1** 화자들이 가려고 하는 곳 Oh... Look at the sign! I guess the parking lot is already full. **2** 문제점

Ⓦ Really? I guess we'll have to find somewhere else to park then. Good thing we left early today.

Ⓜ That's true. Hmm... If I remember right, there's a parking garage on the next block. Maybe we can park there.

Ⓦ OK. And after we park let's stop by a café and get some coffee on the way to the entrance. **3** 여자가 제안하는 것

1-3번은 다음 대화에 관한 문제입니다.

남 다 왔어요, Brittany. 우리 회의장에 도착했어요. **1** 오... 표지판 좀 보세요! 주차장이 벌써 다 찼나 보네요. **2**

여 정말이요? 그렇다면 주차할 다른 장소를 찾아봐야겠네요. 오늘 일찍 출발하길 잘했네요.

남 그러니까요. 음... 제 기억이 맞다면, 다음 블록에 주차장이 있었어요. 거기에 주차할 수 있을 거예요.

여 좋아요. 그리고 주차한 후 회의장 입구까지 가는 길에 카페에 들러서 커피 한 잔 해요. **3**

어휘 conference center 회의장 | sign 표지판 | parking lot 주차장 | garage 주차장 | stop by 들르다 | on the way ~하는 길에

---

1. Where are the speakers going?
(A) To a movie theater
(B) To a museum
(C) To a shopping mall
(D) To a conference center

화자들은 어디에 가려고 하고 있는가?
(A) 영화관에
(B) 박물관에
(C) 쇼핑몰에
(D) 회의장에

해설 세부 사항을 묻는 문제 – 남자가 대화 첫 부분에서 회의장에 도착했다고 말하면서 도착지를 말하고 있으므로 (D)가 정답!

---

2. What is the problem?
(A) A parking lot is full.
(B) A meeting has been canceled.
(C) A business is not open yet.
(D) A location is hard to find.

무엇이 문제인가?
(A) 주차장이 꽉 찼다.
(B) 회의가 취소됐다.
(C) 영업장이 아직 문을 열지 않았다.
(D) 장소를 찾기 힘들다.

해설 문제점을 묻는 문제 – 남자가 첫 번째 말에서 주차장이 벌써 다 찬 것 같다고 말하고 있고, 두 번째 말에서 다른 주차장에 주차하겠다고 하므로 (A)가 정답!

---

3. What does the woman suggest doing?
(A) Purchasing a map
(B) Going to a café
(C) Calling a supervisor
(D) Trying another store

여자는 무엇을 하라고 제안하는가?
(A) 지도를 구입하는 것
(B) 카페에 가는 것
(C) 상사에게 전화하는 것
(D) 다른 가게에 가는 것

해설 제안사항을 묻는 문제 – 대화의 마지막 문장에서 여자가 주차하고 돌아오는 길에 카페에 들러서 커피를 한 잔 하자고 말하므로 (B)가 정답!

호주 ↔ 미국 ↔ 영국

Questions 4-6 refer to the following conversation with three speakers.

Ⓜ Hi, Belle. Are you going to use this conference room?

Ⓦ1 Good morning, Mr. Chiu. Yes, I'm meeting a potential client here who's thinking about hiring our publishing company. **4** 화자들의 근무지

Ⓜ Oh, that's right. You know, Jim was able to finalize a deal with Hartmouth yesterday. **5** 어제 있었던 일

Ⓦ1 That's great news! Hopefully, today will go well. Oh, here she comes. Hello, Ms. Valentine. I'd like to briefly introduce you to our business relations director, Rick Chiu.

Ⓦ2 Hello, Mr. Chiu. Thank you for inviting me to your office.

Ⓜ It's a pleasure to have you here.

Ⓦ1 OK, Ms. Valentine, if you come in to this room, I'll begin by showing you a brief video about our company. **6** Ms. Valentine이 할 일

4-6번은 다음 세 화자의 대화에 관한 문제입니다.

남 안녕하세요, Belle. 이 회의실을 사용하실 건가요?

여 안녕하세요, Mr. Chiu. 네, 우리 출판사를 고용할지 고려 중인 잠재 고객을 여기서 만날 예정이에요. **4**

남 아, 그렇죠. 참, Jim이 어제 Hartmouth와 계약을 성사시키게 됐어요. **5**

여1 좋은 소식이네요! 오늘도 잘 진행되길 바라야죠. 아, 그녀가 오네요. 안녕하세요, Ms. Valentine. 저희 사업협력 이사인 Rick Chiu를 간단히 소개해 드릴게요.

여2 안녕하세요, Mr. Chiu. 사무실로 초대해 주셔서 감사합니다.

남 이곳에 모시게 돼서 기뻐요.

여1 좋아요, Ms. Valentine, 이 회의실로 들어오시면 **저희 회사에 관한 짧은 영상부터 보여드릴게요.** **6**

어휘 potential 잠재적인 | hire 고용하다 | publishing company 출판사 | finalize 마무리짓다 | deal 거래, 계약, 협상 | hopefully 바라건대 | go well 잘돼 가다 | briefly 간단히, 짧게 | introduce to ~에게 소개하다 | business relations 상거래관계 | director 책임자, 관리자, 감독 | pleasure 기쁨, 즐거움 | come in 들어오다 | begin by ~으로 시작하다 | brief 짧막한, 간단한 | firm 회사 | production 생산, 제작 | business 상점, 회사 | reserve 예약하다 | sign 서명하다 | form 양식, 서식

4. Where do the speakers work?
(A) At a law firm
(B) At a production studio
(C) At a conference center
(D) At a publishing company

화자들은 어디서 일하는가?
(A) 법률 사무소에서
(B) 제작 스튜디오에서
(C) 회의장에서
(D) 출판사에서

해설 근무지를 묻는 문제 – 남자가 회의실을 사용할 건지 여자에게 묻자, 여자가 자사(출판사)를 고용할지 고려 중인 잠재 고객을 만날 예정이라고 말하므로 (D)가 정답!

5. According to the man, what happened yesterday?
(A) A new business opened.
(B) A deal was finalized.
(C) A director retired.
(D) A room was reserved.

남자에 따르면, 어제 무슨 일이 있었는가?
(A) 새로운 업체가 개업했다.
(B) 거래가 성사됐다.
(C) 이사가 퇴임했다.
(D) 방이 예약되어 있다.

해설 세부 사항을 묻는 문제 – 어제 Jim이 Hartmouth와 계약을 성사시켰다고 말하므로 (B)가 정답!

6. What will Ms. Valentine do next?
(A) Sign a form
(B) Give a speech
(C) Eat a meal
(D) Watch a video

Ms. Valentine은 다음에 무엇을 하겠는가?
(A) 양식에 서명한다
(B) 연설을 한다
(C) 식사를 한다
(D) 비디오를 본다

해설 다음에 할 일을 묻는 문제 – 여자가 대화 마지막에 회사에 관한 짧은 영상을 보여주면서 시작하겠다고 말하므로 (D)가 정답!

영국 ↔ 미국

Questions 7-9 refer to the following conversation.

W Hey, Jack. What's the best way to get to the Broadlight Theater? I'm planning to check out that new thriller film on Thursday. **7** 대화 주제

M Oh! Well, if you are interested, several of us from Accounting are also going to watch it after work that day. And Keisha owns a minivan. **8** 화자 의도

W That sounds good. Are you all eating before going, or will you go somewhere afterwards?

M We've booked a table at the Ming Bistro, across the street from the theater. If you want to join for dinner, I'll contact the restaurant and let them know there'll be another person coming. **9** 남자가 할 일 I don't think they'll mind.

W Thanks, I'd love to.

7-9번은 다음 대화에 관한 문제입니다.

여 저기, Jack. Broadlight 극장까지 어떻게 가는 게 가장 좋은가요? 목요일에 새로 나온 그 스릴러 영화를 볼 계획이거든요. **7**

남 아! 음, 관심 있으시면 우리 회계 부서 직원들 몇 명도 그날 근무 끝나고 그 영화를 보러 가거든요. 그리고 Keisha에게 미니밴이 한 대 있고요. **8**

여 그거 좋은데요. 다들 가기 전에 식사를 하실 건가요, 아니면 끝나고 어디로 갈 건가요?

남 극장 길 건너편에 있는 Ming Bistro에 자리를 예약했어요. 우리와 함께 저녁 식사를 하고 싶으시다면 제가 식당에 연락해서 올 사람이 한 명 더 있다고 얘기할게요. **9** 안 된다고 하진 않을 거예요.

여 고마워요, 저도 그러고 싶어요.

어휘 get to ~에 도착하다 | plan to ~할 계획이다 | check out (흥미로운 것을) 살펴보다 | interested 관심 있어 하는 | several 몇몇 | accounting 회계 | own 소유하다 | afterwards 그 뒤에, 나중에 | book 예약하다 | contact 연락을 취하다 | mind 싫어하다 | rental 임대 | reservation 예약 | request 요청하다 | parking permit 주차 허가증 | vehicle 차량, 탈것 | share a ride 차를 함께 타고 가다 | arrange 일정을 잡다 | modify 변경하다 | booking 예약 | purchase 구입하다

7. What is the main topic of the conversation?
(A) An accounting class
(B) A theater show
(C) A car rental reservation
(D) A new restaurant menu

대화의 주제는 무엇인가?
(A) 회계학 수업
(B) 극장 상영
(C) 자동차 임대 예약
(D) 식당의 새 메뉴

해설 주제를 묻는 문제 – 여자가 Broadlight 극장까지 가는 가장 좋은 방법을 묻고 목요일에 새로 나온 스릴러 영화를 볼 계획이라고 말하므로 (B)가 정답!

---

8. Why does the man say, "Keisha owns a minivan"?
(A) To request a parking permit
(B) To check if a vehicle is available
(C) To suggest sharing a ride
(D) To arrange a delivery service

남자는 왜 "Keisha에게 미니밴이 한 대 있고요"라고 말하는가?
(A) 주차권을 요청하기 위해
(B) 차량 이용이 가능한지 확인하기 위해
(C) 차를 함께 타고 가자고 제안하기 위해
(D) 배달 서비스 일정을 잡기 위해

해설 화자 의도 파악 문제 – 남자가 부서 직원들 몇 명도 같이 볼 예정이라며 Keisha에게 교통편인 미니밴이 있다고 말한 것이므로 함께 타고 가자는 뜻임을 알 수 있다. 따라서 (C)가 정답!

---

9. What does the man say he will do?
(A) Modify a booking
(B) Email a list of events
(C) Bring a map
(D) Purchase a ticket

남자는 무엇을 할 것이라고 말하는가?
(A) 예약을 변경한다
(B) 이메일로 행사 목록을 보낸다
(C) 지도를 가져온다
(D) 입장권을 구입한다

해설 다음에 할 일을 묻는 문제 – 남자의 마지막 대사에서 극장 길 건너편에 있는 Ming Bistro에 자리를 예약했다고 말하며 여자가 함께 저녁을 먹겠다면 식당에 연락해서 일행이 한 명 더 있다고 얘기하겠다고 했으므로 (A)가 정답!

Questions 10-12 refer to the following conversation and chart.

M Hi. Welcome to Imperial Tech. Can I help you with anything? **10** 남자의 직업

W Hi, I bought this tablet here on Tuesday. But when I try to open a new app, an error message appears on the screen.

M I see. This is the chart of all error messages. It should tell us what's wrong with your device. Um… OK. The chart indicates that the tablet needs to be updated with the newest software to load new apps. **11** 시각 정보

W Oh, does that mean I'll have to buy the updated software?

M Well, since you purchased the tablet only a few days ago, I'll update it for you free of charge. **12** 남자가 다음에 할 일

10-12번은 다음 대화와 차트에 관한 문제입니다.

남 안녕하세요. Imperial Tech에 오신 것을 환영합니다. 무엇을 도와드릴까요? **10**

여 안녕하세요. 화요일에 여기서 이 태블릿을 구입했습니다. 그런데 새 앱을 열려고 하면 오류 메시지가 화면에 나타나서요.

남 알겠습니다. 이게 전체 오류 메시지 차트인데요. 고객님의 장치에 뭐가 잘못됐는지를 알 수 있을 겁니다. 음… 알겠네요. 새 앱을 로딩하려면 태블릿을 최신 소프트웨어로 업데이트해야 한다고 차트에 나와 있네요. **11**

여 아, 업데이트된 소프트웨어를 구입해야 한다는 의미인가요?

남 음, 태블릿을 구입하신 지 며칠 안됐으니 무료로 업데이트해 드리겠습니다. **12**

E500	인터넷 서비스 안 됨
E510	저장공간 부족
E520	배터리 교체
E530	업데이트 필요

어휘 error 오류 | appear 나타나다 | wrong 문제가 있는 | device 장치, 기기 | indicate 나타내다, 명시하다 | update 최신의 것으로 하다, (프로그램 등을) 업데이트하다 | load (데이터나 프로그램을) 로딩하다 | mean 의미하다 | since ~때문에 | purchase 구입하다 | free of charge 무료로 | insufficient 불충분한 | storage 저장, 보관 | replace 교체하다 | require 필요하다, 요구하다 | display 보여주다 | refund 환불하다 | contact 연락하다 | colleague 동료 | install 설치하다 | upgrade (좌석·객실 등을) 상위 등급으로 높여주다

10. Who most likely is the man?
(A) A salesperson
(B) A delivery driver
(C) A hotel manager
(D) A graphic designer

남자는 누구이겠는가?
(A) 판매원
(B) 배달 기사
(C) 호텔 지배인
(D) 그래픽 디자이너

해설 직업/신분을 묻는 문제 – 남자가 처음에 Imperial Tech 방문을 환영한다고 말하며 무엇을 도와드릴지 제의하고 있으므로 (A)가 정답!

11. Look at the graphic. Which error code is the tablet displaying?
(A) E500
(B) E510
(C) E520
(D) E530

시각 정보를 보시오. 태블릿에 어떤 오류 코드가 떠 있는가?
(A) E500
(B) E510
(C) E520
(D) E530

해설 시각 정보 연계 문제 – 남자가 새 앱을 로딩하려면 태블릿을 최신 소프트웨어로 업데이트해야 한다는 내용이 차트에 나온다고 말했고, 차트에서 이와 관련된 오류 코드는 'E530: Update required'이므로 (D)가 정답!

12. What will the man most likely do next?
(A) Refund some money
(B) Contact a colleague
(C) Install some software
(D) Upgrade a room

남자는 다음에 무엇을 할 것 같은가?
(A) 환불해 준다
(B) 동료에게 연락한다
(C) 특정 소프트웨어 설치한다
(D) 객실 업그레이드를 한다

해설 다음에 할 일을 묻는 문제 – 대화 마지막에 남자가 며칠 전에 태블릿을 구입했으니 무료로 업데이트해 주겠다고 말하므로 (C)가 정답!

UNIT 12. 일상생활 1

Warm-up 본서 p.170

1. (B)　**2.** (B)　**3.** (B)　**4.** (A)　**5.** (B)

호주 ↔ 미국

Question 1 refers to the following conversation.

M Excuse me. Do you have any city maps or travel brochures for tourists?

W Yes, we have all the travel brochures near the front desk.

M I see. Thank you.

W No problem. And there should be some in your room as well.

1번은 다음 대화에 관한 문제입니다.

남 실례합니다. 관광객들을 위한 시내 지도나 여행 안내 책자들을 가지고 계시나요?

여 네, 저희 모든 여행 안내 책자들은 프론트 데스크 근처에 있습니다.

남 알겠습니다. 감사합니다.

여 별말씀요. 그리고 손님 객실에도 몇 개 있을 겁니다.

어휘 travel brochure 여행 안내 책자 | tourist 관광객

1. What most likely is the woman's occupation?
(A) Travel agent
(B) Hotel staff

여자의 직업은 무엇이겠는가?
(A) 여행사 직원
(B) 호텔 직원

해설 여자가 front desk(프론트 데스크)와 in your room(손님 객실)을 언급했으므로 여자가 현재 일하는 장소가 호텔이라는 것을 알 수 있다. 따라서 (B)가 정답!

미국 ↔ 미국

Question 2 refers to the following conversation.

M Hi, how may I help you?

W Hi, I ordered a pair of boots from your store last week, and I received them yesterday. But this morning I realized that I ordered the wrong ones.

M Oh, I understand. Would you like to exchange them for a new pair?

2번은 다음 대화에 관한 문제입니다.

남 안녕하세요, 무엇을 도와드릴까요?

여 안녕하세요, 지난주에 당신의 가게에서 부츠 한 켤레를 주문해서 어제 받았습니다. 그런데 오늘 아침에 보니 제가 물건을 잘못 주문했더군요.

남 오, 알겠습니다. 새 것으로 교환해 드릴까요?

어휘 order 주문하다 | realize 알아차리다 | exchange 교환하다

2. Where does the man most likely work?

(A) At a repair shop

(B) At a shoe store

남자가 일하는 곳은 어디이겠는가?

(A) 수리점에

(B) 신발 가게에

해설 여자가 지난주에 남자의 가게에서 부츠 한 켤레를 주문해서 어제 받았다고 언급하고 있으므로 (B)가 정답!

Question 3 refers to the following conversation.

W Hi. I need a <u>direct flight</u> to New York for January 7. Do you have any flights that <u>arrive in</u> New York in the morning?

M Yes, I see one here... It's a <u>direct flight</u> and will <u>land in</u> New York at 10:05 A.M.

W Hmm... Do you have any <u>earlier flights</u>? I have a meeting at 10:30 A.M., so I need to get there <u>a bit earlier</u> than that.

3번은 다음 대화에 관한 문제입니다.

여 안녕하세요. 제가 1월 7일에 New York으로 가는 직항편이 필요한데요. New York에 아침에 도착하는 항공편이 있나요?

남 네, 하나 있네요... 직항편이고, New York에 오전 10시 05분에 도착할 겁니다.

여 흠... 혹시 더 이른 항공편이 있을까요? 제가 오전 10시 반에 회의가 있어서 그것보다는 좀 더 일찍 도착해야 하거든요.

어휘 direct flight 직항편 | land 착륙하다

---

3. What does the woman imply about the flight?

(A) It is an indirect flight.

(B) It lands later than she hoped.

여자는 항공편에 대해 무엇을 암시하는가?

(A) 직항 항공편이 아니다.

(B) 그녀가 바랐던 것보다 늦게 도착한다.

해설 여자가 더 이른 항공편이 있는지 물어보며 오전 10시 반에 회의가 있어서 그것보다는 좀 더 일찍 도착해야 한다고 말한다. 즉, 남자가 언급한 항공편이 여자가 예상했던 것보다 늦게 도착해 좀 더 일찍 도착하는 항공편을 원한다는 것을 알 수 있으므로 (B)가 정답!

Question 4 refers to the following conversation.

W May I help you?

M Yes, how much is the <u>admission fee</u> for the modern <u>art exhibition</u>?

W It's $20 per person on weekends and $13 during the week.

M Wow, that's <u>kind of</u> expensive. Well... I think I should come back <u>during the week</u>.

4번은 다음 대화에 관한 문제입니다.

여 도와드릴까요?

남 네, 현대 미술 전시회 입장료가 얼마죠?

여 주말에는 일인당 20달러이고, 주중에는 13달러입니다.

남 와, 조금 비싸네요. 음... 주중에 다시 와야겠어요.

어휘 admission fee 입장료 | modern 현대의 | exhibition 전시회 | on weekends 주말에 | during the week 주중에 | kind of 약간

---

4. What are the speakers discussing?

(A) An admission fee

(B) A membership

화자들이 무엇을 논의하는가?

(A) 입장료

(B) 회원권

해설 남자가 현대 미술 전시회 입장료가 얼마인지 묻고 여자가 대답하고 있으므로 (A)가 정답!

Question 5 refers to the following conversation.

M Hi, I'd like to buy two tickets for the <u>new action film</u> at 8:30.

W I'm very sorry, but it's <u>sold out</u>.

M Really? Wow, the <u>movie</u> must be really good. Didn't it <u>come out</u> a few weeks ago?

W Yes, it did. But it's still <u>very popular</u>.

5번은 다음 대화에 관한 문제입니다.

남 안녕하세요, 이번에 새로 개봉한 8시 30분 액션 영화표를 2장 사고 싶습니다.

여 정말 죄송하지만, 매진되었습니다.

남 진짜요? 우와, 그 영화 진짜 괜찮나보네요. 그거 몇 주 전에 나온 거 아닌가요?

여 맞아요. 하지만 여전히 인기가 좋네요.

어휘 sold out 표가 매진된 | come out 나오다

---

5. Where are the speakers?

(A) At an amusement park

(B) At a theater

화자들이 어디에 있는가?

(A) 놀이공원

(B) 영화관

해설 남자가 8시 30분에 새로 개봉한 액션 영화 표를 2장 사고 싶다고 말하고 있으므로 (B)가 정답!

Exercise

본서 p.171

1. (C)　2. (B)　3. (C)　4. (B)　5. (D)　6. (B)
7. (A)　8. (A)

미국 ↔ 미국

Questions 1-2 refer to the following conversation.

Ⓜ Hello, I lost my tickets for this Saturday's musical, and I was wondering... um... who I needed to speak with. **1** 남자가 언급하는 문제점

Ⓦ I see. Well, that shouldn't be too much of an issue. Did you purchase your tickets with a credit card or with cash?

Ⓜ I used my credit card.

Ⓦ OK, all you have to do is bring the credit card that you purchased the tickets with to the box office, and we will print you new tickets. **2** 남자가 새 티켓을 받기 위해 필요한 것

Ⓜ That's great! Thank you so much!

1-2번은 다음 대화에 관한 문제입니다.

남 안녕하세요, 제가 이번 주 토요일에 있을 뮤지컬 표를 잃어버려서요... 음... 어떤 분께 상의를 드려야 할지 궁금합니다. **1**

여 그러시군요. 그런데 크게 문제는 안될 겁니다. 구매하실 때 신용카드로 구매하셨나요, 아니면 현금으로 결제하셨나요?

남 신용카드를 사용했습니다.

여 네, 티켓 구입 당시에 결제하신 신용카드를 가지고 매표소에 오시기만 하시면, 저희가 새 티켓을 프린트해 드리겠습니다. **2**

남 잘됐네요! 정말 감사합니다!

어휘 issue 문제 | purchase 구매하다 | credit card 신용카드 | cash 현금 | box office 매표소 | misplace 찾지 못하다 | birth certificate 출생 증명서

1. What problem does the man mention?
(A) He cannot make it to the event.
(B) He will be late to the show.
(C) He has misplaced his tickets.
(D) He needs to purchase additional seats.

남자는 어떤 문제를 언급하는가?
(A) 행사에 갈 수 없다.
(B) 공연에 늦을 것이다.
(C) 티켓을 분실했다.
(D) 추가 좌석을 구매하길 원한다.

해설 문제점을 묻는 문제 – 대화 첫 부분에서 남자가 이번 주 토요일에 있을 뮤지컬 표를 잃어버렸다면서 누구와 상의해야할지 묻고 있으므로 (C)가 정답!

2. What does the man need to bring to the box office?
(A) A receipt
(B) A credit card
(C) A birth certificate
(D) A bank account information

남자는 무엇을 매표소에 가져가야 하는가?
(A) 영수증
(B) 신용카드
(C) 출생 증명서
(D) 은행 계좌 정보

해설 세부 사항을 묻는 문제 – 여자가 남자에게 티켓 구입 당시에 결제했던 신용카드를 가지고 매표소에 가면 새 티켓을 프린트해 주겠다고 말하므로 (B)가 정답!

호주 ↔ 영국

Questions 3-4 refer to the following conversation.

Ⓜ May I ask you something? I purchased a train ticket to Denver, but I don't know which platform I'm supposed to go to. The display monitor is not showing any information about my train.

Ⓦ Sorry about that. We're having some connection problems with our monitors right now. **3** 여자가 사과하는 것 I can look that information up for you, though. You're going to Denver, right?

Ⓜ Yes, on Train 220.

Ⓦ Alright. It looks like you'll be departing from platform A. Also, remember that you'll need to show your ID **4** 여자가 상기시키는 것 along with your ticket when boarding. Have a great day.

3-4번은 다음 대화에 관한 문제입니다.

남 뭐 좀 여쭤봐도 될까요? Denver행 기차표를 구입했는데 어느 승강장으로 가야 할지 모르겠어요. 전광판에 제 기차에 대한 정보는 전혀 뜨질 않네요.

여 그러시다니 죄송합니다. 지금 모니터 연결에 문제가 있거든요. **3** 그 정보는 제가 찾아봐 드릴 수 있어요. Denver로 가시는 거 맞죠?

남 네, 220번 열차입니다.

여 알겠습니다. A 승강장에서 출발하시는 것 같네요. 또 탑승할 때 잊지 말고 기차표와 신분증을 함께 보여주세요. **4** 좋은 하루 되세요.

어휘 be supposed to ~하기로 되어있다 | connection 연결 | look up (정보를) 찾아보다 | depart from ~에서 출발하다 | board 탑승하다 | incorrect 부정확한 | renovation 개조, 보수 | issue 문제, 사안 | present 제시하다, 보여주다 | identification 신분증, 신분 확인 | receipt 영수증, 수령

3. What does the woman apologize for?
(A) An incorrect charge
(B) A renovation project
(C) A technical issue
(D) A late train

여자는 무엇에 대해 사과하는가?
(A) 잘못된 요금
(B) 보수 계획
(C) 기술적 문제
(D) 연착 열차

해설 세부 사항을 묻는 문제 – 여자가 전광판에 기차에 대한 정보가 나오지 않아 어느 승강장으로 가야 할지 모르겠다고 하자 사과의 말과 함께 모니터 연결에 문제가 있다고 했으므로 (C)가 정답!

---

4. What does the woman remind the man to do?
(A) Submit a payment
(B) Present some identification
(C) Check in his luggage
(D) Print out a receipt

여자는 남자에게 무엇을 하라고 상기시키는가?
(A) 비용을 낸다
(B) 신분증을 제시한다
(C) 수하물을 확인한다
(D) 영수증을 출력한다

해설 요구 사항을 묻는 문제 – 탑승할 때 표와 함께 신분증을 보여줘야 한다고 말했으므로 (B)가 정답!

호주 ↔ 미국

Questions 5-6 refer to the following conversation.

M Excuse me... I need to file a report for some missing baggage. I just arrived on Flight A252 from Los Angeles, **5** 여자의 직업 and it looks like my suitcase never got here. My luggage claim number is: 392830.

W I apologize for the inconvenience. Let me check my computer right now to see what's going on. **5**

M OK. I really need it today because I'm leaving Boston tomorrow afternoon.

W Don't worry. According to the system, your suitcase will be sent with an evening flight from Los Angeles. I'll make sure you get it today—just write down the phone number and address of the place you'll be staying at. **6** 여자가 요청하는 것

5-6번은 다음 대화에 관한 문제입니다.

남 실례합니다. 분실 수하물 신고를 해야 하는데요. Los Angeles발 A252 비행기로 막 도착했는데요. **5** 제 여행 가방이 이곳에 도착하지 않은 것 같네요. 제 수하물 수취 번호는 392830입니다.

여 불편에 사과 드립니다. 무슨 일인지 알아보도록 지금 바로 컴퓨터를 확인해 보겠습니다. **5**

남 네. 제가 내일 오후에 Boston을 떠나야 해서 오늘 꼭 필요해요.

여 걱정하지 마세요. 시스템에 따르면, 귀하의 여행 가방은 Los Angeles에서 저녁 비행기로 보내질 것입니다. 오늘 확실히 받으실 수 있도록 할게요. **묵으실 곳의 전화번호와 주소만 적어 주세요.** **6**

어휘 file a report 신고하다 I missing 잃어버린 I luggage claim 수하물 찾는 곳, 수하물 수취 I inconvenience 불편함 I go on 일어나다, 벌어지다 I booking 예약 I contact information 연락처

5. Who most likely is the woman?
(A) A hotel manager
(B) A cab driver
(C) A restaurant worker
(D) An airline employee

여자는 누구이겠는가?
(A) 호텔 지배인
(B) 택시 기사
(C) 식당 직원
(D) 항공사 직원

해설 직업/신분을 묻는 문제 – 남자가 비행기에서 방금 내렸다면서 분실 수하물 신고를 해야 한다고 여자에게 말했고, 여자가 불편을 준 것에 대해 사과하고 있으므로 여자는 항공사 직원임을 알 수 있다. 따라서 (D)가 정답!

---

6. What does the woman ask for?
(A) Some booking details
(B) Some contact information
(C) A bank account number
(D) The name of a company

여자는 무엇을 요청하는가?
(A) 예약 세부내역
(B) 연락처
(C) 은행 계좌 번호
(D) 회사의 이름

해설 요청 사항을 묻는 문제 – 여자의 마지막 대사에서 숙박할 곳의 전화번호와 주소를 적어 달라고 말하므로 (B)가 정답!

미국 ↔ 영국

Questions 7-8 refer to the following conversation.

M Excuse me. I'm trying to find Electronics Central. I was told it was on the third floor of this shopping mall, **7** 대화의 장소 but it's not there.

W That store moved last month. They're now located downtown near the subway station.

M Oh, I see. Is there another electronics store in this shopping mall? I just need to buy a radio.

W I'm not sure. Why don't you go downstairs and check the large map by the main entrance? **8** 여자의 제안사항 It shows all of the stores here.

7-8번은 다음 대화에 관한 문제입니다.

남 실례합니다. **Electronics Central**을 찾고 있는데요. **이 쇼핑몰 3층에 있다고 들었는데, 7** 거기에 없어요.

여 그 매장은 지난 달에 이전했어요. 현재 시내 지하철역 근처에 위치해 있어요.

남 아, 그렇군요. 이 쇼핑몰에 다른 전자 제품 매장이 있나요? 라디오를 하나 사기만 하면 되거든요.

여 잘 모르겠어요. **아래층으로 가서 정문 옆에 있는 큰 지도를 확인해 보는게 어떠신가요? 8** 여기 있는 모든 매장들이 나와 있어요.

어휘 **locate** 위치하다 I **downtown** 시내에, 도심에 I **electronics** 전자기기 I **main entrance** 정문 I **business hour** 영업 시간

---

7. Where are the speakers?

(A) In a shopping mall
(B) At a subway station
(C) At a conference center
(D) In an office building

화자들은 어디에 있는가?

(A) 쇼핑몰에
(B) 지하철역에
(C) 회의장에
(D) 사무실 건물에

해설 전체 내용을 묻는 문제 – 남자가 Electronics Central을 찾고 있는데, 이 쇼핑몰 3층에 있다고 들었다고 말하므로 (A)가 정답!

---

8. What does the woman suggest that the man do?

(A) Look at a map
(B) Check the business hours
(C) Ask for a refund
(D) Purchase some tickets

여자는 남자에게 무엇을 하라고 제안하는가?

(A) 지도를 본다
(B) 영업시간을 확인한다
(C) 환불을 요청한다
(D) 입장권을 구매한다

해설 제안 사항을 묻는 문제 – 문제에 언급된 여자의 말에 집중하고, '제안'과 관련된 표현을 잡아내야 한다. 'Why don't you ~ check the ~ map ~?'이라고 하여 지도를 확인하기를 제안하고 있으므로 정답은 (A)이다.

Practice

본서 p.172

1. (B) 2. (C) 3. (C) 4. (A) 5. (A) 6. (A)
7. (D) 8. (B) 9. (C) 10. (D) 11. (D) 12. (A)

미국 ↔ 미국

Questions 1-3 refer to the following conversation.

W Hi, I am calling in regard to a purchase I made through your company Web site yesterday. The order was for a box of envelopes, but I was wondering if it was too late to add more items to my order. **1** 여자가 원하는 것

M I see. Please give me the confirmation number, **2** 남자의 요청 사항 and I'd be happy to look it up for you.

W OK, hold on a second. The confirmation number is 12724.

M You're in luck! Your order hasn't been shipped out yet. So how would you like to change your order?

W Well, I'd like an additional box of envelopes and also uh... a box of pencils please.

M Sure thing. I will add the additional items and send you a confirmation e-mail. **3** 남자가 보낼 것

1-3번은 다음 대화에 관한 문제입니다.

여 안녕하세요. 어제 당신의 회사 웹사이트를 통해 구매한 제품에 관련하여 전화드립니다. 제가 주문한 것은 봉투 한 박스인데요, **제가 지금 추가 주문을 하기에 너무 늦었는지 궁금해서 연락드렸습니다. 1**

남 그러시군요. **주문 확인번호를 알려주시면 2** 제가 기꺼이 내역을 조회해드리겠습니다.

여 네, 잠시만요. 주문 확인 번호는 12724입니다.

남 운이 좋으시네요! 주문하신 제품이 아직 배송되지 않았네요. 그럼, 주문 내용을 어떻게 변경하시겠어요?

여 음, 봉투를 한 박스 더 추가해주시고, 아... 연필도 한 박스 부탁 드립니다.

남 네, 알겠습니다. **말씀하신 제품들을 추가하고 확인 이메일을 보내드리겠습니다. 3**

어휘 **in regard to** ~에 관하여 I **envelope** 봉투 I **confirmation number** (주문) 확인번호 I **look up** 조회하다, 찾아보다 I **ship out** 배송을 출발시키다 I **additional** 추가적인 I **add** 더하다, 추가하다 I **tracking number** 배송 조회 번호

1. What does the woman want to do?

(A) Cancel a shipment
(B) Change a previous order
(C) Confirm a tracking number
(D) Exchange an item

여자가 원하는 것은 무엇인가?

(A) 주문을 취소한다
(B) 이전에 했던 주문을 변경한다
(C) 배송 조회 번호를 확인한다
(D) 물건을 교환한다

해설 주제를 묻는 문제 – 여자가 대화 초반에 회사 웹사이트를 통해 주문을 했는데 지금 추가 주문을 하기에 너무 늦었는지 궁금해서 연락했다고 말하므로 (B)가 정답!

2. What information does the man request?
   (A) The woman's address
   (B) The woman's password
   (C) A confirmation number
   (D) A reason for cancellation

   남자가 요청하는 정보는 무엇인가?
   (A) 여자의 주소
   (B) 여자의 비밀번호
   (C) 주문 확인번호
   (D) 취소 사유

해설 요청 사항을 묻는 문제 – 여자의 요청에 남자가 주문 확인번호를 알려주면 내역을 조회해주겠다고 말하므로 (C)가 정답!

3. What will the man send the woman?
   (A) A receipt
   (B) A brochure
   (C) An e-mail
   (D) A free sample

   남자는 여자에게 무엇을 보낼 것인가?
   (A) 영수증
   (B) 안내 책자
   (C) 이메일
   (D) 무료 샘플

해설 다음에 할 일을 묻는 문제 – 대화 마지막 부분에서 남자가 여자가 말한 제품들을 추가하고 확인 이메일을 보내주겠다고 말하므로 (C)가 정답!

영국 ↔ 미국 ↔ 미국

Questions 4-6 refer to the following conversation with three speakers.

W1 Pardon me, you're the manager, right? 4 남자의 직업
M Yes—what can I do for you? 4
W1 Well, I ordered the dessert special 20 minutes ago, 4 and I still haven't gotten it.
M Hmm… May I ask who your server is? 4
W1 Stephanie.
M I'll look into this right away. Stephanie, this customer has been here for 20 minutes waiting for her dessert. 5 고객에게 사과하는 이유
W2 I'm really sorry… 5 I asked the chef to hurry, but the kitchen's really busy today.
M I'll talk to the chef and make sure the dessert is sent out as soon as possible. 6 남자가 할 일

4-6번은 다음 세 화자의 대화에 관한 문제입니다.
여1 실례합니다. 당신이 지배인이군요, 맞죠? 4
남 네, 무엇을 도와드릴까요? 4
여1 음, 20분 전에 특별 디저트 메뉴를 주문했는데, 4 아직 안 나와서요.
남 음… 담당 종업원이 누구인지 여쭤봐도 될까요? 4
여1 Stephanie예요.
남 즉시 알아보도록 하겠습니다. Stephanie, 이 손님이 20분 동안 디저트를 기다리고 계시네요. 5
여2 정말 죄송합니다… 5 주방장에게 서둘러 달라고 요청했는데, 오늘은 주방이 정말 바쁘네요.
남 디저트를 되도록 빨리 내달라고 주방장에게 일러두겠습니다. 6

어휘 order 주문하다 | server 서빙하는 사람, 웨이터 | look into 확인하다, 조사하다 | right away 즉시, 당장 | wait for ~을 기다리다 | hurry 서두르다 | make sure 반드시 ~하도록 하다 | send out 보내다 | as soon as possible 가능한 한 빨리 | profession 직업 | technician 기술자 | supervisor 관리자 | apologize to ~에게 사과하다 | delay 지연시키다 | package 소포, 포장된 상품 | damage 훼손하다 | unavailable 이용할 수 없는 | process 처리하다 | supplier 납품업체, 공급업체

4. What most likely is the man's profession?
   (A) Restaurant manager
   (B) Factory director
   (C) Computer technician
   (D) Hotel supervisor

   남자의 직업은 무엇이겠는가?
   (A) 식당 지배인
   (B) 공장 감독관
   (C) 컴퓨터 기술자
   (D) 호텔 관리자

해설 직업/신분을 묻는 문제 – 첫 번째 여자가 남자에게 지배인인지 물었고, 20분 전에 디저트를 주문했다는 말을 하는 것으로 보아 남자의 직업이 식당 지배인임을 알 수 있다. 따라서 (A)가 정답!

5. Why does Stephanie apologize to the customer?
   (A) An order has been delayed.
   (B) A package was damaged.
   (C) A receipt was not given.
   (D) A Web page is unavailable.

   Stephanie는 왜 고객에게 사과하는가?
   (A) 주문이 지연되었다.
   (B) 소포가 파손되었다.
   (C) 영수증을 주지 않았다.
   (D) 웹 페이지를 이용할 수 없다.

해설 세부 사항을 묻는 문제 – 남자가 두 번째 여자를 Stephanie라고 부르며, 손님이 디저트를 20분 넘게 기다리고 있다고 하자 Stephanie가 미안하다고 사과한 것이므로 (A)가 정답!

6. What does the man say he will do?

(A) Talk to a worker

(B) Process a credit card

(C) Provide a coupon

(D) Call a supplier

남자는 무엇을 하겠다고 말하는가?

(A) 직원과 이야기한다

(B) 신용 카드 결제 처리한다

(C) 쿠폰 제공한다

(D) 공급업체에 전화한다

해설 다음에 할 일을 묻는 문제 – 남자가 대화 마지막에 주방장에게 얘기해서 디저트가 빨리 나올 수 있도록 하겠다고 말했으므로 (A)가 정답!

영국 ↔ 미국

Questions 7-9 refer to the following conversation.

Ⓦ Good afternoon. I hope you enjoyed shopping here at Sanway Groceries. Do you have your store membership card with you? **7** 남자가 잊고 가져오지 않은 것

Ⓜ Ah, actually, I left it at home. **7**

Ⓦ Hmm... Unfortunately, I'm unable to enter your telephone number since our system is down right now. **8** 문제점 So I won't be able to apply your usual discount today.

Ⓜ It's OK. By the way, I grabbed these cans of beans from a shelf, but now I've decided not to buy them. **9** 화자 의도

Ⓦ That's alright. **9** I know where those go. Now, how will you be paying today?

7-9번은 다음 대화에 관한 문제입니다.

Ⓒ 안녕하세요. 저희 Sanway 마트에서 즐거운 쇼핑되셨길 바랍니다. 매장 회원 카드가 있으신가요? **7**

남 아, 실은 집에 놔 두고 왔어요. **7**

Ⓒ 음… 죄송하지만, 저희 시스템이 지금 작동하지 않아서 고객님의 전화번호를 입력할 수가 없습니다. **8** 그래서 오늘은 평소대로 할인을 적용해 드릴 수 없겠네요.

남 괜찮아요. 그런데 제가 이 콩 몇 캔을 선반에서 꺼냈는데, 사지 않으려고요. **9**

Ⓒ 괜찮습니다. **9** 어디에 두는지 제가 알아요. 자, 오늘은 어떻게 계산하시겠어요?

어휘 membership card 회원카드 | leave 남겨두다 | enter 입력하다 | down 작동이 안 되는 | apply 적용하다 | grab 움켜쥐다 | bean 콩 | voucher 할인권 | receipt 영수증 | sold out 매진된 | access 접속하다 | list 목록을 작성하다 | incorrect 부정확한 | locate 찾아내다 | aisle 통로

---

7. What has the man forgotten to bring?

(A) A discount voucher

(B) A store receipt

(C) A shopping bag

(D) A membership card

남자는 무엇을 잊고 가져오지 않았는가?

(A) 할인권

(B) 매장 영수증

(C) 쇼핑백

(D) 회원카드

해설 세부 사항을 묻는 문제 – 여자가 회원 카드가 있는지 묻자 남자가 집에 두고 왔다고 했으므로 (D)가 정답!

---

8. What problem does the woman mention?

(A) An item is sold out.

(B) A system cannot be accessed.

(C) A listed price is wrong.

(D) An employee did not come to work.

여자는 어떤 문제를 언급하는가?

(A) 물건이 매진되었다.

(B) 시스템에 접속할 수 없다.

(C) 표시된 가격이 잘못되었다.

(D) 직원이 출근하지 않았다.

해설 문제점을 묻는 문제 – 시스템이 고장 나서 남자의 전화번호를 입력할 수가 없다고 말했으므로 (B)가 정답!

---

9. What does the woman imply when she says, "I know where those go"?

(A) Several items were placed on the incorrect shelf.

(B) She will help the man locate some merchandise.

(C) She will put some products back in their original location.

(D) Some merchandise has been moved to another aisle.

여자는 "어디에 두는지 제가 알아요"라고 말할 때 무엇을 의도하는가?

(A) 몇몇 물건들이 엉뚱한 선반에 놓여 있었다.

(B) 그녀가 남자가 상품을 찾도록 도와줄 것이다.

(C) 그녀가 제품을 다시 원래 위치에 둘 것이다.

(D) 일부 상품이 다른 통로로 옮겨졌다.

해설 화자 의도 파악 문제 – 남자가 사려고 했던 상품을 사지 않기로 했다고 하자 여자가 그 물건이 어디에 놓여 있었는지 안다고 말한 것이므로 자신이 원래 자리에 가져다 놓겠다는 의미임을 알 수 있다. 따라서 (C)가 정답!

Questions 10-12 refer to the following conversation and directory.

M I'm glad we decided to drop by the supermarket before heading off to the department picnic. What else do we need to pick up?

W It'll be good if everyone had a healthy option for dessert. I was thinking of getting a box of apples. I really hope that this department outing in the afternoon will help build better relationships. **10** 오후에 일어날 일

M Me, too. By the way, make sure that you complete a reimbursement form after making the purchase. **11** 남자가 지시하는 것 The company covers all costs related to these kinds of events.

W OK. Actually, this is my first time at this supermarket. Do you know where the apples are? **12** 시각 정보

M I'm not sure. Why don't we check the directory? **12**

10-12번은 다음 대화와 안내도에 관한 문제입니다.

남 부서 야유회를 떠나기 전에 슈퍼마켓에 들르게 돼서 다행이네요. 우리가 또 뭘 사야 되죠?

여 모두 몸에 좋은 디저트를 먹을 수 있으면 좋을 것 같아요.. 사과 한 상자를 살까 생각 중이었어요. **저는 오후에 있을 부서 야유회가 관계를 돈독하게 하는 데 도움이 되면 정말 좋겠어요. 10**

남 저도 그래요. 그런데 **구매한 후에는 꼭 환급 신청서를 작성하세요. 11** 회사가 이런 행사와 관련된 모든 비용을 부담해요.

여 알겠어요. 사실, 이 슈퍼마켓은 처음이거든요. **사과가 어디 있는지 아세요? 12**

남 **잘 모르겠네요. 안내도를 확인해 보는 게 어때요? 12**

1층 안내도	
A구역	농산물
B구역	제과
C구역	음료
D구역	육류

어휘 drop by 잠깐 들르다 | head off to (특정 장소로) 떠나다 | outing 소풍, 야유회 | cover 다루다, 덮다, 부담하다 | related to ~와 관련된 | directory 안내도, 명부 | produce 농산물 | gathering 모임 | mobile application (핸드폰이나 태블릿에서 사용할 수 있는 응용프로그램) 모바일 어플 | specific 특정한, 구체적인 | section 구역, 부분

---

10. What will happen in the afternoon?
(A) An overseas client will visit.
(B) A health seminar will be given.
(C) A sales event will begin.
(D) A social gathering will be held.

오후에 무슨 일이 일어날 것인가?
(A) 해외 고객이 방문할 것이다.
(B) 건강 세미나가 열릴 것이다.
(C) 할인 행사가 시작할 것이다.
(D) 친목 모임이 개최될 것이다.

해설 세부 사항을 묻는 문제 – 여자의 첫 대사에서 오후에 있을 부서 야유회가 관계를 돈독하게 하는 데 도움이 되길 바라고 있다고 말하므로 (D)가 정답!

---

11. What does the man instruct the woman to do?
(A) Download a mobile application
(B) Contact a manager
(C) Pick up a coworker
(D) Use a specific form

남자는 여자에게 무엇을 하라고 지시하는가?
(A) 모바일 어플을 다운로드한다
(B) 관리자에게 연락한다
(C) 동료를 태워 온다
(D) 특정 서식을 이용한다

해설 세부 사항을 묻는 문제 – 남자가 환급 신청서를 작성하라고 했으므로 (D)가 정답!

---

12. Look at the graphic. Which section will the speakers most likely go to?
(A) Section A
(B) Section B
(C) Section C
(D) Section D

시각 정보를 보시오. 화자들은 어디로 가겠는가?
(A) A 구역
(B) B 구역
(C) C 구역
(D) D 구역

해설 시각 정보 연계 문제 – 여자가 어디에 사과가 있는지 남자에게 묻자 남자가 안내도를 확인해 보자고 제안했고, 안내도에는 Section A가 농산물을 취급하는 구역이므로 (A)가 정답!

UNIT 13. 일상생활 2

Warm-up

1. (B)　**2.** (B)　**3.** (A)　**4.** (A)　**5.** (A)

영국 ↔ 미국

Question 1 refers to the following conversation.

W Hi, the driver's side <u>rear door</u> of my car <u>doesn't close properly</u>, and I was going to ask you to <u>fix it</u> today.

M I'm sorry, but I don't think I can <u>fix your car</u> today. If you leave it here, I can take a look at it <u>first thing</u> tomorrow morning.

1번은 다음 대화에 관한 문제입니다.

여 안녕하세요, 제 차 운전자 쪽 뒷문이 제대로 닫히지가 않아서, 오늘 그 것을 좀 고쳐달라고 부탁 드리려고 했습니다.

남 죄송합니다만 오늘은 손님 차를 고칠수 없을 것 같네요. 여기 두고 가 시면, 제가 내일 아침에 제일 먼저 살펴보겠습니다.

어휘 **rear door** 뒷문 | **properly** 제대로 | **take a look at** ~을 한 번 보다 | **first thing** 맨 먼저

---

1. What is the man asked to do?
  (A) Provide an estimate
  (B) Repair a vehicle

남자는 무엇을 해달라고 요청받고 있는가?
  (A) 견적 제공
  (B) 자동차 수리

해설 여자가 자신의 차에 생긴 문제를 설명하고 오늘 그것을 좀 고칠 수 있 는지 물어보고 있다. 또 fix와 의미가 같은 repair가 사용되었으므로 (B)가 정답!

미국 ↔ 호주

Question 2 refers to the following conversation.

W Hi, this is Heather Lee calling from Mitchell <u>Real Estate</u>. There is a <u>one-bedroom apartment</u> that just <u>became available</u> and is located near Hynd River.

M Near Hynd River? That's <u>right next to</u> my work!

W Great! So when would you like to <u>take a look at</u> this place?

2번은 다음 대화에 관한 문제입니다.

여 안녕하세요, Mitchell 부동산에서 전화드리는 Heather Lee입니다. 침실 한 개짜리 아파트 한 채가 이제 막 매물로 나왔는데요, Hynd 강 근처에 위치하는 곳이에요.

남 Hynd 강 근처요? 거긴 저희 회사 바로 옆이에요!

여 잘됐네요! 그럼, 언제쯤 여길 한번 보시겠어요?

어휘 **real estate** 부동산 | **one-bedroom apartment** 침실 한 개짜리 아파트 | **available** (사물이) 이용할 수 있는

---

2. Where does the woman work?
  (A) At a post office
  (B) At a real estate agency

여자는 어디에서 일하겠는가?
  (A) 우체국에서
  (B) 부동산 중개소에서

해설 여자가 자신의 이름과 함께 Mitchell 부동산에서 전화드린다고 언급하 고 있으므로 (B)가 정답!

미국 ↔ 미국

Question 3 refers to the following conversation.

W Hi. This is Alexa Chen, a <u>reporter</u> from the *Daily News*. I'm calling to <u>follow up</u> on an article about your plans to open a <u>childrens hospital</u> next year.

M Hi, Alexa. Well, I was going to call you today. I heard my <u>assistant</u> sent you some documents yesterday. Did you get them?

W Yes, I did. Thank you. But um... Can you please send me some blueprints or other images of the building so that I can add them to the <u>article</u> as well?

3번은 다음 대화에 관한 문제입니다.

여 안녕하세요, 전 〈Daily News〉 기자인 Alexa Chen입니다. 내년에 아동 병원을 열겠다는 당신의 계획에 대한 기사를 마무리 짓기 위해 전화드립니다.

남 안녕하세요, Alexa. 음, 오늘 전화드리려고 했는데요. 제 비서가 어제 당신에게 문서들을 좀 보냈다고 들었어요. 혹시 받으셨나요?

여 네, 감사합니다. 근데, 음... 기사에 넣을 수 있게 설계도나 다른 건물 이미지들 좀 보내주실 수 있으실까요?

어휘 **follow up on** ~을 끝까지 마무리 하다 | **article** 기사 | **childrens hospital** 아동 병원 | **blueprint** 청사진

---

3. Who is the woman?
  (A) A reporter
  (B) An attorney

여자는 누구인가?
  (A) 기자
  (B) 변호사

해설 여자가 자신의 이름과 함께 〈Daily News〉 기자라고 말하고 있으므로 (A)가 정답!

Question 4 refers to the following conversation.

Ⓜ Good morning, Goubman Clinic.

Ⓦ Hi, I made an appointment with Dr. Goubman today, but I'd like to cancel it.

Ⓜ Oh, OK. Would you like to reschedule it?

4번은 다음 대화에 관한 문제입니다.

남 안녕하세요, Goubman 클리닉입니다.

여 안녕하세요, 제가 Goubman 박사님과 오늘 예약이 있는데 취소하고 싶어서요.

남 아, 네. 예약 일정을 변경해 드릴까요?

어휘 reschedule 일정을 변경하다

---

4. What type of business does the man work for?
    (A) A medical center
    (B) A fitness club

남자는 어떤 종류의 회사에서 일하는가?

(A) 의료 센터

(B) 헬스클럽

해설 남자가 첫 문장에서 Goubman 클리닉이라고 말하고 있으므로 (A)가 정답!

Question 5 refers to the following conversation.

Ⓦ Hi, I'm interested in signing up for a library card.

Ⓜ OK, fill out this form, please. And... um... Do you have any photo identification?

Ⓦ Here, I have a driver's license.

5번은 다음 대화에 관한 문제입니다.

여 안녕하세요, 도서관 카드를 등록하고 싶은데요.

남 네, 이 서류를 작성해 주세요. 그리고... 음... 혹시 사진이 부착된 신분증을 가지고 계신가요?

여 여기, 제 운전 면허증이요.

어휘 interested in ~에 관심 있는 I fill out a form 용지에 써 넣다 I photo identification 사진이 부착된 신분증 I driver's license 운전 면허증

---

5. What does the woman want to get?
    (A) A library card
    (B) A driver's license

여자가 가지고 싶어 하는 것은 무엇인가?

(A) 도서관 카드

(B) 운전 면허증

해설 첫 문장에서 여자가 도서관 카드를 등록하고 싶다고 말하고 있으므로 (A)가 정답!

Exercise

본서 p.179

1. (B)   2. (B)   3. (D)   4. (C)   5. (B)   6. (D)
7. (C)   8. (A)

Questions 1-2 refer to the following conversation.

Ⓜ Hello. I purchased a water heater from your shop a while ago. I tried turning on the hot water today, but only cold water came out. Can you send a technician to check it out? 1️⃣ 연락한 목적

Ⓦ Sure. All you have to do is schedule an appointment on our Web site. Just remember that we're closed on Sundays.

Ⓜ Hmm... The inspection won't cost me anything, right? I have a warranty that says it covers this kind of thing.

Ⓦ If the product is defective, then it should be fine. Just make sure that you present that warranty to the technician. 2️⃣ 여자가 하라고 하는 것

1-2번은 다음 대화에 관한 문제입니다.

남 안녕하세요. 전에 매장에서 온수기를 구입했어요. 오늘 온수기를 틀었는데 찬물만 나오더군요. 살펴볼 수 있게 기사를 보내주시겠어요? 1️⃣

여 물론입니다. 저희 웹사이트에서 예약만 하시면 됩니다. 저희가 일요일에는 영업을 하지 않는다는 점을 잊지 마시고요.

남 흠... 점검은 비용이 들지 않는 거죠, 그렇죠? 이런 문제에는 비용을 처리해 준다는 품질 보증서를 갖고 있어요.

여 만약 제품에 결함이 있다면 돈을 내지 않으셔도 됩니다. 그 품질 보증서를 기사에게 꼭 보여주세요. 2️⃣

어휘 purchase 구매하다 I water heater 온수기 I technician 기술자 I appointment 약속, 예약 I inspection 검사 I cost 비용이 들다 I warranty 품질 보증서 I cover 보장하다, 포함하다 I defective 결함이 있는 I present 보여주다

---

1. What is the man contacting the woman about?
    (A) An open position
    (B) An inspection
    (C) A shipment
    (D) A recent invoice

남자는 무엇에 대해 여자에게 연락하는가?

(A) 공석

(B) 점검

(C) 배송

(D) 최근 송장

해설 목적을 묻는 문제 – 남자의 첫 대사에서 일전에 구입한 온수기에서 찬물만 나오니, 기계를 살펴볼 기술자를 보내달라고 요청하며 대화를 시작하고 있으므로 (B)가 정답!

2. What does the woman tell the man to do?

(A) Present a voucher

(B) Provide a warranty

(C) Check a catalog

(D) Make a payment

여자는 남자에게 무엇을 하라고 말하는가?

(A) 쿠폰을 제시한다

(B) 품질 보증서를 제시한다

(C) 카탈로그를 확인한다

(D) 돈을 지불한다

해설 요청 사항을 묻는 문제 – 여자의 마지막 대사에서 제품 결함 시 비용이 들지 않는다고 말하며 품질 보증서를 기사에게 보여주라고 했으므로 (B)가 정답!

호주 ↔ 미국

Questions 3-4 refer to the following conversation.

M Hi, I got a job near DePaul Station, and I'm looking for a one-bedroom apartment to rent in that area. 3 대화의 주제 Do you have anything available?

W Let me see. Yes, we do have an apartment, which is about three blocks from the station.

M That's great! Would it be possible to see the place tomorrow morning? 3

W Let me call the landlord and see if he's available tomorrow. 4 여자가 확인할 것

3-4번은 다음 대화에 관한 문제입니다.

남 안녕하세요. 제가 DePaul 역 근처에 직장을 구해서 그 지역에 방이 하나 있는 아파트를 임대하려고 알아보고 있습니다. 3 혹시 임대 가능한 곳이 있나요?

여 한번 볼게요. 네, 역에서... 3블록 정도 떨어져 있는 아파트가 하나 있네요.

남 잘됐네요! 혹시 내일 아침에 그 곳을 좀 볼 수 있을까요? 3

여 내일 집주인이 시간이 되는지 제가 전화해서 한번 확인해보겠습니다. 4

어휘 rent 임대하다 I block (도로로 나뉘는) 블록 I landlord 집주인 I floor plan 평면도 I availability 가능성

---

3. What is the conversation mainly about?

(A) A training session

(B) A commute option

(C) A job interview

(D) An apartment rental

대화는 주로 무엇에 관한 것인가?

(A) 교육 시간

(B) 출퇴근 옵션

(C) 직장 면접

(D) 아파트 임대

해설 주제를 묻는 문제 – 대화 초반에 남자가 회사 근처에 방이 하나 있는 아파트를 임대하려고 알아보고 있다고 말하고 있고, 두 번째 말에서 내일 아침에 집구경을 갈 수 있는지 묻고 있으므로 (D)가 정답!

---

4. What does the woman say she will check?

(A) A subway map

(B) A floor plan

(C) An owner's availability

(D) A pricing chart

여자는 무엇을 확인하겠다고 말하는가?

(A) 지하철 노선

(B) 평면도

(C) 집 주인을 만날 수 있는지의 여부

(D) 가격표

해설 다음에 할 일을 묻는 문제 – 여자가 마지막 문장에서 내일 집주인이 시간이 되는지 전화해서 한번 확인해보겠다고 말하므로 (C)가 정답!

미국 ↔ 미국

Questions 5-6 refer to the following conversation.

M Hi, I was supposed to receive my package by 4 P.M. today, but it's 5 P.M. right now.

W Can I have your order number? 5 여자의 요청 사항

M Yes, it's XN8304.

W Ah, yes, Mr. Kevin Kim. There's a lot of traffic on Main Street right now, so I'm running behind schedule. 6 지연된 이유 I should be there within 30 minutes. Sorry about that!

M That's OK. Please give me a call when you're almost here.

5-6번은 다음 대화에 관한 문제입니다.

남 안녕하세요, 오늘 오후 4시까지 소포를 받았어야 하는데 지금이 오후 다섯 시라서요.

여 주문 번호를 알 수 있을까요? 5

남 네, XN8304예요.

여 아, 네. Mr. Kevin Kim님. 지금 Main 가의 교통체증이 심해서 일정이 늦어지고 있습니다. 6 30분 내에 도착할 거예요. 죄송합니다!

남 괜찮습니다. 거의 다 오시면 전화 주세요.

어휘 package 소포 I order number 주문 번호 I behind schedule 예정보다 늦게

---

5. What does the woman ask the man to provide?

(A) His full name

(B) An order number

(C) His mailing address

(D) A coupon code

여자는 남자에게 무엇을 달라고 요청하는가?

(A) 이름 전체

(B) 주문번호

(C) 우편 주소

(D) 쿠폰 코드

PART 3 UNIT 13

해설 세부 사항을 묻는 문제 – 남자가 소포를 아직 받지 못했다고 하자, 여자가 주문 번호를 물었으므로 (B)가 정답!

---

6. According to the woman, what is causing a delay?
   (A) A lack of workers
   (B) Mechanical problems
   (C) Inclement weather
   (D) Heavy traffic

   여자에 따르면, 무엇이 지연을 야기하고 있는가?
   (A) 직원 부족
   (B) 기술적 문제
   (C) 악천후
   (D) 심한 교통체증

해설 세부 사항을 묻는 문제 – 여자가 교통 정체가 심해서, 일정보다 늦어지고 있다고 말했으므로 (D)가 정답!

영국 ↔ 호주

Questions 7-8 refer to the following conversation.

W Excuse me, my laptop just ran out of battery. **7** 여자가 걱정하는 것 Is there a desk with an electrical outlet here in the library? I need to write a report on my computer.

M Well, there are a few desks that have outlets. Let me see. Hmm… It looks like all of them are already being used by other patrons at the moment.

W That's too bad. Then could you recommend a place where I could charge my laptop?

M Sure. Why don't you try the café down the street? **8** 남자가 제한하는 것 You could enjoy some coffee while you work. It's only a five-minute walk from here.

7-8번은 다음 대화에 관한 문제입니다.

여 실례합니다. **노트북이 지금 배터리가 다 됐는데요.** **7** 이 도서관에 전기 콘센트가 있는 책상이 있나요? 컴퓨터로 보고서를 작성해야 하거든요.

남 어, 콘센트가 있는 책상이 몇 개 있죠. 한번 볼게요. 음… 지금은 전부 이용자 분들이 이미 사용 중이신 것 같네요.

여 아쉽네요. 그럼 노트북을 충전할 수 있는 장소를 좀 추천해 주시겠어요?

남 물론이죠. **길 아래 편에 있는 카페에 가 보시겠어요?** **8** 일하시면서 커피도 즐기실 수 있답니다. 여기서 5분만 걸어가시면 돼요.

어휘 run out of 다 떨어지다 | electrical outlet 전기 콘센트 | patron 고객 | at the moment 현재 | charge 충전하다 | misplace 제자리에 두지 않다 | recharge 재충전하다 | misplace 찾지 못하다

---

7. What is the woman concerned about?
   (A) She is unable to drive her car.
   (B) She has misplaced some documents.
   (C) Her computer is low on power.
   (D) Her reservation has been cancelled.

여자는 무엇에 대해 걱정하는가?
(A) 차를 운전할 수 없다.
(B) 서류를 찾을 수 없다.
(C) 컴퓨터 배터리가 얼마 없다.
(D) 예약이 취소되었다.

해설 걱정거리를 묻는 문제 – 여자가 노트북 배터리가 다 됐다고 말하므로 (C)가 정답!

---

8. What does the man suggest the woman do?
   (A) Visit a coffee shop
   (B) Use public transportation
   (C) Check some directions
   (D) Reschedule an appointment

남자는 여자에게 무엇을 하라고 제안하는가?
(A) 커피숍을 방문한다
(B) 대중교통을 이용한다
(C) 약도를 확인한다
(D) 예약을 변경한다

해설 제안 사항을 묻는 문제 – 남자의 마지막 대사에서 길 아래 편에 있는 카페에 가 보라고 제안하고 있으므로 (A)가 정답!

Practice

본서 p.180

1. (D)	2. (C)	3. (D)	4. (B)	5. (A)	6. (C)
7. (A)	8. (D)	9. (C)	10. (C)	11. (D)	12. (A)

영국 ↔ 미국

Questions 1-3 refer to the following conversation.

W Hi, I called yesterday about my laptop, which has been making a buzzing sound. I was told to bring it in. **1** 대화의 장소

M Oh, I'm the one you talked to. Now, usually a buzzing sound occurs when the fan is broken. You'll have to replace it, and that'll cost 30 dollars. **2** 문제점

W OK, that's fine. But how long will it take? **3** 여자의 문의 사항 I have an important meeting this afternoon, and I need my laptop for that.

M Don't worry. It'll only take about 10 minutes.

1-3번은 다음 대화에 관한 문제입니다.

여 안녕하세요. 제 노트북 컴퓨터에서 윙하는 소리가 나서 어제 전화를 드렸었어요. 들고 오라고 하시더군요. **1**

남 아, 제가 통화했던 사람이에요. 보통 윙하는 소리가 나는 건 팬이 고장 났을 때 발생하거든요. 그걸 교체하셔야 하고요 비용은 30달러입니다. **2**

여 좋아요, 그렇게 해주세요. 근데 그게 얼마나 걸릴까요? **3** 제가 오늘 오후에 중요한 회의가 있는데, 그 회의에 제 노트북 컴퓨터가 필요해서요.

남 그건 걱정 마세요. 10분 정도 밖에 안 걸릴 거예요.

어휘 buzzing 윙윙거리는 | occur 발생하다 | fan 팬, 선풍기, 환풍기
| broken 고장 난 | replace 교체하다 | cost (값·비용이) 들다 |
in stock 재고가 있는 | warranty 품질보증

1. Where most likely are the speakers?
(A) At a car factory
(B) At a trade fair
(C) At a department store
(D) At a computer repair shop

화자들은 어디에 있겠는가?
(A) 자동차 공장에
(B) 무역 박람회에
(C) 백화점에
(D) 컴퓨터 수리점에

해설 대화 장소를 묻는 문제 – 첫 문장에서 여자가 어제부터 노트북 컴퓨터에서 윙윙거리는 소리가 나서 전화를 했더니 들고 오라고 했다고 말하므로 컴퓨터 수리를 위해 방문한 장소임을 유추할 수 있다. 따라서 (D)가 정답!

2. What problem does the man mention?
(A) Technicians are unavailable.
(B) Some supplies are not in stock.
(C) A part needs to be replaced.
(D) A document has been misplaced.

남자가 언급하는 문제점은 무엇인가?
(A) 기술자들과 만날 수 없다.
(B) 일부 자재들이 재고가 없다.
(C) 부품이 교체되어야 한다.
(D) 서류가 분실되었다.

해설 문제점을 묻는 문제 – 남자가 윙윙거리는 소리가 나는 건 팬이 고장 났을 때 발생하니까 고치려면 그걸 교체해야 하고, 비용은 30달러라고 말하므로 (C)가 정답!

3. What does the woman ask the man about?
(A) When a warranty ends
(B) Where a store is located
(C) How much a service costs
(D) How long some work will take

여자는 남자에게 무엇에 대해 묻는가?
(A) 언제 품질 보증이 끝나는지
(B) 어디에 가게가 있는지
(C) 서비스 비용이 얼마인지
(D) 그 작업에 시간이 얼마나 걸리는지

해설 세부 사항을 묻는 문제 – 여자가 작업 시간이 얼마나 걸릴지 물어보므로 (D)가 정답!

Questions 4-6 refer to the following conversation.

W Hi, my name is Megan Miller. I'm here to pick up my medication. **4** 남자의 직업
M I'm sorry, Ms. Miller, but unfortunately it's not ready yet. **5** 남자가 사과하는 이유
W Really? But the clinic sent my prescription to this pharmacy at least half an hour ago. **4**
M Well, we are very busy at the moment, so your medication won't be ready for another 30 minutes. I'm sorry for the inconvenience.
W I understand. Well, I need to stop by the post office next door anyway. **6** 여자가 다음에 할 일 I'll be back in about 30 minutes then.
M Thank you for understanding, Ms. Miller.

4-6번은 다음 대화에 관한 문제입니다.

여 안녕하세요, 제 이름은 Megan Miller입니다. 제 약을 찾으러 왔는데요. **4**
남 죄송합니다, Ms. Miller, 안타깝게도 아직 준비가 되지 않았습니다. **5**
여 정말요? 하지만 병원에서 적어도 30분 전에 이 약국으로 제 처방전을 보냈어요. **4**
남 음, 저희가 지금은 매우 바쁘거든요, 그래서 손님의 약은 앞으로 30분 후에나 준비가 될 것 같습니다. 불편을 드려서 죄송합니다.
여 알겠습니다. 음, 제가 어차피 바로 옆 우체국에 들러야 해서요. **6** 그럼 30분 후에 다시 올게요.
남 이해해주셔서 감사합니다, Ms. Miller.

어휘 medication 약 | prescription 처방전 | pharmacy 약국 |
inconvenience 불편 | next door 옆집에

4. Who most likely is the man?
(A) A teller
(B) A pharmacist
(C) A nurse
(D) A receptionist

남자가 누구이겠는가?
(A) 은행원
(B) 약사
(C) 간호사
(D) 접수원

해설 직업/신분을 묻는 문제 – 초반에 여자가 남자에게 약을 찾으러 왔다고 말하고, 여자의 두 번째 말에서도 병원에서 적어도 30분 전에 이 약국으로 처방전을 보냈다고 언급해 대화 장소가 약국임을 유추할 수 있다. 따라서 남자는 약사이므로 (B)가 정답!

5. Why does the man apologize to the woman?
(A) An order is not ready yet.
(B) The business is about to close.
(C) She was overcharged.
(D) He provided incorrect information.

남자는 왜 여자에게 사과하는가?

(A) 주문품이 아직 준비되지 않았다.

(B) 회사가 막 문을 닫으려고 한다.

(C) 여자에게 초과 청구되었다.

(D) 남자가 잘못된 정보를 제공했다.

해설 세부 사항을 묻는 문제 – 남자가 아직 준비가 되지 않았다고 말해 여자의 약이 아직 준비되지 않은 것을 사과하고 있다. 따라서 (A)가 정답!

---

6. What will the woman probably do next?

(A) Get a refund

(B) Call a doctor

(C) Go next door

(D) Pay for a purchase

여자는 다음에 무엇을 할 것인가?

(A) 환불을 받는다

(B) 의사에게 전화를 건다

(C) 옆 건물로 간다

(D) 구매품을 지불한다

해설 다음에 할 일을 묻는 문제 – 후반부에 여자가 어차피 바로 옆 우체국에 들러야 한다고 말하며 30분 후에 다시 오겠다고 하므로 (C)가 정답!

영국 ↔ 호주 ↔ 미국

Questions 7-9 refer to the following conversation with three speakers.

W Hi, I saw your ad in the newspaper, and I'd like to know if the apartment on Gerrard Street is still available. **7** 대화의 주제

M1 I'm afraid that place has already been rented out. **7**

M2 But there are a few other places that will become available soon. **7**

M1 Oh, that's right! They're in the same area, and they're all very nice.

W Well, I'm kind of in a rush right now. I got a new job in the area, so I have to move within two weeks. **8** 화자 의도

M1 Don't worry. One of the apartments will become vacant next week.

M2 And it's right next to the subway station. Why don't you give me your e-mail address, **9** 여자가 요청받은 것 and I'll send you the details about the place.

W Great. Thank you.

7-9번은 다음 세 화자의 대화에 관한 문제입니다.

여 안녕하세요, 신문에서 광고를 봤는데요. Gerrard 가에 있는 아파트가 아직 임대 가능한지 알고 싶어서요. **7**

남1 죄송하지만 그곳은 이미 임대됐어요. **7**

남2 하지만 임대 가능한 다른 아파트들이 곧 나올 거예요. **7**

남1 아, 맞아요! 그곳들도 전부 같은 지역에 있고, 아주 근사하죠.

여 음, 제가 지금 좀 급한 상황인데요. 제가 그 지역에서 새로운 일자리를 구하게 돼서 2주 안에 이사를 해야 해요. **8**

남1 걱정 마세요. 다음 주에 아파트 한 곳이 빌 예정이거든요.

남2 그리고 그곳은 지하철역 바로 옆이에요. **제게 이메일 주소를 주시겠어요? 9** 그러면 그 아파트에 대한 세부 사항들을 보내드릴게요.

여 좋아요. 감사합니다.

어휘 available 이용 가능한, 사용 가능한 | rent (out) 임대하다 | vacant 비어 있는 | details 세부 사항 | in a rush 급한, 서두르는

---

7. What is the conversation mainly about?

(A) Renting an apartment

(B) Applying for a job

(C) Asking for an estimate

(D) Writing an article

대화는 주로 무엇에 관한 것인가?

(A) 아파트를 임대하는 것

(B) 일자리를 지원하는 것

(C) 견적서를 요구하는 것

(D) 기사를 작성하는 것

해설 주제를 묻는 문제 – 여자가 Gerrard 가에 있는 아파트가 아직 임대 가능한지 알고 싶어 하자 두 남자가 그곳은 이미 임대됐지만 임대 가능한 다른 아파트들이 나올 거라며 대화를 이어가고 있으므로 (A)가 정답!

---

8. Why does the woman say, "I'm kind of in a rush right now"?

(A) She has to attend a meeting.

(B) She has to submit a payment.

(C) She will be registering for a class today.

(D) She will be starting a new job soon.

여자는 왜 "제가 지금 좀 급한 상황인데요"라고 말하는가?

(A) 회의에 참석해야 한다.

(B) 대금을 결제해야 한다.

(C) 오늘 수강 신청을 해야 한다.

(D) 곧 새로운 일을 시작할 것이다.

해설 화자 의도 파악 문제 – 여자가 급하다고 말하며 그 지역에서 새 직장을 구해 2주 안에 이사를 해야 한다고 말했으므로 (D)가 정답!

---

9. What is the woman asked to do?

(A) Make a deposit

(B) Review some contracts

(C) Provide some information

(D) Submit an application

여자는 무엇을 요청받는가?

(A) 입금을 한다

(B) 몇몇 계약서를 검토한다

(C) 정보를 제공한다

(D) 신청서를 제출한다

해설 요구 사항을 묻는 문제 – 두 번째 남자가 여자에게 이메일 주소를 알려주면 아파트 정보를 보내주겠다고 말했으므로 (C)가 정답!

Questions 10-12 refer to the following conversation and form.

M Good afternoon. I'm here to send money to Thailand.

W Alright. Did you fill out the appropriate document?

M I did—here you go. It's $18.00, right? **10** 시각 정보

W Yes, as long as the amount you're wiring does not exceed $1000.

M Great. It's my first time transferring money overseas, so I'm concerned that it'll take too long to arrive. **11** 남자가 걱정하는 것

W International wires can take as long as 10 business days. But most likely, it should get there within five days.

M That's not so bad. By the way, I'm glad your bank opened another location. It's right across the street from my office, so I can easily come here during lunch. **12** 남자가 은행에 관하여 말한 것

W I'm happy to hear that.

10-12번은 다음 대화와 양식에 관한 문제입니다.

남 안녕하세요. 태국으로 송금하러 왔습니다.

여 알겠습니다. 해당 서류를 작성하셨나요?

남 네. 여기 있어요. **18달러 맞죠? 10**

여 네. 1000달러를 초과하지 않는 한에서요.

남 잘됐네요. **해외 송금은 처음이라 입금되는 데 너무 오래 걸릴까 봐 걱정돼요. 11**

여 국제 송금은 영업일 기준으로 최대 열흘까지 걸릴 수 있습니다. 그래도 대개 5일 이내에는 입금돼요.

남 그 정도면 괜찮네요. 그런데 **은행에서 또 다른 지점을 열어서 좋네요. 저희 사무실 바로 건너 편에 있으니 점심 시간에 편하게 올 수 있겠어요. 12**

여 그러시다니 기쁘네요.

고객: Joseph Bennington
은행원: Clarice Park
거래 번호: 403310
송금 액수: 850.00달러
송금 수수료: 18.00달러
날짜: 4월 10일

어휘 fill out 작성하다 | appropriate 적합한 | wire 송금; 송금하다 | exceed 초과하다 | transfer 이체하다 | overseas 해외로 | transaction 거래 | remittance fee 송금 수수료 | undergo 겪다, 받다

10. Look at the graphic. What information does the man ask about?
(A) The transaction number
(B) The wired amount
(C) The remittance fee
(D) The date

시각 정보를 보시오. 남자는 어떤 정보에 대해 묻는가?
(A) 거래 번호
(B) 송금 금액
(C) 송금 수수료
(D) 날짜

해설 시각 정보 연계 문제 – 남자가 18달러가 맞는지 확인하고 있고, 서식에서 18달러에 해당하는 것은 송금 수수료(Remittance Fee)이므로 (C)가 정답!

11. What is the man worried about?
(A) Who is able to sign for a package
(B) Where an item should be delivered
(C) What form of identification is necessary
(D) When a transfer will be completed

남자는 무엇에 대해 걱정하는가?
(A) 소포에 서명할 수 있는 사람
(B) 상품이 배달되어야 하는 장소
(C) 필요한 신분증
(D) 송금 완료 시점

해설 걱정거리를 묻는 문제 – 남자가 해외로 송금하는 건 처음이라며 입금되는 데 오래 걸릴지 걱정이라고 말했으므로 (D)가 정답!

12. What does the man say about a bank?
(A) It is near his workplace.
(B) It has added a new service.
(C) It will undergo renovation soon.
(D) It should stay open longer.

남자는 은행에 대해 뭐라고 말하는가?
(A) 그의 직장과 가깝다.
(B) 새로운 서비스가 추가되었다.
(C) 곧 개조될 것이다.
(D) 영업시간이 더 길어야 한다.

해설 세부 사항을 묻는 문제 – 남자가 여자에게 또 다른 지점이 생겨서 기쁘다고 말하며 직장 바로 건너 편이라 점심 시간에도 쉽게 올 수 있겠다고 말했으므로 (A)가 정답!

UNIT 14. 회사 생활 1

Warm-up

본서 p.186

1. (A) 2. (A) 3. (A) 4. (B) 5. (B)

미국 ↔ 미국

Question 1 refers to the following conversation.

M Hi, Ashley. I'm Eric, and we'll be working together in the sales department.

W Hi, Eric. Nice to meet you.

M So, how's your first day so far?

W I'm still getting used to everything.

1번은 다음 대화에 관한 문제입니다.

남 안녕하세요, Ashley. 전 Eric이고요, 우리가 당신과 함께 영업부에서 일하게 될 겁니다.

여 안녕하세요, Eric. 만나서 반가워요.

남 자, 첫 출근 날인데 지금까진 어때요?

여 아직 적응하는 중이에요.

어휘 sales department 영업부 I get used to ~에 적응하다, ~에 익숙해지다

---

1. Who most likely is the woman?

(A) A new employee

(B) A sales director

여자가 누구이겠는가?

(A) 신입 직원

(B) 영업 부장

해설 남자가 여자에게 '우리가 당신과 함께 영업부에서 일하게 될 겁니다'라고 언급한 후 '첫 출근 날인데 지금까진 어때요?'라고 질문을 한 것으로 보아, 여자가 영업부 신입 직원이라는 것을 유추할 수 있다. 따라서 (A)가 정답!

호주 ↔ 영국

Question 2 refers to the following conversation.

M Security office. How may I help you?

W Hi, my badge isn't working, but I need to pick up some documents in my office. Could you please send someone to open the door for me?

M OK, but first, can you verify your employee identification number?

2번은 다음 대화에 관한 문제입니다.

남 경비실입니다. 무엇을 도와드릴까요?

여 안녕하세요, 제 배지가 작동을 안하는데, 제가 사무실에 있는 서류들을 가져가야 해서요. 문을 열어 줄 사람을 좀 보내주시겠어요?

남 네, 근데 먼저, 사원 번호를 말씀해 주시겠어요?

어휘 security office 경비실 I pick up 가져가다 I verify 입증하다, 말해 주다 I employee identification number 사원 번호

2. What does the man request?

(A) An identification number

(B) The location of an office

남자가 요청하는 것은 무엇인가?

(A) 사원 번호

(B) 사무실의 위치

해설 남자가 사원 번호를 말해달라고 하므로 (A)가 정답!

미국 ↔ 호주

Question 3 refers to the following conversation.

W Hi. I'm trying to apply for a job at your company, but the Web site keeps malfunctioning. When I press the submit button, an error message pops up, and the information I entered gets deleted.

M I'm sorry about that. We're currently experiencing technical issues. Everything should be resolved in about an hour.

W Oh, OK. Then I'll try again later.

3번은 다음 대화에 관한 문제입니다.

여 안녕하세요. 제가 귀사의 웹사이트를 이용해서 입사 지원을 하려고 하는데 웹사이트가 제대로 작동을 하지 않는 것 같아요. 제출 버튼을 누르면 에러 메시지가 뜨고, 제가 입력한 정보들이 삭제가 돼요.

남 죄송합니다. 현재 기술적 문제를 겪고 있습니다. 약 한 시간 내로 모든 것이 해결될 겁니다.

여 아, 알겠습니다. 그러면 나중에 다시 해볼게요.

어휘 apply for a job 입사 지원하다 I seem like ~처럼 보이다 I malfunction 제대로 기능하지 못하다 I press 누르다 I pop up (불쑥) 나타나다 I experience 겪다, 경험하다 I issue 문제 I resolve 해결하다

---

3. What does the woman want to do?

(A) Apply for a position

(B) Place an order

여자가 하고 싶어하는 것은 무엇인가?

(A) 일자리에 지원한다

(B) 주문을 한다

해설 여자가 '제가 귀사의 웹사이트를 이용해서 입사 지원을 하려고 하는데요'라고 언급하고 있으므로 (A)가 정답!

Question 4 refers to the following conversation.

M Hi, Megan. I just heard that you're going to transfer to our Vienna branch next week. Is that true?

W Yes. The company wants me to oversee our new store there.

M Let's have a farewell lunch this week then. Are you free this Friday?

4번은 다음 대화에 관한 문제입니다.

남 안녕하세요, Megan. 당신이 다음 주에 Vienna 지점으로 전근 간다고 방금 들었는데요. 사실이에요?

여 네. 회사가 그 곳의 새 매장들을 제가 감독하길 원해서요.

남 이번 주에 마지막으로 같이 점심 먹어요. 이번 주 금요일에 시간 되세요?

어휘 transfer 전근 가다 l branch 지점 l oversee 감독하다 l
farewell 작별

4. What will the woman do next week?
   (A) Lead a training session
   (B) Relocate to another location

   여자가 다음 주에 무엇을 할 것인가?
   (A) 교육을 이끈다
   (B) 다른 지점으로 이전한다

해설 남자가 여자에게 '당신이 다음 주에 Vienna 지점으로 전근 간다고 방금 들었는데요'라고 말하고 있으므로 (B)가 정답!

Question 5 refers to the following conversation.

W Did you hear that the company's going to replace all the desktop PCs with laptops next month?

M Yes, I heard that. Apparently, each staff member will get one.

W Really? That's great!

M I know. We've been using those computers for quite a long time.

5번은 다음 대화에 관한 문제입니다.

여 회사가 다음 달에 모든 데스크톱들을 노트북들로 교체할 거라는 얘기 들었어요?

남 네, 들었어요. 듣자 하니, 모든 직원들이 각자 하나씩 받을 거래요.

여 진짜요? 잘되었네요!

남 네. 저희가 저 데스크톱 컴퓨터들을 엄청 오랫동안 쓴 것 같네요!

어휘 replace 교체하다 l apparently 듣자 하니

5. What does the man imply about the desktop computers?
   (A) They were recently repaired.
   (B) They are outdated.

남자가 데스크톱 컴퓨터들에 대해 무엇을 암시하는가?
(A) 최근에 수리되었다
(B) 낡았다

해설 남자가 '저희가 저 데스크톱 컴퓨터들을 엄청 오랫동안 쓴 것 같네요' 라고 말해 데스크톱을 사용한 지 굉장히 오래됐다는 것을 유추할 수 있다. (B)가 정답!

Exercise
본서 p.187

1. (A)	2. (B)	3. (B)	4. (B)	5. (D)	6. (C)
7. (A)	8. (A)				

Questions 1-2 refer to the following conversation.

M Hello, this is Daniel from the Human Resources Department again. Unfortunately, my e-mail account is still malfunctioning.

W Really? I thought I took care of that problem just a few hours ago. **1** 여자가 일하는 부서

M Well, now I can receive e-mails, but I still can't send any. **2** 문제점

W OK, I'll take a look at it right now.

1-2번은 다음 대화에 관한 문제입니다.

남 안녕하세요, 다시 인사부의 Daniel입니다. 죄송하지만 제 이메일 계정이 아직도 오작동하는데요.

여 정말요? 제가 불과 몇 시간 전에 그 문제를 처리해드린 걸로 알고 있었는데요. **1**

남 음, 이제 이메일을 받을 수는 있는데, 여전히 아무것도 보내지는 못하고 있어요. **2**

여 알겠어요, 제가 지금 바로 확인할게요.

어휘 human resources department 인사부 l e-mail
account 이메일 계정 l malfunctioning 제대로 움직이지 않는,
오작동 하는 l take care of ~을 처리하다 l work on (해결하기
위해) ~에 애쓰다

1. What department does the woman most likely work in?
   (A) Technical Support
   (B) Human Resources
   (C) Publishing
   (D) Accounting

   여자는 어떤 부서에서 일하겠는가?
   (A) 기술 지원팀
   (B) 인사부
   (C) 출판부
   (D) 경리부

해설 근무지를 묻는 문제 – 남자가 이메일 계정에 아직도 문제가 있다고 말하자 여자가 불과 몇 시간 전에 그 문제를 처리해드린 걸로 알고 있었

다고 대답한다. 따라서 여자는 기술적인 문제 해결해주는 부서에서 일하고 있다는 것을 유추할 수 있으므로 (A)가 정답!

해설 주제를 묻는 문제 – 첫 문장에서 남자가 여자에게 사무실의 개방형 구조에 대해 어떻게 생각하냐고 물어보므로 (B)가 정답!

2. What problem does the man report?
(A) He cannot meet a deadline.
(B) He is unable to send messages.
(C) He forgot his password.
(D) He cannot edit his personal information.

남자는 어떤 문제점을 알리는가?
(A) 마감 기한을 맞출 수 없다.
(B) 메시지를 보낼 수 없다.
(C) 비밀번호를 잊어버렸다.
(D) 그의 개인 정보를 편집할 수 없다.

해설 문제점을 묻는 문제 – 남자가 이제 이메일을 받을 수는 있는데, 아무것도 보내지는 못하고 있다고 언급하므로 (B)가 정답!

4. What problem does the woman say the office has?
(A) A light is too dim.
(B) A workspace is too loud.
(C) A space is too small.
(D) A staff lounge is too far.

여자는 사무실이 가진 문제점이 무엇이라고 말하는가?
(A) 조명이 너무 흐리다.
(B) 근무공간이 너무 시끄럽다.
(C) 공간이 너무 작다.
(D) 직원 휴게실이 너무 멀다.

해설 문제점을 묻는 문제 – 여자가 사무실 구조에 아직 익숙하지 않다는 이야기를 하다가 가끔은 집중하기 힘들 정도로 소음이 조금 클 때가 있다고 언급하므로 (B)가 정답!

미국 ↔ 영국

Questions 3-4 refer to the following conversation.

M Hi, Morgan. How do you feel about the open office layout? **3** 대화의 주제

W Well, I've always had my own office, so I'm not completely used to it yet.

M I understand. It was strange for me in the beginning too.

W Yeah. Sometimes, it can get a little loud in here, which makes it hard to focus. **4** 사무실의 문제점

M That is what everyone says at first, but after some time passes, you will get used to it.

3-4번은 다음 대화에 관한 문제입니다.

남 안녕하세요, Morgan. 사무실의 개방형 구조에 대해 어떻게 생각하시나요? **3**

여 글쎄요, 저는 항상 개인 사무실에서 일을 해서, 그것에 아직 완전히 익숙하진 않아요.

남 이해합니다. 저 역시도 처음엔 매우 어색했답니다.

여 네. 가끔은 집중하기 힘들 정도로 이곳 소음이 조금 클 때가 있어요. **4**

남 다들 처음에 그렇게 이야기하는데, 시간이 조금 지나면 익숙해지실 거예요.

어휘 be used to ~에 익숙하다 | layout 구조, 형식, 배치 | in the beginning 처음에는 | focus 집중하다

미국 ↔ 미국

Questions 5-6 refer to the following conversation.

W Hi. My name is Ashley Kim, and I have a job interview with Mr. Carey for the marketing position this morning. **5** 사무실 방문 목적

M Hello, Ms. Kim. Unfortunately, Mr. Carey's return flight was delayed, so he'll be coming in the afternoon. **6** 만날 수 없는 이유 Didn't you receive my text message earlier?

W Ah, sorry. I forgot to check my phone. Should I come back another day then?

M Actually, Mr. Carey does have some free time at 3 P.M. today, if you are available.

W That'll work. Then I'll just go to the café across the street and return then.

M Alright, I'll see you later.

5-6번은 다음 대화에 관한 문제입니다.

여 안녕하세요, 제 이름은 Ashley Kim이고 오늘 아침에 마케팅 직책과 관련해 Mr. Carey와 면접이 있습니다. **5**

남 안녕하세요, Ms. Kim. 안타깝게도 Mr. Carey의 돌아오는 항공편이 지연되어 오후에 오게 되셨습니다. **6** 제가 아까 보낸 문자를 못 받으셨나요?

여 아, 죄송합니다. 핸드폰을 확인하는 것을 잊었어요. 그러면 다른 날에 다시 올까요?

남 오실 수 있으시다면, 사실 오늘 오후 3시에 Mr. Carey가 시간이 되세요.

여 좋습니다. 그러면 길 건너에 있는 카페에 있다 그때 다시 오겠습니다.

남 알겠습니다. 이따가 봬요.

어휘 job interview 면접 | business trip 출장 | reach (특히 전화로) 연락하다 | reschedule 일정을 변경하다

3. What is the main topic of the conversation?
(A) A job opening
(B) An office layout
(C) A project deadline
(D) An employee orientation

대화의 주제는 무엇인가?
(A) 공석
(B) 사무실 구조
(C) 프로젝트 마감일
(D) 직원 오리엔테이션

5. What is the purpose of the woman's visit?

(A) To organize a conference

(B) To propose a project

(C) To demonstrate a product

(D) To interview for a job

여자가 방문하는 목적은 무엇인가?

(A) 콘퍼런스를 구성하기 위해

(B) 프로젝트를 제안하기 위해

(C) 제품을 시연하기 위해

(D) 일자리 면접을 보기 위해

해설 목적을 묻는 문제 – 여자가 오늘 Mr. Carey와 마케팅 직책을 위한 면접이 있어서 왔다고 말하므로 (D)가 정답!

---

6. Why is the woman unable to meet with Mr. Carey in the morning?

(A) He has an urgent client meeting.

(B) He is feeling sick.

(C) His flight was delayed.

(D) His car broke down.

여자는 왜 아침에 Mr. Carey를 만날 수 없는가?

(A) 급히 고객 미팅을 하게 되었다.

(B) 몸이 안 좋다.

(C) 비행편이 지연되었다.

(D) 차가 고장 났다.

해설 세부 사항을 묻는 문제 – Mr. Carey의 항공편이 지연되어 오후에야 돌아올 거라고 말했으므로 (C)가 정답!

영국 ↔ 호주

Questions 7-8 refer to the following conversation.

W Hi, Garrett. I heard that you're responsible for hosting the clients from Osaka during their visit on Wednesday. **7** 남자가 준비하는 것

M Yes, I have a factory tour all planned out for that morning.

W I see. Is there anything that I can help you with?

M Well, I want to take them out for a good meal in a nice part of town, but nothing really comes to mind. Do you know any good places?

W You could take them to Old Town Pasadena. It isn't too far, and it has a great view of the mountains. I bet they'd really like that. I also know of a good Mexican restaurant there. I think it's called El Torero. I can call for a reservation if you're interested. **8** 여자의 제안사항

7-8번은 다음 대화에 관한 문제입니다.

여 안녕하세요, Garrett. 수요일에 Osaka에서 오는 고객들의 접대를 당신이 담당하게 되었다고 들었어요. **7**

남 네, 그날 아침에 그분들과 공장 견학을 하려고 전부 계획해 두었어요.

여 그렇군요. 혹시 뭐 제가 도와드릴 게 있을까요?

남 글쎄요, 사실 그분들께 좋은 동네에서 맛있는 음식을 대접하고 싶은데 마땅히 떠오르는 게 없네요. 괜찮은 곳을 알고 계신가요?

여 Old Town Pasadena라는 곳에 모시고 가 보세요. 여기서 너무 멀지도 않은 데다가, 산의 경치가 아주 아름다워요. 그분들이 분명히 좋아하실 거예요. 그리고 제가 그 곳의 괜찮은 멕시코 식당을 알아요. 아마 이름이 El Torero일 건네요. 관심 있으시면 제가 전화로 예약해 드릴 수 있어요. **8**

어휘 be responsible for ~를 담당하다, ~를 맡다 | host (행사를) 주최하다, 접대하다 | client 고객 | come to mind 떠오르다

---

7. What is the man preparing for?

(A) A client visit

(B) A building inspection

(C) A performance review

(D) A sporting event

남자는 무엇을 준비하는가?

(A) 고객 방문

(B) 빌딩 점검

(C) 고과 평가

(D) 스포츠 경기

해설 주제를 묻는 문제 – 대화의 초반부에서 여자가 수요일에 Osaka에서 오는 고객들의 접대를 남자가 담당하게 되었다고 들었다고 언급해 남자가 고객 접대를 계획 중임을 유추할 수 있다. 따라서 (A)가 정답!

---

8. How does the woman offer to help?

(A) By making a reservation

(B) By leading a tour

(C) By planning a party

(D) By driving a vehicle

여자는 어떻게 돕겠다고 제안하는가?

(A) 예약을 함으로써

(B) 견학을 이끔으로써

(C) 파티를 계획함으로써

(D) 차량을 운전함으로써

해설 제의 사항을 묻는 문제 – 마지막 문장에서 여자가 괜찮은 멕시코 식당 전화 번호를 알고 있는데, 관심 있으면 전화로 예약해 줄 수 있다고 언급하므로 (A)가 정답!

Practice

본서 p.188

1. (D)	2. (C)	3. (D)	4. (D)	5. (B)	6. (A)
7. (C)	8. (D)	9. (A)	10. (C)	11. (D)	12. (A)

호주 ↔ 영국

Questions 1-3 refer to the following conversation.

Ⓜ Hello, Glenda. I heard that three of our sewing machines are out of order. **1** 대화의 주제 Did you contact a repairperson to come and take a look at them?

Ⓦ Yeah. She came by the manufacturing plant earlier today **2** 화자들의 근무지 and indicated that some parts need to be replaced. She said they'll be fixed by tomorrow afternoon.

Ⓜ Alright. Meanwhile, could you look over our inventory? **3** 남자가 지시하는 것 We have to make sure that we'll be able to fill all of our fabric orders tomorrow. If it's not possible, we need to call our customers beforehand.

1-3번은 다음 대화에 관한 문제입니다.

🔵 안녕하세요, Glenda. **재봉틀 세 대가 고장 났다고 들었어요. 1** 수리공한테 연락해서 와서 살펴보라고 했나요?

🔵 네, 그녀가 오전 일찍 제조 공장에 들러서 **2** 일부 부품을 교체해야 한다고 했어요. 내일 오후까지는 수리될 거라고 말하더군요.

🔵 알겠습니다. 그 사이에 **재고 목록을 검토해 주실 수 있나요? 3** 내일 원단 주문을 다 해야 돼요.. 그게 어렵다면 고객에게 미리 전화를 해야 되고요.

어휘 sewing machine 재봉틀 | out of order 고장이 난 | repairperson 수리공 | indicate 나타내다 | part 부품, 부분 | replace 교체하다 | meanwhile 그 동안에 | fill an order 주문을 이행하다, 주문을 충족하다 | shipment 수송, 수송품 | out of order 고장이 난 | laundry 세탁 | electronics 전자기기, 전자기술 | conduct 실시하다 | look over 검토하다 | inventory 재고

1. What problem is being discussed?
(A) Some shipments were damaged.
(B) An order has been delayed.
(C) A repairperson is not available.
(D) Some equipment is malfunctioning.

어떤 문제가 논의되고 있는가?
(A) 일부 배송품 파손되었다.
(B) 주문이 지연되었다.
(C) 수리기사를 만날 수 없다.
(D) 일부 장비가 작동되지 않는다.

해설 문제점을 묻는 문제 – 남자가 재봉틀 세 대가 고장 났다는 소식을 들었다고 말한 것으로 보아 재봉틀 고장에 대한 대화임을 알 수 있으므로 (D)가 정답!

2. Where do the speakers most likely work?
(A) At a laundry business
(B) At an electronics store
(C) At a factory
(D) At a farm

화자들은 어디에서 일하겠는가?
(A) 세탁 업체에서
(B) 전자기기 매장에서
(C) 공장에서
(D) 농장에서

해설 근무지를 묻는 문제 – 여자가 수리공이 오전 일찍 제조 공장에 들렀다고 말한 것으로 보아 화자들이 공장에서 일하는 사람들임을 알 수 있으므로 (C)가 정답!

3. What does the man instruct the woman to do?
(A) Conduct a customer survey
(B) Order additional supplies
(C) Look over some contract terms
(D) Check some inventory

남자는 여자에게 무엇을 하라고 지시하는가?
(A) 고객 설문조사를 실시한다
(B) 추가 물품을 주문한다
(C) 계약 조건을 검토한다
(D) 재고를 확인한다

해설 요청 사항을 묻는 문제 – 남자의 마지막 대사에서 재고 목록을 검토해 줄 수 있는지 요청하고 있으므로 (D)가 정답!

미국 ↔ 미국 ↔ 호주

Questions 4-6 refer to the following conversation with three speakers.

Ⓜ1 OK, before you go, I'd like to know if either of you booked the main conference room for the morning workshop next week. **4** 대화의 주제

Ⓦ Yes, I did that yesterday, and I also informed maintenance to install a new projector in the room. **4** I got many complaints from participants last month because many images of the presentation were out of focus. **5** 여자가 들은 불만

Ⓜ1 Oh, thank you for getting that taken care of. Is that it?

Ⓜ2 Tim from Marketing was wondering if he could be added to the schedule to talk about some new trends. **6** 화자 의도

Ⓜ1 Mmm… I think it's too late to do that. **6**

Ⓦ Well, I'm still finalizing the schedule…

Ⓜ1 Oh, if that's the case, I'll just shorten my speech to give him some time. **6**

4-6번은 다음 세 화자의 대화에 관한 문제입니다.

남1 자, 가시기 전에 둘 중 한 분이 다음 주 오전에 있을 워크숍을 위해 대회의실을 예약하셨는지 알려주세요. **4**

여 네, 제가 어제 했고, 회의실에 새 프로젝터를 설치해야 한다고 시설 관리부에 알렸습니다. **4** 지난달에는 프레젠테이션 이미지 중 상당 수가 초점이 맞지 않아서 참석자들의 불만이 많았거든요. **5**

남1 아, 처리해줘서 고마워요. 그게 다인가요?

남2 마케팅부의 Tim이 몇 가지 새로운 동향에 대해 발표할 수 있게 일정에 자신을 추가해줄 수 있는지 궁금해 하던데요. **6**

남1 음… 그렇게 하기에는 너무 늦은 것 같은데요. **6**

여 어, 제가 아직 일정표를 최종 확정하지 않았어요… **6**

남1 아, 그렇다면 그냥 제 발표 시간을 줄여서 그분에게 시간을 좀 주도록 하죠. **6**

어휘 maintenance 시설 관리부 | take care of ~을 처리하다 | shorten 단축하다 | supplies 용품 | run (얼마의 기간 동안) 계속되다

---

4. What is the conversation mainly about?
(A) Ordering more supplies
(B) Purchasing a new printer
(C) Signing up for a membership
(D) Getting ready for an event

대화는 주로 무엇에 관한 것인가?
(A) 비품을 더 주문하는 것
(B) 새 프린터를 구입하는 것
(C) 회원권을 신청하는 것
(D) 행사를 준비하는 것

해설 주제를 묻는 문제 – 첫 번째 남자가 다음 주 오전 워크숍을 위해 대회의실을 예약했는지 알고 싶다고 말했고, 여자가 회의실에 새 프로젝터를 설치해야 한다고 말한 것으로 보아 행사 준비에 관한 대화가 오가고 있음을 알 수 있으므로 (D)가 정답!

---

5. What did the woman receive complaints about?
(A) Some guidelines were not clear.
(B) Some equipment did not work properly.
(C) A conference ran too long.
(D) A room was too small.

여자는 무엇에 관한 불만을 들었는가?
(A) 일부 안내 지침이 명확하지 않았다.
(B) 일부 장비가 제대로 작동하지 않았다.
(C) 회의가 너무 길었다.
(D) 회의실이 너무 작았다.

해설 세부 사항을 묻는 문제 – 여자가 지난달에 프레젠테이션 이미지 상당 수가 초점이 맞지 않아서 참가자들의 불만이 많았다고 말했으므로 (B)가 정답!

---

6. What does the woman imply when she says, "I'm still finalizing the schedule"?
(A) A change can be made.
(B) She needs some assistance.
(C) She requires more information.
(D) A deadline has passed.

여자는 "제가 아직 일정표를 최종 확정하지 않았어요"라고 말할 때 무엇을 의도하는가?
(A) 변경이 가능하다.
(B) 도움이 좀 필요하다.
(C) 더 많은 정보를 요청한다.
(D) 마감일이 지났다.

해설 화자 의도 파악 문제 – 첫 번째 남자가 발표자 추가가 가능한지 묻자 너무 늦은 것 같다는 두 번째 남자의 대답에, 여자가 아직 일정표를 확정하지 않았다고 했으므로 변경 가능성을 시사한 것이다. 따라서 (A)가 정답!

호주 ↔ 미국

Questions 7-9 refer to the following conversation.

M Hi. I'm from the convention center's tech team. I've been visiting each booth to make sure everything is running smoothly. Is there anything I can do for you?

W Actually, there is. I can't seem to connect my laptop to the Internet. **7** 여자가 겪는 문제점

M Hmm… It looks like you were trying to connect to the wrong network. Here, I got it to work.

W Thank you! I was starting to get anxious since my demonstration is scheduled at 10 A.M. **8** 여자가 오전 10시에 할 일 Umm… I have one more question. I need to print out some materials. Where can I get that done? **9** 2층에서 이용 가능한 것

M The media room is on the second floor, **9** right next to the staircase.

7-9번은 다음 대화에 관한 문제입니다.

남 안녕하세요. 저는 컨벤션센터 기술팀에서 왔습니다. 모든 일이 순조롭게 진행되고 있는지 확인차 각 부스를 방문하고 있는데요. 제가 도와드릴 일이 있나요?

여 실은, 있어요. 제 컴퓨터가 인터넷 연결이 안 되는 것 같아요. **7**

남 음…잘못된 네트워크로 연결하려고 하신 것 같네요. 자, 이제 작동돼요.

여 감사합니다! 오전 10시에 시연이 예정돼 있어서 걱정되던 참이었어요. **8** 음… 질문이 하나 더 있는데요. 자료를 출력해야 돼요. 어디서 할 수 있을까요? **9**

남 미디어룸이 2층에 있는데, **9** 계단 바로 옆이에요.

어휘 run 운영하다 | smoothly 부드럽게, 순조롭게 | connect 연결하다 | anxious 불안해하는 | demonstration 시연, 설명 | materials 자료, 재료 | locate 놓다, ~의 위치를 찾다 | access 접근하다, 이용하다 | payment 지불, 결제 | discard 버리다, 폐기하다 | materials 자료, 재료 | conduct 실시하다 | hold (회의 등을) 열다, 하다 | dining 식사 | laundry 세탁

7. What is the woman having trouble with?
(A) Locating some documents
(B) Cleaning up a booth
(C) Accessing the internet
(D) Making a payment

여자는 어떤 문제를 겪고 있는가?
(A) 일부 문서를 찾는 것
(B) 부스를 청소하는 것
(C) 인터넷에 접속하는 것
(D) 결제하는 것

해설 문제점을 묻는 문제 – 여자가 자신의 컴퓨터를 인터넷에 연결할 수 없다고 했으므로 (C)가 정답!

---

8. What will the woman do at 10 A.M.?
(A) Attend some training
(B) Discard some materials
(C) Conduct a survey
(D) Hold a demonstration

여자는 오전 10시에 무엇을 할 것인가?
(A) 연수회를 참석한다
(B) 일부 자료를 폐기한다
(C) 조사를 실시한다
(D) 시연을 한다

해설 세부 사항을 묻는 문제 – 여자가 오전 10시에 있을 시연이 걱정되던 참이라고 말했으므로 (D)가 정답!

---

9. What does the man say is available on the second floor?
(A) A printing center
(B) A fitness room
(C) A dining area
(D) A laundry service

남자는 2층에서 무엇을 이용할 수 있다고 말하는가?
(A) 인쇄센터
(B) 체력단련실
(C) 식당
(D) 세탁 서비스

해설 세부 사항을 묻는 문제 – 여자가 자료를 어디서 출력할 수 있는지 묻자 남자가 2층에 있는 미디어룸을 안내하고 있으므로 (A)가 정답!

Questions 10-12 refer to the following conversation and chart.

W Hi, I would like to get some information about your bathroom products. I manage the Charleston Inn on Rivera Avenue, and I'm interested in using your eco-friendly towels at our hotel. **10** 여자의 직업

M OK. We actually took a survey last week about our most popular towels. Why don't I show you the results first?

W Thank you. Oh... It looks like the blue cotton towel did the best. Hmm... I was considering using towels made of bamboo, though. **11** 제품의 이점 **12** 시각 정보

M Ah, great. Those towels are just as good and healthy for your skin. **11**

W OK, then I'll go with the one that was rated the higher of the two. **12**

10-12번은 다음 대화와 차트에 관한 문제입니다.

여 안녕하세요. 귀사의 욕실 제품에 대한 정보를 얻고 싶습니다. 전 Rivera가에 있는 Charleston Inn을 관리하고 있는데, 귀사의 친환경 수건을 저희 호텔에서 사용하고 싶어요. **10**

남 그러시군요. 사실 저희가 지난주에 자사의 가장 인기 있는 수건에 대한 설문조사를 했습니다. 결과를 우선 좀 보여드려도 될까요?

여 감사합니다. 아… 청색 면수건이 가장 인기가 많은 것 같네요. 흠… 그런데 저는 대나무 소재 수건을 사용할까 생각하던 중이었어요. **12**

남 아, 잘됐네요. 그 대나무 수건도 피부에 정말 좋습니다. **11**

여 알겠습니다. 그럼 둘 중 더 평이 좋은 것으로 할게요. **12**

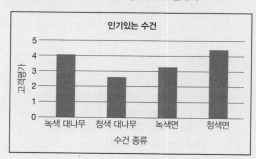

어휘 manage 관리하다, 경영하다 l inn 여관 l eco-friendly 환경친화적인 l cotton 면직물, 목화 l bamboo 대나무 l rate (특정한 수준으로) 평가되다, 평가하다 l lightweight 가벼운 l various 다양한

10. Who is the woman?

(A) A travel agent

(B) A health inspector

(C) A hotel manager

(D) A lab technician

여자는 누구인가?

(A) 여행사 직원

(B) 위생 검사관

(C) 호텔 지배인

(D) 실험실 연구원

해설 직업/신분을 묻는 문제 – 여자가 Charleston Inn의 관리자라고 자신을 소개하며, 친환경 수건을 자신의 호텔에서 사용하고 싶다고 말했으므로 (C)가 정답!

---

11. What advantage do the products offer?

(A) They last a long time.

(B) They are lightweight.

(C) They come in various sizes.

(D) They are good for the body.

제품이 주는 이점은 무엇인가?

(A) 오래 쓸 수 있다.

(B) 무게가 가볍다.

(C) 다양한 크기로 나온다.

(D) 몸에 좋다.

해설 세부 사항을 묻는 문제 – 여자가 대나무로 만든 수건을 사용할까 생각 중이었다고 하자 남자가 대나무 수건도 면수건만큼 피부에 좋다고 말했으므로 (D)가 정답!

---

12. Look at the graphic. Which towel will the woman most likely select?

(A) Green Bamboo

(B) Blue Bamboo

(C) Green Cotton

(D) Blue Cotton

시각 정보를 보시오. 여자는 어떤 수건을 선택하겠는가?

(A) 녹색 대나무

(B) 청색 대나무

(C) 녹색 면

(D) 청색 면

해설 시각 정보 연계 문제 – 여자가 청색 면수건이 가장 인기가 좋은 것 같은데 자신은 대나무로 만든 수건을 사용할까 생각 중이었으며 대나무로 만든 두 수건 중에서 더 높은 평가를 받은 것으로 하겠다고 말했고, 차트상 Green Bamboo가 이에 해당하므로 (A)가 정답!

UNIT 15. 회사 생활 2

Warm-up

본서 p.194

1. (B)　**2.** (A)　**3.** (B)　**4.** (B)　**5.** (B)

미국 ↔ 미국

Question 1 refers to the following conversation.

W Good morning. It's Ji-sun from the Remeau Chemical Laboratory. I wanted to find out how many students from your university will be visiting.

M Nine people will be coming. I'll send you their photos and names via e-mail this afternoon.

W Great! I'll use them to create visitor IDs for everyone.

1번은 다음 대화에 관한 문제입니다.

여 안녕하세요. Remeau 화학 연구소의 Ji-sun 입니다. 당신 대학교에서 방문객 몇 분이 방문할지 알고 싶어요.

남 아홉 명이 갈 겁니다. 오늘 오후에 사진과 이름을 이메일로 보내드릴게요.

여 잘됐네요! 모든 분들의 방문객 신분증을 만드는 데 사용할게요.

어휘 chemical 화학의 | laboratory 연구소, 실험실 | find out 알아내다 | via ~를 거쳐, ~를 통하여

1. What does the woman want to know about?

(A) The location of a facility

(B) The number of guests

여자는 무엇에 관하여 알고 싶어 하는가?

(A) 시설 위치

(B) 방문자 수

해설 여자가 대학에서 몇 명의 학생들이 실험실에 방문할 건지 물었으므로 (B)가 정답!

영국 ↔ 호주

Question 2 refers to the following conversation.

W Jerome, I should inspect the stockroom now. Do you know where the inventory list is?

M Um… Ms. Mancini should have put the list in the drawer over there.

W Alright. I'll check what items we have in storage right now.

2번은 다음 대화에 관한 문제입니다.

여 Jerome, 제가 지금 창고를 점검해야 하거든요. 재고 목록이 어디 있는지 아세요?

남 음… Ms. Mancini가 저기 서랍에 목록을 넣었을 텐데요.

여 좋습니다. 우리가 지금 어떤 상품들을 보관하고 있는지 확인해볼게요.

어휘 inspect 점검하다 | stockroom 창고 | inventory 재고 | storage 저장, 보관

2. What will the woman do next?
(A) Confirm some inventory
(B) Deliver a package

여자는 다음에 무엇을 할 것인가?
(A) 재고를 확인한다
(B) 소포를 배달한다

해설 여자가 마지막에 어떤 상품들을 재고로 가지고 있는지 확인하겠다고 말하므로 (A)가 정답!

미국 ↔ 미국

Question 3 refers to the following conversation.

M Janice, are you attending the management training seminar at the office this Friday? Do you know what time it's going to start?
W It begins at 9 A.M. By the way, they changed the location of the seminar. It will now be held in meeting room 1, not 3.
M Ah, thanks for letting me know.

3번은 다음 대화에 관한 문제입니다.
남 Janice, 이번 주 금요일에 회사에서 하는 경영 트레이닝 세미나에 참석하세요? 몇 시에 시작하는지 아시나요?
여 아침 9시에 시작해요. 그런데, 세미나 장소를 바꿨던데요. 이제 3번이 아니라 1번 회의실에서 열릴 거예요.
남 아, 알려줘서 고마워요.

어휘 attend 참석하다 | management 경영(진) | location 장소

3. What does the woman say recently changed?
(A) The number of participants
(B) An event location

여자는 무엇이 최근에 바뀌었다고 말하는가?
(A) 참가자 수
(B) 행사 장소

해설 남자가 처음에 세미나 날짜와 장소, 시간을 물었는데, 여자가 세미나 장소가 변경되었다고 말했으므로 (B)가 정답!

영국 ↔ 미국

Question 4 refers to the following conversation.

W Wesley, I wanted to congratulate you on getting promoted. I understand you're going to manage our seventh restaurant in Phoenix. So… Will you be moving?
M Yes, in three weeks. The restaurant will be in the downtown area, so I am really looking forward to it.

W That sounds great. I'm sure you'll do well in your new position.

4번은 다음 대화에 관한 문제입니다.
여 Wesley, 승진하신 거 축하 드리려고 왔어요. Phoenix에 열 우리의 7번째 식당을 관리하실 거라고요. 그럼… 옮겨 가시는 건가요?
남 네, 3주 후예요. 식당이 시내에 있을 거라서 정말 기대하고 있어요.
여 잘 됐네요. 새 자리에서 잘하실 거라고 믿어요.

어휘 congratulate 축하하다 | promote 승진시키다 | look forward to ~하기를 고대하다 | position 자리, 직책

4. Why does the woman congratulate the man?
(A) He completed a project.
(B) He received a promotion.

여자는 왜 남자에게 축하하는가?
(A) 프로젝트를 완료했다.
(B) 승진했다.

해설 여자가 남자에게 승진 축하한다고 말하며 대화를 시작하고 있으므로 (D)가 정답!

호주 ↔ 미국

Questions 5 refers to the following conversation.

M Hi, Aiko. How are the plans coming along for the staff appreciation luncheon?
W Pretty well, Mr. Omoto. I'm currently putting the event schedule together.
M Good. Please set aside 15 minutes for me to briefly go over some of our employees' achievements this year.
W Certainly. Do you want to do that before the meal or during?
M Before would be better. Is there an available slot?
W Yes. I'll email the finalized schedule to you tomorrow morning.

5번은 다음 대화에 관한 문제입니다.
남 안녕하세요, Aiko. 직원 감사 오찬을 위한 계획은 어떻게 되어 가나요?
여 아주 잘 되가요, Mr. Omoto. 저는 현재 행사 일정을 준비하고 있어요.
남 좋아요. 제가 올해 직원들의 성과를 간단히 살필 수 있도록 15분만 시간을 따로 마련해주세요.
여 물론입니다. 식사 전에 하실 건가요 아니면 식사 중에 하시길 원하시나요?
남 전이 좋겠네요. 빈 자리가 있을까요?
여 네. 내일 아침 최종 일정을 이메일로 보내 드릴게요.

어휘 appreciation 감사 | luncheon 오찬 | come along (원하는 대로) 되어가다 | put together 준비하다, 조립하다 | set aside ~를 치워놓다, 따로 떼어 두다 | briefly 간단히, 잠시 | go over ~를 검토하다, 살피다 | achievement 성취, 성과 | slot 자리

5. What does the man want to do?

   (A) Speak to a client

   (B) Give a talk

남자는 무엇을 원하는가?

(A) 고객과 이야기한다

(B) 연설을 한다

해설 남자가 직원들의 올해 업적을 살필 수 있게 행사 일정에서 15분을 따로 빼 달라고 말하므로 (B)가 정답!

Exercise

1. (D)   **2.** (B)   **3.** (C)   **4.** (B)   **5.** (D)   **6.** (B)

7. (D)   **8.** (C)

영국 ↔ 미국

Questions 1-2 refer to the following conversation.

W Hi, this is Jamie in Tech Support.

M Good morning. I'm Roy Chan from the marketing team. Yesterday, you installed new design software on everyone's computers in the office, but I'm not seeing it on mine. **1** 남자가 요청하는 것

W Oh, that's because you have to complete a request form. I'll send that to you after lunch. It should take approximately two days to process after I receive it.

M Hmm... Would it be possible for you to install it by tomorrow? I need to finalize an advertisement, and the deadline is this Wednesday. **2** 남자가 서두르는 이유

1-2번은 다음 대화에 관한 문제입니다.

여 안녕하세요. 기술지원팀의 Jamie입니다.

남 안녕하세요. 마케팅팀의 Roy Chan입니다. **어제 사무실에 있는 모든 사람들의 컴퓨터에 새로운 디자인 소프트웨어를 설치해주셨는데 제 컴퓨터엔 그게 안 보여서요.** **1**

여 아, 그건 신청서를 작성해주셔야 하기 때문이에요. 점심 후에 보내드릴게요. 제가 그걸 받고 나서 처리하는 데에 대략 이틀 정도 걸립니다.

남 음... 혹시 내일까지 설치해주실 수 있으세요? 광고를 마무리 지어야 하는데 마감일이 이번 주 수요일이에요. **2**

어휘 tech support 기술지원팀 | install 설치하다 | complete 작성하다; 완료하다 | request form 신청서 | approximately 대략 | process 처리하다, 완료하다 | finalize 마무리하다 | revise 수정하다 | extension 연장 | estimate 견적 | in a hurry 서둘러서 | leave 떠나다 | business 사업, 사업체

1. What is the man requesting?

   (A) A revised contract

   (B) A deadline extension

   (C) A cost estimate

   (D) A program installation

남자는 무엇을 요청하고 있는가?

(A) 수정된 계약서

(B) 마감일 연장

(C) 비용 견적

(D) 프로그램 설치

해설 요청 사항을 묻는 문제 – 남자가 팀 내 모든 직원들에게 소프트웨어를 설치해줬는데, 자신의 컴퓨터에는 보이지 않는다고 말하므로 프로그램 설치를 우회적으로 요청하고 있다. 따라서 (D)가 정답!

---

2. Why is the man in a hurry?

   (A) He has to leave soon for a conference.

   (B) He needs to complete an assignment.

   (C) A business will close early.

   (D) A client will be arriving earlier than expected.

남자는 왜 서두르는가?

(A) 그는 컨퍼런스를 위해 곧 떠나야 한다.

(B) 그는 업무를 끝내야 한다.

(C) 사업체가 일찍 문을 닫을 것이다.

(D) 고객이 예상보다 일찍 도착할 것이다.

해설 세부 사항을 묻는 문제 – 남자의 마지막 대사에서 내일까지 설치가 가능한지 물으며, 작업 중인 광고의 마감일이 이번 주 수요일이라고, 빨리 설치되어야 하는 이유를 대고 있으므로 (B)가 정답!

미국 ↔ 호주

Questions 3-4 refer to the following conversation.

M1 Hello, Greg. I remember you asking around the office to see if anyone was interested in participating in the company basketball tournament. **3** 대화의 주제 Are you still looking for people?

M2 Oh, yeah. We just need one more player. Do you want to join?

M1 Ah, no, I'm not good at basketball. But one of my department members, Dan Lanowitz, wants to. He took over the assistant sales manager position a few days ago, so you might not know him yet. **4** Dan Lanowitz의 직업 I heard he was on his high school basketball team.

M2 Wow, he'll be a great asset to our team! You should ask Dan to come with us to dinner tomorrow after work. It'll be a great way to introduce him to our other coworkers.

3-4번은 다음 대화에 관한 문제입니다.

남1 안녕하세요, Greg. **당신이 회사 농구 대회 참여에 관심 있는 사람이 있는지 사무실을 돌아다니며 물던 게 기억이 나는데요.** **3** 아직 사람을 찾고 계신가요?

남2 아, 네. 이제 한 사람만 더 있으면 돼요. 같이 하실래요?

남1 아, 아니요. 저는 농구를 못 해요. 하지만 **우리 부서원 중 하나인 Dan Lanowitz가 하고 싶어해요.** 며칠 전 어시스턴트 영업 매니저 일을 **맡게 되어서** **3** 당신은 아직 그분을 모를 수도 있어요. 고등학교 농구팀에 있었다고 하더군요.

남2 와, 우리 팀에 훌륭한 전력이 되어주겠군요! 내일 업무가 끝나고 우리와 같이 저녁 먹으러 가자고 물어보세요. 다른 동료들에게 그분을 소개하기 아주 좋은 방법이겠네요.

어휘 participate 참가하다 | tournament 대회 | asset 자산 | introduce 소개하다 | coworker 동료

---

3. What is the main topic of the conversation?
   (A) A sales event
   (B) An advertising campaign
   (C) An athletic competition
   (D) A product launch

   대화의 주제는 무엇인가?
   (A) 할인 행사
   (B) 광고 캠페인
   (C) 운동 대회
   (D) 제품 출시

   해설 주제를 묻는 문제 – 남자1이 회사 농구 대회 모집과 관련하여 아직 모집 중인지 물으며 대화가 시작되고 있으므로 (C)가 정답!

---

4. Who is Dan Lanowitz?
   (A) A training instructor
   (B) A new employee
   (C) A board member
   (D) A previous customer

   Dan Lanowitz는 누구인가?
   (A) 트레이닝 강사
   (B) 신입 직원
   (C) 이사진
   (D) 이전 고객

   해설 직업/신분을 묻는 문제 – 남자1이 같은 부서의 Dan Lanowitz가 참가하기를 원한다고 말하며, 그가 며칠 전에 영업 보조직으로 일을 맡게 되어서 그를 잘 모를 수도 있다고 말했으므로 (B)가 정답!

   미국 ↔ 미국

Questions 5-6 refer to the following conversation.

W Hello, Boris. I managed to book The Razz Jazz Group to perform at our restaurant on November 2! **5** 11월 2일에 일어날 일

M That's good news! I'll include them on the live concert list on our flyer.

W Oh, I'm glad you brought that up. The sample flyer you designed looks amazing. Thank you for doing that. **6** 여자가 감사하는 것 But I wonder if we should print it on glossy paper.

M It'd certainly make it look nicer. But glossy paper is a bit pricey.

W Hmm… yeah. I'll go over our budget and see if it's feasible.

5-6번은 다음 대화에 관한 문제입니다.

여 안녕하세요, Boris. 제가 11월 2일에 레스토랑에서 공연할 Razz 재즈 그룹을 겨우 예약했어요! **5**

남 좋은 소식이네요! 저희 전단의 라이브 콘서트 목록에 포함할게요.

여 아, 그 얘기를 꺼내주셔서 기뻐요. **디자인해주신 샘플 전단이 정말 멋지더라고요. 그렇게 해 주셔서 감사해요. 6** 그런데 저희가 광택이 나는 종이에 인쇄해야 할지 모르겠네요.

남 그게 분명 더 멋져 보일 거예요. 그런데 광택이 나는 종이가 약간 비싸요.

여 음… 네. 예산을 검토해보고 가능한지 알아볼게요.

어휘 manage to 가까스로 ~하다 | perform 공연하다 | flyer 전단 | bring up 꺼내다, 제기하다 | glossy 광택이 나는 | pricey 값비싼 | go over 검토하다 | feasible 실현 가능한

---

5. What will take place on November 2?
   (A) A design contest
   (B) A book launch
   (C) A restaurant opening
   (D) A music show

   11월 2일에 무슨 일이 일어날 것인가?
   (A) 디자인 공모전
   (B) 책 출간
   (C) 식당 개업
   (D) 음악 공연

   해설 세부 사항을 묻는 문제 – 11월 2일에 화자들의 식당에서 공연할 재즈 그룹을 예약했다고 말하므로 (D)가 정답!

---

6. What does the woman thank the man for?
   (A) Fixing a printer
   (B) Making a flyer
   (C) Revising a menu
   (D) Picking up a guest

   여자는 남자에게 무엇에 대해 감사하고 있는가?
   (A) 프린터를 수리하는 것
   (B) 전단을 만드는 것
   (C) 메뉴를 수정하는 것
   (D) 손님을 모시고 오는 것

   해설 세부 사항을 묻는 문제 – 남자가 디자인해준 샘플 전단이 정말 멋지다며, 감사를 전하고 있으므로 (B)가 정답!

   호주 ↔ 영국

Questions 7-8 refer to the following conversation.

M And now for the entertainment news. This year's Torville Film Festival attracted the most visitors to date. We invited Ms. Rita Fynn, the festival's lead organizer, to our studio to discuss the event in more detail. Thank you for coming on the show, Ms. Fynn.

W I'm glad to be here. The start of the festival was quite difficult. It began snowing, and the storm lasted about two hours. **7** 문제의 원인 We had to make sure that none of the sound equipment got damaged and that instruments were kept dry.

M Well, I think all of the bands performed really well, even with that kind of weather. OK, now, we'll go on a short commercial break. **8** 청취자들이 다음에 들을 것 But don't go anywhere. After the break, Ms. Fynn will announce the winner of the festival's raffle contest.

7-8번은 다음 대화에 관한 문제입니다.

님 다음은 연예계 소식입니다. 올 Torville 영화제는 역사상 가장 많은 관람객을 유치했습니다. 축제의 수석 준비위원이신 Ms. Rita Fynn를 스튜디오에 모셔서 행사에 관하여 더 자세히 이야기 나눠보도록 하겠습니다. 출연해주셔서 고맙습니다, Ms. Fynn.

여 초대해주셔서 고맙습니다. **영화제의 시작은 꽤 힘들었어요. 눈이 오기 시작했는데 폭풍이 두 시간 가량 지속되었죠.** **7** 음향 장비가 하나도 손상되지 않고 악기들이 젖지 않도록 해야만 했죠.

님 네, 그런 날씨였음에도 불구하고 제 생각에는 모든 밴드들이 정말 연주를 잘했던 것 같아요. **좋습니다, 자, 짧은 광고 시간을 좀 갖겠습니다.** **8** 다른 곳으로 가지 마세요. 광고 후에 Ms. Fynn이 영화제 경품 추첨 행사의 당첨자를 발표합니다.

어휘 to date 지금까지 | last 지속되다 | commercial break 광고 시간 | raffle contest 경품 추첨

---

7. What caused a problem?
(A) A system error
(B) Street repairs
(C) Heavy traffic
(D) A snowstorm

무엇이 문제를 야기시켰는가?
(A) 시스템 고장
(B) 도로 보수
(C) 교통체증
(D) 눈보라

해설 문제점을 묻는 문제 – 여자가 영화제의 시작이 힘들었다며, 눈으로 인한 폭풍이 두 시간이나 지속되었다고 말하므로 (D)가 정답!

---

8. What will the listeners hear next?
(A) A weather forecast
(B) Some contest rules
(C) A commercial
(D) Some songs

청취자들은 다음에 무엇을 들을 것인가?
(A) 일기예보
(B) 대회 규정
(C) 광고
(D) 노래

해설 다음에 할 일을 묻는 문제 – 남자의 마지막 대사에서 짧은 광고 시간을 갖겠다고 말하므로 (C)가 정답!

Practice

본서 p.196

1. (D)	2. (B)	3. (A)	4. (A)	5. (C)	6. (B)
7. (D)	8. (A)	9. (B)	10. (D)	11. (A)	12. (C)

미국 ↔ 미국

Questions 1-3 refer to the following conversation.

M Hi, Jamie. I'm sorry I forgot to return your phone call this morning. I've been so busy planning a celebration party for Mr. Schnitzer. You know he got promoted last week, right? **1** 대화의 주제

W Yes, I know. He's been working so hard for more than five years. He really deserves it. So, when is the party again? Was it this Friday?

M Yes. Everyone will meet up in Conference Room A at 4:30. We'll give him a surprise party there at 5. So don't be late, Jamie. **2** 여자에게 상기시켜 준 것

W OK, but I might be a little late for the party. I have a meeting with an important client at 4. **3** 여자가 금요일에 할 일 But I'll make sure to get there as soon as I can.

1-3번은 다음 대화에 관한 문제입니다.

님 안녕하세요, Jamie, 오늘 아침에 응답 전화드리는 것을 깜박해서 죄송해요. 제가 Mr. Schnitzer의 축하 파티를 준비하느라 요즘 너무 바빠서요. 아시다시피 그가 지난주에 승진했잖아요. **1**

여 네, 알아요. 5년 넘게 열심히 일했죠. 그는 정말 승진할 만해요. 그래서, 파티가 언제라고 하셨나요? 이번 주 금요일이었나요?

님 네. 모두 4시 반에 A 회의실에서 만날 거예요. 5시에 그 곳에서 그에게 깜짝 파티를 해줄 거예요. 그러니 늦지 마세요, Jamie. **2**

여 알겠어요, 하지만 전 파티에 조금 늦을지도 모르겠어요. 4시에 중요한 고객과 회의가 있거든요. **3** 하지만 꼭 최대한 빨리 갈게요.

어휘 return a call 응답 전화를 하다 | promote 승진시키다 | deserve ~을 받을 만하다 | as soon as ~ 하자마자

---

1. What is the conversation mainly about?
(A) Some building maintenance
(B) An international conference
(C) A farewell party
(D) A coworker's promotion

대화의 주로 무엇에 관한 것인가?
(A) 건물의 유지 관리
(B) 국제 회의
(C) 환영 파티
(D) 동료의 승진

해설 주제를 묻는 문제 – 대화의 초반에서 남자가 Mr. Schnitzer의 축하 파티를 준비하느라 요즘 너무 바쁘다며, 그가 지난주에 승진했다고 언급하고 그 이후부터 쭉 동료의 승진과 승진 축하 파티에 대한 이야기를 나누고 있으므로 (D)가 정답!

PART 3 UNIT 15

2. What does the man remind the woman to do?

(A) Check an e-mail

(B) Arrive early to an event

(C) Reserve a venue

(D) Contact staff members

남자가 여자에게 무엇을 상기시키는가?

(A) 이메일을 확인한다

(B) 행사에 일찍 도착한다

(C) 장소를 예약한다

(D) 직원들에게 연락한다

해설 요청 사항을 묻는 문제 – 남자가 모두 4시 반에 A 회의실에서 만나 5시에 그 곳에서 그에게 깜짝 파티를 해줄 거니 늦지 말라고 말하므로 (B)가 정답!

- - - - - - - - - - - - - - - - - - - -

3. What is the woman scheduled to do at 4 P.M. on Friday?

(A) Meet a client

(B) Give a lecture

(C) Catch a flight

(D) Conduct a job interview

여자는 금요일 오후 4시에 무엇을 하기로 계획되어 있는가?

(A) 고객을 만난다

(B) 강의를 한다

(C) 비행기를 탄다

(D) 입사 면접을 한다

해설 미래 계획을 묻는 문제 – 금요일에 있을 축하 파티에 대해 대화를 나누다가 후반부에서 여자가 4시에 중요한 고객과 회의가 있어, 파티에 조금 늦을지도 모르겠다고 언급하므로 (A)가 정답!

미국 ↔ 미국 ↔ 영국

Questions 4-6 refer to the following conversation with three speakers.

W1 Mr. Caligere, we appreciate you meeting with us. I wanted to discuss the details of your new office building with our lead architect, Lana Henderson. She'll answer any questions you have for her.

M Thank you for having me. I'm looking forward to relocating my consulting firm to the downtown area. A lot of our clients have complained that it takes too long to get to our current building. **4** 건물 이전 이유

W2 And you want to include another waiting room? **5** 남자의 추가 요청사항

M Yes, **5** right next to the conference room.

W2 OK, I'm sure we can make that work.

M That's great. So how long do you think this project will take? It's crucial that the work be done by the last day of August. That's when our current lease expires. **6** 8월에 완료되어야 하는 이유

4-6번은 다음 세 화자의 대화에 관한 문제입니다.

여1 Mr. Caligere, 저희와 만나 주셔서 고맙습니다. 저희 수석 건축가 Lana Henderson과 함께 귀하의 새로운 사무실 건물의 세부사항을 의논하고 싶었습니다. 어떤 문의사항이든 그녀가 답해 드릴 겁니다.

남 불러 주셔서 감사합니다. 시내로 저희 컨설팅 회사를 이전하는 날을 고대하고 있어요. 현재 건물까지 오는 데 시간이 너무 오래 걸린다는 고객 불만이 많았거든요. **4**

여2 그리고 대기실을 하나 더 포함시키고 싶으시다고요? **5**

남 네, **5** 회의실 바로 옆에요.

여2 알겠습니다, 그건 확실히 해 드릴 수 있어요.

남 잘됐네요. 그럼 이 프로젝트 기간이 얼마나 걸릴 것 같으세요? 작업은 8월 말까지 꼭 완료돼야 합니다. 그때 현재 임대차 계약이 만료되거든요. **6**

어휘 relocate 이전하다 | firm 회사 | crucial 매우 중요한, 필수적인 | current 현재의, 지금의 | lease 임대차 계약 | expire 만료되다 | convenient 편리한 | noisy 시끄러운 | contract 계약(서) | architect 건축가 | be held 열리다

4. According to the man, why is the consulting firm relocating to a new building?

(A) The location is not convenient.

(B) The rental cost is too expensive.

(C) The surrounding area is noisy.

(D) The current space is too small.

남자에 따르면, 컨설팅 회사는 왜 새 건물로 이전하는가?

(A) 위치가 편리하지 않다.

(B) 임대 비용이 너무 비싸다.

(C) 주변 지역이 시끄럽다.

(D) 현 공간이 너무 작다.

해설 세부 사항을 묻는 문제 – 남자가 회사 이전을 기대하고 있다고 많은 고객들이 그 동안 현 건물까지 오는 데 너무 오래 걸린다는 불만을 제기했다고 말했으므로 (A)가 정답!

- - - - - - - - - - - - - - - - - - - -

5. What addition has the man requested?

(A) A parking lot

(B) A dining lounge

(C) A waiting room

(D) A recreation center

남자는 어떠한 추가 사항을 요청했는가?

(A) 주차장

(B) 식당 라운지

(C) 대기실

(D) 레크리에이션 센터

해설 세부 사항을 묻는 문제 – 여자가 또 다른 대기실을 포함시키고 싶은지 묻자 남자가 그렇다고 말했으므로 (C)가 정답!

6. According to the man, why must the project be completed in August?
(A) A client will visit.
(B) A contract will end.
(C) An architect will be busy.
(D) A convention will be held.

남자에 따르면, 프로젝트는 왜 8월에 완료되어야 하는가?
(A) 한 고객이 방문할 것이다.
(B) 계약이 끝날 것이다.
(C) 건축가가 바쁠 것이다.
(D) 컨벤션이 열릴 것이다.

해설 세부 사항을 묻는 문제 – 남자의 마지막 대사에서 작업이 8월 말까지 완료돼야 하며, 그때 임대차 계약이 만료되기 때문이라고 말했으므로 (B)가 정답!

영국 ↔ 미국

Questions 7-9 refer to the following conversation.

W George, are you almost done designing the layout for Filman Corporation's new head office? **7** 화자들이 하고 있는 것

M Well, I just got off the phone with one of their representatives, and apparently, they want to make room for another staff lounge on the third floor. **8** 화자 의도

W Hmm… And the layout is still due by this Friday?

M Yeah, the deadline is the same. I'll clear all of my meetings this afternoon and move them to another time. **9** 남자가 다음에 할 일 That way, I can have something for you to look over tomorrow morning.

7-9번은 다음 대화에 관한 문제입니다.
여 George, Filman사의 새 본사 설계디자인은 거의 다 됐나요? **7**
남 아, 그쪽 담당자 중 한 명과 지금 막 통화했는데, 듣자 하니 3층에 직원 휴게실을 하나 더 둘 공간을 만들고 싶어 하더라고요. **8**
여 음… 그리고 설계도는 여전히 이번 주 금요일이 마감이고요? **8**
남 네, 마감일은 변함없어요. 오늘 오후에 있을 회의 모두 취소하고 다른 시간으로 옮길 거예요. **9** 그렇게 하면 내일 오전까지 검토하실 만 한 걸 준비할 수 있어요.

어휘 layout 설계, 배치 | head office 본사 | get off the phone with ~와의 통화를 마치다 | representative 대표직원 | apparently 듣자 하니 | staff lounge 직원 휴게실 | due 마감 의 | clear 치우다 | look over 살펴보다 | unreasonable 불합 리한, 부당한

---

7. What are the speakers working on?
(A) A company Web site
(B) A marketing campaign
(C) A training manual
(D) A building project

화자들은 무엇에 관련된 일을 하고 있는가?
(A) 회사 웹사이트
(B) 마케팅 캠페인
(C) 교육 지침서
(D) 건설 프로젝트

해설 주제를 묻는 문제 – 여자가 Filman사의 새 본사 설계 디자인이 마무리 돼가는지 남자에게 묻고 있는 것으로 보아 화자들이 건설 업무와 관련 된 일을 하고 있음을 유추할 수 있으므로 (D)가 정답!

---

8. Why does the woman say, "And the layout is still due by this Friday"?
(A) She is concerned about a situation.
(B) She requires some assistance.
(C) The man's request is unreasonable.
(D) The man made a mistake.

여자는 왜 "그리고 설계도는 여전히 이번 주 금요일이 마감이고요?"라 고 말하는가?
(A) 어떤 상황에 대해 우려한다.
(B) 약간의 도움이 필요하다.
(C) 남자의 요청이 부당하다.
(D) 남자가 실수를 했다.

해설 화자 의도 파악 문제 – 남자가 의뢰 업체에서 직원 휴게실을 하나 더 만들고 싶어 한다고 하자 여자가 설계는 이번 주 금요일이 마감 아니 냐며 묻고 있는 것으로 보아 고객 요청 추가에도 불구하고 마감일이 연 기되지 않을까봐 염려하는 것으로 볼 수 있으므로 (A)가 정답!

---

9. What does the man say he will do next?
(A) Look over some paperwork
(B) Reschedule his meetings
(C) Contact a client
(D) Visit a business

남자는 다음에 무엇을 하겠다고 하는가?
(A) 서류를 검토한다
(B) 회의 일정을 변경한다
(C) 고객한테 연락한다
(D) 사업체를 방문한다

해설 다음에 할 일을 묻는 문제 – 대화 마지막에 남자가 오늘 오후에 있을 회의를 모두 취소하고 다른 시간으로 옮기겠다고 말했으므로 (B)가 정 답!

미국 ↔ 호주

Questions 10-12 refer to the following conversation and menu.

W Good morning. My name is Tianna Berstein. I was invited to your company's anniversary party, **10** 행사 종류 and I wanted to let you know that I'll be going.

M Hello, Tianna. Thank you for confirming your attendance. Have you decided on what meal option to go with?

W Well, I'm a vegetarian, so…

M Ah. Well then, you could get either the vegetable omelet or the stuffed potatoes. **⑪ 시각 정보**

W Hmm… not the potatoes. **⑪**

M Alright. By the way, parking will be limited that night. If you don't want to spend a lot of time looking for a parking spot, you should probably take the subway that day. **⑫ 남자가 권하는 것**

10-12번은 다음 대화와 메뉴에 관한 문제입니다.

여 안녕하세요. 제 이름은 Tianna Berstein입니다. **창립 기념일 파티에 초대받았는데** **⑩** 참석을 알리려고 전화 드렸어요.

남 안녕하세요, Tianna. 참석 여부를 알려 주셔서 고맙습니다. 어떤 메뉴로 할지 결정하셨나요?

여 음. 제가 채식주의자거든요, 그래서…

남 아. 그러시다면 **채소 오믈렛이나 스터프트 포테이토를 드시면 되겠네요.** **⑪**

여 음… 감자는 말고요. **⑪**

남 알겠습니다. 그런데 그날 저녁에는 주차가 제한될 겁니다. **주차할 곳을 찾느라 많은 시간을 보내고 싶지 않으시다면 그날은 지하철을 이용하시는 게 좋을 것 같아요.** **⑫**

메인 메뉴
A 세트: 채소 오믈렛
B 세트: 케이준 쉬림프 파스타
C 세트: 스터프트 포테이토
D 세트: 몽골리안 비프
*모든 세트 메뉴는 수프나 샐러드, 그리고 음료수가 함께 나옵니다.

어휘 confirm 확인하다 l stuffed (음식에) 소가 가득 들어간

---

10. What type of event is being held?
(A) A cooking demonstration
(B) A technology conference
(C) A board meeting
(D) An anniversary celebration

어떤 행사가 열릴 것인가?
(A) 요리 시연회
(B) 기술 박람회
(C) 이사회 회의
(D) 기념일 축하 행사

해설 주제를 묻는 문제 – 여자가 남자에게 귀사 창립 기념 파티에 초대받았다고 말했으므로 (D)가 정답!

---

11. Look at the graphic. Which set will the woman most likely choose?
(A) Set A
(B) Set B
(C) Set C
(D) Set D

시각 정보를 보시오. 여자는 어느 세트 메뉴를 선택하겠는가?
(A) A 세트
(B) B 세트
(C) C 세트
(D) D 세트

해설 시각 정보 연계 문제 – 여자가 채식주의자라고 하자 남자가 채소 오믈렛과 스터프트 포테이토를 추천했고, 여자가 감자는 원치 않는다고 했으므로 채소 오믈렛을 선택할 것임을 알 수 있고 메뉴에서 채소 오믈렛은 Set A이므로 (A)가 정답!

---

12. What does the man encourage the woman to do?
(A) Review a program
(B) Bring a friend
(C) Use public transportation
(D) Purchase a parking permit

남자는 여자에게 무엇을 하라고 권하는가?
(A) 프로그램을 검토한다
(B) 친구를 데려온다
(C) 대중교통을 이용한다
(D) 주차권을 구입한다

해설 세부 사항을 묻는 문제 – 남자가 주차할 곳을 찾느라 많은 시간을 보내고 싶지 않다면 그날은 지하철을 이용하는 게 좋겠다고 말했으므로 subway를 public transportation으로 바꿔 쓴 (C)가 정답!

REVIEW TEST

본서 p.198

32. (A)	33. (C)	34. (C)	35. (C)	36. (B)	37. (D)
38. (A)	39. (D)	40. (C)	41. (B)	42. (A)	43. (D)
44. (D)	45. (A)	46. (C)	47. (C)	48. (A)	49. (D)
50. (C)	51. (D)	52. (D)	53. (C)	54. (A)	55. (D)
56. (B)	57. (B)	58. (D)	59. (B)	60. (D)	61. (A)
62. (A)	63. (D)	64. (A)	65. (C)	66. (C)	67. (A)
68. (C)	69. (B)	70. (D)			

미국 ↔ 호주

Questions 32-34 refer to the following conversation.

W Hi. My name's Gwen Ramirez. I ordered some flyers for our café. Are they ready? 32 인쇄소 방문 이유

M One moment please. Hmm... I'm afraid your account doesn't show up in our computer system.

W Oh, I might have used the name of my café then. Can you check under Café Fiesta?

M OK. Yes, here it is. Your account is under the company name. 33 계정에 관해 언급한 점 Yes, the flyers are ready. By the way, do you have the receipt with you? 34 요청 사항 Our system says that the order hasn't been paid for yet.

32-34번은 다음 대화에 관한 문제입니다.

여 안녕하세요. 제 이름은 Gwen Ramirez입니다. 제가 저희 카페를 위한 전단지들을 주문했습니다. 준비가 됐나요? 32

남 잠시만요. 음... 죄송하지만 저희 컴퓨터 시스템에 손님의 계정이 보이지가 않네요.

여 아, 그럼 제가 제 카페 이름으로 해 놓았나 봐요. Café Fiesta로 확인해 주시겠어요?

남 알겠습니다. 네, 여기 있네요. 손님 계정이 회사명으로 되어있었네요. 33 네, 전단지들이 준비되어 있습니다. 그런데, 영수증 가지고 계세요? 34 저희 시스템을 보니 주문 건이 아직 지불이 되지 않았다고 되어있네요.

어휘 flyer 전단(지) | account 이용 계정 | show up 나타나다

32. Why is the woman visiting the print shop?
(A) To pick up an order
(B) To complain about a product
(C) To inquire about a service
(D) To schedule a delivery

여자는 왜 인쇄소를 방문하고 있는가?
(A) 주문품을 찾아가기 위해
(B) 상품에 대해 불만을 이야기하기 위해
(C) 서비스에 대해 문의하기 위해
(D) 배달 일정을 잡기 위해

해설 여자가 카페를 위한 전단지들을 주문했었고, 오늘 준비가 될지 물어보므로 주문한 전단지들을 찾으러 왔음을 알 수 있다. 따라서 (A)가 정답!

33. What does the man mention about the account?
(A) It is accessible online.
(B) It is expired.
(C) It is under a company name.
(D) It is missing contact information.

남자는 계정에 대해서 뭐라고 언급하는가?
(A) 온라인으로 접속할 수 있다.
(B) 만료됐다.
(C) 회사 이름으로 등록되어 있다.
(D) 연락처가 없다.

해설 남자가 손님 계정이 회사명으로 되어있었다고 언급하므로 (C)가 정답!

34. What does the man ask to see?
(A) A valid coupon
(B) A membership card
(C) A receipt
(D) Some identification

남자는 무엇을 보여달라고 요청하는가?
(A) 유효한 쿠폰
(B) 회원 카드
(C) 영수증
(D) 신분증

해설 남자가 대화의 후반부에서 영수증을 가지고 있냐고 묻고 있으므로 (C)가 정답!

미국 ↔ 미국

Questions 35-37 refer to the following conversation.

M Hi, Mary. Some of us from the marketing team will be volunteering at Griffith Park this Sunday afternoon. We plan on clearing trails cluttered by the recent storm. Would you like to help out? 35 대화의 주제

W I would love to, but I have to attend a housewarming party that evening, 36 여자가 할 일 so I have to leave by 5:00 P.M. Would we be done by then?

M Don't worry. We'll be finished before five. I'm going to add you to the volunteer list for this Sunday then. 37 남자가 할 일 I'm glad you could join us.

35-37번은 다음 대화에 관한 문제입니다.

남 안녕하세요, Mary. 마케팅팀 중 우리 몇 명이 이번 주 일요일 오후에 Griffith 공원에서 자원봉사를 할 예정이에요. 최근 폭풍으로 지저분해진 오솔길들을 치울 거예요. 도와주실래요? 35

여 그러고 싶지만, 그날 저녁에 집들이에 가야 해서요. 36 오후 5시에는 가야 해요. 그때쯤에는 끝날까요?

남 걱정하지 마요. 5시 전에 끝날 거예요. **그럼 이번 주 일요일 자원봉사자 명단에 당신을 추가할게요.** 37 함께할 수 있어서 기뻐요.

어휘 volunteer 자원하다, 자원봉사자 | clear 치우다 | cluttered 지저분한, 어수선한 | trail 오솔길 | recent 최근의 | housewarming party 집들이

35. What project are the speakers discussing?
(A) Organizing a hiking trip
(B) Designing a park
(C) Cleaning up some trails
(D) Planting some trees

화자들은 어떤 프로젝트에 관하여 이야기하고 있는가?
(A) 하이킹 여행을 준비하는 것
(B) 공원을 설계하는 것
(C) 오솔길을 치우는 것
(D) 나무를 심는 것

해설 남자가 마케팅팀 중 우리 몇 명이 이번 주 일요일 오후에 Griffith 공원에서 자원봉사를 할 것이며, 최근 폭풍으로 지저분해진 오솔길들을 치울 거라고 말하므로 (C)가 정답!

36. What is the woman planning to do on Sunday evening?
(A) Attend a seminar
(B) Go to a party
(C) Meet a client
(D) Finish a report

여자는 일요일 저녁에 무엇을 할 계획인가?
(A) 세미나에 참석하다
(B) 파티에 잔다
(C) 고객을 만난다
(D) 보고서를 끝낸다

해설 여자가 그날 저녁에 집들이에 가야 한다고 말하므로 (B)가 정답!

37. What does the man say he will do next?
(A) Prepare tasks for employees
(B) Hand out a map of a park
(C) Request transportation service
(D) Add the woman's name to a list

남자는 그가 다음에 무엇을 할 것이라고 말하는가?
(A) 직원들을 위해 업무를 준비한다
(B) 공원 지도를 나눠준다
(C) 교통수단을 요청한다
(D) 여자의 이름 명단에 추가한다

해설 남자가 이번 주 일요일 자원봉사자 명단에 여자를 추가한다고 말하므로 (D)가 정답!

호주 ↔ 영국

Questions 38-40 refer to the following conversation.

M Hey, Lydia. How is your diner doing? 38 여자의 직업 You've been in business for one year now, right?

W It's doing very well, Todd, and yes, the anniversary is in two weeks. To celebrate the occasion, I was thinking about making some new desserts and putting photos of them on the menu. But the thing is that I'm terrible at taking pictures.

M Well, I recently completed a course in digital photography, 39 남자가 공부한 것 and I'm always looking to get more practice. My camera is new as well, so if you don't mind, I can try taking the photos.

W That's a great idea! Why don't you come by the diner tomorrow? 40 여자의 제안 If your photos turn out better than mine, I'll definitely use them in the menu.

38-40번은 다음 대화에 관한 문제입니다.

남 안녕하세요, Lydia. **식당은 어때요?** 38 이제 개업한 지 1년 됐죠. 그렇죠?

여 매우 잘 되고 있어요, Todd, 그리고 맞아요. 2주 후가 기념일이에요. 이 행사를 축하하기 위해 새로운 디저트 몇 개를 만들어서 그 사진들을 메뉴에 넣을 생각을 하고 있었어요. 그런데 문제는 내가 사진을 정말 못 찍는다는 거예요.

남 음, 제가 최근에 디지털 사진 강좌를 수료했고, 39 항상 연습을 더 하길 바라고 있어요. 또 제 카메라는 새 것이니 괜찮다면 제가 사진을 한번 찍어볼게요.

여 좋은 생각이에요! **내일 식당에 잠시 들르는 게 어때요?** 40 제 사진보다 나으면, 그것들을 메뉴에 사용할 거예요.

어휘 in business 사업을 하는 | anniversary 기념일 | occasion 행사, 때 | terrible 끔찍한, 심한 | recently 최근에 | as well 또한, 역시 | mind 언짢아하다 | come by (잠시) 들르다 | turn out 모습을 드러내다, 나타나다 | definitely 분명히, 틀림없이

38. Who most likely is the woman?
(A) A restaurant owner
(B) A Web designer
(C) A gallery curator
(D) A college professor

여자는 누구이겠는가?
(A) 레스토랑 주인
(B) 웹 디자이너
(C) 미술관 큐레이터
(D) 대학 교수

해설 남자가 식당은 어떻냐고 물어보므로 여자가 레스토랑 주인임을 유추할 수 있다. 따라서 (A)가 정답!

39. What has the man studied?
(A) Art history
(B) Painting
(C) Computer software
(D) Photography

남자는 무엇을 공부했는가?
(A) 미술사
(B) 그림
(C) 컴퓨터 소프트웨어
(D) 사진

해설 남자가 최근에 디지털 사진 강좌를 수료했다고 말하므로 (D)가 정답!

40. What does the woman suggest the man do?
(A) Restock some supplies
(B) Submit a review
(C) Visit a business
(D) Make some desserts

여자는 남자에게 무엇을 하라고 제안하는가?
(A) 비품을 다시 채운다
(B) 논평을 제출한다
(C) 업체를 방문한다
(D) 디저트를 만든다

해설 여자가 남자에게 내일 식당에 잠시 들르라고 말하므로 (C)가 정답!

호주 ↔ 영국 ↔ 미국

Questions 41-43 refer to the following conversation with three speakers.

M1 Good morning. Do either of you know if Stacey came into work today? **41** 여자의 제안사항 I haven't seen her all day.

W I believe it's her day off. But I do have her cell phone number. Would you like me to give her a call? **41**

M1 That won't be necessary. Stacey is fluent in Japanese, so I was going to ask her to translate an e-mail received from one of our clients in Tokyo. **42** stacey가 필요한 이유 But that can wait until tomorrow.

W Well, you know, Matt studied in Japan for over six years. **43** 화자 의도

M2 Yeah. And I can spare a few hours today if you need me to work on it. **43**

41-43번은 다음 세 화자의 대화에 관한 문제입니다.

남1 안녕하세요. 둘 중에 오늘 Stacey가 출근했는지 아는 사람 있나요? **41** 그녀를 하루 종일 보지 못했거든요.

여 오늘 휴가일 거예요. 하지만 제게 그녀의 핸드폰 번호가 있어요. 한 번 전화해 볼까요? **41**

남1 그럴 필요는 없어요. Stacey가 일본어에 유창해서 그녀에게 도쿄에 있는 우리 고객에게서 받은 이메일을 번역해 달라고 부탁하려 했거든요. **42** 하지만 내일 해도 돼요.

여 저기, Matt이 일본에서 6년 넘게 공부했어요. **43**

남2 네, 필요하시면 제가 오늘 몇 시간 정도 내서 해 드릴 수 있어요. **43**

어휘 fluent in ~에 유창한 | translate 해석하다; 옮기다 | client 고객 | spare (시간을) 할애하다 | coworker 동료 | review 검토하다; 복습하다 | make a reservation 예약하다 | contact 연락하다 | translate 번역하다 | job candidate 입사 지원자 | business trip 출장 | coordinate 조직화하다, 편성하다 | revise 수정하다 | propose 제의하다, 제안하다 | transfer 전근하다, 옮기다 | venue (회담, 공연 등이 열릴) 장소 | recommend 추천하다 | assignment 업무; 과제

41. What does the woman offer to do?
(A) Send an e-mail
(B) Call a coworker
(C) Review a schedule
(D) Make a reservation

여자는 무엇을 하겠다고 제안하는가?
(A) 이메일을 보낸다
(B) 동료에게 전화한다
(C) 일정을 검토한다
(D) 예약을 한다

해설 첫 번째 남자가 두 사람에게 오늘 Stacey가 출근했는지 아는지 묻자 여자가 한 번 전화해 보겠다고 했으므로 (B)가 정답!

42. What is Stacey needed for?
(A) Translating a document
(B) Contacting job candidates
(C) Planning an overseas business trip
(D) Coordinating training sessions

무슨 일 때문에 Stacey가 필요한가?
(A) 문서를 번역하는 것
(B) 입사 지원자들에게 연락하는 것
(C) 해외 출장을 계획하는 것
(D) 연수를 기획하는 것

해설 첫 번째 남자가 Stacey가 일본어에 유창해서 도쿄에 있는 고객에게 받은 이메일을 번역해 달라고 부탁하려 했다고 말했으므로 (A)가 정답!

43. Why does the woman say, "Matt studied in Japan for over six years"?
(A) To propose that Matt transfer to a different branch
(B) To provide some revised information
(C) To suggest a new venue for an event
(D) To recommend that Matt take on an assignment

여자는 왜 "Matt이 일본에서 6년 넘게 공부했어요"라고 말하는가?
(A) Matt을 다른 지점으로 전근을 보내라고 제안하기 위해
(B) 변경된 정보를 제공하기 위해
(C) 새로운 행사 장소를 제안하기 위해
(D) Matt에게 업무를 맡기도록 권하기 위해

해설 여자가 Matt가 일본에서 6년 넘게 공부했다고 말했고, 두 번째 남자인 Matt가 원한다면 시간을 좀 낼 수 있다고 한 것으로 보아 Matt도 번역을 충분히 할 수 있으리라는 의미가 담겨 있다. 따라서 (D)가 정답!

영국 ↔ 미국

Questions 44-46 refer to the following conversation.

W Hello, I'm calling to see if I could get some information about the special carpets made by your company. I'm a local interior decorator, **44** 여자의 직업 and my work involves renovating the inside of hotels using eco-friendly materials.

M Well, all of our carpets are made only with recycled materials. **45** 제품의 특별한 점 Not only that, we also make sure that no pollutants are produced in the manufacturing process.

W My clients would definitely be impressed by that. But it's hard to imagine carpeting made of recycled materials being very attractive. Do you have a large selection of styles?

M As a matter of fact, we do. We offer a variety of patterns and colors, just like regular carpets. If you'd like to see them for yourself, I'll mail some pieces of our steady sellers to you. **46** 남자의 제안 I'm sure you'll like them.

44-46번은 다음 대화에 관한 문제입니다.

여 안녕하세요, 귀사에서 만든 특수 카펫에 대한 정보를 좀 얻으려고 전화 드렸어요. **전 지역 실내 장식업자이고, 44** 제 작업은 친환경 자재를 사용해서 호텔 내부를 개조하는 것을 포함해요.

남 음, **저희 카펫은 모두 재활용된 소재로만 만들어져요. 45** 그것뿐만 아니라, 저희는 제조 공정에서 오염 물질이 만들어지지 않도록 확실히 한답니다.

여 제 고객들이 확실히 거기에 깊은 인상을 받겠네요. 하지만 재활용 자재로 만든 카펫류가 그렇게 보기 좋을 거라고 상상하기는 힘드네요. 다양한 모양을 보유하고 계신가요?

남 사실은 그래요. 저희는 일반 카펫들처럼 다양한 무늬와 색상을 제공해요. 직접 보고 싶으시다면, **꾸준히 잘 팔리고 있는 것들의 조각 몇 장을 우편으로 보내 드릴게요. 46** 분명히 마음에 드실 거예요.

어휘 involve 포함하다, 수반하다 | renovate 개조하다, 보수하다 | eco-friendly 친환경적인 | material 재료, 소재 | recycled 재활용된 | pollutant 오염 물질 | manufacturing 제조, 생산 | process 과정, 공정 | definitely 확실히, 분명히 | be impressed by ~에 깊은 인상을 받다 | as a matter of fact 사실은 ~이 | a variety of 다양한, 여러 가지의 | see for oneself 직접 확인하다

44. Who is the woman?
(A) A furniture maker
(B) A hotel receptionist
(C) A plant supervisor
(D) An interior designer

여자는 누구인가?
(A) 가구 제작자
(B) 호텔 접수원
(C) 공장 감독관
(D) 실내 디자이너

해설 여자가 자신을 지역 실내 장식업자라고 소개하므로 (D)가 정답!

---

45. What is special about the products?
(A) They are environmentally friendly.
(B) They are reasonably priced.
(C) They were advertised in a magazine.
(D) They were locally manufactured.

제품들은 어떤 점이 특별한가?
(A) 환경친화적이다.
(B) 가격이 합리적이다.
(C) 잡지에 광고되었다.
(D) 현지에서 제조되었다.

해설 남자가 카펫은 모두 재활용된 소재로만 만들어진다며 제품을 소개하므로 (A)가 정답!

---

46. What does the man offer to do for the woman?
(A) Extend a warranty period
(B) Give her a discount
(C) Send her some samples
(D) Call some clients

남자는 여자를 위해 무엇을 하겠다고 제안하는가?
(A) 보증 기간을 연장한다
(B) 할인을 해준다
(C) 몇 가지 견본을 보낸다
(D) 고객 몇 명에게 전화한다

해설 남자가 꾸준히 잘 팔리는 것들의 조각 몇 장을 우편으로 보내준다고 말하므로 여자에게 견본을 보내줄 것이라는 것을 알 수 있다. 따라서 (C)가 정답!

미국 ↔ 미국

Questions 47-49 refer to the following conversation.

W Hi, I'm interested in ordering some company hats for my staff members. **47** 여자가 구매하고 싶은 것

M Great! Would you like to see the samples? **48** 남자가 제안하는 것

W Actually, I already saw them on your Web site, so I know what kind of hats I want to order. If I ordered 50 hats, would I get them by the end of next week?

M That should be no problem. It's Monday today, so I'm sure we'll get them by the end of this week. What do you want to be printed on the hats? **47**

W Our company logo. **47** Actually, I just realized I didn't bring it with me. How can I get it to you?

M Just email us the image file of the logo today. 49 여자가 다음에 할 일

47-49번은 다음 대화에 관한 문제입니다.
여 안녕하세요, 저희 직원들을 위한 회사 모자를 주문하고 싶습니다. 47
남 잘됐네요! 샘플들을 좀 보시겠어요? 48
여 실은 제가 당신의 회사 웹사이트에서 샘플들을 봐서 제가 어떤 종류의 모자를 주문하고 싶은지 알아요. 제가 50개를 주문하면 다음 주말까지 받을 수 있을까요?
남 그건 문제 없을 거예요. 오늘이 월요일이니까 이번 주말까지는 받으실 겁니다. 모자에는 무엇을 인쇄해드릴까요? 47
여 저희 회사 로고요. 47 사실 지금 보니까 제가 그걸 안 가져왔네요. 어떻게 보내드릴까요?
남 그냥 오늘 로고 이미지 파일을 이메일로 보내주세요. 49

어휘 interested in ~에 관심 있는 | sample 견본 | estimate 견적서 | realize 깨닫다, 알아차리다 | customized 주문 제작된

47. What does the woman want to purchase?
(A) An electric sign
(B) Business cards
(C) Customized hats
(D) A newspaper subscription

여자는 무엇을 구매하고 싶어 하는가?
(A) 전광판
(B) 명함
(C) 주문 제작 모자
(D) 신문 구독권

해설 여자가 직원들을 위한 회사 모자를 주문하고 싶다고 말했고, 남자가 모자에 무엇을 인쇄하고 싶냐고 묻자 여자가 회사로고라고 대답하므로 (C)가 정답!

48. What does the man offer to show the woman?
(A) Some samples
(B) Some brochures
(C) A discount rate
(D) A price list

남자가 여자에게 무엇을 보여주겠다고 제안하는가?
(A) 몇몇 샘플들
(B) 안내 책자
(C) 할인율
(D) 가격 목록

해설 남자가 샘플들을 좀 보겠냐고 물어보므로 (A)가 정답!

49. What does the man ask the woman to do?
(A) Provide a shipping address
(B) Review an estimate
(C) Sign a contract
(D) Send an e-mail

남자는 여자에게 무엇을 하라고 요청하는가?
(A) 배송 주소를 제공한다
(B) 견적서를 검토한다
(C) 계약서에 서명한다
(D) 이메일을 보낸다

해설 마지막 문장에서 남자가 오늘 로고 이미지 파일을 이메일로 보내달라고 말하므로 (D)가 정답!

영국 ↔ 호주

Questions 50-52 refer to the following conversation.
W Hi, I was looking to rent a cello from your store. 50 여자가 상점에 있는 이유
M OK. Is there a specific model or feature you are looking for?
W Not really, I'm just looking for a good one to begin with.
M I see. Well, this is our cello section. They start at 50 dollars per month including insurance. 51 대여비에 포함된 것
W That sounds reasonable. I was also wondering if you had a program that allowed me to purchase the cello after the rental period has finished.
M Of course. But I would definitely recommend that you consult with your teacher before deciding to buy a cello. 52 남자의 추천사항

50-52번은 다음 대화에 관한 문제입니다.
여 안녕하세요, 여기서 첼로를 대여하려고 알아보는데요. 50
남 네, 특별히 찾는 모델이나 사양이 있으신가요?
여 딱히 그런 건 아니에요. 그냥 입문자가 쓰기 적당한 것을 찾고 있어요.
남 그렇군요. 음, 여기가 저희 첼로 섹션이에요. 가격은 한 달에 보험까지 포함해서 50달러부터 있습니다. 51
여 합리적이네요. 혹시 대여 기간이 끝나면 이것을 구매할 수 있도록 하는 프로그램이 있는지 궁금해요.
남 당연하죠. 하지만 구매를 결정하시기 전에 손님의 첼로 선생님과 한번 얘기를 꼭 해 보시라고 권해드리고 싶네요. 52

어휘 rent 대여하다 | specific 특정한 | feature 기능, 특징, 사양 | section 구획 | including ~를 포함하여 | insurance 보험 | rental period 대여 기간 | consult with ~와 상의하다

50. Why is the woman at the store?
(A) To return a book
(B) To buy a concert ticket
(C) To rent an instrument
(D) To apply for a job

여자는 왜 상점에 있는가?
(A) 책을 반납하기 위해
(B) 콘서트 티켓을 사기 위해
(C) 악기를 빌리기 위해
(D) 일자리에 지원하기 위해

해설 여자가 첫 문장에서 첼로 대여를 알아본다고 언급하므로 (C)가 정답!

51. According to the man, what is included in the price?
(A) Taxes
(B) Shipping fees
(C) Cleaning services
(D) Insurance

남자에 따르면, 대여비에 무엇이 포함되어 있는가?
(A) 세금
(B) 운송료
(C) 청소비
(D) 보험

해설 남자가 여기가 저희 첼로 섹션이고, 가격은 한 달에 보험까지 포함해서 50달러부터 있다고 언급하므로 (D)가 정답!

---

52. What does the man recommend the woman do before purchasing?
(A) Take some measurements
(B) Attend a seminar
(C) Compare prices online
(D) Speak to her instructor

남자는 여자에게 구매 전에 무엇을 하라고 추천하는가?
(A) 치수를 재본다
(B) 세미나에 참석한다
(C) 온라인으로 가격을 비교한다
(D) 선생님과 이야기한다

해설 마지막 문장에서 남자가 구매를 결정하기 전에 첼로 선생님과 한번 얘기를 꼭 해보는 것을 권한다고 말하므로 (D)가 정답!

미국 ↔ 호주

Questions 53-55 refer to the following conversation.

W Hi, it's Jamie Crawford. It's been two weeks since I sent my application for the graphic designer position. So I wanted to see if you had a chance to look it over. 53 전화 건 목적

M Hello, Ms. Crawford. Unfortunately, I haven't been able to get around to it. But why don't you briefly talk about yourself right now?

W Alright, well… I just graduated last week with a bachelor of arts in graphic design. 54 화자 의도

M Congratulations! But the thing is… Most of the staff here entered our company with previous job experience. 54

W Actually, I did some freelancing while studying. I designed the layout of an advertising agency's Web site.

M Interesting. Do you mind emailing me its address so that I can check out your work? 55 여자가 다음에 할 일

W Not at all. I'll do that now. 55

53-55번은 다음 대화에 관한 문제입니다.

여 안녕하세요, Jamie Crawford입니다. 제가 그래픽 디자이너직에 지원서를 보낸 지 2주가 지났는데요. 혹시 검토할 시간이 있으셨는지 알고 싶어서요. 53

남 안녕하세요, Ms. Crawford. 안타깝게도 제가 볼 시간이 없었네요. 대신 지금 자신에 대해 간단하게 소개해 보시겠어요?

여 좋습니다. 음… 저는 지난 주에 그래픽 디자인 학사 학위를 받고 졸업했습니다. 54

남 축하합니다! 그런데 실은… 이곳 직원들 대부분은 이전 업무 경력을 가지고 입사했어요. 54

여 사실 저도 공부하는 동안 프리랜서로 일을 조금 했습니다. 한 광고 대행사 웹사이트의 레이아웃 디자인을 맡았죠.

남 흥미롭군요. 귀하의 작업물을 확인해 볼 수 있게 그곳 주소를 제게 이메일로 보내주시겠어요? 55

여 물론이죠. 지금 보내드릴게요. 55

어휘 look over 살펴보다 | get around to ~을 할 시간을 내다 | briefly 간단하게 | bachelor of arts 문학사 | the thing is 실은, 문제는 | freelancing 자유 계약 업무 | extension 연장 | feedback 의견, 반응 | status 상황 | qualified 자격이 있는 | unfamiliar 익숙하지 않은 | process 과정, 절차 | strict 엄격한

---

53. Why is the woman calling?
(A) To request a deadline extension
(B) To offer feedback on a design
(C) To inquire about the status of her application
(D) To confirm the dates of a reservation

여자는 왜 전화하고 있는가?
(A) 마감일 연장을 요청하기 위해
(B) 디자인에 대한 의견을 제시하기 위해
(C) 입사 지원 상황에 대해 문의하기 위해
(D) 예약 날짜를 확인하기 위해

해설 여자가 그래픽 디자이너 지원서를 보낸 지 2주가 지났고 검토 여부를 알고 싶었다고 말했으므로 (C)가 정답!

---

54. What does the man imply when he says, "Most of the staff here entered our company with previous job experience"?
(A) The woman might not be qualified.
(B) The woman is unfamiliar with a process.
(C) The company does not provide any training.
(D) The company has a strict policy.

남자는 "이곳 직원들 대부분은 이전 업무 경력을 가지고 입사했어요"라고 말할 때 무엇을 의도하는가?
(A) 여자가 자격이 안될 지도 모른다.
(B) 여자가 절차에 익숙하지 않다.
(C) 회사가 교육을 제공하지 않는다.
(D) 회사의 정책이 엄격하다.

해설 여자가 지난주에 그래픽 디자인 학사 학위를 받고 졸업했다고 하자 남자가 이곳 직원 대부분은 이전 업무 경력을 가지고 입사했다고 말했으므로 여자가 자격이 안될 수도 있다는 것을 암시하고 있다. 따라서 (A)가 정답!

---

55. What will the woman do next?
(A) Speak to a supervisor
(B) Revise a document
(C) Book a flight
(D) Send a Web site address

여자는 다음에 무엇을 할 것인가?
(A) 상사와 상의한다
(B) 문서를 수정한다
(C) 비행편을 예약한다
(D) 웹사이트 주소를 보낸다

해설 남자는 여자가 디자인한 웹사이트를 확인할 수 있도록 그곳 주소를 이메일로 보내달라고 했고, 여자가 지금 보내주겠다고 말했으므로 (D)가 정답!

미국 ↔ 미국 ↔ 영국

Questions 56-58 refer to the following conversation with three speakers.

M Betty, Catherine, it's good to see both of you back. Did you have a productive trip to Houston? **56** 출장 이유

W1 Hey, Dan. Yeah, we accomplished a lot. Two large café chains agreed to sell our coffee. **56**

M That's wonderful news! Oh, and Catherine, did you enjoy your first time as a traveling sales representative?

W2 I did, but I ran into a little trouble. We carry many different blends of coffee, so it takes a while to remember all of them. **57** 문제점 There were several times where Betty had to step in to answer the clients' questions.

M It happens. I'm planning to make a guide that our team members can reference during sales meetings. This should be useful when we need to answer questions about our merchandise quickly. **58** 안내 책자에 포함될 것

W2 That'll definitely help!

56-58번은 다음 세 화자의 대화에 관한 문제입니다.

남 Betty, Catherine, 두 사람 모두 돌아와서 기뻐요. Houston 출장은 성과가 있었나요? **56**

여1 안녕하세요, Dan. 네, 많은 성과가 있었죠. 대규모 카페 체인 두 군데가 우리 커피를 취급하기로 했어요. **56**

남 정말 좋은 소식이네요! 아, 그리고 Catherine, 방문 판매사원으로 첫 영업이었는데 즐거웠나요?

여2 네, 하지만 작은 문제가 생기긴 했어요. 우리가 취급하는 블렌드 커피가 많다 보니 모두 기억하는 데 시간이 좀 걸려요. **57** 고객들의 질문에 대답하는 데 Betty가 몇 번 나서서 도와줘야 했어요.

남 그럴 때가 있죠. 우리 팀원들이 영업 회의 때 참조할 수 있는 안내 책자를 만들려고 계획하고 있어요. 우리 제품에 관한 질문에 빠르게 응답해야 할 때 유용할 거예요. **58**

여2 정말 도움이 되겠네요!

어휘 productive 결실 있는, 생산적인 | accomplish 성취하다, 해내다 | traveling sales representative 방문 판매사원 | run into (곤경 등을) 만나다, 겪다 | carry 취급하다 | while 일정 기간 | step in 돕고 나서다 | reference 참고하다 | definitely 확실히

---

56. Why did the women travel to Houston?
(A) To meet some friends
(B) To acquire more business
(C) To inspect a facility
(D) To attend a conference

여자들은 왜 Houston으로 출장을 갔는가?
(A) 몇몇 친구를 만나기 위해
(B) 더 많은 거래처를 확보하기 위해
(C) 시설을 검사하기 위해
(D) 회의에 참석하기 위해

해설 남자가 Houston 출장이 성과가 있었냐고 묻자 첫 번째 여자가 많은 성과가 있었다며 두 군데의 카페 체인이 자사 커피를 취급하기로 했다고 말한 것으로 보아 거래처를 더 확보하기 위해 출장을 간 것임을 알 수 있다. 따라서 (B)가 정답!

---

57. What problem does Catherine say she had?
(A) She missed a connecting flight.
(B) She had difficulty remembering some details.
(C) She forgot to bring an important document with her.
(D) She was late for a meeting.

Catherine은 어떤 문제가 있었다고 말하는가?
(A) 연결 항공편을 놓쳤다.
(B) 일부 세부 사항을 기억하는 데 어려움을 겪었다.
(C) 중요한 서류를 깜빡 잊고 가져가지 않았다.
(D) 회의에 늦었다.

해설 두 번째 여자가 문제가 좀 있었다며 많은 커피 블렌드를 취급하다 보니 모두 기억하는 데 시간이 걸렸다고 말했으므로 (B)가 정답!

---

58. According to the man, what will be included in the guide?
(A) Company regulations
(B) Staff contact information
(C) An office map
(D) Item descriptions

남자의 말에 따르면, 안내 책자에는 무엇이 포함될 것인가?
(A) 회사 규정
(B) 직원 연락처
(C) 사무실 지도
(D) 제품 설명

해설 남자가 영업 회의 때 참조할 수 있는 안내 책자를 만들 계획이라며, 제품에 관한 질문에 재빨리 응답해야 할 때 유용할 거라고 말했으므로 (D)가 정답!

영국 ↔ 호주

Questions 59-61 refer to the following conversation.

W Hi, Nathan. As you know, Sharon's team is currently working on the new jacket's ad series. But it's not going so well. I was wondering if you could assist her with the project. I know you're really skilled at troubleshooting marketing issues. **59** 남자가 잘하는 것

M Ah, thank you for the compliment. But keep in mind that I'm pretty tied up with the commercial for our new sweater line. **60** 남자가 상기시켜주는 것

W I'm aware of your situation. I'm planning on hiring a temporary worker to help you out with the projects. You'll also be getting a nice bonus.

M Wow—that certainly sounds good to me! It's going to take several days to review all the details for the ad campaign. Will that be alright? **61** 남자의 요청사항

59-61번은 다음 대화에 관한 문제입니다.

여 안녕하세요, Nathan. 아시다시피, Sharon의 팀이 현재 새 재킷 광고 시리즈를 작업하고 있어요. 그런데 잘 되고 있지 않아요. 그녀를 도와 프로젝트를 할 수 있을지 궁금해요. **당신이 마케팅 문제를 해결하는 데 정말 능숙하다고 알고 있어요.** **59**

남 아, 칭찬 감사합니다. **하지만 저는 새 스웨터 TV 광고로 매우 바쁘다는 걸 알아주세요.** **60**

여 당신의 상황은 알고 있어요. 프로젝트를 도울 임시 직원을 채용할 계획입니다. 괜찮은 보너스도 받을 수 있을 거예요.

남 와, 정말 좋네요! **광고 캠페인의 모든 세부 사항을 검토하는 데 며칠이 걸릴 거예요. 괜찮을까요?** **61**

어휘 wonder 궁금하다 | skilled 능숙한 | troubleshoot 중재역을 하다, 해결하다 | issue 문제, 사안 | compliment 칭찬 | keep in mind 유념하다 | tied up with ~로 바쁘다 | commercial 광고 | temporary 임시적인 | certainly 분명히 | qualified 적격의, 자격을 갖춘 | applicant 신청자, 지원자 | resolve 해결하다 | detailed 상세한 | costly 많은 비용이 드는 | look over 살펴보다 | additional 추가적인

---

59. What does the woman say the man does well?
(A) He selects qualified applicants.
(B) He resolves issues.
(C) He gives good speeches.
(D) He prepares detailed reports.

여자는 남자가 무엇을 잘한다고 말하는가?
(A) 적임자들을 선발한다.
(B) 문제들을 해결한다.
(C) 연설을 잘한다.
(D) 상세한 보고서를 준비한다.

해설 대화 초반에 여자가 남자에게 마케팅 문제를 해결하는 데 정말 능숙한 걸로 알고 있다고 말하므로 (B)가 정답!

---

60. What does the man remind the woman?
(A) That a machine is broken
(B) That a project is costly
(C) That his vacation is coming up
(D) That he is very busy

남자는 여자에게 무엇을 상기시키는가?
(A) 기계가 고장 났다
(B) 프로젝트가 비용이 많이 든다
(C) 휴가가 다가오고 있다
(D) 매우 바쁘다

해설 대화 중반에 남자가 새 스웨터 TV 광고 업무에 매여 있다고 말하므로 (D)가 정답!

---

61. What does the man request?
(A) Time to look over some information
(B) A bigger office
(C) Additional funds to design a product
(D) New computer software

남자는 무엇을 요청하는가?
(A) 정보를 살펴볼 시간
(B) 더 큰 사무실
(C) 상품을 디자인할 추가 자금
(D) 새로운 컴퓨터 소프트웨어

해설 대화 마지막에 남자가 광고 캠페인을 모두 검토하는 데 며칠이 걸린다며, 괜찮은지 묻고 있으므로 (A)가 정답!

미국 ↔ 호주

Questions 62-64 refer to the following conversation and coupon.

W Hello, I'm going to redo my garden next week, **62** 여자가 다음 주에 할 일 so I need to purchase some soil.

M OK. Is there a specific brand of soil you're looking for?

W Yes. Does your store carry Patsy's Mix? I used it once for my front yard, **63** Patsy's Mix에 관하여 말한 것 and I was very pleased with the results.

M Of course. In fact, there's a sale on that particular brand all this week. Let me give you a coupon.

W Thanks! My garden is quite small, so I think 10 bags should do it. I'll take 10 bags of Patsy's Mix, please. **64** 시각 정보

62-64번은 다음 대화와 쿠폰에 관한 문제입니다.

여 안녕하세요. 제가 다음 주에 정원을 다시 손볼 예정이어서 **62** 흙을 좀 구매하려고 합니다.

남 네, 특별히 찾는 브랜드가 있으신가요?

여 네, Patsy's Mix를 취급하시나요? 앞마당에 한번 사용해 봤는데 **63** 결과가 아주 만족스러웠어요.

남 그럼요, 사실은 이번 주 내내 그 브랜드가 할인을 해요. 제가 쿠폰을 드릴게요.

여 감사합니다! 제 정원이 꽤 작아서 **10봉지면 될 것 같아요. Patsy's Mix 10봉지 주세요. 64**

특별 쿠폰	
(만기일 8/15)	
구매	할인
10 봉지	5%
20 봉지	10%
30 봉지	15%
40 봉지 이상	20%

어휘 redo 다시 하다; 개조하다 | specific 구체적인, 특정한 | look for ~을 찾다 | particular 특정한 | renovate 개조하다 | repave 도로포장을 다시 하다 | affordable (가격이) 합리적인 | eco-friendly 친환경적인 | previously 이전에

62. What is the woman doing next week?
(A) Renovating a garden
(B) Meeting a consultant
(C) Repaving her front walkway
(D) Holding a reopening celebration

여자는 다음 주에 무엇을 하는가?
(A) 정원을 손보는 것
(B) 컨설턴트와 미팅하는 것
(C) 집 앞 보도를 재포장하는 것
(D) 재개업 축하 행사 개최하는 것

해설 여자가 다음 주에 정원을 다시 가꿀 계획이라고 말했으므로 (A)가 정답!

63. What does the woman say about Patsy's Mix?
(A) It is affordable.
(B) It is eco-friendly.
(C) She likes the texture.
(D) She has previously used it.

여자는 Patsy's Mix에 대해 뭐라고 하는가?
(A) 합리적인 가격이다.
(B) 친환경적이다.
(C) 질감이 마음에 든다.
(D) 이전에 써 본 적이 있다.

해설 여자가 가게에 Patsy's Mix를 취급하냐고 물으며 앞마당에 사용해 본 적이 있다고 말했으므로 (D)가 정답!

64. Look at the graphic. Which discount will the woman receive?
(A) 5%
(B) 10%
(C) 15%
(D) 20%

시각 정보를 보시오. 여자는 얼마나 할인받을 것인가?
(A) 5퍼센트
(B) 10퍼센트
(C) 15퍼센트
(D) 20퍼센트

해설 여자가 대화 마지막에 10봉지면 될 것 같다고 하며 Patsy' Mix 10봉지를 달라고 말했고, 쿠폰에서 10봉지의 할인율은 5%이므로 (A)가 정답!

영국 ↔ 미국

Questions 65-67 refer to the following conversation and price list.

W Hi, I'd like to place an order for customized T-shirts. **65** 여자가 주문하고 싶은 것 I need 300, please. **66** 시각 정보

M Of course. But before I process your order, I want to tell you about our ongoing promotion where you could receive a large discount if you purchase 400 or more shirts. Would you be interested in this deal?

W Hmm… I don't really need to order more than 300 right now. **66**

M Alright. Did you bring a sample of the T-shirt design with you?

W I did, but I'm not quite sure how I should send the picture to you. **67** 여자가 확실하지 않은 것

M Don't worry. I'll provide you with instructions after you've completed this order form.

65-67번은 다음 대화와 가격표에 관한 문제입니다.

여 안녕하세요, 티셔츠를 주문 제작하려고 해요. **65** 300장이 필요합니다. **66**

남 물론입니다. 그런데 주문을 받기 전에 400장 이상 구매 시 대폭 할인받으실 수 있는 판촉 행사가 진행 중이라는 말씀을 드리고 싶네요. 이 행사에 관심 있으세요?

여 음… 당장은 300장 이상 주문할 필요가 없어요. **66**

남 알겠습니다. 티셔츠 디자인 견본은 가지고 오셨나요?

여 가져오긴 했는데 그림을 어떻게 보내드려야 할지 모르겠네요. **67**

남 염려 마세요. 이 주문서를 작성하시면 설명해 드릴게요.

가격표	
수량	금액
100	200달러
200	400달러
300	600달러
400	700달러

어휘 **place an order** 주문하다 | **customize** 주문 제작하다 | **process** 처리하다 | **ongoing** 진행 중인 | **deal** 거래

65. What does the woman want to order?
(A) Packaging materials
(B) Promotional posters
(C) Customized T-shirts
(D) Company letterheads

여자는 무엇을 주문하고 싶어 하는가?
(A) 포장 재료
(B) 홍보용 포스터
(C) 주문 제작 티셔츠
(D) 회사 로고가 박힌 편지지

해설 여자가 티셔츠를 주문 제작하고 싶다고 말했으므로 (C)가 정답!

66. Look at the graphic. How much will the woman's order cost?
(A) $200
(B) $400
(C) $600
(D) $700

시각 정보를 보시오. 여자의 주문은 얼마의 비용이 들 것인가?
(A) 200달러
(B) 400달러
(C) 600달러
(D) 700달러

해설 여자는 티셔츠 300장이 필요하다고 했고, 300장 이상은 주문할 필요가 없다고 말했으므로 가격표에서 300장의 가격을 확인하면 된다. 따라서 (C)가 정답!

67. What does the woman say she is unsure about?
(A) How to submit a picture
(B) What payment options are available
(C) Where to complete a survey
(D) When a delivery will be made

여자는 무엇에 대해 잘 모르겠다고 말하는가?
(A) 그림을 제출하는 방법
(B) 가능한 지불 방식
(C) 설문지를 작성할 곳
(D) 배송이 이루어질 시점

해설 남자가 티셔츠 디자인 견본을 가지고 왔냐고 묻자 여자가 가져오긴 했지만 그림을 어떻게 보내야 할지 모르겠다고 말했으므로 (A)가 정답!

미국 ↔ 호주

Questions 68-70 refer to the following conversation and weather forecast.

W It's going to be really hot on Friday, so I think we should reschedule the company's annual golf tournament. **68** 논의되는 행사

M OK, let's check the weather forecast. Look here— earlier in the week should be fine.

W Hmm… Yeah—28 degrees isn't too bad for this time of year, and there shouldn't be much direct sunlight. Let's try and book that day. **69** 시각 정보

M Sure—I'll call the country club and make sure they can change days for us. **70** 남자가 다음에 할 일

W Great. I just hope there's not an extra charge for requesting an earlier reservation.

68-70번은 다음 대화와 일기 예보에 관한 문제입니다.

여 금요일이 아주 더울 거라고 해서 사내 연례 골프 대회 일정을 다시 잡아야 할 것 같아요. **68**

남 네, 일기예보를 확인해보죠. 여길 보세요. 이번주 초에는 괜찮겠는데요.

여 음… 네, 연중 이맘때에 28도면 나쁘지 않고, 직사광선도 강하지 않겠네요. 그날로 예약해 보죠. **69**

남 그러죠, 컨트리클럽에 전화해서 우리 날짜를 바꿔줄 수 있는지 확인해 볼게요. **70**

여 좋아요, 예약이 앞당겨졌다고 추가 요금을 더 받지 않았으면 좋겠네요.

일기예보

월요일	화요일	수요일	목요일
27℃	28℃	32℃	31℃
☀	☁	☁	☀

어휘 **reschedule** 일정을 다시 잡다 | **direct sunlight** 직사 광선 | **extra charge** 추가 요금 | **make a deposit** 예금을 하다

68. What event are the speakers mainly discussing?
(A) A birthday party
(B) A company anniversary
(C) A sports competition
(D) A building opening

화자들은 주로 어떤 행사에 대해 논의하는가?
(A) 생일 파티
(B) 창립 기념일
(C) 스포츠 대회
(D) 건물 개관

해설 여자가 금요일이 아주 더울 예정이라 회사 골프 대회 일정을 다시 잡아야 할 것 같다고 말한 것으로 보아 경기 일정에 관한 대화가 오갈 것임을 알 수 있으므로 (C)가 정답!

---

69. Look at the graphic. Which day do the speakers want to choose?
(A) Monday
(B) Tuesday
(C) Wednesday
(D) Thursday

시각 정보를 보시오. 화자들은 어느 요일을 선택하고 싶어 하는가?
(A) 월요일
(B) 화요일
(C) 수요일
(D) 목요일

해설 여자가 이맘때 28도면 나쁘지 않고 직사광선도 강하지 않겠다고 말하며, 그 날로 예약해 보자고 말했다. 따라서 일기예보에서 28도와 해가 나지 않는 날은 화요일이므로 (B)가 정답!

---

70. What will the man probably do next?
(A) Sign a contract
(B) Make a deposit
(C) Book a different location
(D) Contact a business

남자는 다음에 무엇을 할 것인가?
(A) 계약서를 서명한다
(B) 계약금을 낸다
(C) 다른 장소를 예약한다
(D) 업체에 연락한다

해설 남자가 컨트리클럽에 전화해서 날짜를 바꿔줄 수 있는지 확인해 보겠다고 말했으므로 (D)가 정답!

PART 4

UNIT 16. 문제 유형

Warm-up 본서 p.216
1. (A)　　**2.** (B)　　**3.** (A)　　**4.** (A)　　**5.** (B)

미국

Question 1 refers to the following telephone message.

W Hi, my name is Shannon Simon, and I made a dinner reservation for three people next Friday. I was wondering if I could change it to five people.

1번은 다음 전화 메시지에 관한 문제입니다.

여 안녕하세요, 제 이름은 Shannon Simon이고요, 제가 다음 주 금요일에 3명 저녁 식사 예약을 했는데요. 5명으로 바꿀 수 있는지 궁금해서요.

어휘 dinner reservation 저녁 식사 예약

---

1. What kind of business did the caller reach?
(A) A restaurant
(B) A convention center

전화를 건 사람은 어떤 업체에 연락했는가?
(A) 식당
(B) 컨벤션 센터

해설 화자는 3명 저녁 식사 예약을 했는데 5명으로 바꿀 수 있는지 알고 싶어 한다. 따라서 식당에 전화해서 메시지를 남기고 있음을 유추할 수 있으므로 (A)가 정답!

호주

Question 2 refers to the following talk.

M Now, I'm happy to announce the recipient of the Outstanding Architect of the Year Award. The award goes to Sarah Flint.

2번은 다음 담화에 관한 문제입니다.

남 자, 올해의 우수 건축가상의 수상자를 발표하게 되어 기쁩니다. 상은 Sarah Flint 에게 주어집니다.

어휘 recipient 수상자 | outstanding 뛰어난 | architect 건축가

---

2. What is the purpose of the talk?
(A) To discuss a design
(B) To announce an award winner

담화의 목적은 무엇인가?
(A) 디자인을 논하기 위해
(B) 수상자를 발표하기 위해

해설 첫 문장에서 올해의 우수 건축가상의 수상자를 발표하게 되어 기쁘다라고 했으므로 (B)가 정답!

미국

Question 3 refers to the following recorded message.

Ⓜ You've reached Berwyn Health Clinic. Our business hours are from 9 A.M. to 5 P.M., Monday through Friday, and from 10 A.M. to 1 P.M. on Saturday.

3번은 다음 녹음 메시지에 관한 문제입니다.

남 Berwyn 진료소에 전화주셨습니다. 저희 영업 시간은 월요일부터 금요일은 오전 9시에서 오후 5시까지, 토요일은 오전 10시에서 오후 1시까지입니다.

어휘 health clinic 진료소 | business hours 영업 시간

3. What type of business is the message from?
(A) A medical office
(B) A law firm

어떤 업체로부터 온 메시지인가?
(A) 진료소
(B) 법률회사

해설 첫 문장에서 Berwyn 진료소에 전화주셨다고 했으므로 (A)가 정답!

영국

Question 4 refers to the following tour information.

Ⓦ Good morning, everyone! My name is Melissa, and I'll be your tour guide for the next two days in Hawaii. During this time, you'll be able to enjoy many different activities including parasailing and snorkeling.

4번은 다음 관광 정보에 관한 문제입니다.

여 안녕하세요, 여러분! 제 이름은 Melissa이고, 앞으로 이틀간 하와이에서 여러분의 관광 가이드가 될 것입니다. 이 시간 동안, 여러분들께선 패러세일링과 스노클링을 포함한 다양한 활동들을 즐기실 수 있으실 겁니다.

어휘 activity 활동

4. Who most likely is the speaker?
(A) A tour guide
(B) A sports instructor

화자가 누구이겠는가?
(A) 관광 가이드
(B) 스포츠 강사

해설 화자가 자신의 이름을 말한 후 앞으로 이틀간 하와이에서 관광 가이드가 될 것이라고 말하므로 (A)가 정답!

호주

Question 5 refers to the following speech.

Ⓜ Good evening, and thank you for joining my reading session here at Graham's Bookstore. My name is Peter Barrel, and I'm here tonight to share some excerpts from my new novel, *A Man with a Mask*.

5번은 다음 연설에 관한 문제입니다.

남 안녕하세요, 이곳 Graham's 서점에서 진행하는 저의 책 낭독회에 함께 해주셔서 감사합니다. 제 이름은 Peter Barrel이고요, 오늘 밤 저의 새 소설인 〈A Man with a Mask〉의 일부 발췌 부분들을 공유해 드리고자 이 자리에 왔습니다.

어휘 join 함께 하다 | reading 낭독회 | share 공유하다 | excerpt 발췌 | novel 소설

5. Where is the event being held?
(A) At a library
(B) At a bookstore

행사는 어디에서 열리고 있는가?
(A) 도서관에서
(B) 서점에서

해설 첫 문장에서 Graham's 서점에서 진행하는 책 낭독회에 함께 해줘서 고맙다고 했으므로 (B)가 정답!

Exercise

본서 p.217

1. (A) 2. (C) 3. (D) 4. (A) 5. (D) 6. (C)
7. (A) 8. (B)

미국

Questions 1-2 refer to the following announcement.

Ⓦ Attention East Airlines passengers. We'll soon be landing in San Diego about 10 minutes behind schedule. **1** 공지의 장소 We're very sorry for the delay. Please make sure to take all your belongings with you when you leave the plane. **2** 화자의 요청 사항 Thank you for choosing East Airlines. Have a good day!

1-2번은 다음 안내방송에 관한 문제입니다.

여 **East 항공 승객 여러분께 안내 말씀 드립니다. 저희는 곧 San Diego에 예정보다 약 10분 늦게 착륙할 예정입니다.** **1** 지연된 점에 대해 정말 죄송합니다. **비행기에서 내리실 때는 모든 소지품들을 꼭 잘 챙겨가시기 바랍니다.** **2** East 항공을 선택해 주셔서 감사합니다. 즐거운 하루 되세요!

어휘 land 착륙하다 | behind schedule 예정보다 늦게 | delay 지연 | belongings 소지품

1. Where most likely is the announcement being made?
(A) On an airplane
(B) On a ferry
(C) On a train
(D) At an airport

안내방송이 이루어지는 장소는 어디이겠는가?
(A) 비행기에서
(B) 여객선에서
(C) 기차에서
(D) 공항에서

해설 장소를 묻는 문제 – 첫 문장에서 East 항공 승객들에게 곧 San Diego에 예정보다 약 10분 늦게 착륙할 예정이라고 말했으므로 (A)가 정답!

2. What are the listeners asked to do?
(A) Pick up a form
(B) Confirm their reservations
(C) Take their personal belongings
(D) Leave blankets behind

청자는 무엇을 하라고 요청받는가?
(A) 서류를 찾아간다
(B) 예약을 확인한다
(C) 그들의 개인 소지품들을 챙긴다
(D) 담요들을 놓고 간다

해설 요청 사항을 묻는 문제 – 지문의 후반부에서 비행기에서 내릴 때는 모든 소지품들을 꼭 잘 챙겨가라고 요청했으므로 (C)가 정답!

호주

Questions 3-4 refer to the following advertisement.

M Do you want your yard to be special? Geremi Landscaping Services could help! **3** 광고의 대상 We are now offering a 15 percent discount on all gardening services **4** 주말에 일어날 일 including lawn mowing, tree trimming, and flower caring. Don't miss out on this fantastic deal! This offer is valid until the end of this week, **4** so call us now at 555-2210.

3-4번은 다음 광고에 관한 문제입니다.

여 여러분의 마당이 특별하길 원하시나요? Geremi 조경 서비스가 도와 드릴 수 있습니다! **3** 현재 저희는 잔디 깎기, 나무 가지치기 및 꽃 관리 서비스를 포함한 모든 정원 서비스들을 15% 할인해 드리고 있습니다. **4** 이 특별 할인 기회를 놓치지 마세요! 이 할인은 이번 주말까지만 유효하니, **4** 지금 바로 555-2210으로 전화주세요.

어휘 yard 마당 | landscaping 조경 | lawn 잔디 | mow 깎다 | miss out on (참석하지 않음으로써 유익하거나 즐거운 것을) 놓치다 | deal 거래 | offer 할인, 제안 | valid 유효한

3. What is being advertised?
(A) A hotel
(B) A real estate agency
(C) A flower shop
(D) A landscaping company

무엇이 광고되고 있는가?
(A) 호텔
(B) 부동산 중개소
(C) 꽃집
(D) 조경 회사

해설 광고 대상을 묻는 문제 – 첫 문장에서 마당이 특별하기 원하면 Geremi 조경 서비스가 도와줄 수 있다고 했으므로 (D)가 정답!

4. What will most likely happen at the end of this week?
(A) An offer will end.
(B) A business will be closed.
(C) A free trial program will be conducted.
(D) New tools will be sold.

이번 주말에 무슨 일이 있겠는가?
(A) 할인이 끝날 것이다.
(B) 업체가 문을 닫을 것이다.
(C) 무료 체험 프로그램이 실시될 것이다.
(D) 새로운 도구들이 판매될 것이다.

해설 미래 계획을 묻는 문제 – 지문의 초반에서는 현재 모든 정원 서비스들을 15% 할인해 준다고 밝히고, 후반부에서 이번 주말까지만 할인이 유효하다고 했으므로 (A)가 정답!

미국

Questions 5-6 refer to the following talk.

M Good evening. Welcome to Cheesecake Planet. I'm Scott, your server tonight. **5** 화자의 직업 Just to let you know, starting this week we've added three new cheesecakes to our menu. And... umm... We'd like to know what customers think about our new cakes. So please write your comments on the survey cards we've placed on the table. When you have completed the survey, I'll get each of you a coupon for 30 percent off on your next meal. **6** 할인 받는 방법

5-6번은 다음 담화에 관한 문제입니다.

남 안녕하세요. Cheesecake Planet에 오신 것을 환영합니다. **저는 오늘 밤 여러분의 담당 종업원인 Scott입니다. 5** 알려드리자면, 이번 주부터 저희 메뉴에 3개의 새로운 치즈 케이크들이 추가되었습니다. 그리고... 음... 저희는 고객분들께서 저희 새로운 케이크들에 대해 어떻게 생각하시는지 알고 싶습니다. 그러니 **저희가 테이블에 놓아둔 설문지에 여러분들의 의견을 써 주시기 바랍니다.** 설문을 마치시면, 다음 방문 시 30% 할인을 받으실 수 있는 쿠폰을 드리겠습니다. **6**

어휘 comment 의견 | survey (설문) 조사 | complete 끝마치다

5. Who most likely is the speaker?

(A) A baker

(B) A nutritionist

(C) A journalist

(D) A waiter

화자는 누구이겠는가?

(A) 제빵사

(B) 영양사

(C) 언론인

(D) 종업원

해설 화자의 정체를 묻는 문제 – 지문의 초반에서 이름과 함께 종업원이라고 밝히고 있으므로 (D)가 정답!

6. According to the speaker, what should the listeners do to get a discount?

(A) Become a member

(B) Place a business card on the table

(C) Provide written feedback

(D) Spend over $30

화자에 따르면, 할인을 받으려면 청자들은 무엇을 해야 하는가?

(A) 회원 가입을 한다

(B) 명함을 테이블에 놓는다

(C) 서면 의견을 제공한다

(D) 30달러 이상을 소비한다

해설 세부 사항을 묻는 문제 – 화자가 테이블에 놓아둔 설문지를 이용해서 의견을 써주면 다음 방문 시 30% 할인을 받을 수 있는 쿠폰을 준다고 말했으므로 (C)가 정답!

영국

Questions 7-8 refer to the following advertisement and program.

W No Place Like Home, your one-stop shop for home improvement supplies, is proud to announce our grand reopening **7** 안내되는 것 at our same location right here in Rancho Bernardo. Our newly-remodeled store has all the great product lines and features our customers have enjoyed in the past, but they are now offered in a greatly expanded area for a more relaxed shopping experience. And as always, our free "do-it-yourself" classes are offered every Saturday. This week, our in-house expert will teach some great tricks for fixing up old furniture and making it beautiful again. **8** 시각 정보 Classes fill up quickly, so give us a call today to reserve your place!

7-8번은 다음 광고와 프로그램에 관한 문제입니다.

C 집 수리 자재들을 위해 한 곳에서 해결할 수 있는 상점, No Place Like Home이 바로 이곳 Rancho Bernardo의 같은 자리에서 재개장을 알려드리게 된 것을 자랑스럽게 생각합니다. **7** 새롭게 리모델링된 저희 상점은 과거에 저희 고객들이 누렸던 훌륭한 제품 라인들과 특징들을 모두 갖추고 있지만, 이제는 그 혜택들이 더 여유 있는 쇼핑 경험을 위해 크게 넓어진 장소에서 제공됩니다. 그리고 늘 그렇듯, 저희 '손수 제작' 무료 수업이 매주 토요일에 제공됩니다. 이번 주에는 저희 사내 전문가가 낡은 가구를 수리해서 다시 멋지게 만들기 위한 몇 가지 비결들을 알려드릴 것입니다. **8** 수업은 빨리 자리가 차기 때문에, 자리 예약을 위해 오늘 전화주세요.

수업	강사
주방 디자인	Jenny Lynch
가구 수리	Marty Gregg
전기 배선	Sean Jones
실내 페인팅	Dylan Norris

어휘 one-stop 한 곳에서 다 할 수 있는 | home improvement 주택 개조 | feature ~을 특징으로 하다 | relaxed 느긋한, 여유 있는 | as always 늘 그렇듯 | do-it-yourself 손수 함, 손수 취미로 함 | in-house 사내의, 내부의 | trick 비결 | fix up 고치다, 수리하다 | fill up 채워지다 | reserve 예약하다

7. What is being announced?

(A) A store reopening

(B) A special sale

(C) Extended business hours

(D) Free home delivery

무엇이 안내되고 있는가?

(A) 상점 재개장

(B) 특별 할인

(C) 연장된 영업 시간

(D) 무료 가정 배달

해설 광고 대상을 묻는 문제 – 담화의 처음 부분에서 집 수리 자재들을 위해 한 곳에서 해결할 수 있는 상점, No Place Like Home이 재개장을 알려드리게 된 것을 자랑스럽게 생각한다고 말했으므로 (A)가 정답!

8. Look at the graphic. Who will teach this week's class?

(A) Jenny Lynch

(B) Marty Gregg

(C) Sean Jones

(D) Dylan Norris

시각 정보를 보시오. 이번 주 수업을 누가 가르칠 것인가?

(A) Jenny Lynch

(B) Marty Gregg

(C) Sean Jones

(D) Dylan Norris

해설 시각 정보 연계 문제 – 담화의 마지막 부분에서 이번 주에는 사내 전문가가 낡은 가구를 수리하기 위한 몇 가지 비결들을 알려드리겠다고 한 내용을 토대로 표를 확인하면, 가구 수리에 대한 수업을 하는 강사는 Marty Gregg이므로 (B)가 정답!

Practice 본서 p.218

1. (C)	2. (D)	3. (C)	4. (A)	5. (D)	6. (C)
7. (B)	8. (D)	9. (A)	10. (A)	11. (B)	12. (C)

영국

Questions 1-3 refer to the following announcement.

W Good morning, everyone. Let me remind you that the company anniversary party will be held at the Stills Convention Center this year. **1** 공지의 목적 For your convenience, the company will offer free shuttle buses from our main office building to the venue. **2** 제공되는 것 I have to figure out how many buses we need that day, so please send me an e-mail if you need transportation. **3** 화자의 요청 사항

1-3번은 다음 공지에 관한 문제입니다.

C 안녕하세요, 여러분. **여러분께 올해의 창립 기념 파티가 Stills 컨벤션 센터에서 열리는 것을 다시 알려드립니다. 1** 여러분의 편의를 위해, 회사는 우리 본사 건물에서 행사 장소까지 가는 무료 셔틀 버스를 제공해드릴 것입니다. **2** 그날 버스가 몇 대가 필요할지 알아야 하니, 교통편이 필요하시면 제게 이메일로 알려주시기 바랍니다. **3**

어휘 remind 상기시키다 | convenience 편의 | transportation 차편, 교통수단 | function 행사, 의식 | flexible (일정 등이) 융통성 있는 | charity 자선, 자선단체

1. What is the purpose of the announcement?
(A) To explain a change in an itinerary
(B) To announce a new corporate policy
(C) To remind workers of a company function
(D) To introduce flexible working hours

공지의 목적은 무엇인가?
(A) 여행 일정의 변경을 설명하기 위해
(B) 새 회사 정책을 발표하기 위해
(C) 회사 행사에 대해 직원들에게 상기시키기 위해
(D) 탄력 근무제를 소개하기 위해서

해설 목적을 묻는 문제 – 첫 문장에서 올해의 창립 파티가 Stills 컨벤션 센터에서 열리는 것을 상기시켜 준다고 말하므로 (C)가 정답!

2. According to the speaker, what will be provided?
(A) Meals
(B) Accommodation
(C) Entertainment
(D) Transportation

화자에 따르면, 무엇이 제공될 것인가?
(A) 식사
(B) 숙박
(C) 오락
(D) 교통편

해설 세부 사항을 묻는 문제 – 화자는 직원들의 편의를 위해 회사가 본사 건물에서 센터까지 가는 무료 셔틀 버스를 제공해 줄 것이라고 말했다. 지문에서 언급된 shuttle bus(셔틀 버스)가 보기에서 transportation(교통편)으로 바뀌어 제시되었으므로 (D)가 정답!

3. What does the speaker ask the listeners to do?
(A) Analyze data
(B) Raise money for charity
(C) Email a request
(D) Visit the Human Resources Department

화자는 청자들에게 무엇을 하도록 요청하는가?
(A) 자료를 분석한다
(B) 자선 모금을 한다
(C) 신청서를 이메일로 보낸다
(D) 인사과를 방문한다

해설 요청 사항을 묻는 문제 – 마지막 문장에서 그날 버스가 몇 대가 필요할지 알아야 하니, 교통편이 필요하면 이메일로 알려달라고 언급하므로 (C)가 정답!

미국

Questions 4-6 refer to the following telephone message.

W Hello, Mr. Lee. I am calling from Jonelle's Cakes about the birthday cake you ordered. **4** 화자의 근무지 It seems there's a problem. You ordered a cake filled with... um... with strawberries, but we put blueberries in it by mistake. **5** 문제점 If you don't mind the cake with blueberry filling, we'd like to offer it to you for free. If not, we'll make sure to bake you a strawberry cake that will be ready to be picked up this afternoon. Please call us back at 555-9268 to let us know what you would prefer. **6** 요청 사항 Thank you.

4-6번은 다음 전화 메시지에 관한 문제입니다.

C 안녕하세요, Mr. Lee. **Jonelle's 케이크에서 주문하신 생일 케이크와 관련해 전화드립니다. 4** 문제가 생긴 것 같은데요. **손님께서 그... 딸기가 들어가는 케이크를 주문하셨는데, 저희가 실수로 블루베리를 넣어버렸습니다. 5** 혹시 블루베리로 채워진 케이크도 괜찮으시면, 저희가 이 케이크를 무료로 드리고 싶습니다. 아니면 오늘 오후에 꼭 찾아가실 수 있도록 딸기 케이크를 구워드리겠습니다. 555-9268번으로 전화 주셔서 선호하시는 걸 말씀해 주세요. **6** 감사합니다.

어휘 filled with ~으로 가득 찬 | mistake 실수 | mind 상관하다 | filling (요리의) 소 | pick up ~을 찾다, ~을 찾아오다 | stand 가판대, 좌판

4. Where does the speaker work?
(A) At a bakery
(B) At a candy store
(C) At a fruit stand
(D) At a farm

화자는 어디에서 근무하는가?
(A) 제과점에서
(B) 사탕 가게에서
(C) 과일 가게에서
(D) 농장에서

해설 근무지를 묻는 문제 – 첫 문장에서 화자가 Jonelle's 케이크에서 주문한 생일 케이크와 관련해 전화하는 것이라고 말하므로 (A)가 정답!

5. What is the problem?
(A) Some equipment is broken.
(B) An item has been damaged.
(C) A specific item is sold out.
(D) An order was not filled correctly.

문제는 무엇인가?
(A) 어떤 장비가 고장 났다.
(B) 어떤 물품이 손상되었다.
(C) 특정 물품이 품절됐다.
(D) 어떤 주문이 정확하게 이행되지 않았다.

해설 문제점을 묻는 문제 – 화자가 손님이 딸기가 들어가는 케이크를 주문했는데 실수로 블루베리를 넣었다고 말했으므로 주문한 케이크가 다른 재료로 채워진 것을 알 수 있다. 따라서 (D)가 정답!

6. What is the listener asked to do?
(A) Drop off an item
(B) Submit a complaint
(C) Return a call
(D) Contact another store

청자는 무엇을 하도록 요청받는가?
(A) 물건을 가져다 준다
(B) 항의서를 제출한다
(C) 답신 전화를 준다
(D) 다른 가게에 연락한다

해설 요청 사항을 묻는 문제 – 지문의 후반부에서 555–9268으로 전화해 달라고 말하고 있으므로 (C)가 정답!

호주

Questions 7-9 refer to the following talk.

M Good morning. I'm Tristan Lee from the Systems Department, and I'll be providing training on our company's updated accounting software. **7** 화자의 직업 Before we begin, please fill out the survey in front of you. The information from this form will allow us to determine how effective this software will be in performing your work. **8** 화자 의도 So please take your time. Once everyone finishes, we will have a 15 minute break. When we resume, you will be placed in groups based on your survey answers so that you can work with those who have similar jobs. **9** 휴식 이후 할 일

7-9번은 다음 담화에 관한 문제입니다.

남 안녕하세요. 저는 시스템부의 Tristan Lee이고, 저희 회사의 최신 회계 소프트웨어 교육을 진행하게 되었습니다. **7** 시작하기 전에 앞에 있는 설문지를 작성해 주세요. 이 문서에 나온 정보는 여러분이 일을 하는 데 이 소프트웨어가 얼마나 효율적인지를 판단할 수 있도록 해줄 것입니다. **8** 그러니 충분히 시간을 가지세요. 모두 끝내면 15분간 휴식 시간을 가질 것입니다. 교육을 재개한 후에는 여러분들이 비슷한 직업을 가진 분들과 작업할 수 있도록 설문 조사 답변에 근거하여 조편성이 될 겁니다. **9**

어휘 accounting 회계 | determine 알아내다, 밝히다 | effective 효과적인 | perform 수행하다 | resume 재개하다 | based on ~에 근거하여 | log 일지에 기록하다

7. Who most likely is the speaker?
(A) A tour guide
(B) A software instructor
(C) A job consultant
(D) A sales representative

화자는 누구이겠는가?
(A) 관광 가이드
(B) 소프트웨어 강사
(C) 취업 컨설턴트
(D) 영업 사원

해설 화자의 정체를 묻는 문제 – 화자가 자신을 시스템부의 Tristan Lee로 소개하며, 최신 회계 소프트웨어 교육을 진행하게 되었다고 말했으므로 (B)가 정답!

8. What does the speaker mean when he says, "So please take your time"?
(A) The Systems Department should update all the computers.
(B) Employees should make sure they correctly log in their hours.
(C) The accounting manager should check all the expense reports.
(D) Staff should carefully complete a questionnaire.

화자가 "그러니 충분히 시간을 가지세요"라고 말한 의도는 무엇인가?
(A) 시스템 부서에서 모든 컴퓨터를 업데이트해야 한다.
(B) 직원들은 업무 시간을 제대로 입력해야 한다.
(C) 회계 담당자가 모든 비용 보고서를 확인해야 한다.
(D) 직원들은 질문지를 신중하게 작성해야 한다.

해설 화자 의도 파악 문제 – 설문지 작성을 요청하며 문서에 나온 정보가 업무 처리에 이 소프트웨어가 얼마나 효율적인지를 판단할 수 있도록 해

줄 거라고 하면서 충분한 시간을 가지라고 말한 것이므로 설문을 신경 써서 작성할 것을 당부한 말임을 알 수 있다. 따라서 (D)가 정답!

어휘 leave for ~로 떠나다 | attraction 관광지, 명소 | no later than 늦어도 ~까지 | as for ~에 관하여 | keep ~ in mind ~을 염두에 두다

---

9. What will listeners do after the break?
(A) Work in groups
(B) Watch a presentation
(C) Meet with their managers
(D) Order some equipment

청자들은 휴식 시간 후 무엇을 할 것인가?
(A) 조별로 작업한다
(B) 프레젠테이션을 본다
(C) 부서장들과 만난다
(D) 장비를 주문한다

해설 다음에 할 일을 묻는 문제 – 15분의 휴식 시간 후 교육을 재개한 다음에는 비슷한 직업을 가진 사람들과 작업할 수 있도록 설문 조사 답변에 근거한 그룹으로 배정될 거라고 말했으므로 (A)가 정답!

미국

Questions 10-12 refer to the following announcement and weather report.

M Listen up, everyone. We'll arrive at the Doubleton Resort in about 10 minutes. Remember that we'll be leaving for our last attraction early in the morning tomorrow, so please be down in the lobby no later than 7 A.M. **10** 화자의 직업 As for the rest of the day, you are free to do whatever you wish. If you plan on going out, be sure to take a jacket with you as wind speeds are expected to reach 15 km/h today. **11** 시각 정보 The resort also offers shuttle service to the downtown area, so keep that in mind. If you're unsure of what to do, I recommend checking out Camila's Diner. They serve some of the best sandwiches in town. **12** 화자가 제안하는 것

10-12번은 다음 공지와 일기 보도에 관한 문제입니다.

남 모두들 잘 들어주세요. 우리는 약 10분 후에 Doubleton Resort에 도착할 겁니다. 내일 아침 일찍 마지막 관광지로 출발하니 늦어도 오전 7시까지는 로비에 내려와야 한다는 것을 유념해 주세요. **10** 오늘 나머지 시간에는 여러분이 원하는 것은 무엇이든 자유롭게 하실 수 있습니다. 외출할 계획이라면 오늘 풍속이 15km/h에 이를 것으로 예상되므로 재킷을 반드시 가져가세요. **11** 리조트는 시내로 가는 셔틀 서비스도 제공하니 그 점도 명심하세요. 무엇을 해야 할지 모르겠다면, Camila's Diner를 살펴보시길 권합니다. 그곳에서는 이 도시 최고의 샌드위치를 제공합니다. **12**

일기 예보 및 풍속				
월요일	화요일	수요일	목요일	금요일
☀	⛅	🌬	🌥	🌧
0 km/h	5 km/h	15 km/h	12 km/h	10 km/h

PART 4 UNIT 16

10. What most likely is the speaker's occupation?
(A) Tour guide
(B) Catering manager
(C) Resort employee
(D) Airline worker

화자의 직업은 무엇이겠는가?
(A) 관광 가이드
(B) 출장 요리 매니저
(C) 리조트 직원
(D) 항공사 직원

해설 화자의 정체를 묻는 문제 – 약 10분 후에 Doubleton Resort에 도착할 거라면서 내일 아침 일찍 마지막 관광지로 출발할 테니 늦어도 오전 7시까지 로비로 내려오라고 알리는 것으로 보아 화자의 직업이 관광 가이드임을 알 수 있다. 따라서 (A)가 정답!

---

11. Look at the graphic. On which day is the announcement taking place?
(A) Tuesday
(B) Wednesday
(C) Thursday
(D) Friday

시각 정보를 보시오. 공지는 어느 요일에 발표되는가?
(A) 화요일
(B) 수요일
(C) 목요일
(D) 금요일

해설 시각 정보 연계 문제 – 외출 계획이 있다면 오늘 풍속이 15km/h에 이를 것으로 예상되니 반드시 재킷을 가져가라고 했고, 일기예보상 15km/h에 해당하는 요일은 수요일(Wednesday)이므로 (B)가 정답!

---

12. What activity does the speaker suggest?
(A) Watching a film
(B) Checking out a fashion show
(C) Eating at a restaurant
(D) Visiting a museum

화자는 어떤 활동을 제안하는가?
(A) 영화를 보는 것
(B) 패션쇼를 확인하는 것
(C) 식당에서 식사하는 것
(D) 박물관을 방문하는 것

해설 세부 사항을 묻는 문제 – 할 만한 활동을 찾지 못한 경우 Camila's Diner에 들러보길 추천하면서 그곳이 이 도시에서 가장 맛있는 샌드위치를 제공한다고 말했으므로 (C)가 정답!

UNIT 17. 공지·안내방송

Warm-up   본서 p.224

1. (B)   2. (A)   3. (B)   4. (B)   5. (B)

영국

Question 1 refers to the following announcement.

W Welcome to Wilson's Supermarket. We're happy to announce that the new Asian food section is now open! It is right next to the frozen food aisle—aisle number 5.

1번은 다음 안내방송에 관한 문제입니다.

해 Wilson's 슈퍼마켓에 오신 것을 환영합니다. 새 아시아 음식 코너가 이제 오픈했음을 알려드리게 되어 기쁩니다! 냉동식품 코너 바로 옆 5번 통로에 있습니다.

어휘 section 구획 | frozen food 냉동 식품 | aisle 통로

1. Where most likely is the speaker?
   (A) At a library
   (B) At a grocery store

화자가 어디에 있겠는가?
   (A) 도서관에
   (B) 식료품점에

해설 첫 문장에서 Wilson's 슈퍼마켓에 오신 것을 환영한다는 말이 들리므로 (B)가 정답!

미국

Question 2 refers to the following announcement.

M Hello, everyone. Thanks for coming to the annual Grindale Jazz Festival. We have a variety of world-famous jazz bands performing for us at this year's festival.

2번은 다음 공지에 관한 문제입니다.

남 안녕하세요, 여러분. 연례 Grindale 재즈 페스티벌에 와 주셔서 감사합니다. 올해 페스티벌에서는 세계적으로 유명한 많은 재즈 밴드들이 우리를 위해 공연해 줄 것입니다.

어휘 annual 연례의 | a variety of 다양한, 여러 가지의 | world-famous 세계적으로 유명한

2. Who is the audience for this announcement?
   (A) Festival attendees
   (B) Professional musicians

누구를 위한 공지인가?
   (A) 페스티벌 참석자들
   (B) 전문 음악가들

해설 화자가 첫 문장에서 연례 재즈 페스티벌에 와 줘서 고맙다고 말하므로 청자들이 페스티벌에 참석 중인 사람들임을 알 수 있다. (A)가 정답!

미국

Question 3 refers to the following excerpt from a meeting.

W Good morning. First of all, I want to remind everyone about the recent change to the store's return policy.

3번은 다음 회의 발췌록에 관한 문제입니다.

여 안녕하세요. 우선, 저희 가게의 최근 반품 정책 변경에 대해 모든 분들께 다시 한 번 알려드리고 싶습니다.

어휘 first of all 우선 | remind 상기시키다 | recent 최근의 | change 변경, 변화 | return policy 반품 정책

3. What is the main topic of the announcement?
   (A) A new payroll system
   (B) A return policy

공지의 주제는 무엇인가?
   (A) 새 급여 정산 시스템
   (B) 반품 정책

해설 화자가 가게의 최근 반품 정책 변경에 대해 다시 한번 알려주고 싶다고 말하므로 (B)가 정답!

영국

Question 4 refers to the following talk.

W Welcome everyone. I hope you are enjoying this year's health conference. Before we continue, I'd like to call your attention to something on the conference schedule—there is an error on the first page.

4번은 다음 담화에 관한 문제입니다.

여 환영합니다 여러분. 올해의 보건 회의를 즐겁게 보내고 계시길 바랍니다. 계속 진행하기 전에, 회의 일정의 어떤 것에 여러분의 주의를 환기시키고 싶습니다. – 첫 장에 오류가 있거든요.

어휘 enjoy 즐기다 | conference 회의 | error 오류

4. Where is the announcement being made?
   (A) At a banquet
   (B) At a conference

공지가 어디에서 이루어지고 있는가?
   (A) 연회에서
   (B) 회의에서

호주

Question 5 refers to the following announcement.

M Good evening, ladies and gentlemen! Welcome to the Impala Theater. We are happy that you could come tonight. As many of you are already aware, tonight's performance has completely sold out. As the owner of this theater, I would personally like to thank all of you and hope that you enjoy the show.

5번은 다음 공지에 관한 문제입니다.

남 신사 숙녀 여러분, 안녕하세요! Imapala 극장에 오신 것을 환영합니다. 오늘 밤 여러분들을 모실 수 있게 되어 기쁩니다. 여러분들께서도 이미 많이 알고 계시듯이, 오늘 밤 공연이 모두 매진되었습니다. 이 극장의 소유주로서, 모든 분께 개인적으로 감사를 드리고 싶고 즐거운 공연 되시기 바랍니다.

어휘 performance 공연 | completely 완전히 | sold out 매진된 | owner 소유주 | theater 극장 | personally 직접, 개인적으로

5. Who is the speaker?
(A) A ticket seller
(B) A theater owner
화자는 누구인가?
(A) 매표원
(B) 극장 소유주

해설 화자가 후반에 자신을 극장 소유주라고 하고 있으므로 (B)가 정답!

Exercise
본서 p.225

1. (B)   2. (C)   3. (C)   4. (D)   5. (C)   6. (D)
7. (C)   8. (C)

미국

Questions 1-2 refer to the following announcement.

M Attention, shoppers! Don't forget that right now we are having our big mattress sale! **1** 공지의 장소 To make room for next season's inventory, the prices of selected items have been cut in half. That's right—50 percent off the regular price! But remember that this sale will only last for the next three days. **2** 세일 기간 So get over to the bedroom section and get yourself a new mattress at a fantastic price!

1-2번은 다음 안내방송에 관한 문제입니다.

남 고객 여러분께 안내말씀 드립니다! 현재 매트리스 파격 세일을 하고 있다는 것을 잊지 마세요. **1** 다음 시즌 재고를 들여올 공간을 마련하기 위해 선별된 품목들의 가격을 절반으로 내렸습니다. 맞습니다. 정상가의 50 퍼센트 할인입니다! 그러니 이 세일은 앞으로 3일 동안만 진행된다는 점 유의하시기 바랍니다. **2** 그러니 침구류 코너로 가셔서 환상적인 가격에 새 매트리스를 장만해 보세요!

어휘 inventory 재고 | in half 절반으로 | last 계속되다 | get over to ~로 가다

1. Where does the announcement most likely take place?
(A) At an office supply store
(B) At a furniture retailer
(C) At a supermarket
(D) At a bank
공지가 이루어질 만한 장소는 어디이겠는가?
(A) 사무용품점에서
(B) 가구 소매점에서
(C) 슈퍼마켓에서
(D) 은행에서

해설 장소를 묻는 문제 – 첫 문장에서 고객들에게 매트리스 파격 세일을 하고 있다고 언급하므로 (B)가 정답!

2. How long will the offer last?
(A) One day
(B) Two days
(C) Three days
(D) Four days
특가는 얼마 동안 진행될 것인가?
(A) 1일
(B) 2일
(C) 3일
(D) 4일

해설 세부 사항을 묻는 문제 – 지문의 후반부에서 세일은 3일 동안만 유효하다고 밝혔으므로 (C)가 정답!

영국

Questions 3-4 refer to the following excerpt from a meeting.

W Good morning, everyone. Most of you have already seen some of the changes that we made to the Winslow Bank homepage. **3** Winslow 은행이 최근에 한 일 For those of you who are having trouble and want to learn more about how to use these features, there will be a seminar held by Samantha Surly. She is part of our technology team, **4** Samantha Surly 의 정체 and she can answer any questions that you may have. If you are interested in attending, please come to the conference room at 3 P.M. today.

3-4번은 다음 회의 발췌록에 관한 문제입니다.

🔊 여러분, 안녕하세요. **여러분 대부분이 Winslow 은행의 홈페이지에서 약간의 변화를 보셨을 겁니다.** ❸ 어려움을 겪고 계시거나 이러한 기능들의 사용 방법에 관해 더 알아보고자 하는 분들을 위해 Samantha Surly가 세미나를 진행할 겁니다. **그녀는 저희 기술팀의 직원이고요,** ❹ 여러분의 모든 질문에 대답해드릴 겁니다. 참석에 관심이 있으신 분들은 오늘 오후 3시에 회의실로 오시기 바랍니다.

어휘 technology team 기술팀 | conference room 회의실

---

3. What did Winslow Bank do recently?
(A) Hire some employees
(B) Appoint a new CEO
(C) Upgrade their homepage
(D) Create an online support team

Winslow 은행이 최근에 한 일은 무엇인가?
(A) 직원을 고용했다
(B) 새로운 CEO를 임명했다
(C) 홈페이지를 업그레이드했다
(D) 온라인 지원을 신설했다

해설 세부 사항을 묻는 문제 – 지문의 초반에서 Winslow 은행의 홈페이지가 조금 달라졌다고 했으므로 (C)가 정답!

---

4. Who most likely is Samantha Surly?
(A) A CEO
(B) A banking consultant
(C) The director of the personnel team
(D) A member of the technology team

Samantha Surly는 누구이겠는가?
(A) CEO
(B) 은행 업무 컨설턴트
(C) 인사부장
(D) 기술팀 직원

해설 세부 사항을 묻는 문제 – 화자가 Samantha Surly의 이름을 언급한 후, 기술팀의 직원이라고 말하므로 (D)가 정답!

미국

Questions 5-6 refer to the following announcement.

🔊 Attention, all passengers. The airport is currently undergoing construction work. As a result, check-in counters 114 through 230 have been temporarily relocated. Passengers whose flights check in at these counters should follow the signs to the temporary building adjacent to the short-term parking lot. ❺ 승객들이 할 수 있는 것 Please ask any member of staff for assistance. ❻ 질문 방법

5-6번은 다음 안내방송에 관한 문제입니다.

🔊 승객 여러분 주목해 주십시오. 공항은 현재 건설 공사 중입니다. 그 결과 체크인 카운터 114번부터 230번까지를 임시로 이전하였습니다. **이 카운터에서 항공편을 체크인하시는 승객분들은 표지판을 따라 단기 주차장 근처의 임시 건물로 가 주십시오.** ❺ 직원들에게 도움을 요청해 주십시오. ❻

어휘 currently 현재 | undergo 겪다, 받다 | construction work 건설 공사 | as a result 그 결과 | check-in 탑승 수속 | temporarily 일시적으로, 임시로 | relocate 이전하다, 이동하다 | adjacent to ~에 인접한, 가까운 | short-term 단기의, 단기적인 | parking lot 주차장 | assistance 도움

---

5. What can passengers do near the parking lot?
(A) Purchase souvenirs
(B) Book some tickets
(C) Check in luggage
(D) Board flights

승객들은 주차장 근처에서 무엇을 할 수 있는가?
(A) 기념품을 구매한다
(B) 티켓을 예매한다
(C) 수하물을 체크인한다
(D) 비행기에 탑승한다

해설 세부 사항을 묻는 문제 – 공지의 중간 부분에 카운터에서 체크인하시는 승객분들은 표지판을 따라 단기 주차장 근처의 임시 건물로 가 달라고 말하므로 (C)가 정답!

---

6. What should passengers do if they have questions?
(A) Ask a flight attendant
(B) Go to the parking lot
(C) Look at monitors
(D) Talk with an employee

승객들은 질문이 있으면 무엇을 해야 하는가?
(A) 승무원에게 질문한다
(B) 주차장으로 간다
(C) 모니터를 본다
(D) 직원에게 이야기한다

해설 요청 사항을 묻는 문제 – 공지의 마지막 부분에 직원들에게 도움을 요청해 달라고 말하므로 (D)가 정답!

호주

Questions 7-8 refer to the following announcement.

🔊 Finally, I have some information for you on the company's new parking policy. ❼ 공지의 주제 From next Monday, the parking area behind the warehouse will be set aside for carpoolers only. If you travel to work in the same car with another staff member, you will be entitled to park there. Just

ask Paulo in Facilities Management for a permit.
8 Paulo에게 연락해야 하는 이유 If not, you will have to look for a space in one of the other car parks, where, as you know, spaces are extremely limited. We hope you all appreciate that this policy is designed to encourage everyone to travel to work in a more environmentally-friendly manner.

7-8번은 다음 공지에 관한 문제입니다.

남 마지막으로, 회사의 새로운 주차 방침에 대한 정보가 있습니다. **7** 다음 월요일부터 창고 뒤 주차 구역은 카풀하는 사람들만을 위해 배정될 것입니다. 다른 직원과 함께 같은 차를 타고 출근한다면, 그곳에 주차할 자격이 있을 것입니다. **시설 관리팀의 Paulo에게 허가증을 요청하십시오.** **8** 그렇지 않으면, 다른 주차장에서 주차 공간을 찾아봐야 하는데, 아시다시피 공간이 매우 제한되어 있습니다. 이 규정이 보다 환경 친화적인 방식으로 출근하도록 권장하기 위해 고안된 것임을 인식해 주시기를 희망합니다.

어휘 policy 방침, 정책 | set aside 따로 떼어 두다, 확보하다 | travel 이동하다, 다니다 | staff member 직원 | be entitled to ~할 자격이 되다 | facilities management 시설 관리 | permit 허가증 | extremely 극도로, 극히 | limited 제한된, 많지 않은 | appreciate 인정하다, 인식하다, 고마워하다 | manner 방식

---

7. What is the announcement about?
   (A) A delayed promotion
   (B) A construction project
   (C) A new parking policy
   (D) A recruitment campaign

   공지는 무엇에 관한 것인가?
   (A) 지연된 승진
   (B) 공사 프로젝트
   (C) 새 주차 규정
   (D) 채용 캠페인

해설 주제를 묻는 질문 – 공지의 처음 부분에서 회사의 새로운 주차 방침에 대한 정보가 있다고 말하므로 공지의 내용이 새로운 주차 규정에 관한 것임을 알 수 있다. 따라서 (C)가 정답!

....

8. Why are the listeners asked to contact Paulo?
   (A) To post a job opening
   (B) To hire vehicles
   (C) To get authorization
   (D) To request a visit

   청자들은 왜 Paulo에게 연락하라고 요청받는가?
   (A) 채용 공고를 내기 위해
   (B) 차량을 임차하기 위해
   (C) 허가를 받기 위해
   (D) 방문을 요청하기 위해

해설 요청 사항을 묻는 질문 – 공지의 중간 부분에 시설 관리팀의 Paulo에게 허가증을 요청하라고 말하므로 (C)가 정답!

Practice

본서 p.226

1. (A) 2. (B) 3. (C) 4. (C) 5. (A) 6. (A)
7. (B) 8. (C) 9. (A) 10. (B) 11. (C) 12. (D)

호주

Questions 1-3 refer to the following announcement.

M Attention all Hempington's shoppers. For a short time only, we're offering 20 percent off on selected clothing lines. **1** 광고의 대상 These include gentlemen's and ladies' formal and casual wear, and selected sportswear. Look out for our blue cross stickers on items around the store. All items labeled with the blue crosses are part of this great promotion. **2** 세일 품목을 찾을 수 있는 방법 And what's more, customers making purchases with the Hempington's credit card during the promotion will get a further five percent reduction on sale items. If you don't have a card yet, you can sign up for one today at any of the customer service desks. **3** 고객서비스 데스크를 방문하도록 권장 받는 이유

1-3번은 다음 안내방송에 관한 문제입니다.

남 Hempington의 고객 여러분 주목해 주십시오. 짧은 기간 동안만 엄선된 의류 제품을 20% 할인해 드립니다. **1** 여기에는 신사용 및 숙녀용 정장과 평상복, 엄선된 운동복이 포함됩니다. 매장 내 물품에서 파란 십자가 스티커를 찾아 보세요. 파란 십자가가 부착된 모든 물품은 이번 판촉 행사 대상입니다. **2** 뿐만 아니라, 판촉기간 동안 Hempington의 신용카드로 구매하신 고객님들은 세일 품목에서 추가로 5% 할인을 더 받으실 수 있습니다. 아직 카드가 없으시면, 오늘 저희 고객 서비스 데스크 어느 곳에서든 카드를 신청하실 수 있습니다. **3**

어휘 selected 엄선된 | formal wear 정장 | casual wear 평상복 | sportswear 운동복 | look out for ~을 찾아보다 | promotion 판촉, 프로모션 | what's more 게다가, 뿐만 아니라 | further 추가적인 | reduction 할인 | sign up for ~을 신청하다

---

1. What is being advertised?
   (A) Clothing
   (B) Sports equipment
   (C) Bathroom suites
   (D) Groceries

   무엇이 광고되고 있는가?
   (A) 의류
   (B) 스포츠 장비
   (C) 욕실용품 세트
   (D) 식료품

해설 광고 대상을 묻는 문제 – 광고의 처음 부분에서 한정된 기간 동안 엄선된 의류 제품을 20% 할인해 준다고 말하고 있으므로 (A)가 정답!

....

2. According to the speaker, how can listeners find sale items?

(A) By speaking with staff

(B) By looking for special stickers

(C) By following a map

(D) By filling out a form

화자에 의하면, 청자들은 어떻게 세일 품목을 찾을 수 있는가?

(A) 직원과 이야기함으로써

(B) 특별한 스티커를 찾음으로써

(C) 지도를 따라감으로써

(D) 양식을 작성함으로써

해설 세부 사항을 묻는 문제 – 공지 중간 부분에서 매장 내 물품에서 파란 십자가 스티커를 찾아 보라고 말하며, 파란 십자가가 부착된 모든 물품은 이번 판촉행사 대상이라고 말하므로 (B)가 정답!

---

3. Why are listeners encouraged to visit the customer service desk?

(A) To pick up a store guide

(B) To ask for gift-wrapping

(C) To register for a credit card

(D) To return an item

청자들은 왜 고객 서비스 데스크를 방문하도록 권장되는가?

(A) 상점 안내책자를 받기 위해

(B) 선물포장을 요청하기 위해

(C) 신용카드를 신청하기 위해

(D) 제품을 반품하기 위해

해설 요청 사항을 묻는 문제 – 특정 신용카드로 구매할 경우 세일 품목에서 추가로 5% 할인을 받으며, 또한 고객 서비스 데스크에서 바로 신청 가능하다고 했으므로 (C)가 정답!

영국

Questions 4-6 refer to the following announcement.

W Attention, Thunderbolt Railways passengers. **4** 공지의 장소 Why not avoid waiting in line by trying out our new automated ticketing machines, located near the main ticket counter? **5** 대화의 주제 You can purchase your train tickets much more quickly and easily with these machines. The touch-screen monitors make the ticket purchasing process so simple that anyone can do it. **6** 기계에 대해 언급한 내용 If you do have any problems using the system, please inform one of our employees at the information desk. Thank you for choosing Thunderbolt Railways.

4-6번은 다음 안내방송에 관한 문제입니다.

여 Thunderbolt 철도 승객 여러분들께 안내 말씀 드립니다. **4** 줄 서서 기다리지 마시고, 주 매표소 근처에 위치해 있는 새 자동 발권기들을 사용해 보시는 게 어떨까요? **5** 승객 여러분들께서는 이 기계들을 이용해 기차표들을 훨씬 더 빠르고 쉽게 구매하실 수 있습니다. 터치 스크린 모니터로 인해 구매 절차가 누구나 할 수 있을 만큼 간단합니다. **6** 시스템을 사용하시는 데 문제가 있으시면, 안내 데스크에 있는 저희 직원에게 알려주세요. Thunderbolt 철도를 이용해 주셔서 감사합니다.

어휘 railroad 철도 | automated 자동화된 | ticketing 매표 | ticket counter 매표소 | waiting area 대기실

---

4. Where most likely is this announcement being made?

(A) On a tour bus

(B) At an airport

(C) At a train station

(D) At a boat terminal

안내방송이 이루어지는 장소는 어디이겠는가?

(A) 투어 버스 안에서

(B) 공항에서

(C) 기차역에서

(D) 여객선 터미널에서

해설 장소를 묻는 문제 – 첫 문장에서 Thunderbolt 철도를 이용하시는 승객 여러분이라고 언급했으므로 (C)가 정답!

---

5. What is the speaker mainly talking about?

(A) A new ticketing system

(B) A revised train schedule

(C) A power failure

(D) An expanded waiting area

화자는 주로 무엇에 대해 이야기하고 있는가?

(A) 새로운 매표 시스템

(B) 수정된 열차 시간표

(C) 정전

(D) 확장된 대합실

해설 주제를 묻는 문제 – 지문의 초반에서 주 매표소 근처에 새 자동 발매 기계들이 설치되었음을 말하고 있고 이후에도 사용법과 관련된 안내를 하고 있으므로 (A)가 정답!

---

6. What does the speaker say about the machines?

(A) They have touch-screen monitors.

(B) They are located near the main entrance.

(C) They are only available in English.

(D) They are currently out of order.

화자가 기계에 대해 언급한 것은 무엇인가?
(A) 터치 스크린 모니터가 있다.
(B) 정문 근처에 위치해 있다.
(C) 영어로만 이용 가능하다.
(D) 현재 고장 나 있다.

해설 세부 사항을 묻는 문제 – 터치 스크린 모니터로 간단하게 티켓을 구매할 수 있다고 했으므로 (A)가 정답!

미국

Questions 7-9 refer to the following announcement.

W Good afternoon, everyone, and welcome to today's performance of *Silent Thunder*. I'm Annette Rowe, the director of the Milkylight Stage Theater. **7** 화자의 직업 I am thrilled to inform you that today's show has also sold out, meaning that every ticket was sold for every show since our opening night. **8** 연극의 특별한 점 During the break, um, feel free to go to the lobby to get some refreshments or browse our gift shop. All proceeds from today's performance will go towards supporting the various arts programs at our local high schools. **9** 화자 의도 Therefore, your contribution is greatly appreciated. We'd like to thank you in advance for turning off your electronic devices, and we hope you enjoy the show.

7-9번은 다음 공지에 관한 문제입니다.

여 안녕하세요, 여러분, 오늘 공연 〈Silent Thunder〉에 오신 걸 환영합니다. 저는 Milkylight Stage Theater 책임자인 Annette Rowe입니다. **7** 오늘 공연 역시 매진되었는데, 이는 개막 첫날 밤 이후로 모든 공연의 표가 다 팔렸다는 걸 의미하는 것이라서 여러분께 이 소식을 알려드리게 되어 너무나 기쁩니다. **8** 휴식 시간 동안에는, 음, 언제든지 로비로 가셔서 다과를 드시거나 선물 가게를 둘러보세요. 오늘 공연의 모든 수익금은 저희 지역 고등학교들의 다양한 예술 프로그램들을 지원하는 데 쓰일 것입니다. **9** 그러므로, 여러분의 기부가 매우 환영될 것입니다. 전자기기를 꺼주신 데 대해 여러분께 미리 감사 드리며, 공연을 즐겁게 관람하시기를 바랍니다.

어휘 performance 공연 | thrilled 너무 기쁜, 아주 흥분한 | be sold out 매진되다 | refreshments 다과 | browse 둘러보다 | proceeds 수익금 | go towards ~의 비용으로 쓰이다 | contribution 기부, 공헌 | appreciate 고마워하다; 환영하다 | in advance 미리

7. Who is the speaker?
(A) A stage actor
(B) A theater director
(C) An audience member
(D) A front-desk clerk

화자는 누구인가?
(A) 무대 배우
(B) 극장 책임자
(C) 방청객
(D) 안내데스크 직원

해설 화자의 정체를 묻는 문제 – 안내방송 처음 부분에서 Milkylight Stage Theater 책임자인 Annette Rowe라고 말하므로 (B)가 정답!

---

8. According to the speaker, what is special about the play?
(A) It has received multiple awards.
(B) A local actor has the lead role.
(C) All shows have sold out.
(D) It is based on a book.

화자에 따르면, 연극에 관하여 특별한 점은 무엇인가?
(A) 여러 개의 상을 받았다.
(B) 한 지역 배우가 주연을 맡았다.
(C) 모든 공연이 매진되었다.
(D) 어떤 책을 바탕으로 한다.

해설 세부 사항을 묻는 문제 – 안내방송 중간 부분에 오늘 공연 역시 매진되었고, 이는 개막 첫날 밤 이후로 모든 공연의 표가 다 팔렸다는 걸 의미하는 것이라서 이 소식을 알려드리게 되어 너무나 기쁘다고 말하므로 (C)가 정답!

---

9. What does the speaker mean when she says, "your contribution is greatly appreciated"?
(A) Ticket purchases will benefit school programs.
(B) A historic building will be renovated soon.
(C) Positive reviews will help increase sales.
(D) A charity event will be organized by famous artists.

여자는 "여러분의 기부가 매우 환영될 것입니다"라고 말할 때, 무엇을 의도하는가?
(A) 표 구매가 학교 프로그램들에 혜택을 줄 것이다.
(B) 역사적인 건물이 곧 수리될 것이다.
(C) 긍정적인 평가가 매출 증진에 도움을 줄 것이다.
(D) 자선 행사가 유명 예술가들에 의해 마련될 것이다.

해설 화자 의도 파악 문제 – 안내방송 마지막 부분에 오늘 공연의 모든 수익금은 지역 고등학교들의 다양한 예술 프로그램들을 지원하는 데 쓰일 것이라고 하고 나서 '여러분의 기부가 매우 환영될 것입니다.'라고 말하므로 (A)가 정답!

Questions 10-12 refer to the following instructions and floor plan.

W Good morning, and welcome to our Monday meeting. Looks like it'll be a busy week for us, especially with the new action film, *Madman on a Train*. That movie is completely sold out already. **10** 새 영화에 대해 언급한 것 Considering how crowded it will be, I'm glad that we've repaired the entrance by the food counter. **11** 시각 정보 Hopefully, that will help us increase our sales. Oh, and one more thing: the new radio headsets have come in. We will be using the devices to communicate with each other. Please put them on before you start work tomorrow. **12** 청자들이 지시받은 것

10-12번은 다음 지시 사항과 평면도에 관한 문제입니다.

G1 안녕하세요. 월요일 미팅에 오신 걸 환영합니다. 우리에겐 바쁜 한 주가 될 것 같은데요. 특히 새로운 액션 영화 〈Madman on a Train〉로요. 이 영화는 벌써 전부 다 매진되었습니다. **10** 얼마나 혼잡할지 감안하면 식품 판매대 옆 입구가 수리돼서 기쁘네요. **11** 이게 우리가 매출을 올리는 데 도움이 되면 좋겠네요. 아, 그리고 한가지 더요. 새 무선 헤드셋이 들어왔어요. 이 장치는 서로 연락하는 데 사용할 것입니다. 내일 업무를 시작하기 전에 착용해 주세요. **12**

어휘 **especially** 특히, 특별히 | **be sold out** 매진되다 | **considering** ~을 고려하여 | **crowded** 붐비는, 복잡한 | **entrance** 입구 | **hopefully** 바라건대 | **radio** 무선의 | **device** 기기, 장치

10. What does the speaker say about a new film?
(A) There are several complaints about it.
(B) There are no more tickets for it.
(C) Its cast members will visit the theater.
(D) Its starting date will be revised.

새 영화에 대해 화자는 뭐라고 말하는가?
(A) 몇몇 불만사항이 있다.
(B) 영화표가 더 이상 없다.
(C) 출연진이 극장을 방문한다.
(D) 개봉일이 수정될 것이다.

해설 세부 사항을 묻는 문제 – 새 액션 영화 〈Madman on a Train〉을 언급하며, 이 영화가 벌써 전부 다 매진되었다고 말했으므로 (B)가 정답!

11. Look at the graphic. What has recently been repaired?
(A) The screen
(B) Entrance A
(C) Entrance B
(D) Entrance C

시각 정보를 보시오. 최근에 수리된 것은 무엇인가?
(A) 스크린
(B) 입구 A
(C) 입구 B
(D) 입구 C

해설 시각 정보 연계 문제 – 극장이 혼잡할 텐데 식품 판매대 옆 입구가 수리돼 기쁘다고 말했고, 평면도에서 Food Counter 옆 입구는 Entrance B이므로 (C)가 정답!

12. What are listeners instructed to do?
(A) Distribute a survey
(B) Check visitors' tickets
(C) Enter their work hours
(D) Put on a headset

청자들은 무엇을 하라고 지시받는가?
(A) 설문지를 배포한다
(B) 방문자 입장권을 확인한다
(C) 근무 시간을 입력한다
(D) 헤드셋을 착용한다

해설 요구 사항을 묻는 문제 – 라디오 헤드폰이 새로 들어왔다고 말하며 이 장치를 서로 연락할 때 사용할 예정이니 내일 업무 시작 전에 착용해 달라고 했으므로 (D)가 정답!

UNIT 18. 전화·녹음 메시지

Warm-up

본서 p.232

1. (A) **2.** (B) **3.** (B) **4.** (A) **5.** (B)

미국

Question 1 refers to the following telephone message.

W Hi, Keith. This is Andrea calling from Sanbury Car Repair. I'm calling to remind you of your vehicle's maintenance appointment on Wednesday at 4 P.M.

1번은 다음 전화 메시지에 관한 문제입니다.

여 안녕하세요 Keith, 저는 Sanbury 카센터의 Andrea입니다. 수요일 오후 4시에 있을 차량 정비 예약을 상기시켜 드리고자 전화드립니다.

어휘 remind 상기시키다 | maintenance 정비, 관리

---

1. Where does the speaker work?
(A) At an auto shop
(B) At a dental clinic

화자는 어디에서 근무하는가?
(A) 카센터에서
(B) 치과에서

해설 첫 문장에서 Sanbury 카센터의 Andrea라고 자신을 밝혔으므로 (A)가 정답!

호주

Question 2 refers to the following telephone message.

M Hi, Ms. Douglas. This is Nathan Dent returning your call. You said you wanted me to make a new Web site for your business. I'd like to know more about your business first, though. Can you please send me some information?

2번은 다음 전화 메시지에 관한 문제입니다.

남 안녕하세요, Ms. Douglas, 답신 전화드리는 Nathan Dent입니다. 회사의 새 웹사이트를 만들고 싶다고 하셨죠. 하지만 먼저 당신의 업체에 관해 더 알고 싶습니다. 정보를 좀 보내주실 수 있을까요?

어휘 return a call 답신 전화를 하다

---

2. Who most likely is the speaker?
(A) A construction manager
(B) A Web designer

화자는 누구이겠는가?
(A) 공사 관리자
(B) 웹디자이너

해설 웹사이트를 만들어달라는 청자의 요청에 대한 답신이라고 밝히고 있으므로 (B)가 정답!

영국

Question 3 refers to the following recorded message.

W You've reached Welsby Real Estate Agency. We're now closed for Labor Day. Please leave a message after the beep, or contact us during business hours—Monday through Friday between 10 A.M. and 7 P.M.

3번은 다음 녹음 메시지에 관한 문제입니다.

여 Welsby 부동산에 전화하셨습니다. 저희는 노동절로 현재 휴무입니다. 삐 소리가 나면 메시지를 남겨 주시거나 저희 영업 시간인 월요일부터 금요일까지, 오전 10시부터 오후 7시 사이에 연락주시기 바랍니다.

어휘 reach 연락하다 | Labor Day 노동절 | beep 삐 소리 | contact 연락하다 | business hours 영업 시간

---

3. Why is the listener hearing this message now?
(A) All of the lines are currently busy.
(B) A business is closed for a national holiday.

청자가 지금 이 메시지를 듣고 있는 이유는 무엇인가?
(A) 모든 회선이 통화 중이다.
(B) 회사가 국경일로 문을 닫았다.

해설 화자가 노동절로 현재 휴무라고 했으므로 (B)가 정답!

미국

Question 4 refers to the following telephone message.

M Hello, this is a message for Mr. Kim. My name is Alfred Havelock from Havelock Enterprise. I'm calling to see if you are free to give a lecture at my company next month.

4번은 다음 전화 메시지에 관한 문제입니다.

남 안녕하세요, Mr. Kim를 위한 메시지입니다. 저는 Havelock 기업에서 전화드리는 Alfred Havelock입니다. 혹시 다음 달 저희 회사에서 강연을 해주실 수 있는 시간 여유가 있는지 여쭤보기 위해 전화드립니다.

어휘 enterprise 기업, 회사 | see if ~인지의 여부를 알다 | give a lecture 강연하다

---

4. Why is the speaker calling?
(A) To make an inquiry about availability
(B) To ask about a research finding

화자가 전화하는 이유는 무엇인가?
(A) 가능 여부를 문의하기 위해
(B) 연구 결과에 대해 묻기 위해

해설 화자가 자신을 소개한 후 다음 달 자신의 회사에서 강연을 해줄 수 있는지 묻기 위해 전화했다고 이유를 밝히므로 (A)가 정답!

Question 5 refers to the following telephone message.

W Hi, Michael. This is Anne calling from the <u>technical support team.</u> You asked me to investigate why you're <u>not able to access</u> our company Web site. I've got good news for you — <u>I solved the problem.</u>

5번은 다음 전화 메시지에 관한 문제입니다.

여 안녕하세요, Michael. 전 기술 지원팀의 Anne입니다. 회사 웹사이트에 왜 접속이 안되는지 알아봐 달라고 요청하셨죠. 좋은 소식이 있어요. 제가 그 문제를 해결했습니다.

어휘 technical support 기술 지원 | investigate 조사하다 | able ~할 수 있는 | access 접속하다

5. Which department does the speaker work in?
(A) The sales team
(B) The technical support team

화자는 어떤 부서에서 근무하는가?
(A) 영업팀
(B) 기술 지원팀

해설 화자가 기술 지원팀의 Anne이라고 말하고 있으므로 (B)가 정답!

Exercise

본서 p.233

1. (C) 2. (B) 3. (A) 4. (C) 5. (B) 6. (C)
7. (A) 8. (D)

Questions 1-2 refer to the following telephone message.

W Hi, my name is Sarah Green. I'm calling about a scarf that I think I might have left in your store's fitting room. **1** 전화의 목적 I was in your store yesterday and bought three dresses and one pair of pants. A sales clerk named Lindsay assisted me yesterday, and she might remember me. My scarf is gray and... umm... made of cashmere. If you have found it, could you please call me on my mobile phone? **2** 요청 사항 My number is 312-555-1391. Thanks.

1-2번은 다음 전화 메시지에 관한 문제입니다.

여 안녕하세요, 제 이름은 Sarah Green입니다. **제가 당신의 가게 탈의실에 스카프를 두고 온 것 같아서 전화드립니다.** **1** 어제 제가 당신의 가게에서 원피스 세 벌과 바지 한 벌을 구매했습니다. Lindsay라는 점원이 어제 저를 도와줬는데 아마 그녀가 저를 기억할거에요. 제 스카프는 회색이고... 음... 캐시미어로 되어 있어요. **혹시 찾으시면, 제 휴대전화로 전화 주시겠어요?** **2** 제 번호는 312-555-1391입니다. 감사합니다.

어휘 leave ~을 두고 오다 | fitting room 탈의실 | sales clerk 점원 | assist 돕다 | cashmere 캐시미어

1. Why is the speaker calling?
(A) To ask about directions
(B) To inquire about store hours
(C) To see if an item has been found
(D) To report a defective product

화자가 전화하는 이유는 무엇인가?
(A) 길을 묻기 위해
(B) 가게 영업 시간을 문의하기 위해
(C) 분실물을 찾았는지 알아보기 위해
(D) 결함이 있는 상품에 대해 알리기 위해

해설 목적을 묻는 문제 – 화자가 자기 소개를 한 직후, 가게 탈의실에 스카프를 두고 온 것 같아서 전화한다고 말하므로 습득된 분실품이 있는지 확인하려 전화했음을 알 수 있다. (C)가 정답!

2. What does the caller ask the listener to do?
(A) Email some information
(B) Return a call
(C) Send a text message
(D) Review an order

전화를 건 사람이 청자에게 무엇을 하라고 요청하는가?
(A) 어떤 정보를 이메일로 보낸다
(B) 답신 전화를 준다
(C) 문자 메시지를 보낸다
(D) 주문을 검토한다

해설 요청 사항을 묻는 문제 – 지문의 후반부에서 물건을 찾으면 휴대전화로 전화해 달라고 말하고 있으므로 (B)가 정답!

Questions 3-4 refer to the following telephone message.

W Hello, Mr. Brook. This is Olivia Kim from the Customer Service Department at Bow & Arrow Boutique. It shows in our system that you ordered a red shirt—item number 51142—last week. Unfortunately, the item you ordered is currently not in stock. **3** 문제점 But the good news is that we'll be getting more stock next week. We'll make sure to send you the item as soon as we receive it. And to compensate you for the delay, we'll also send you a $20 off coupon when we ship out your order. **4** 화자가 제공하는 것 Thank you for shopping at Bow & Arrow Boutique. Have a great day.

3-4번은 다음 전화 메시지에 관한 문제입니다.

여 안녕하세요, Mr. Brook. 저는 Bow & Arrow 부티크 고객 서비스부의 Olivia Kim입니다. 저희 시스템을 보니 고객님께서 지난 주에 상품 번

호 51142번인 빨간색 셔츠를 주문하셨는데요. **유감스럽게도, 고객님께서 주문하신 상품이 현재 재고가 없습니다.** ᴮ 하지만 다행인 것은 저희가 다음 주에 재고를 더 받을 예정이에요. 주문하신 상품의 재고를 받는 즉시 저희가 바로 보내드리도록 하겠습니다. 그리고 지연을 보상해 드리는 의미로, **고객님께 주문품을 보내드릴 때 20달러짜리 상품권도 함께 보내 드리겠습니다.** ᴬ Bow & Arrow 부티크를 이용해 주셔서 감사합니다. 좋은 하루 되세요.

어휘 boutique 부티크 | not in stock 재고가 없는 | stock 재고 | compensate 보상하다 | delay 지연 | ship out ~을 보내다. 발송하다 | order (상품의) 주문

---

3. What problem has occurred?

(A) An item is sold out.

(B) A shipment is lost.

(C) A wrong product was sent out.

(D) A billing error occurred.

어떤 문제가 발생했는가?

(A) 상품이 품절됐다.

(B) 배송물이 분실됐다.

(C) 잘못된 제품이 발송됐다.

(D) 청구서상의 오류가 발생했다.

해설 문제점을 묻는 문제 – 화자는 고객이 주문한 상품이 현재 재고가 없다고 말한다. not in stock과 의미가 같은 sold out이 보기에서 보이므로 (A)가 정답!

---

4. What does the speaker offer to do for the listener?

(A) Provide free delivery

(B) Reduce a membership fee

(C) Mail him a voucher

(D) Give him free samples

화자는 청자에게 무엇을 해주겠다고 제안하는가?

(A) 무료 배송을 제공한다

(B) 회비를 깎아준다

(C) 상품권을 우편으로 보내준다

(D) 무료 견본을 준다

해설 제의 사항을 묻는 문제 – 지문의 후반부에서 coupon을 보내주겠다고 말하는데 coupon과 voucher는 의미가 같으므로 (C)가 정답!

미국

Questions 5-6 refer to the following telephone message.

ᵂ Hi, this is Evelyn Mongell from Dr. Blaire's office. I reported a water leak in the office ceiling here this morning. Well... I was wondering if you could come and fix it later today. ᴮ 전화의 목적 Apparently, there will be a rainstorm tomorrow morning, ᴮ 내일 발생할 일 and I'd like to fix it before then. Please call me back, and let me know if you could stop by today. Thank you.

5-6번은 다음 전화 메시지에 관한 문제입니다.

여 안녕하세요, 저는 Blaire 박사님 병원의 Evelyn Mongell입니다. 제가 오늘 아침에 사무실 천장에 누수가 있다고 알려드렸는데요. 음... 혹시 오늘 오후에 오셔서 고쳐 주실 수 있는지 궁금해서 연락드립니다. ᴮ 듣자 하니, 내일 아침에 폭풍우가 올 거라던데, ᴮ 그 전에 고치고 싶어서요. 오늘 들르실 수 있으신지 제게 전화로 알려주세요. 감사합니다.

어휘 report 알리다 | leak (액체 기체의) 누출 | ceiling 천장 | wonder 궁금하다 | apparently 듣자 하니 | rainstorm 폭풍우

---

5. What is the purpose of the call?

(A) To remind the listener of an appointment

(B) To schedule a repair

(C) To check on a shipment

(D) To request a price estimate

전화의 목적은 무엇인가?

(A) 청자에게 예약을 상기시키기 위해

(B) 수리 일정을 잡기 위해

(C) 배송을 확인하기 위해

(D) 견적서를 요청하기 위해

해설 목적을 묻는 문제 – 지문의 초반부에서 화자는 청자에게 오후에 와서 사무실 천장의 누수를 고쳐줄 수 있는지 묻고 있다. fix의 동의어인 repair가 보기에 있으므로 (B)가 정답!

---

6. What will happen tomorrow?

(A) A demonstration will be held.

(B) Construction work will begin.

(C) Heavy rain will fall.

(D) Equipment will be replaced.

내일 무슨 일이 일어날 것인가?

(A) 시연이 열릴 것이다.

(B) 공사가 시작될 것이다.

(C) 폭우가 내릴 것이다.

(D) 장비가 교체될 것이다.

해설 미래 계획을 묻는 문제 – 화자가 내일 아침에 폭풍우가 올 것을 언급하므로 (C)가 정답!

호주

Questions 7-8 refer to the following recorded message.

ᴹ Hello, and thank you for calling the National Museum. The museum is situated in the center of the capital, next to the central train station. ᴮ 박물관의 위치 It houses a fine collection of important artifacts from our nation's history, including documents and texts created by the country's founders. Currently, the museum has a special exhibit of traditional clothing from the eighteenth century. The museum opens Tuesday through Sunday from 9 A.M. until

6 P.M. Please press 3 now if you wish to hear directions to the museum and information about public transportation. **8** 청자들이 3번을 누르는 이유

7-8번은 다음 녹음 메시지에 관한 문제입니다.

남 안녕하세요, 국립 박물관에 전화 주셔서 감사합니다. **저희 박물관은 중앙 기차역 옆, 수도 중앙에 위치해 있습니다.** **7** 우리나라의 창건자들이 만든 문서와 글을 포함하여 우리나라의 역사 속 중요한 유산들을 소장하고 있습니다. 현재 저희 박물관은 18세기 전통 의상에 대한 특별 전시를 하고 있습니다. 저희 박물관은 화요일부터 일요일까지 오전 9시부터 오후 6시까지 개장합니다. **박물관으로 오시는 길과 대중교통에 관한 정보를 듣기를 원하시면 지금 3번을 눌러 주십시오.** **8**

어휘 national museum 국립 박물관 I situated 위치해 있는 I capital 수도 I house 소장하다, 보관하다 I collection 수집품, 소장품 I artifact 유물, 공예품 I exhibit 전시, 전시품 I textile 직물, 섬유 I ancient 고대의

7. Where is the museum located?
(A) Next to a train station
(B) In front of a library
(C) Near a textiles factory
(D) Across from an art gallery

박물관은 어디에 있는가?
(A) 기차역 옆
(B) 도서관 앞
(C) 섬유공장 근처
(D) 미술관 맞은편

해설 세부 사항을 묻는 문제 – 녹음된 메시지 처음 부분에서 박물관은 중앙 기차역 옆의 수도 중앙에 위치해 있다고 말하므로 (A)가 정답!

8. Why would listeners press 3?
(A) To leave a voice message
(B) To reserve a place on a tour
(C) To get information on an exhibit
(D) To obtain directions to the museum

청자들은 왜 3번을 누를 것인가?
(A) 음성 메시지를 남기기 위해
(B) 투어에 자리를 예약하기 위해
(C) 전시 관련 정보를 얻기 위해
(D) 박물관으로 가는 방법을 얻기 위해

해설 세부 사항을 묻는 문제 – 녹음된 메시지 마지막 부분에서 박물관으로 오시는 길이나 대중 교통에 관한 정보를 듣기를 원하시면 지금 3번을 누르라고 말하므로 (D)가 정답!

Practice
본서 p.234

| 1. (B) | 2. (C) | 3. (A) | 4. (C) | 5. (D) | 6. (A) |
| 7. (D) | 8. (B) | 9. (C) | 10. (C) | 11. (C) | 12. (B) |

영국

Questions 1-3 refer to the following telephone message.

W My name is Sonia Lukes, and I'm a subscriber to the *Daily Express*. **1** 근무지 I'm calling because I'd like to change my delivery address since I'm moving next week. **2** 화자가 하고 싶은 것 The thing is... I already tried doing it myself online, but your Web site is down, and I think I need someone's help. **3** 문제점 Please get back to me at 555-1417. Thanks.

1-3번은 다음 전화 메시지에 관한 문제입니다.

여 제 이름은 Sonia Lukes고요, 〈Daily Express〉 구독자인데요. **1** 제가 다음 주에 이사를 가서 배달 주소를 바꾸고 싶은데요. **2** 문제는 제가 이미 온라인에서 혼자 시도를 해 보았는데, 귀사의 웹사이트가 다운이 되어 도움이 필요할 것 같아요. **3** 555-1417로 답신 전화 주시면 좋겠습니다. 감사합니다.

어휘 subscriber 구독자 I delivery address 배달 주소 I down 작동이 안 되는, 다운된

1. What kind of business does the listener most likely work for?
(A) An electronics store
(B) A newspaper office
(C) A moving company
(D) A supermarket

청자가 일하는 회사의 종류는 무엇이겠는가?
(A) 전자제품 매장
(B) 신문사
(C) 이삿짐 센터
(D) 슈퍼마켓

해설 근무지를 묻는 문제 – 첫 문장에서 화자가 자신을 소개할 때 〈Daily Express〉 구독자임을 밝히고 있으므로 (B)가 정답!

2. What does the speaker want to do?
(A) Apply for a position
(B) Renew a contract
(C) Revise some information
(D) Deliver a package

화자는 무엇을 하고 싶어 하는가?
(A) 직책에 지원한다
(B) 계약을 갱신한다
(C) 어떤 정보를 수정한다
(D) 소포를 배달한다

해설 세부 사항을 묻는 문제 – 화자가 다음 주에 이사를 가서 배달 주소를 바꾸고 싶다고 언급하고 있으므로 (C)가 정답!

3. According to the speaker, what is the problem?
   (A) A Web site is not working.
   (B) She has not received her order.
   (C) She forgot her password.
   (D) A billing charge is incorrect.

   화자에 따르면, 문제는 무엇인가?
   (A) 웹사이트가 고장 났다.
   (B) 여자는 주문한 물건을 받지 못했다.
   (C) 여자는 비밀번호를 잊어버렸다.
   (D) 청구된 금액이 잘못되었다.

해설 문제점을 묻는 문제 – 화자가 이미 온라인에서 혼자 시도를 해 보았으나 회사 웹사이트가 다운이 되어 도움이 필요할 것 같다고 말했다. 지문에서 등장하는 down의 동의어인 not working이 보기에서 보이므로 (A)가 정답!

호주

Questions 4-6 refer to the following telephone message.

Ⓜ Hello, Mr. Smith. I'm calling from the Kaminsky Theater in regard to the musical tickets that you purchased through our Web site last weekend. **4** 화자의 근무지 Um... There was a mix-up in orders, and we accidentally sent the tickets to the wrong address — we are awfully sorry for this inconvenience. **5** 문제점 It is standard procedure to send out a new set of tickets. But as there are only a few days left before the show, I don't think we can deliver them to you in time. So here's what I'll do: I will have the tickets ready for you here when you arrive. Just come by the box office, and they will be waiting for you. **6** 요청 사항

4-6번은 다음 전화 메시지에 관한 문제입니다.

Ⓦ 안녕하세요, Mr. Smith. 고객님께서 지난 주말 저희 웹사이트를 통해 구매해주신 뮤지컬 티켓들과 관련해 Kaminsky 극장에서 전화드립니다. **4** 어... 저희가 주문에 약간의 혼선이 있었던 관계로 실수로 잘못된 주소로 티켓을 발송해 드렸습니다. 이런 불편을 드려 진심으로 죄송합니다. **5** 규정대로 한다면 저희가 새로운 티켓들을 발송해 드려야 합니다. 하지만 공연 전까지 며칠밖에 남지 않아서 그것을 제시간에 배달할 수 없을 것 같습니다. 그러니 이렇게 하죠: 고객님께서 오실 때 티켓들을 드릴 수 있게 준비해 두겠습니다. 매표소에 오시면, 고객님의 티켓들이 있을 겁니다. **6**

어휘 in regard to ~에 관하여 ㅣ purchase 구매하다 ㅣ mix-up 실수, 혼선 ㅣ inconvenience 불편 ㅣ standard 일반적인, 기준의 ㅣ procedure 절차 ㅣ send out 발송하다 ㅣ come by 들르다

4. Where is the speaker calling from?
   (A) An airline
   (B) A museum
   (C) A theater
   (D) A music store

   화자는 어디에서 전화를 하고 있는가?
   (A) 항공사
   (B) 박물관
   (C) 극장
   (D) 음반 가게

해설 근무지를 묻는 문제 – 화자가 지문의 초반부에서 고객이 웹사이트에서 주문한 티켓과 관련하여 Kaminsky 극장에서 전화 드린다고 언급하므로 (C)가 정답!

5. According to the speaker, what is the problem?
   (A) An event was canceled.
   (B) A payment was not processed.
   (C) Some documents were misplaced.
   (D) Some tickets were sent to the wrong address.

   화자에 따르면, 문제가 무엇인가?
   (A) 공연이 취소됐다.
   (B) 결제가 이루어지지 않았다.
   (C) 일부 서류들이 분실됐다.
   (D) 티켓들이 잘못된 주소로 배달됐다.

해설 문제점을 묻는 문제 – 화자가 약간의 혼선이 있어서 잘못된 주소로 티켓들이 발송되어 사과하고 있으므로 (D)가 정답!

6. What does the speaker ask the listener to do?
   (A) Visit a box office
   (B) Provide new credit card information
   (C) Check a Web site
   (D) Apply for a refund

   화자가 청자에게 무엇을 하라고 요청하는가?
   (A) 매표소를 방문한다
   (B) 새로운 신용카드 정보를 제공한다
   (C) 웹사이트를 확인한다
   (D) 환불을 신청한다

해설 요청 사항을 묻는 문제 – 지문의 후반부에서 화자가 극장 매표소에 티켓을 준비해 두겠다고 했으므로 매표소에 들러 가져가야 한다는 것을 알 수 있다. (A)가 정답!

미국

Questions 7-9 refer to the following telephone message.

Ⓦ Hi, this message is for the general affairs manager. This is Olivia Kirk from Accounting, and I'm calling to inform you that the printer in our office has jammed again. **7** 화자 의도 Um, there seems to be a small piece of paper stuck in there that we can't remove. That's the third time this morning. This happens so often that it interferes with our work. So rather than sending a technician again to fix the printer, I think it would be better to replace it with a new one. **8** I know you have to get the president's approval for the purchase, so I'll call you in the afternoon to check if my request has been approved. **9**

7-9번은 다음 전화 메시지에 관한 문제입니다.

여 안녕하세요, 총무 부장님께 메시지 남깁니다. 전 회계부의 Olivia Kirk이고, 저희 사무실에 있는 프린터가 또 작동하지 않는다는 것을 알려드리려고 전화드립니다. **7** 저희가 제거할 수 없는 작은 종이 조각이 거기에 낀 것 같습니다. **오늘 아침에만 세 번째예요.** 너무 잦아서 업무에 지장이 있는데요. 그러니 이번에도 프린터를 고칠 기술자를 보내시는 것보다 새 걸로 교체하는 게 나을 것 같습니다. **8** 구매하려면 회장님의 승인을 받으셔야 한다는 건 알고 있으니 **요청 승인 여부 확인차 오후에 전화 드리겠습니다.** **9**

어휘 general affairs 총무 | accounting 회계 | inform 알리다 | jam 작동하지 못하게 되다 | seem ~인 것 같다, ~처럼 보이다 | stuck 못 하는, 움직일 수 없는 | interfere with ~에 지장을 주다 | rather than ~보다는 차라리 | technician 기술자 | replace 교체하다 | approval 승인 | request 요청

---

7. Why does the speaker say, "That's the third time this morning"?
(A) Some supplies are out of stock again.
(B) She has been constantly trying to contact a business.
(C) She has been unable to obtain the president's approval.
(D) A technical error has occurred repeatedly.

화자는 왜 "오늘 아침에만 세 번째예요"라고 말하는가?
(A) 일부 물품이 또 품절되었다.
(B) 업체에 계속 연락을 시도했다.
(C) 대표의 승인을 받을 수 없었다.
(D) 기술적 오류가 되풀이해 발생되었다.

해설 화자 의도 파악 문제 – 사무실에 있는 프린터가 또 작동하지 않는다는 것을 알리는 게 용건이라고 말하며 오늘 아침에만 세 번째라고 말하고 있으므로 오작동이 계속되고 있음을 강조하기 위한 것임을 알 수 있다. 따라서 (D)가 정답!

---

8. What does the speaker suggest?
(A) Providing a refund
(B) Replacing a machine
(C) Contacting a technician
(D) Revising a manual

화자는 무엇을 제안하는가?
(A) 환불을 제공하는 것
(B) 기계를 교체하는 것
(C) 기술자에게 연락하는 것
(D) 설명서를 보내는 것

해설 제안 사항을 묻는 문제 – 프린터를 고칠 기술자를 다시 보내기보다 새 것으로 교체하는 게 나을 것 같다고 말했으므로 (B)가 정답!

---

9. What will Olivia probably do next?
(A) She will test out some equipment.
(B) She will attend a meeting.
(C) She will follow up on a request.
(D) She will submit a document.

Olivia는 다음에 무엇을 하겠는가?
(A) 장비 몇 개를 시험할 것이다.
(B) 회의에 참석할 것이다.
(C) 요청에 대한 후속 조치를 할 것이다.
(D) 서류를 제출할 것이다.

해설 다음에 할 일을 묻는 문제 – 요청이 승인되었는지 확인하기 위해 오후에 전화하겠다고 말했으므로 요청에 대한 후속 조치를 할 거라고 한 (C)가 정답!

미국

Questions 10-12 refer to the following telephone message and order form.

M Hi, I'm calling for David Bain. Mr. Bain, I noticed that you ordered an unusually large amount of sugar packets this month. As you have never purchased this many, I wanted to check if the quantity was correct. Please call me back if you need to make a revision. **10** 시각 정보 Also, I'm leaving to San Diego for a convention starting tomorrow. **11** 화자가 내일 할 일 So if I'm not here, talk to Clara. She will be in charge of all store operations while I'm away. **12** Clara에 대해 언급된 것

10-12번은 다음 녹음 메시지와 주문서에 관한 문제입니다.

남 안녕하세요, David Bain에게 드리는 전화입니다. Mr. Bain, 보니까 이번 달에 이례적으로 많은 양의 봉지 설탕을 주문하셨던데요. 이렇게 많이 주문하신 적이 없기 때문에 수량이 정확한 건지 확인하고 싶었습니다. 변경 시 전화주시기 바랍니다. **10** 그리고 제가 내일부터 시작하는 컨벤션 때문에 San Diego로 떠납니다. **11** 그러니 제가 없으면 Clara와 이야기하세요. 제가 없을 때는 그녀가 매장 운영을 총괄합니다. **12**

주문서	
제품	수량
용기	200
빨대	400
봉지 설탕	800
냅킨	1000

어휘 notice 알아차리다 | unusually 이례적으로 | quantity 수량 | make a revision 수정하다 | convention 대회, 협의회 | operation 운영

10. Look at the graphic. Which quantity on the order form might be changed?
(A) 200
(B) 400
(C) 800
(D) 1000

시각 정보를 보시오. 주문서에서 어느 수량이 변경될 수 있는가?
(A) 200
(B) 400
(C) 800
(D) 1000

해설 시각 정보 연계 문제 – 화자가 Mr. Bain에게 이번 달에 유달리 많은 양의 봉지 설탕을 주문했다면서 변경 시 회신해 달라고 말했고, 주문서 상 가능한 항목은 Sugar Packets의 수량인 800개이므로 (C)가 정답!

11. What is the speaker going to do tomorrow?
(A) Oversee a sale
(B) Visit Mr. Bain's office
(C) Participate in a convention
(D) Train an employee

화자는 내일 무엇을 할 것인가?
(A) 세일을 감독한다
(B) Mr. Bain의 사무실을 방문한다
(C) 컨벤션에 참가한다
(D) 직원을 교육한다

해설 미래 계획을 묻는 문제 – 내일부터 시작하는 회의를 위해 San Diego 로 갈 거라고 말했으므로 (C)가 정답!

12. What is mentioned about Clara?
(A) She is being promoted.
(B) She will manage a store.
(C) She is being transferred.
(D) She will contact a supplier.

Clara에 대해 언급된 것은 무엇인가?
(A) 승진할 것이다.
(B) 매장을 관리할 것이다.
(C) 전근 갈 것이다.
(D) 납품업체에 연락할 것이다.

해설 세부 사항을 묻는 문제 – 화자가 부재시 Clara와 이야기하라고 말하며 그녀가 매장 운영을 총괄한다고 했으므로 (B)가 정답!

UNIT 19. 방송·보도

Warm-up
본서 p.240

1. (B)　2. (A)　3. (B)　4. (B)　5. (A)

호주

Question 1 refers to the following broadcast.

M You're listening to the *Morning Show* on 92.5 FM. This morning, we'll be talking with Erika Dennard, a well-known food critic.

1번은 다음 방송에 관한 문제입니다.

남 여러분들께서는 FM 92.5의 〈Morning Show〉를 청취하고 계십니다. 오늘 아침에는 유명한 음식 평론가이신 Erika Dennard와 이야기를 나눠보도록 하겠습니다.

어휘 well-known 유명한 | food critic 음식 평론가

1. Who is Erika Dennard?
(A) A nutritionist
(B) A food critic

Erika Dennard는 누구인가?
(A) 영양사
(B) 음식 평론가

해설 Erika Dennard라는 이름 바로 뒤에 유명한 음식 평론가라고 했으므로 (B)가 정답!

미국

Question 2 refers to the following broadcast.

W In other news, the Live Healthy Network just released a new list of the most walk-friendly cities in the world. You can wait until our broadcast at 6 P.M. today, or you can visit our Web site for a sneak peek.

2번은 다음 방송에 관한 문제입니다.

여 다음 뉴스입니다. Live Healthy Network가 세계에서 가장 걷기 좋은 도시들의 새로운 목록을 방금 공개했습니다. 오늘 오후 6시에 하는 저희 방송을 기다려 주시거나, 저희 웹사이트에 방문하셔서 살짝 엿보실 수 있습니다.

어휘 release 공개하다 | -friendly ~에 적합한 | sneak peek 살짝 엿보기, 살짝 엿보다

2. What is the news story mainly about?
(A) A list of cities
(B) A sports competition

뉴스의 주요 내용은 무엇에 관한 것인가?

(A) 도시들의 목록

(B) 스포츠 경기

해설 화자는 Live Healthy Network가 세계에서 가장 걷기 좋은 도시들의 새로운 목록을 이제 막 공개했다고 말하고 있으므로 (A)가 정답!

미국

Question 3 refers to the following broadcast.

M In business news, Rapid Tire, one of the world's largest automobile tire manufacturers, will be supplying their products for VST Automobiles starting this June.

3번은 다음 방송에 관한 문제입니다.

남 비즈니스 뉴스로는, 세계에서 가장 큰 자동차 타이어 제조업체 중 하나인 Rapid Tire가 오는 6월부터 VST 자동차에 그들의 제품을 공급하게 될 것이라는 소식입니다.

어휘 automobile 자동차 | manufacturer 제조사 | supply 공급하다 | product 제품

---

3. What does the company produce?

(A) Automobiles

(B) Vehicle tires

회사가 생산하는 것은 무엇인가?

(A) 자동차

(B) 차량용 타이어

해설 회사의 이름 뒤에 세계에서 가장 큰 자동차 타이어 제조업체 중 하나라고 묘사하고 있으므로 (B)가 정답!

호주

Question 4 refers to the following broadcast.

M Good evening, everyone. I'm Tom Larkin and welcome to the WKT 10 o'clock news. Dan Williams, the spokesperson for the Grant City Hospital, revealed the grand plan for the renovation of the new wing in the medical research facility at a press conference earlier this morning.

4번은 다음 방송에 관한 문제입니다.

남 여러분 안녕하세요, 저는 Tom Larkin입니다. WKT 10시 뉴스에 오신 것을 환영합니다. 오늘 아침에 있었던 기자 회견에서 Grant City 병원의 대변인인 Dan Williams가 의학 연구 시설에 있는 새 부속 건물의 개조 작업에 관한 원대한 계획을 발표했습니다.

어휘 spokesperson 대변인 | reveal 발표하다 | grand 원대한 | renovation 개조 | wing 부속 건물 | medical research 의학 연구 | facility 시설 | press conference 기자 회견

---

4. What did Dan Williams announce today?

(A) Some research findings

(B) The renovation of a facility

Dan Williams는 오늘 무엇을 발표했는가?

(A) 몇몇 연구 결과물

(B) 시설 개조

해설 화자는 Grant City 병원의 대변인인 Dan Williams가 의학 연구 시설에 있는 새 부속 건물의 개조 작업에 관한 원대한 계획을 밝혔다고 말했으므로 (B)가 정답!

영국

Question 5 refers to the following broadcast.

W You're tuned in to JSBJ 90.1, the number one pop station in Scranton City. Now, here is an updated list of the various pop music contests in your local area.

5번은 다음 방송에 관한 문제입니다.

여 여러분들께선 Scranton시 최고의 대중 음악 방송 프로그램인 JSBJ 90.1을 청취하고 계십니다. 자, 여기 여러분들의 지역에 있을 다양한 대중 음악 경연 대회들의 최신 목록이 있습니다.

어휘 tune in to ~로 채널을 맞추다 | pop 대중 음악 | various 다양한

---

5. What is being announced?

(A) Music contests

(B) Food festivals

무엇이 공지되고 있는가?

(A) 음악 경연 대회

(B) 음식 축제

해설 화자가 다양한 대중 음악 경연 대회들의 업데이트된 목록이 있다고 언급하므로 (A)가 정답!

Exercise

본서 p.241

1. (A) 2. (A) 3. (D) 4. (B) 5. (C) 6. (C)

7. (A) 8. (B)

미국

Questions 1-2 refer to the following news report.

M This is Eric Murray with your morning traffic news. Many drivers are facing heavy traffic in the morning due to the unexpected snow that piled up last night. 1 교통 문제의 주된 원인 Meteorologists had expected a few inches, but we see many areas that have gotten over two feet of snow. Crews are working very hard to clear the snow off the roads, but it will still take a while. So I don't recommend taking your car to work today. Instead, consider using the subway. Just be careful when you go outside, though, however you get to work! **2** 권고사항

1-2번은 다음 뉴스 보도에 관한 문제입니다.

🔁 아침 교통 방송의 Eric Murray입니다. **오늘 아침 많은 운전자들이 어젯밤에 쌓인 예상치 못한 눈으로 인해 정체를 겪고 계십니다.** **1** 기상학자들은 눈이 몇 인치 정도로만 쌓일 것으로 예상했지만, 눈이 2피트 이상 쌓인 곳이 많이 보이고 있습니다. 작업반이 도로에서 눈을 치우려고 열심히 일하고 있지만, 시간이 아직 꽤 걸릴 것 같습니다. 오늘 출근길에는 차를 가지고 가지 않으시기 바랍니다. 대신 지하철 이용을 고려해 보세요. 어떤 식으로 출근하시든 밖에 나가실 때는 조심하시기 바랍니다! **2**

어휘 face 직면하다 | heavy traffic 교통 혼잡 | due to ~때문에 | unexpected 예기치 못한 | pile up 쌓이다 | meteorologist 기상 학자 | consider 고려하다

---

1. What is the main cause for the traffic problem?
(A) Inclement weather
(B) A street parade
(C) Road construction
(D) A city race

교통 문제를 야기시킨 주된 원인은 무엇인가?
(A) 악천후
(B) 시가 행렬
(C) 도로 공사
(D) 도시 경주

해설 세부 사항을 묻는 문제 - 화자가 많은 운전자들이 어젯밤 쌓인 예상치 못한 눈으로 인해 정체를 겪고 있다고 언급한다. 지문에서 들린 snow 가 보기에서는 Inclement weather로 보이므로 (A)가 정답!

---

2. What does the news reporter advise commuters to do?
(A) Take the subway
(B) Use the bus
(C) Walk to work
(D) Ride a bicycle

뉴스 리포터가 통근자들에게 권고하는 바는 무엇인가?
(A) 지하철을 탄다
(B) 버스로 이동한다
(C) 걸어서 출근한다
(D) 자전거를 탄다

해설 세부 사항을 묻는 문제 - 지문의 후반부에서 화자가 차로 출근하지 말고 지하철을 타라고 권고하고 있으므로 (A)가 정답!

Questions 3-4 refer to the following radio broadcast.

🔈 Radio Brighthill is excited to sponsor the city's photography contest this year. **3** 행사 참가자 We know that there is hidden talent within our local community, and we want to see that talent at work! Upload your favorite pictures of local architecture and street scenery to our Web site at www.radiobright.com. **4** 웹사이트에서 할 수 있는 것 The winner will receive a cash prize and a chance to meet famed photographer Jessie Sampson. Send your pictures today!

3-4번은 다음 라디오 방송에 관한 문제입니다.

📻 **Radio Brighthill은 올해 시 사진 콘테스트를 후원하게 되어 기쁘게 생각합니다.** **3** 우리는 우리 지역 사회에 아직 감춰진 인재들이 많이 있다고 믿으며, 이러한 재능을 작품으로 만나보고 싶습니다! **여러분이 좋아하는 지역의 건축물이나 길거리 풍경을 저희 웹사이트 www.radiobright.com을 통해 업로드해 주시길 바랍니다.** **4** 수상자는 상금과 함께 저명한 사진 작가이신 Jessie Sampson를 직접 만나보실 기회를 얻게 되실 겁니다. 오늘 여러분의 사진들을 보내 주세요!

어휘 sponsor 후원하다 | hidden 감춰진 | talent 인재 | local 지역의 | architecture 건축물 | scenery 풍경 | receive 받다 | cash prize 상금 | famed 유명한

---

3. Who is the broadcast intended for?
(A) Architects
(B) Landscape artists
(C) Graphic designers
(D) Photographers

방송은 누구를 대상으로 하는가?
(A) 건축가들
(B) 조경 미술가들
(C) 그래픽 디자이너들
(D) 사진작가들

해설 청자의 정체를 묻는 문제 - 첫 문장에서 올해 시 사진 콘테스트를 후원하게 되어 기쁘다고 언급했으므로 행사가 사진 콘테스트임을 알 수 있다. 따라서 (D)가 정답!

---

4. What can listeners do on the Web site?
(A) Read some biographies
(B) Upload some files
(C) Watch a video
(D) Fill out a registration form

청자들은 웹사이트에서 무엇을 할 수 있는가?
(A) 약력을 읽어본다
(B) 파일을 업로드한다
(C) 동영상을 시청한다
(D) 등록 양식을 작성한다

해설 미래 계획을 묻는 문제 – 지문의 후반부에서 지역의 건축물이나 길거리 풍경을 찍은 사진을 웹사이트 www.radiobright.com을 통해 업로드해 달라고 했으므로 (B)가 정답!

해설 미래 계획을 묻는 문제 – 지문의 후반부에서 5월 첫 주 동안 많은 상점들이 상품을 할인가로 판매한다고 했으므로 (C)가 정답!

미국

Questions 7-8 refer to the following radio broadcast.

W You're tuned in to KPRD Radio. Next, we have an update on the summer folk music festival, which begins this afternoon in Midsummer Park. Unfortunately, the inclement weather has led to the day's first performance being called off. **7 공지된 변경사항** Organizers hope to still be able to hold the evening event, showcasing Sri Lankan musicians, as planned beginning at 8 P.M. The event runs from today for the next two weeks and entry is free of charge. For a list of artists performing and dates, take a look at the festival Web site. **8 웹사이트에서 볼 수 있는 것**

7-8번은 다음 라디오 방송에 관한 문제입니다.

W 여러분은 KPRD Radio를 듣고 계십니다. 다음으로 오늘 오후 Midsummer 공원에서 시작되는 여름 민속 음악 축제 소식입니다. **유감스럽게도 악천후로 인해 오늘의 첫 번째 공연이 취소되었습니다.** **7** 주최측은 스리랑카 음악가들을 선보이는 저녁 행사를 예정대로 오후 8시에 개최할 수 있기를 희망하고 있습니다. 행사는 오늘부터 앞으로 2주간 계속되며, 입장료는 무료입니다. **공연하는 예술가들의 목록과 일자를 보시려면 축제 웹사이트를 방문해 주십시오.** **8**

어휘 tune in to ~로 채널을 맞추다 | folk music 민속 음악 | unfortunately 유감스럽게도 | inclement weather 악천후 | call off(= cancel) 취소하다 | organizer 주최자, 조직자 | hold 개최하다 | entry 입장 | free of charge 무료의

호주

Questions 5-6 refer to the following news report.

M This is Kevin Warner with today's local news. The Leiman Mall is now ready to open its doors to shoppers. **5 새로 개장하는 것** This is good news for shoppers and the community alike. People are excited about the tremendous impact this mall will have on the local economy. During the first week of May, many stores will be selling their merchandise at reduced prices. **6 제공 혜택** For a complete list of stores in the mall, visit www.leimanmall.com.

5-6번은 다음 뉴스 보도에 관한 문제입니다.

M 오늘의 지역 뉴스를 전하는 Kevin Warner입니다. **이제 Leiman Mall이 쇼핑객들에게 문을 열 준비가 되었습니다.** **5** 이것은 쇼핑객들뿐만 아니라 저희 지역 사회에도 좋은 소식입니다. 사람들은 이 쇼핑몰이 지역 경제에 엄청난 영향을 줄 것이라고 들떠 있습니다. **5월 첫 주 동안 많은 상점들이 상품을 할인가로 판매할 것입니다.** **6** 쇼핑몰 전 매장 목록을 보시려면 www.leimanmall.com을 방문해 주세요.

어휘 community 지역 사회 | alike 마찬가지로 | tremendous 엄청난 | impact 영향 | economy 경제

---

5. What will be opening in the community?
(A) A movie theater
(B) A manufacturing plant
(C) A shopping center
(D) A fitness center

무엇이 지역 사회에 문을 열 것인가?
(A) 영화관
(B) 제조공장
(C) 쇼핑센터
(D) 피트니스 센터

해설 주제를 묻는 문제 – 화자가 Leiman Mall이 쇼핑객들에게 문을 열 준비가 되었다고 언급하므로 (C)가 정답!

---

6. What will happen during the first week of May?
(A) A new film will be released.
(B) Construction work will start.
(C) Discounts will be provided.
(D) A new product will be launched.

5월 첫 주 동안 어떤 일이 있을 것인가?
(A) 새 영화가 개봉될 것이다.
(B) 공사 작업이 시작될 것이다.
(C) 할인이 제공될 것이다.
(D) 신제품이 출시될 것이다.

---

7. What change is being announced?
(A) A performance has been canceled.
(B) A weather forecast has changed.
(C) An organization has closed down.
(D) An entry fee has been waived.

어떤 변경 사항이 공지되고 있는가?
(A) 공연이 취소되었다.
(B) 일기예보가 변경되었다.
(C) 기관이 문을 닫았다.
(D) 입장료가 면제되었다.

해설 주제를 묻는 문제 – 방송 중간 부분에 악천후로 인해 오늘의 첫 번째 공연이 취소되었다고 말하므로 (A)가 정답!

---

8. According to the speaker, what can listeners check on the Web site?
(A) A revised prediction
(B) A performance schedule
(C) New ticket prices
(D) Alternate dates

화자에 의하면, 청자들은 웹사이트에서 무엇을 확인할 수 있는가?

(A) 수정된 예보

(B) 공연 스케줄

(C) 새로운 티켓 가격

(D) 대체 날짜들

해설 세부 사항을 묻는 문제 – 방송 마지막 부분에 공연하는 예술가들의 목록과 일자를 보시려면 축제 웹사이트를 방문하라고 말하므로 (B)가 정답!

Practice

1. (C)	2. (C)	3. (C)	4. (B)	5. (D)	6. (D)
7. (B)	8. (C)	9. (D)	10. (C)	11. (D)	12. (D)

미국

Questions 1-3 refer to the following radio broadcast.

W Hello and welcome to *How To Save* **1** 라디오 프로그램의 주제 on KMLO Radio. I'm your host, Stacy Marvin. Tomorrow is Christmas, and we know what that means for our wallet. Today, we will offer some money saving tips that will keep your wallet full even in this hectic holiday season. **1** Joining us next, we'll have Joyce Stanton. She is the highly acclaimed author of the new book, *Tips for Shopping.* **2** Joyce Stanton이 최근에 한 일 In the book, Joyce suggests several ways to save money and get better deals when you shop. Anyway, let's hear some of the tips directly from Joyce. **3** Joyce Stanton이 다음에 할 일

1-3번은 다음 라디오 방송에 관한 문제입니다.

W 안녕하십니까, KMLO 라디오 방송국의 〈How To Save〉 **1** 쇼에 오신 것을 환영합니다. 저는 여러분의 진행자인 Stacy Marvin입니다. 내일은 크리스마스이고 그게 우리 지갑엔 어떤 의미인지 우리 모두 잘 알고 있습니다. 오늘은 이렇게 정신없이 바쁜 연휴 기간에도 여러분의 지갑을 가득 차게 유지할 수 있는 돈 절약 팁들을 알려드리고자 합니다. **1** 이제, Joyce Stanton이 함께해 주실 것입니다. 그녀는 새로운 책 〈쇼핑을 위한 팁〉으로 널리 호평 받고 있는 저자입니다. **2** 그 책에서, Joyce는 여러분께서 돈을 절약하면서 더 저렴하게 쇼핑하는 다양한 방법들을 제안하고 있습니다. 어쨌든, Joyce에게서 직접 몇몇 조언들을 들어봅시다. **3**

어휘 host 진행자 | wallet 지갑 | offer 제공하다 | saving 절약, 모으기 | tip (실용적인, 작은) 조언 | hectic 정신없이 바쁜 | highly acclaimed 널리 호평을 받는 | author 저자

1. What is the topic of the radio program?

(A) Holiday destinations

(B) Fashion trends

(C) Saving money

(D) Marketing products

라디오 프로그램의 주제는 무엇인가?

(A) 휴일 여행지

(B) 패션 트렌드

(C) 돈 절약

(D) 상품 마케팅

해설 주제를 묻는 문제 – 프로그램의 이름이 〈How to save(절약하는 방법)〉인 것에서 주제가 돈을 절약하는 방법이라는 것을 미리 알 수 있다. 정신없이 바쁜 휴일 시즌에도 여러분의 지갑을 가득 차게 유지할 수 있는 돈 절약 팁을 알려주겠다고 했으므로 (C)가 정답!

---

2. What did Joyce Stanton do recently?

(A) Submitted an article

(B) Held a seminar

(C) Published a book

(D) Traveled abroad

Joyce Stanton이 최근에 한 일은 무엇인가?

(A) 기사를 제출했다

(B) 세미나를 주최했다

(C) 도서를 출판했다

(D) 해외를 여행했다

해설 세부 사항을 묻는 문제 – 화자가 Joyce Stanton이라는 이름을 언급한 후 새로운 책, 〈쇼핑을 위한 팁〉으로 널리 호평 받고 있는 저자라고 말하므로 (C)가 정답!

---

3. What will Joyce Stanton probably do next?

(A) Talk about the environment

(B) Discuss an upcoming film

(C) Give some advice

(D) Answer questions from listeners

Joyce Stanton이 다음에 할 일은 무엇인가?

(A) 환경에 대해 이야기한다

(B) 곧 개봉할 영화에 대해 논의한다

(C) 조언을 해준다

(D) 청취자들의 질문에 대답한다

해설 다음에 할 일을 묻는 문제 – 지문의 마지막에서 이 책에서, Joyce가 돈을 절약하면서 더 저렴하게 쇼핑하는 다양한 방법들을 제안하고 있다고 말하며, 직접 조언들을 들어보자고 언급한다. 지문에서 들린 tip과 의미가 같은 advice가 보기에서 보이므로 (C)가 정답!

미국

Questions 4-6 refer to the following radio broadcast.

M Good morning, everyone. I'm Jason Marshall, and this is your morning traffic update. For motorists planning to take Roosevelt Road, I'm afraid I have some bad news. Due to last night's blizzard, both the northbound and southbound roads have been temporarily closed. **4** 문제점 The snow removal operations will most likely last until the evening. In

PART 4 UNIT 19

the meantime, I advise that you take Cermak Lane instead. **5** 권고사항 Next up, we have James Stanley with sports right after this commercial break. Please stay tuned. **6** 다음에 들을 내용

4-6번은 다음 라디오 방송에 관한 문제입니다.

🔊 여러분 안녕하세요. 저는 여러분의 아침 교통 방송을 맡고 있는 Jason Marshall입니다. Roosevelt 도로를 이용하고자 하시는 운전자 분들께는 죄송하지만 안 좋은 소식입니다. **어젯밤의 눈보라로 인해, 북부와 남부 양방향 도로들이 모두 임시 폐쇄되었습니다. 4** 제설 작업은 저녁 때까지 계속될 것으로 보입니다. 그 동안은 Cermark 가를 대신 이용하실 것을 권고 드립니다. **5** 이어서, 광고 후에 James Stanley의 스포츠 뉴스를 만나실 수 있습니다. 채널 고정해 주세요. **6**

어휘 traffic update 교통 정보 | motorist 운전자 | northbound 북부행 | southbound 남부행 | due to ~때문에 | snow removal operation 제설 작업 | commercial 광고 | tune (주파수, 채널을) 맞추다

---

4. According to the speaker, what is the problem?
(A) There are not enough city workers.
(B) Some roads are closed.
(C) Some light poles have fallen.
(D) There was a power failure.

화자에 따르면, 문제는 무엇인가?
(A) 시 근로자들이 충분하지 않다.
(B) 일부 도로가 폐쇄되었다.
(C) 몇몇 전신주가 넘어졌다.
(D) 정전이 있었다.

해설 문제점을 묻는 문제 – 화자가 어젯밤의 눈보라로 인해 북부와 남부 양 방향 도로들이 모두 임시로 폐쇄되었다고 언급하므로 (B)가 정답!

---

5. What does the speaker advise listeners to do?
(A) Stay indoors
(B) Walk to work
(C) Drive slowly
(D) Take a different route

화자가 청자들에게 권고하는 것은 무엇인가?
(A) 실내에 머문다
(B) 걸어서 출근한다
(C) 천천히 운전한다
(D) 다른 경로를 택한다

해설 제안 사항을 묻는 문제 – 화자가 Cermark 가를 대신 이용하라고 말한다. 특정 도로명이 들리고 이를 보기에서는 different route로 묘사하고 있으므로 (D)가 정답!

---

6. What will the listeners hear next?
(A) A music program
(B) Weather updates
(C) Sports news
(D) Some advertisements

청자들이 다음에 들을 것은 무엇인가?
(A) 음악 프로그램
(B) 날씨 뉴스
(C) 스포츠 뉴스
(D) 몇몇 광고

해설 다음에 할 일을 묻는 문제 – 마지막 문장에서 광고 후에 James Stanley의 스포츠 뉴스를 만날 수 있으니 채널을 고정해 달라고 했다. 광고 후에 스포츠 뉴스가 방송될 것임을 알 수 있으므로 (D)가 정답!

미국

Questions 7-9 refer to the following introduction to an interview.

Ⓜ Thank you for tuning in to WHRK radio. I'm your host, Peter Jenkins. Today, film director Victor Gallagher is here **7** Victor Gallagher의 직업 to talk about his latest motion picture, *The Lost Empire*. It's a sci-fi thriller that takes place on a remote island in the Pacific. Before making the film, Victor spent four months struggling on the rough terrain of Eaton Island. **8** 화자 의도 That's a feat not many have attempted. There, he researched the history of the ancient residents and also the enigmatic gigantic statues known as Moai. You can submit questions to Victor throughout today's show **9** 청자들이 요청받는 것 by either calling the studio or sending a text message to 555-WHRK. Welcome to the show, Victor.

7-9번은 다음 소개와 인터뷰에 관한 문제입니다.

🔊 WHRK 라디오를 청취해 주셔서 감사합니다. 진행자 Peter Jenkins입니다. 오늘, **영화 감독 Victor Gallagher를 여기 모시고 7** 그의 최신작 〈잃어버린 제국〉에 대해서 얘기를 나누겠습니다. 〈잃어버린 제국〉은 태평양의 외딴 섬에서 일어나는 공상과학 스릴러입니다. 영화를 제작하기 전에 **Victor는 Eaton섬의 험한 지형에서 고생하며 4개월을 보냈습니다. 8 그런 위업에 도전하는 사람들은 많지 않죠.** 그곳에서 그는 고대 원주민들의 역사, 그리고 Moai라고 알려진 수수께끼 같은 거대한 조각상을 조사했습니다. **오늘 방송 중 스튜디오로 전화를 주시거나 555-WHRK로 문자를 보내주시면 Victor에게 질문하실 수 있습니다. 9** 이 프로에 나와주신 것을 환영합니다. Victor.

어휘 motion picture 영화 | take place 일어나다, 발생하다 | remote 외딴, 먼 | terrain 지형 | feat 위업 | enigmatic 수수께끼 같은 | statue 조각상 | throughout ~ 내내

7. Who is Victor Gallagher?

(A) A nature photographer

(B) A movie director

(C) A radio host

(D) A history professor

Victor Gallagher는 누구인가?

(A) 자연 사진작가

(B) 영화 감독

(C) 라디오 진행자

(D) 역사학 교수

해설 세부 사항을 묻는 문제 – 화자가 Victor Gallagher를 영화 감독으로 소개하고 있으므로 (B)가 정답!

8. What does the speaker mean when he says, "That's a feat not many have attempted"?

(A) Mr. Gallagher learned a new language.

(B) Mr. Gallagher launched a new product.

(C) Mr. Gallagher completed a difficult task.

(D) Mr. Gallagher made an amazing discovery.

화자가 "그런 위업에 도전하는 사람들은 많지 않죠"라고 말할 때 무엇을 의도하는가?

(A) 새로운 언어를 배웠다.

(B) 새로운 상품을 출시했다.

(C) 어려운 과업을 완수했다.

(D) 놀라운 발견을 했다.

해설 화자 의도 파악 문제 – Victor가 Eaton섬의 험한 지형에서 4개월을 고생하며 보냈다고 하면서 이 같은 위업은 소수의 사람만이 도전한다고 말했으므로 그가 힘든 일을 해냈음을 강조하고 있다. 따라서 (C)가 정답!

9. What are the listeners invited to do?

(A) Make a reservation

(B) Visit a Web site

(C) Submit pictures

(D) Ask questions

청자들은 무엇을 하라고 요청받는가?

(A) 예약을 한다

(B) 웹사이트를 방문한다

(C) 사진을 제출한다

(D) 질문을 한다

해설 요청 사항을 묻는 문제 – 오늘 방송이 진행되는 동안 Victor에게 질문을 할 수 있다고 말했으므로 (D)가 정답!

Questions 10-12 refer to the following news report and chart.

Ⓜ We're back! This is Carlton Jones with your local morning news at six. Today, authorities have announced plans to build a new highway ❿ 뉴스가 설명하는 프로젝트 that will pass through the east side of Bellington City. Work on this highway will start in the spring and take approximately three years to complete. ⓫ 프로젝트 소요시간 Mayor Steven Bedlam is with us tonight to talk with us about the project. There are several important issues. But as you can see from our survey results, one of them appears to be the top concern for the majority of respondents. So Mayor Bedlam has decided to give a detailed explanation of this during the interview. ⓬ 시각 정보

10-12번은 다음 뉴스 보도와 차트에 관한 문제입니다.

Ⓦ 6시 아침 지역 뉴스 시간이 돌아왔습니다. 저는 Carlton Jones입니다. 오늘 당국에서 Bellington City의 동쪽을 지나게 될 **고속도로 건설 계획을 발표했습니다.** ❿ 고속도로 공사는 봄에 착공되며 완공까지 약 3년이 소요된다고 합니다. ⓫ Steven Bedlam 시장님이 오늘 밤에 저희 프로에 나오셔서 이 프로젝트에 대해 이야기하실 예정입니다. 몇 가지 중요한 사항이 있는데요. **그러나 조사 결과에서 보실 수 있듯 그중 하나가 대다수 응답자의 가장 큰 걱정거리로 보입니다.** 그래서 Bedlam 시장께서 이 문제에 대해 인터뷰에서 자세한 설명을 하기로 하셨습니다. ⓬

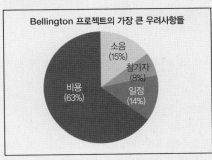

Bellington 프로젝트의 가장 큰 우려사항들

소음 (15%)
참가자 (8%)
일정 (14%)
비용 (63%)

어휘 local 지역의 Ι authority 당국 Ι announce 발표하다 Ι highway 고속도로 Ι approximately 거의, 약 Ι complete 완공하다, 완성하다 Ι survey 설문 Ι indicate 나타내다, 보여주다 Ι expense 비용 Ι explanation 설명

10. What project is the report describing?

(A) The renovation of a building

(B) The extension of a bridge

(C) The construction of a roadway

(D) The redevelopment of a business district

뉴스 보도는 어떤 프로젝트에 대해 설명하는가?

(A) 건물 개조

(B) 다리 증축

(C) 도로 건설

(D) 상업 지구 재개발

해설 주제를 묻는 문제 – 담화 초반에 화자가 오늘 고속도로 건설 계획을 당국에서 발표했다는 소식으로 시작하고 있으므로 도로 공사에 대한 내용이 이어질 것임을 알 수 있다. 따라서 (C)가 정답!

---

11. How long is the project expected to take?

(A) Six months

(B) One year

(C) Two years

(D) Three years

프로젝트는 얼마나 걸릴 것으로 예상되는가?

(A) 6개월

(B) 1년

(C) 2년

(D) 3년

해설 세부 사항을 묻는 문제 – 고속도로 공사는 봄에 착공되며 완공까지 약 3년이 소요될 거라고 말했으므로 (D)가 정답!

---

12. Look at the graphic. Which topic will the mayor talk about?

(A) Noise

(B) Participants

(C) Timeline

(D) Costs

시각 정보를 보시오. 시장은 어떤 주제에 대해 이야기할 것인가?

(A) 소음

(B) 참가자

(C) 일정

(D) 비용

해설 시각 정보 연계 문제 – 조사 결과에서 볼 수 있듯 한 가지가 응답자 대다수의 가장 큰 걱정거리로 보이므로 Bedlam 시장이 이 문제에 대해 인터뷰에서 자세한 설명을 하기로 했다고 말했고, 차트에서 가장 큰 비중을 차지한 항목은 Costs (63%)이므로 (D)가 정답!

UNIT 20. 광고·인물 소개

Warm-up

본서 p.248

1. (B) **2.** (A) **3.** (B) **4.** (A) **5.** (B)

호주

Question 1 refers to the following advertisement.

M We are happy to announce that Star Fitness Center is now open for business. Here at Star Fitness Center, we pride ourselves in knowing that all your health and exercise needs will be met by a team of knowledgeable and caring professionals. Sign up today!

1번은 다음 광고에 관한 문제입니다.

남 Star 피트니스 센터의 개점을 알리게 되어 기쁩니다. 이곳 Star 피트니스 센터에서, 운동에 대해 잘 알고 상냥한 전문가들로 구성된 팀이 여러분들께서 원하시는 건강과 운동 요구를 충족시켜드릴 것을 확신하며 이에 자부심을 느낍니다. 오늘 바로 등록하세요!

어휘 be open for business 영업을 하고 있다 | need 필요(성), 요구 | meet (필요·요구 등을) 충족시키다 | knowledgeable 많이 아는 | caring 보살피는 | professional 전문가

1. What is being advertised?

(A) A medical center

(B) A fitness center

무엇이 광고되고 있는가?

(A) 의료 센터

(B) 피트니스 센터

해설 첫 문장에서 Star 피트니스 센터라고 소개하고 있으므로 (B)가 정답!

미국

Question 2 refers to the following introduction.

W I have a quick announcement to make. Before we open, I would like to introduce to you our new head librarian, Gareth Thomas.

2번은 다음 소개에 관한 문제입니다.

여 급히 공지해드릴 내용이 있습니다. 우리가 문을 열기 전에, 우리의 새 수석 사서이신 Gareth Thomas를 여러분들께 소개해 드리고 싶습니다.

어휘 head librarian 수석 사서

2. Where do the listeners most likely work?

(A) At a library

(B) At a museum

청자들이 일하는 장소는 어디이겠는가?

(A) 도서관에서

(B) 박물관에서

해설 화자가 영업을 시작하기 전에, 소개하고 싶다고 말하므로 새 수석 사서인 Gareth Thomas를 소개하고 싶다고 말하므로 장소가 도서관임을 알 수 있다. (A)가 정답!

미국

Question 3 refers to the following introduction.

Ⓜ Welcome to the yearly meeting for The Artist Club. Everyone put your hands together for our guest speaker for the night. She is a renowned artist! Let's hear it for Sarah Ferguson!

3번은 다음 소개에 관한 문제입니다.

Ⓦ The Artist Club의 연례 회의에 오신 것을 환영합니다. 여러분 모두 오늘 밤 우리의 초대 연사를 위해 박수 부탁 드립니다. 그녀는 유명한 예술가입니다! Sarah Ferguson의 말씀을 들어봅시다!

어휘 put one's hands together 박수치다 | guest speaker 초대 연사 | renowned 유명한

---

3. What type of event is being held?

(A) An award ceremony

(B) An annual meeting

어떤 종류의 행사가 열리고 있는가?

(A) 시상식

(B) 연례 회의

해설 첫 문장에서 The Artist Club의 연례 회의에 오신 것을 환영한다고 말하고 있으므로 (B)가 정답!

영국

Question 4 refers to the following advertisement.

Ⓦ Do you need a long vacation or simply want to get away? Whatever your travel needs may be, Rampart Travel Agency is here for you. Give us a call, and we'll meet all your needs, from airline booking to accommodations!

4번은 다음 광고에 관한 문제입니다.

Ⓦ 긴 휴가가 필요하신가요, 아니면 그냥 떠나고 싶으신가요? 여러분의 여행 요구가 무엇이든, 여러분 곁엔 Rampart 여행사가 있습니다. 전화 주시면 저희가 항공 예약부터 숙소까지 여러분께서 필요로 하시는 모든 것들을 맞춰 드리겠습니다!

어휘 get away 떠나다 | need 요구, 필요(성) | accommodation 숙소

---

4. What is being advertised?

(A) A travel agency

(B) An airline

무엇이 광고되고 있는가?

(A) 여행사

(B) 항공사

해설 Rampart Travel Agency라는 회사명에서 바로 유추가 가능하므로 (A)가 정답!

미국

Question 5 refers to the following introduction.

Ⓜ Thank you all for attending tonight's annual charity event. And now I'd like to introduce you to our keynote speaker, novelist Eve Fuentes.

5번은 다음 소개에 관한 문제입니다.

Ⓦ 오늘 밤 연례 자선 행사에 참석해주신 모든 분들께 감사드립니다. 이제 저희의 기조 연설자이신 소설가 Eve Fuentes를 소개해 드리겠습니다.

어휘 charity event 자선 행사 | keynote speaker 기조 연설자 | novelist 소설가

---

5. Who is Eve Fuentes?

(A) A librarian

(B) An author

Eve Fuentes는 누구인가?

(A) 사서

(B) 저자

해설 Eve Fuentes를 호명하기 전에 novelist로 소개했으므로 (B)가 정답!

Exercise

본서 p.249

1. (A)	2. (D)	3. (D)	4. (D)	5. (B)	6. (A)
7. (C)	8. (B)				

미국

Questions 1-2 refer to the following advertisement.

Ⓦ Quench your thirst with Samba Juice! ① 광고의 대상 All of our ingredients are organic and 100 percent natural. This drink is free of sugar and preservatives. But most importantly, it's delicious! And if you complete a brief questionnaire on our Web site, we will send you a stylish Samba T-shirt. ② 설문조사를 해야 하는 이유

PART 4 UNIT 20

1-2번은 다음 광고에 관한 문제입니다.

광 Samba 주스로 여러분의 갈증을 날려버리세요! **①** 저희의 모든 재료들은 다 유기농이며 100% 천연 재료들입니다. 이 음료에는 설탕과 방부제가 없습니다. 하지만 가장 중요한 것은 맛있다는 거죠! 그리고 저희 웹사이트에서 간단한 설문지를 작성해 주시면 스타일리쉬한 Samba 티셔츠를 보내드립니다. **②**

어휘 quench (갈증을) 풀다 I thirst 갈증 I ingredient 재료 I organic 유기농의 I natural 천연의 I free of ~이 없는 I preservative 방부제

1. What is being advertised?
(A) A beverage
(B) A store opening
(C) A menu
(D) A weekly sale

무엇이 광고되고 있는가?
(A) 음료
(B) 매장 개업
(C) 메뉴
(D) 주간 할인판매

해설 광고의 대상을 묻는 문제 – 첫 문장에서 Samba 주스로 갈증을 날려버리라고 언급하므로 (A)가 정답!

2. Why should customers complete the questionnaire?
(A) To qualify for a credit card
(B) To earn some cash
(C) To get a discount
(D) To receive a clothing item

고객들은 왜 설문지를 작성해야 하는가?
(A) 신용카드의 자격을 부여 받기 위해
(B) 현금을 받기 위해
(C) 할인을 받기 위해
(D) 의류상품을 받기 위해

해설 세부 사항을 묻는 문제 – 화자가 웹사이트를 방문해서 설문지를 작성하면 무료 티셔츠를 받을 수 있다고 말하므로 (D)가 정답!

미국

Questions 3-4 refer to the following speech.

M Hello, everyone. Please welcome our new marketing director, Kelly Montgomery. **③** 연설의 목적 **④** Kelly Montgomery의 직업 Before joining us, she worked at a leading marketing firm in Paris for the past two years. I recommend you stay after the meeting to meet Kelly and enjoy some food and beverages.

3-4번은 다음 연설에 관한 문제입니다.

남 안녕하세요, 여러분. 저희의 새로운 마케팅 이사님이신 Kelly Montgomery를 환영해 주시기 바랍니다. **③** **④** 그분은 저희와 함께 하시기 전에 최근 2년간 파리 굴지의 마케팅 회사에서 일하셨습니다. 회의 후에 남아 Kelly와 만나보시고 다과도 즐기시기 바랍니다.

어휘 marketing director 마케팅 이사 I leading 굴지의 I firm 회사 I past 지난 I food and beverage 음식과 음료

3. What is the purpose of the speech?
(A) To explain a policy
(B) To announce a new meeting location
(C) To promote a company
(D) To introduce a new employee

연설의 목적은 무엇인가?
(A) 정책을 설명하기 위해
(B) 새 회의 장소를 알리기 위해
(C) 회사를 홍보하기 위해
(D) 새로운 직원을 소개하기 위해

해설 목적을 묻는 문제 – 지문의 초반에 새로운 마케팅 이사인 Kelly Montgomery를 환영해 달라고 말하고 있으므로 새로운 직원을 소개하고 있음을 알 수 있다. (D)가 정답!

4. Who is Kelly Montgomery?
(A) A founder
(B) A caterer
(C) A travel agent
(D) A marketing director

Kelly Montgomery는 누구인가?
(A) 설립자
(B) 음식 공급자
(C) 여행사 직원
(D) 마케팅 이사

해설 세부 사항을 묻는 문제 – Kelly Montgomery라는 이름 바로 전에 새로운 마케팅 이사님이라고 소개되므로 (D)가 정답!

호주

Questions 5-6 refer to the following advertisement.

M Come and see for yourself the best of what Los Angelinos can offer at Skyview Apartments. It is located near Tauro Drive where you can enjoy the most luxurious shopping center. And it is walking distance from the beach where you can relax after a long day of work. **⑤** 아파트 근처에 있는 것 No other apartment complex can compare to Skyview Apartments. Call now and mention this radio advertisement to receive 20 percent off your first month's rent. **⑥** 할인 받기 위해 할 일

5-6번은 다음 광고에 관한 문제입니다.

🔊 로스앤젤리노스가 줄 수 있는 최고의 선물을 Skyview 아파트에 오셔서 직접 확인해 보세요. 저희 아파트는 가장 럭셔리한 쇼핑 센터를 즐기실 수 있는 Tauro Drive 근처에 위치해 있습니다. 또한 여러분이 긴 하루의 일과를 마치고 나서 휴식을 취하실 수 있는 해변도 걸어서 갈 수 있을 만큼 가까이에 있습니다. **5** Skyview 아파트와 견줄 만한 아파트는 없을 것입니다. 지금 전화 주셔서 이 라디오 광고에 대해 언급하시고 첫 달 집세의 20%를 할인 받으세요. **6**

어휘 locate 위치시키다 | walking distance 걸어서 갈 수 있는 거리의 | compare to 비교하다, 견주다 | rent 집세

5. According to the speaker, what is located near Skyview Apartments?
(A) A museum
(B) A beach
(C) A subway station
(D) A movie theater

화자에 따르면, Skyview 아파트 근처에 있는 것은 무엇인가?
(A) 박물관
(B) 해변
(C) 지하철역
(D) 극장

해설 세부 사항을 묻는 문제 – 화자가 아파트는 가장 럭셔리한 쇼핑 센터를 즐길 수 있는 Tauro Drive 근처에 위치해 있고 긴 하루 일과를 마치고 나서 휴식을 취하실 수 있는 해변도 걸어서 갈 수 있을 만큼 가까이에 있다고 언급하므로 (B)가 정답!

6. What should the listeners do to get a discount?
(A) Refer to the radio advertisement
(B) Sign a one-year contract
(C) Participate in a survey
(D) Recommend a business

할인을 받으려면 청자들은 무엇을 해야 하는가?
(A) 라디오 광고에 대해 언급한다
(B) 1년 계약을 체결한다
(C) 설문조사에 참여한다
(D) 한 업체를 추천한다

해설 세부 사항을 묻는 문제 – 화자가 지금 전화해서 이 라디오 광고에 대해 언급하면 첫 달 집세의 20%를 할인받을 수 있다고 말한다. 지문에서 들린 mention과 의미가 같은 refer가 보기에서 보이므로 (A)가 정답!

Questions 7-8 refer to the following introduction.

🔊 Before we proceed, I'd like to introduce our newest employee, Richard Blunt. **7** 담화의 주제 Richard joins us from Coates Partners, where he worked for five years on Coates's innovative internet marketing strategy. **8** Blunt의 전문분야 He is also an occasional lecturer at the Central Marketing Institute. I'm sure you'll all agree that it's fantastic for us to have someone of Richard's expertise working here with us. He'll be heading up a review of our digital marketing strategy, and he'll be needing lots of input from all of us. If you'd like to participate directly in the task force that Richard's going to set up, please tell your manager.

7-8번은 다음 소개에 관한 문제입니다.

🔊 진행하기 전에, 우리 회사의 신규 직원인 Richard Blunt를 소개하고자 합니다. **7** Richard는 Coates Partners에서 근무하였으며, 그곳에서 5년간 Coates의 혁신적인 인터넷 마케팅 전략을 위해 노력하였습니다. **8** 그는 또한 Central Marketing Institute에서 때때로 강연을 하고 있습니다. Richard와 같은 전문지식을 가진 사람이 이곳에서 우리와 함께 근무하게 되어 정말 멋지다는 점에 모두 동의할 것이라 생각합니다. 그는 우리의 디지털 마케팅 전략 검토를 책임질 것이며, 우리 모두의 많은 조언을 필요로 할 것입니다. Richard가 설립할 단기 특별팀에 바로 참여하고 싶다면, 여러분의 관리자에게 이야기해 주십시오.

어휘 proceed 진행하다 | innovative 혁신적인 | marketing strategy 마케팅 전략 | occasional 가끔의 | lecturer 강연자 | fantastic 환상적인 | expertise 전문지식 | head up 이끌다, 책임지다 | input 조언, 입력, 입력하다 | participate in ~에 참여하다 | directly 곧장, 바로 | set up 수립하다, 설립하다

7. What is the purpose of the talk?
(A) To analyze marketing strategies
(B) To present an achievement award
(C) To introduce a new hire
(D) To provide feedback on research findings

담화의 주제는 무엇인가?
(A) 마케팅 전략을 분석하는 것
(B) 공로상을 수여하는 것
(C) 신규 채용자를 소개하는 것
(D) 연구 결과에 대한 피드백을 제공하는 것

해설 주제를 묻는 문제 – 담화의 처음 부분에 우리 회사의 신규 직원인 Richard Blunt를 소개하고자 한다고 말하므로 (C)가 정답!

8. What is Mr. Blunt's specialty?
(A) Recruitment consultancy
(B) Online marketing
(C) Banking policy
(D) Educational theory

Mr. Blunt의 전문분야는 무엇인가?

(A) 채용 컨설팅

(B) 온라인 마케팅

(C) 금융 정책

(D) 교육 이론

해설 세부 사항을 묻는 문제 – 담화의 처음 부분에서 Richard는 Coates Partners에서 근무하였으며, 그곳에서 5년간 Coates의 혁신적인 인터넷 마케팅 전략을 위해 노력했다고 말하므로 (B)가 정답!

Practice

본서 p.250

| **1.** (C) | **2.** (C) | **3.** (B) | **4.** (D) | **5.** (C) | **6.** (C) |
| **7.** (C) | **8.** (B) | **9.** (A) | **10.** (B) | **11.** (A) | **12.** (B) |

미국

Questions 1-3 refer to the following introduction.

W Thank you everyone for joining us at this banquet tonight to celebrate the release of Yano Takahiro's new book. **1** 행사의 목적 As you all know, Ms. Takahiro is well-known for the innovative Web sites she has designed over the last two decades. **2** Yano Takahiro 의 직업 She has put a lot of thought and effort into her recently published book about Web design. The book has already gotten rave reviews—from computer specialists and laymen alike—and is expected to be a best seller. She will be the keynote speaker tonight, and she will lay out for us the future of Web design. **3** Ms. Takahiro가 이야기할 것 Ladies and gentlemen, I present to you Ms. Takahiro!

1-3번은 다음 소개에 관한 문제입니다.

해 오늘 밤 Yano Takahiro의 신간 발표를 축하하기 위해 연회에 모여주신 여러분께 감사드립니다. **1** 여러분도 아시다시피, Ms. Takahiro는 지난 20년 동안 그녀가 디자인한 혁신적인 웹사이트들로 유명합니다. **2** 그녀는 최근 그녀가 출판한 웹디자인 관련 신간 서적에 많은 고심과 노력을 담았습니다. 이 책은 컴퓨터 전문가는 물론 비전문가들에게서도 이미 극찬을 받고 있으며, 곧 베스트셀러가 될 것이라고 예상됩니다. 오늘 밤 기조 연설자로서, 그녀는 저희에게 웹디자인의 미래에 대한 연설을 해주실 것입니다. **3** 신사 숙녀 여러분, Ms. Takahiro를 소개합니다!

어휘 celebrate 축하하다 | release 발간, 출시 | decade 10년 | publish 출판하다 | rave review 극찬 | specialist 전문가 | layman 비전문가 | lay out 펼쳐 놓다

1. What is the purpose of the event?

(A) To honor a retiring worker

(B) To raise money for charity

(C) To celebrate the publication of a book

(D) To recognize a company's achievements

행사의 목적은 무엇인가?

(A) 퇴직하는 직원에게 명예를 주기 위해

(B) 자선단체를 위한 돈을 모금하기 위해

(C) 책의 출간을 축하하기 위해

(D) 회사의 업적을 인정하기 위해

해설 목적을 묻는 문제 – 첫 문장에서 오늘 밤 Yano Takahiro의 신간 발표를 축하하기 위해 모여주어 감사하다고 언급되므로 (C)가 정답!

2. What is Ms. Takahiro well-known for?

(A) Her management skills

(B) Her leadership skills

(C) Her creativity

(D) Her research

Ms. Takahiro는 무엇으로 유명한가?

(A) 경영 기술

(B) 리더십 기술

(C) 창의성

(D) 연구

해설 세부 사항을 묻는 문제 – 화자가 Ms. Takahiro는 지난 20년 동안 혁신적인 웹사이트를 개발한 것으로 유명하다고 말했으므로 innovative를 명사 creativity로 바꿔 놓은 (C)가 정답!

3. What will Ms. Takahiro mainly talk about?

(A) New types of computer technology

(B) The future of Web design

(C) How to attract clients

(D) How to motivate staff

Ms. Takahiro는 주로 무엇에 대해 이야기할 것인가?

(A) 새로운 컴퓨터 기술

(B) 웹디자인의 미래

(C) 고객을 유치하는 방법

(D) 직원들에게 동기 부여를 하는 방법

해설 다음에 할 일을 묻는 문제 – 지문의 후반부에서 오늘 밤 기조 연설자로서, 그녀는 웹디자인의 미래에 대한 연설을 해줄 것이라고 말하므로 (B)가 정답!

영국

Questions 4-6 refer to the following advertisement.

W Bowen's Grocery has opened a new location! **4** 광고의 대상 For over 30 years, Bowen's Grocery has been offering the freshest food at the lowest prices. In addition to our Dolton branch, we've just opened a new store in Riverdale today! To welcome you to our new location, just for this month, we'll be providing each of our customers with a complimentary shopping bag. **5** 업체가 제공하는 것 In addition, starting this Saturday, we'll extend all of our stores' hours to 11 P.M. for your convenience. **6** 주말에 있을 일

4-6번은 다음 광고에 관한 문제입니다.

G1 Bowen's 식료품점이 새 지점을 열었습니다! **4** 30년이 넘는 동안 Bowen's 식료품점은 가장 낮은 가격에 가장 신선한 음식을 제공해 왔습니다. 저희 Dolton 지점에 이어, 오늘 Riverdale에 새 매장을 열었습니다! 저희 새 지점에 오시는 분들을 환영하는 의미로, 이번 달에 한해서만, 고객 한 분 한 분께 무료 쇼핑백을 제공해 드립니다. **5** 추가로 이번 주 토요일부터, 여러분의 편의를 위해 밤 11시까지 영업시간을 연장할 예정입니다. **6**

어휘 proud 자랑스러워하는 | in addition to ~에 더하여 | convenience 편의

4. What is being advertised?
(A) A job position
(B) A food festival
(C) A restaurant
(D) A newly opened store

무엇이 광고되고 있는가?
(A) 일자리
(B) 음식 축제
(C) 식당
(D) 새로 개점한 매장

해설 광고의 대상을 묻는 문제 – 바로 첫 문장에서 Bowen's 식료품점이 새 지점을 열었다고 언급하므로 (D)가 정답!

5. What does the business offer the listeners?
(A) A complimentary meal
(B) A coupon
(C) A free bag
(D) A T-shirt

업체는 청자들에게 무엇을 제공하는가?
(A) 무료 식사
(B) 쿠폰
(C) 무료 가방
(D) 티셔츠

해설 세부 사항을 묻는 문제 – 화자가 새 지점에 오시는 분들을 환영하는 의미로, 이번 달에 한해서만, 무료 쇼핑백을 제공한다고 말했으므로 (C)가 정답!

6. What will probably happen this weekend?
(A) A sale will be held.
(B) A parade will take place in Dolton.
(C) A business will extend its operating hours.
(D) A cooking demonstration will be given.

이번 주말에 무슨 일이 있을 것인가?
(A) 할인 행사가 열릴 것이다.
(B) Dolton에서 퍼레이드가 있을 것이다.
(C) 업체가 영업 시간을 연장할 것이다.
(D) 요리 시연회가 있을 것이다.

해설 미래 계획을 묻는 문제 – 마지막 문장에서 이번 주 토요일부터 편안한 쇼핑을 위해 밤 11시까지 영업시간을 연장할 예정이라고 언급하므로 (C)가 정답!

호주

Questions 7-9 refer to the following advertisement.

M Do you want a super slim phone that takes amazing photos? Then, the brand-new IX mobile phone from LAN Wireless is just for you! It has an automated high-definition camera that takes such clear and sharp photos **7** 휴대폰에 대해 사실인 것 that you'd think a professional took them. But this deal is not offered online or in stores. You can order the IX phone by calling this home shopping network at 525-8820. Customer representatives are standing by to take your call. **8** 휴대전화 주문 방법 And just for today, the first 50 callers will receive a free customized, designer phone case with their IX mobile phone. **9** 화자 의도 What are you waiting for? Call now.

7-9번은 다음 광고에 관한 문제입니다.

남 사진이 기가 막히게 찍히는 초슬림 전화기를 원하십니까? 그렇다면, **LAN Wireless에서 나온 신제품인 IX 휴대 전화가 고객님께 딱입니다! 이 제품은 전문가가 찍은 사진이라는 생각이 들 만큼 또렷하고 선명한 사진을 찍어주는 고화질 자동카메라가 내장돼 있습니다.** **7** 하지만 이 혜택은 온라인이나 매장에서는 제공되지 않습니다. 525-8820번으로 이 홈쇼핑 방송국으로 전화하시면 IX 전화기를 주문하실 수 있습니다. 고객서비스 직원들이 여러분의 전화를 기다리고 있습니다. **8** 그리고 오늘 하루에 한해서, **전화 주시는 첫 50분은 IX 휴대전화와 함께 디자이너가 직접 제작한 맞춤형 전화 케이스를 무료로 받으시게 됩니다.** **9** **무엇을 망설이십니까?** 지금 전화하십시오.

어휘 take a photo 사진을 찍다 | brand-new 신품의 | wireless 무선의 | automated 자동화된 | high-definition 고화질의 | professional 전문가 | deal 거래 | offer 제공하다 | customer representative 고객 서비스 직원 | stand by 대기하다 | take a call 전화를 받다 | customized 주문 제작한 | designer 유명 브랜드의, 유명 디자이너가 만든

7. What is correct about the IX mobile phone according to the advertisement?
(A) It is waterproof.
(B) It has a long battery life.
(C) The camera takes high-quality photos.
(D) The screen is larger than other models.

광고에 따르면, IX 휴대폰에 대해 옳은 것은 무엇인가?
(A) 방수 처리가 되어 있다.
(B) 배터리 수명이 길다.
(C) 카메라로 고화질 사진을 찍는다.
(D) 화면이 다른 기종들보다 더 크다.

PART 4 UNIT 20

145

해설 세부 사항을 묻는 문제 – 최신 IX 휴대전화가 적합할 거라며, 이 제품에 또렷하고 선명한 사진 촬영이 가능한 고화질 카메라가 내장돼 있다고 말했으므로 (C)가 정답!

---

8. How can customers order an IX mobile phone?
   (A) By mailing an order form
   (B) By calling a customer representative
   (C) By visiting a Web site
   (D) By going to a local store

   고객들은 어떻게 IX 휴대전화를 주문할 수 있는가?
   (A) 주문서를 우편으로 보냄으로써
   (B) 고객 서비스 직원에게 전화함으로써
   (C) 웹사이트를 방문함으로써
   (D) 가까운 매장에 감으로써

해설 세부 사항을 묻는 문제 – 전화번호(525–8820)를 알려주며 이 홈쇼핑 방송국으로 전화하면 IX 전화기를 주문할 수 있고, 고객 서비스 직원들이 대기 중이라고 말했으므로 (B)가 정답!

---

9. Why does the speaker say, "What are you waiting for"?
   (A) He encourages listeners to take advantage of a promotion.
   (B) He urges listeners to participate in an upcoming sale.
   (C) He advises listeners to attend a product demonstration.
   (D) He suggests that listeners fill out a customer survey.

   화자는 왜 "무엇을 기다리십니까"라고 말하는가?
   (A) 판촉 행사를 이용하라고 권한다.
   (B) 다가올 할인 판매에 동참하라고 권고한다.
   (C) 제품 시연회에 참석하라고 권한다.
   (D) 고객 설문조사를 작성하라고 제안한다.

해설 화자 의도 파악 문제 – 전화를 한 고객들을 대상으로 선착순 50명에게 IX 휴대 전화와 함께 디자이너가 직접 제작한 맞춤형 전화 케이스를 무료로 주겠다고 말한 것으로 보아 청자들에게 판촉 행사 동참을 독려하는 말임을 알 수 있다. 따라서 (A)가 정답!

Questions 10-12 refer to the following introduction and map.

W Welcome to the Cladaire House. Today, you'll get to know about the colorful life of Lauren Cladaire, who many believed to be the best female painter of her time. ❿ Lauren Cladaire의 직업 It was here, in this small cottage, where Ms. Cladaire was born ⓫ Cladaire 자택에 관하여 언급된 것 and first began her work. During the tour today, I'll be showing you the study in which she created her masterpieces, the stamps she collected, and several photos of her family. Normally, we'd start with the kitchen area, but we'll go there last today since workers are installing new lights in there right now. So we'll begin our tour with the room right next to it. ⓬ 시각 정보

10-12번은 다음 소개와 지도에 관한 문제입니다.

여 Cladaire 자택에 오신 걸 환영합니다. 오늘 여러분은 **많은 이들이 당대 최고의 화가라고 여겼던 Lauren Cladaire ❿** 의 다채로운 삶에 관하여 알게 되실 것입니다. Ms. Cladaire가 태어나고 처음으로 작품 활동을 시작한 곳이 **바로 이 작은 오두막집입니다. ⓫** 오늘 투어에서는 여러분에게 그녀가 걸작품을 만들어 냈던 서재와 그녀가 수집했던 우표들, 그리고 가족 사진 몇 장을 보여드리겠습니다. **보통은 주방에서 시작하지만 오늘은 현재 인부들이 그곳에 새 조명을 설치하고 있는 관계로 마지막에 가겠습니다. 그럼 바로 옆방에서 투어를 시작하도록 하죠. ⓬**

[Cladaire의 자택]

침실	서재
	창고
거실	주방

어휘 colorful 파란만장한 | cottage 오두막집 | study 서재 | masterpiece 걸작품 | dining area 식사공간

---

10. Who was Lauren Cladaire?
    (A) A photographer
    (B) An artist
    (C) A chef
    (D) An author

    Lauren Cladaire는 누구인가?
    (A) 사진작가
    (B) 화가
    (C) 요리사
    (D) 저자

해설 세부 사항을 묻는 문제 – Lauren Cladaire를 많은 사람들이 당대 최고의 화가라고 여겼다고 소개하고 있으므로 (B)가 정답!

11. What is mentioned about the Cladaire House?

(A) It is the birthplace of Ms. Cladaire.

(B) It holds performances regularly.

(C) It has been turned into a restaurant.

(D) It sells large stamp collections.

Cladaire 자택에 대해 언급된 것은 무엇인가?

(A) Ms. Cladaire의 생가이다.

(B) 정기적으로 공연을 연다.

(C) 식당으로 바뀌었다.

(D) 방대한 우표 모음집을 판다.

해설 세부 사항을 묻는 문제 – 화자가 Ms. Cladaire의 오두막집을 소개하며, 그녀가 태어난 곳이라고 말했으므로 (A)가 정답!

---

12. Look at the graphic. Which section of the house will the listeners first see?

(A) Kitchen

(B) Living Room

(C) Bedroom

(D) Study Room

시각 정보를 보시오. 청자들은 집의 어느 곳부터 먼저 볼 것인가?

(A) 주방

(B) 거실

(C) 침실

(D) 서재

해설 시각 정보 연계 문제 – 보통은 주방 공간에서 시작하지만 현재 인부들이 그곳에 새 조명을 설치하고 있어서 마지막에 간다고 말하며 투어를 바로 옆방에서 시작한다고 했고, 지도상 주방 바로 옆이 거실이므로 (B)가 정답!

REVIEW TEST

본서 p.252

71. (B)	72. (A)	73. (B)	74. (B)	75. (A)	76. (C)
77. (C)	78. (B)	79. (C)	80. (B)	81. (D)	82. (B)
83. (B)	84. (A)	85. (C)	86. (A)	87. (D)	88. (B)
89. (C)	90. (C)	91. (D)	92. (D)	93. (A)	94. (D)
95. (A)	96. (B)	97. (C)	98. (B)	99. (B)	100. (C)

미국

Questions 71-73 refer to the following advertisement.

M Tired of the same old thing? If you want something new and fresh, come visit us at Organic Ranch. We offer an extensive breakfast and lunch menu— all served with the freshest meats and vegetables. **71** 업종 Our chefs hand-select the finest products— it's almost as if we grew them ourselves. **72** 레스토랑이 특별한 이유 Whether you're craving a full steak dinner or just a light lunch of soup and salad after the holidays, come to Organic Ranch for fresh food that will make you both healthy and happy. And for first-time customers, all breakfast orders come with a complimentary morning coffee. **73** 특정 메뉴 주문 시 제공되는 것 Visit us at Organic Ranch today!

71-73번은 다음 광고에 관한 문제입니다.

남 매일 똑같은 것이 지겨우신가요? 무언가 새롭고 신선한 것을 찾고 계신다면, 저희 Organic Ranch를 방문해 보세요. 저희는 가장 신선한 고기와 채소로 만든 폭넓은 아침과 점심 메뉴를 제공하고 있습니다. **71** 저희의 주방장들이 마치 저희가 직접 재배한 것 같은 가장 질 좋은 제품들을 직접 엄선합니다. **72** 스테이크가 들어있는 풀코스 만찬을 원하시든 명절 후 수프와 샐러드로 이루어진 가벼운 점심식사를 원하시든 Organic Ranch에 오셔서 당신을 건강하고 행복하게 해드릴 신선한 음식을 드셔보세요. 그리고 처음으로 방문하는 고객분들께는, 모든 아침 식사 주문 시 무료 모닝커피를 제공해 드립니다. **73** 오늘 바로 저희 Organic Ranch를 방문해 주세요!

어휘 tired of ~에 싫증난 I offer 제공하다 I extensive 광범위한, 대규모의 I chef 요리사 I hand-select 직접 고르다 I product 제품 I crave 갈망하다 I complimentary 무료의

---

71. What kind of business is being advertised?

(A) A candy store

(B) A restaurant

(C) A supermarket

(D) A local farm

어떤 종류의 업체가 광고되고 있는가?

(A) 사탕 가게

(B) 식당

(C) 슈퍼마켓

(D) 지역 농장

해설 광고 대상을 묻는 문제 – 지문의 초반에서 호기심을 자극하는 질문들을 한 후 무언가 새롭고 신선한 것을 찾고 있다면, 가장 신선한 고기와 채소로 만든 폭넓은 아침과 점심 메뉴를 제공하는 Organic Ranch를 방문하라고 말하므로 (B)가 정답!

---

72. What is special about Organic Ranch?

(A) It only uses the freshest products.

(B) It hires experienced workers.

(C) It has received awards.

(D) It is open 24 hours daily.

Organic Ranch가 특별한 이유는 무엇인가?

(A) 가장 신선한 재료만 사용한다.

(B) 경험 많은 직원을 채용한다.

(C) 상을 받았다.

(D) 매일 24시간 내내 문을 연다.

해설 세부 사항을 묻는 문제 – 화자가 직접 재배한 것 같은 신선한 재료만을 사용한다는 것을 강조하고 있으므로 (A)가 정답!

---

73. What is being offered to new customers?

(A) A store credit card

(B) A free drink

(C) A coupon book

(D) A complimentary dessert

새 고객들에게 무엇이 제공되고 있는가?

(A) 매장 전용 신용카드

(B) 무료 음료

(C) 쿠폰북

(D) 무료 디저트

해설 미래 계획을 묻는 문제 – 지문의 후반부에서 화자가 아침 식사 메뉴를 주문하면 무료 모닝커피를 준다고 했다. complimentary와 의미가 같은 free가 보기에서 보이므로 (B)가 정답!

호주

Questions 74-76 refer to the following telephone message.

M Hey, Lauren. It's Brad. I know we had planned to eat dinner with the new regional director who's coming by the office tomorrow, **74** 내일 사무실 방문하는 사람 but I'm afraid I can't join—I have too much work to do. I was, however, able to review the itinerary that you prepared, and overall, it looks great. But I did email you some suggestions for just a couple of small revisions. **75** 청자에게 보낸 것 Let me know if you have any questions about my comments. I'll be in the office until 5 o'clock today. **76** 화자 의도

74-76번은 다음 전화 메시지에 관한 문제입니다.

남 안녕, Lauren. Brad예요. 우리가 내일 사무실에 방문하시는 새 지사장님과 저녁 계획이 있다는 걸 알고 있지만 **74** 저는 함께 못 갈 것 같아요. 할 일이 너무 많거든요. 하지만 당신이 준비한 일정표를 검토했는데 전반적으로 훌륭해 보여요. 그래도 두세 개 정도의 사소한 수정을 제안하는 이메일을 보내기는 했어요. **75** 제 의견에 질문이 있으면 알려주세요. 오늘 5시까지 사무실에 있을게요. **76**

어휘 regional director 지사장 | come by ~에 들르다 | itinerary 일정표 | overall 종합적으로, 전반적으로 | revision 수정 | comment 논평, 의견

---

74. Who is visiting the office tomorrow?

(A) A potential customer

(B) A director

(C) A building inspector

(D) A reporter

내일 누가 사무실을 방문하는가?

(A) 잠재 고객

(B) 임원

(C) 건물 검사관

(D) 기자

해설 세부 사항을 묻는 문제 – 내일 사무실에 방문하는 새 지사장과 저녁식사를 하기로 계획했다는 걸 알고 있다고 말했으므로 (B)가 정답!

---

75. What did the speaker send to the listener?

(A) Recommendations for making changes

(B) Notes from a meeting

(C) A magazine story

(D) A travel agent's contact information

화자는 청자에게 무엇을 보냈는가?

(A) 변경 제안사항

(B) 회의 메모

(C) 잡지 기사

(D) 여행사 직원의 연락처

해설 세부 사항을 묻는 문제 – 두세 개 정도의 수정 제안 사항을 이메일로 보냈다고 말했으므로 (A)가 정답!

---

76. Why does the speaker say, "I'll be in the office until 5 o'clock today"?

(A) To emphasize that a project is due today

(B) To urge the listener to register for a workshop

(C) To let the listener know he is able to help

(D) To request that a meeting be rescheduled

화자는 왜 "오늘 5시까지 사무실에 있을게요."라고 말하는가?

(A) 프로젝트 마감일이 오늘이라는 것을 강조하기 위해

(B) 청자에게 워크숍에 등록하도록 독려하기 위해

(C) 청자를 도와줄 수 있다는 것을 알려주기 위해

(D) 회의 일정을 다시 잡자고 요청하기 위해

해설 화자 의도 파악 문제 – 화자가 자기 의견에 질문이 있으면 알려달라며 오늘 5시까지 사무실에 있겠다고 말한 것이므로 그때까지 질문에 대답할 수 있다는 의미이다. 따라서 (C)가 정답!

호주

Questions 77-79 refer to the following talk.

M Thank you for inviting me to your store. It is my pleasure to present to you our award-winning hairdryer line. Today, I'll be showing you two of our latest models. **77** 남자의 방문 목적 The first one is the Z-9, and it comes with great features. The most popular feature is the ability to adjust the heat setting along with the speed setting. Now, this one is our newest model, the Z-10. This is a state-of-the-art dryer that provides all the features of the Z-9, but you can move around freely and not have to worry about the annoying cord. **78** Z-10의 가장 큰 장점 OK, now I would like each of you to come up here and try out the dryers. Once you've done that, please fill out the form here with the model you like most. **79** 청자들이 작성하도록 요청되는 것

77-79번은 다음 담화에 관한 문제입니다.

남 귀하의 상점에 초대해 주셔서 감사합니다. 수상 이력이 있는 저희 헤어 드라이어 제품 라인을 여러분께 소개하게 되어 매우 기쁘게 생각합니다. 오늘 저희의 최신 모델 두 가지를 보여 드리겠습니다. **77** 첫 번째 모델은 Z-9인데요, 아주 좋은 사양들을 갖고 있습니다. 가장 인기 있는 기능은 온도 설정은 물론이고 속도 설정 역시 조절하실 수 있는 기능입니다. 그리고 이것은 저희 회사의 가장 최신 모델인 Z-10입니다. 이 모델은 Z-9 제품의 모든 기능을 제공하는 최첨단 드라이어이면서 성가신 전기코드 따위는 신경 쓰지 않고 자유롭게 움직이실 수 있습니다. **78** 자, 이제 각자 이쪽으로 오셔서 드라이어들을 사용해 보시기 바랍니다. 테스트가 끝나면 여러분께서 가장 마음에 드시는 제품의 이름을 이 양식에 적어 주세요. **79**

어휘 present 보여주다 | award-winning 수상 이력이 있는 | latest 최신의 | feature 사양 | adjust 조절하다 | state-of-the-art 최첨단의 | annoying 성가신, 짜증나는 | fill out 작성하다

77. What is the purpose of the man's visit?
(A) To have an appliance repaired
(B) To look for a new hairdryer
(C) To demonstrate a product
(D) To pick up an order

남자의 방문 목적은 무엇인가?
(A) 가전제품을 수리하기 위해
(B) 새 헤어 드라이어를 찾기 위해
(C) 제품을 시연하기 위해
(D) 주문한 것을 찾기 위해

해설 목적을 묻는 문제 – 첫 문장에서 수상 이력이 있는 헤어 드라이어 제품 라인을 소개하게 되어 매우 기쁘다고 말했으므로 헤어 드라이어 제품 라인을 소개하기 위해 와 있는 사람이란 것을 유추할 수 있다. 또 이어지는 문장에서 최신 모델 두 개를 보여 주겠다고 언급했으므로 (C)가 정답!

78. What does the man emphasize about the Z-10?
(A) Its small battery
(B) Its cordless capability
(C) Its temperature control
(D) Its speed

남자는 Z-10에 관하여 무엇을 강조하는가?
(A) 작은 배터리
(B) 무선 기능
(C) 온도 조절
(D) 속도

해설 세부 사항을 묻는 문제 – 화자가 Z-10이라는 제품명을 언급하면서 Z-9 제품의 모든 사양을 갖추면서도 성가신 전기코드 따위는 더 이상 신경 쓰지 않고 자유롭게 움직일 수 있다고 말하므로 (B)가 정답!

79. What are the listeners asked to write down?
(A) A coupon code
(B) An e-mail address
(C) A model name
(D) A phone number

청자들은 무엇을 작성하도록 요청받는가?
(A) 쿠폰 번호
(B) 이메일 주소
(C) 모델명
(D) 전화 번호

해설 요청 사항을 묻는 문제 – 마지막 문장에서 화자가 제품들을 사용한 후에 가장 마음에 드는 제품의 이름을 양식에 적어달라고 말하며 선호하는 제품의 이름을 쓰라고 요청하고 있으므로 (C)가 정답!

미국

Questions 80-82 refer to the following radio broadcast.

W Today, I am happy to host Jimmy Butler, the head engineer for the Lockheed Motor Company. **80** Jimmy Butler의 직업 Mr. Butler and his team members have created a car that runs solely on hydropower. As a matter of fact, Mr. Butler is fresh off his trip to the Netherlands, where the Aquos—their upcoming car—has been test-driven for the first time. **81** 네덜란드에 일어난 일 Today, he will be presenting to us the innovative features of the new car. At the end of the show, you will even have an opportunity to direct your questions to Mr. Butler. Everyone, please welcome Mr. Jimmy Butler! Let's give him a round of applause! **82** 청중들이 하도록 장려 받은 것

여 오늘 저는 Lockheed Motor 사의 수석 엔지니어이신 **Jimmy Butler**를 모시게 되어 매우 기쁩니다. **80** Mr. Butler와 그의 팀 동료들은 오직 수소 에너지로만 움직이는 자동차를 만들어 냈습니다. 사실, Mr. Butler는 신형차 Aquos의 첫 시범 운행을 위해 방문했던 네덜란드에서 막 돌아오셨습니다. **81** 오늘 그는 신형차의 혁신적 사양들에 관해 우리에게 설명해 주실 겁니다. **이 프로그램의 마지막에는 여러분께서 Mr. Butler에게 직접 질문을 하실 수 있는 기회도 갖게 될 것입니다.** 여러분, Mr. Butler를 맞이해 주십시오! 큰 박수 부탁드립니다! **82**

어휘 host (행사를) 주최하다, (라디오 프로를) 진행하다 | engineer 엔지니어, 기술자 | create 만들다 | solely 오직 | hydropower 수소 에너지 | for the first time 최초로 | present 보여주다 | innovative 혁신적인 | feature 사양 | opportunity 기회 | give ~ a round of applause ~에게 큰 박수를 보내다

80. Who is Jimmy Butler?
(A) A professional driver
(B) A car engineer
(C) A travel agent
(D) A computer specialist

Jimmy Butler는 누구인가?
(A) 전문 운전사
(B) 자동차 엔지니어
(C) 여행사 직원
(D) 컴퓨터 전문가

해설 세부 사항을 묻는 문제 – 첫 문장에서 Jimmy Butler라는 이름을 언급한 후 Lockheed Motor 사의 수석 엔지니어라고 밝혔으므로 (B)가 정답!

81. What happened in the Netherlands?
(A) An award was given.
(B) A contract was acquired.
(C) A sale was made.
(D) A vehicle was tried out.

네덜란드에서 무슨 일이 있었는가?
(A) 상이 수여되었다.
(B) 계약을 수주했다.
(C) 판매가 성사되었다.
(D) 차량 시운전이 있었다.

해설 세부 사항을 묻는 문제 – 화자가 Mr. Butler가 신형차인 Aquos의 첫 시범 운행을 위해 방문했던 네덜란드에서 막 돌아왔다고 언급하므로 (D)가 정답!

82. What are listeners encouraged to do?
(A) Write a comment online
(B) Ask questions
(C) Give advice to Mr. Butler
(D) Pick up some refreshments

청중들이 하도록 장려 받은 것은 무엇인가?
(A) 온라인으로 의견을 작성한다
(B) 질문을 한다
(C) Mr. Butler에게 조언을 해준다
(D) 다과를 가져간다

해설 요청 사항을 묻는 문제 – 지문의 후반부에서 화자가 프로그램의 마지막에는, Mr. Butler에게 직접 질문들을 하실 수 있는 기회도 가지게 될 거라고 말하며 박수로 환영해 달라고 요청하므로 (B)가 정답!

미국

Questions 83-85 refer to the following excerpt from a meeting.

M Before we open today, I wanted to discuss some recent changes that our store has undergone to prepare for the beginning of the school semester. We have moved the displays of our most popular merchandise, such as paint brushes and colored pencils, near the store's front entrance so that customers can see them right away. **83** 상점이 판매하고 있는 제품의 종류 **84** 진열품이 재배치되는 이유 Also, many shoppers will probably want to buy our marker sets, and I know that we don't have a lot left in our inventory. I placed a new order with our supplier last month, but it's the busy season. **85** 화자 의도 There's not much we can do about it for now, so just apologize and ask customers to come back later if they need those. **85**

83-85번은 다음 회의 발췌록에 관한 문제입니다.

남 오늘 우리가 문을 열기 전, 학기 시작을 준비하기 위한 저희 가게의 최근 변경사항들을 논의하고자 합니다. 우리는 고객들이 바로 볼 수 있도록 페인트 붓이나 색연필과 같은 가장 인기 있는 상품의 진열을 상점 현관 근처로 옮겨놨습니다. **83** **84** 또한, 많은 쇼핑객들이 아마도 우리의 마커 세트를 구매하고 싶어할 텐데, 재고로 남아 있는 게 많지 않은 걸로 알고 있어요. 제가 지난달 공급업체에 주문을 새로 했지만, 바쁜 시즌이잖아요. **85** 지금으로선, 우리가 할 수 있는 일이 많지 않으니 고객 분들께 그냥 사과 드리고, 그것이 필요하다면 나중에 다시 오라고 요청하세요. **85**

어휘 undergo 겪다 | school semester 학기 | merchandise 상품 | paint brush 페인트 붓 | colored pencil 색연필 | front entrance 현관 | inventory 재고(품)

83. What kind of products does the store sell?

(A) Computer accessories

(B) Art supplies

(C) Home appliances

(D) Sporting goods

상점은 어떤 종류의 제품을 팔고 있는가?

(A) 컴퓨터 부속용품

(B) 미술용품

(C) 가전제품

(D) 운동용품

해설 세부 사항을 묻는 문제 – 화자가 고객들이 바로 볼 수 있도록 페인트 붓이나 색연필과 같은 가장 인기있는 상품의 진열을 상점 현관 근처로 옮겨놨다고 말하므로 (B)가 정답!

---

84. Why have some store displays been rearranged?

(A) To make certain items more visible

(B) To create more inventory space

(C) To advertise new merchandise

(D) To prepare for remodeling

몇몇 상점 진열품이 다시 배치된 이유는 무엇인가?

(A) 특정 물품들을 더 보기 쉽게 하기 위해

(B) 더 많은 재고 공간을 만들기 위해

(C) 신상품을 광고하기 위해

(D) 리모델링을 준비하기 위해

해설 세부 사항을 묻는 문제 – 화자가 고객들이 바로 볼 수 있도록 페인트 붓이나 색연필과 같은 가장 인기 있는 상품의 진열을 상점 현관 근처로 옮겨놨다고 말하므로 (A)가 정답!

---

85. What does the speaker imply when he says, "it's the busy season"?

(A) The store will hold a seasonal sale.

(B) Some temporary workers must be hired.

(C) There is a delay in shipment.

(D) Business hours might be extended.

화자가 "바쁜 시즌이잖아요."이라고 말할 때 무엇을 의도하는가?

(A) 상점이 계절 세일을 할 것이다.

(B) 임시 직원들이 고용되어야 한다.

(C) 배송에 지연이 있다.

(D) 업무시간이 연장될지도 모른다.

해설 화자 의도 파악 문제 – 해당 표현 전에. 화자가 많은 쇼핑객들이 아마도 마커 세트를 구매하고 싶어 할 텐데. 재고로 남아 있는 게 많지 않은 걸로 알고 있다며. 지난달 공급업체에 주문을 새로 했지만 바쁜 시즌이니. 고객분들께 사과드리고, 그것이 필요하다면 나중에 다시 오라고 요청하라고 대응 방법에 대해 부연하고 있으므로 (C)가 정답!

Questions 86-88 refer to the following announcement.

🅆 OK, now for the final item on our agenda, there is a new service that is going to be provided for all employees. 86 담화의 주제 We all know that gas prices are, well, eating into our monthly budget. And the traffic near our facility is congested 87 시설에 관한 사실 —to say the least. So the company has designed a quick and easy way to come to work every day. We will be providing a shuttle bus that takes you from Lake View Station to our facility every morning. 86 You can enjoy extra 10 minutes of sleep or chat with a coworker on the way to work. But I have to make ID cards for everyone who is interested. So if you're interested, drop by my office and I'll get it all sorted out for you. 88 직원들의 서비스 이용 방법

86-88번은 다음 공지에 관한 문제입니다.

🄴 좋습니다. 이제 저희 회의의 마지막 안건입니다. **모든 직원분들께 제공되는 새로운 서비스가 있습니다.** 86 우리 모두 기름값이 음, 한 달 예산을 많이 차지한다는 것을 알고 있습니다. **그리고 사실 저희 시설 근처의 교통이 매우 혼잡하고요.** 87 그래서 회사에서는 여러분들이 쉽고 빠르게 매일 출근하실 수 있는 방법을 고안해 냈습니다. **Lake View 역에서부터 저희 시설까지 여러분들을 모실 통근 셔틀 버스를 매일 아침 운행할 계획입니다.** 86 직장까지 오시면서 10분 정도 추가로 잠을 자거나, 동료와 가벼운 대화를 하실 수도 있을 것입니다. 하지만 여기에 관심 있는 모든 분들께 제가 ID 카드를 만들어 드려야 합니다. 그러니 **만약 관심이 있으시다면, 제 사무실에 들러 주세요. 그러면 제가 다 처리해 드리겠습니다.** 88

어휘 agenda 의제, 안건 | provide 제공하다 | employee 직원 | budget 예산 | facility 시설 | congested 꽉 막힌, 혼잡한 | to say the least 결코 과장이 아니다 | design 고안하다 | chat 담소, 대화 | coworker 동료 | drop by 들르다 | sort out ~을 처리하다

---

86. What is the speaker mainly discussing?

(A) Free transportation

(B) Complimentary refreshments

(C) Pay raises

(D) Longer break times

화자는 주로 무엇을 논의하고 있는가?

(A) 무료 교통편

(B) 무료 다과

(C) 급여 인상

(D) 더 긴 휴식 시간

해설 주제를 묻는 문제 – 첫 문장에서 직원들에게 새로운 서비스를 제공할 것이라고 언급한 후 중반부에서는 매일 아침 셔틀 버스를 제공할 것이라고 말했다. 회사가 새로운 교통편을 제공할 것임을 알 수 있으므로 (A)가 정답!

PART 4 REVIEW TEST

87. What does the speaker suggest about the facility?

(A) IDs are required for access.

(B) It will be renovated soon.

(C) It is costly to maintain.

(D) There is a lot of traffic nearby.

화자는 시설에 관하여 무엇을 시사하는가?

(A) 출입을 위해 신분증이 필요하다.

(B) 곧 개조될 것이다.

(C) 유지하는 데 비용이 많이 든다.

(D) 근처에 교통량이 많다.

해설 세부 사항을 묻는 문제 – 시설 근처의 교통이 혼잡하다는(congested) 말을 하고 있으므로 (D)가 정답!

---

88. What are the listeners encouraged to do?

(A) Conserve electricity

(B) Come by an office

(C) Fill out a form

(D) Visit a Web site

청자들에게 무엇을 하라고 장려하는가?

(A) 전기를 아낀다

(B) 사무실에 들른다

(C) 양식을 작성한다

(D) 웹사이트를 방문한다

해설 요청 사항을 묻는 문제 – 지문의 마지막 문장에서 화자는 청자들에게 관심이 있으면 사무실에 들러 달라고 말한다. drop by와 의미가 같은 come by가 보기에서 보이므로 (B)가 정답!

호주

Questions 89-91 refer to the following introduction.

ᴹ Good afternoon. It's an honor to have such an esteemed designer for our first-ever Italian Artist's Conference. ⁸⁹ 담화의 장소 As you know, Italy has always been at the forefront in the world of design, and one of the main contributors currently is Maria Carboni. Ms. Carboni has made a name for herself in the fashion world. Her bags are known for their distinctive and unique designs. ⁹⁰ Maria Carboni의 직업 Now, she is going to give us a short lecture on new trends in design. You may want to get out a pen. I'm sure you'll want to write down some important points. ⁹¹ 화자 의도 Now, let's welcome Maria Carboni!

89-91번은 다음 소개에 관한 문제입니다.

ᴹ 안녕하세요. 저희의 첫 번째 Italian Artist's 컨퍼런스에 존경하는 디자이너를 모시게 되어 영광입니다. ⁸⁹ 아시다시피, 이탈리아는 항상 디자인의 선두에 있어 왔고 현재 그것에 이바지해 온 사람들 중 한 명을 Maria Carboni입니다. Ms. Carboni는 스스로 자신의 이름을 알려왔습니다. 그녀의 가방들은 독특하고 특별한 디자인으로 잘 알려져 있습니다. ⁹⁰ 자 이제, 그녀가 디자인의 새로운 트렌드들에 대해 저희에게 짧은 강의를 해줄 겁니다. 펜을 꺼내시는 게 좋을 거예요. 받아 적고 싶은 중요한 포인트들이 있을 겁니다. ⁹¹ 자, Maria Ms. Carboni를 환영합시다!

어휘 honor 영광 | esteem 존경하다 | forefront 선두 | contribute 이바지하다 | be known for ~로 알려져 있다 | distinctive 독특한 | unique 특별한

---

89. Where is this talk taking place?

(A) At a retirement dinner

(B) At an awards ceremony

(C) At a conference

(D) At a festival

이 담화가 일어나는 장소는 어디인가?

(A) 은퇴 만찬에서

(B) 시상식에서

(C) 컨퍼런스에서

(D) 축제에서

해설 장소를 묻는 문제 – 화자가 첫 문장에서 첫 번째 Italian Artist's 컨퍼런스에 존경하는 디자이너를 모시게 되어 영광이라고 말하므로 (C)가 정답!

---

90. Who is Maria Carboni?

(A) An Italian actress

(B) A famous painter

(C) A well-known designer

(D) A project manager

Maria Carboni는 누구인가?

(A) 이탈리아 배우

(B) 유명 화가

(C) 유명 디자이너

(D) 프로젝트 관리자

해설 세부 사항을 묻는 문제 – 화자가 Maria Carboni라는 이름을 언급한 이후 그녀가 스스로 자신의 이름을 알렸고 그녀의 가방들은 독특하고 특별한 디자인으로 잘 알려져 있다고 말하므로 (C)가 정답!

---

91. What does the speaker mean when he says, "You may want to get out a pen"?

(A) He encourages listeners to sign up for a class.

(B) He is informing listeners not to use a pencil.

(C) He wants listeners to write their names.

(D) He suggests listeners take notes.

화자가 "펜을 꺼내시는 게 좋을거예요"라고 말할 때 무엇을 의도하는가?

(A) 청자들에게 수강 신청하는 것을 권장한다.
(B) 청자들에게 연필을 사용하지 않을 것을 알린다.
(C) 청자들이 그들의 이름을 쓰기를 원한다.
(D) 청자들이 필기할 것을 제안한다.

해설 화자 의도 파악 문제 – 화자가 Maria Carboni가 디자인의 새로운 트렌드들에 대해 강의할 것을 알리면서 받아 적고 싶은 중요한 포인트들이 있을 것이라며 펜을 꺼내라고 말하므로 (D)가 정답!

미국

Questions 92-94 refer to the following excerpt from a meeting.

Ⓜ The final item for today's meeting is the annual marketing fair. Because the fair takes place in our city this year, our advertising agency has volunteered to help organize the event. 🞒 논의되는 것 In return for our services, our firm's name will be displayed prominently throughout the event. The biggest advantage of this arrangement is that it will serve as a great promotional opportunity to attract prospective customers who would want to hire us. 🞓 이 방식의 가장 큰 이점 We will be offering complimentary consultations to businesses that are interested in working with our firm. If you are available to help with the consultations, please notify me by the end of the week. 🞔 화자가 도움을 요청하는 것

92-94번은 다음 회의 발췌록에 관한 문제입니다.

Ⓝ 오늘 회의의 마지막 안건은 연례 마케팅 박람회입니다. **이 박람회가 올해 우리 시에서 열리기 때문에 우리 광고회사에서 이 행사 조직을 돕겠다고 자원했어요.** 🞒 우리의 서비스에 대한 보상으로 회사의 이름이 행사 내내 눈에 띄게 드러날 겁니다. **이 방식의 가장 큰 이점은 우리를 고용하고 싶어 하는 미래 고객들을 끌어들일 훌륭한 홍보 기회가 될 거라는 점입니다.** 🞓 우리 회사와 일하는 데 흥미를 보이는 업체들에게 무료 상담을 제공할 거예요. 이 상담을 도와줄 수 있다면 이번 주 마지막 날까지 저에게 알려주세요. 🞔

어휘 annual 연간의, 연례의 l advertising 광고 l volunteer 자원하다 l organize 조직하다 l firm 회사 l display 보여주다 l prominently 눈에 띄게, 두드러지게 l advantage 이점 l arrangement 합의, 협의 l promotional 홍보의 l opportunity 기회 l attract 끌어들이다 l prospective 장래의, 유망한 l complimentary 무료의 l consultation 상담 l notify 알리다

---

92. What is the speaker mainly discussing?
(A) Designing a brochure
(B) Increasing a fee
(C) Revising a schedule
(D) Planning a fair

화자는 주로 무엇을 논의하는가?
(A) 안내 책자를 디자인하는 것
(B) 요금을 인상하는 것
(C) 일정을 수정하는 것
(D) 박람회를 계획하는 것

해설 주제를 묻는 문제 – 이번 박람회가 올해 우리 시에서 열리기 때문에 우리 광고회사에서 이 행사 준비에 자원했다고 말하며 담화를 이어가고 있으므로 박람회 계획이 논의 주제임을 알 수 있다. 따라서 (D)가 정답!

---

93. What does the speaker say is the biggest advantage of an arrangement?
(A) Finding new clients
(B) Locating a better office
(C) Reducing additional costs
(D) Hiring more qualified staff

화자는 이 방식의 가장 큰 이점이 무엇이라고 말하는가?
(A) 새 고객을 찾는 것
(B) 더 나은 사무실을 찾는 것
(C) 추가 비용을 줄이는 것
(D) 더 적합한 직원을 고용하는 것

해설 세부 사항을 묻는 문제 – 이 방식의 가장 큰 이점이 미래 고객들을 끌어들일 훌륭한 홍보 기회가 될 거라는 점이라고 말했으므로 (A)가 정답!

---

94. What does the speaker request assistance with?
(A) Arranging transportation
(B) Reviewing products
(C) Contacting vendors
(D) Providing consultations

화자는 무엇에 대한 도움을 요청하는가?
(A) 교통 수단을 주선하는 것
(B) 제품을 검토하는 것
(C) 공급업체에 연락하는 것
(D) 상담을 제공하는 것

해설 요청 사항을 묻는 문제 – 우리 회사와 일하는 데 흥미를 보이는 업체들에게 무료 상담을 제공하겠다고 하면서, 상담을 도와줄 수 있다면 이번 주 마지막 날까지 알려달라고 말했으므로 (D)가 정답!

Questions 95-97 refer to the following announcement and sign.

W I'd like to welcome everyone to the 20th Annual City Run. A special thanks goes to Beth's Outdoor Accessories for supplying snacks to all of our participants. 95 Beth's Outdoor Accessories가 제공하는 것 Before we begin the run, there are two important announcements. First, we will only have three running routes this year, instead of the usual four. The 10-kilometer route is unavailable today due to some urgent repairs on the road. 96 시각 정보 We apologize to any runners who were planning on taking that route. Finally, please remember to always follow the instructions of the event's volunteers. 97 참가자들에게 상기시키는 것 They will be standing at checkpoints along the routes wearing green vests.

95-97번은 다음 공지와 간판에 관한 문제입니다.

예 제 20회 연례 시 마라톤 대회에 오신 모든 분들을 환영합니다. 모든 참가자들에게 간식을 공급해 주신 Beth's Outdoor Accessories에게 특별히 감사를 표합니다. 95 달리기를 시작하기에 전 두 가지 중요한 공지 사항이 있습니다. 우선 기존의 네 개 루트 대신 올해는 세 개만 운영합니다. 일부 긴급 도로 보수작업 때문에 오늘은 10킬로미터 루트를 이용할 수 없습니다. 96 이 루트 이용을 계획하셨던 주자들께는 죄송하다는 말씀을 드립니다. 마지막으로, 항상 행사 자원봉사 요원들의 지시 사항을 따라야 한다는 점을 기억하시기 바랍니다. 97 이들은 초록색 조끼를 입고 각 루트에 있는 중간 기록 지점마다 서 있을 것입니다.

시 마라톤 대회	
주황색	7 킬로미터
보라색	10 킬로미터
분홍색	15 킬로미터
검정색	20 킬로미터

어휘 participant 참가자 | unavailable 이용할 수 없는 | instruction 지시사항 | checkpoint 중간 기록 지점 | vest 조끼 | feedback 의견 | sign up for ~을 신청하다 | newsletter 소식지 | instruction 지시사항 | charity 자선 단체

95. What is Beth's Outdoor Accessories providing?
(A) Snacks
(B) Awards
(C) Clothing items
(D) Gift certificates

Beth's Outdoor Accessories는 무엇을 제공하고 있는가?
(A) 간식
(B) 상품
(C) 의류 제품
(D) 상품권

해설 세부 사항을 묻는 문제 – Beth's Outdoor Accessories 업체에 참가들에게 간식을 제공해준 데 대해 감사의 표시를 하고 있으므로 (A)가 정답!

96. Look at the graphic. Which route is closed?
(A) The orange route
(B) The purple route
(C) The pink route
(D) The black route

시각 정보를 보시오. 어느 루트가 폐쇄되었는가?
(A) 주황색 루트
(B) 보라색 루트
(C) 분홍색 루트
(D) 검은색 루트

해설 시각 정보 연계 문제 – 도로 보수작업으로 인해 오늘 10킬로미터 루트를 이용할 수 없다고 했고, 표지판에서 10킬로미터에 해당하는 루트는 Purple이므로 (B)가 정답!

97. What are the participants reminded to do?
(A) Offer feedback about their experience
(B) Sign up for a newsletter
(C) Follow the instructions of the volunteers
(D) Donate money to a local charity

참가자들에게 무엇을 하도록 상기시키고 있는가?
(A) 자신들의 경험에 대한 의견을 제공한다
(B) 소식지를 신청한다
(C) 자원봉사 요원들의 지시 사항을 따른다
(D) 지역 자선단체에 돈을 기부한다

해설 세부 사항을 묻는 문제 – 행사 자원봉사 요원들의 지시 사항을 따라줄 것을 기억해 달라고 말했으므로 (C)가 정답!

Questions 98-100 refer to the following excerpt from a meeting and chart.

W This past weekend, I attended the annual gathering for Artplex Theater managers. 98 최근 화자가 참석한 행사 There was encouraging news from the conference about our budget. Every one of our theaters was profitable last year, so we'll have some money to start showing more films. 99 화자가 보고하는 주제 As you know, we conducted a survey last month to find out what types of films our audiences would like to see more of. From the chart, it's pretty obvious what their top choice is. 100 시각 정보 On the other hand, we'll have to cut back on showing classic films. I'm afraid our customers' response to those just doesn't justify the expense.

98-100번은 다음 회의 발췌록과 차트에 관한 문제입니다.

[C1] 지난 주말에 연례 Artplex 극장 경영자 모임에 다녀왔습니다. **[98]** 회의에서 우리 예산에 관해 기분 좋은 소식이 있었어요. 작년에 모든 극장들이 수익을 냈기 때문에 더 많은 영화를 상영할 돈이 좀 생겼습니다. **[99]** 아시다시피 지난해 우리는 관객들이 어떤 종류의 영화를 더 보고 싶어 하는지 알아보기 위해 설문 조사를 실시했습니다. 도표를 보면 관객들이 가장 많이 선택한 영화가 무엇인지 아주 분명히 알 수 있죠. **[100]** 반면 고전 영화 상영은 줄여야 할 것 같습니다. 이들 영화에 대한 고객들의 반응이 비용의 타당성을 증명하지는 못하는 것 같군요.

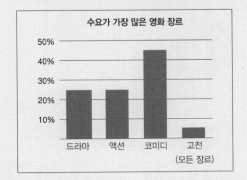

수요가 가장 많은 영화 장르

(x축: 드라마, 액션, 코미디, 고전 (모든 장르))

어휘 gathering 모임 | encouraging 신나는, 기운을 북돋워 주는 | profitable 수익성이 있는 | show 상영하다 | film 영화 | as you know 아시다시피 | conduct 실시하다 | find out 알아내다 | audience 관객들 | chart 도표 | pretty 매우 | obvious 분명한 | on the other hand 반면에 | cut back on ~을 줄이다 | classic 고전의 | response 반응 | justify 정당화하다 | expense 비용 | most-demanded 수요가 가장 많은 | genre 장르

98. What event did the speaker attend recently?
(A) A film history lecture
(B) A managers' conference
(C) A product launch
(D) A marketing seminar

화자는 최근 어떤 행사에 참석했는가?
(A) 영화 역사 강연
(B) 경영자 회의
(C) 제품 출시회
(D) 마케팅 세미나

해설 세부 사항을 묻는 문제 – 초반에 화자가 지난 주말에 연례 Artplex 극장 경영자 모임에 다녀왔다고 말했으므로 (B)가 정답!

99. What subject does the speaker report on?
(A) Hiring decisions
(B) Financial results
(C) Business rivals
(D) Advertising strategies

화자는 어떤 주제에 대해 보고하는가?
(A) 채용 결정
(B) 재무 성과
(C) 경쟁업체
(D) 광고 전략

해설 세부 사항을 묻는 문제 – 회의에서 예산에 관한 기분 좋은 소식이 있었다고 전하며, 지난해 모든 극장들이 수익을 내 영화 상영을 더 많이 할 수 있는 자금이 생겼다고 말했으므로 화자는 재무 결과에 대해 보고하고 있음을 알 수 있다. 따라서 (B)가 정답!

100. Look at the graphic. What type of film will be shown more?
(A) Drama
(B) Action
(C) Comedy
(D) Classics

시각 정보를 보시오. 어떤 영화가 더 많이 상영될 것인가?
(A) 드라마
(B) 액션
(C) 코미디
(D) 고전

해설 시각 정보 연계 문제 – 지난달에 관객들이 선호하는 영화 장르에 관한 설문 조사를 했다고 밝히면서 도표에서 알 수 있듯 관객들이 가장 많이 선택한 영화는 명백하다며, 더 많이 상영되어야 할 영화 장르를 시사했고 도표상에서 가장 많이 선택한 장르는 Comedy이므로 (C)가 정답!

PART 4 REVIEW TEST

MINI TEST 01

1. (B)	2. (C)	3. (B)	4. (A)	5. (C)
6. (B)	7. (A)	8. (B)	9. (C)	10. (C)
11. (A)	12. (A)	13. (D)	14. (B)	15. (C)
16. (B)	17. (A)	18. (C)	19. (B)	20. (A)
21. (C)	22. (D)	23. (A)	24. (C)	25. (D)
26. (C)	27. (D)	28. (A)	29. (D)	30. (B)

1.

미국

(A) The man is wiping a table.
(B) The man is sweeping the floor.
(C) The man is greeting some customers.
(D) The man is serving some dishes.

(A) 남자가 탁자를 닦고 있다.
(B) 남자가 바닥을 쓸고 있다.
(C) 남자가 몇몇 손님을 맞이하고 있다.
(D) 남자가 음식을 내오고 있다.

해설 (A) 탁자가 아닌 바닥을 청소하고 있으므로 오답!
(B) 빗자루로 바닥을 쓸고 있으므로 정답!
(C) 손님들이 보이지 않으므로 오답!
(D) 음식이 보이지 않으므로 오답!

어휘 wipe (먼지·물기 등을) 닦다 | sweep (빗자루로) 쓸다 | greet 맞이하다, 인사하다 | serve (음식을 상에) 내다

2.

미국

(A) Several chairs are being moved.
(B) A frame is being hung.
(C) All the chairs are unoccupied.
(D) A cupboard has been opened.

(A) 몇 개의 의자들이 옮겨지고 있다.
(B) 액자가 걸리고 있다.
(C) 모든 의자들이 비어 있다.
(D) 찬장이 열려 있다.

해설 (A) 의자들을 옮기는 사람이 등장하지 않으므로 오답!
(B) 액자를 걸고 있는 사람이 보이지 않으므로 오답!
(C) 모든 의자들이 비어 있으므로 정답!
(D) 찬장이 보이지만 닫혀 있으므로 오답!

어휘 move 옮기다 | frame 액자 | hang 걸다, 매달다 | unoccupied 비어 있는 | cupboard 찬장

3.

호주

(A) The man is painting on the wall.
(B) The man is standing on the ladder.
(C) The woman is moving the ladder into a house.
(D) The woman is giving the man a safety helmet.

(A) 남자가 벽에 페인트칠하고 있다.
(B) 남자가 사다리 위에 서 있다.
(C) 여자가 사다리를 집 안으로 옮기고 있다.
(D) 여자가 남자에게 안전모를 주고 있다.

해설 (A) 남자는 벽에 페인트칠하고 있지 않으므로 오답!
(B) 남자는 사다리 위에 서 있으므로 정답!
(C) 여자는 사다리를 옮기고 있지 않으므로 오답!
(D) 안전모가 아닌 공구를 건네주고 있으므로 오답!

어휘 paint 페인트칠하다 | ladder 사다리 | safety helmet 안전모

미국 ↔ 영국

4. How do you like his new car?
(A) It looks really nice.
(B) Yes, in an automobile company.
(C) He bought it yesterday.

그의 새 차는 어때요?
(A) 정말 좋아 보여요.
(B) 네, 자동차 회사에서요.
(C) 그는 어제 그것을 샀어요.

해설 (A) 정말 좋아 보인다라고 자신의 의견을 말하고 있으므로 정답!
(B) 의문사 의문문에는 Yes/No로 대답할 수 없으므로 오답!
(C) 차를 언제 샀는지에 대한 질문에 적절한 답이므로 오답!

어휘 How do you like ~? ~은 어때요? | look ~해 보이다 | automobile company 자동차 회사

156

5. What's Janet doing during her vacation?
(A) About two weeks.
(B) She had a wonderful time.
(C) She is visiting her relatives in Seoul.

Janet은 휴가 동안 무엇을 할 건가요?
(A) 약 2주요.
(B) 그녀는 멋진 시간을 보냈어요.
(C) 그녀는 서울에 사는 친척들을 방문할 거예요.

해설 (A) 휴가 기간을 묻는 질문이 아니므로 오답!
(B) 계획을 묻는 질문에 과거시제로 답했으므로 오답!
(C) 서울에 있는 친척들을 방문할 것이라고 구체적인 계획을 언급했으므로 정답!

어휘 vacation 휴가 | wonderful 멋진, 훌륭한 | relative 친척

6. When was the last time we had a fire drill?
(A) We have plenty of water.
(B) There was one in June.
(C) No, I don't mind going last.

마지막으로 소방 훈련을 했던 게 언제였죠?
(A) 물은 충분해요.
(B) 6월에 한 번 있었어요.
(C) 아니요, 전 마지막에 해도 상관없어요.

해설 (A) fire를 듣고 연상 가능한 water를 이용한 오답!
(B) 6월에 한 번 있었다며 시점으로 대답했으므로 정답!
(C) 의문사 의문문에는 Yes/No로 대답할 수 없으므로 오답!

어휘 fire drill 소방 훈련

7. Don't be late for today's meeting with your customer.
(A) I won't. I will be there on time.
(B) From 2 to 4 in the afternoon.
(C) I haven't seen him lately.

오늘 고객과의 회의에 늦지 마세요.
(A) 늦지 않을 거예요, 제시간에 갈게요.
(B) 오후 2시에서 4시까지요.
(C) 전 최근에 그를 본 적이 없어요.

해설 (A) 늦지 않을 것이라고 말한 후, 제시간에 갈 것이라고 적절히 답하고 있으므로 정답!
(B) 회의 시간을 묻는 질문이 아니므로 오답!
(C) 질문의 late와 발음이 비슷한 lately를 사용해 혼동을 준 오답!

어휘 be late for ~에 늦다 | customer 고객 | on time 제시간에, 정각에 | lately 최근에

8. I think Emily would be a good manager.
(A) I prefer wood to plastic.
(B) I agree. She has strong leadership skills.
(C) Send an e-mail to your manager.

Emily는 좋은 매니저가 될 거라고 생각해요.
(A) 전 플라스틱보다 나무를 선호해요.
(B) 동의해요. 그녀는 강한 지도력을 가지고 있어요.
(C) 당신의 매니저에게 이메일을 보내세요.

해설 (A) 질문의 조동사 would와 발음이 같은 wood를 사용해 혼동을 준 오답!
(B) 동의한다고 말한 후, 그녀가 강한 지도력을 가지고 있다고 적절하게 부연 설명하고 있으므로 정답!
(C) 질문의 manager를 반복 사용해 혼동을 준 오답!

어휘 prefer A to B B보다 A를 선호하다 | agree 동의하다 | leadership 지도력, 통솔력 | skill 기량, 기술 | send 보내다

9. Why don't we talk about the report in detail next week?
(A) The tale is quite short.
(B) OK, the reporter is next in line.
(C) Actually, we should discuss it sooner.

우리 다음 주에 그 보고서에 대해 상세하게 이야기하는 것이 어때요?
(A) 그 동화는 꽤 짧아요.
(B) 좋아요, 그 기자는 다음 차례에요.
(C) 사실, 우리는 조만간 그것에 대해 논의해야 해요.

해설 (A) 질문의 detail과 발음이 비슷한 tale을 사용해 혼동을 준 오답!
(B) 질문의 report와 발음이 비슷한 reporter를 사용해 혼동을 준 오답!
(C) 더 일찍 보고서에 대해 논의해야 한다고 문맥상 자연스럽게 말하고 있으므로 정답!

어휘 Why don't we 동사원형? (우리) ~하는 게 어때요? | talk about ~에 대해 이야기하다 | report 보고서 | in detail 상세하게 | tale 동화 | in line 줄 서서 | discuss 상의하다, 논의하다 | sooner 조만간, 곧

10. Excuse me. You're in my seat.
(A) A table for six.
(B) Right down the hall.
(C) Isn't this row G?

실례합니다. 제 자리에 앉으셨는데요.
(A) 여섯 명을 위한 테이블이요.
(B) 복도 저 아래쪽이요.
(C) 여기 G열 아닌가요?

해설 (A) seat를 듣고 연상 가능한 table을 이용한 오답!
(B) Where 의문에 어울리는 대답이므로 오답!
(C) 여기가 G열 아니냐며 자리 확인을 위해 적절히 되묻고 있으므로 정답!

어휘 seat 자리 | row 줄, 열

11. Who will inform the staff about these changes?
(A) I thought you would do it.
(B) Mr. Kim has more stamps.
(C) Here's your change.

누가 직원들에게 이 변경 사항에 대해 알려줄 건가요?
(A) 전 당신이 할 거라고 생각했어요.
(B) Mr. Kim이 우표를 더 가지고 있어요.
(C) 여기 잔돈 있습니다.

해설 (A) 당신이 할 것이라고 생각했다고 말하는 것이 문맥상 자연스러우므로 정답!
(B) 질문의 staff와 발음이 비슷한 stamps를 사용해 혼동을 준 오답!
(C) 질문의 change를 반복 사용해 혼동을 준 오답!

어휘 inform 알리다 | staff 직원(들) | change 변화, 변경, 잔돈 | stamp 우표

---

12. Is your vacation four days or five?
(A) I'm taking the whole week off.
(B) A few times every day.
(C) On a cruise to Barbados.

휴가가 4일인가요, 5일인가요?
(A) 저는 1주일 내내 휴가예요.
(B) 매일 몇 번씩이요.
(C) Barbados로 가는 유람선에서요.

해설 (A) 일주일 내내 휴가라며 선택사항 외 제3의 선택으로 질문에 적절하게 대답했으므로 정답!
(B) day를 반복 사용한 오답!
(C) vacation을 듣고 연상 가능한 cruise를 이용한 오답!

어휘 vacation 휴가 | cruise 유람선

호주 ↔ 미국

Questions 13-15 refer to the following conversation.

M Hi, this is the information desk, right? I'm looking to buy some new blenders for my café. **14** 남자가 감사하는 일

W Yes, welcome to Feldman Department Store. **13** 화자들이 있는 곳 Just take the elevator up to the third floor. Once you get off, go to the back, and you'll see a sign that says, "Kitchen Appliances." **14** You should find what you need there.

M Thanks for helping me out. **14** This is my first time here, and the store's so big.

W No problem. By the way, we're marking our 20-year anniversary today. To celebrate, we're holding a live concert tonight in our event hall. Admission is free, and they'll play their first song at 6:30 P.M. **15** 나중에 있을 일

13-15번은 다음 대화에 관한 문제입니다.

남 안녕하세요, 여기가 안내 데스크죠, 그렇죠? 제 카페를 위해 구매할 새 믹서기를 찾고 있어서요. **14**

여 네, Feldman 백화점에 오신 것을 환영합니다. **13** 3층으로 엘리베이터를 타고 가세요. 내려서 뒤쪽으로 가시면 "주방용품"이라고 쓰여 있는 표지판을 보게 되실 겁니다. **14** 거기서 필요하신 물건을 찾으실 거예요.

남 도와주셔서 감사합니다. **14** 여기 처음 와봤는데 매장이 정말 크네요.

여 별 말씀을요. 그나저나 저희 백화점이 오늘 20주년을 기념합니다. 기념하기 위해 행사장에서 라이브 콘서트를 개최해요. 입장은 무료이고 첫 번째 곡을 오후 6시 30분에 연주할 겁니다. **15**

어휘 blender 블렌더, 믹서기 | kitchen appliance 주방용품 | mark 기념하다, 축하하다 | anniversary 기념일 | celebrate 축하하다 | admission 입장

13. Where are the speakers?
(A) At a convention hall
(B) At a library
(C) At a hotel
(D) At a department store

화자들은 어디에 있는가?
(A) 회의장에서
(B) 도서관에서
(C) 호텔에서
(D) 백화점에서

해설 여자가 Feldman 백화점에 온 걸 환영한다고 말하고 있으므로 (D)가 정답!

---

14. What does the man thank the woman for?
(A) Approving a membership application
(B) Providing some directions
(C) Printing out a document
(D) Offering a recommendation

남자는 어떤 일로 여자에게 감사하는가?
(A) 멤버십 지원을 승인한 것
(B) 길을 알려준 것
(C) 서류를 프린트해준 것
(D) 추천을 해준 것

해설 남자가 처음에 카페에서 쓸 새 믹서기를 찾고 있다고 말했고, 여자가 주방용품 코너가 있는 장소를 안내해주자 남자가 도와줘서 고맙다고 말한 것이므로 (B)가 정답!

---

15. What will take place later in the day?
(A) A seminar
(B) A contest
(C) A performance
(D) A tour

오늘 나중에 무슨 일이 있을 것인가?

(A) 세미나

(B) 대회

(C) 공연

(D) 투어

해설 여자가 행사장에서 라이브 콘서트를 연다고 하면서 오후 6시에 첫 곡이 연주될 거라고 했으므로 (C)가 정답!

영국 ↔ 미국

Questions 16-18 refer to the following conversation.

Ⓦ Derek, we're taking all of the new interns to lunch at the pizza and pasta restaurant tomorrow. Would you like to join us? 16 대화의 주제

Ⓜ I'd love to, but I have to prepare for an important presentation about this year's sales at a 2 o'clock meeting with the Vice President. 17 남자가 참석할 수 없는 이유 Have you made a reservation yet?

Ⓦ Hmm, do you think I should?

Ⓜ Yes, that place gets pretty busy, so you should reserve a spot. 18 남자의 제안

16-18번은 다음 대화에 관한 문제입니다.

Ⓦ Derek, 회계부에서 내일 점심때 새로 온 인턴들을 피자와 파스타 음식점에 데려갈 예정이에요. 우리와 함께하시겠어요? 16

남 그러고 싶지만, 부사장님이 참석하시는 2시 회의에서 올해 매출액에 대한 중요한 발표를 준비해야 해요. 17 벌써 예약했나요?

Ⓦ 음, 제가 예약해야 할까요?

남 네, 그곳이 꽤 붐빌 테니까 자리를 예약하셔야 할 거에요. 18

어휘 presentation 발표 | sales 매출액 | vice president 부사장 | reservation 예약 | get busy 바빠지다 | spot 자리, 장소

16. What are the speakers mainly discussing?

(A) A conference

(B) Lunch plans

(C) Theater performances

(D) A budget

화자들은 주로 무엇에 대해 논의하는가?

(A) 컨퍼런스

(B) 점심 계획

(C) 공연

(D) 예산

해설 여자가 'Derek, 우리 내일 점심때 새로 온 인턴들을 피자와 파스타 음식점에 데려갈 예정이에요. 우리와 함께하시겠어요?'라고 말하고 있으므로 점심 계획에 대한 이야기가 전개될 것임을 알 수 있다. 따라서 (B)가 정답!

17. Why is the man unable to attend?

(A) He has to get ready for a presentation.

(B) He will go on a vacation.

(C) He will be interviewing candidates.

(D) He must visit another branch.

남자는 왜 참석할 수 없는가?

(A) 발표 준비를 해야 한다.

(B) 휴가를 떠날 예정이다.

(C) 지원자 면접을 할 예정이다.

(D) 다른 지점을 방문해야 한다.

해설 남자가 '그러고 싶지만, 내일 오후 부사장님이 참석하시는 2시 회의에서 올해 매출액에 대한 중요한 발표를 준비해야 해요'라고 언급했으므로 (A)가 정답!

---

18. What does the man suggest?

(A) Canceling a meeting

(B) Reviewing a document

(C) Booking a table

(D) Paying in advance

남자는 무엇을 제안하는가?

(A) 회의를 취소하는 것

(B) 서류를 검토하는 것

(C) 테이블을 예약하는 것

(D) 미리 납부하는 것

해설 여자가 예약을 해야 하는지 묻자 남자가 '그곳이 꽤 붐빌 테니까 자리를 예약해야 한다'고 대답하고 있으므로 (C)가 정답!

미국 ↔ 미국

Questions 19-21 refer to the following conversation and coupon.

Ⓜ Hi, I bought this video recorder here last year, but recently it's been shutting off without warning. Unfortunately, the warranty on it has expired. So I'll have to pay to get it repaired.

Ⓦ Sure. But we're backed up on a lot of orders right now, so we won't be able to look at it until next week.

Ⓜ Oh, couldn't it be done any sooner? I'm going on a trip this weekend, 19 이번 주말에 일어날 일 and I was hoping to take it with me.

Ⓦ Well, you could consider our priority repair service which would have your video recorder back to you in three days. 20 여자의 제안 But that would cost you $50. 21 시각 정보

Ⓜ I guess that can't be helped. Also, I brought this repair service coupon with me. 21

Ⓦ You can use that coupon when you come back to pay for the repair.

19-21번은 다음 대화와 쿠폰에 관한 문제입니다.

남 안녕하세요. 작년에 여기서 비디오 녹화기를 구입했는데, 최근 들어 경고 표시 없이 꺼져요. 유감스럽게도 보증 기간이 끝나서 수리를 받으려면 돈을 내야 해요.

여 네. 그런데 지금 밀린 주문이 많아서 다음 주까지는 수리가 불가능해요.

남 아, 더 빨리할 순 없을까요? **이번 주말에 여행을 가는데 ¹⁹** 갖고 가고 싶거든요.

여 음, 3일 안에 고객님의 비디오 녹화기를 받을 수 있는 우대 수리 서비스를 고려해보세요. **²⁰** 하지만 **50달러를 지불하셔야 해요. ²¹**

남 그래도 어쩔 수 없죠. 그리고 제가 이 수리 서비스 쿠폰을 가지고 왔어요. **²¹**

여 그 쿠폰은 수리비를 지불하러 다시 오실 때 사용하실 수 있어요.

Treeco 전자 쿠폰
모든 수리에 10달러 할인 적용
[사용 기한 12/30까지]

어휘 shut off 꺼지다 | warranty 품질 보증서 | expire 만료되다 | priority 우선, 우대 | can't be helped 어쩔 수 없다

19. What will happen this weekend?
(A) The store will have a sale.
(B) The man will leave for a trip.
(C) A construction project will begin.
(D) A conference will be held.

이번 주말에 무슨 일이 일어날 것인가?
(A) 상점에서 할인 판매를 할 것이다.
(B) 남자가 여행을 갈 것이다.
(C) 건설 사업이 시작될 것이다.
(D) 회의가 열릴 것이다.

해설 남자가 이번 주말에 여행을 갈 거라고 말했으므로 (B)가 정답!

20. What does the woman suggest?
(A) Selecting an express option
(B) Extending a warranty
(C) Replacing a part
(D) Bringing in an item

여자는 무엇을 제안하는가?
(A) 빠른 서비스를 선택하는 것
(B) 보증 기간을 연장하는 것
(C) 부속품을 교체하는 것
(D) 물품을 가져오는 것

해설 여자가 수리한 비디오 녹화기를 3일 안에 받을 수 있는 우대 수리 서비스를 고려해보라고 말했으므로 (A)가 정답!

21. Look at the graphic. How much will the man pay for his repair service?
(A) $20
(B) $30
(C) $40
(D) $50

시각 정보를 보시오. 남자는 수리 비용으로 얼마를 지불할 것인가?
(A) 20달러
(B) 30달러
(C) 40달러
(D) 50달러

해설 여자가 우대 수리 서비스가 있다면서 50달러의 비용이 든다고 하자 남자가 어쩔 수 없다며 수리 서비스 할인 쿠폰을 가져왔다고 말했으므로 남자는 50달러에서 쿠폰 할인액인 10달러를 제한 40달러를 지불할 것임을 알 수 있다. 따라서 (C)가 정답!

미국

Questions 22-24 refer to the following advertisement.

W This weekend sees the opening of famous chef Franco Giacobelli's latest project, Bistecca. **²²** 업체의 종류 **²³** Franco Giacobelli의 직업 Here, the old and new world flavors of Italy and Argentina merge within the magnificent surroundings of the downtown Central Plaza building. **²²** Come and enjoy fantastic food with great city views. Tables for opening week are running out fast, so be sure to reserve yours before it's too late. Call 555-7542 today. All tables receive a complimentary bottle of champagne during the opening week. **²⁴** 청자들이 받을 수 있는 것

22-24번은 다음 광고에 관한 문제입니다.

여 이번 주말 유명한 주방장 Franco Giacobelli의 최신 프로젝트인 Bistecca가 개장합니다. **²²** **²³** 이곳에서는 도심 Central Plaza 빌딩의 웅장한 환경 속에서 이탈리아와 아르헨티나의 구세계와 신세계의 맛이 융합됩니다. **²²** 근사한 도심 경관과 함께 환상적인 음식을 즐겨 보십시오. 개장하는 주에는 테이블이 빠르게 예약되고 있으니, 너무 늦기 전에 꼭 예약을 하십시오. 오늘 555-7542로 전화 주십시오. 개장하는 주에는 모든 테이블에 샴페인 한 병이 무료로 제공됩니다. **²⁴**

어휘 opening 개업 | chef 주방장 | latest 최신의 | project 프로젝트 | flavor 풍미, 맛 | merge 합치다, 융합되다 | magnificent 웅장한, 굉장한 | surroundings (pl.) 환경 | downtown 시내에 | fantastic 환상적인 | run out 다 떨어지다 | reserve 예약하다 | complimentary 무료의 | champagne 샴페인 | during ~동안

22. What kind of business is Bistecca?
(A) A travel agency
(B) A furniture store
(C) An opera company
(D) A fusion restaurant

Bistecca는 어떤 종류의 업체인가?
(A) 여행사
(B) 가구점
(C) 오페라단
(D) 퓨전 레스토랑

해설 광고 처음 부분에서 '이번 주말 유명한 주방장 Franco Giacobelli의 최신 프로젝트인 Bistecca가 개장합니다. 이곳에서는 도심 Central Plaza 빌딩의 웅장한 환경 속에서 이탈리아와 아르헨티나의 구세계와 신세계의 맛이 융합됩니다'라고 말하므로 (D)가 정답!

---

23. Who is Franco Giacobelli?
(A) A cook
(B) A tour guide
(C) A business expert
(D) A singer

Franco Giacobelli는 누구인가?
(A) 요리사
(B) 여행 가이드
(C) 사업 전문가
(D) 가수

해설 광고 처음 부분에서 '이번 주말 유명한 주방장 Franco Giacobelli의 최신 프로젝트인 Bistecca가 개장합니다'라고 말하므로 (A)가 정답!

---

24. What can the listeners get for a limited period?
(A) Free parking
(B) Special seats
(C) A free item
(D) A tour package

청자들은 한정된 기간 동안 무엇을 받을 수 있는가?
(A) 무료주차
(B) 특별 좌석
(C) 무료 품목
(D) 여행 패키지

해설 광고 마지막 부분에서 '개장하는 주에는 모든 테이블에 샴페인 한 병이 무료로 제공됩니다'라고 말하므로 (C)가 정답!

호주

Questions 25-27 refer to the following introduction.

Ⓜ Good morning, everyone, and welcome to this year's company anniversary party. **25** 담화의 장소 In this first part of the event, we will present awards to recognize staff members who have made outstanding contributions over the past year. Firstly, I'd like to present the Innovator of the Year Award to Fiona Sanchez from the Marketing Department. **26** Ms. Sanchez가 일하는 부서 Fiona, who joined us three years ago, has revolutionized our approach to marketing. **27** Ms. Sanchez가 상을 받는 이유 She has led her department in creating strategic marketing plans that have built our brand internationally and led to substantial sales growth. Fiona, please join me on stage to collect your award.

25-27번은 다음 소개에 관한 문제입니다.

Ⓜ 여러분 안녕하십니까? 올해의 회사 기념 파티에 오신 것을 환영합니다. **25** 행사 1부에는 작년에 눈에 띄는 공헌을 한 직원들을 표창하는 시상식이 있겠습니다. 우선 마케팅 부서의 Fiona Sanchez에게 올해의 혁신자 상을 시상하고자 합니다. **26** 3년 전 입사한 Fiona는 마케팅에 대한 우리의 접근을 혁신적으로 바꾸었습니다. **27** 그녀는 마케팅 부서를 이끌며 전략적 마케팅 계획을 세워 우리 브랜드를 국제적으로 알리고 상당한 매출액 증가를 이끌었습니다. Fiona, 무대로 와서 상을 받으시기 바랍니다.

어휘 anniversary 기념일 | present awards 시상하다 | recognize 인정하다, 표창하다 | staff members 직원들 | outstanding 뛰어난, 두드러진 | contribution 공헌 | innovator 혁신자 | marketing department 마케팅 부서 | revolutionize 혁신을 일으키다 | approach 접근 | create 만들다 | strategic 전략적인 | internationally 국제적으로 | substantial 상당한 | sales growth 매출액 증가 | collect (상을) 받다

---

25. Where is this talk most likely taking place?
(A) At a department meeting
(B) At a marketing seminar
(C) At a birthday party
(D) At a corporate ceremony

이 담화는 어디에서 이루어지고 있겠는가?
(A) 부서 회의에서
(B) 마케팅 세미나에서
(C) 생일 파티에서
(D) 기업 행사에서

해설 소개 처음 부분에서 '여러분 안녕하십니까? 올해의 회사 기념 파티에 오신 것을 환영합니다'라고 말하므로 (D)가 정답!

---

26. What department does Ms. Sanchez work in?
(A) Planning and Strategy
(B) Sales
(C) Marketing
(D) Corporate Events

Ms. Sanchez는 어느 부서에서 근무하는가?
(A) 기획 전략
(B) 영업
(C) 마케팅
(D) 기업 행사

해설 소개 중간 부분에서 '우선 마케팅 부서의 Fiona Sanchez에게 올해의 혁신자 상을 시상하고자 합니다'라고 말하므로 (C)가 정답!

27. Why is Ms. Sanchez being recognized?
(A) She worked well with her coworkers.
(B) She is a new recruit.
(C) She was promoted.
(D) She changed a method.

Ms. Sanchez는 왜 상을 받고 있는가?
(A) 동료들과 같이 잘 근무하였다.
(B) 신입 사원이다.
(C) 승진하였다.
(D) 방법을 바꾸었다.

해설 소개 중간 부분에서 '3년 전 입사한 Fiona는 마케팅에 대한 우리의 접근을 혁신적으로 바꾸었습니다'라고 말하므로 (D)가 정답!

Questions 28-30 refer to the following telephone message.

Ⓜ Hi, Gail, it's Luther Hera calling from the Finch Hotel. 28 화자가 일하는 장소 I have received your online request to book some space for a private party your company will be holding on December 1. You indicated that approximately 90 guests would be coming to the celebration, but unfortunately, we only have enough room to accommodate 70 people. 29 화자가 언급한 문제점 However, there is a banquet room at our second location on Ibis Road that is big enough to accommodate all of your guests. 30 화자 의도 Please confirm if this option would be okay with you. You can reach me at 555-3933. Thank you.

28-30번은 다음 전화 메시지에 관한 문제입니다.

Ⓝ 안녕하세요, Gail. Finch 호텔의 Luther Hera입니다. 28 귀사가 12월 1일에 열 예정인 비공개 파티를 위해 저희 장소를 예약하고자 하는 온라인 신청서를 받았습니다. 약 90명의 손님들이 기념행사에 올 거라고 표시해 주셨네요. 하지만 안타깝게도 저희는 70명을 수용할 수 있는 방밖에 없습니다. 29 그렇지만 Ibis 가에 있는 저희 두 번째 지점에 연회장이 있는데, 그곳은 귀사의 모든 손님들을 충분히 수용할 수 있습니다. 30 이 선택 사항이 귀하에게 괜찮은지 확인해 주세요. 제게 555-3933번으로 연락하시면 됩니다. 감사합니다.

어휘 request 요청(서), 신청(서) | private party 비공개 파티 | hold 열다, 개최하다 | celebration 기념 행사 | unfortunately 안타깝게도 | accommodate 수용하다 | banquet room 연회장 | reach (전화로) 연락하다

---

28. Where does the speaker work?
(A) At a hotel
(B) At a convention center
(C) At a supermarket
(D) At a culinary school

화자는 어디에서 일하는가?
(A) 호텔에서
(B) 컨벤션 센터에서
(C) 슈퍼마켓에서
(D) 요리 학교에서

해설 전화 메시지 처음 부분에서 'Finch Restaurant의 Luther Hera입니다'라고 말하므로 (A)가 정답!

---

29. What problem does the speaker mention?
(A) A deadline has passed.
(B) A business is not ready to open.
(C) A room has already been reserved.
(D) A space is too small.

화자가 말하는 문제는 무엇인가?
(A) 마감일이 지났다.
(B) 업체가 문을 열 준비가 되지 않았다.
(C) 객실이 이미 예약되어 있다.
(D) 공간이 너무 작다.

해설 전화 메시지 중간 부분에서 '약 90명의 손님들이 기념행사에 올 거라고 표시해 주셨네요. 하지만 안타깝게도 저희는 70명을 수용할 수 있는 방밖에 없습니다'라고 말하므로 (D)가 정답!

---

30. What does the speaker mean when he says, "Please confirm if this option would be okay with you"?
(A) He is inquiring about meal preferences.
(B) He is verifying whether a move is acceptable.
(C) He is waiting for the approval of a guest list.
(D) He is asking about transportation choices.

화자는 "이 선택 사항이 귀하에게 괜찮은지 확인해 주세요"라고 말할 때, 무엇을 의도하는가?
(A) 선호하는 음식에 관하여 문의하고 있다.
(B) 장소 이동을 받아들일 수 있는지 확인하고 있다.
(C) 손님 명단의 승인을 기다리고 있다.
(D) 운송 수단 선택을 묻고 있다.

해설 전화 메시지 중간 부분에서 '그렇지만 Ibis 가에 있는 저희 두 번째 지점에 연회장이 있는데, 그곳은 귀사의 모든 손님들을 충분히 수용할 수 있습니다.'라고 말한 후 '이 옵션이 당신에게 괜찮은지 확인해 주세요'라고 말하므로 (B)가 정답!

MINI TEST 02

1. (A)	2. (D)	3. (D)	4. (B)	5. (A)
6. (C)	7. (B)	8. (A)	9. (C)	10. (C)
11. (C)	12. (A)	13. (A)	14. (D)	15. (B)
16. (B)	17. (C)	18. (D)	19. (A)	20. (A)
21. (A)	22. (B)	23. (B)	24. (C)	25. (A)
26. (C)	27. (B)	28. (C)	29. (B)	30. (A)

1.

미국

(A) A man is setting a table.
(B) A man is cleaning a plate.
(C) A man is pouring water into a glass.
(D) A man is taking an order.

(A) 남자가 식탁을 차리고 있다.
(B) 남자가 접시를 닦고 있다.
(C) 남자가 잔에 물을 따르고 있다.
(D) 남자가 주문을 받고 있다.

해설 (A) 웨이터가 식탁에 식기를 올려놓는 모습이므로 정답!
(B) 접시를 닦는 모습이 아니므로 오답!
(C) 잔에 물을 따르는 모습이 아니므로 오답!
(D) 주문을 받는 모습이 아니므로 오답!

어휘 set a table 식탁을 차리다 I plate 접시 I pour 붓다, 따르다 I take an order 주문을 받다

2.

영국

(A) They are riding their bicycles.
(B) They are repairing a bridge.
(C) They are wearing sunglasses.
(D) They are having a conversation.

(A) 사람들이 자전거를 타고 있다.
(B) 사람들이 다리를 수리하고 있다.
(C) 사람들이 선글라스를 끼고 있다.
(D) 사람들이 대화를 나누고 있다.

해설 (A) 자전거를 타고 있는 게 아니라 잡고 서 있으므로 오답!
(B) 다리를 수리하는 게 아니라 다리 위에 있으므로 오답!
(C) 남자만 선글라스를 쓰고 있으므로 오답!
(D) 사람들이 마주 보고 대화를 하고 있는 모습이므로 정답!

어휘 ride 타다 I have a conversation 대화를 나누다

3.

호주

(A) Passengers are exiting a subway.
(B) Workers are fixing railroad tracks.
(C) A platform is crowded with people.
(D) A train is entering a station.

(A) 승객들이 열차에서 나가고 있다.
(B) 인부들이 선로를 수리하고 있다.
(C) 플랫폼이 승객들로 가득 차 있다.
(D) 열차가 역으로 들어오고 있다.

해설 (A) 승객들은 보이지 않으므로 오답!
(B) 선로 위에서 수리 작업을 하는 인부들이 보이지 않으므로 오답!
(C) 플랫폼에 승객들은 보이지 않으므로 오답!
(D) 열차가 역으로 들어오고 있으므로 정답!

어휘 exit 나가다, 떠나다 I railroad track 선로 I platform (열차의) 플랫폼 I be crowded with ~으로 가득 차다 I enter 들어오다

미국 ↔ 호주

4. When are we getting the new computers?
(A) From the electronics store.
(B) Conan should know.
(C) Around one thousand dollars.

새 컴퓨터를 언제 받나요?
(A) 전자기기 매장에서요.
(B) Conan이 알 거예요.
(C) 약 천 달러요.

해설 (A) computers를 듣고 연상 가능한 electronics store를 이용한 오답!
(B) Conan이 알 거라며 잘 모르겠다고 우회적으로 대답한 정답!
(C) How much 의문문에 어울리는 대답이므로 오답!

어휘 electronics 전자기기 I around 약

MINI TEST 02

5. Where do we keep the extra office equipment for new employees?
(A) You should check the storage closet.
(B) They were just hired.
(C) Unfortunately, I don't have an extra one.

신입 직원을 위한 여분의 사무용 장비를 어디에 보관하죠?
(A) 창고 수납장을 살펴보세요.
(B) 이제 막 채용된 분들이에요.
(C) 안타깝지만 제겐 남는 게 없어요.

해설 (A) 창고 벽장을 확인하라며 보관 장소를 알려주고 있으므로 정답!
　　 (B) new employees를 듣고 연상 가능한 hired를 이용한 오답!
　　 (C) extra를 반복 사용하여 혼동을 준 오답!

어휘 equipment 장비 I storage 창고 I unfortunately 안타깝게도

---

6. Who's in charge of the presentation?
(A) I like the present very much.
(B) We accept all major credit cards.
(C) Ms. Jackson is.

발표를 누가 담당하고 있나요?
(A) 저는 그 선물이 아주 마음에 들어요.
(B) 저희는 모든 주요 신용카드를 받습니다.
(C) Ms. Jackson 이요.

해설 (A) 질문에 나온 단어와 비슷한 단어(present)를 사용하고 있으나 내용상 알맞지 않으므로 오답!
　　 (B) charge라는 단어에 '담당'이라는 뜻 외에 '청구하다'라는 의미가 있는 점을 함정으로 이용한 오답!
　　 (C) 질문에 대해 담당자를 알려주며 적절하게 대답하고 있으므로 정답!

어휘 in charge of ~을 맡아서, 담당해서 I presentation 발표 I present 선물 I accept 받아들이다 I major 주요한

---

7. How long have you been working for this company?
(A) I'll be finished at seven.
(B) For seven years.
(C) In the marketing team.

이 회사에서 얼마나 오랫동안 근무하셨나요?
(A) 저는 7시에 끝날 거예요.
(B) 7년 동안이요.
(C) 마케팅 팀에서요.

해설 (A) 근무 기간을 묻는 질문에 일이 끝날 시점으로 답하고 있으므로 오답!
　　 (B) 기간을 묻는 질문에 7년 동안이라는 기간으로 적절하게 대답하고 있으므로 정답!
　　 (C) 근무 기간을 묻는 질문에 소속된 팀을 알려주고 있으므로 오답!

어휘 company 회사 I finish 끝내다 I marketing team 마케팅 팀

---

8. Did you email the price estimate to Mr. Satoshi?
(A) Yes, I sent it this morning.
(B) He likes expensive items.
(C) It wasn't Mr. Yamada.

Mr. Satoshi에게 가격 견적서를 이메일로 보냈나요?
(A) 네, 제가 오늘 아침에 보냈어요.
(B) 그는 비싼 물품들을 좋아해요.
(C) 그건 Mr. Yamada가 아니었어요.

해설 (A) Yes로 대답하고 적절한 부연설명으로 대답하고 있으므로 정답!
　　 (B) 질문에 나온 가격(price)과 관련된 단어인 expensive를 함정으로 이용한 오답!
　　 (C) Mr. Satoshi에게 견적서를 이메일로 보냈냐는 질문에 다른 사람의 이름을 언급했지만 내용상 알맞지 않으므로 오답!

어휘 email 이메일로 보내다 I price estimate 가격 견적서 I expensive 비싼 I item 물품, 품목

---

9. I can't find the receipt in the bag.
(A) 120 euros.
(B) Gift wrap it, please.
(C) Are you sure they gave you one?

가방에서 영수증을 못 찾겠어요.
(A) 120 유로입니다.
(B) 선물 포장해 주세요.
(C) 가게에서 영수증 준 거 확실해요?

해설 (A) receipt를 듣고 연상 가능한 금액(120 euros)을 이용한 오답!
　　 (B) receipt, bag을 듣고 연상 가능한 Gift wrap을 이용한 오답!
　　 (C) 영수증 받은 거 맞냐고 되물으며 적절하게 반문했으므로 정답!

어휘 receipt 영수증 I gift wrap 선물용으로 포장하다

---

10. Isn't he going on vacation from next Monday?
(A) No, he is going to Thailand.
(B) I'll book the hotel.
(C) No, he will be away from this Thursday.

그는 다음 주 월요일부터 휴가를 가지 않나요?
(A) 아니요, 그는 태국으로 갈 거예요.
(B) 제가 호텔을 예약할게요.
(C) 아니요, 그는 이번 주 목요일부터 갈 거예요.

해설 (A) 휴가 시작일을 묻는 질문에 행선지로 답하고 있으므로 오답!
　　 (B) 질문에 나온 단어(vacation)와 관련된 단어인 hotel을 이용한 오답!
　　 (C) 질문에 대해 적절하게 대답하고 있으므로 정답!

어휘 go on vacation 휴가를 가다 I book 예약하다

11. Could you suggest a good gym to join?

(A) I'll join you later.

(B) Yes, he's name is Jim Walters.

(C) I work out at home.

등록할 만한 괜찮은 헬스장 어디 없을까요?

(A) 나중에 합류할게요.

(B) 네, 그분 이름은 Jim Walters예요.

(C) 저는 집에서 운동해요.

해설 (A) join을 반복 사용한 오답!

(B) gym과 발음이 비슷한 Jim을 이용한 오답!

(C) 집에서 운동한다며 잘 모르겠다고 우회적으로 대답한 정답!

어휘 gym 헬스장, 체육관 | work out 운동하다

---

12. How can I cancel the subscription?

(A) Please call our Customer Service Center.

(B) Yes, you can renew your subscription this week.

(C) I called off the meeting.

어떻게 구독을 취소할 수 있나요?

(A) 저희 고객 서비스 센터로 전화 주세요.

(B) 네, 이번 주에 구독을 갱신하실 수 있으세요.

(C) 저는 회의를 취소했어요.

해설 (A) 질문에 대해 적절하게 대답하고 있으므로 정답!

(B) 질문에 나온 단어와 같은 단어(subscription)를 사용하고 있으나 의문사 의문문에는 Yes/No로 대답할 수 없으므로 오답!

(C) call off는 '~을 취소하다'라는 의미로, 질문에 나온 cancel과 의미가 같은 점을 이용한 함정이므로 오답!

어휘 cancel 취소하다 | subscription 구독 | customer 고객 | renew 갱신하다, 연장하다 | call off ~을 취소하다

Questions 13-15 refer to the following conversation.

W According to the directions, we should have turned left already onto York Street. **13** 대화의 장소 I haven't noticed any place to turn left though. Do you think we passed it already?

M Well, I've been keeping an eye on the street names, but I suppose we could have missed it. Shall we try to find someone to ask for directions? **14** 남자의 제안

W I think that would be best. We are supposed to be at Ms. Wang's office by 2 P.M. I really don't want to be late for the first meeting with such an important client. **15** 화자들이 걱정하는 것

M You're right. We shouldn't make a bad impression. Look, there's a bus stop over there. Let's pull over and see if anyone can tell us which way to go.

13-15번은 다음 대화에 관한 문제입니다.

여 길 안내에 따르면 이미 좌회전을 해서 York 가에 있어야 해요. **13** 하지만 좌회전할 곳을 보지 못했는데요. 우리가 이미 지나쳤다고 생각해요?

남 음, 제가 거리 이름을 주시하고 있었지만, 우리가 놓쳤을 수도 있을 것 같아요. 길을 물어볼 사람을 찾아볼까요? **14**

여 그게 가장 좋을 것 같아요. 오후 2시까지는 Ms. Wang의 사무실에 가야 하니까요. 그렇게 중요한 고객과의 첫 회의에 정말 늦고 싶지 않아요. **15**

남 맞아요. 나쁜 인상을 주면 안 되죠. 봐요, 저기 버스정류장이 있어요. 길가에 차를 대고 누군가 우리에게 어느 방향으로 가라고 말해줄 수 있는지 알아보지요.

어휘 according to ~에 따르면 | directions (pl.) 길 안내 | notice ~을 알아차리다 | keep an eye on ~을 주시하다 | suppose 생각하다. 추정하다 | be supposed to ~하기로 되어 있다 | meeting 회의 | client 고객 | make an impression 인상을 주다 | bus stop 버스 정류장 | pull over 길가에 차를 대다

13. Where most likely are the speakers?

(A) In a car

(B) In an office

(C) At a bus stop

(D) On a train

화자들은 어디에 있을 것 같은가?

(A) 차 안에

(B) 사무실에

(C) 버스 정류장에

(D) 기차 안에

해설 대화의 처음 부분에서 여자가 '길 안내에 따르면 이미 좌회전을 해서 York 가에 있어야 해요'라고 말하므로 (A)가 정답!

---

14. What does the man suggest doing?

(A) Purchasing a map

(B) Rescheduling a meeting

(C) Calling a client

(D) Asking for directions

남자는 무엇을 하자고 제안하는가?

(A) 지도를 구매하는 것

(B) 회의 일정을 변경하는 것

(C) 고객에게 전화하는 것

(D) 길을 물어보는 것

해설 대화의 중간 부분에서 남자가 '길을 물어볼 사람을 찾아볼까요?'라고 말하므로 (D)가 정답!

15. What are the speakers concerned about?
(A) Completing a project on time
(B) Being late for an appointment
(C) Taking the wrong bus
(D) Losing a client's order

화자들은 무엇을 걱정하는가?
(A) 제때 프로젝트를 완료하는 것
(B) 약속에 늦는 것
(C) 버스를 잘못 타는 것
(D) 고객의 주문을 잃는 것

해설 대화의 중간 부분에서 여자가 '오후 2시까지는 Ms. Wang의 사무실에 가야 하니까요. 그렇게 중요한 고객과의 첫 회의에 정말 늦고 싶지 않아요'라고 말하므로 (B)가 정답!

미국 ↔ 미국

Questions 16-18 refer to the following conversation.

W Good afternoon, this is Britt, the office manager from PT Hall & Sons. I ordered a printer on your Web site. It has just been delivered, but there is no warranty information included in the box. **16** 여자가 말한 문제점 Shouldn't a warranty certificate be included?

M Yes, you're right. We must have made an error. Can you give me your order number, please? **17** 남자가 요청하는 것 I'll then mail you the certificate by express delivery.

W Sure. It's AP876390XCA. Also, I'd like to speak with your technical support team about a problem we are having with our fax machine that we recently purchased from you. **18** 남자의 미래 행동

M No problem at all. Please hold while I transfer you to their department. **18**

16-18번은 다음 대화에 관한 문제입니다.

여 안녕하세요? 저는 PT Hall & Sons의 사무실 관리자인 Britt입니다. 웹사이트에서 프린터를 주문했어요. **방금 배송 받았는데 상자에 품질보증서에 관한 정보가 없어요. 16** 품질보증서가 들어 있어야 하지 않나요?

남 네, 맞습니다. 제조사에서 실수가 있었나 보네요. **주문번호를 알려 주시겠어요? 17** 그러면 빠른 우편으로 품질보증서를 보내 드릴게요.

여 물론이죠. AP876390XCA에요. 그리고 **귀사에서 주문한 팩스기에도 문제가 있어서 기술 지원팀과 이야기하고 싶은데요. 18**

남 문제없습니다. 그쪽 부서로 연결해드리는 동안 잠시 기다려주세요. **18**

어휘 order 주문하다, 주문(서) | deliver 배송하다 | warranty 품질보증서 | include 포함하다 | certificate 증서, 증명서 | error 실수 | mail 우편으로 보내다 | express delivery 빠른 우편 | technical support 기술지원 | purchase 구매하다 | put somebody through (전화로) 연결해 주다 | immediately 즉시

---

16. What problem does the woman report?
(A) An incorrect item has been delivered.
(B) A document is missing.
(C) An office has closed early.
(D) A printer is not working correctly.

여자는 무슨 문제를 알리는가?
(A) 잘못된 물품이 배송되었다.
(B) 문서가 빠져 있다.
(C) 사무실이 일찍 문을 닫았다.
(D) 프린터가 제대로 작동하지 않는다.

해설 대화의 처음 부분에서 여자가 '방금 배송받는데 상자에 품질보증서에 관한 정보가 없어'라고 말하므로 (B)가 정답!

---

17. What does the man request?
(A) The name of a manufacturer
(B) A Web site address
(C) An order number
(D) The date of a payment

남자는 무엇을 요청하는가?
(A) 제조사 이름
(B) 웹사이트 주소
(C) 주문번호
(D) 지불일자

해설 대화의 중간 부분에서 남자가 '주문번호를 알려 주시겠어요?'라고 말하므로 (C)가 정답!

---

18. What will the man probably do next?
(A) Issue a refund
(B) Contact a delivery company
(C) Mail a replacement part
(D) Transfer a call

남자는 다음에 무엇을 하겠는가?
(A) 환불을 해준다
(B) 배송사에 연락한다
(C) 교체품을 우편 발송한다
(D) 전화를 돌려준다

해설 대화의 중간 부분에서 여자가 '귀사에서 주문한 팩스기에 문제가 있어서 기술 지원팀과 이야기하고 싶은데요'라고 말하자, 남자가 '문제 없습니다. 그쪽 부서로 연결해드리는 동안 잠시 기다려주세요'라고 말하므로 (D)가 정답!

Questions 19-21 refer to the following conversation with three speakers.

W Hi, I'm looking for the new Megatech Z5 smartphone. **19** 대화의 장소 Can someone tell me where it is?

M1 Sure. It's in aisle 5.

M2 Actually, we're all out of that model at the moment.

M1 Oh, I thought we had some in stock. They must have sold out last night.

W Will you be getting more anytime soon? I really want to purchase one.

M2 Well, the new shipment won't arrive until next week. **20** 화자 의도

W I don't mind. You can put one aside for me, can't you? **21** 남자들이 업체에 대해 암시하는 것

M1 Um... I'm not sure if we'd be able to. **21**

M2 Yeah. Since it's a new model, we'd have to check with the manager. **21**

19-21번은 다음 세 화자의 대화에 관한 문제입니다.

여 안녕하세요. **저는 새로 나온 Megatech Z5 스마트폰을 찾고 있는데요.** **19** 그게 어디에 있는지 말해 주시겠어요?

남1 물론이죠. 그건 5번 통로에 있습니다.

남2 사실, 지금 그 모델은 모두 품절되었습니다.

남1 오, 재고가 어느 정도 있는 줄 알았습니다. 분명 어젯밤에 다 팔렸을 거예요.

여 곧 더 들여오실 건가요? 제가 정말로 그걸 사고 싶어서요.

남2 글쎄요. 새로운 물품은 다음 주가 지나서야 도착할 겁니다. **20**

여 **상관없어요. 저를 위해 하나를 따로 챙겨 두실 수 있죠, 그렇죠?** **21**

남1 음... 저희가 그렇게 할 수 있는지 모르겠습니다. **21**

남2 네. 그게 새 모델이라서, 저희가 매니저에게 확인을 해봐야 합니다. **21**

어휘 look for 찾다 | aisle 통로, 복도 | in stock 재고가 있는 | sold out 다 팔리는, 매진된 | shipment 배송, 배송품 | put ~ aside ~을 따로 남겨두다

19. Where is the conversation taking place?

(A) At an electronics store

(B) At a car rental agency

(C) At a shipping company

(D) At a gift shop

대화는 어디서 일어나고 있는가?

(A) 전자제품 매장에서

(B) 자동차 대여점에서

(C) 배송 회사에서

(D) 선물 가게에서

해설 여자가 처음에 '저는 새로 나온 Megatech Z5 스마트폰을 찾고 있는데요'라고 말하므로 (A)가 정답!

20. Why does the woman say, "I don't mind"?

(A) She will wait for a product.

(B) She will pay a replacement fee.

(C) She will go to another location.

(D) She will provide personal information.

여자는 왜 "상관없어요"라고 말하는가?

(A) 제품을 기다릴 것이다.

(B) 교체 비용을 지불할 것이다.

(C) 다른 곳으로 갈 것이다.

(D) 개인 정보를 제공할 것이다.

해설 남자2가 '새로운 물건은 다음 주가 지나서야 도착할 겁니다'라고 말하는데도, 여자는 "I don't mind"라고 대답했으므로 (A)가 정답!

21. What do the men imply about the business?

(A) It may not reserve certain items.

(B) It offers overnight delivery.

(C) It has a new manager.

(D) It will be holding a special event.

그 업체에 관하여 남자들이 암시하는 것은 무엇인가?

(A) 특정 물건들을 따로 남겨둘 수 없을지도 모른다.

(B) 익일 배송을 제공한다.

(C) 새 매니저가 있다.

(D) 특별 행사를 열 것이다.

해설 여자가 '저를 위해 하나를 따로 챙겨 두실 수 있죠, 그렇죠?'라고 묻자, 남자은 '저희가 그렇게 할 수 있는지 모르겠습니다'라고 했고, 남자2는 이에 동의하면서, '그게 새 모델이라서, 저희가 매니저에게 확인을 해봐야 합니다'라고 말하므로 (A)가 정답!

Questions 22-24 refer to the following announcement.

W As you know, last week we completed the installation of the new machinery in the manufacturing plant. **22** 지난주에 일어난 일 The new machines will allow us to assemble products much more quickly. This will dramatically increase productivity. Please remember that all staff working in the factory must be trained on using the new equipment. **23** 청자들의 직업 In particular, you need to be aware of the safety precautions you need to take, which differ from the former machinery's precautions. In advance of the formal training, I invited Richard Wright from the manufacturer here today. He led the installation, so he is the ideal person to talk with you today about safety. **24** Richard Wright가 오늘 할 일

22-24번은 다음 공지에 관한 문제입니다.

M 여러분도 아시다시피, 지난주에 우리는 제조 공장에 새로운 기계 설치를 완료했습니다. **22** 새 기계들은 우리가 제품을 더 빨리 조립하도록 해줄 것입니다. 이는 생산성을 크게 향상시킬 것입니다. **공장에서 근무하는 모든 직원들은 새로운 장비 사용에 대한 교육을 받아야 한다는 점을 기억해 주십시오. 23** 특히 기존 기계와 다른 안전 예방책에 대해 알고 있어야 합니다. 정식 교육에 앞서, 오늘 제조사로부터 Richard Wright를 모셨습니다. 그는 설치를 진행했으므로 오늘 여러분에게 안전에 대해 이야기해 줄 최적의 사람입니다. **24**

어휘 complete 완료하다 I installation 설치 I machinery 기계(류) I manufacturing plant 제조 공장 I assemble 조립하다 I dramatically 극적으로, 매우 I productivity 생산성 I train 교육을 하다 I equipment 장비 I in particular 특히 I be aware of ~을 알다 I safety 안전 I precaution 예방책, 예방 조치 I differ from ~와 다르다 I former 예전의, 과거의 I in advance of ~에 앞서, ~보다 앞에 I formal 공식적인, 정식의 I manufacturer 제조사 I ideal 이상적인

22. What happened last week?
   (A) Manufacturing productivity was increased.
   (B) New equipment was installed.
   (C) A meeting was announced.
   (D) A new line of cars was assembled.

지난주에 무슨 일이 있었는가?
   (A) 제조 생산성이 증가했다.
   (B) 새로운 장비가 설치되었다.
   (C) 회의가 발표되었다.
   (D) 새로운 라인의 차량들이 조립되었다.

해설 공지 처음 부분에서 '여러분도 아시다시피, 지난주에 우리는 제조 공장에 새로운 기계 설치를 완료했습니다'라고 말하므로 (B)가 정답!

23. Who most likely are the listeners?
   (A) Safety experts
   (B) Factory workers
   (C) Product designers
   (D) Machinery installers

청자들은 누구일 것 같은가?
   (A) 안전 전문가들
   (B) 공장 근로자들
   (C) 제품 디자이너들
   (D) 기계 설치자들

해설 공지 중간 부분에 '공장에서 근무하는 모든 직원들은 새로운 장비 사용에 대한 교육을 받아야 한다는 점을 기억해 주십시오'라는 말이 나오므로, 청자들은 공장 근로자일 가능성이 높음을 알 수 있다. 따라서 (B)가 정답!

24. What will Richard Wright do today?
   (A) Assemble some merchandise
   (B) Ship an item
   (C) Talk about safety
   (D) View a plant

Richard Wright는 오늘 무엇을 할 것인가?
   (A) 상품을 조립한다
   (B) 물품을 운송한다
   (C) 안전에 대해 이야기한다
   (D) 공장을 둘러본다

해설 공지 마지막 부분에 '정식 교육에 앞서, 오늘 제조사로부터 Richard Wright를 모셨습니다. 그는 설치를 이끌었으므로 오늘 여러분에게 안전에 대해 이야기해 줄 최적의 사람입니다'라는 말이 나오므로, Richard Wright는 새로 설치된 기계의 안전에 대해 이야기할 것임을 알 수 있다. 따라서 (C)가 정답!

미국

Questions 25-27 refer to the following telephone message.

M Good afternoon. This is a message for Ms. Peterson. This is Paul calling from Freedom Office Supplies. I've just received your order for five MG toner cartridges. I'm sorry to say we are currently out of MG cartridges and wouldn't be able to ship your order until next Friday. **25** 전화하는 이유 If you can wait for the cartridges to be dispatched next Friday, please let me know. Otherwise, I would recommend that you purchase our own brand generic cartridges instead. Although these are not MG approved, they work perfectly well with MG printers and are cheaper. **26** 화자의 제안 Please call me back at 555-9851 to advise how you wish to proceed. **27** 청자가 요청받은 것 Thank you.

25-27번은 다음 전화 메시지에 관한 문제입니다.

남 안녕하세요, Ms. Peterson. 저는 Freedom Office Supplies의 Paul입니다. MG 토너 카트리지 5개에 대한 고객님의 주문을 지금 막 받았습니다. 죄송하지만 현재 MG 카트리지가 품절되어 다음 주 금요일까지 고객님의 주문을 배송해드릴 수 없습니다. **25** 다음 주 금요일에 발송될 카트리지를 기다리실 수 있으시면 저에게 알려 주십시오. 그렇지 않으면, 대신 저희 자체 브랜드의 일반 카트리지를 구매하실 것을 권해 드립니다. MG에서 인가한 것은 아니지만, MG 프린터에 완벽하게 잘 작동하고 더 저렴합니다. **26** 어떻게 진행하기를 원하시는지 저에게 555-9851로 전화 주십시오. **27** 감사합니다.

어휘 office supplies 사무용품 I order 주문, 주문하다 I toner cartridge 토너 카트리지 I currently 현재 I out of ~이 떨어진 I ship 운송하다 I dispatch 보내다, 발송하다 I otherwise 그렇지 않으면 I recommend 권고하다, 추천하다 I purchase 구매하다, 구매 I generic 회사 이름이 붙지 않은, 일반 명칭으로 판매되는 I approve 승인하다, 인가하다 I perfectly 완전히 I advise 조언하다, 알리다 I proceed 진행하다

25. Why is the speaker calling?

(A) To inform the listener of a problem with an order

(B) To apologize for a late payment

(C) To order office supplies

(D) To return an unapproved product

화자는 왜 전화하고 있는가?

(A) 주문의 문제를 청자에게 알리기 위해

(B) 늦은 지불에 대해 사과하기 위해

(C) 사무용품을 주문하기 위해

(D) 인가 받지 못한 제품을 반품하기 위해

해설 전화 메시지 처음 부분에 '저는 Freedom Office Supplies의 Paul입니다. MG 토너 카트리지 5개에 대한 고객님의 주문을 지금 막 받았습니다. 죄송하지만 현재 MG 카트리지가 품절되어 다음 주 금요일까지 고객님의 주문을 배송해드릴 수 없습니다'라는 말이 나오므로, 청자가 주문한 제품이 품절되었음을 알려주기 위해 전화했다는 것을 알 수 있다. 따라서 (A)가 정답!

26. What does the speaker suggest?

(A) Canceling a purchase

(B) Using express shipping

(C) Ordering a similar item

(D) Requesting a refund

화자는 무엇을 제안하는가?

(A) 구매를 취소하는 것

(B) 빠른 배송을 이용하는 것

(C) 유사한 물건을 주문하는 것

(D) 환불을 요청하는 것

해설 전화 메시지 중간 부분에서 '그렇지 않으면, 대신 저희 자체 브랜드의 일반 카트리지를 구매하실 것을 권해 드립니다. MG에서 인가한 것은 아니지만, MG 프린터에 완벽하게 잘 작동하고 더 저렴합니다'라고 말하므로 (C)가 정답!

27. What is the listener asked to do?

(A) Replace a printer

(B) Return a call

(C) Proceed with a delivery

(D) Approve an invoice

청자는 무엇을 하라고 요청받는가?

(A) 프린터를 교체한다

(B) 답신 전화를 한다

(C) 배송을 진행한다

(D) 청구서를 승인한다

해설 전화 메시지 마지막 부분에서 '어떻게 진행하기를 원하시는지 저에게 555-9851로 전화 주십시오'라고 말하므로 (B)가 정답!

호주

Questions 28-30 refer to the following telephone message and weather forecast.

M Hello, this is Izumi. I have some information regarding the book sale that we're planning. 28 화자의 직업 I checked the weather forecast again, and I think we need to hold the sale inside. Although it should be clear by then, there are still two days of heavy snow before the day of the sale. 29 시각 정보 So I'm concerned because the grounds might still be slippery. Oh, and as I recall, you're in charge of contacting the bookstores, right? Can you give them a call to let them know about the move? 30 청자들이 요청받는 것

28-30번은 다음 전화 메시지와 일기 예보에 관한 문제입니다.

남 안녕하세요, Izumi입니다. 우리가 준비 중인 도서 판매에 관한 몇 가지 정보가 있어요. 28 일기예보를 다시 확인해 봤는데요, 판매는 실내에서 해야 할 것 같아요. 29 그때쯤이면 날씨가 개긴 하겠지만, 판매 당일 전에 이틀 동안 폭설이 내릴 거예요. 29 그래서 땅이 계속 미끄러울까 봐 걱정이에요. 아, 그리고 제 기억에 따르면 당신이 서점 연락을 담당하고 있는데, 맞죠? 서점에 전화해서 장소 이동에 관해 알려 주시겠어요? 30

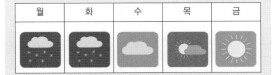

월	화	수	목	금

어휘 regarding ~에 대해 | weather forecast 일기예보 | clear 날씨가 맑은 | heavy snow 폭설 | concerned 염려하는 | ground 땅 | slippery 미끄러운 | be in charge of ~의 담당이다 | contact 연락하다 | move 이동

28. Who most likely is the speaker?

(A) An author

(B) A publishing agent

(C) An event coordinator

(D) A journalist

화자는 누구이겠는가?

(A) 저자

(B) 출판사 직원

(C) 행사 기획자

(D) 기자

해설 화자가 전화 메시지 초반에 준비 중인 도서 판매에 대해 안내할 것이 있다고 말한 것으로 보아 화자는 행사 담당자임을 알 수 있으므로 (C)가 정답!

29. Look at the graphic. What day will the sale take place?
(A) Tuesday
(B) Wednesday
(C) Thursday
(D) Friday

시각 정보를 보시오. 판매는 어느 요일에 할 것인가?
(A) 화요일
(B) 수요일
(C) 목요일
(D) 금요일

해설 판매를 실내에서 해야 할 것 같다고 말하며 그때쯤엔 날씨가 개일테지만 판매 당일 전에 이틀간 폭설이 예보돼 있다고 했고, 일기예보상 폭설이 있는 날은 월요일과 화요일이므로 판매일은 그 다음 날인 수요일임을 알 수 있다. 따라서 (B)가 정답!

---

30. What is the listener asked to do?
(A) Contact some businesses
(B) Create a floor plan
(C) Reschedule an event
(D) Order some supplies

청자는 무엇을 하도록 요청받는가?
(A) 몇몇 업체들에 연락한다
(B) 평면도를 작성한다
(C) 행사 일정을 다시 잡는다
(D) 몇 가지 비품을 주문한다

해설 청자가 서점에 연락을 취하는 담당자가 맞는지 확인하며, 서점에 장소 이동에 대해 알려줄 것을 요청했으므로 (A)가 정답!

MINI TEST 03

본서 p.274

1. (C)	2. (B)	3. (B)	4. (C)	5. (B)
6. (B)	7. (B)	8. (B)	9. (C)	10. (A)
11. (B)	12. (B)	13. (D)	14. (C)	15. (C)
16. (C)	17. (B)	18. (B)	19. (A)	20. (A)
21. (D)	22. (B)	23. (D)	24. (C)	25. (D)
26. (C)	27. (B)	28. (B)	29. (D)	30. (A)

1. 호주

(A) A woman is putting away her laptop.
(B) A woman is looking through a backpack.
(C) A woman is sitting next to her luggage.
(D) A woman is drinking a beverage.

(A) 여자가 노트북을 치우고 있다.
(B) 여자가 가방 안을 살펴보고 있다.
(C) 여자가 여행 가방 옆에 앉아 있다.
(D) 여자가 음료를 마시고 있다.

해설 (A) 노트북을 치우는 게 아니라 사용 중이므로 오답!
(B) 가방 안을 들여다보는 모습이 아니므로 오답!
(C) 여행 가방 옆에 앉아 있으므로 정답!
(D) 음료나 마시는 동작이 보이지 않으므로 오답!

어휘 put away ~을 치우다 | look through ~을 살펴보다 | backpack 배낭 | next to ~옆에 | luggage 짐, 수하물 | beverage 음료

---

2. 미국

(A) People are standing on a roof.
(B) People are working at a construction site.
(C) People are cleaning conference rooms.
(D) People are hanging safety helmets on a rack.

(A) 사람들이 지붕 위에 서 있다.
(B) 사람들이 공사장에서 일하고 있다.
(C) 사람들이 회의실을 청소하고 있다.
(D) 사람들이 걸이에 안전모를 걸고 있다.

해설 (A) 지붕이 아닌, 공사장 비계(scaffolding)에 서 있으므로 오답!

(B) 공사장에서 작업을 하고 있으므로 정답!

(C) 사진의 배경은 공사장이므로 오답!

(D) 안전모를 걸이에 걸고 있는 게 아니라 쓰고 있으므로 오답!

어휘 construction site 공사 현장 | hang 걸다, 매달다 | rack 걸이, 받침대, 선반

---

3.  영국

(A) There are customers in a store.
(B) Some flowers are displayed outside.
(C) Some pots are being arranged in a row.
(D) Some plants are being watered.

(A) 상점 안에 손님들이 있다.
(B) 꽃들이 밖에 진열되어 있다.
(C) 화분들이 일렬로 배열되고 있다.
(D) 식물에 물을 주고 있다.

해설 (A) 사진은 가게 밖 풍경이고 가게 안에 손님이 있는 것은 확인할 수 없으므로 오답!

(B) 가게 밖에 꽃들이 진열되어 있으므로 정답!

(C) 화분들을 정리하는 사람이 보이지 않으므로 오답!

(D) 식물에 물을 주고 있는 사람이 보이지 않으므로 오답!

어휘 display 전시하다, 진열하다 | pot 병, 화분 | arrange 배열하다, 정리하다 | in a row 한 줄로 | water 물을 주다

미국 ↔ 미국

4. This new flavor of soda is popular in Germany.
(A) That's a great idea.
(B) Where should we eat?
(C) We knew it would sell well.

새로운 맛의 탄산음료가 독일에서 인기가 많아요.
(A) 정말 좋은 생각이에요.
(B) 어디서 식사할까요?
(C) 잘 팔릴 줄 알았어요.

해설 (A) 질문과 무관한 대답이므로 오답!

(B) flavor, soda를 듣고 연상 가능한 eat을 이용한 오답!

(C) 잘 팔릴 줄 알았다며 적절하게 대답하고 있으므로 정답!

어휘 flavor 맛 | soda 탄산음료 | popular 인기가 많은

미국 ↔ 호주

5. Would you like to get a free sample?
(A) There's something wrong with this sample.
(B) Sure, that sounds great.
(C) It will be expensive.

무료 샘플을 받아 보시겠어요?
(A) 이 샘플이 뭔가 잘못됐어요.
(B) 물론이죠, 좋을 것 같아요.
(C) 그건 비쌀 거예요.

해설 (A) 질문에 나온 단어와 같은 단어 sample을 사용하고 있으나 내용상 알맞지 않으므로 오답!

(B) Sure라고 긍정의 대답을 한 후 샘플을 받아 보고 싶음을 언급하고 있으므로 정답!

(C) 질문에 나온 단어 free에서 연상 가능한 expensive를 함정으로 이용한 오답!

어휘 sample 샘플, 표본 | expensive 비싼

호주 ↔ 미국

6. Isn't the station closed this month?
(A) Steve bought the tickets.
(B) Yes, it will reopen on July 1.
(C) We will be busy this month.

그 역은 이번 달에 폐쇄되지 않나요?
(A) Steve가 그 표를 샀어요.
(B) 네, 7월 1일에 다시 문을 열 거예요.
(C) 이번 달에 우리는 바쁠 거예요.

해설 (A) 질문에 나온 단어 station에서 연상 가능한 tickets를 함정으로 이용한 오답!

(B) Yes(역이 이번 달 폐쇄된다)라고 긍정의 대답을 한 후 7월 1일에 다시 문을 연다고 부연 설명하고 있으므로 정답!

(C) 질문에 나온 this month를 반복하여 사용하고 있으나 문맥상 알맞지 않으므로 오답!

어휘 station 역 | reopen 다시 문을 열다

미국 ↔ 영국

7. Which button turns off the projector?
(A) No, I didn't bring a projector.
(B) The red one on the side.
(C) Please turn it on.

어느 버튼을 누르면 영사기가 꺼지죠?
(A) 아니요, 저는 영사기를 가져오지 않았어요.
(B) 옆면의 빨간 버튼이요.
(C) 그것을 켜주세요.

해설 (A) 질문에 나온 단어와 동일한 projector를 사용하고 있으나 의문사 의문문에는 Yes/No로 대답할 수 없으므로 오답!

(B) '옆면의 빨간 버튼'이라고 특정 버튼을 언급하고 있으므로 정답!

(C) 질문에 나온 어휘 turn off의 반의어인 turn on을 사용한 오답!

어휘 turn off ~을 끄다 | projector 영사기, 프로젝터 | on the side 옆면에

8. Where can I find a pharmacy around here?
(A) The medicine has been approved.
(B) There's one on Allison Street.
(C) Around midnight.

이 근처 어디에 약국이 있나요?
(A) 그 약은 승인되었어요.
(B) Allison 가에 하나 있어요.
(C) 자정쯤에요.

해설 (A) pharmacy를 듣고 연상 가능한 medicine을 사용하여 혼동을 준 오답!
(B) Allison 가에 한 곳이 있다고 구체적 장소를 언급하고 있으므로 정답!
(C) 장소를 묻는 질문에 시간을 알려주고 있으므로 오답!

어휘 pharmacy 약국 I drug 약 I approve 승인하다 I midnight 자정

---

9. Who will be the CEO after the merger?
(A) The top two companies in the industry.
(B) Natalie Trout was appointed that position.
(C) At the end of next month.

합병 후에 누가 최고경영자가 될까요?
(A) 업계 최고의 두 회사요.
(B) 그 자리에 Natalie Trout가 임명됐어요.
(C) 다음 달 말에요.

해설 (A) merger를 듣고 연상 가능한 two companies를 이용한 오답!
(B) Natalie Trout가 그 자리에 임명되었다며, 질문에 적절하게 대답했으므로 정답!
(C) When 의문문에 어울리는 대답이므로 오답!

어휘 merger 합병 I industry 업계, 산업 I appoint 임명하다, 지명하다

---

10. Will you be attending the annual convention next month?
(A) Of course. How about you?
(B) No, next month.
(C) There are a lot of convention centers.

다음 달 연례 컨벤션에 참석할 거예요?
(A) 물론이죠. 당신은 어때요?
(B) 아니요, 다음 달에요.
(C) 컨벤션 센터들이 아주 많아요.

해설 (A) Of course라고 긍정의 대답을 한 후 상대방의 참석 여부를 묻고 있으므로 문맥상 알맞은 정답!
(B) No라고 부정의 답을 하긴 했지만 next month를 반복 사용한 오답!
(C) 질문에 나온 단어와 동일한 convention을 반복 사용하고 있으나 질문에 대한 적절한 답이 아니므로 오답!

어휘 attend 참석하다 I annual 매년의, 연례의 I convention 컨벤션, 대회

---

11. I usually shop for clothes online.
(A) Sure, we accept all credit cards.
(B) I prefer to try them on first.
(C) That's a long line.

저는 보통 온라인으로 옷을 사요.
(A) 그럼요, 저희는 모든 신용카드를 받습니다.
(B) 저는 먼저 입어보는 걸 선호해요.
(C) 줄이 기네요.

해설 (A) shop을 듣고 연상 가능한 credit cards를 이용한 오답!
(B) 자신은 입어보는 걸 선호한다며 적절하게 대답했으므로 정답!
(C) online과 발음이 비슷한 line을 이용한 오답!

어휘 shop for ~을 사다, 쇼핑하다 I prefer 선호하다 I try ~ on ~을 입어보다 I line 줄, 선

---

12. When will I be able to get the result?
(A) Yes, the result was unsatisfactory.
(B) I'll let you know on Tuesday.
(C) I get a lot of phone calls.

제가 언제 결과를 받을 수 있을까요?
(A) 네, 그 결과는 불만족스러웠어요.
(B) 화요일에 알려 드릴게요.
(C) 전화가 많이 와요.

해설 (A) 의문사 의문문에는 Yes/No로 대답할 수 없으므로 오답!
(B) 화요일이라는 구체적 요일을 언급하고 있으므로 정답!
(C) 질문에 나온 단어와 동일한 get을 사용하고 있으나 질문에 대해 적절하지 않으므로 오답!

어휘 result 결과 I unsatisfactory 만족스럽지 못한

Questions 13-15 refer to the following conversation.

Ⓜ Good morning. My name is Peter Butterworth. I'm calling about my magazine subscription. I'm moving, so I need to change the address that you deliver my magazines to. **13** 남자가 전화하는 이유

Ⓦ No problem, sir. Please note though that there may be an extra charge for postage depending on where you're moving to. **14** 여자가 알려주는 것 Can I ask where your new address will be?

Ⓜ I'm staying in the same city. I'm just moving to a different neighborhood.

Ⓦ Then the delivery charge should remain the same. If you could give me your customer number, I'll enter your new address into our computer database right away. **15** 여자의 앞으로 행동

13-15번은 다음 대화에 관한 문제입니다.

남 안녕하세요? 제 이름은 Peter Butterworth입니다. 제 잡지 구독에 대해 전화드렸어요. 제가 이사할 거라서 잡지를 배송해 주시는 주소를 변경해야 하거든요. **13**

여 문제 없습니다. 하지만 이사 가시는 곳이 어디인지에 따라 추가 요금이 있을 수 있다는 점을 유의해 주세요. **14** 새 주소가 어디인지 여쭤봐도 될까요?

남 같은 도시에 있을 거예요. 그냥 다른 동네로 이사 가는 것입니다.

여 그러면 배송료는 전과 동일할 거예요. **고객 번호를 알려주시면, 즉시 저희 컴퓨터 데이터베이스에 새 주소를 입력하겠습니다.** **15**

어휘 subscription 구독 | deliver 배달하다 | note ~에 유의하다 | extra 추가의 | charge 요금 | postage 우송료 | depending on ~에 따라 | neighborhood 인근, 이웃 | delivery 배달 | remain 남아 있다, 계속 ~이다 | customer 고객 | enter 입력하다 | database 데이터베이스 | right away 즉시

---

13. Why is the man calling the woman?

(A) To complain about a shipment

(B) To purchase a new house

(C) To place an order

(D) To alter a delivery address

남자는 왜 여자에게 전화하고 있는가?

(A) 배송에 대해 항의하기 위해

(B) 새로운 집을 구매하기 위해

(C) 주문하기 위해

(D) 배송 주소를 변경하기 위해

해설 대화의 처음 부분에서 남자가 '제 잡지 구독에 대해 전화드렸어요. 제가 이사할 것이라서 잡지를 배송해 주시는 주소를 변경해야 하거든요'라고 말하고 있으므로 (D)가 정답!

---

14. What does the woman inform the man about?

(A) A property tax

(B) A neighborhood meeting

(C) An additional fee

(D) A special offer

여자는 남자에게 무엇에 대해 알려주고 있는가?

(A) 재산세

(B) 이웃 회의

(C) 추가 비용

(D) 특가 판매

해설 대화의 중간 부분에서 여자가 '하지만 이사 가시는 곳이 어디인지에 따라 추가 요금이 있을 수 있다는 점을 유의해 주세요'라고 말하고 있으므로 (C)가 정답!

---

15. What will the woman probably do next?

(A) Talk with a supervisor

(B) Investigate a payment

(C) Update an electronic record

(D) Take another phone call

여자는 다음에 무엇을 할 것 같은가?

(A) 상사와 이야기한다

(B) 지불금을 살펴본다

(C) 전자 기록을 업데이트한다

(D) 다른 전화를 받는다

해설 대화의 마지막 부분에서 여자가 '고객 번호를 알려주시면, 즉시 저희 컴퓨터 데이터베이스에 새 주소를 입력하겠습니다'라고 말하고 있으므로 (C)가 정답!

영국 ↔ 미국

Questions 16-18 refer to the following conversation.

W Steven, I just got off the phone with Brett Anderson. I have convinced him to give a talk at our educational technology conference in June. **16** 대화의 주제

M What wonderful news! Brett Anderson is a great speaker. **16** His company grew from a small start-up to a leading player in the industry within just five years. I'm sure when we publicize the fact that he is speaking, we'll see a large rise in registrations. **17** 남자가 예상하는 것

W No doubt. This could be our most successful conference yet. I'll put together a press release right now to get the word out that Brett will be attending. **18** 여자가 할 일

16-18번은 다음 대화에 관한 문제입니다.

여 Steven, 저는 지금 막 Brett Anderson과 통화했어요. 6월에 있을 우리 교육공학 컨퍼런스에서 강연하도록 그를 설득했어요. **16**

남 정말 좋은 소식이군요! Brett Anderson은 훌륭한 강사예요. **16** 그의 회사는 작은 신생 기업에서 5년 내에 업계를 선도하는 회사가 되었으니까요. 그가 강연을 한다고 홍보하면 등록이 크게 증가할 것이라고 확신해요. **17**

여 물론이죠. 지금까지 있은 것 중 가장 성공적인 컨퍼런스가 될 수도 있겠어요. Brett이 참석할 것이라는 소식을 널리 알리기 위해 지금 당장 보도 자료를 만들게요. **18**

어휘 get off the phone 전화를 끊다 | convince 설득하다, 확신시키다 | give a talk 강연하다 | educational technology 교육공학 | conference 컨퍼런스, 회의 | speaker 연사 | start-up 신생 기업 | leading 선두적인 | industry 업계 | publicize 알리다, 홍보하다 | fact 사실 | rise 증가, 상승 | registration 등록 | put together 만들다, 준비하다 | press release 보도 자료 | get the word out 말을 퍼뜨리다 | attend 참가하다, 참석하다

16. What are the speakers discussing?

(A) A technology product

(B) A news broadcast

(C) A business convention

(D) A new company

화자들은 무엇에 대해 논의하고 있는가?

(A) 기술 제품

(B) 뉴스 방송

(C) 비즈니스 컨벤션

(D) 신생 회사

해설 대화 처음 부분에서 여자가 '6월에 있을 우리 교육공학 컨퍼런스에서 강연하도록 그를 설득했어요'라고 말하고 남자가 이에 대해 '정말 좋은 소식이군요! Brett Anderson은 훌륭한 강사예요'라고 대답하고 있으므로 (C)가 정답!

---

17. What does the man expect to happen?

(A) A firm will grow in size.

(B) More people will attend an event.

(C) Product sales will increase.

(D) A weather report will be given.

남자는 무슨 일이 일어날 것이라고 예상하는가?

(A) 회사의 규모가 커질 것이다.

(B) 더 많은 사람들이 행사에 참석할 것이다.

(C) 제품 매출이 증가할 것이다.

(D) 일기예보가 있을 것이다.

해설 대화의 중간 부분에서 남자가 '그가 강연을 한다고 홍보하면 등록이 크게 증가할 것이라고 확신해요'라고 말하고 있으므로 (B)가 정답!

---

18. What does the woman say she will do?

(A) Publicize an item

(B) Write a press release

(C) Attend a meeting

(D) Make a phone call

여자는 무엇을 하겠다고 말하는가?

(A) 제품을 홍보한다

(B) 보도 자료를 작성한다

(C) 회의에 참석한다

(D) 전화를 건다

해설 대화의 마지막 부분에서 여자가 'Brett이 참석할 것이라는 소식을 널리 알리기 위해 지금 당장 보도 자료를 만들게요'라고 말하고 있으므로 (B)가 정답!

Questions 19-21 refer to the following conversation and map.

W Excuse me. I'm here for a meeting at Kelmore Legal, but I can't seem to find the office.

M The signs in this building are hard to follow, **19** 건물에 대해 언급된 것 aren't they? Kelmore actually has offices on two different floors. Who are you meeting, exactly?

W I'm meeting Rupert Linch. **20** 시각 정보 He's one of the senior partners of the firm.

M Oh, I know Mr. Linch quite well. You'll want to go to the 3rd floor then. His room is the one on the left as soon as you enter the office. **20**

W Thank you. Also, I parked my car in front of the building. Is it okay to leave it there? I won't be long.

M Actually, no. You need a permit to park there. I'll issue you a one-day permit right now. **21** 남자가 주는 것

19-21번은 다음 대화와 지도에 관한 문제입니다.

여 실례합니다. Kelmore 법률회사에서 미팅이 있어서 왔는데, 사무실을 못 찾겠네요.

남 이 건물의 표지판이 이해가 잘 안 되죠, **19** 안 그런가요? Kelmore는 사실 사무실이 두 층에 나뉘어 있어요. 정확히 어느 분을 만나기로 하셨나요?

여 Rupert Linch와 만나기로 했어요. **20** 이 회사의 공동대표 중 한 분이죠.

남 아, Mr. Linch라면 잘 알죠. 그럼 3층으로 가시면 됩니다. **사무실로 들어가자마자 왼쪽에 있는 방이 그분 사무실입니다.** **20**

여 감사합니다. 그리고 제가 차를 건물 앞에 주차했어요. 거기 둬도 괜찮은가요? 오래 걸리진 않을 거예요.

남 실은, 안 됩니다. 거기에 주차하려면 허가증이 있어야 해요. 제가 지금 당일 허가증을 발급해 드리겠습니다. **21**

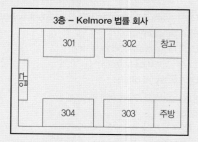

어휘 seem ~인 것 같다 | follow 따르다 | senior partner 대표, 사장 | park 주차하다 | in front of ~앞에 | leave 남겨 두다 | permit 허가증 | issue 발급하다, 발행하다 | one-day permit 당일(만 쓸 수 있는) 허가증

19. What is mentioned about the building?

(A) It has confusing signs.

(B) It was recently redesigned.

(C) It is near a highway.

(D) It will be closed temporarily.

건물에 대해 언급된 것은 무엇인가?

(A) 헷갈리는 표지판들이 있다.

(B) 최근에 재설계되었다.

(C) 고속도로 근처에 있다.

(D) 일시적으로 폐쇄될 것이다.

해설 남자가 이 건물의 표지들이 이해하기가 좀 힘들다고 말했으므로 (A)가 정답!

---

20. Look at the graphic. Which room is Rubert Linch located in?

(A) Room 301

(B) Room 302

(C) Room 303

(D) Room 304

시각 정보를 보시오. Rubert Linch의 사무실 위치는 어디인가?

(A) 301호

(B) 302호

(C) 303호

(D) 304호

해설 여자가 Rupert Linch를 만나기로 했다고 하자 남자가 그의 방이 사무실에 들어가자마자 왼쪽에 있는 곳이라고 알려주었고, 지도에서 입구에서 바로 왼쪽에 있는 방은 301호이므로 (A)가 정답!

---

21. What does the man give the woman?

(A) An application form

(B) A company directory

(C) A business card

(D) A temporary pass

남자가 여자에게 무엇을 주는가?

(A) 신청서

(B) 회사 안내 책자

(C) 명함

(D) 임시 통행권

해설 남자가 주차를 하려면 허가증이 필요하다고 했고 당일 허가증을 발급해주겠다고 말했으므로 (D)가 정답!

영국

Questions 22-24 refer to the following announcement.

W Hello, everyone. We are almost ready now for our spring sale, which begins tomorrow. **22** 공지의 주제 All price tags have now been put in place, and all our sale computers, televisions, and audio equipment are now on display in the correct positions. **23** 판매 제품의 종류 Thank you, everyone, for your hard work. The only thing left to do is to put the large sale sign in the store window. Who is available to do that now? **24** 청자들이 해야 할 일

22-24번은 다음 공지에 관한 문제입니다.

여 여러분, 안녕하세요? 이제 우리는 내일 시작하는 봄 세일 준비가 거의 되었습니다. **22** 모든 가격표가 제자리에 붙어 있고, 모든 할인 컴퓨터, TV, 음향기기가 올바른 위치에 진열되었습니다. **23** 여러분 모두 수고해 주셔서 감사합니다. 이제 해야 할 남은 유일한 일은 상점 유리에 대량 세일 표지판을 붙이는 것입니다. 누가 지금 그 일을 할 수 있나요? **24**

어휘 almost 거의 | ready for ~의 준비가 된 | sale 세일, 할인판매 | price tag 가격표 | in place 제자리에 있는, ~을 위한 준비가 되어 있는 | audio equipment 음향기기 | on display 전시된, 진열된 | sign 표지판, 간판 | available 시간이 있는

---

22. What is the announcement mainly about?

(A) Training new employees

(B) Setting up a store for a sale

(C) Closing down a shop

(D) Choosing new products

공지는 주로 무엇에 관한 것인가?

(A) 신입 사원을 교육하는 것

(B) 상점 할인행사를 준비하는 것

(C) 상점을 폐업하는 것

(D) 새로운 제품을 선정하는 것

해설 공지 처음 부분에서 '이제 우리는 내일 시작하는 봄 세일 준비가 거의 되었습니다'라고 말하므로 (B)가 정답!

---

23. What kind of products does the business sell?

(A) Home furnishings

(B) Corporate signage

(C) Office supplies

(D) Electronics

업체는 어떤 종류의 제품을 판매하는가?

(A) 가정용 비품

(B) 기업용 표지판

(C) 사무용품

(D) 전자제품

해설 공지 중간 부분에서 '모든 가격표가 제자리에 붙여져 있고, 모든 할인 컴퓨터, TV, 음향기기가 적절한 위치에 진열되었습니다'라고 언급하므로 (D)가 정답!

---

24. What does the speaker ask the listeners to do?

(A) Create an advertisement

(B) Clean a building

(C) Hang a sign

(D) Hand out coupons

화자는 청자들에게 무엇을 하라고 요청하는가?

(A) 광고를 제작한다

(B) 건물을 청소한다

(C) 표지판을 건다

(D) 쿠폰을 나눠준다

해설 공지 마지막 부분에서 '이제 해야 할 남은 유일한 일은 상점 유리에 대량 세일 표지판을 붙이는 것입니다. 지금 그 일을 할 수 있는 사람이 있나요?'라고 말하므로 (C)가 정답!

호주

Questions 25-27 refer to the following announcement.

M As Managing Director of Kendricks Inc., I'd like to take a moment to give my appreciation to all our plant supervisors for their hard work over the past year. It's thanks to you that we have consistently maintained the highest standards in the drugs and medicines that we produce. **25** 공지의 장소 What's more, our excellence in health and safety has been recognized by the government. John Griffiths, who inspected our facilities last month, gave us the highest rating possible in his report. **26** John Griffiths 의 직업 As always, though, it is important to keep ourselves up-to-date with our safety procedures as set out in the company safety manual. Please reread the manual from time to time so that we can maintain our excellent record. **27** 청자들이 할 일

25-27번은 다음 공지에 관한 문제입니다.

남 Kendricks 사의 상무이사로서 저는 잠깐 시간을 내어 우리의 모든 공장 관리자들에게 작년에 열심히 일해준 것에 대해 감사드리고 싶습니다. 여러분 덕분에 우리가 생산하는 의약품의 최고 수준을 유지해 왔습니다. **25** 게다가 우리는 보건 안전 분야의 탁월함으로 정부의 인정을 받았습니다. 지난달 우리 시설을 점검한 John Griffiths는 보고서에서 가장 높은 점수를 주었습니다. **26** 그러나 언제나 그렇듯이, 회사 안전 설명서에 제시된 최신 안전 절차를 숙지하고 있는 것이 중요합니다. 우리가 탁월한 기록을 유지할 수 있도록 때때로 설명서를 다시 읽어 주십시오. **27**

어휘 managing director 상무이사 | take a moment to 잠깐 시간을 내어 ~하다 | appreciation 감사 | plant 공장 | consistently 끊임없이, 항상 | maintain 유지하다 | standard 수준, 기준 | drug 의약품 | recognize 인정하다 | government 정부 | inspect 점검하다 | facility 시설 | rating 평가, 순위 | report 보고서 | up-to-date 최신의, 최신식의 | procedure 절차 | set something out ~을 정리하다, 제시하다 | manual 설명서 | reread 다시 읽다 | record 기록

---

25. Where is the announcement most likely being made?
(A) At a recruitment event
(B) At a government office
(C) At a health and safety convention
(D) At a production facility

공지는 어디에서 이루어지고 있겠는가?
(A) 채용 행사장에서
(B) 관청에서
(C) 보건 안전 대회에서
(D) 생산 시설에서

해설 공지 첫 부분에 'Kendricks 사의 상무이사로서 저는 잠깐 시간을 내어 우리의 모든 공장 관리자들에게 작년에 열심히 일해준 것에 대해 감사 드리고 싶습니다. 여러분 덕분에 우리가 생산하는 의약품의 최고 수준을 유지해 왔습니다'라는 말이 나오므로, 화자는 의약품 생산 공장 관리자들에게 말하고 있고 생산 시설에서 이 발표를 할 가능성이 높음을 유추할 수 있다. 따라서 (D)가 정답!

---

26. Who is John Griffiths?
(A) A salesperson
(B) A recruitment consultant
(C) A safety inspector
(D) A senior manager

John Griffiths는 누구인가?
(A) 판매원
(B) 채용 컨설턴트
(C) 안전 조사관
(D) 고위 간부

해설 공지 중간 부분에 '우리가 보건 안전 분야의 탁월함으로 정부의 인정을 받았다'고 하면서 '지난달 우리 시설을 점검한 John Griffiths는 보고서에서 가장 높은 점수를 주었습니다'라고 말했으므로 John Griffiths는 안전 시설 조사관임을 알 수 있다. 따라서 (C)가 정답!

---

27. What are the listeners asked to do?
(A) Contact a manager
(B) Review a manual
(C) Attend a training session
(D) Submit an application

청자들은 무엇을 하도록 요청 받는가?
(A) 관리자와 연락한다
(B) 설명서를 검토한다
(C) 교육 과정에 참석한다
(D) 신청서를 제출한다

해설 공지 마지막 부분에서 '우리가 탁월한 기록을 유지할 수 있도록 때때로 설명서를 다시 읽어 주십시오'라고 말하므로 (B)가 정답!

Questions 28-30 refer to the following excerpt from a meeting.

W I'm pleased to announce to you all that we have finalized the plans for renovating our office, **28** 담화의 주제 and the work will soon begin. I actually have had the new office layout for several days now, but I've had many assignments to manage this week. I'm sure you're all anxious to know where you'll be located. **29** 화자 의도 One thing I'm sure of is that members of the engineering team are going to be a lot happier with how much more space they will have in their new cubicles. **30** 엔지니어가 좋아할 것 OK, I'll be glad to take some questions about anything related to this matter.

28-30번은 다음 회의 발췌록에 관한 문제입니다.

W 우리 사무실 개조 계획을 확정 짓게 된 것을 여러분에게 알리게 돼 기쁘게 생각하며, **28** 작업이 곧 시작될 예정입니다. 사실 며칠 전에 새로운 사무실 배치도를 받았지만 이번 주에 처리해야 할 업무가 많아서요. 여러분 모두 어느 곳에 배치될지 빨리 알고 싶어 한다는 것을 잘 알고 있습니다. **29** 한 가지 확신할 수 있는 것은, 엔지니어링 팀원들이 새로운 칸막이 사무실이 훨씬 더 넓어진 것에 대해 더욱 만족할 것이라는 점입니다. **30** 자, 그럼 이 건과 관련된 질문을 얼마든지 받도록 하겠습니다.

어휘 be pleased to ~해서 기쁘다 | announce 발표하다 | finalize 마무리 짓다 | renovate 수리하다, 개조하다 | layout 배치(도) | assignment 업무, 과제 | manage (일을) 처리하다, 감당해내다 | anxious 기대하다, 불안하다, 염려하다 | be located 위치하다 | space 공간 | cubicle 칸막이 사무실 | related to ~와 관련된 | matter 사안, 문제

28. What is the main topic of the talk?
(A) Vacant positions in a team
(B) Details of a renovation project
(C) New policies for company security
(D) Responses from a recent questionnaire

담화의 주된 주제는 무엇인가?
(A) 팀의 공석
(B) 개조 계획에 대한 세부 사항
(C) 회사 보안을 위한 새로운 방침
(D) 최근 설문에 대한 응답들

해설 사무실 개조 작업을 확정 짓게 된 것을 알리게 되어 기쁘게 생각한다고 말하여 담화를 이어가고 있으므로 개조 작업에 관한 구체적인 정보가 언급될 것임을 알 수 있다. 따라서 (B)가 정답!

29. Why does the speaker say, "I've had many assignments to manage this week"?
(A) To ask for a deadline extension
(B) To reassign some tasks
(C) To request assistance
(D) To provide an excuse

화자는 왜 "이번 주에 처리해야 할 업무가 많아서요"라고 말하는가?
(A) 마감일 연장을 요청하기 위해
(B) 업무를 재할당하기 위해
(C) 도움을 요청하기 위해
(D) 이유를 제시하기 위해

해설 며칠 전에 새 사무실 배치도를 입수했지만, 이번 주에 처리해야 할 업무가 많아서 여태 하지 못했다는 의미이므로 그 이유를 제시하기 위한 의도임을 알 수 있다. 따라서 (D)가 정답!

30. What does the speaker think the engineers will like?
(A) The size of workstations
(B) The proximity of a location
(C) The background of a candidate
(D) The amount of lighting

화자는 엔지니어들이 무엇을 좋아할 것이라고 생각하는가?
(A) 작업 공간의 크기
(B) 장소의 접근성
(C) 후보자의 배경
(D) 조명의 밝기

해설 엔지니어링 팀원들이 새로운 칸막이 사무실이 훨씬 더 넓어진 것에 더욱 만족해 할 거라고 말했으므로 (A)가 정답!

MINI TEST 04

본서 p.280

1. (D)	2. (C)	3. (B)	4. (C)	5. (A)
6. (B)	7. (C)	8. (A)	9. (C)	10. (B)
11. (C)	12. (A)	13. (B)	14. (A)	15. (B)
16. (C)	17. (B)	18. (A)	19. (A)	20. (B)
21. (C)	22. (A)	23. (C)	24. (D)	25. (A)
26. (B)	27. (D)	28. (C)	29. (A)	30. (C)

1.

미국

(A) The man is leaning against the tree.
(B) The man is piling some wood.
(C) The man is assembling some machinery.
(D) The man is sawing through the tree.

(A) 남자가 나무에 기대어 있다.
(B) 남자가 나무를 쌓고 있다.
(C) 남자가 기계를 조립하고 있다.
(D) 남자가 나무를 톱질하고 있다.

해설 (A) 나무에 기대고 있지 않으므로 오답!
(B) 나무를 쌓은 동작이 아니므로 오답!
(C) 기계를 조립하는 동작이 아니므로 오답!
(D) 나무를 톱질하고 있으므로 정답!

어휘 lean against ~에 기대다 | pile 쌓다 | assemble 조립하다 | machinery 기계(류) | saw 톱질하다, 톱으로 자르다

2.

호주

(A) Books have been stacked on the floor.
(B) The carpet is being vacuumed.
(C) Each lamp has been placed on a table.
(D) Some of the chairs are occupied.

(A) 책들이 바닥에 쌓여져 있다.
(B) 카펫이 진공청소기로 청소되고 있다.
(C) 각각의 램프가 탁자 위에 놓여 있다.
(D) 몇 개의 의자가 사용 중이다.

해설 (A) 바닥에 쌓여져 있는 책들이 보이지 않으므로 오답!
(B) 카펫을 청소하고 있는 사람이 보이지 않으므로 오답!
(C) 탁자 위에 램프가 하나씩 올려져 있으므로 정답!
(D) 의자들은 모두 비어 있으므로 오답!

어휘 stack 쌓다 | vacuum 진공청소기로 청소하다 | place 놓다 | occupied (좌석, 자리 등이) 사용 중인

3.

영국

(A) A plastic bucket is being carried to a construction site.
(B) One of the workers is bending over.
(C) Some shovels have been left on the ground.
(D) The workers are taking a rest on the lawn.

(A) 플라스틱 양동이가 공사장으로 운반되고 있다.
(B) 인부 중 한 명이 허리를 굽히고 있다.
(C) 몇 개의 삽들이 땅 위에 놓여 있다.
(D) 인부들이 잔디밭에서 휴식을 취하고 있다.

해설 (A) 플라스틱 양동이가 보이기는 하지만 그것을 옮기고 있는 사람은 없으므로 오답!
(B) 사진 속 인부 중 한 명이 허리를 굽히고 있으므로 정답!
(C) 삽은 보이지 않으므로 오답!
(D) 사진의 배경은 공사장이며, 인부들이 휴식을 취하고 있지 않으므로 오답!

어휘 bucket 양동이 | carry 운반하다, 나르다 | construction site 공사장 | bend over 허리를 구부리다, 몸을 숙이다 | shovel 삽 | take a rest 휴식을 취하다 | lawn 잔디

미국 ↔ 미국

4. When will you go back to work?
(A) The head office is in Hong Kong.
(B) He came back yesterday.
(C) Once I get better.

언제 다시 출근하시나요?
(A) 홍콩에 있는 본사요.
(B) 그는 어제 돌아왔어요.
(C) 몸이 나아지면요.

해설 (A) work를 듣고 연상 가능한 head office를 이용한 오답!
(B) back을 반복 사용한 오답!
(C) 몸이 나아지면 돌아오겠다고 하여 시점으로 대답했으므로 정답!

어휘 head office 본사 | once 일단 ~하면 | get better 나아지다, 좋아지다

5. This report should be ready before the board meeting.
(A) I'll make sure to finish it by Wednesday.
(B) The audience was bored.
(C) The reporter is making a lot of mistakes.

이 보고서는 이사회 전에 준비되어야 해요.
(A) 반드시 수요일까지 끝내도록 할게요.
(B) 관객들이 지루해했어요.
(C) 기자가 실수를 많이 하고 있어요.

해설 (A) 수요일까지 보고서를 완성하겠다고 적절히 답하고 있으므로 정답!
(B) 질문의 board와 발음이 비슷한 bored를 사용한 오답!
(C) 질문의 report와 발음이 비슷한 reporter를 사용하여 혼동을 준 오답!

어휘 report 보고서 I board meeting 이사회 I audience 관객 I bored 지루한 I reporter 기자 I mistake 실수

6. Who will be the keynote speaker at the conference?
(A) Make sure to get your key.
(B) Dr. Samuel Park.
(C) I spoke to him already.

누가 컨퍼런스의 기조 연설자가 될 것인가요?
(A) 꼭 열쇠를 가져와요.
(B) Samuel Park 박사님이요.
(C) 벌써 그에게 이야기했어요.

해설 (A) 질문의 keynote 중 일부인 key를 사용하여 혼동을 준 오답!
(B) 사람의 이름을 알려주며 적절히 답하고 있으므로 정답!
(C) 질문의 speaker와 발음이 비슷한 spoke를 사용한 오답!

어휘 keynote speaker 기조 연설자 I conference 컨퍼런스, 학회 I make sure 반드시 ~하다 I already 벌써

7. Can you fix the air conditioner any time soon?
(A) I decided to change my hair conditioner.
(B) It stopped working.
(C) I'm afraid it won't be easy.

에어컨을 곧 수리하실 수 있나요?
(A) 저는 린스를 바꾸기로 결정했어요.
(B) 작동이 멈췄어요.
(C) 쉽지 않을 것 같아요.

해설 (A) 질문의 conditioner를 반복 사용하여 혼동을 준 오답!
(B) 문맥상 에어컨이 이미 고장 난 상황이므로, 에어컨이 고장 났다고 말하는 것은 문맥상 적절하지 않으므로 오답!
(C) 질문에 대해 수리가 쉽지 않을 것 같다고 적절히 답하고 있으므로 정답!

어휘 fix 수리하다 I air conditioner 에어컨 I hair conditioner 린스 I work 작동하다

8. Do you know why Mr. Black transferred to the Chicago office?
(A) I heard he wanted to be with his family.
(B) To the Transportation Department.
(C) No, the office is too small.

Mr. Black이 왜 시카고 사무소로 전근 갔는지 아세요?
(A) 그가 가족과 함께 있고 싶어 했다고 들었어요.
(B) 교통부로요.
(C) 아니요, 그 사무실은 너무 작아요.

해설 (A) 질문에 대해 자신이 들은 바를 적절히 알려주고 있으므로 정답!
(B) 질문의 transferred와 발음이 비슷한 transportation을 사용하여 혼동을 준 오답!
(C) 질문의 office를 반복 사용하여 혼동을 준 오답!

어휘 transfer 전근 가다, 이동하다, 옮기다 I transportation department 교통부

9. Isn't Tim planning to relocate to the downtown office?
(A) He has plans tomorrow.
(B) I don't know how to get there.
(C) Yes, it's closer to his house.

Tim이 시내에 있는 사무실로 이전하려고 계획 중이지 않나요?
(A) 그는 내일 계획이 있어요.
(B) 그곳에 어떻게 가는지 몰라요.
(C) 네, 그 사람 집과 더 가까워요.

해설 (A) planning과 발음이 비슷한 plans를 이용한 오답!
(B) relocate를 듣고 연상 가능한 how to get there를 이용한 오답!
(C) Yes (이전하려고 계획 중이다)라고 한 뒤, 적절하게 부연 설명했으므로 정답!

어휘 relocate 이전하다, 이동하다

10. Is Ms. Yang coming to the luncheon or not?
(A) I'm coming.
(B) She said she can't make it.
(C) The lunch menu was varied.

Ms. Yang가 오찬에 올 건가요 아니면 안 올 건가요?
(A) 저는 갈게요.
(B) 그녀는 못 올 거라고 말했어요.
(C) 점심 메뉴가 다양했어요.

해설 (A) 질문의 coming을 반복 사용하여 혼동을 준 오답!
(B) 질문에 대해 못 올 것이라고 적절히 알려주고 있으므로 정답!
(C) 질문의 luncheon과 발음이 비슷한 lunch를 사용하여 혼동을 준 오답!

어휘 luncheon 오찬 I make it (모임 등에) 가다, 참석하다 I varied 다양한

MINI TEST 04

11. How should these documents be sorted?
(A) We need more salt.
(B) They should be ready by next Monday.
(C) By the year they were published.

이 문서들을 어떻게 분류해야 하나요?
(A) 우리는 소금이 더 필요해요.
(B) 그것들은 다음 주 월요일까지 준비되어야 해요.
(C) 출판 연도별로요.

해설 (A) 질문의 sorted와 발음이 비슷한 salt를 사용하여 혼동을 준 오답!
　　 (B) 문서 분류 방법을 묻는 질문에 준비해야 할 기한을 알려주고 있으므로 문맥상 적절하지 않은 오답!
　　 (C) 질문에 대해 출판 연도별로 분류하라고 적절히 알려주고 있으므로 정답!

어휘 document 문서 l sort 분류하다 l salt 소금 l publish 출판하다

---

12. The color printer is working, isn't it?
(A) I just used it.
(B) It was nice working with you.
(C) Ten black and white copies.

이 컬러 프린터 작동되죠, 그렇죠?
(A) 제가 방금 썼어요.
(B) 함께 일해서 좋았어요.
(C) 흑백으로 사본 10부요.

해설 (A) 방금 사용했다며 작동된다는 것을 우회적으로 대답했으므로 정답!
　　 (B) working을 반복 사용한 오답!
　　 (C) printer를 듣고 연상 가능한 copies를 이용한 오답!

어휘 work 작동되다; 일하다 l copy 사본

Questions 13-15 refer to the following conversation.

W Frank, I have a customer on the phone right now. She placed an order for laptop model AX920 in blue yesterday. However, she has changed her mind about the color and now wants it in black. Can we do that for her? **13** 고객이 바꾸고 싶은 것

M Usually, we could just change the order, but I know for a fact that we are out of black models. **14** 남자가 말한 문제점 We won't be getting a new shipment until next month.

W Oh, I see. So is there anything I can do for the customer?

M You could ask her if she wants to change her order to the AX921 in black. The price is slightly higher, but that model has a faster processor. **15** 여자의 미래 행동

13-15번은 다음 대화에 관한 문제입니다.

여 Frank, 지금 고객과 통화하고 있는데요. 어제 노트북 모델 AX920을 파란색으로 주문했대요. 그런데 색상에 대한 생각이 바뀌어서 이제 검은색을 원하고 있어요. **13** 우리가 그걸 해줄 수 있나요?

남 보통 우리는 주문을 그냥 바꿔줄 수 있지만, 저는 검은색 모델이 떨어졌다는 걸 확실히 알고 있어요. **14** 다음 달이 되어야 새로 물건이 들어올 거예요.

여 아, 알겠어요. 그러면 고객을 위해 제가 해 줄 수 있는 것이 있나요?

남 주문을 검은색 AX921로 바꾸고 싶은지 물어볼 수 있을 거예요. 가격은 약간 높지만, 그 모델의 프로세서가 더 빨라요. **15**

어휘 customer 고객 l place an order 주문하다 l laptop 노트북 l order 주문, 주문하다 l know for a fact 확실히 알다, 사실로서 알다 l be out of (다 써서) ~이 떨어지다 l shipment 수송(품) l slightly 약간 l processor (컴퓨터의) 프로세서

---

13. What does the customer want to change about her order?
(A) The amount
(B) The color
(C) The model number
(D) The delivery address

고객은 자신의 주문에 대해 무엇을 변경하고 싶어하는가?
(A) 양
(B) 색상
(C) 모델 번호
(D) 배달 주소

해설 대화의 처음 부분에서 여자가 '어제 노트북 모델 AX920을 파란색으로 주문했대요. 그런데 색상에 대한 생각이 바뀌어서 이제 검은색을 원하고 있어요'라고 말하므로 (B)가 정답!

---

14. What problem does the man mention?
(A) An item is out of stock.
(B) An order was shipped early.
(C) An online form did not work.
(D) A shipment was delayed.

남자는 어떤 문제를 언급하는가?
(A) 물품이 품절되었다.
(B) 주문이 일찍 배송되었다.
(C) 온라인 서식이 작동하지 않았다.
(D) 배송이 지연되었다.

해설 대화의 중간 부분에서 남자가 '보통 우리는 주문을 그냥 바꿔줄 수 있지만, 저는 검은색 모델이 떨어졌다는 걸 확실히 알고 있어요'라고 말하므로 (A)가 정답!

15. What will the woman probably do next?
(A) Give a refund
(B) Suggest an alternate model
(C) Request that the customer reorder
(D) Contact a supplier

여자는 다음에 무엇을 할 것 같은가?
(A) 환불을 해준다
(B) 다른 모델을 제안한다
(C) 고객이 재주문할 것을 요청한다
(D) 공급업체에 연락한다

해설 대화의 마지막 부분에서 남자가 '주문을 검은색 AX921로 바꾸고 싶은 지 물어볼 수 있을 거예요. 가격은 약간 높지만, 그 모델의 프로세서가 더 빨라요'라고 말하고 있으므로, 여자는 고객에게 다른 모델을 제안할 것임을 유추할 수 있다. 따라서 (B)가 정답!

미국 ↔ 미국

Questions 16-18 refer to the following conversation.

Ⓜ Aurelie, did you hear that we finalized the merger with Wang Partners today? Ms. Boyce wants me to arrange a dinner on Friday evening for the senior managers of both companies. **16** 만찬이 준비되는 이유

Ⓦ That's a good idea. Where are you thinking of booking?

Ⓜ Well, Ms. Boyce thinks that it may be a good idea to eat Korean food as Wang Partners is headquartered in Korea. **17** Wang Partners에 대한 사실 I heard the Little Seoul restaurant downtown is pretty good, and apparently, they have a nice banquet room.

Ⓦ Good choice. The manager there, Steven, is a friend of mine. Would you like me to give you his card? **18** 여 자가 남자에게 주는 것

16-18번은 다음 대화에 관한 문제입니다.

남 Aurelie, 오늘 Wang Partners와의 합병을 마무리 지었다는 소식 들었어요? Ms. Boyce가 저에게 금요일 저녁 양사 고위간부들을 위한 만찬을 준비하래요. **16**

여 좋은 생각이네요. 어디를 예약할 생각이세요?

남 음, Ms. Boyce는 Wang Partners가 한국에 본사가 있으니 한국 음식을 먹는 것이 좋겠다고 생각하세요. **17** 도심에 있는 Little Seoul 레스토랑이 꽤 좋다고 들었고, 근사한 연회장도 있다고 하더군요.

여 좋은 선택이네요. 그곳의 매니저인 Steven이 제 친구예요. 그의 명 함을 드릴까요? **18**

어휘 finalize 마무리 짓다, 완결하다 I merger 합병 I arrange 준 비하다 I senior manager 고위간부 I book 예약하다 I headquartered 본사가 있는 I apparently 듣자 하니, 보아 하 니 I banquet room 연회장 I manager 매니저, 관리자

16. Why is the dinner being organized?
(A) To promote a restaurant
(B) To thank a worker
(C) To celebrate a merger
(D) To negotiate an agreement

만찬은 왜 준비되고 있는가?
(A) 레스토랑을 홍보하기 위해
(B) 근로자에게 감사하기 위해
(C) 합병을 축하하기 위해
(D) 협정을 협상하기 위해

해설 대화의 처음 부분에서 남자가 'Aurelie, 오늘 Wang Partners와의 합 병을 마무리 지었다는 소식 들었어요? Ms. Boyce가 저에게 금요일 저녁 양사 고위간부들을 위한 만찬을 준비하래요'라고 말하므로 (C)가 정답!

---

17. What does the man say about Wang Partners?
(A) It is located downtown.
(B) It is a Korean company.
(C) It is the leader in its field.
(D) It is a new firm.

남자는 Wang Partners에 대해 무엇이라고 말하는가?
(A) 도심에 위치해 있다.
(B) 한국 회사이다.
(C) 이 업계의 선두이다.
(D) 신생 기업이다.

해설 대화의 중간 부분에서 남자가 '음, Ms. Boyce는 Wang Partners가 한국에 본사가 있으니 한국 음식을 먹는 것이 좋겠다고 생각하세요'라 고 말하므로 (B)가 정답!

---

18. What does the woman offer the man?
(A) A business card
(B) A managerial position
(C) A guest list
(D) A special menu

여자는 남자에게 무엇을 제공하는가?
(A) 명함
(B) 관리직
(C) 손님 목록
(D) 특별한 메뉴

해설 대화의 마지막 부분에서 여자가 '그곳의 매니저인 Steven이 제 친구 예요. 그의 명함을 드릴까요?'라고 말하므로 (A)가 정답!

Questions 19-21 refer to the following conversation.

M Good morning, Benita. Have you seen next weekend's schedule? I've got you leading the two city tours that you asked for. **19** 화자들의 근무지

W That's great! But... It looks like they are starting one right after the other.

M Yes. Isn't that a good thing?

W Well, the first one ends at the beach, and the second starts at the downtown museum. So I'll have to travel all the way into the city in just 15 minutes. **20** 화자 의도 Who can make it that quickly?

M Oh, I hadn't thought of that. Well, how about if I just push the second one back about 30 minutes? **21** 남자의 제안사항

19-21번은 다음 대화에 관한 문제입니다.

남 안녕하세요, Benita. 다음 주 일정 보셨나요? 제가 당신이 요청한 두 가지 시내 관광 상품의 인솔자로 당신을 배정했어요. **19**

여 잘됐네요. 그런데... 두 개가 앞뒤로 바로 이어지는 것 같네요.

남 네. 그게 좋은 거 아니에요?

여 음, 첫 번째는 해변에서 끝나고, 두 번째는 시내 박물관에서 시작해요. 그러니까 저는 15분 만에 시내를 가로질러 이동해야 하는 거죠. **20** 누가 그렇게 빨리 이동할 수 있겠어요?

남 아, 그 생각은 못했네요. 음, 제가 두 번째를 30분 정도 뒤로 늦추면 어떨까요? **21**

어휘 lead 이끌다 l downtown 시내의 l make it 도착하다, 해내다 l tour operator (패키지 여행 전문) 여행사, 여행업자

19. Where most likely do the speakers work?
(A) At a tour operator
(B) At a university
(C) At a museum
(D) At a delivery company

화자들은 어디서 근무하겠는가?
(A) 여행사에서
(B) 대학교에서
(C) 박물관에서
(D) 배달회사에서

해설 여자가 요청한 두 개의 시내 관광을 인솔하도록 일정을 조정했다는 남자의 말로 보아 화자들이 여행사 직원임을 알 수 있으므로 (A)가 정답!

20. What does the woman imply when she says, "Who can make it that quickly"?
(A) She does not wish to make a commute.
(B) She believes a task cannot be done.
(C) She wonders if she can obtain approval.
(D) She is requesting additional help.

여자가 "누가 그렇게 빨리 이동할 수 있겠어요?"라고 말할 때 무엇을 의도하는가?
(A) 통근하고 싶어 하지 않는다.
(B) 업무를 해낼 수 없다고 생각한다.
(C) 승인을 받을 수 있을지 궁금해한다.
(D) 추가 도움을 요청하고 있다.

해설 여자가 첫 번째 여행지의 종착 지점과 두 번째 여행지의 시작 지점을 언급하며 시내를 15분 만에 가로질러 이동해야 하는데 그만큼 빨리 이동할 수 있는 사람은 없다는 의미로 말한 것이므로 (B)가 정답!

21. What does the man offer to do?
(A) Hire more staff
(B) Give the woman a ride
(C) Revise a timetable
(D) Cancel an event

남자는 무엇을 하겠다고 제안하는가?
(A) 직원을 더 채용한다
(B) 여자에게 차를 태워 준다
(C) 시간표를 수정한다
(D) 행사를 취소한다

해설 남자가 대화 마지막에 자신이 두 번째 관광을 30분 정도 뒤로 늦추면 어떻겠냐고 제안했으므로 (C)가 정답!

Questions 22-24 refer to the following telephone message.

M Hello, this is Freddie Cooper calling from De Facto Analytics. We'd be interested in getting a quote from you for undertaking some social media marketing for us. **22** 화자가 전화하는 업체 We're launching a new service next quarter targeting a younger demographic, and we think your agency could really help us reach our target market. **23** 다음 분기에 일어날 일 I can send you more information on the service by e-mail. If you'd be interested in submitting a proposal to us, please give me a call back to discuss it. **24** 청자가 할 일 You can reach me at 555-8911. Thank you.

22-24번은 다음 전화 메시지에 관한 문제입니다.

남 안녕하세요? 저는 De Facto Analytics의 Freddie Cooper입니다. 귀사에서 저희를 위해 소셜미디어 마케팅을 하는 견적을 받아보고 싶습니다. **22** 저희는 다음 분기에 젊은 층을 겨냥한 새로운 서비스를 시작하는데, 저희가 목표 시장에 도달하는 데 당신 대행사가 큰 도움을 줄 수 있다고 생각합니다. **23** 이 서비스에 대한 더 많은 정보를 이메일로 보내드릴 수 있습니다. 저희에게 제안서를 제출하는 데 관심이 있으시면, 상의하기 위해 저에게 전화 주세요. **24** 555-8911로 저에게 전화 주시면 됩니다. 감사합니다.

어휘 be interested in ~에 관심이 있다 | quote 견적 | undertake
착수하다 | social media 소셜미디어 | launch 시작하다, 개시하
다 | quarter 분기 | target 겨냥하다, 목표 | demographic 인구
집단 | agency 대행사 | information 정보 | submit 제출하다
| proposal 제안(서) | reach (전화로) 연락하다

22. What type of business is the speaker calling?

(A) An advertising firm

(B) A newspaper publisher

(C) A market research company

(D) A health food store

화자는 어떤 종류의 업체에 전화하고 있는가?

(A) 광고 회사

(B) 신문사

(C) 시장조사 회사

(D) 건강 식품점

해설 전화 메시지 처음 부분에서 '귀사에서 저희를 위해 소셜미디어 마케팅
에 착수하는 견적을 받아보고 싶습니다'라고 언급하므로 (A)가 정답!

23. What does the speaker say will happen in the next quarter?

(A) An agency will be opened.

(B) A marketing campaign will be implemented.

(C) A new service will be launched.

(D) Sales figures will be released.

화자는 다음 분기에 무슨 일이 있을 것이라고 말하는가?

(A) 대행사가 문을 열 것이다.

(B) 마케팅 캠페인이 시행될 것이다.

(C) 새로운 서비스가 출시될 것이다.

(D) 매출액이 발표될 것이다.

해설 전화 메시지 중간 부분에서 '저희는 다음 분기에 젊은층을 겨냥한 새로
운 서비스를 시작하는데, 저희가 목표 시장에 도달하는 데 당신의 대행
사가 큰 도움을 줄 수 있다고 생각합니다'라고 말하므로, 다음 분기에
젊은 층을 겨냥한 새로운 서비스가 출시됨을 알 수 있다. 따라서 (C)가
정답!

24. What does the speaker ask the listener to do?

(A) Submit an application

(B) Organize a meeting

(C) Send an e-mail

(D) Return a call

화자는 청자에게 무엇을 해 달라고 요청하는가?

(A) 지원서를 제출한다

(B) 회의를 준비한다

(C) 이메일을 보낸다

(D) 전화 답신을 한다

해설 전화 메시지 마지막 부분에서 '저희에게 제안서를 제출하는 데 관심이
있으시면, 상의하기 위해 저에게 전화 주세요'라고 말하므로 (D)가 정답!

미국

Questions 25-27 refer to the following speech.

Ⓜ Hello, everyone, and welcome to our annual employee appreciation day. ㉕ 행사의 목적 Over the past five years, you've helped this company become the leader in environmental project management. This year has seen a number of major achievements, such as the construction of the new hiking path on Bloomfountain Mountain, and the promotion of that area as a sustainable tourist attraction. ㉖ 작년에 청자들이 한 일 Now, I'd like to invite our managing director, Rebecca Haussmann, to come to the stage to talk to you about further work that we are planning to do on Bloomfountain Mountain. ㉗ Rebecca Haussmann이 말할 내용

25-27번은 다음 연설에 관한 문제입니다.

Ⓝ 여러분 안녕하세요? 연례 직원 감사일에 오신 것을 환영합니다. ㉕
지난 5년간 여러분은 우리 회사가 환경 프로젝트 관리 선두기업이
되는 데에 공헌했습니다. 올해에는 Bloomfountain 산의 새로운
등산로 공사 및 이 지역을 지속 가능한 관광명소로 홍보하는 등 여러
주요한 성과가 있었습니다. ㉖ 이제 우리 Rebecca Haussmann
상무이사님을 무대 위로 모시고, 우리가 Bloomfountain 산에서
계획하고 있는 더 많은 일에 대해 말씀을 듣도록 하겠습니다. ㉗

어휘 annual 연례의, 해마다의 | employee appreciation day
직원 감사일 | environmental 환경의 | project 프로젝트 |
management 관리, 운영 | a number of 다수의 | major 주
요한 | achievement 업적, 성취 | construction 건설, 공사 |
path 길 | promotion 홍보 | sustainable 지속 가능한 |
tourist attraction 관광명소 | managing director 상무이
사 | stage 무대 | further 더 이상의, 추가적인

25. What is the purpose of the event?

(A) To thank workers

(B) To introduce a new employee

(C) To announce a retirement

(D) To discuss management techniques

행사의 목적은 무엇인가?

(A) 근로자들에게 감사하기 위해

(B) 새로운 직원을 소개하기 위해

(C) 은퇴를 발표하기 위해

(D) 경영 기법을 논의하기 위해

해설 연설 처음 부분에서 '여러분 안녕하세요? 연례 직원 감사일에 오신 것
을 환영합니다'라고 말하므로, 직원 감사의 날을 맞아 행사를 개최한
것임을 알 수 있다. 따라서 (A)가 정답!

MINI TEST 04

26. What have the listeners done this year?
(A) Constructed a fountain
(B) Created a new path on a mountain
(C) Made a five-year plan
(D) Interviewed applicants for a senior role

올해 청자들은 무엇을 했는가?
(A) 분수를 건설했다
(B) 산에 새로운 길을 만들었다
(C) 5개년 계획을 만들었다
(D) 고위직 지원자들을 면접했다

해설 연설 중간 부분에서 '지난 5년간 여러분은 우리 회사가 환경 프로젝트 관리 선두기업이 되는 데에 공헌했습니다. 올해에는 Bloomfountain 산의 새로운 등산로 공사 및 이 지역을 개장하고 지속 가능한 관광명소로 홍보하는 등 여러 주요한 성과가 있었습니다'라고 말하므로, 청자들이 근무하는 이 회사는 올해 Bloomfountain 산에 새로운 등산로를 만들었음을 알 수 있다. 따라서 (B)가 정답!

---

27. What will Rebecca Haussmann speak about?
(A) Alterations in staffing procedures
(B) The power of tourist attractions
(C) The revision of a budget
(D) Additional details of a project

Rebecca Haussmann은 무엇에 대해 이야기할 것인가?
(A) 직원 채용 절차 변경
(B) 관광명소의 위력
(C) 예산 수정
(D) 프로젝트 추가 세부 사항

해설 연설 마지막 부분에서 '이제 우리 Rebecca Haussmann 상무이사님을 무대 위로 모시고, 우리가 Bloomfountain에서 계획하고 있는 더 많은 일에 대해 말씀을 듣도록 하겠습니다'라고 말하므로, 상무이사인 Rebecca Haussmann은 작년 등산로 공사에 이어 Bloomfountain 산에서 추가적으로 할 일에 대해 이야기할 것임을 알 수 있다. 따라서 (D)가 정답!

Questions 28-30 refer to the following excerpt from a meeting and floor plan.

W I have some exciting news. Last month, we established a new partnership with a major travel agency to promote their services. **28** 회사가 지난달에 한 것 For this summer's project, their management has asked us to come up with something bold and adventurous, to match their newly added island tour packages. If you would like to work on this project, please come up with several ad designs that you think would attract customers. **29** 화자가 바라는 것 Once you're done, just drop by my office sometime next week so that we can review your ideas together. By the way, don't forget that since we've remodeled, I'm now working on the 5th floor. It's the room in the corner, right across from the lunch room. **30** 시각 정보

28-30번은 다음 회의 발췌록과 평면도에 관한 문제입니다.

여 흥미로운 소식이 있어요. **지난달 우리 회사가 주요 여행사의 서비스 홍보차 새로운 제휴를 맺게 되었습니다. 28** 이번 여름 프로젝트로 그곳 경영진이 새롭게 추가된 섬 관광상품에 맞는 대담하고 진취적인 걸 생각해 달라고 요청했어요. **이 프로젝트 작업을 맡고 싶으시면 고객을 끌어들일 만하다고 생각하는 광고 디자인을 몇 개 만들어 주세요. 29** 작업이 끝나면 같이 아이디어를 검토할 수 있도록 다음 주쯤 제 사무실에 들러주세요. 그나저나 회사가 리모델링을 해서 **제가 이제 5층에서 일한다는 것을 잊지 마세요. 구내식당 맞은편에 있는, 구석에 있는 방이에요. 30**

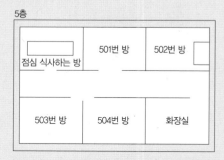

5층

| 점심 식사하는 방 | 501번 방 | 502번 방 |
| 503번 방 | 504번 방 | 화장실 |

어휘 establish (공식적인 관계를) 수립하다 I partnership 파트너십, 제휴 관계 I major 주요한, 일류의 I travel agency 여행사 I promote 홍보하다 I management 경영진, 관리진 I bold 대담한 I adventurous 모험심이 강한 I attract 끌어들이다 I customer 고객 I drop by 들르다 I review 검토하다 I remodel 리모델링하다

28 What did the company do last month?
(A) Add new tour packages
(B) Hire more staff members
(C) Establish a business partnership
(D) Relocate to another city

회사에서는 지난달에 무엇을 했는가?
(A) 새 관광 상품을 추가했다
(B) 더 많은 직원을 채용했다
(C) 사업 제휴를 맺었다
(D) 다른 도시로 이전했다

해설 지난달 회사가 주요 여행사의 서비스 홍보를 위해 제휴 관계를 맺었다고 말했으므로 (C)가 정답!

---

29. What does the speaker want listeners to do?
(A) Create sample designs
(B) Gather customer data
(C) Work on the weekends
(D) Submit vacation requests

화자는 청자들이 무엇을 하기를 원하는가?
(A) 샘플 디자인을 제작한다
(B) 고객 자료를 수집한다
(C) 주말에 근무한다
(D) 휴가 신청서를 제출한다

해설 프로젝트 작업을 맡고 싶다면 고객들을 유인할 만한 광고 디자인을 몇 개 만들어 오라고 했으므로 (A)가 정답!

---

30. Look at the graphic. Which room is the speaker located in?
(A) Room 501
(B) Room 502
(C) Room 503
(D) Room 504

시각 정보를 보시오. 화자는 어느 방에 있는가?
(A) 501호
(B) 502호
(C) 503호
(D) 504호

해설 화자는 자신이 이제 5층에서 일한다고 말하며 구내식당 맞은편 모퉁이에 있는 방이라고 알리고 있고, 평면도에서 해당 사무실은 Room 503이므로 (C)가 정답!

MINI TEST 05

본서 p.286

1. (C)	2. (D)	3. (C)	4. (C)	5. (B)
6. (A)	7. (C)	8. (B)	9. (A)	10. (B)
11. (C)	12. (B)	13. (C)	14. (B)	15. (A)
16. (A)	17. (A)	18. (C)	19. (B)	20. (C)
21. (C)	22. (B)	23. (D)	24. (C)	25. (D)
26. (B)	27. (C)	28. (B)	29. (B)	30. (A)

1.　　　　　　　　　　　　　　　　　　영국

(A) A woman is folding a seat.
(B) A woman is boarding a train.
(C) A woman is looking in her bag.
(D) A woman is purchasing a ticket.

(A) 여자가 좌석을 접고 있다.
(B) 여자가 기차에 탑승하고 있다.
(C) 여자가 가방 안을 보고 있다.
(D) 여자가 승차권을 구매하고 있다.

해설 (A) 좌석을 접는 모습이 아니므로 오답!
(B) 탑승하는 동작이 아닌 이미 기차에 탑승해 자리에 앉아 있는 상태이므로 오답!
(C) 가방 안을 들여다보고 있으므로 정답!
(D) 승차권이 보이지 않으므로 오답!

어휘 fold 접다, 개다 I board 탑승하다 I purchase 구입하다

2.　　　　　　　　　　　　　　　　　　미국

(A) A woman is sipping from a mug.
(B) A woman is typing on a laptop computer.
(C) A man is handing out documents.
(D) A man is talking with his colleague.

(A) 여자가 머그잔으로 마시고 있다.
(B) 여자가 노트북 컴퓨터의 키보드를 치고 있다.
(C) 남자가 서류를 나눠주고 있다.
(D) 남자가 그의 동료와 얘기를 나누고 있다.

해설 (A) 머그잔을 들고 있긴 하지만 마시는 모습은 아니므로 오답!
     (B) 노트북 키보드에 손을 대고 있지 않으므로 오답!
     (C) 서류를 나눠주는 모습이 아니므로 오답!
     (D) 서로 마주 보며 얘기하는 모습이므로 정답!

어휘 sip (조금씩) 마시다, 홀짝이다 I hand out 나눠주다 I document 서류, 문서 I colleague 동료

3.

호주

(A) Customers are purchasing some merchandise.
(B) A clerk is attaching tags to some clocks.
(C) Display shelves are stocked with products.
(D) Some items are lying near a cash register.

(A) 고객들이 상품을 구입하고 있다.
(B) 점원이 몇몇 시계들에 가격표를 붙이고 있다.
(C) 진열 선반에 상품들이 채워져 있다.
(D) 몇몇 물건들이 금전 등록기 근처에 놓여 있다.

해설 (A) 고객들이 등장하지 않으므로 오답!
     (B) 점원이 등장하지 않으므로 오답!
     (C) 진열 선반이 상품으로 채워져 있으므로 정답!
     (D) 금전 등록기가 보이지 않으므로 오답!

어휘 merchandise 상품 I attach 붙이다 I tag 태그, 가격표 I display shelf 진열 선반 I stock 갖추다, 채우다 I cash register 금전 등록기, 계산대

호주 ↔ 미국

4. When does the exhibit open?
(A) Through these doors.
(B) This painting is beautiful.
(C) Sorry, I'm just a visitor.

전시회는 언제 개장하나요?
(A) 이 문을 통해서요.
(B) 이 그림이 아름답네요.
(C) 죄송하지만 전 방문객이에요.

해설 (A) open을 듣고 연상 가능한 doors를 이용한 오답!
     (B) exhibit을 듣고 연상 가능한 painting을 이용한 오답!
     (C) 자신은 방문객이라며 잘 모르겠다고 우회적으로 대답했으므로 정답!

어휘 exhibit 전시(회) I visitor 방문객

미국 ↔ 영국

5. Where will the marathon be held?
(A) He is a great athlete.
(B) It starts from Central Station.
(C) At 9 in the morning.

마라톤은 어디에서 개최될 건가요?
(A) 그는 훌륭한 선수예요.
(B) Central 역에서 시작해요.
(C) 아침 9시예요.

해설 (A) 질문과 문맥상 연결이 되지 않으므로 오답!
     (B) 마라톤의 출발지를 적절히 알려주고 있으므로 정답!
     (C) 장소를 묻는 질문에 시간을 알려주고 있으므로 오답!

어휘 marathon 마라톤 I be held 열리다, 개최되다 I athlete 선수

미국 ↔ 미국

6. Jim is meeting us at the station, right?
(A) No, he said he would come here.
(B) The train leaves in 10 minutes.
(C) The meeting isn't finished yet.

Jim이 역에서 우리와 만나는 거죠?
(A) 아니요, 그는 여기로 오겠다고 말했어요.
(B) 열차는 10분 뒤에 출발해요.
(C) 회의는 아직 끝나지 않았어요.

해설 (A) Jim이 여기로 오기로 했다고 말하며 Jim과 만나는 장소를 구체적으로 알려주고 있으므로 정답!
     (B) 질문과 문맥상 연결이 되지 않으므로 오답!
     (C) 질문의 meeting을 반복 사용해 혼동을 준 오답!

어휘 meeting 회의 I finish 끝나다

영국 ↔ 호주

7. How do I gain access to the company's Web site portal?
(A) It's upgraded weekly.
(B) No, I don't believe it does.
(C) By using your company ID number.

회사 웹사이트 포털을 어떻게 이용하죠?
(A) 매주 업그레이드돼요.
(B) 아니요, 그건 아닌 것 같아요.
(C) 회사 ID 번호를 이용해서요.

해설 (A) Web site를 듣고 연상 가능한 upgraded를 이용한 오답!
     (B) 의문사 의문문에는 Yes/No로 대답할 수 없으므로 오답!
     (C) 회사 ID 번호로 한다며 방법으로 대답했으므로 정답!

어휘 gain 얻다 I access 이용, 접근 I portal 포털 I weekly 매주의, 주간의

8. Which advertising agency has your company chosen?
(A) We placed the ad last week.
(B) The Beacon Corporation.
(C) No, we haven't chosen a travel agency yet.

당신의 회사는 어떤 광고 대행사를 선택했나요?
(A) 지난주에 광고를 냈어요.
(B) Beacon 사요.
(C) 아니요, 아직 여행사를 선택하지 못했어요.

해설 (A) 질문과 문맥상 연결이 되지 않으므로 오답!
(B) 자신의 회사가 선정한 광고 대행사 이름을 알려주고 있으므로 정답!
(C) 질문의 agency를 반복 사용하여 혼동을 준 오답!

어휘 advertising agency 광고 대행사 I place an ad 광고를 내다 I travel agency 여행사

---

9. I'm not sure if I can move these files by myself.
(A) My assistant will help you.
(B) Bring them to the head office.
(C) You should pack them over there.

이 파일들을 혼자서 옮길 수 있을지 모르겠어요.
(A) 제 조수가 도와줄 거예요.
(B) 본사로 가지고 오세요.
(C) 그것들을 저쪽에서 싸야 해요.

해설 (A) 조수가 도와줄 것이라고 답했으므로 정답!
(B) 질문의 move(옮기다)와 bring(가지고 오다)을 관련시켰으며, file(파일)과 head office(본사) 또한 관련시킨 오답!
(C) 질문의 move(옮기다)와 pack(짐을 꾸리다)을 관련시킨 오답!

어휘 move 옮기다 I file 서류철, 파일 I by myself 혼자서 I assistant 조수 I head office 본사 I pack 싸다, 포장하다

---

10. When did they say the flight arrives?
(A) There are a few leaving for Taipei.
(B) It should be here by 5 o'clock.
(C) At Gate 7.

그들은 비행기가 언제 도착한다고 말했나요?
(A) 타이베이로 떠나는 두세 편이 있어요.
(B) 5시까지 여기 도착할 거예요.
(C) 7번 탑승구에서요.

해설 (A) 특정 장소로 향하는 항공편이 있는지를 묻는 질문에 알맞은 응답이므로 오답!
(B) 5시까지 도착할 것이라고 말하고 있으므로 정답!
(C) 구체적 장소를 언급하고 있으므로 시간을 묻는 질문에 부적절한 오답!

어휘 flight 비행기, 항공편 I a few 두세 개 I leave for ~로 향하다, 떠나다

---

11. Is there time in your schedule for a vacation?
(A) A tourist attraction in Berlin.
(B) We had a great time.
(C) I'll have to check my calendar.

휴가를 낼 일정이 되나요?
(A) Berlin에 있는 관광 명소요.
(B) 정말 좋은 시간을 보냈어요.
(C) 제 달력을 확인해 봐야 해요.

해설 (A) vacation을 듣고 연상 가능한 tourist attraction을 이용한 오답!
(B) time을 반복 사용한 오답!
(C) 달력을 확인해봐야 한다며 아직은 잘 모른다고 우회적으로 대답했으므로 정답!

어휘 tourist attraction 관광 명소 I calendar 달력

---

12. Doesn't this camera come with a warranty card?
(A) I would like a refund.
(B) Yes, it is in the box.
(C) No, photos are not allowed.

이 카메라에 품질보증서가 있지 않나요?
(A) 환불하고 싶어요.
(B) 네, 상자 속에 있어요.
(C) 아니요, 사진은 허용되지 않아요.

해설 (A) 질문과 문맥상 연결이 되지 않으므로 오답!
(B) 질문에 대해 품질보증서가 상자 안에 있다고 적절히 알려주고 있으므로 정답!
(C) 질문의 camera를 반복 사용하여 혼동을 준 오답!

어휘 warranty 품질보증서 I refund 환불

Questions 13-15 refer to the following conversation.

W Hi, Dave. Could you please call Helen in the Advertising Department of the *Gosport Examiner*? I think it's about time we advertised for a new accounts administrator. 13 여자가 광고하고 싶어 하는 것

M Sure. But actually, Helen is no longer working there. A former colleague of mine, Tom Glover, has recently been put in charge of what she was doing. 14 과거에 일어난 일 I'll give him a call.

W Great. Thanks. Please ask him how much we'd need to pay for a half-page ad. 15 여자가 알고 싶어 하는 것 I think we need to promote the position better this time in order to get more qualified applicants.

MINI TEST 05

187

M 안녕하세요, Dave. 〈Gosport Examiner〉 광고부의 Helen에게 전화해 주겠어요? 새로운 회계 관리자를 찾는 광고를 할 때가 된 것 같아요. **13**

W 물론이지요. 하지만 사실은 Helen이 더 이상 그곳에서 일하지 않아요. 제 이전 동료인 Tom Glover가 그녀가 하던 일을 최근에 맡게 되었어요. **14** 제가 그에게 전화할게요.

M 좋아요. 고마워요. 그에게 반 페이지짜리 광고에 얼마나 지불해야 하는지 물어봐 줘요. **15** 더 역량 있는 지원자들을 받기 위해 이번에는 그 직책을 더 잘 홍보해야 할 것 같아요.

어휘 advertising department 광고부 | advertise 광고하다 | accounts 회계, 장부 | administrator 관리자, 행정인 | actually 사실은 | recently 최근에 | be in charge of ~을 담당하다 | position 직책, 직위 | half-page 반 페이지의 | promote 홍보하다 | in order to ~하기 위해 | caliber 역량, 가치 | applicant 지원자

13. What does the woman wish to advertise?
(A) A promotional event
(B) A new department
(C) A job vacancy
(D) An updated product

여자는 무엇을 광고하고 싶어 하는가?
(A) 홍보 행사
(B) 새로운 부서
(C) 일자리 공석
(D) 업데이트된 제품

해설 대화의 처음 부분에서 여자가 '새로운 회계 관리자를 찾는 광고를 할 때가 된 것 같아요'라고 말하므로 (C)가 정답!

14. What does the man say recently happened?
(A) His book was published.
(B) His former coworker took over a position.
(C) A business closed.
(D) A contract was signed.

남자는 최근에 무슨 일이 있었다고 말하는가?
(A) 그의 책이 출간되었다.
(B) 그의 전 동료가 직책을 인계 받았다.
(C) 업체가 문을 닫았다.
(D) 계약이 체결되었다.

해설 대화의 중간 부분에서 남자가 '제 이전 동료인 Tom Glover가 그녀가 하던 일을 최근에 맡게 되었어요'라고 말하므로 (B)가 정답!

15. What does the woman want to know?
(A) The cost of a service
(B) The deadline for a project
(C) The operating hours of a store
(D) The location of a meeting

여자는 무엇을 알고 싶어 하는가?
(A) 서비스 비용
(B) 프로젝트 마감일
(C) 상점 운영 시간
(D) 회의 장소

해설 대화의 마지막 부분에서 여자가 '그에게 반 페이지짜리 광고에 얼마나 지불해야 하는지 물어봐 줘요'라고 말하므로 (A)가 정답!

호주 ↔ 미국

Questions 16-18 refer to the following conversation.

M Emily, have you restocked the shelves with Giovanni's pesto sauces? They're two for one at the moment, so they're selling out fast. **16** 페스토 소스에 관한 사실 We need to make sure we have plenty available on the shop floor.

W Actually we don't have any left in the stockroom. **17** 여자가 말한 문제점 I've ordered some more from the distribution center, but they won't arrive until our next delivery comes, which is next week.

M We'd better get hold of some more quickly than that. Can you call the distribution center and tell them we need those sauces sent by express delivery as soon as possible? **18** 남자의 요청 사항

16-18번은 다음 대화에 관한 문제입니다.

W Emily, 선반에 Giovanni's 페스토 소스를 다시 채웠어요? 지금 한 개 가격에 두 개를 팔고 있어서 빨리 매진되고 있어요. **16** 매장에 충분한 수량이 있도록 해 두어야 해요.

M 사실은 창고에 남은 것이 없어요. **17** 유통 센터에 더 주문했는데, 다음 배송이 오는 다음 주가 되어야 도착할 거예요.

W 그보다 더 빨리 물량을 확보해야 해요. 유통 센터에 전화해서 소스를 가능한 빨리 특급 배송으로 보내달라고 말해 주겠어요? **18**

어휘 restock 다시 채우다, 보충하다 | shelf 선반 | pesto 페스토(이탈리아 음식 소스의 하나) | two for one 한 개 가격에 두 개를 주는 | sell out 매진되다 | plenty 충분한 양 | available 이용할 수 있는, 입수할 수 있는 | shop floor 매장 | stockroom 창고 | order 주문하다 | distribution 유통 | delivery 배송 | get hold of ~을찾다, 구하다 | express delivery 속달 우편, 특급 배송 | as soon as possible 가능한 빨리

16. What does the man say about the pesto sauces?

(A) They are on special offer.

(B) There are none left.

(C) They were reviewed favorably online.

(D) They have spilled on the shop floor.

남자는 페스토 소스에 대해 무엇이라고 말하는가?

(A) 특가 판매 중이다.

(B) 남은 것이 없다.

(C) 온라인에서 호평을 받았다.

(D) 매장에 엎질러졌다.

해설 대화의 처음 부분에서 남자가 'Emily, 선반에 Giovanni's 페스토 소스를 다시 채웠어요? 지금 한 개 가격에 두 개를 팔고 있어서 빨리 매진되고 있어요'라고 말하고 있으므로, 페스토 소스가 특별 행사 중임을 알 수 있다. 따라서 (A)가 정답!

---

17. What problem does the woman mention?

(A) An item is out of stock.

(B) An aisle has not been cleaned.

(C) A delivery arrived unexpectedly.

(D) A driver went to the wrong location.

여자는 어떤 문제를 언급하는가?

(A) 한 가지 품목이 품절되었다.

(B) 통로가 청소되지 않았다.

(C) 배송이 갑자기 도착했다.

(D) 운전사가 다른 곳으로 갔다

해설 대화의 중간 부분에서 여자가 '사실은 창고에 남은 것이 없어요'라고 말하므로 (A)가 정답!

---

18. What does the man ask the woman to do?

(A) File a complaint

(B) Change work shifts

(C) Request a fast delivery

(D) Call a customer

남자는 무엇을 권하는가?

(A) 항의를 한다

(B) 근무 교대를 변경한다

(C) 빠른 배송을 요청한다

(D) 고객에게 전화한다

해설 대화의 마지막 부분에서 남자가 '그보다 더 빨리 물량을 확보해야 해요. 유통 센터에 전화해서 소스를 가능한 빨리 특급 배송으로 보내달라고 말해 주겠어요?'라고 말하고 있으므로, 남자는 유통 센터에 전화해서 특급 배송을 요청하라고 여자에게 말하고 있음을 알 수 있다. 따라서 (C)가 정답!

Questions 19-21 refer to the following conversation and list.

M Hello, Ms. Morales. This is Dennis from Sun Fitness. **19** 남자의 근무지 Thank you for taking our gym tour last week. I am calling to remind you that the membership discount we are offering ends today.

W Oh, yes. I'd like to sign up for the membership that has access to the pool.

M OK, well, any membership that is over $30 a month will get you pool access. **20** 시각 정보

W Great. Then I'll take the cheapest one of those. **20** Thanks.

M Would you like to pay for your membership over the phone? **21** 여자가 제공할 것

W Sure, let me just get my credit card. **21** It's in another room.

19-21번은 다음 대화와 목록에 관한 문제입니다.

남 안녕하세요, Ms. Morales. 저는 Sun Fitness의 Dennis입니다. **19** 지난주에 저희 헬스클럽을 둘러봐주셔서 감사합니다. 저희가 진행하고 있는 회원 할인이 오늘 종료된다는 소식을 다시 한번 알려드리려고 전화드렸습니다.

여 아, 네. 전 수영장 사용이 가능한 회원권을 신청하고 싶습니다.

남 네, 한 달 회비가 30달러 이상인 경우 수영장 사용이 가능합니다. **20**

여 좋아요. 그럼 전 그중 가장 저렴한 걸로 할게요. **20** 감사합니다.

남 전화로 회비를 지불하시겠습니까? **21**

여 네, 제가 바로 신용카드를 가져올게요. **21** 카드가 다른 방에 있거든요.

회원권 종류	
선택사항 A	25달러/월
선택사항 B	28달러/월
선택사항 C	33달러/월
선택사항 D	35달러/월

어휘 remind 상기시키다 | membership 회원 | discount 할인 | access 입장, 이용 | credit card 신용카드 | packet (특정 목적으로 제공되는) 뭉치, 서류 꾸러미

19. Where does the man work?

(A) At a pool supply store

(B) At a fitness club

(C) At an art school

(D) At a customer service center

남자는 어디에서 일하는가?

(A) 수영장 용품점에서

(B) 헬스클럽에서

(C) 미술 학교에서

(D) 고객 서비스 센터에서

해설 남자가 자신을 Sun Fitness의 Dennis라고 소개하고 있으므로 (B)가 정답!

20. Look at the graphic. Which option will the woman most likely choose?

(A) Option A

(B) Option B

(C) Option C

(D) Option D

시각 정보를 보시오. 여자는 어떤 옵션을 선택하겠는가?

(A) 선택사항 A

(B) 선택사항 B

(C) 선택사항 C

(D) 선택사항 D

해설 남자가 한 달에 30달러가 넘는 회원권은 수영장 사용이 가능하다고 하자, 여자가 그중에서 가장 저렴한 걸로 하겠다고 말했고, 표에서 월 30달러 이상의 회원권은 Option C와 Option D이며, 이중 더 저렴한 것은 Option C이므로 (C)가 정답!

---

21. What does the woman have to provide?

(A) A promotional code

(B) A class schedule

(C) A credit card number

(D) A new mailing address

여자는 무엇을 제공해야 하는가?

(A) 할인 코드

(B) 수업 일정

(C) 신용카드 번호

(D) 새 우편 주소

해설 남자가 회비를 전화상으로 지불하겠냐고 묻자 여자가 신용카드를 가져오겠다고 말했으므로 (C)가 정답!

영국

Questions 22-24 refer to the following telephone message.

W Good afternoon, Mr. Mahmood. My name's Paula, and I'm calling from Premium Healthcare. I just received your message about the condition of the health supplement you ordered from us. I'm very sorry to hear that the product arrived damaged. **22** 화자가 전화한 이유 We have more health supplements in stock, and I'm going to dispatch one to your address this afternoon. **23** 화자가 할 일 It should be there by Friday morning. In the package, you'll find a prepaid packet in which you should return the damaged item to us as soon as you can. **24** 청자가 할 일 Please give me a call back if you have any queries. Thank you.

22-24번은 다음 전화 메시지에 관한 문제입니다.

01 안녕하세요 Ms. Mahmood. 저는 Premium Healthcare의 Paula입니다. 저희에게 주문하신 건강 보조식품의 상태에 관한 고객님의 메시지를 방금 받았습니다. 제품이 손상된 상태로 도착했다는 사실은 매우 유감입니다. **22** 저희에게 더 많은 건강 보조식품이 재고에 있으니, 오늘 오후에 고객님 주소로 한 개 보내드리겠습니다. **23** 금요일 아침까지는 도착할 겁니다. 소포에 보시면 이미 요금이 지불된 소포용 봉투가 있는데, 거기에 손상된 물품을 넣으셔서 가능한 빨리 저희에게 보내주시면 됩니다. **24** 문의 사항이 있으시면 저에게 전화 주세요. 감사합니다.

어휘 receive 받다 | condition 상태 | health supplement 건강 보조식품 | order 주문하다 | damaged 손상된 | in stock 비축되어, 재고로 | dispatch 보내다 | package 소포, 포장물 | prepaid 선불된 | packet (포장용) 통, 소포 | item 물품, 품목 | as soon as you can 가능한 빨리 | query 문의

22. Why is the speaker calling?

(A) To explain a new process

(B) To address a complaint

(C) To request a payment

(D) To arrange a meeting

화자는 왜 전화하고 있는가?

(A) 새로운 절차를 설명하기 위해

(B) 불만을 처리하기 위해

(C) 납부를 요청하기 위해

(D) 회의를 잡기 위해

해설 고객이 주문한 물건의 상태에 관한 메시지를 방금 받았다며, 제품이 손상된 상태로 도착하게 되어 매우 유감이라고 말하고 있으므로 고객의 불만을 처리하기 위한 메시지임을 알 수 있다. 따라서 (B)가 정답!

---

23. What does the speaker say she will do this afternoon?

(A) Process refund

(B) Contact a supervisor

(C) Visit a store

(D) Send a product

(A) 환불을 처리한다

(B) 상사에게 연락한다

(C) 상점에 방문한다

(D) 제품을 보낸다

해설 더 많은 건강 보조식품이 재고에 있다며, 오늘 오후에 고객의 주소로 보내겠다고 말했으므로 (D)가 정답!

24. What does the speaker ask the listener to do?
(A) Refer to a manual
(B) Stop by an office
(C) Choose an alternate item
(D) Return some merchandise

화자는 청자에게 무엇을 해달라고 요청하는가?
(A) 설명서를 참조한다
(B) 사무실에 들른다
(C) 다른 물건을 고른다
(D) 상품을 돌려보낸다

해설 전화 메시지 마지막 부분에 '소포에 보시면 이미 요금이 지불된 소포용 봉투가 있는데, 거기에 손상된 물품을 넣으셔서 가능한 빨리 저희에게 보내주시면 됩니다'라는 말이 나오므로, 손상된 물품을 반송해 달라고 요청하고 있음을 알 수 있다. 따라서 (D)가 정답!

미국

Questions 25-27 refer to the following talk.

W So this morning we're going to run through how to use our new customer management software. **25** 담화의 주제 We will use this system to update and share all our knowledge and details about customers. The system will also collect sales data, so you can use it to make sales reports at any time. Could I ask you please all to log in to your company accounts? **26** 청자들이 할 일 And while you're doing that, I'll hand out some questionnaires, which I'd like you all to fill out at the end of today's session. **27** 화자가 다음에 할 일 Your feedback helps us improve our training courses.

25-27번은 다음 담화에 관한 문제입니다.

W 자, 오늘 아침에 우리는 고객 관계 관리 소프트웨어를 사용하는 방법을 빨리 살펴보겠습니다. **25** 우리는 이 시스템을 사용하여 고객에 관한 모든 지식과 세부 사항을 업데이트하고 공유할 것입니다. 또한 이 시스템은 매출 자료를 수집하므로, 이것을 이용하여 언제든지 매출 보고서를 만들 수 있습니다. 모두 회사 계정에 로그인해 주시겠습니까? **26** 그리고 그러는 동안 설문지를 나눠드릴 테니, 오늘 모임이 끝날 때 기재해 주십시오. **27** 여러분의 피드백은 저희 연수 과정을 개선하는 데 도움이 됩니다.

어휘 run through ~을 빨리 살펴보다 I share 공유하다 I knowledge 지식 I details (pl.) 세부 사항 I customer 고객 I collect 모으다, 수집하다 I sales data 매출 자료 I report 보고서, 보고하다 I log in to ~에 접속하다 I hand out 나누어 주다 I questionnaire 설문지 I fill out 기입하다 I session 세션 I feedback 피드백 I improve 개선하다, 향상시키다 I training 훈련, 연수

---

25. What is the speaker discussing?
(A) Dealing with customers
(B) Promoting products
(C) Logging in work hours
(D) Using some software

화자는 무엇을 논의하고 있는가?
(A) 고객을 상대하는 것
(B) 제품을 홍보하는 것
(C) 근무시간에 로그인하는 것
(D) 소프트웨어를 사용하는 것

해설 담화 발췌록 처음 부분에서 '자, 오늘 아침에 우리는 고객 관리 소프트웨어를 사용하는 방법을 빨리 살펴보겠습니다'라고 말하므로 (D)가 정답!

---

26. What does the speaker ask the listeners to do?
(A) Register for classes
(B) Access their accounts
(C) Set up some equipment
(D) Talk to their managers

화자는 청자들에게 무엇을 하라고 요청하는가?
(A) 수업을 신청한다
(B) 계정에 접속한다
(C) 장비를 설치한다
(D) 매니저들과 이야기한다

해설 담화 발췌록 중간 부분에서 '모두 회사 계정에 로그인해 주시겠습니까?'라고 말하므로 보안 정보를 입력하라는 (B)가 정답!

---

27. What will the speaker do next?
(A) Fix a computer
(B) Contact some clients
(C) Distribute some forms
(D) Work on a sales report

화자는 다음에 무엇을 할 것인가?
(A) 컴퓨터를 고친다
(B) 고객에게 연락한다
(C) 서식을 배포한다
(D) 매출 보고서를 작성한다

해설 담화 발췌록 마지막 부분에서 '그리고 그러는 동안 설문지를 나눠드릴 테니, 오늘 모임이 끝나면 기재해 주십시오'라고 말하므로, 화자는 이제 설문지를 배포할 것임을 유추할 수 있다. 따라서 (C)가 정답!

MINI

TEST 05

Questions 28-30 refer to the following telephone message.

M Hi, this is Aaron. Would you be able to meet with me tomorrow afternoon for a few minutes? We need to get caught up on our audit preparations. **28** 메시지 목적 As I'm sure you are aware, the auditors will be here in a week. There's a long list of documents they'll want to see, but I'll email you the most important ones right now. **29** 화자 의도 **30** 다음에 할 일 We can review them together when we meet. Thanks in advance and talk to you soon!

28-30번은 다음 전화 메시지에 관한 문제입니다.

남 안녕하세요. Aaron입니다. 내일 오후에 잠깐 만나주실 수 있나요? 저희가 회계 감사를 준비해야 하는데요. **28** 잘 아시겠지만, 감사관들이 일주일 뒤면 여기에 올 겁니다. **29** 그들이 살펴보고 싶어 하는 서류가 많은데, 제가 지금 바로 가장 중요한 서류를 이메일로 보낼게요. **29** **30** 우리가 만나는 자리에서 그걸 검토하면 됩니다. 미리 감사드리고, 곧 말씀 나누죠!

어휘 get caught up on ~에 매진하다 I audit preparation 회계 감사 준비 I auditor 회계 감사관

28. What is the purpose of the message?
(A) To schedule an audit
(B) To set up a meeting
(C) To assign a project
(D) To file a complaint

메시지의 목적은 무엇인가?
(A) 회계 감사 일정을 잡기 위해
(B) 회의를 잡기 위해
(C) 프로젝트를 배정하기 위해
(D) 불만을 제기하기 위해

해설 내일 오후에 잠시 만날 수 있는지 물으며, 회계 감사에 대비해야 한다는 말을 하는 것으로 보아 회의를 잡기 위해 남긴 메시지임을 알 수 있으므로 (B)가 정답!

29. What does the speaker imply when he says, "the auditors will be here in a week"?
(A) A date has been changed.
(B) A task must be done quickly.
(C) An itinerary must be finalized.
(D) A hiring decision has been made.

화자는 왜 "감사관들이 일주일 뒤면 여기에 올 겁니다"라고 말하는가?
(A) 날짜가 변경되었다.
(B) 어떤 과제를 신속히 해야 한다.
(C) 여행 일정이 마무리되어야 한다.
(D) 채용 결정이 내려졌다.

해설 감사관들이 일주일 후에 이곳에 올 거라고 말하며 그들이 살펴보게 될 문서 중 가장 중요한 것들을 지금 바로 이메일로 보내겠다고 한 것으로 보아 시급하다는 것을 알 수 있다. 따라서 (B)가 정답!

30. What will Aaron most likely do next?
(A) Send some files
(B) Print a contract
(C) Book a conference room
(D) Contact some clients

Aaron은 다음에 무엇을 하겠는가?
(A) 서류를 보낸다
(B) 계약서를 출력한다
(C) 회의실을 예약한다
(D) 고객에게 연락한다

해설 화자가 초반에 자신을 Aaron으로 소개했고, 가장 중요한 문서들을 지금 바로 이메일로 보내겠다고 말했으므로 (A)가 정답!

ACTUAL TEST

본서 p.294

1. (C)	2. (A)	3. (A)	4. (B)	5. (B)
6. (A)	7. (B)	8. (B)	9. (B)	10. (C)
11. (B)	12. (B)	13. (A)	14. (B)	15. (C)
16. (A)	17. (C)	18. (A)	19. (C)	20. (B)
21. (C)	22. (C)	23. (A)	24. (C)	25. (A)
26. (C)	27. (C)	28. (C)	29. (C)	30. (A)
31. (C)	32. (B)	33. (B)	34. (D)	35. (B)
36. (D)	37. (C)	38. (A)	39. (D)	40. (B)
41. (A)	42. (B)	43. (A)	44. (D)	45. (A)
46. (C)	47. (A)	48. (C)	49. (B)	50. (D)
51. (C)	52. (B)	53. (A)	54. (D)	55. (B)
56. (B)	57. (D)	58. (C)	59. (B)	60. (A)
61. (A)	62. (D)	63. (B)	64. (C)	65. (D)
66. (C)	67. (B)	68. (A)	69. (D)	70. (C)
71. (B)	72. (D)	73. (A)	74. (D)	75. (A)
76. (B)	77. (B)	78. (B)	79. (B)	80. (C)
81. (D)	82. (A)	83. (B)	84. (D)	85. (C)
86. (D)	87. (A)	88. (A)	89. (C)	90. (D)
91. (D)	92. (D)	93. (A)	94. (A)	95. (C)
96. (C)	97. (A)	98. (D)	99. (B)	100. (A)

1.

호주

(A) He is drinking from a cup.
(B) He is assembling a bookcase.
(C) He is looking at a book.
(D) He is arranging some books on the floor.

(A) 남자가 컵으로 마시고 있다.
(B) 남자가 책장을 조립하고 있다.
(C) 남자가 책을 보고 있다.
(D) 남자가 바닥에 있는 몇 개의 책을 정리하고 있다.

해설 (A) 컵을 잡고만 있지, 마시고 있지 않으므로 오답!
(B) 책장이 보이긴 하지만, 조립하고 있지 않으므로 오답!
(C) 남자가 책을 보고 있으므로 정답!
(D) 책을 정리하는 모습이 아니므로 오답!

어휘 assemble 조립하다 I bookcase 책장, 책꽂이 I arrange 정리하다, 배열하다

2.

미국

(A) The woman is using a lawn mower.
(B) The woman is opening a window.
(C) The woman is trimming some bushes.
(D) The woman is watering some potted plants.

(A) 여자가 잔디 깎는 기계를 사용하고 있다.
(B) 여자가 창문을 열고 있다.
(C) 여자가 덤불을 손질하고 있다.
(D) 여자가 몇몇 화분에 물을 주고 있다.

해설 (A) 정원에서 잔디 깎는 기계를 밀고 있는 모습이므로 정답!
(B) 창문을 여는 모습이 아니므로 오답!
(C) 덤불을 다듬는 모습이 아니므로 오답!
(D) 화분이 보이지 않으므로 오답!

어휘 lawn mower 잔디 깎는 기계 I trim 다듬다, 손질하다 I bush 덤불 I water (화초에) 물을 주다 I potted plant 화분

3.

영국

(A) Some people are pulling suitcases.
(B) Customers are purchasing tickets.
(C) Some people are waiting in line.
(D) Travelers are getting on a plane.

(A) 몇몇 사람들이 여행 가방을 끌고 가고 있다.
(B) 손님들이 티켓을 구매하고 있다.
(C) 몇몇 사람들이 줄 서서 기다리고 있다.
(D) 여행객들이 비행기에 타고 있다.

해설 (A) 남자 두 명이 여행 가방을 끌고 가고 있으므로 정답!
(B) 구매하는 모습이나 티켓은 보이지 않으므로 오답!
(C) 줄 서 있는 사람들은 보이지 않으므로 오답!
(D) 비행기가 보이지 않으므로 오답!

어휘 pull 끌다 I suitcase 여행 가방 I wait in line 줄 서서 기다리다 I get on ~에 타다

ACTUAL TEST

4.

(A) Some bags have been placed on the floor.
(B) There are some people in the waiting area.
(C) Some people are getting off a train.
(D) Some buses are parked in a row.

(A) 몇 개의 가방이 바닥에 놓여 있다.
(B) 대합실에 몇몇 사람들이 있다.
(C) 몇몇 사람들이 열차에서 내리고 있다.
(D) 버스 몇 대가 일렬로 주차되어 있다.

해설 (A) 가방들이 바닥이 아니라 의자에 놓여 있으므로 오답!
(B) 대합실에 앉아 있는 사람들이 보이므로 정답!
(C) 열차는 보이지 않으므로 오답!
(D) 버스는 보이지 않으므로 오답!

어휘 waiting area 대합실 | get off 내리다 | park 주차하다 | in a row 일렬로

5.

호주

(A) A lamp is being turned on.
(B) A display rack has been positioned on the wall.
(C) Some bottles are being arranged on the table.
(D) Some diners are ordering food.

(A) 램프가 켜지고 있다.
(B) 진열대가 벽에 위치해 있다.
(C) 몇몇 병들이 테이블 위에 놓이고 있다.
(D) 식사하는 손님들이 음식을 주문하고 있다.

해설 (A) 램프를 켜고 있는 사람이 보이지 않으므로 오답!
(B) 진열 선반이 벽에 걸려 있으므로 정답!
(C) 병들을 놓고 있는 사람이 보이지 않으므로 오답!
(D) 사진에 사람들이 보이지 않으므로 오답!

어휘 display rack 진열 선반 | position 두다, 배치하다 | diner 식사하는 사람

6.

영국

(A) Bicycles are secured to a railing.
(B) Cyclists have lined up for a race.
(C) A bridge is being built across the river.
(D) People are swimming in the water.

(A) 자전거들이 난간에 고정되어 있다.
(B) 자전거 선수들이 경주를 위해 줄 서 있다.
(C) 다리가 강을 가로질러 건설되고 있다.
(D) 사람들이 물에서 수영하고 있다.

해설 (A) 자전거가 강 위의 난간에 묶여 있으므로 정답!
(B) 사람들이 보이지 않으므로 오답!
(C) 건설 중인 다리가 보이지 않으므로 오답!
(D) 수영하는 사람들이 보이지 않으므로 오답!

어휘 secure 고정하다, 잡아매다 | cyclist 사이클리스트, 자전거를 타는 사람 | line up 줄을 서다 | race 경주, 달리기

미국 ↔ 영국

7. Who's presenting the award for Salesperson of The Year?
(A) It's taking place at the convention center.
(B) A leading marketing consultant.
(C) To meet some potential clients.

올해의 영업직원상은 누가 수여하나요?
(A) 컨벤션 센터에서 해요.
(B) 손꼽히는 마케팅 상담가요.
(C) 잠재 고객 몇 명을 만나려고요.

해설 (A) When 의문문에 어울리는 대답이므로 오답!
(B) 마케팅 상담가가 받는다며 사람의 정체로 대답했으므로 정답!
(C) salesperson을 듣고 연상되는 potential clients를 이용한 오답!

어휘 present 수여하다 | award 상 | salesperson 판매원, 외판원 | leading 주요, 선두적인 | consultant 상담가, 자문 위원 | potential 잠재적인

8. How about having a picnic this afternoon?
(A) It was cold yesterday.
(B) That sounds great.
(C) I will pick you up at 7.

오늘 오후에 야유회를 가는 게 어때요?
(A) 어제는 추웠어요.
(B) 좋은 생각이네요.
(C) 7시에 데리러 갈게요.

해설 (A) 어제 날씨를 말하고 있어 질문과 문맥상 연결이 되지 않으므로 오답!
(B) 제안에 대해 동의의 뜻을 적절히 알려주고 있으므로 정답!
(C) 질문의 picnic과 발음이 비슷한 pick를 사용한 오답!

어휘 How about ~ing? ~하는 것이 어때요? | have a picnic 소풍 가다, 야유회 가다 | pick up ~를 태우러 가다, 차로 데리러 가다

---

9. Didn't the HR Department hire a new recruiting manager?
(A) Sure, I'll do it for you.
(B) Yes, I heard about that.
(C) A job description.

HR 부서가 새 채용담당자를 고용하지 않았나요?
(A) 네, 제가 해드릴게요.
(B) 네, 그렇게 들었어요.
(C) 직무 설명이요.

해설 (A) 질문에 어울리지 않는 대답이므로 오답!
(B) 고용했냐는 질문에 그렇게 들었다고 대답했으므로 정답!
(C) hire, recruiting을 듣고 연상 가능한 job description을 이용한 오답!

어휘 hire 고용하다 | recruiting 채용 | job description 직무 기술(서)

---

10. The subscription fee will be $80 per year.
(A) Last year, I went to Paris.
(B) I didn't read the prescription.
(C) Can I get any discounts?

구독료는 연간 80달러입니다.
(A) 저는 작년에 파리에 갔어요.
(B) 저는 처방전을 읽지 않았어요.
(C) 할인을 받을 수 있나요?

해설 (A) 질문과 문맥상 연결이 되지 않으므로 오답!
(B) 질문의 subscription과 발음이 비슷한 prescription을 사용한 오답!
(C) 상대방의 말에 대해 할인을 받을 수 있냐고 적절히 반응하고 있으므로 정답!

어휘 subscription fee 구독료, 시청료 | prescription 처방전 | discount 할인

---

11. Where did you go to replace the battery in your laptop computer?
(A) 30 minutes ago.
(B) There's a store on Harbor Way.
(C) It's the newest model.

어디로 노트북 컴퓨터 배터리를 교체하러 가셨어요?
(A) 30분 전이요.
(B) Harbor 가에 매장이 있어요.
(C) 최신 모델이에요.

해설 (A) When 의문문에 어울리는 대답이므로 오답!
(B) Harbor 가에 매장이 하나 있다며 장소로 대답했으므로 정답!
(C) laptop computer를 듣고 연상 가능한 newest model을 이용한 오답!

어휘 replace 교체하다 | laptop 노트북

---

12. Why did you go to Chicago last week?
(A) It was the last bus.
(B) I had a job interview.
(C) For five days.

지난주에 왜 시카고에 갔어요?
(A) 그것은 마지막 버스였어요.
(B) 입사 면접이 있었어요.
(C) 5일 동안이요.

해설 (A) 질문의 last를 반복 사용한 오답!
(B) 구직 면접이 있었다고 시카고에 간 이유를 적절히 알려주고 있으므로 정답!
(C) week를 듣고 연상 가능한 five days를 이용한 오답!

어휘 last 지난, 마지막의 | job interview 입사 면접

---

13. How did James respond when his research grant was rejected?
(A) He was extremely disappointed.
(B) In this morning's keynote speech.
(C) The McAllister project.

연구 보조금이 거부됐을 때 James 반응은 어땠나요?
(A) 무척 실망했어요.
(B) 오늘 오전에 있었던 기조연설이요.
(C) McAllister 프로젝트요.

해설 (A) 무척 실망했다며 James의 상태로 대답했으므로 정답!
(B) Where 의문문에 어울리는 대답이므로 오답!
(C) research grant를 듣고 연상 가능한 project를 이용한 오답!

어휘 research grant 연구 보조금 | reject 거부하다 | extremely 극히 | disappointed 실망한 | keynote speech 기조연설

14. Which sales clerk did you talk to?

(A) The sales figures went up.

(B) I think her name was Nancy.

(C) At 3 o'clock.

어떤 점원과 이야기하셨어요?

(A) 매출액이 증가했어요.

(B) 그녀의 이름이 Nancy였던 것 같아요.

(C) 3시에요.

해설 (A) 질문의 sales를 반복 사용한 오답!

(B) 어떤 점원과 이야기를 했냐고 묻는 질문에 자신이 기억하고 있는 점원의 이름을 적절히 알려주고 있으므로 정답!

(C) 질문과 문맥상 연결이 되지 않으므로 오답!

어휘 sales clerk 점원, 판매원 | sales figures (*pl.*) 매출액 | go up 증가하다, 상승하다

---

15. Could you look at this expense report from Mr. Houston?

(A) You'll be reimbursed.

(B) He wasn't here.

(C) OK, email it to me.

Mr. Houston이 보낸 이 비용 보고서를 봐주시겠어요?

(A) 환급 받으실 겁니다.

(B) 그는 여기 없었어요.

(C) 네, 이메일로 보내주세요.

해설 (A) expense report를 듣고 연상 가능한 reimbursed를 이용한 오답!

(B) He로 대답하여 주어가 불일치하므로 오답!

(C) 확인해 주겠다라며 수락하고 있으므로 정답!

어휘 expense report 비용 보고서 | reimburse 배상하다

---

16. Ms. Sanchez relocated to the headquarters, didn't she?

(A) No. She's still at this office.

(B) It's a newly built apartment.

(C) Our quarterly sales have improved.

Ms. Sanchez가 본사로 이동했죠, 그렇죠?

(A) 아니요. 아직 이 사무실에 있어요.

(B) 새로 지어진 아파트예요.

(C) 분기 실적이 올랐어요.

해설 (A) 본사로 옮기지 않았다고 한 뒤, 적절한 부연을 설명했으므로 정답!

(B) 질문과 무관한 대답이므로 오답!

(C) headquarters와 발음이 비슷한 quarterly를 이용한 오답!

어휘 relocate 이동하다, 이전하다 | headquarters 본사 | quarterly 분기별의

---

17. How can I get to the art museum?

(A) They're famous artists.

(B) It closes at 9 on weekdays.

(C) Turn right at Central Avenue.

미술관에 어떻게 갈 수 있나요?

(A) 그들은 유명한 예술가들이에요.

(B) 평일에는 9시에 문을 닫아요.

(C) Central 가에서 우회전하세요.

해설 (A) 질문의 art와 발음이 비슷한 artists를 사용한 오답!

(B) 질문과 문맥상 연결이 되지 않으므로 오답!

(C) 미술관으로 가는 방법을 적절히 알려주고 있으므로 정답!

어휘 art museum 미술관 | weekday 평일

---

18. Did you send out the memo about the road construction?

(A) Wasn't Cathy supposed to do it?

(B) A memo from my manager.

(C) Take a right at the road sign.

도로 공사에 관한 회람을 발송했나요?

(A) Cathy가 하기로 하지 않았나요?

(B) 제 매니저에게서 온 회람이요.

(C) 도로 표지판에서 우회전하세요.

해설 (A) Cathy가 회람을 보내야 하는 것이 아니었냐고 적절히 대답하고 있으므로 정답!

(B) 질문의 memo를 반복 사용한 오답!

(C) 질문과 문맥상 연결이 되지 않으므로 오답!

어휘 memo 회람, 사내공문 | send out 보내다, 발송하다 | road construction 도로 공사 | be supposed to ~하기로 되어 있다 | take a right 우회전하다 | sign 표지판

---

19. I left my car at home today.

(A) I brought one, too.

(B) At the auto dealership.

(C) I can give you a ride.

오늘은 차를 집에 두고 왔어요.

(A) 저도 하나 가져왔어요.

(B) 자동차 대리점이에요.

(C) 제가 태워드릴 수 있어요.

해설 (A) left를 듣고 연상 가능한 brought를 이용한 오답!

(B) car를 듣고 연상 가능한 auto를 이용한 오답!

(C) 차를 두고 왔다는 말에 태워주겠다며 적절하게 대답했으므로 정답!

어휘 auto dealership 자동차 대리점 | ride 탈것

20. The training session starts at 3, doesn't it?

(A) No, the train leaves at 5.

(B) Let me check the time again.

(C) You should not wear those training pants.

교육 과정이 3시에 시작하지요, 그렇지 않나요?

(A) 아니요, 기차는 5시에 떠나요.

(B) 제가 다시 시간을 확인할게요.

(C) 그 운동복 바지는 입지 말아요.

해설 (A) 질문의 training과 발음이 비슷한 train을 사용한 오답!

(B) 시간을 다시 확인하겠다고 적절히 대답하고 있으므로 정답!

(C) training이 반복된 질문과 무관한 오답!

어휘 **training session** 교육 시간, 교육 과정 | **check** 확인하다 | **training pants** 운동복 바지

---

21. Would you prefer to have the conference call now or in the afternoon?

(A) That should be OK.

(B) Conference room A

(C) I'd rather do it later.

전화 회의를 지금 하시겠어요, 아니면 오후에 하시겠어요?

(A) 그게 괜찮을 거예요.

(B) 회의실 A요.

(C) 나중에 하는 게 좋겠어요.

해설 (A) 질문과 무관한 대답이므로 오답!

(B) conference를 반복 사용한 오답!

(C) 나중에 하는 게 좋겠다며 후자를 우회적으로 선택했으므로 정답!

어휘 **prefer** 선호하다 | **conference call** 전화 회의

---

22. How many seats should we reserve on the train?

(A) At 2 P.M.

(B) I've never been there before.

(C) Lucy already booked the tickets.

기차 좌석은 몇 개나 예약해야 하나요?

(A) 오후 2시요.

(B) 저는 거기 한 번도 안 가봤어요.

(C) Lucy가 이미 승차권을 예매했어요.

해설 (A) When 의문문에 어울리는 대답이므로 오답!

(B) 질문과 무관한 대답이므로 오답!

(C) 좌석을 몇 개를 예약해야 하냐는 질문에 Lucy가 이미 예매했다며 질문에 적절하게 대답했으므로 정답!

어휘 **reserve** 예약하다 | **book** 예매하다

---

23. Isn't your report due today?

(A) No, they extended the deadline.

(B) The reporter made a mistake.

(C) Yes, I read tonight's report.

당신의 보고서 기한이 오늘 아닌가요?

(A) 아니요, 그들이 기한을 연장해 주었어요.

(B) 기자가 실수를 했어요.

(C) 네, 제가 오늘 밤 보고서를 읽었어요.

해설 (A) 기한이 연장되었다고 적절히 알려주고 있으므로 정답!

(B) 질문의 report와 발음이 비슷한 reporter를 사용한 오답!

(C) report를 반복 사용한 오답!

어휘 **report** 보고서 | **due** ~하기로 예정된 | **extend** 연장하다 | **deadline** 기한 | **reporter** 기자

---

24. Can't Eugene attend the client meeting?

(A) Yes, you can go.

(B) The attendance went up.

(C) No, he will be away.

Eugene은 고객 회의에 참석하지 못하나요?

(A) 네, 가셔도 돼요.

(B) 참석률이 올랐어요.

(C) 네, 그가 자리를 비울 예정이에요.

해설 (A) 질문과 주어가 일치하지 않으므로 오답!

(B) attend와 발음이 비슷한 attendance를 이용한 오답!

(C) 참석할 수 없다라고 한 뒤, Eugene이 갈 수 없는 이유를 부연 설명했으므로 정답!

어휘 **attend** 참석하다 | **attendance** 출석; 참석률, 출석 횟수 | **go up** 오르다

---

25. Who's making the reservation for Thursday's company dinner?

(A) Have we decided on a place?

(B) All tables are reserved on Friday.

(C) Sure, I'll let everyone know.

목요일 회사 만찬 예약은 누가 하나요?

(A) 장소는 정했나요?

(B) 금요일은 모든 테이블이 다 예약됐어요.

(C) 네, 제가 모두에게 알릴게요.

해설 (A) 장소는 정했냐고 되물으며 질문에 적절하게 대답했으므로 정답!

(B) reservation과 발음이 비슷한 reserved를 이용한 오답!

(C) 의문사 의문문에 Yes에 준하는 Sure로 대답할 수 없으므로 오답!

어휘 **reservation** 예약 | **decide** 결정하다

ACTUAL TEST

26. When will the assembly machines be fixed?
(A) No, they weren't repaired.
(B) Place the fixtures here.
(C) The parts are going to arrive soon.

조립 기계는 언제 수리되나요?
(A) 아니요, 안 고쳐졌어요.
(B) 붙박이 설비는 여기 두세요.
(C) 부품이 곧 도착할 거예요.

해설 (A) 의문사 의문문에는 Yes/No로 대답할 수 없으므로 오답!
(B) fixed와 발음이 비슷한 fixtures를 이용한 오답!
(C) 부품이 곧 도착할 거라며 수리할 시점을 간접적으로 전달했으므로 정답!

어휘 assembly 조립 I fix 고치다 I fixture 고정되어 있는 설비

---

27. Do we have any extra safety goggles?
(A) We've added new safety guidelines.
(B) A new pair of glasses.
(C) They should be in the blue supply cabinet.

남는 보안경 있나요?
(A) 새로운 안전 지침을 추가했어요.
(B) 새 안경이요.
(C) 파란색 물품 수납장에 있을 거예요.

해설 (A) safety를 반복 사용한 오답!
(B) goggles를 듣고 연상 가능한 glasses를 이용한 오답!
(C) 파란색 수납장에 있다며 Yes를 생략한 형태로 적절하게 대답했으므로 정답!

어휘 extra 여분의 I safety goggle 보안경 I supply cabinet 수납장

---

28. Professor Birch will be back on Friday.
(A) My back hurts so much.
(B) Is he having lunch with us today?
(C) How can I reach him before then?

Birch 교수님은 금요일에 돌아오실 거예요.
(A) 제 등이 너무 아파요.
(B) 그분이 오늘 우리와 점심을 함께 하시나요?
(C) 그전에 어떻게 연락드릴 수 있나요?

해설 (A) 질문의 back을 반복 사용한 오답!
(B) 질문과 문맥상 연결이 되지 않으므로 오답!
(C) 금요일 전에 어떻게 연락을 취할 수 있는지 물으며 적절히 대답하고 있으므로 정답!

어휘 hurt 아프다 I reach (전화로) 연락하다

---

29. Would you mind turning off the air conditioning?
(A) He has made up his mind.
(B) It was broken yesterday.
(C) Don't you think it's still hot in here?

에어컨을 꺼주실래요?
(A) 그는 결심했어요.
(B) 어제 고장 났어요.
(C) 여기가 여전히 덥다고 생각하지 않으세요?

해설 (A) 질문의 mind를 반복 사용한 오답!
(B) 질문과 문맥상 연결이 되지 않으므로 오답!
(C) 상대방의 요청에 대해 여전히 더우니 끄지 않는 것이 좋겠다는 의사를 적절히 밝히고 있으므로 정답!

어휘 Would you mind -ing? ~해 주실래요? I air conditioning 에어컨, 냉방 장치 I make up one's mind 결심하다 I broken 고장 난

---

30. Why did the New York office move to a new location?
(A) They needed a bigger office.
(B) We need more office supplies.
(C) It is located on 5th Avenue.

뉴욕 사무소는 왜 새로운 장소로 이전했나요?
(A) 그들은 더 큰 사무실이 필요했어요.
(B) 우리는 사무용품이 더 필요해요.
(C) 5번 가에 위치해 있어요.

해설 (A) 더 큰 사무실이 필요했다고 이전한 이유를 적절히 알려주고 있으므로 정답!
(B) 질문의 office를 반복 사용한 오답!
(C) 질문의 location과 발음이 비슷한 located를 사용한 오답!

어휘 location 장소, 위치 I office supplies (pl.) 사무용품 I located 위치한 I avenue (도시의) 거리

---

31. I can push back the deadline of the budget report for you.
(A) The accounting team is on the tenth floor.
(B) The papers were reported missing.
(C) I just need a few more hours.

제가 예산 보고서 마감일을 늦춰줄 수 있어요.
(A) 회계팀은 10층에 있어요.
(B) 그 문서는 분실된 걸로 보고됐어요.
(C) 몇 시간이면 돼요.

해설 (A) budget report를 듣고 연상되는 accounting을 이용한 오답!
(B) report와 발음이 비슷한 reported를 이용한 오답!
(C) 몇 시간이면 된다며 기한을 미룰 필요가 없음을 우회적으로 말했으므로 정답!

어휘 push back 미루다 I deadline 마감 기한 I budget report 예산 보고서 I accounting 회계 I report 보고하다

호주 ↔ 영국

Questions 32-34 refer to the following conversation.

M Good morning. I purchased this laptop here yesterday. **32** 대화의 장소 But it keeps turning off every 30 to 40 minutes—I think something's wrong with it. **33** 남자의 문제

W I'm sorry about that. Several customers have actually come in with the same issue. If you have the receipt with you, I can either issue you a refund or exchange the item.

M Well… I don't want to deal with the same thing again, so I'll just go with the refund.

W Alright, let me grab some forms from the back to process your refund. **34** 여자의 다음 행동

32-34번은 다음 대화에 관한 문제입니다.

남 안녕하세요. 제가 어제 여기서 이 노트북을 구매했는데요, **32** 3~40 분마다 계속 꺼지네요. 뭔가 잘못된 것 같아서요. **33**

여 죄송합니다. 실은 몇몇 고객 분들이 같은 문제로 찾아오셨어요. 영수 증을 가지고 계시면, 환불을 해드리거나 교환해 드리겠습니다.

남 음… 같은 문제를 또다시 겪고 싶지 않으니 그냥 환불로 할게요.

여 알겠습니다. **환불 처리를 위해 뒤에서 서류를 좀 가져오겠습니다.** **34**

어휘 issue 문제, 사안 | receipt 영수증 | issue 발급하다 | refund 환불 | exchange 교환하다 | deal with 다루다, 처리하다 | grab 잡다 | back 뒤쪽, 뒤편 | process 처리하다

---

32. Where most likely are the speakers?

(A) In a manufacturing plant

(B) In an electronics store

(C) In a supermarket

(D) In a museum

화자들은 어디에 있겠는가?

(A) 제조 공장에

(B) 전자제품 상점에

(C) 슈퍼마켓에

(D) 박물관에

해설 남자가 어제 여기서 노트북을 구입했다면서 문제가 있다고 말하므로 노트북을 판매하는 (B)가 정답!

---

33. What is the man's problem?

(A) A delivery was delayed.

(B) A product is not working correctly.

(C) A payment was late.

(D) A credit card has expired.

남자의 문제는 무엇인가?

(A) 배송이 지연되었다.

(B) 제품이 제대로 작동하지 않는다.

(C) 납부를 늦게 했다.

(D) 신용 카드가 만료되었다.

해설 남자가 3-40분마다 계속 꺼진다고 말하므로 (B)가 정답!

---

34. What will the woman probably do next?

(A) Talk with a manager

(B) Give a tour

(C) Consult a brochure

(D) Bring some paperwork

여자가 다음에 무엇을 하겠는가?

(A) 매니저와 이야기한다

(B) 투어를 시켜준다

(C) 안내책자를 찾아본다

(D) 몇몇 서류를 가져온다

해설 여자가 환불 처리를 위해 서류를 가져오겠다고 말하므로 (D)가 정답!

미국 ↔ 미국

Questions 35-37 refer to the following conversation.

W Hi, it's Lizzy Wall, the HR manager at Kinex, Inc. I just emailed you the final copy of your employment agreement. **35** 여자가 보낸 것 Please keep it safely stored. I look forward to seeing you next Monday for your first day of work.

M Thank you. Where should I park when I arrive on Monday? **36** 남자가 문의한 것 **37** 여자가 남자에게 월요일에 하라고 말한 것

W In Lot B. Also, when you get here, remember to go to the security desk first. **37** The officer in charge will ask you for your ID and then provide you with a temporary visitor's pass.

35-37번은 다음 대화에 관한 문제입니다.

여 안녕하세요, Kinex 사 인사 담당자인 Lizzy Wall이에요. **제가 고용 계약서 최종본을 이메일로 보내 드렸어요. 35** 안전하게 보관해 주세 요. 근무 첫 날인 다음 주 월요일에 만나길 바랍니다.

남 감사합니다. 제가 월요일에 도착하며 주차를 어디에 해야 되죠? **36**

여 B 주차장요. 그리고, 이곳에 도착하시면 잊지 말고 먼저 보안 데스 크로 가세요. **37** 담당하시는 분이 당신의 신분증을 요구하고 나서 임 시 출입증을 드릴 겁니다.

어휘 employment agreement 고용 계약서 | store 보관하다, 저장하다 | look forward to ~하기를 고대하다 | security desk 보안 창구 | in charge ~을 맡은 | temporary 임시의 | visitor's pass 출입증

---

35. What did the woman send to the man?

(A) An invoice

(B) A contract

(C) A map

(D) A catalog

여자는 남자에게 무엇을 보냈는가?

(A) 청구서

(B) 계약서

(C) 지도

(D) 카탈로그

해설 여자가 고용 계약서 최종본을 이메일로 보냈다고 말하므로 (B)가 정답!

36. What does the man ask about?

(A) A training schedule

(B) A project deadline

(C) Vacation policies

(D) Parking instructions

남자는 무엇에 관하여 물어보는가?

(A) 교육 일정

(B) 프로젝트 기한

(C) 휴가 정책

(D) 주차 설명

해설 남자가 월요일에 회사에 도착하면 어디에 주차를 해야 하는지 묻고 있으므로 (D)가 정답!

---

37. What does the woman tell the man to do on Monday?

(A) Give a speech

(B) Call her mobile phone

(C) Visit a security desk

(D) Submit a report

여자는 남자에게 월요일에 무엇을 하라고 말하는가?

(A) 연설을 한다

(B) 여자의 핸드폰으로 전화한다

(C) 보안 데스크를 방문한다

(D) 보고서를 제출한다

해설 남자가 회사에 도착하면 어디에 주차해야 하냐고 묻자, 여자가 B 주차장에 주차하고, 먼저 보안 창구로 가라고 말하므로 (C)가 정답!

미국 ↔ 호주

Questions 38-40 refer to the following conversation.

W Hi, Daniel. Are you free next week? We need to hold some training on the new asset management system, and you'd be a good person to lead one of them. **38** 남자가 할 일

M I'd be happy to do it, Katie. But aren't you normally the one who leads training on anything related to asset management?

W Yes, but the class can hold up to 20 people, and 30 people signed up. **38** 여자가 말한 문제점 We'll have to offer another session. That's why I was hoping you could lead one.

M I see. Well, it's no problem for me to do it. Shall we arrange a quick meeting to run through what you'd like me to cover? **40** 남자의 제안

38-40번은 다음 대화에 관한 문제입니다.

여 Daniel, 안녕하세요? 다음 주에 시간 있어요? 새 자산 관리 시스템에 대한 교육 세션을 열어야 하는데, 당신이 그중 하나를 맡을 적임자예요. **38**

남 기꺼이 하겠어요, Katie. 하지만 보통 당신이 자산 관리에 관한 교육을 담당하지 않나요?

여 네, 하지만 그 학급은 최대 20명을 수용할 수 있는데, 30명이 신청했어요. **39** 우리가 다른 세션을 제공해야 할 거예요. 그래서 당신이 하나를 맡았으면 하고 바랐던 거죠.

남 알겠어요. 음, 제가 하는 데 문제는 없어요. 제가 무엇을 다루면 좋을지 간단히 살펴보기 위해 짧게 회의를 잡을까요? **40**

어휘 hold 열다: 수용하다 | training session 교육 과정 | asset management 자산 관리 | normally 보통 | related to ~와 관련 있는 | up to 최대 ~하다 | sign up 신청하다 | lead 이끌다 | arrange (장소, 시간 등을) 정하다, 준비하다 | run through ~을 빨리 살펴보다 | cover 다루다, 덮다

---

38. What does the woman ask the man to do?

(A) Conduct some training

(B) Repair a computer system

(C) Contact a manager

(D) Go to a conference

여자는 남자에게 무엇을 해 달라고 요청하는가?

(A) 교육을 실시한다

(B) 컴퓨터 시스템을 수리한다

(C) 관리자에게 연락한다

(D) 컨퍼런스에 간다

해설 여자가 다음 주에 시간이 있냐며, 새 자산 관리 시스템에 대한 교육 과정을 운영해야 하는데, 당신이 그중 하나를 맡을 적임자라고 말하므로 (A)가 정답!

---

39. What problem does the woman mention?

(A) A presentation has some errors.

(B) A room is not available.

(C) A machine is broken.

(D) A class has been overbooked.

여자가 말한 문제는 무엇인가?

(A) 프레젠테이션에 몇 가지 오류가 있다.

(B) 방을 이용할 수 없다.

(C) 기계가 고장 났다.

(D) 학급이 초과 예약되었다.

해설 여자가 학급 수용 인원이 20명인데, 30명이 신청했다고 말하므로 (D)가 정답!

40. What does the man suggest doing?

(A) Revising a procedure

(B) Having a brief meeting

(C) Hiring a company

(D) Postponing an event

남자는 무엇을 하자고 제안하는가?

(A) 절차를 수정하는 것

(B) 간략히 회의하는 것

(C) 회사를 고용하는 것

(D) 행사를 연기하는 것

해설 남자가 자신이 무엇을 다루면 좋을지 간단히 살펴보기 위해 짧게 회의를 잡을까요? 라고 물었으므로 (B)가 정답!

영국 ↔ 미국

Questions 41-43 refer to the following conversation.

W Excuse me. I think you gave me the wrong meal.

M Oh, that's the vegetarian dish.

W But I asked for the steak.

M Well, according to our list, you requested a special meal when you made your reservation. **41** 화자 의도

W I'm sorry, but there must have been some kind of mistake. I booked my flight just yesterday, **42** 여자가 한 일 so I would remember if I ordered something in advance.

M I see. Give me a moment, and I'll check with the head flight attendant to solve the problem. **43** 남자가 다음에 할 일

41-43번은 다음 대화에 관한 문제입니다.

여 실례합니다. 음식을 잘못 가져다주신 것 같은데요.

남 아, 이건 채식주의자용 식사입니다.

여 하지만 스테이크를 주문했는데요.

남 음, 저희 명단에는 손님께서 예약하실 때 특식을 주문하신 걸로 되어 있어요. **41**

여 죄송하지만, 실수가 있었던 것 같은데요. 제가 어제 항공편 예약을 해서, **42** 제가 미리 뭘 주문했다면 기억이 날 텐데요.

남 알겠습니다. 잠시만 기다려 주시면 문제 해결을 위해 수석 승무원과 확인하도록 하겠습니다. **43**

어휘 in advance 미리 | head 수석 | flight attendant 승무원 | solve 해결하다

41. What does the woman mean when she says, "there must have been some kind of mistake"?

(A) An order is incorrect.

(B) A package has not arrived.

(C) A price is wrong.

(D) A credit card was not accepted.

여자는 "실수가 있었던 것 같은데요"라고 말할 때 무엇을 의도하는가?

(A) 주문이 잘못되었다.

(B) 소포가 도착하지 않았다.

(C) 가격이 잘못되었다.

(D) 신용카드로 계산할 수 없었다.

해설 남자가 여자에게 예약할 때 특식을 요청한 걸로 나와 있다고 하자, 여자가 실수가 있었던 것 같다고 말한 것이므로 주문이 잘못되었음을 의미한 것이다. 따라서 (A)가 정답!

---

42. What does the woman say she did yesterday?

(A) Booked a hotel

(B) Reserved a flight

(C) Purchased a bag

(D) Departed from a city

여자는 어제 무엇을 했다고 말하는가?

(A) 호텔을 예약했다

(B) 항공편을 예매했다

(C) 가방을 구입했다

(D) 도시에서 출발했다

해설 여자가 어제 항공편을 예매했다고 말했으므로 (B)가 정답!

---

43. What does the man say he will do next?

(A) Consult a coworker

(B) Bring some snacks

(C) Look for storage space

(D) Check a list

남자는 다음에 무엇을 할 거라고 말하는가?

(A) 동료와 상의한다

(B) 간식을 가져온다

(C) 저장 공간을 찾아본다

(D) 명단을 확인한다

해설 남자가 수석 승무원에게 확인해서 바로 잡겠다고 말했으므로 (A)가 정답!

호주 ↔ 미국

Questions 44-46 refer to the following conversation.

M Do you have a moment, Leila? I've just finished the design specifications for the new edition of the project management book. **44** 남자가 관여하는 프로젝트 Could you give me some feedback?

W I'd love to, George, but I'm about to head out. I'm speaking at the conference in Detroit tomorrow, so I'm going to the airport now. **45** 여자가 도와줄 수 없는 이유

M Of course. I forgot about the conference. You must be really busy. I'll ask Scott to take a look instead. **46** 남자가 할 일

44-46은 다음 대화에 관한 문제입니다.

남 Leila, 잠시 시간 있어요? **프로젝트 관리 책자 신판을 위한 디자인 설명서를 방금 끝냈는데요.** **44** 피드백을 좀 줄 수 있나요?

여 George, 그러고 싶지만 지금 사무실을 나가려던 참이에요. 내일 디트로이트 컨퍼런스에서 강연을 하게 돼서 제가 지금 공항으로 갈 거예요. **45**

남 물론이지요. 컨퍼런스에 대해 잊고 있었네요. 정말 바쁘겠어요. 대신 Scott에게 봐달라고 할게요. **46**

어휘 specification 설명서, 사양 | feedback 피드백, 의견 | head out (밖으로) 나가다 | take a look 보다 | instead 그 대신

44. What type of project is the man involved in?
(A) Arranging an event
(B) Conducting a survey
(C) Recruiting a designer
(D) Publishing a book

남자는 어떤 종류의 프로젝트에 관여해 있는가?
(A) 행사를 준비하는 것
(B) 설문조사를 실시하는 것
(C) 디자이너를 채용하는 것
(D) 책을 출판하는 것

해설 남자가 프로젝트 관리 책자 신판을 위한 디자인 설명서를 방금 끝냈다고 말하므로 (D)가 정답!

45. Why is the woman unable to help the man?
(A) She is leaving for a business trip.
(B) She is going on a vacation.
(C) She does not know a topic.
(D) She has to work on another assignment.

여자는 왜 남자를 도울 수 없다고 하는가?
(A) 출장을 떠날 것이다.
(B) 휴가를 떠날 것이다.
(C) 어떤 주제에 관하여 알지 못한다.
(D) 다른 업무를 해야 한다.

해설 내일 Detroit에서 열리는 컨퍼런스 강연 차 지금 공항으로 갈 거라고 말하므로 (A)가 정답!

46. What will the man probably do next?
(A) Purchase a flight ticket
(B) Give some feedback
(C) Speak with another coworker
(D) Call a busniess

남자는 다음에 무엇을 할 것 같은가?
(A) 비행기표를 구매한다.
(B) 피드백을 준다.
(C) 다른 동료와 이야기한다.
(D) 업체에 연락한다.

해설 남자가 '대신 Scott에게 봐달라고 할게요'라며 Leila 대신에 디자인 설명서를 봐주는 일을 Scott에게 부탁하겠다고 말하므로 (C)가 정답!

Questions 47-49 refer to the following conversation with three speakers.

M1 You've reached Lenmore Telecom's Tech Support Department. How may I help you?

W Hello, I'm calling about purchasing the new A1 notebook. **47** 전화하는 이유

M1 That is handled by our sales team. Let me transfer your call. Please hold.

M2 Good afternoon. This is John in Sales. **48** How can I be of service?

W I wanted to see if the A1 model was available at your store.

M2 Unfortunately, we're all out of stock at the moment. However, we should be receiving a new shipment of that model next week. **48** 다음 주에 일어날 일

W I see. Well, do you mind holding one for me? **49** John에게 요청하는 것 I'll come and pick it up as soon as it comes in. My name is Donna Lismore, and my number is 555-3939.

M2 Sure. When they come in, I'll save one and give you a call.

47-49번은 다음 세 화자의 대화에 관한 문제입니다.

남1 Lenmore 통신사 기술지원부입니다. 무엇을 도와드릴까요?

여 안녕하세요. **신형 A1 노트북 구매 때문에 전화드렸어요.** **47**

남1 그건 저희 판매팀에서 처리하고 있습니다. 그 부서로 연결해 드릴게요. 끊지 말고 기다려주세요.

남2 안녕하세요. **영업팀 John입니다.** **48** 무엇을 도와드릴까요?

여 매장에 A1 모델이 있는지 여쭤보려고 전화했어요.

남2 안타깝게도 현재 재고가 없어요. 하지만 **다음 주에는 그 모델이 더 입고될 예정입니다.** **48**

여 그렇군요. 음, **하나만 챙겨주실 수 있을까요?** **49** 들어오는 대로 바로 찾으러 갈게요. 제 이름은 Donna Lismore이고, 번호는 555-3939예요.

남2 알겠습니다. 물량이 들어오면 챙겨뒀다가 알려드리겠습니다.

어휘 tech support 기술 지원 | department 부서 | handle 다루다, 처리하다 | transfer 이동하다, 전환하다 | out of stock 품절되다 | shipment 수송 | hold (나중에 쓰기 위해) 가지고 있다 | save (나중에 쓰거나 하려고) 남겨 두다

47. Why is the woman calling?
(A) To inquire about a product
(B) To make changes to an order
(C) To apply for membership
(D) To update some contact information

여자는 왜 전화하는가?
(A) 제품에 대해 문의하기 위해
(B) 주문을 변경하기 위해
(C) 회원 신청을 하기 위해
(D) 일부 연락처를 갱신하기 위해

해설 여자가 새로 나온 A1 노트북 구매에 대해 전화했다고 말했으므로 (A) 가 정답!

48. According to John, what will happen next week?
(A) A Web site will be redesigned.
(B) A model will no longer be available.
(C) A shipment will arrive.
(D) A sale will start.

John에 따르면, 다음 주에 무슨 일이 일어날 것인가?
(A) 웹사이트가 다시 디자인될 것이다.
(B) 기종을 더 이상 구할 수 없게 될 것이다.
(C) 물품이 도착할 것이다.
(D) 할인이 시작될 것이다.

해설 남자 2가 자신을 영업팀의 John으로 소개했고, 다음 주에 그 모델이 더 배송되어 들어올 거라고 말했으므로 (C)가 정답!

49. What does the woman ask John to do?
(A) Find out a price
(B) Set aside an item
(C) Mail a catalog
(D) Provide a refund

여자는 John에게 무엇을 하라고 요청하는가?
(A) 가격을 알아본다
(B) 제품 한 대를 챙긴다
(C) 카탈로그를 우편으로 보낸다
(D) 환불을 해준다

해설 여자가 하나 가지고 있어 줄 수 있냐고 물었으므로 hold(가지고 있다) 를 set aside (따로 빼두다)로 바꿔 쓴 (B)가 정답!

미국 ↔ 미국

Questions 50-52 refer to the following conversation.

M Hello, my name is Victor Pradesh. I checked out of room 608 a few hours ago. I just realized that I don't have my watch with me. I think I must have left it in the room. Could you check for me? **50** 여자의 근무지 **51** 남자가 전화한 목적

W No problem, Mr. Pradesh. I'll take a look for you now on our housekeeping system. **50** Ah, yes, I see that we have already recovered your watch, and it's safely stored here ready for you to collect it.

M That's great. The problem, though, is that I'm now at the airport about to board my flight back to Canada. I won't be back here for some time. Do you think you could send it to me by courier? I can cover the postage.

W Certainly, sir. But we won't need to charge you for postage. This is a complimentary service that we offer to our guests. **52** 여자가 제공하는 것 I'll arrange to have it sent to you today.

50-52번은 다음 대화에 관한 문제입니다.

남 안녕하세요? 저는 Victor Pradesh입니다. 몇 시간 전에 608호에서 체크아웃했는데요. 시계가 저에게 없다는 사실을 방금 알게 됐어요. 틀림없이 방에 두고 나온 것 같아요. 확인해 주실 수 있나요? **50** **51**

여 문제 없습니다, Mr. Pradesh. 저희 시설관리 시스템으로 지금 살펴볼게요. **50** 아... 네, 손님의 시계를 이미 찾아 놓았고, 가지러 오실 수 있도록 이곳에 안전하게 보관되어 있어요.

남 잘됐군요. 하지만 문제는 제가 지금 공항에 있는데, 캐나다로 돌아가는 비행기를 막 탑승하려 하고 있거든요. 당분간 돌아오지 않을 거라서요. 저에게 택배로 보내주실 수 있나요? 제가 우송료를 지불할 수 있어요.

여 물론이죠. 하지만 저희가 우송료를 청구하지 않을 겁니다. 손님들에게 저희가 제공하는 무료 서비스이거든요. **52** 오늘 발송하도록 준비할게요.

어휘 check out of ~에서 체크아웃하다 | realize 깨닫다, 알아차리다 | take a look 보다 | housekeeping 시설관리과, 하우스키핑 | recover (분실물 등을) 찾아내다 | store 보관하다 | collect ~을 가지러 가다 | be about to 막 ~하려는 참이다 | board 탑승하다, 승선하다 | by courier 택배로 | cover (돈을) 대다 | postage 우송료 | charge 청구하다 | complimentary 무료의

50. Where most likely does the woman work?
(A) At a department store
(B) At an airport
(C) At a delivery company
(D) At a hotel

여자는 어디에서 일할 것 같은가?
(A) 백화점에서
(B) 공항에서
(C) 택배 회사에서
(D) 호텔에서

해설 남자가 '몇 시간 전에 608호에서 체크아웃했는데요. 시계가 저에게 없다는 사실을 방금 알았어요. 틀림없이 방에 두고 나온 것 같아요. 확인해 주실 수 있나요?'라고 요청하자 여자가 '문제 없습니다, Mr. Pradesh. 저희 시설관리 시스템으로 지금 살펴볼게요'라고 말하고 있으므로 여자가 일하는 장소는 호텔임을 알 수 있다. 따라서 (D)가 정답!

51. Why is the man calling?
(A) To check a flight departure
(B) To book a room
(C) To trace a missing item
(D) To arrange a collection

남자는 왜 전화하고 있는가?
(A) 항공편 출발을 확인하기 위해
(B) 객실을 예약하기 위해
(C) 분실된 물품을 추적하기 위해
(D) 컬렉션을 준비하기 위해

해설 남자가 '안녕하세요? 저는 Victor Pradesh입니다. 몇 시간 전에 608호에서 체크아웃했는데요. 노트북이 저에게 없다는 사실을 방금 깨달았어요. 틀림없이 방에 두고 나온 것 같아요. 확인해 주실 수 있나요?'라며 분실물을 찾고 있으므로 (C)가 정답!

---

52. What does the woman offer?
    (A) An upgraded room
    (B) A free service
    (C) A full refund
    (D) A product sample

    여자는 무엇을 제공하는가?
    (A) 업그레이드된 객실
    (B) 무료 서비스
    (C) 전액 환불
    (D) 제품 샘플

해설 여자가 '하지만 저희는 우송료를 청구하지 않을 겁니다. 손님들에게 저희가 제공하는 무료 서비스이거든요'라며 무료 우편 서비스임을 말하므로 (B)가 정답!

호주 ↔ 영국

Questions 53-55 refer to the following conversation.

M Jane, we are going to have to make some changes to tomorrow's front page. It's just been announced that Boris Bullingdon is resigning as city mayor. **53** 대화의 주제 He's going to be holding a press conference in an hour.

W Wow, that's big news! Mayor Bullingdon did some great things for the city. The free bicycle scheme he introduced helped reduce traffic on the road. **54** Boris Bullingdon이 한 일

M Yes, it certainly did. I'd like you to go immediately to City Hall, where Mayor Bullingdon will be giving his final address. Take one of the photographers with you. And please talk one-on-one with the mayor. **55** 남자의 요청 사항 We need to find out exactly why he's resigning.

53-55번은 다음 대화에 관한 문제입니다.

남 Jane, 우리는 내일 신문 1면을 좀 변경해야 할 거예요. **Boris Bullingdon이 시장직을 사임한다고 방금 발표됐어요.** **53** 1시간 후에 기자 회견을 연다는군요.

여 와, 그건 대단한 소식인데요! **Bullingdon 시장은 우리 시를 위해 훌륭한 일들을 했어요. 그가 도입한 무료 자전거 제도가 교통정체를 감소시키는 데 도움이 되네요.** **54**

남 네, 물론 그랬지요. Bullingdon 시장이 마지막 연설을 할 시청에 당신이 지금 가 줬으면 좋겠어요. 사진기자 한 명을 데려가세요. **그리고 시장과 일대일로 얘기해 주세요.** **55** 정확히 왜 사임하는지 알아내야 하니까요.

어휘 front page (신문의) 제1면 | announce 발표하다, 알리다 | resign as ~의 직을 그만두다 | city mayor 시장 | hold 열다, 개최하다 | press conference 기자 회견 | scheme 제도, 계획 | introduce 도입하다 | immediately 즉시, 즉각 | give an address 연설하다 | one-on-one 일대일로 | find out 알아내다, 발견해 내다

---

53. What are the speakers discussing?
    (A) The resignation of a local official
    (B) The appointment of a new editor
    (C) The status of the order
    (D) The results of a poll

    화자들은 무엇에 대해 논의하고 있는가?
    (A) 지역 공무원의 사임
    (B) 새 편집자의 임명
    (C) 주문 상태
    (D) 여론조사 결과

해설 대화의 처음 부분에서 남자가 'Boris Bullingdon이 시장직을 사임한다고 방금 발표됐어요'라고 말하므로 (A)가 정답!

---

54. What has Boris Bullingdon done for the city?
    (A) He introduced more public buses.
    (B) He decreased traffic congestion.
    (C) He renovated a local hospital.
    (D) He increased spending on healthcare.

    Boris Bullingdon은 시를 위해 무엇을 했는가?
    (A) 더 많은 대중버스를 도입했다.
    (B) 교통정체를 감소시켰다.
    (C) 지역 병원을 수리했다.
    (D) 의료서비스 지출을 증대했다.

해설 대화의 중간 부분에서 여자가 'Bullingdon 시장은 우리 시를 위해 훌륭한 일들을 했다며, 그가 도입한 무료 자전거 제도가 교통정체 감소에 도움이 된다고 말하므로 (B)가 정답!

---

55. What does the man ask the woman to do?
    (A) Obtain a permit
    (B) Conduct an interview
    (C) Call an office
    (D) Adjust a schedule

    남자는 여자에게 무엇을 하라고 요청하는가?
    (A) 허가증을 받는다
    (B) 인터뷰를 한다
    (C) 사무실에 전화한다
    (D) 일정을 조정한다

해설 대화의 마지막 부분에서 남자가 시장과 일대일로 얘기해 달라고 말하므로 (B)가 정답!

Questions 56-58 refer to the following conversation.

W Mark, how many computers do we have left to work on today? 56 화자들이 하는 것

M That's the last one for today. Tomorrow, though, we have 25 more to install the new software on. 56

W Maybe we should start working on some of those today. If we stay late, we could finish maybe 10 this evening, and then, we won't have so many to deal with tomorrow. 57 여자의 제안

M Hmm, but I can't stay late tonight. I've got to be at my mother's birthday party at 6:30P.M. 58 남자의 계획

56-58번은 다음 대화에 관한 문제입니다.

여 Mark, 오늘 작업해야 할 컴퓨터가 몇 대나 남았어요? 56

남 그게 오늘 마지막 컴퓨터예요. 하지만 내일은 새 소프트웨어를 설치해야 할 컴퓨터가 25대 넘게 있어요. 56

여 오늘 그중 일부를 시작하는 것이 좋겠어요. 늦게까지 일하면 아마 오늘 저녁에 10대를 끝내고, 그러면 내일 그렇게 많이 처리하지 않아도 될 거예요. 57

남 음, 하지만 제가 오늘은 야근할 수 없어요. 6시 30분에 어머니 생신파티에 가야 하거든요. 58

어휘 work on ~에 대한 작업을 하다 | install 설치하다

56. What are the speakers doing?
(A) Moving office furniture
(B) Installing computer software
(C) Delivering some packages
(D) Planning a product presentation

화자들은 무엇을 하는 중인가?
(A) 사무실 가구를 옮기는 것
(B) 컴퓨터 소프트웨어를 설치하는 것
(C) 소품을 설치하는 것
(D) 제품 발표를 끝내는 것

해설 처음에 여자가 'Mark, 오늘 작업해야 할 컴퓨터가 몇 대나 남았어요?'라고 묻자, 남자가 '그게 오늘 마지막 컴퓨터예요. 하지만 내일은 새 소프트웨어를 설치해야 할 컴퓨터가 25대 넘게 있어요'라고 말하므로 (B)가 정답!

57. What does the woman suggest?
(A) Taking a break
(B) Hiring more workers
(C) Waiting outside
(D) Working overtime

여자는 무엇을 제안하는가?
(A) 휴식을 취하는 것
(B) 직원을 더 고용하는 것
(C) 밖에서 기다리는 것
(D) 야근을 하는 것

해설 여자가 '늦게까지 일하면 아마 오늘 저녁에 10대를 끝내고, 그러면 내일 그렇게 많이 처리하지 않아도 될 거예요'라며 오늘 연장 근무를 해서 내일 할 일을 줄이자고 제안하고 있으므로 (D)가 정답!

58. What does the man plan to do in the evening?
(A) Meet with a customer
(B) Watch a movie
(C) Attend a celebration
(D) Board a train

남자는 저녁에 무엇을 할 계획인가?
(A) 고객을 만나다
(B) 영화를 본다
(C) 기념식에 참석하다
(D) 기차를 탄다

해설 남자가 '6시 반에 어머니 생신파티에 가야 하거든요'라고 말하므로 (C)가 정답!

Questions 59-61 refer to the following conversation.

M Hi, I saw the sign outside your restaurant saying that you're looking for a chef. Is the position still available? 59 관심 있는 직종

W Yes, it is. What kind of experience do you have?

M Well, I have two years of experience as a chef's assistant at the City Café.

W OK. Keep going.

M And I've been a grill cook at Denise's in the Center Town Shopping Mall for a year now. 60 현 직장 근무기간

W I see. We're looking for someone with at least four years of experience. But I'll see if we can make an exception. Why don't you send us your résumé and cover letter, 61 화자 의도 and we'll call you by the end of the week?

59-61번은 다음 대화에 관한 문제입니다.

남 안녕하세요. 레스토랑 밖에서 주방장을 구한다는 공고문을 봤어요. 아직 주방장을 구하고 계시나요? 59

여 네, 그렇습니다. 경력이 어떻게 되세요?

남 그러니깐, 2년 동안 City Café에서 주방장 보조로 일한 경험이 있어요.

여 그렇군요. 계속 말씀하세요.

남 그리고, Center Town 쇼핑몰에 있는 Denise's에서 구이요리 전문 요리사로 일한 지 일 년이 넘었습니다. 60

여 그렇군요. 저희는 경력이 최소 4년 이상인 분을 찾고 있어요. 하지만 예외를 둘 수 있는지 알아볼게요. 이력서와 자기소개서를 보내주시면 61 주말까지 전화드리는 게 어떨까요?

어휘 chef 주방장 | grill (그릴·석쇠에) 센 불로 구운 요리 | see if ~인지 확인하다 | exception 예외 | résumé 이력서 | cover letter 자기소개서

59. Where is the man interested in working?

(A) At a bookstore

(B) At a restaurant

(C) At a shopping mall

(D) At a city museum

남자는 어디에서 일하는 것에 관심이 있는가?

(A) 서점에서

(B) 레스토랑에서

(C) 쇼핑몰에서

(D) 시립 박물관에서

해설 남자가 레스토랑 밖에서 주방장을 구하고 있다는 공고를 봤다며, 아직 구하는 중이냐고 묻고 있는 내용을 토대로 남자는 식당에서 일하는 데 관심이 있음을 알 수 있으므로 (B)가 정답!

---

60. How long has the man worked at his current job?

(A) One year

(B) Two years

(C) Three years

(D) Four years

남자는 현 직장에서 얼마 동안 근무했는가?

(A) 1년

(B) 2년

(C) 3년

(D) 4년

해설 남자가 일 년 좀 넘게 Center Town 쇼핑몰에 있는 Denise's에서 그릴 요리사로 일하고 있다고 말했으므로 (A)가 정답!

---

61. What does the woman mean when she says, "I'll see if we can make an exception"?

(A) She will look over the man's documents.

(B) She will allow the man to take some days off.

(C) She will review the man's work schedule.

(D) She will let the man reschedule his appointment.

여자가 "예외를 둘 수 있는지 알아볼게요" 라고 말할 때 무엇을 의미하는가?

(A) 남자의 서류를 검토할 것이다.

(B) 남자에게 며칠간 휴가를 허락할 것이다.

(C) 남자의 근무 스케줄을 검토할 것이다.

(D) 남자가 약속 시간을 다시 잡도록 해 줄 것이다.

해설 여자가 적어도 4년의 경력이 있는 사람을 찾고 있지만 예외를 둘 수 있는지 보겠다며, 이력서와 자기소개서를 보내달라고 하므로 남자의 이력을 검토하겠다는 의미로 판단할 수 있다. 따라서 (A)가 정답!

Questions 62-64 refer to the following conversation and map.

W Ted, the university is closing the parking lot by the International Student Housing complex next week for repairs. 62 시각 정보 Can you send out a text message and let the residents know?

M Of course. Did they mention where students should park during that time?

W They should park in Lot B until the repairs are done.

M Oh, that's pretty far from the complex. And when it snows, the streets here become pretty slippery. 63 남자의 걱정 거리

W That shouldn't be a problem. The university is arranging for a shuttle to transport residents from the lot to the complex. 64 대학에서 할 일 Could you also mention that in your text message?

62-64번은 다음 대화와 지도에 관한 문제입니다.

여 Ted, 대학에서 다음 주에 수리 때문에 국제학생 주거단지 옆에 있는 주차장을 폐쇄한대요. 62 거주자들에게 문자 메시지를 보내서 좀 알려주시겠어요?

남 그러죠. 그 기간 동안 학생들이 어디에 주차해야 하는지 언급하던가요?

여 수리가 끝날 때까지 B 주차장을 이용해야 해요.

남 아, 거긴 단지에서 꽤 멀잖아요. 그리고 눈이 오면 이곳 도로가 꽤 미끄러워요. 63

여 그건 문제가 안 될 거예요. 학교에서 거주자들을 주차장에서 단지까지 데려다 줄 셔틀버스를 준비할 거니까요. 64 그것도 문자 메시지에 언급해 주겠어요?

어휘 parking lot 주차장 I complex (건물) 단지 I text message 문자 메시지 I resident 거주자, 주민 I far from ~에서 먼 I slippery 미끄러운 I arrange for A to B A가 B 하도록 준비하다 I transport 수송하다

---

62. Look at the graphic. Which parking lot will be closed?

(A) Parking Lot A

(B) Parking Lot B

(C) Parking Lot C

(D) Parking Lot D

시각 정보를 보시오. 어느 주차장이 폐쇄될 것인가?
(A) A 주차장
(B) B 주차장
(C) C 주차장
(D) D 주차장

해설 대화 처음에 여자가 남자에게 대학 측에서 수리작업 때문에 유학생 주
거단지 옆 주차장을 폐쇄한다고 말했고, 지도 상에서 International
Student Housing 옆 주차장은 Parking Lot D이므로 (D)가 정답!

---

63. What is the man concerned about?
(A) Parking availability
(B) Street conditions
(C) Heavy traffic
(D) Housing fees

남자는 무엇에 대해 걱정하는가?
(A) 주차장 이용 가능 여부
(B) 도로 상태
(C) 교통 체증
(D) 주거비

해설 남자가 눈이 오면, 여기 길들이 상당히 미끄러워진다고 말했으므로 남
자는 도로 상태에 대해 걱정하고 있다. 따라서 (B)가 정답!

---

64. What does the woman say the university will do?
(A) Distribute maps
(B) Hire more security guards
(C) Provide some transportation
(D) Reimburse students

여자는 대학에서 무엇을 할 거라고 말하는가?
(A) 지도를 배포한다
(B) 경비원을 더 채용한다
(C) 교통편을 제공한다
(D) 학생들 비용을 환급해준다

해설 여자가 대학 측에서 주민들을 주차장에서 단지까지 데려다 줄 셔틀버
스를 마련할 거라고 말했으므로 (C)가 정답!

미국 ↔ 미국

Questions 65-67 refer to the following conversation and chart.

W Hi, Ken. So... the board is thinking about merging with Caliper Auto Parts. 62 대화 주제 I went over the report this morning.

M I haven't read it yet. That's big news, though.

W Their client base isn't as big as ours. However, Caliper has loyal customers who never buy from us, so we could gain a lot of new business. Look at the last page.

M Hmm, yeah. Together, we would be far ahead of Master Cars. In fact, if we can retain Caliper's client base, we'll have a piece of the market almost as large as the industry leader's. 63 시각 정보

W That's right! I think it's a great idea.

M Hmm, but... If you look at this closely, you'll see that Caliper's earnings have been steadily decreasing for several quarters. That is definitely concerning. 64 남자의 걱정거리

65-67번은 다음 대화에 차트에 관한 문제입니다.

여 안녕, Ken. 그러니까... 이사회는 Caliper Auto Parts 사와 합병하는 걸 고려 중이에요. 62 제가 오늘 아침에 보고서를 검토했거든요.

남 저는 아직 읽지 못했어요. 어쨌거나 대단한 소식이군요.

여 그곳 고객층은 우리만큼 넓지 않아요. 하지만 Caliper에는 우리 물건을 절대 사지 않는 충성 고객들이 있어서 신규 거래처를 크게 늘릴 수 있어요. 마지막 페이지를 보세요.

남 음, 네. 합치면 우리는 Master Cars보다 한참 앞서 나갈 수 있겠어요. 사실, 우리가 Caliper의 고객층을 유지할 수 있다면 거의 업계 선두업체만큼이나 높은 시장점유율을 확보하게 될 거예요. 63

여 맞아요! 좋은 생각 같아요.

남 음, 하지만, 이걸 자세히 보시면 Caliper의 수익이 몇 분기에 걸쳐 꾸준히 감소하고 있는 것을 알 수 있어요. 그건 걱정할 만하죠. 64

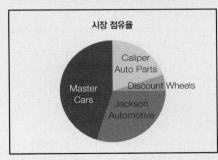

시장 점유율

어휘 the board 이사회 | merge 합병하다 | go over 검토하다
| client base 고객층 | business 사업, 업체 | retain 유지
하다 | closely 자세히 | earnings 수익 | steadily 꾸준히 |
decrease 감소하다, 줄어들다 | quarter 분기 | concerning
걱정스러운

---

65. What is the main topic of the conversation?
(A) A new car line
(B) An advertising strategy
(C) A prospective client
(D) A company merger

대화의 주된 주제는 무엇인가?
(A) 신형 자동차 라인
(B) 광고 전략
(C) 잠재 고객
(D) 회사 합병

해설 여자가 대화 처음에 이사회에서 Caliper Auto Parts 사와의 합병을 고려하고 있다고 말한 내용을 토대로 회사 합병에 관한 대화가 올 것임을 알 수 있으므로 (D)가 정답!

---

66. Look at the graphic. Where do the speakers work?
(A) At Caliper Auto Parts
(B) At Discount Wheels
(C) At Jackson Automotive
(D) At Master Cars

시각 정보를 보시오. 화자들은 어디서 근무하는가?
(A) Caliper Auto Parts 사에서
(B) Discount Wheels 사에서
(C) Jackson Automotive 사에서
(D) Master Cars 사에서

해설 남자가 Caliper의 고객층을 유지할 수 있다면 업계 선두주자만큼 큰 시장점유율을 얻을 수 있을 것이라고 말했고, 그래프 상에서 Caliper Auto Parts의 점유율을 합쳤을 때 선두 업체인 Master Cars 만큼이 점유율을 갖게 되는 업체는 Jackson Automotive이므로 (C)가 정답!

---

67. Why is the man worried?
(A) He has not prepared for a meeting.
(B) A company's revenues have fallen.
(C) Some employees may disagree with an idea.
(D) Some numbers are incorrect.

남자는 왜 걱정하는가?
(A) 그는 회의 준비를 못 했다.
(B) 회사의 수익이 하락하고 있다.
(C) 몇몇 직원들은 생각이 다를 수 있다.
(D) 몇몇 수치들이 부정확하다.

해설 남자가 Caliper의 수익이 몇 분기 동안 꾸준히 감소하고 있다며, 정말 걱정이 된다고 말했으므로 (B)가 정답!

호주 ↔ 미국

Questions 68-70 refer to the following conversation and list.

M Hi, I'm looking for a place to rent near Carnegie Train Station. I just saw some ads posted on the window outside your office, 68 남자가 광고를 본 곳 and it seems like there are some apartments available in that area.

W Yes. Those apartments are all furnished, and they can be rented with a one-year lease.

M Actually, I'd like to find out more about the area, so I think a short-term contract would be better. 69 남자가 선호하는 것 Then if I find another neighborhood that I like better, I can move without paying a penalty.

W Hmm, I see. What's your budget?

M Well, I can only afford $1,500 a month, and I'd like three bedrooms. 70 시각 정보

W Have a seat, and let's have a look at the listings on our Web site. 70

69-70번은 다음 대화와 목록에 관한 문제입니다.

남 안녕하세요, Carnegie 기차역 부근에서 임차할 곳을 찾고 있는데요. 당신 사무실 밖 창문에 게시된 광고를 제가 방금 봤는데요. 68 그 지역에 이용 가능한 아파트가 몇 군데 있는 것 같네요.

여 네, 그 아파트들은 모두 가구가 비치되어 있고, 1년 계약으로 임차 가능합니다.

남 실은, 그 지역에 관해서 더 많이 알고 싶어서 단기 계약이 더 좋을 것 같아요. 69 그리고 나서 제가 더 마음에 드는 다른 동네를 찾게 되면, 위약금을 지불하지 않고 이사할 수 있으니까요.

여 흠, 그렇군요. 당신의 예산은 얼마인가요?

남 음, 저는 한 달에 1,500달러만 지불할 수 있고, 방 세 개짜리를 원합니다. 70

여 앉으세요, 저희 웹사이트에 있는 목록을 같이 보시죠. 70

아파트	침실 수	금액
Prasia Castle	1	1,050달러
Dove Garden	2	1,250달러
Remian Town	3	1,450달러
Brown Plaza	3	1,650달러

어휘 post 게시하다 | furnished (가구 등이) 완비된, 갖추어진 | rent 세 놓다, 임차하다 | lease 임대차 계약 | short-term contract 단기 계약

---

68. Where did the man see the advertisement?
(A) At an agency
(B) At a train station
(C) On a Web site
(D) On television

남자는 광고를 어디서 보았는가?
(A) 중개업체에서
(B) 기차역에서
(C) 웹사이트에서
(D) 텔레비전에서

해설 남자가 아파트 임대에 관한 대화로 미루어 볼 때, 여자가 일하는 곳은 부동산 중개업체임을 알 수 있고, '당신 사무실 밖 창문에 게시된 광고를 제가 방금 봤는데요'라고 말하므로 (A)가 정답!

---

69. What does the man say he prefers?
(A) A quiet area
(B) A new listing
(C) An earlier moving date
(D) A short-term agreement

남자는 무엇을 선호한다고 말하는가?
(A) 조용한 지역
(B) 새 목록
(C) 더 이른 이사일
(D) 단기 계약

해설 남자가 '단기 계약이 더 좋을 것 같아요'라고 말하므로 (D)가 정답!

---

70. Look at the graphic. Which apartment will the man most likely rent?
(A) Prasia Castle
(B) Dove Garden
(C) Remian Town
(D) Brown Plaza

시각 정보를 보시오. 남자는 어느 아파트를 임차할 것 같은가?
(A) Prasia Castle
(B) Dove Garden
(C) Remian Town
(D) Brown Plaza

해설 남자가 '저는 한 달에 1,500달러만 지불할 수 있고, 방 세 개짜리를 원합니다'라고 하자, 여자가 '저희 웹사이트에 있는 목록을 같이 보시죠'라고 말한 내용을 토대로 표를 확인하면, 월 1,500달러 이하의 방 세 개짜리 아파트는 Remian Town(Bedrooms → 3 + Price → $1,450)이므로 (C)가 정답!

호주

Questions 71-73 refer to the following broadcast.

M It's now time for Channel 89's local news. This evening, our local football team, the Erinville Tigers will play their rival from across town, the Sunnydale Lions. **71 방송의 주제** The Tigers are favored to win the match, but it's likely to be a close one. According to Barry Federer, the ticket sales manager for Jones Stadium, tonight's match sold out two days ago. **72 입장권에 대해 언급된 것** If you don't have a ticket to tonight's game, you can watch it right here on Channel 89, where we will have exclusive live coverage of the match starting at six. **73 방송 시작 시간**

71-73번은 다음 방송에 관한 문제입니다.

남 이제 채널 89의 지역 뉴스 시간입니다. 오늘 저녁에 **우리 지역 축구팀인 Erinville Tigers가 건너편 마을 경쟁자인 Sunnydale Lions와 경기를 합니다.** **71** Tigers가 그 경기에서 이길 것으로 예상되지만, 막상막하의 경기가 될 것 같습니다. **Jones 경기장의 입장권 판매 관리자이신 Barry Federer에 따르면, 오늘 밤 경기는 이틀 전에 매진되었습니다.** **72** 오늘 밤 경기 입장권이 없으시다면, 저희가 6시부터 독점으로 생중계해 드리는 경기를 바로 여기 채널 89에서 보실 수 있습니다. **73**

어휘 local 지역의 | favor ~의 가능성을 예상케 하다 | match 경기 | close 막상막하의 | sold out 매진된 | exclusive 독점적인 | live coverage 생중계

---

71. What is the main topic of the broadcast?
(A) A lottery result
(B) A sports event
(C) A theater play
(D) A dance competition

방송의 주제는 무엇인가?
(A) 복권 결과
(B) 스포츠 행사
(C) 극장 연극
(D) 춤 경연대회

해설 방송 처음 부분에서 '우리 지역 축구팀인 Erinville Tigers가 건너편 마을 경쟁자인 Sunnydale Lions와 경기를 합니다'라고 말하므로 스포츠 행사에 관한 방송임을 알 수 있다. 따라서 (B)가 정답!

---

72. What does the speaker say about tickets?
(A) They can be exchanged today.
(B) They can be purchased online.
(C) They are inexpensive.
(D) They are sold out.

화자는 입장권에 관하여 무엇이라고 말하는가?
(A) 오늘 교환할 수 있다.
(B) 온라인으로 구매할 수 있다.
(C) 비싸지 않다.
(D) 매진되었다.

해설 방송 중간 부분에서 'Jones 경기장의 입장권 판매 관리자이신 Barry Federer에 따르면, 오늘 밤 경기는 이틀 전에 매진되었습니다'라고 말하므로 (D)가 정답!

---

73. When will tonight's broadcast begin?
(A) At 6:00 P.M.
(B) At 7:00 P.M.
(C) At 8:00 P.M.
(D) At 9:00 P.M.

방송은 오늘 밤 언제 시작할 것인가?
(A) 오후 6시에
(B) 오후 7시에
(C) 오후 8시에
(D) 오후 9시에

해설 방송 마지막 부분에서 '오늘 밤 경기 입장권이 없으시다면, 저희가 6시부터 독점으로 생중계해 드리는 경기를 바로 여기 채널 89에서 보실 수 있습니다'라고 말하므로 (A)가 정답!

영국

Questions 74-76 refer to the following announcement.

W This month we will be launching this year's community engagement initiative. One of our first activities will be the Book Appeal. **74 공지의 목적** All next month, we ask you to donate new or used books so that we can distribute them to patients in local hospitals. Collection boxes will be placed in every department, so you can easily drop your books into one of them. **75 청자들이 상자에 넣을 것** We'll also be holding a competition to see which department can donate the most books. The winning department will receive a community award at the company anniversary ceremony. Let's see if any department can beat last year's winner, the Legal Department. 76 법무팀이 한 일

74-76번은 다음 공지에 관한 문제입니다.

01 이번 달에 우리는 올해의 지역 사회 참여 프로그램을 시작할 것입니다. 우리의 첫 번째 활동 중 하나는 Book Appeal이 될 것입니다. 74 지역 병원의 환자분들께 배포할 수 있도록 다음 한 달 동안 새 책 또는 중고 책을 기부해 주시기 바랍니다. 여러분이 책들을 쉽게 넣으실 수 있도록 모든 부서에 기부함이 배치될 것입니다. 75 또한 어느 부서가 가장 많은 책을 기부할 수 있는지 경쟁을 할 예정입니다. 우승한 팀은 회사 창립기념일 행사에서 지역사회 상을 받게 될 것입니다. 어느 부서가 지난해 승자인 법무팀을 이길 수 있는지 지켜봅시다. 76

어휘 launch 시작하다, 개시하다 | community 지역사회, 공동체 | engagement 참여 | activity 활동 | donate 기부하다 | distribute 나누어 주다 | local 지역의, 현지의 | collection box 수거함, 기부함 | department 부, 부서 | hold 개최하다 | competition 대회, 시합 | award 상 | anniversary 기념일 | ceremony 의식, 식 | beat 이기다 | legal department 법무팀

74. What is the purpose of the announcement?
(A) To collect signatures
(B) To begin a new business
(C) To announce survey results
(D) To promote a program

공지의 목적은 무엇인가?
(A) 서명을 받기 위해
(B) 새로운 사업을 시작하기 위해
(C) 설문조사 결과를 발표하기 위해
(D) 프로그램을 홍보하기 위해

해설 공지의 처음 부분에서 '이번 달에 우리는 올해의 지역사회 참여 프로그램을 시작할 것입니다. 우리의 첫 번째 활동 중 하나는 Book Appeal이 될 것입니다.'라며 행사를 홍보하고 있으므로 (D)가 정답!

75. What should the listeners put in boxes?
(A) Printed materials
(B) Completed questionnaires
(C) Signed forms
(D) Donation requests

청자들은 상자에 무엇을 넣어야 하는가?
(A) 인쇄된 자료들
(B) 작성한 설문지들
(C) 서명한 서식들
(D) 기부 요청서들

해설 공지의 중간 부분에서 '여러분이 책들을 쉽게 넣으실 수 있도록 모든 부서에 기부함이 배치될 것입니다'라고 말하므로 (A)가 정답!

76. What did the Legal Department do last year?
(A) It won a contract.
(B) It received an award.
(C) It visited the local community.
(D) It hired new staff.

지난해에 법무팀이 무엇을 했는가?
(A) 계약을 따냈다.
(B) 상을 받았다.
(C) 지역 공동체를 방문했다.
(D) 신규 직원들을 채용했다.

해설 공지의 중간과 마지막 부분에서 '우승한 팀은 회사 창립기념일 행사에서 지역사회 상을 받게 될 것입니다. 어느 부서가 지난해 승자인 법무팀을 이길 수 있는지 지켜봅시다'라고 말하므로 (B)가 정답!

미국

Questions 77-79 refer to the following introduction.

M Hello and welcome to the Arkwright Conference Center. 77 소개가 이루어지는 장소 Thank you for coming tonight to the third in our series of seminars on managing your personal finances. Today's speaker is Tony Hughes. Tony is a former banker who now devotes all his time to writing and speaking about personal finance issues. His latest book, *Take Control of Your Money Today*, is a bestseller. The topic of his talk today is how to maximize your savings returns in an environment of low interest rates. 78 앞으로 이야기될 주제 And if you want to listen to the seminar again at home, we'll be posting a podcast on our Web site. 79 웹사이트에서 이용할 수 있는 것

77-79번은 다음 소개에 관한 문제입니다.

남 안녕하세요? Arkwright 컨퍼런스 센터에 오신 것을 환영합니다. 77 오늘 밤 여러분의 개인 자금을 관리하기 위한 세미나 시리즈의 세 번째 시간에 와 주셔서 감사합니다. 오늘의 강사는 Tony Hughes입니다. Tony는 은행원 출신이며 현재는 개인 자금 이슈에 대해 글을 쓰고 강연하는 데 모든 시간을 바치고 있습니다. 그의 최신 도서인 〈오늘 여러분의 돈을 지배하세요〉는 베스트셀러입니다. 오늘 강연 주제는 저금리 시대에 예금 수익을 극대화하는 방법입니다. 78 집에서 세미나를 다시 듣고 싶으시다면, 저희 웹사이트에 팟캐스트를 올려놓을 것입니다. 79

어휘 seminar 세미나 | manage 관리하다 | personal 개인적인 | finance 자금, 재무 | speaker 연사, 강사 | former 예전의 | banker 은행원 | devote (시간, 노력을) 바치다, 쏟다 | latest 최신의 | take control of ~을 지배하다 | maximize 극대화하다 | saving 저축, 예금 | return 수익 | environment 환경 | interest rates 금리 | post 게시하다, 올리다 | podcast 팟캐스트

77. Where is the introduction taking place?

(A) At a bookstore

(B) At a conference center

(C) At a bank

(D) At an accounting firm

소개는 어디에서 일어나고 있는가?

(A) 서점에서

(B) 컨퍼런스 센터에서

(C) 은행에서

(D) 회계 법인에서

해설 소개의 처음 부분에서 '안녕하세요? Arkwright 컨퍼런스 센터에 오신 것을 환영합니다'라고 말하므로 (B)가 정답!

---

78. What topic will be discussed?

(A) Getting published

(B) Saving money

(C) Working in finance

(D) Succeeding in life

어떤 주제가 이야기될 것인가?

(A) 출판하는 것

(B) 돈 모으는 것

(C) 재무 분야에서 일하는 것

(D) 인생에서 성공하는 것

해설 소개의 후반부에서 '오늘 강연 주제는 저금리 시대에 예금 수익을 극대화하는 방법입니다'라고 말하므로 (B)가 정답!

---

79. What will be available on a Web site?

(A) An e-mail address

(B) A discount coupon

(C) A catalog of publications

(D) A recording of a presentation

웹사이트에서 무엇을 이용할 수 있을 것인가?

(A) 이메일 주소

(B) 할인 쿠폰

(C) 출판물의 카탈로그

(D) 발표 녹음물

해설 소개의 마지막 부분에서 '집에서 세미나를 다시 듣고 싶으시다면, 저희 웹사이트에 팟캐스트를 올려놓을 것입니다'라고 말하므로 (D)가 정답!

미국

Questions 80-82 refer to the following telephone message.

W Good morning. My name's Diana, and I'm calling from the *Hereford News*. 80 화자의 근무지 We have a special offer this month that you may be interested in taking advantage of. 81 전화의 목적 As a long-term advertiser with us, you can claim an additional two weeks of ad publication for every new ad that you place this month. I'm going to put some further

information in the mail for you. 82 화자가 할 일 Please get in touch if you'd like to take us up on this great offer.

80-82번은 다음 전화 메시지에 관한 문제입니다.

01 안녕하세요? 저는 〈Hereford News〉에서 전화드리는 Diana입니다. 80 고객님께서 이용하고 싶어 하실 만한 이달의 특가 행사가 있습니다. 81 고객님은 저희의 오랜 광고주이시므로, 이번 달에 새로 게재하시는 광고 1건당 2주 추가를 요청하실 수 있습니다. 고객님을 위해 추가 정보를 우편으로 보내드리겠습니다. 82 이 근사한 제안을 받아들이고 싶으시면 연락주세요.

어휘 special offer 특가 판매 | take advantage of ~을 이용하다 | long-term 장기적인 | advertiser 광고주 | claim 요청하다, 청구하다 | additional 추가적인 | ad publication 광고 게재 | place an ad 광고를 게재하다 | further 추가의 | information 정보 | get in touch 연락하다 | take up (제의를) 받아들이다 | offer 제안

---

80. What type of business does the speaker work at?

(A) A film studio

(B) A furniture store

(C) A newspaper company

(D) An advertisement agency

화자는 어떤 업체에서 근무하는가?

(A) 영화 스튜디오

(B) 가구점

(C) 신문사

(D) 광고 대행사

해설 전화 메시지 처음 부분에서 '저는 〈Hereford News〉에서 전화드리는 Diana입니다.'라고 말하므로 (C)가 정답!

---

81. Why is the speaker calling?

(A) To recommend a product

(B) To cancel an arrangement

(C) To arrange a meeting

(D) To promote a special deal

화자는 왜 전화하고 있는가?

(A) 제품을 추천하기 위해

(B) 준비를 취소하기 위해

(C) 회의를 준비하기 위해

(D) 특가 판매를 홍보하기 위해

해설 전화 메시지 중간 부분에서 '고객님께서 이용하고 싶어 하실 만한 이달의 특가 행사가 있습니다.'라고 말하므로 (D)가 정답!

---

82. What will the speaker do?

(A) Send some detailed information

(B) Revise a job advertisement

(C) Change some customer data

(D) Contact a coworker

화자는 무엇을 할 것인가?

(A) 상세 정보를 보낸다

(B) 구인 광고를 수정한다

(C) 고객 데이터를 변경한다

(D) 동료에게 연락한다

해설 전화 메시지 마지막 부분에서 '고객님을 위해 추가 정보를 우편으로 보내드리겠습니다'라고 말하므로 (A)가 정답!

호주

Questions 83-85 refer to the following telephone message.

M Hello, this is Delbert in Accounting. **83** 화자들의 부서 I'm reviewing some files for the new engineer, Mark Singleton. Just one thing—he didn't fill out the financial form. I won't be able to enter his information into our company's system until he's completed it. We need this done by today because everyone's pay goes out tomorrow. Could you please have Mr. Singleton come over to my desk when he has the chance? **84** 화자의 요청사항 I know he's got a lot to do already, but the document is just a page long. **85** 화자 의도 Thanks in advance.

83-85번은 다음 전화 메시지에 관한 문제입니다.

남 안녕하세요, 회계부서의 Delbert입니다. **83** 새로 입사한 엔지니어 Mark Singleton의 서류를 좀 검토하고 있는데요. 딱 한 가지 문제가 있어요. 재무 양식을 작성하지 않았네요. 그분이 이걸 작성하셔야 제가 회사 시스템에 정보를 입력할 수 있어요. 내일은 전 직원 월급이 지급되는 날이라 오늘은 처리돼야 합니다. **Mr. Singleton이 시간 있으실 때 제 자리로 오시라고 해 주시겠어요? **84** 이미 할 일이 많다는 건 알고 있지만 서류는 딱 한 페이지 분량밖에 안 됩니다. **85** 미리 감사드립니다.

어휘 accounting 회계 | fill out 작성하다 | financial form 재무 양식 | enter 입력하다 | complete 작성하다 | pay 급료 | go out 지급되다 | come over to ~에 들르다 | request 요청하다 | banking information 금융정보 | training session 교육 | book 예약하다 | label 라벨을 붙이다 | incorrectly 부정확하게 | directions 지시사항 | confusing 혼란스러운 | task 업무 | revise 수정하다

83. Which department does the speaker work for?

(A) Information Technology

(B) Accounting

(C) Engineering

(D) Human Resources

화자는 어느 부서에서 근무하는가?

(A) 정보통신

(B) 회계

(C) 엔지니어링

(D) 인사

해설 화자가 처음에 인사를 하면서 자신을 회계팀이라고 소개하고 있으므로 (B)가 정답!

84. What does the speaker request the listener do?

(A) Review some banking information

(B) Lead a training session

(C) Book a meeting room

(D) Send a staff member to his desk

화자는 청자에게 무엇을 해달라고 요청하는가?

(A) 일부 금융 정보를 검토한다

(B) 연수를 진행한다

(C) 회의실을 예약한다

(D) 직원을 자기 자리로 보낸다

해설 Mr. Singleton에게 시간 있을 때 자기 자리에 들르게 해줄 수 있냐고 말했으므로 (D)가 정답!

85. What does the speaker mean when he says, "the document is just a page long"?

(A) A page is labeled incorrectly.

(B) Some directions are confusing.

(C) A task will not take much time.

(D) Some rules have been revised.

화자는 "서류는 딱 한 페이지 분량밖에 안 됩니다."라고 말할 때 무엇을 의도하는가?

(A) 어떤 페이지에 라벨이 잘못 붙어 있다.

(B) 몇몇 지시사항이 혼란스럽다.

(C) 업무에 많은 시간이 걸리지 않을 것이다.

(D) 일부 규정이 수정되었다.

해설 Mr. Singleton을 가리키며 그가 할 일이 이미 많다는 걸 알고 있지만, 서류가 단 한 장 분량밖에 안 된다고 한 것이므로 업무를 처리하는 데 시간이 오래 걸리지 않을 것임을 강조한 것이다. 따라서 (C)가 정답!

영국

Questions 86-88 refer to the following excerpt from a meeting.

W I'd like to begin today's meeting by updating everyone on ticket sales for this summer's electronics expo. **86** 박람회의 주안점 As you're all aware, we're offering a new promotion this time. We're providing cheaper tickets to those who purchase them at least a month in advance. Honestly, I didn't think this promotion would really increase our ticket sales. But take a look at these figures! After seeing this, we'll certainly be offering advance ticketing for next year's expo as well. **87** 화자 의도 In other news, one of our presenters can't make it to the expo, so we need to find a replacement quickly. How do you all feel about Gary Chung, the Vice President of Sundown Technology? **88** 화자의 요청사항

86-88번은 다음 회의 발췌록에 관한 문제입니다.

남 올여름 전자제품 박람회의 입장권판매 현황을 모두에게 알려드리는 것으로 오늘 회의를 시작하겠습니다. **86** 모두 아시다시피 우리는 이번에 새 판촉행사를 진행하고 있습니다. 최소 한 달 전에 입장권을 구매하는 사람들에게 할인을 제공하고 있죠. 솔직히 저는 이 판촉행사가 입장권 판매량을 크게 증가시킬 거라고는 생각하지 않았어요. 하지만 이 수치를 보세요! 이걸 보고 나면 내년 박람회에서도 사전 입장권을 판매해야 할 겁니다. **87** 또 다른 소식으로는, 발표자 중 한 명이 박람회에 갈 수 없게 되어서 대체자를 빨리 찾아야 한다는 겁니다. Sundown Technology 부사장이신 Gary Chung에 대해 다들 어떻게 생각하시나요? **88**

어휘 aware 알고 있는 | in advance 사전에, 미리 | honestly 솔직히 | figure 수치 | presenter 발표자 | make it to ~에 이르다, 도착하다 | replacement 대신할 사람 | presenter 발표자 | demonstration 시연회 | set up 설치하다 | organize 준비하다, 조직하다

86. What will the expo focus on?
(A) Food
(B) Travel
(C) Clothing
(D) Electronics

박람회는 무엇에 주안점을 둘 것인가?
(A) 식품
(B) 여행
(C) 의류
(D) 전자제품

해설 올여름 전자제품 박람회의 티켓 판매 현황을 알리면서 회의를 시작하겠다고 말했으므로 (D)가 정답!

87. What does the speaker imply when she says, "But take a look at these figures"?
(A) Sales are better than anticipated.
(B) An accountant has made a mistake.
(C) A promotion was not successful.
(D) Some data is not correct.

화자는 "하지만 이 수치를 보세요!"라고 말할 때 무엇을 의도하는가?
(A) 판매량이 예상보다 더 좋다.
(B) 회계사가 실수를 했다.
(C) 판촉 행사가 성공적이지 않았다.
(D) 일부 자료가 정확하지 않다.

해설 사전 구매자들에게 할인가를 제공한 판촉 행사가 티켓 판매량 증가에 영향을 줄 거라고 생각하지 않았다고 했는데, 하지만 이 수치를 보라며, 이걸 보고 나면 내년 박람회에서도 사전 티켓 판매를 진행할 거라고 말했으므로 판매량이 기대했던 것보다 높았음을 강조하기 위한 표현이다. 따라서 (A)가 정답!

88. What advice does the speaker ask for?
(A) Who to invite as a presenter
(B) When to begin a demonstration
(C) Where to set up a display
(D) How to organize an event

화자는 어떤 조언을 요청하는가?
(A) 발표자로 초대할 사람
(B) 시연회를 시작할 시점
(C) 전시물을 설치할 장소
(D) 행사를 준비하는 방법

해설 불참하게 될 발표자의 후임자를 빨리 찾아야 한다고 하면서 Gary Chung이란 사람을 어떻게 생각하는지 의견을 구하고 있으므로 (A)가 정답!

미국

Questions 89-91 refer to the following instruction.

M Hello everyone and welcome to your orientation program. I'm Harold Tucker, Head of Human Resources. It's a real pleasure to see you all here at Ramsden Automotive today. OK, now the first thing I'd like to cover this morning is how to log your working hours. We have an online system that lets you enter the hours you work on our Web site. **89** 근무 시간을 알리는 방법 You'll be getting your orientation packs later this morning, which will contain instructions on how to do this, as well as your log-in details. **90** 추가 설명을 얻을 수 있는 곳 One thing to always remember is that the online system doesn't handle overtime hours. If you work extra hours, you should let your manager know the times you worked. **91** 청자들이 관리자에게 알려야 하는 때

89-91번은 다음 지시 사항에 관한 문제입니다.

남 여러분 안녕하세요? 오리엔테이션 프로그램에 오신 것을 환영합니다. 저는 인사부 책임자 Harold Tucker입니다. 오늘 이곳 Ramsden Automotive에서 여러분 모두를 보게 되어 정말 기쁩니다. 자, 이제 오늘 아침 첫 번째로 다루고 싶은 것은 여러분의 근무 시간을 기록하는 방법입니다. 우리는 웹사이트에 여러분이 근무한 시간을 기록할 수 있는 온라인 시스템이 있습니다. **89** 여러분은 오늘 오전 늦게 오리엔테이션 책자를 받게 되실 텐데, 근무 시간 기록법 및 로그인 세부 사항에 대한 설명이 들어 있을 것입니다. **90** 항상 기억하셔야 할 것은 온라인 시스템이 초과 근무 시간을 처리하지는 못한다는 것입니다. 초과 근무를 하셨을 경우, 근무한 시간을 관리자에게 알려 주셔야 합니다. **91**

어휘 orientation 예비 교육 | head 책임자 | human resources 인사부 | cover 다루다 | log 일지에 기록하다 | enter 입력하다 | pack 묶음, 꾸러미 | contain ~이 들어 있다 | instruction 설명, 지시 | details 세부 사항 | handle 다루다, 처리하다 | overtime 초과 근무 | manager 매니저, 관리자

89. How should the listeners report their working hours?

(A) By marking them on a timesheet

(B) By emailing their managers

(C) By recording them online

(D) By putting a card into a machine

청자들은 어떻게 근무 시간을 알려야 하는가?

(A) 근무 시간 기록표에 표시함으로써

(B) 관리자에게 이메일을 보냄으로써

(C) 온라인으로 기록함으로써

(D) 기계에 카드를 넣음으로써

해설 설명회의 중간 부분에서 '자, 이제 오늘 아침 첫 번째로 다루고 싶은 것은 여러분의 근무 시간을 기록하는 방법입니다. 우리는 웹사이트에 여러분이 근무한 시간을 기록할 수 있는 온라인 시스템이 있습니다'라고 말하므로 (C)가 정답!

---

90. According to the speaker, where can the listeners find further instructions?

(A) On the company Web site

(B) From their supervisors

(C) From the Personnel Department

(D) In their information packs

화자에 의하면, 청자들은 어디에서 추가 설명을 찾을 수 있는가?

(A) 회사 웹사이트에서

(B) 관리자들에게서

(C) 인사부에서

(D) 정보 책자에서

해설 설명회 중간 부분에서 '여러분은 오늘 오전 늦게 오리엔테이션 책자를 받게 되실 텐데, 근무 시간 기록법 및 로그인 세부 사항에 대한 설명이 들어 있을 것입니다'라고 말하므로 (D)가 정답!

---

91. According to the instruction, when should the listeners inform their managers?

(A) When their passwords don't work

(B) When their paychecks are incorrect

(C) When they forget to report their working hours

(D) When they work overtime

설명에 따르면, 청자들은 언제 관리자들에게 알려야 하는가?

(A) 비밀번호가 작동하지 않을 때

(B) 급여가 맞지 않을 때

(C) 근무 시간을 알리는 것을 잊어버렸을 때

(D) 초과 근무를 할 때

해설 설명회 마지막 부분에서 '항상 기억하셔야 할 것은 온라인 시스템이 초과 근무 시간을 처리하지는 못한다는 것입니다. 초과 근무를 하셨을 경우, 근무한 시간을 관리자에게 알려 주셔야 합니다'라고 말하므로 (D)가 정답!

Questions 92-94 refer to the following broadcast.

M Thanks for tuning in to *Adventure in Englewood* on Channel 5. 🟦92 화자의 직업 Englewood has been a top destination for both residents and tourists who want to walk through scenic trails. And I normally go around reporting on the best spots to engage in exciting hiking activities. 🟦93 Englewood가 가장 잘 알려진 점 However, this afternoon, I'd like to discuss our city's theater scene. In fact, actor Mario Ramsay will be starring in a lead role for a new play at the Englewood Performing Arts Center next month. You heard me right-Mario Ramsay. 🟦94 화자 의도 You can purchase tickets starting this Friday. But hurry, seats will sell out fast!

92-94번은 다음 방송에 관한 문제입니다.

남 채널 5의 〈Adventure in Englewood〉를 시청해 주셔서 감사합니다. 🟦92 Englewood는 경치가 좋은 코스를 걷고 싶어 하는 주민들과 관광객 모두를 위한 최고의 장소입니다. 저는 보통 신나는 하이킹 활동을 할 수 있는 최고의 장소를 돌아다니며 그에 대한 내용을 전해 드리는데요. 🟦93 오늘 오후에는 우리 시의 연극계에 대해 얘기해 보고자 합니다. 실은, 배우 Mario Ramsay가 다음 달에 Englewood Performing 아트센터에서 새 연극의 주연을 맡을 예정입니다. 제대로 들으셨습니다. Mario Ramsay요. 🟦94 이번 주 금요일부터 티켓을 구매하실 수 있습니다. 하지만 서두르세요, 좌석이 빠르게 매진될 테니까요!

어휘 tune in to ~로 채널을 맞추다, 시청하다 | destination 목적지 | resident 주민 | scenic 경치 좋은 | trail 루트, 코스 | normally 보통 | spot 장소 | engage in ~에 참여하다 | theater scene 연극계 | star 주연을 맡다 | lead role 주연, 주인공 역할 | sell out 다 팔리다, 매진되다

---

92. Who most likely is the speaker?

(A) A film critic

(B) A travel agent

(C) An executive chef

(D) A TV show host

화자는 누구이겠는가?

(A) 영화 평론가

(B) 여행사 직원

(C) 총괄 요리사

(D) TV쇼 진행자

해설 채널 5의 〈Adventure Abroad〉를 시청해준 것에 대해 고마움을 표하며 방송을 이어가고 있으므로 화자는 TV 쇼 진행자임을 유추할 수 있다. 따라서 (D)가 정답!

---

93. According to the speaker, what is Englewood most known for?

(A) Its hiking areas

(B) Its movie theaters

(C) Its art museums

(D) Its dining establishments

화자에 따르면, Englewood는 무엇으로 가장 잘 알려져 있는가?

(A) 하이킹 지역

(B) 영화관

(C) 미술관

(D) 음식점

해설 Englewood가 경치 좋은 코스를 걷기 위한 최고의 장소라고 소개하며, 하이킹 활동에 좋은 장소들을 보도하며 다닌다고 말했으므로 (A)가 정답!

----

94. Why does the speaker say, "You heard me right-Mario Ramsay"?

(A) To point out that a performer is famous

(B) To discuss a job applicant

(C) To correct the pronunciation of a name

(D) To announce a winner of a trip

화자는 왜 "제대로 들으셨습니다. Mario Ramsay요"라고 말하는가?

(A) 연기자가 유명하다는 것을 나타내기 위해

(B) 입사 지원자에 관해 의논하기 위해

(C) 이름의 발음을 바로잡기 위해

(D) 여행 당첨자를 발표하기 위해

해설 배우 Mario Ramsay가 다음 달 Englewood 아트 센터에서 새 연극의 주연 역할을 맡게 될 거라고 하면서, "제대로 들으셨습니다–Mario Ramsay요"라고 말한 것이므로 주연이 유명 배우임을 강조하기 위한 표현임을 알 수 있다. 따라서 (A)가 정답!

영국

Questions 95-97 refer to the following announcement and brochure.

W Good afternoon. On behalf of Captain Kern and the entire crew, I'd like to welcome you all aboard Flight 922 to Los Angeles. We'll be departing in about 10 minutes, so please be sure to place your luggage in the overhead compartments. **95** 여자의 요구 사항 It will take approximately three hours to reach our destination. **96** 시각 정보 We also wanted to let you know about our in-flight wireless Internet service. You can check out the brochure in the seat pocket in front of you for pricing information. Once the plane has reached the proper altitude, flight attendants will be going around to give each passenger a complimentary beverage. **97** 승무원들이 할 일

95-97번은 다음 공지와 브로셔에 관한 문제입니다.

C1 안녕하십니까. Kern 기장과 승무원 전체를 대신하여 로스앤젤레스 행 922 비행 편에 탑승하신 여러분 모두를 환영합니다. 약 10분 후에 출발할 것이므로 **짐은 반드시 머리 위 짐칸에 넣어주시기 바랍니다. 95** 목적지에 도달하는 데는 대략 세 시간 정도 소요될 것입니다. **96** 또한 저희의 기내 무선 인터넷 서비스에 관하여 알려드리고자 합니다. 가격 정보는 앞 좌석 주머니에 들어 있는 안내책자에서 확인하실 수 있습니다. 기체가 적정 고도에 도달하면 승무원들이 기내를 돌면서 각 승객 여러분께 무료 음료수를 제공해드리도록 하겠습니다. **97**

> **Trulinton 항공**
> **와이파이 가격 책정**
>
> 1시간 – 3.00달러
> 2시간 – 4.50달러
> 3시간 – 6.00달러
> 4시간 – 7.50달러

어휘 **on behalf of** ~를 대신하여 | **crew** 승무원 | **aboard** 탑승하여 | **overhead compartment** 머리 위 짐칸 | **in-flight** 기내의 | **altitude** 고도 | **flight attendant** 비행기 승무원 | **complimentary** 무료의

95. What does the woman ask that passengers do?

(A) Turn off their electronic devices

(B) Check their boarding passes

(C) Store their baggage

(D) Return to their seats

여자는 승객들에게 무엇을 하라고 요구하는가?

(A) 전자 장치를 끈다

(B) 탑승권을 확인한다

(C) 짐을 보관한다

(D) 자리로 돌아간다

해설 안내 방송 처음 부분에서 '짐은 반드시 머리 위 짐칸에 넣어주시기 바랍니다'라고 말하므로 (C)가 정답!

----

96. Look at the graphic. How much does Internet service cost for the duration of the flight?

(A) $3.00

(B) $4.50

(C) $6.00

(D) $7.50

시각 정보를 보시오. 비행시간 동안의 인터넷 서비스는 얼마의 비용이 드는가?

(A) 3.00달러

(B) 4.50달러

(C) 6.00달러

(D) 7.50달러

해설 안내 방송 중간 부분에서 '목적지에 도달하는 데는 대략 세 시간 정도 소요될 것입니다.'라고 한 내용을 토대로 표를 확인하면, 3시간 인터넷 이용 요금은 6달러라고 나와 있으므로 (C)가 정답!

ACTUAL TEST

97. According to the speaker, what will flight attendants do later?

(A) Provide drinks

(B) Pass out headphones

(C) Serve some food

(D) Explain a document

화자의 말에 따르면, 승무원들은 나중에 무엇을 할 것인가?

(A) 음료수를 제공한다

(B) 헤드폰을 나눠준다

(C) 음식을 제공한다

(D) 서류를 설명한다

해설 안내 방송 마지막 부분에서 '기체가 적정 고도에 도달하면 승무원들이 기내를 돌면서 각 승객 여러분께 무료 음료수를 제공해드리도록 하겠습니다'라고 말하므로 (A)가 정답!

미국

Questions 98-100 refer to the following excerpt from a meeting and chart.

Ⓜ OK, we are here today to look at the latest news media market share figures. 98 청자들이 종사하는 업계 We have always been one of the top four news providers, but Worldview has been showing rapid growth and has nearly caught up to us. We are just ahead of them at 27 percent. 99 시각 정보 Our analysts attribute Worldview's success to their Web site's new interface. Worldview lets users see a portion of every article for free. For the rest of the article, they have to pay a small fee or purchase a full membership. This seems to be the future of the industry, so next year, we will be implementing a similar strategy with our future articles. 100

98-100번은 다음 회의 발췌록과 차트에 관한 문제입니다.

Ⓝ 자, 오늘은 최근의 뉴스 미디어 시장 점유율 수치를 보고자 모였습니다. 98 우리는 언제나 4대 뉴스 제공업체 중 하나였습니다만, Worldview 사가 빠른 성장을 보이고 있으며 우리를 거의 따라잡았습니다. 우리는 27퍼센트로 그들 바로 앞에 있습니다. 99 우리 분석가들은 Worldview의 성공을 웹사이트의 새로운 인터페이스 덕분인 것으로 보고 있습니다. Worldview는 사용자들이 모든 기사의 일부를 무료로 보게 해 줍니다. 기사의 나머지 부분을 보기 위해서는 소액의 요금을 지불하거나 전체 이용 회원권을 구매해야 합니다. 이것이 업계의 미래 동향인 것으로 보이므로, 내년에는 우리도 앞으로 발간하게 될 기사에 대해 유사한 전략을 시행할 것입니다. 100

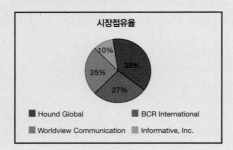

시장점유율

10%
38%
25%
27%

■ Hound Global ■ BCR International
■ Worldview Communication ■ Informative, Inc.

어휘 market share 시장 점유율 I figure 수치 I rapid 빠른 I catch up to ~을 따라잡다 I attribute A to B A를 B의 덕분으로 생각하다 I portion 일부 I industry 업계 I implement 시행하다 I strategy 전략

98. What industry do the listeners work in?

(A) Electronics

(B) Construction

(C) Web site design

(D) News media

청자들은 어느 업계에서 일하는가?

(A) 전자제품

(B) 건설

(C) 웹사이트 디자인

(D) 뉴스 미디어

해설 회의 발췌문 처음 부분에서 '오늘은 최근의 뉴스 미디어 시장 점유율 수치를 보고자 모였습니다'라고 말하므로 (D)가 정답!

---

99. Look at the graphic. What company does the speaker work for?

(A) Hound Global

(B) BCR International

(C) Worldview Communication

(D) Informative, Inc.

시각 정보를 보시오. 화자는 어느 회사에서 근무하는가?

(A) Hound Global

(B) BCR International

(C) Worldview Communication

(D) Informative, Inc.

해설 회의 발췌문 처음과 중간 부분에서 '우리는 27퍼센트로 그들 바로 앞에 있습니다'라고 말하므로 그 내용을 토대로 차트를 확인하면, 27퍼센트에 해당하는 업체는 BCR International이므로 (B)가 정답!

---

100. According to the speaker, what will the company do next year?

(A) Try a new strategy

(B) Reduce membership prices

(C) Increase the marketing budget

(D) Focus on international markets

화자에 따르면, 회사는 내년에 무엇을 할 것인가?

(A) 새 전략을 시도한다

(B) 회원권 가격을 낮춘다

(C) 마케팅 예산을 늘린다

(D) 국제 시장에 집중한다

해설 마지막 부분에서 '이것이 업계의 미래 동향인 것으로 보이므로 내년에는 우리도 앞으로 발간하게 될 기사에 대해 유사한 전략을 시행할 것입니다'라고 말하므로 (A)가 정답!